Gunter Saake
Kai-Uwe Sattler
Andreas Heuer

Datenbanken
Konzepte und Sprachen
Dritte, aktualisierte und erweiterte Auflage

Bibliografische Information Der Deutschen Bibliothek –
Die Deutsche Bibliothek verzeichnet diese Publikation in der Deutschen Nationalbibliografie; detaillierte bibliografische Daten sind im Internet über <http://dnb.ddb.de> abrufbar.

ISBN 978-3-8266-1664-8
3., aktualisierte und erweiterte Auflage 2008

Alle Rechte, auch die der Übersetzung, vorbehalten. Kein Teil des Werkes darf in irgendeiner Form (Druck, Fotokopie, Mikrofilm oder einem anderen Verfahren) ohne schriftliche Genehmigung des Verlages reproduziert oder unter Verwendung elektronischer Systeme verarbeitet, vervielfältigt oder verbreitet werden. Der Verlag übernimmt keine Gewähr für die Funktion einzelner Programme oder von Teilen derselben. Insbesondere übernimmt er keinerlei Haftung für eventuelle, aus dem Gebrauch resultierende Folgeschäden.

Die Wiedergabe von Gebrauchsnamen, Handelsnamen, Warenbezeichnungen usw. in diesem Werk berechtigt auch ohne besondere Kennzeichnung nicht zu der Annahme, dass solche Namen im Sinne der Warenzeichen- und Markenschutz-Gesetzgebung als frei zu betrachten wären und daher von jedermann benutzt werden dürften.

Printed in Austria
© Copyright 2008 by Redline GmbH
Heidelberg

Lektorat: Ernst-Heinrich Pröfener
Korrektorat: Astrid Sander
Satz: Gunter Saake, Magdeburg; Kai-Uwe Sattler, Ilmenau; Andreas Heuer, Rostock

Vorwort zur dritten Auflage

Die erste Auflage des Biber-Buches erschien im September 1995, die zweite im Januar 2000. In der seitdem verflossenen Zeit, immerhin fast acht Jahre, ist die Entwicklung im Datenbankbereich nicht stehengeblieben – wichtige Themen wie SQL:2003, XML, objektrelationale Datenbanken, Data Warehouses und die Verwaltung multimedialer Daten spielten damals noch keine wichtige Rolle oder waren nicht in präsentierbarer Form. Weiterhin haben sich auch im Aufbau, in laufenden Beispielen und in der Didaktik in den letzten Jahren in den Vorlesungen zum Buch diverse Änderungen ergeben, die nun endlich auch zur völligen Neuentwicklung schon bestehender Buchkapitel führen musste. Daher ist es nun an der Zeit, mit der dritten Auflage eine umfassende Neubearbeitung vorzunehmen, die hiermit vorliegt.

Die dritte Auflage wurde genutzt, um den Stoff des Buches neu zu organisieren. Dieses Umstrukturierung wurde auch dadurch motiviert, dass in einer nur zweistündigen Vorlesung die ersten Kapitel in den vorherigen Auflagen zu gehaltvoll waren, um direkt chronologisch als Stoff für eine Vorlesung herzuhalten. Nun ist das Buch in drei Teile aufgeteilt: Der erste Teil bis zum Kapitel 7 bearbeitet umfassend die Kernkonzepte der relationalen Datenbanken, ohne auf Spezialitäten und andere Datenmodelle einzugehen. Er bildet den Kern einer Vorlesung „Grundlagen von Datenbanken" auch mit geringerem Stundenumfang.

Der zweite Teil vertieft nun die Themen des erste Teils, und kann insbesondere für eine 3- oder 4-stündige Vorlesung herangezogen werden. Zusammen geben die ersten beiden Teile eine umfassende Behandlung von Theorie, Entwurfsmethoden, und Sprachkonzepten für relationale Datenbanken inklusive der ausführlichen Behandlung von SQL.

Der dritte Teil behandelt Alternativen und Erweiterungen bei Datenmodellen. Hiervon können ausgewählte Teile in eine Grundvorlesung übernommen werden, oder die Basis für Spezialvorlesungen bilden. In diesen Kapiteln wird die Sprach- bzw. Anwendungssicht in den Vordergrund gestellt; Implementierungsaspekte werden im Buch „Datenbanken: Implementierungstechniken" der Autoren behandelt und sind deshalb hier ausgeblendet.

Danksagungen

Zu danken haben wir bei dieser Neuauflage insbesondere für Korrekturen und Hinweise für Aktualisierungen und Erweiterungen unseren (jetzigen und ehemaligen) Mitarbeitern und Studenten Ingolf Geist, Eike Schallehn, Andreas Lübcke, Stephan Vornholt, Christine Krause, Rita Schindler, Meike Klettke, Holger Meyer, Temenushka Ignatova, Andre Peters, Martin Garbe, Alf-Christian Schering, Dagmar Köhn und Nils Weber sowie allen Lesern, die uns Korrekturhinweise geschickt haben. Weiterhin danken wir Knut Stolze für die Untersützung bei praktischen Tests.

Ein Dankeschön geht auch an den zuständigen Lektor des MITP-Verlages Ernst-Heinrich Pröfener, der sehr viel Geduld aufgebracht hat, sowie an Astrid Sander für das sorgfältige Korrekturlesen.

Gunter Saake bedankt sich bei Birgit, Torben und Annkristin für den liebevollen und familiären Rückhalt, der ein sich lange hinziehendes Buchprojekt erst erträglich machen kann. Bedanken möchte er sich ebenfalls für die (zum Teil neuen) Erfahrungen in verteiltem kooperativen Arbeiten, die er mit seinen Mitautoren in den letzten Jahren sammeln konnte.

Kai-Uwe Sattler bedankt sich bei Britta, Arved und Bennett, ohne deren Liebe und Rückhalt sowie das Verständnis für die langen „durchgeschriebenen" Nächte ein solches Buchprojekt wohl nicht möglich wäre. Dank gilt auch seinen Mitautoren dafür, dass das Buch letztendlich doch noch fertig wurde.

Andreas Heuer möchte sich schließlich bei Renate und insbesondere bei seinen beiden Mitautoren bedanken, die die drastischen Aufwandsunterschätzungen und das absolut perfekte Zeitmanagement des Drittautors immer wieder ausgleichen mussten („Sagte ich drei Tage für die Aktualisierung des Kapitels? Ich hatte vor drei Monaten wohl mindestens drei Wochen gemeint.").

Ergänzende Informationen zu Buch, wie Verweise zu begleitenden Vorlesungsmaterialien und gegebenenfalls erforderliche Fehlerkorrekturen sind im Web unter folgender Adresse zu finden:

```
http://www.biberbuch.de
```

Magdeburg, Ilmenau und Rostock, im November 2007

Gunter Saake, Kai-Uwe Sattler und Andreas Heuer

Inhaltsverzeichnis

Vorwort zur dritten Auflage   v

Inhaltsverzeichnis   vii

1 Grundlegende Konzepte   1
- 1.1   Motivation und Historie 1
- 1.2   Komponenten und Funktionen 7
  - 1.2.1   Prinzipien und Aufgaben................. 7
  - 1.2.2   Aufbau und Funktionen eines Datenbanksystems 9
  - 1.2.3   Einsatzgebiete, Grenzen und Entwicklungstendenzen .. 19
  - 1.2.4   Wann kommt was? 22
- 1.3   Beispielanwendung 23
- 1.4   Vertiefende Literatur 25
- 1.5   Übungsaufgaben 25

I Kernkonzepte relationaler Datenbanken   27

2 Architekturen von Datenbanksystemen   29
- 2.1   Schemaarchitektur und Datenunabhängigkeit 30
- 2.2   Systemarchitekturen 35
  - 2.2.1   ANSI-SPARC-Architektur 35
  - 2.2.2   Fünf-Schichten-Architektur 37
  - 2.2.3   Konkrete Systemarchitekturen 40
- 2.3   Anwendungsarchitekturen 43
- 2.4   Zusammenfassung 47
- 2.5   Vertiefende Literatur 47
- 2.6   Übungsaufgaben 49

3 Das Entity-Relationship-Modell — 51
- 3.1 Datenbankmodelle — 51
- 3.2 Semantikfestlegung für Datenbankmodelle — 56
- 3.3 Grundlagen des Entity-Relationship-Modells — 59
  - 3.3.1 Grundkonzepte des klassischen ER-Modells — 59
  - 3.3.2 Ein einfaches Beispiel für ein ER-Schema — 66
  - 3.3.3 Semantik eines ER-Schemas — 67
- 3.4 Eigenschaften von Beziehungen — 68
  - 3.4.1 Stelligkeit — 68
  - 3.4.2 Kardinalitäten und funktionale Beziehungen — 71
- 3.5 Weitere Konzepte im Entity-Relationship-Modell — 78
  - 3.5.1 Abhängige Entity-Typen — 78
  - 3.5.2 Die IST-Beziehung — 79
  - 3.5.3 Optionalität von Attributen — 81
- 3.6 Zusammenfassung — 82
- 3.7 Vertiefende Literatur — 82
- 3.8 Übungsaufgaben — 83

4 Relationenmodell und Anfragemodelle — 85
- 4.1 Relationenmodell: Strukturteil — 85
  - 4.1.1 Schemata und Instanzen — 85
  - 4.1.2 Integritätsbedingungen — 90
- 4.2 Relationale Anfragemodelle: Operationenteil — 94
  - 4.2.1 Kriterien für Anfragesprachen — 94
  - 4.2.2 Relationenalgebra — 95
  - 4.2.3 Anfragekalkül — 106
  - 4.2.4 Tupelkalkül — 110
- 4.3 Änderungsoperationen — 112
  - 4.3.1 Allgemeine Grundprinzipien — 112
  - 4.3.2 Relationale Änderungsoperationen — 113
- 4.4 Zusammenfassung — 114
- 4.5 Vertiefende Literatur — 114
- 4.6 Übungsaufgaben — 114

5 Phasen des Datenbankentwurfs — 119
- 5.1 Entwurfsaufgabe — 119
- 5.2 Phasenmodell — 121
  - 5.2.1 Anforderungsanalyse — 123
  - 5.2.2 Konzeptioneller Entwurf — 125
  - 5.2.3 Verteilungsentwurf — 127
  - 5.2.4 Logischer Entwurf — 128
  - 5.2.5 Datendefinition — 129
  - 5.2.6 Physischer Entwurf — 130

		5.2.7	Implementierung und Wartung	130
		5.2.8	Objektorientierte Entwurfsmethoden	130
		5.2.9	Phasenbegleitende Methoden	131
	5.3	Konzeptioneller Entwurf		132
		5.3.1	Konzeptionelles Schema	132
		5.3.2	Objektschicht	133
		5.3.3	Datenschicht	134
		5.3.4	Entwicklungsschicht	137
		5.3.5	Aktionsschicht	138
		5.3.6	Modellierung von Anwendungsprozessen	139
	5.4	Aspekte der Datenintegration		140
		5.4.1	Heterogenität der Datenmodelle	141
		5.4.2	Heterogene Datenbankschemata	142
		5.4.3	Heterogenität auf der Datenebene	142
		5.4.4	Schemakonflikte bei der Integration	143
	5.5	Entity-Relationship-Abbildung auf das Relationenmodell		144
		5.5.1	Informationskapazität	145
		5.5.2	Beispiel für eine Abbildung auf das Relationenmodell	147
		5.5.3	Abbildungsregeln für das relationale Modell	148
	5.6	Zusammenfassung		156
	5.7	Vertiefende Literatur		156
	5.8	Übungsaufgaben		158
6	**Relationaler Datenbankentwurf**			**159**
	6.1	Funktionale Abhängigkeiten		161
	6.2	Schemaeigenschaften		173
		6.2.1	Änderungsanomalien	174
		6.2.2	Normalformen	175
		6.2.3	Minimalität	182
	6.3	Transformationseigenschaften		183
		6.3.1	Abhängigkeitstreue	183
		6.3.2	Verbundtreue	185
	6.4	Entwurfsverfahren		188
		6.4.1	Ziele	188
		6.4.2	Dekompositionsverfahren	189
		6.4.3	Syntheseverfahren	192
		6.4.4	Verfeinerung des Entity-Relationship-Datenbankentwurfs	196
	6.5	Mehrwertige Abhängigkeiten		197
		6.5.1	Grundlagen	197
		6.5.2	Schemaeigenschaften	200
		6.5.3	Transformationseigenschaften	202
	6.6	Weitere Abhängigkeiten und Verfahren		202
	6.7	Weitere relationale Entwurfsverfahren		204

6.8	Zusammenfassung	205
6.9	Vertiefende Literatur	205
6.10	Übungsaufgaben	207

7 Die relationale Datenbanksprache SQL — 209
- 7.1 SQL als Datendefinitionssprache 209
  - 7.1.1 Erzeugen von Tabellen 210
  - 7.1.2 Tabellen mit Integritätsbedingungen 214
  - 7.1.3 Löschen und Ändern von Tabellendefinitionen 215
  - 7.1.4 Erzeugen und Löschen von Indexen 217
- 7.2 SQL als relationale Anfragesprache 218
  - 7.2.1 Überblick 219
  - 7.2.2 Die **from**-Klausel 220
  - 7.2.3 Die **select**-Klausel 223
  - 7.2.4 Die **where**-Klausel 226
  - 7.2.5 Mengenoperationen 230
  - 7.2.6 Schachtelung von Anfragen 232
  - 7.2.7 Mächtigkeit des SQL-Kerns 238
- 7.3 Änderungsoperationen in SQL 238
  - 7.3.1 Übersicht über Änderungen in SQL 239
  - 7.3.2 Die **update**-Anweisung 239
  - 7.3.3 Die **delete**-Anweisung 241
  - 7.3.4 Die **insert**-Anweisung 242
  - 7.3.5 Probleme bei SQL-Änderungen 243
- 7.4 Zusammenfassung 244
- 7.5 Vertiefende Literatur 245
- 7.6 Übungsaufgaben 245

II Erweiterte Konzepte für relationale Datenbanken — 247

8 Erweiterte Entwurfsmodelle — 249
- 8.1 Erweiterungen des ER-Modells 249
  - 8.1.1 Erweiterungen bei Attributen 250
  - 8.1.2 Spezialisierung und Generalisierung 251
  - 8.1.3 Komplexe Objekte 252
  - 8.1.4 Beziehungen höheren Typs 253
- 8.2 Das EER-Modell – ein erweitertes ER-Modell 254
  - 8.2.1 Übernommene Grundkonzepte aus dem klassischen ER-Modell 254
  - 8.2.2 Erweiterung bei Wertebereichen 255
  - 8.2.3 Mengenwertige und strukturierte Attribute 256
  - 8.2.4 Der Typkonstruktor: Spezialisierung, Generalisierung, Partitionierung 256

		8.2.5	Aggregierung und Sammlung mittels objektwertiger Attribute	266
		8.2.6	Erweitertes Schlüsselkonzept	268
		8.2.7	Abgeleitete Konzepte	269
		8.2.8	Vergleich zu anderen erweiterten ER-Modellen	270
	8.3	UML für den Datenbankentwurf	271
		8.3.1	Das Objektmodell von UML	272
		8.3.2	Darstellung von Klassen in UML	273
		8.3.3	Beziehungen in UML	274
		8.3.4	Aggregation in UML	276
		8.3.5	Spezialisierung in UML	277
	8.4	Zusammenfassung	278
	8.5	Vertiefende Literatur	278
	8.6	Übungsaufgaben	280

9 Grundlagen von Modellen und Anfragen — 281

	9.1	Erweiterungen der Relationenalgebra	281
	9.2	Erweiterte Modelle und Anfragealgebren	285
		9.2.1 Geschachtelte Relationen: Das NF^2-Modell	285
		9.2.2 PNF-Relationen	286
		9.2.3 Verallgemeinerte geschachtelte Relationen	286
		9.2.4 Erweitere Anfragealgebren	288
	9.3	Anfragekalküle	292
		9.3.1 Bereichskalkül	292
		9.3.2 Sichere Anfragen	294
		9.3.3 Beispiele für Anfragen im Bereichskalkül	296
		9.3.4 Eigenschaften des Bereichskalküls	297
		9.3.5 Kalküle für andere Datenmodelle	298
	9.4	Zusammenfassung	302
	9.5	Vertiefende Literatur	303
	9.6	Übungsaufgaben	303

10 Erweiterte Konzepte von SQL — 305

	10.1	Weitere Operationen und Prädikate	305
		10.1.1 Skalare Ausdrücke	305
		10.1.2 Prädikate	311
		10.1.3 Quantoren und Mengenvergleiche	311
		10.1.4 Behandlung von Nullwerten	314
	10.2	Aggregation und Gruppierung	316
		10.2.1 Aggregatfunktionen	316
		10.2.2 Gruppierung	319
	10.3	Sortierung	322
	10.4	Äußere Verbunde	323

10.5 Künstliche Schlüssel und Sequenzgeneratoren 325
10.6 Benannte Anfragen und Rekursion 327
    10.6.1 Benannte Anfragen 327
    10.6.2 Rekursive Anfragen 328
10.7 SQL-Versionen 336
    10.7.1 SEQUEL2 336
    10.7.2 SQL-89 338
    10.7.3 SQL-92 339
    10.7.4 SQL:1999 und SQL:2003 340
10.8 Zusammenfassung 342
10.9 Vertiefende Literatur 342
10.10 Übungsaufgaben 343

11 Weitere relationale Datenbanksprachen   345
11.1 QUEL 346
    11.1.1 Anfragen in QUEL 346
    11.1.2 Änderungsoperationen in QUEL 349
11.2 Query by Example 349
    11.2.1 Anfragen in QBE 350
    11.2.2 Funktionen, Sortierung und Aggregierung in QBE . . . 354
    11.2.3 Formale Semantik von QBE 355
    11.2.4 Ausdrucksfähigkeit von QBE 356
    11.2.5 Änderungen in QBE 357
    11.2.6 Anfragen in MS Access 359
    11.2.7 Andere graphische Anfragesprachen 362
11.3 Datalog 363
    11.3.1 Grundbegriffe 364
    11.3.2 Semantik rekursiver Regeln 366
    11.3.3 Semantik und Auswertung von Datalog 367
11.4 Tutorial D 368
    11.4.1 Datentypen 368
    11.4.2 Anfrageoperatoren 370
    11.4.3 Änderungsoperationen 373
    11.4.4 Constraints 374
11.5 Zusammenfassung 375
11.6 Vertiefende Literatur 375
11.7 Übungsaufgaben 376

12 Transaktionen, Integrität & Trigger   377
12.1 Grundlagen von Transaktionen 378
    12.1.1 ACID-Prinzip 378
    12.1.2 Probleme im Mehrbenutzerbetrieb 380
    12.1.3 Transaktionssteuerung in SQL 385

- 12.1.4 Transaktionen und Integritätssicherung 388
- 12.2 Architekturen zur Integritätssicherung 389
  - 12.2.1 Integritätssicherung durch Anwendung 390
  - 12.2.2 Integritätsmonitor als Komponente des DBMS 390
  - 12.2.3 Integritätssicherung durch Einkapselung 391
- 12.3 Integritätsbedingungen in SQL 392
  - 12.3.1 Inhärente Integritätsbedingungen im Relationenmodell 392
  - 12.3.2 Weitere Bedingungen in der SQL-DDL 393
  - 12.3.3 Die **assertion**-Klausel 394
  - 12.3.4 Verwaltung und Überprüfung von Bedingungen 394
- 12.4 Klassifikation von Integritätsbedingungen 395
- 12.5 Trigger und aktive Datenbanken 398
  - 12.5.1 Grundprinzipien von Triggern 399
  - 12.5.2 Aktive Datenbanken und ECA-Regeln 401
- 12.6 Methoden der Integritätssicherung 405
  - 12.6.1 Integritätssicherung durch Trigger 405
  - 12.6.2 Integritätssicherung durch Anfragemodifikation 407
- 12.7 Zusammenfassung 409
- 12.8 Vertiefende Literatur 410
- 12.9 Übungsaufgaben 410

13 Datenbankanwendungsentwicklung 413
- 13.1 Grundprizipien 414
- 13.2 Programmiersprachenanbindung: Call-Level-Schnittstellen . . 416
  - 13.2.1 SQL/CLI: Der Standard 417
  - 13.2.2 ODBC 420
  - 13.2.3 JDBC 421
  - 13.2.4 Weitere Call-Level-Schnittstellen 426
- 13.3 Eingebettetes SQL 427
  - 13.3.1 Statische Einbettung: Embedded SQL 427
  - 13.3.2 Dynamische Einbettung: Dynamic SQL 435
  - 13.3.3 SQLJ: Embedded SQL für Java 436
- 13.4 High-Level-Schnittstellen 438
  - 13.4.1 Grundlagen der Abbildung 439
  - 13.4.2 Hibernate 442
  - 13.4.3 Weitere Technologien 450
- 13.5 Prozedurale SQL-Erweiterungen und Datenbanksprachen . . . 451
  - 13.5.1 Vorteile von gespeicherten Prozeduren 452
  - 13.5.2 SQL/PSM: Der Standard 453
  - 13.5.3 PL/SQL von Oracle 460
  - 13.5.4 Gespeicherte Prozeduren in Java 462
- 13.6 Zusammenfassung 465
- 13.7 Vertiefende Literatur 467

13.8 Übungsaufgaben 467

14 Sichten   469
14.1 Motivation und Begriffsbildung 470
     14.1.1 Sichten und externe Schemata 471
     14.1.2 Definition von Sichten 471
     14.1.3 Definition von Sichten in SQL 472
     14.1.4 Vorteile von Sichten 473
14.2 Probleme mit Sichten 474
     14.2.1 Kriterien für Änderungen auf Sichten 475
     14.2.2 Projektionssichten 476
     14.2.3 Selektionssichten 478
     14.2.4 Verbundsichten 479
     14.2.5 Aggregierungssichten 481
     14.2.6 Klassifikation der Problembereiche 482
14.3 Behandlung von Sichten in SQL 483
     14.3.1 Auswertung von Anfragen an Sichten in SQL 484
     14.3.2 Sichtänderungen in SQL-92 486
     14.3.3 Sichtänderungen in SQL:2003 486
14.4 Theorie änderbarer Sichten 487
14.5 Instead-of-Trigger für Sichtänderungen 489
14.6 Zusammenfassung 492
14.7 Vertiefende Literatur 494
14.8 Übungsaufgaben 494

15 Zugriffskontrolle & Privacy   495
15.1 Sicherheitsmodelle 497
     15.1.1 Diskrete Sicherheitsmodelle 497
     15.1.2 Verbindliche Sicherheitsmodelle 497
15.2 Rechtevergabe in SQL 498
     15.2.1 Benutzer und Schemata 499
     15.2.2 Rechtevergabe in SQL 499
     15.2.3 Zurücknahme von Rechten 501
     15.2.4 Rollenmodell in SQL:2003 502
     15.2.5 Auditing 502
     15.2.6 Authentifikation und Autorisierung 504
15.3 Privacy-Aspekte in Datenbanken 504
     15.3.1 Statistische Datenbanken 505
     15.3.2 k-Anonymität 507
15.4 Zusammenfassung 508
15.5 Vertiefende Literatur 509
15.6 Übungsaufgaben 509

III Weitere Datenbankmodelle   511

16 Historische Modelle   513
16.1 Das Netzwerkmodell 513
    16.1.1 Netzwerkschema 514
    16.1.2 Simulation einer allgemeinen Beziehung 516
16.2 Das hierarchische Modell 517
16.3 ER-Abbildung auf das Netzwerkmodell 518
16.4 ER-Abbildung auf das hierarchische Modell 519
16.5 Anwendungsprogrammierung in den historischen Modellen .. 521
    16.5.1 Datenmanipulation im Netzwerkmodell 521
    16.5.2 Datenmanipulation im hierarchischen Modell 525
16.6 Zusammenfassung 527
16.7 Vertiefende Literatur 527
16.8 Übungsaufgaben 527

17 Objektrelationale Modelle & SQL:2003   529
17.1 Exkurs: Objektorientierte Datenbankmodelle 529
    17.1.1 Objektorientierte Datenbanken 530
    17.1.2 Der ODMG-Standard 531
    17.1.3 OQL 534
17.2 Abbildung von Objekten auf Relationen 536
    17.2.1 Typkonstruktoren 536
    17.2.2 Abbildung der Spezialisierungshierarchie 537
17.3 Objektrelationale Erweiterungen 540
    17.3.1 Large Objects: BLOB und CLOB 541
    17.3.2 Typkonstruktoren 541
    17.3.3 Identitäten, Referenzen und Pfadausdrücke 545
    17.3.4 Hierarchien und Vererbung 546
    17.3.5 Methoden 547
17.4 Objektrelationale Konzepte in SQL:2003 548
    17.4.1 Typsystem und DDL 548
    17.4.2 Anfragen 556
    17.4.3 Methoden in SQL:2003 561
17.5 Objektrelationale Konzepte in kommerziellen DBMS 562
17.6 Zusammenfassung 564
17.7 Vertiefende Literatur 565
17.8 Übungsaufgaben 566

18 XML   567
18.1 Semistrukturierte Datenmodelle 567
    18.1.1 Merkmale semistrukturierter Datenmodelle 568
    18.1.2 Datenmodelle für semistrukturierte Dokumente ... 569
    18.1.3 XML 572

18.2 Datendefinition in XML.......................... 578
    18.2.1 Dokumenttypdefinition 578
    18.2.2 XML Schema 582
    18.2.3 XML-Abbildung auf relationale Schemata 587
18.3 Navigation in XML-Dokumenten: XPath 588
    18.3.1 Pfadausdrücke und Lokalisierungsschritte 589
    18.3.2 Selektionsprädikate und Funktionen 593
18.4 Die Anfragesprache XQuery 595
    18.4.1 FLWOR-Ausdrücke......................... 596
    18.4.2 Elementkonstruktoren 599
    18.4.3 Verbunde und Gruppierungen 601
    18.4.4 Ausdrücke und Vergleiche 605
    18.4.5 Funktionen................................ 608
18.5 SQL/XML: XML-Erweiterungen für SQL 609
    18.5.1 XML-Datentypen 610
    18.5.2 XML-Konstruktion mit SQL 611
18.6 Zusammenfassung................................ 616
18.7 Vertiefende Literatur 616
18.8 Übungsaufgaben................................. 618

19 Data Warehousing und OLAP   619

19.1 Grundkonzepte.................................. 619
    19.1.1 Motivation und Anwendungen 620
    19.1.2 Architektur 622
19.2 Multidimensionales Datenmodell 625
    19.2.1 Multidimensionale Daten: Der Datenwürfel 625
    19.2.2 Hierarchische Dimensionen 626
    19.2.3 Formalisierung von Dimensionen und Datenwürfel ... 627
    19.2.4 Summierbarkeit............................ 629
19.3 MOLAP und ROLAP 630
    19.3.1 MOLAP-Operationen 631
    19.3.2 OLAP-Anfragesprachen: MDX 634
    19.3.3 Snowflake- und Star-Schema 638
19.4 OLAP-Operationen und SQL........................ 640
    19.4.1 Relationale Umsetzung multidimensionaler Anfragen: Star Join 640
    19.4.2 **cube** und **rollup** 643
    19.4.3 OLAP-Funktionen in SQL:2003 647
19.5 Materialisierte Sichten 653
    19.5.1 Anfragebeantwortung mit materialisierter Sichten ... 654
    19.5.2 Auswahl materialisierter Sichten 659
    19.5.3 Aktualisierung materialisierter Sichten 661
    19.5.4 Materialisierte Sichten in DBMS 666

19.6	Zusammenfassung	669
19.7	Vertiefende Literatur	669
19.8	Übungsaufgaben	671

20 Multimediale und raumbezogene Daten — 673

- 20.1 Multimedia-Datenbanken 674
  - 20.1.1 Grundbegriffe 674
  - 20.1.2 Grundlagen des Multimedia Retrieval 678
- 20.2 Text Retrieval 685
  - 20.2.1 Information Retrieval auf Texten 685
  - 20.2.2 Grundtechniken des Text Retrieval 685
  - 20.2.3 Deskribierung 687
  - 20.2.4 Recherche 690
  - 20.2.5 Information Retrieval-Systeme 698
- 20.3 SQL/MM 699
  - 20.3.1 SQL/MM Full Text 699
  - 20.3.2 SQL/MM Still Image 702
  - 20.3.3 Der Datentyp Video in objektrelationalen Datenbanksystemen 702
  - 20.3.4 SQL/MM Spatial 703
- 20.4 Verwaltung raumbezogener Daten 703
  - 20.4.1 Grundbegriffe 704
  - 20.4.2 Modellierung raumbezogener Daten 705
  - 20.4.3 Prädikate und Anfragen auf raumbezogenen Daten ... 711
  - 20.4.4 Oracle Spatial 718
  - 20.4.5 Weitere Systeme 722
- 20.5 Zusammenfassung 722
- 20.6 Vertiefende Literatur 722
- 20.7 Übungsaufgaben 724

A Laufendes Beispiel — 725

- A.1 ER-Schema der Weindatenbank 725
- A.2 Relationale Repräsentation 726
- A.3 Vereinfachtes Schema und Beispieldaten 727

Literaturverzeichnis — 729

Abbildungsverzeichnis — 751

Tabellenverzeichnis — 758

Sachindex — 761

Schlüsselwortindex — 777

1

Grundlegende Konzepte

Dieses erste Kapitel ist den grundlegenden Konzepten der Datenbankterminologie und -technik gewidmet. Wir werden uns die historische Entwicklung von Datenbanksystemen ansehen, Gründe für den Einsatz von derartigen Systemen diskutieren sowie Funktionen und Architektur von Datenbanksystemen betrachten. Ferner stellen wir als eine Beispielanwendung eine Weinkellerverwaltung vor, die wir über das ganze Buch hinweg verwenden werden.

1.1 Motivation und Historie

Wie ordnen sich Datenbanksysteme in die Vielfalt von Softwarepaketen ein, die heutzutage eingesetzt werden? Zur Beantwortung dieser Frage diskutieren wir zuerst eine verbreitete Klassifikation von Softwaresystemen.

Softwareschichten

Üblicherweise teilt man die Software eines Computersystems in mehrere Schichten ein, etwa der Aufteilung in Abbildung 1.1 folgend. In der Praxis können natürlich einige *Softwarepakete* mehrere Schichten umfassen.

Jede Schicht baut auf den weiter innen liegenden Schichten auf. Beispielsweise bietet das Betriebssystem Dateien und Operationen auf Dateien, Möglichkeiten zum Drucken etc. an. Anwendungssoftware wie Textverarbeitungssoftware nutzt diese Möglichkeiten als Dienste der niedrigeren Schicht. Als Beispiele für typische Softwareprodukte auf den einzelnen Schichten mag die folgende Auswahl dienen:

- Typische *Betriebssysteme* sind etwa Windows, Linux, MacOS X oder z/OS.

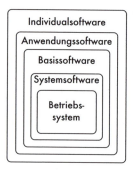

Abbildung 1.1: Aufteilung in Softwareschichten

- Zur *Systemsoftware*, die direkt auf diesen Betriebssystemen aufbaut, zählen Datenbanksysteme und Benutzerschnittstellen (wie das Windows-GUI oder X11-Produkte unter Unix).

- Zur *Basissoftware*, die wiederum auf der Systemsoftware aufbaut, gehören etwa Graphiksysteme wie OpenGL.

- *Anwendungs- und Individualsoftware* ist auf bestimmte Anwendungsklassen hin zugeschnitten: CAD-Systeme für Konstruktionsanwendungen, Desktop-Publishing-Systeme für Publikationsanwendungen sowie Buchhaltungssysteme, Lagerverwaltungssysteme oder allgemeiner ERP-Systeme (Enterprise Resource Planning) zur Unterstützung aller Geschäftsprozesse in Unternehmen.

Die Rolle der Datenbanksysteme ist also eine sehr elementare. Idealerweise sollten selbst Textverarbeitungssysteme ihre Texte und Informationen über Texte in einem Datenbanksystem verwalten und nicht einfach in einem Dateisystem. Genauso sollten CAD-Systeme sich allgemeinerer Graphiksysteme bedienen und diese wiederum zur Speicherung von Graphiken auf Datenbanksysteme zurückgreifen. Die Welt der kommerziellen Software ist von dieser Idealvorstellung jedoch leider noch etwas entfernt.

Das Problem der Datenredundanz

Ohne den Einsatz von Datenbanksystemen tritt das Problem der *Datenredundanz* auf. Die Basis- oder Anwendungssoftware verwaltet in diesem Szenario jeweils ihre eigenen Daten in ihren eigenen Dateien, und zwar jeweils in eigenen speziellen Formaten. Ein typisches Szenario gibt die folgende Auflistung wieder:

- Ein Textverarbeitungssystem verwaltet Texte, Artikel und Adressen.

- Die Buchhaltung speichert ebenso Artikel- und Adressinformationen.

- In der Lagerverwaltung werden Artikel und Aufträge benötigt und verwendet.

- Die Auftragsverwaltung manipuliert Aufträge, Artikel und Kundenadressen.

- Das CAD-System verwaltet Artikeldaten, technische Daten und technische Bausteine.

- Die Bereiche Produktion, Bestelleingang und Kalkulation benötigen teilweise ebenfalls diese Daten.

In diesem Szenario sind die Daten *redundant,* also mehrfach gespeichert. So werden Artikel und Adressen von mehreren Anwendungen verwaltet. Die entstehenden Probleme sind Verschwendung von Speicherplatz und „Vergessen" von lokalen Änderungen, die typisch für das Fehlen einer zentralen, genormten Datenhaltung sind. Ein Ziel der Entwicklung von Datenbanksystemen ist die Beseitigung der Datenredundanz.

Weitere Problemfelder

Die meisten anderen Softwaresysteme (auch Programmiersprachen, Tabellenkalkulation, Dateiverwaltungssysteme ...) können große Mengen von Daten nicht *effizient* verarbeiten, so dass fehlender Einsatz von Datenbankmanagementsystemen (DBMS) zu erheblichen Effizienzeinbußen führen kann. Auch ermöglichen es viele Systeme nicht, dass mehrere Benutzer oder Anwendungen *parallel* mit den gleichen Daten arbeiten können, ohne einander zu stören. Weiterhin können gar Datenverluste durch unkontrolliertes Überschreiben entstehen. Diese Kontrolle ist eine Basisfunktion moderner DBMS.

Auch in der Anwendungserstellung führt der fehlende Einsatz einer zentralen Datenhaltungskomponente zu erheblichen Defiziten. Die Anwendungsprogrammierer oder auch Endanwender können Anwendungen nicht programmieren bzw. benutzen, ohne

- die interne Darstellung der Daten sowie

- Speichermedien oder Rechner (bei verteilten Systemen)

zu kennen. Dieses Problem wird als fehlende *Datenunabhängigkeit* bezeichnet und in Abschnitt 2.1 intensiver diskutiert. Auch ist die Sicherstellung der *Zugriffskontrolle* und der *Datensicherheit* ohne zentrale Datenhaltung nicht gewährleistet.

Datenintegration

Die obigen Probleme können mit Hilfe des Einsatzes von Datenbanktechnologien gelöst werden. Wir sprechen dann im Gegensatz zur Datenredundanz von einer *Datenintegration*. Das Prinzip der Datenintegration basiert auf folgenden Überlegungen:

Die gesamte Basis- und Anwendungssoftware arbeitet mit denselben Daten, die in einer zentralen Datenhaltungskomponente verwaltet werden. Der Gesamtbestand der Daten wird nun als *Datenbank* bezeichnet. Diese Architekturvorstellung wird in Abbildung 1.4 auf Seite 6 im Rahmen der historischen Entwicklung von Datenhaltungskomponenten graphisch verdeutlicht. Eine derartige Datenbank muss natürlich äußerst sorgfältig entworfen und in einer geeigneten Datendefinitionssprache beschrieben werden.

In unserem Beispielszenario bedeutet Datenintegration, dass zum Beispiel Adressen und Artikel nur einmal gespeichert werden, also nicht mehr redundant vorliegen.

Auch andere Probleme im Umgang mit großen Datenbeständen, etwa Fragestellungen der Effizienz, Parallelität, Zugriffskontrolle und Datensicherheit können mit heutigen kommerziellen Datenbankmanagementsystemen zufriedenstellend gelöst werden. Diese Systeme zeichnen sich durch folgende Eigenschaften aus:

- Datenbanksysteme können große Datenmengen effizient verwalten. Sie bieten benutzergerechte *Anfragesprachen* an, die eine komfortable Anfrageformulierung ohne Rücksichtnahme auf die interne Realisierung der Datenspeicherung ermöglichen. Eine interne *Optimierung* ermöglicht trotzdem einen effizienten Zugriff auf die Datenbestände.

- Viele Benutzer können parallel auf Datenbanken arbeiten. Das *Transaktionskonzept* verhindert hier unerwünschte Nebeneffekte beim Zugriff auf gemeinsam genutzte Daten.

- Die *Datenunabhängigkeit* wird durch ein Drei-Ebenen-Konzept gewährleistet, das eine externe Ebene der Anwendungssicht, eine konzeptuelle Ebene der logischen Gesamtsicht auf den Datenbestand und eine interne Ebene der implementierten Datenstrukturen unterscheidet.

- Zugriffskontrolle (kein unbefugter Zugriff) und Datensicherheit (kein – ungewollter – Datenverlust) werden vom System gewährleistet.

Historische Entwicklung

Die historische Entwicklung hin zu Datenbankmanagementsystemen kann in drei Stufen skizziert werden:

Die *erste Stufe* ist zu Beginn der 60er Jahre anzusiedeln, also zu einem Zeitpunkt, als die ersten Anwendungen der Massendatenverarbeitung auf Rechnern realisiert wurden. Die Daten wurden in elementaren Dateien abgelegt, und es erfolgte eine anwendungsspezifische Datenorganisation. Die Datenorganisation war geräteabhängig, zwangsweise redundant und führte leicht zu inkonsistenten Datenbeständen. Die Situation ist in Abbildung 1.2 verdeutlicht.

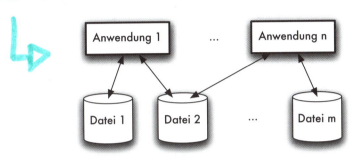

Abbildung 1.2: Historische Entwicklung 1: Zugriff auf Dateien ohne spezielle Verwaltung

Die *zweite Stufe* kennzeichnet die Situation Ende der 60er Jahre. Sie ist durch die Verwendung sogenannter *Dateiverwaltungssysteme* gekennzeichnet (bekannte Methoden sind etwa die Systeme SAM und ISAM für den sequentiellen und indexsequentiellen Dateizugriff, die auch in der Datenbankimplmentierung eine große Rolle spielen [HR01, SHS05]). Dateiverwaltungssysteme konnten um zusätzliche Dienstprogramme ergänzt werden, etwa zum Sortieren von Datenbeständen. Die Situation der zweiten Stufe ist in Abbildung 1.3 dargestellt. Als wesentlicher Fortschritt wurde die *Geräteunabhängigkeit* der Datenhaltung erreicht, die Probleme der redundanten und eventuell inkonsistenten Datenhaltung blieben aber bestehen.

...Diese Probleme konnten ab den 70er Jahren mit dem Einsatz von *Datenbanksystemen* gelöst werden. Sie garantieren Geräte- und Datenunabhängigkeit und ermöglichen eine redundanzfreie und konsistente Datenhaltung. Das Prinzip der Datenbanksysteme ist in Abbildung 1.4 skizziert: Der Datenbestand ist in *einer* Datenbank integriert, und jeder Zugriff erfolgt ausschließlich durch den „Filter" des DBMS.

Ein wesentlicher Erfolgsfaktor war das von Codd vorgeschlagene *Relationenmodell* und dessen Umsetzung in relationalen Datenbanksystemen. Das erste System wurde – noch als Forschungsprototyp – von IBM unter dem Namen *System R* entwickelt und 1977 erstmals in einer größeren Installation eingesetzt. Später wurde es in das kommerzielle Produkt unter dem Namen DB2 überführt. Fast zeitgleich wurde an der University of California in Berkeley (UCB) unter Leitung von Mike Stonebraker das System *Ingres* entwickelt,

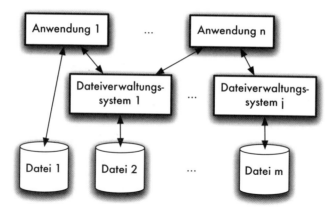

Abbildung 1.3: Historische Entwicklung 2: Dateiverwaltungssoftware

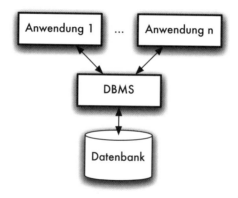

Abbildung 1.4: Historische Entwicklung 3: Datenbankmanagementsysteme

das Vorläufer für Systeme wie Postgres, Sybase und der aktuellen Version von Ingres war. 1979 wurde auch *Oracle* erstmals veröffentlicht – interessanterweise gleich als Version 2, weil die Firma (wohl berechtigterweise) davon ausging, dass Kunden der zweiten Version eines Produktes mehr Vertrauen schenken würden. Darüber hinaus hat Oracle von Beginn an die Bedeutung einer Standardisierung erkannt und dies in Form einer Kompatibilität zum IBM-Konkurrenzprodukt umgesetzt. Dagegen war das DBMS von Microsoft – der *SQL Server* – zunächst keine Eigenentwicklung: als Microsoft Ende der 80er Jahre den Bedarf eines DBMS für die eigene Serverplattform Windows NT erkannte, wurde kurzerhand der Quellcode von Sybase gekauft und als eigenes

Produkt vermarktet. Erst nach und nach haben sich die beiden Produkte unabhängig voneinander weiterentwickelt.

Die Entwicklung der Datenbanksysteme bis zum heutigen Stand sowie aktuelle Entwicklungstendenzen werden wir in den verschiedenen Abschnitten dieses Buchs noch genauer betrachten.

1.2 Komponenten und Funktionen

Im vorigen Abschnitt haben wir die Vorteile von Datenbanksystemen gegenüber einfacher Dateispeicherung erläutert. In diesem Abschnitt werden wir uns die Aufgaben eines derartigen Systems sowie die daraus folgenden grundlegenden Komponenten eines Datenbanksystems im Überblick anschauen. Eine genauere Beschreibung der Komponenten eines DBMS und insbesondere der verwendeten Implementierungstechniken kann im Datenbankimplementierungsbuch [SHS05] gefunden werden.

1.2.1 Prinzipien und Aufgaben

Wir wollen die Diskussion der Komponenten und Funktionen eines Datenbanksystems damit beginnen, dass wir die allgemeinen Aufgaben kurz skizzieren sowie einige grundlegende Begriffe einführen.

Aufgaben eines Datenbankmanagementsystems (DBMS)

Im Laufe der Jahre hat sich eine Basisfunktionalität herauskristallisiert, die von einem Datenbankmanagementsystem erwartet wird. Codd hat 1982 diese Anforderungen in neun Punkten zusammengefasst [Cod82]:

1. **Integration**

    Die Datenintegration erfordert die *einheitliche* Verwaltung *aller* von Anwendungen benötigten Daten. Hier verbirgt sich die Möglichkeit der kontrollierten nicht-redundanten Datenhaltung des gesamten relevanten Datenbestands.

2. **Operationen**

    Auf der Datenbank müssen Operationen möglich sein, die Datenspeicherung, Suchen und Änderungen des Datenbestands ermöglichen.

3. **Katalog**

    Der Katalog, auch **Data Dictionary** genannt, ermöglicht Zugriffe auf die Datenbeschreibungen der Datenbank.

4. **Benutzersichten**

   Für unterschiedliche Anwendungen sind unterschiedliche Sichten auf den Datenbestand notwendig, sei es in der Auswahl relevanter Daten oder in einer angepassten Strukturierung des Datenbestands. Die Abbildung dieser speziellen Sichten auf den Gesamtdatenbestand muss vom System kontrolliert werden.

5. **Konsistenzüberwachung**

   Die Konsistenzüberwachung, auch als *Integritätssicherung* bekannt, übernimmt die Gewährleistung korrekter Datenbankinhalte und der korrekten Ausführung von Änderungen, so dass diese die Konsistenz nicht verletzen können.

6. **Zugriffskontrolle**

   Aufgabe des Zugriffskontrolle ist der Ausschluss unautorisierter Zugriffe auf die gespeicherten Daten. Dies umfasst datenschutzrechtlich relevante Aspekte personenbezogener Informationen ebenso wie den Schutz firmenspezifischer Datenbestände vor Werksspionage.

7. **Transaktionen**

   Unter einer Transaktion versteht man eine Zusammenfassung von Datenbankänderungen zu Funktionseinheiten, die als Ganzes ausgeführt werden sollen und die bei Erfolg permanent in der Datenbank gespeichert werden.

8. **Synchronisation**

   Konkurrierende Transaktionen mehrerer Benutzer müssen synchronisiert werden, um gegenseitige Beeinflussungen, etwa Schreibkonflikte auf gemeinsam benötigten Datenbeständen, zu vermeiden.

9. **Datensicherung**

   Aufgabe der Datensicherung ist es, die Wiederherstellung von Daten, etwa nach Systemfehlern, zu ermöglichen.

Prinzipien von Datenbanksystemen

Unter dem Begriff *Datenbankmanagementsystem* verstehen wir die Gesamtheit der Softwaremodule, die die Verwaltung einer Datenbank übernehmen. Ein *Datenbanksystem*, kurz DBS, ist die Kombination eines DBMS mit einer Datenbank[1]. Diese Begriffsbildung ist für das Verständnis der Datenbankkonzepte essentiell und wird in Tabelle 1.1 zusammengefasst.

---

[1] Vereinfachend werden wir im Verlaufe dieses Buchs ein Datenbankmanagementsystem auch als Datenbanksystem bezeichnen, wenn aus dem Kontext ersichtlich ist, dass hier keine konkrete Bindung an eine Datenbank vorliegt.

Kürzel	Begriff	Erläuterung
DB	Datenbank	Strukturierter, von einem DBMS verwalteter Datenbestand
DBMS	Datenbankmanagementsystem	Software zur Verwaltung von Datenbanken
DBS	Datenbanksystem	DBMS + Datenbank(en)

Tabelle 1.1: Begriffsbildungen für Datenbanksysteme

Grundmerkmale von modernen Datenbanksystemen sind die folgenden (angelehnt an die aufgeführten neun Punkte von Codd):

- DBMSe verwalten persistente (langfristig zu haltende) Daten, die einzelne Läufe von Anwendungsprogrammen überstehen sollen.

- Sie haben die Aufgabe, große Datenmengen effizient zu verwalten.

- DBMSe definieren ein *Datenbankmodell*, mit dessen Konzepten alle Daten einheitlich beschrieben werden.

- Sie stellen Operationen und Sprachen (Datendefinitionssprache, interaktive Anfragesprachen, Datenmanipulationssprachen usw.) zur Verfügung. Derartige Sprachen sind *deskriptiv*, verzichten also auf die explizite Angabe von Berechnungsschritten. Die Sprachen sind getrennt von einer Programmiersprache zu benutzen.

- DBMSe unterstützen das Transaktionskonzept inklusive Mehrbenutzerkontrolle: Logisch zusammenhängende Operationen werden zu Transaktionen zusammengefasst, die als atomare (unteilbare) Einheit bearbeitet werden. Auswirkungen von Transaktionen sind langlebig. Transaktionen können parallel durchgeführt werden, wobei sie voneinander isoliert werden.

- Sie unterstützen die Einhaltung des Datenschutzes, gewährleisten Datenintegrität (Konsistenz) und fördern die Datensicherheit durch geeignete Maßnahmen.

1.2.2 Aufbau und Funktionen eines Datenbanksystems

Nach der Diskussion der grundlegenden Funktionen und einer Begriffsbildung werden wir in diesem Abschnitt den Aufbau eines Datenbanksystems anhand eines vereinfachten Beispielsystems genauer betrachten und die wesentlichen Module und Funktionalitäten eines Datenbankmanagementsystems erläutern.

Architektur eines Datenbankmanagementsystems

Abbildung 1.5 gibt einen Überblick über die prinzipielle Aufteilung eines Datenbankmanagementsystems in Funktionsmodule, angelehnt an drei Abstraktionsebenen. Die *externe Ebene* beschreibt die Sicht, die eine konkrete Anwendung auf die gespeicherten Daten hat. Da mehrere angepasste externe Sichten auf eine Datenbank existieren können, gibt die *konzeptuelle Ebene* eine logische und einheitliche Gesamtsicht auf den Datenbestand. Die *interne Ebene* beschreibt die tatsächliche interne Realisierung der Datenspeicherung.

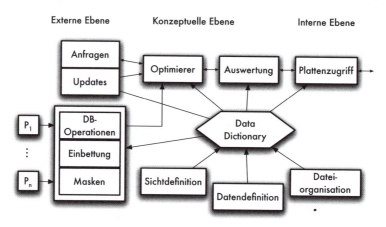

Abbildung 1.5: Grobarchitektur eines Datenbankmanagementsystems mit Ebenenaufteilung

Die in Abbildung 1.5 gezeigten Komponenten können wie folgt kurz charakterisiert werden:

- **Dateiorganisation**: Definition der Dateiorganisation und Zugriffspfade auf der internen Ebene

- **Datendefinition**: Konzeptuelle Datendefinition (konzeptuelle Ebene)

- **Sichtdefinition**: Definition von Benutzersichten (externe Ebene)

- **Masken**: Entwurf von Menüs und Masken bzw. Formularen für die Benutzerinteraktion

- **Einbettung**: Einbettung von Konstrukten der Datenbanksprache in eine Programmiersprache

- **Anfragen/Updates**: Interaktiver Zugriff auf den Datenbestand

- **DB-Operationen**: Datenbank-Operationen (Anfrage, Änderungen)
- **Optimierer**: Optimierung der Datenbankzugriffe
- **Plattenzugriff**: Plattenzugriffssteuerung
- **Auswertung**: Auswertung von Anfragen und Änderungen
- $P_1 \ldots P_n$: Verschiedene Datenbank-Anwendungsprogramme
- **Data Dictionary** (oder auch Datenwörterbuch): Zentraler Katalog aller für die Datenhaltung relevanten Informationen

In den folgenden Abschnitten werden wir einzelne Komponenten kurz erläutern. Hierzu diskutieren wir exemplarisch einige Funktionen, die von einem Datenbankmanagementsystem ausgeführt werden müssen, sowie die zugehörigen datenbankspezifischen Sprachen.

Modell für die konzeptuelle Ebene: Relationenmodell

Die relationalen Datenbanken sind zurzeit von den moderneren Ansätzen kommerziell am weitesten verbreitet, so dass sie sich für eine Einführung in die Problematik besonders gut eignen. Zudem unterstützen sie ein verhältnismäßig einfaches Datenstrukturierungsmodell und der Zugang zu ihnen über Datenbanksprachen ist in Form der SQL-Norm weitestgehend standardisiert.

Konzeptionell ist eine relationale Datenbank eine Ansammlung von *Tabellen*. Hinter den Tabellen steht mathematisch die Idee einer Relation: ein grundlegender Begriff, der dem gesamten Ansatz den Namen gegeben hat.

Die zwei Tabellen in Abbildung 1.6 sollen die Daten eines Weinführers darstellen. Eine Tabelle beinhaltet die Informationen über die Weine, die zweite die Informationen über die Erzeuger bzw. Weingüter.

Wir verwenden in diesem Abschnitt die folgenden begrifflichen Konventionen: Die erste Zeile gibt jeweils die Struktur einer Tabelle an (Anzahl und Benennung der Spalten). Diese Strukturinformation bezeichnen wir als *Relationenschema* (als Pluralform von Schema verwenden wir *Schemata*). Die weiteren Einträge in der Tabelle bezeichnen wir als *Relation* zu diesem Schema. Eine einzelne Zeile der Tabelle bezeichnen wir als *Tupel*. Spaltenüberschriften werden als *Attribut(namen)* bezeichnet. Diese Konventionen werden in Abbildung 1.7 noch einmal verdeutlicht.

Relationenmodell: Integritätsbedingungen

Selbst in einem derart einfachen Datenstrukturierungsmodell wie dem relationalen ist es sinnvoll, bestimmte *Konsistenzforderungen* oder *Integritätsbedingungen* an gespeicherte Datenbanken zu stellen, die vom System gewährleistet werden müssen.

WEINE	Name	Farbe	Jahrgang	Weingut
	La Rose Grand Cru	Rot	1998	Château La Rose
	Creek Shiraz	Rot	2003	Creek
	Zinfandel	Rot	2004	Helena
	Pinot Noir	Rot	2001	Creek
	Pinot Noir	Rot	1999	Helena
	Riesling Reserve	Weiß	1999	Müller
	Chardonnay	Weiß	2002	Bighorn

ERZEUGER	Weingut	Anbaugebiet	Region
	Creek	Barossa Valley	South Australia
	Helena	Napa Valley	Kalifornien
	Château La Rose	Saint-Emilion	Bordeaux
	Château La Pointe	Pomerol	Bordeaux
	Müller	Rheingau	Hessen
	Bighorn	Napa Valley	Kalifornien

Abbildung 1.6: Relationen der Beispieldatenbank

WEINE	Name	Farbe	Jahrgang	Weingut
	La Rose Grand Cru	Rot	1998	Château La Rose
	Creek Shiraz	Rot	2003	Creek
	Zinfandel	Rot	2004	Helena
	Pinot Noir	Rot	2001	Creek
	Pinot Noir	Rot	1999	Helena
	Riesling Reserve	Weiß	1999	Müller
	Chardonnay	Weiß	2002	Bighorn

Abbildung 1.7: Begriffsbildung und Darstellung von Tabellen im Relationenmodell

Betrachten wir die WEINE-Tabelle erneut. Die Einträge für die Erzeuger in der Weingut-Spalte, in der folgenden Tabelle kursiv hervorgehoben, sollten sicher nicht beliebig gewählt werden dürfen.

WEINE	Name	Farbe	Jahrgang	Weingut
	La Rose Grand Cru	Rot	1998	*Chateau La Rose*
	Creek Shiraz	Rot	2003	*Creek*
	Zinfandel	Rot	2004	*Helena*
	Pinot Noir	Rot	2001	*Creek*
	Pinot Noir	Rot	1999	*Helena*
	Riesling Reserve	Weiß	1999	*Müller*
	Chardonnay	Weiß	2002	*Bighorn*

Von jedem Weingut-Eintrag in WEINE erwarten wir, dass es tatsächlich auf ein Weingut in der ERZEUGER-Tabelle verweist. Dies ist aber nur möglich, wenn diese Einträge eindeutig Zeilen identifizieren. Wir bezeichnen diese Eigenschaft als *Schlüsseleigenschaft*.

ERZEUGER	Weingut	Anbaugebiet	Region
	Creek	Barossa Valley	South Australia
	Helena	Napa Valley	Kalifornien
	Chateau La Rose	Saint-Emilion	Bordeaux
	Chateau La Pointe	Pomerol	Bordeaux
	Müller	Rheingau	Hessen
	Bighorn	Napa Valley	Kalifornien

Derartig einfache Integritätsbedingungen sind im relationalen Datenbankmodell fest integriert. Wir werden darum im Folgenden jeweils Relationenschema *plus* Integritätsbedingungen betrachten.

Unter *lokalen* Integritätsbedingungen verstehen wir Bedingungen, die lokal für eine Tabelle gewährleistet sein müssen. Etwa ist das Attribut Weingut *Schlüssel* für ERZEUGER, d.h. ein Weingutname darf nicht doppelt vergeben werden oder anders ausgedrückt: In der Spalte Weingut dürfen keine zwei gleichen Werte auftauchen. In der Praxis erzielt man dies üblicherweise durch die Einführung *künstlicher Schlüssel* wie etwa einem zusätzlichen Attribut WeingutID.

Unter *globalen* Integritätsbedingungen verstehen wir Bedingungen, die über den Bereich einer Tabelle hinausreichen. Wir sagen, dass Weingut in der Tabelle WEINE ein *Fremdschlüssel* bezüglich ERZEUGER ist. Dies bedeutet, dass Weingut in einem anderen Relationenschema als Schlüssel auftaucht und die Weingüter in WEINE auch in ERZEUGER auftreten müssen.

Anfrageoperationen

Wir werden uns in diesem Buch ausführlich mit den Möglichkeiten beschäftigen, Anfragen an Datenbanken zu formulieren. Wir betrachten hier nur kurz einige Basisoperationen auf Tabellen, die die Berechnung von Ergebnistabellen aus Datenbanktabellen erlauben.

Die *Selektion* ermöglicht es, Zeilen einer Tabelle auszuwählen. Hierbei kann ein einfaches Prädikat[2] über die Tupelwerte der zu selektierenden Zeilen angegeben werden. Die Selektion wird im folgenden mit SEL, die Selektionsbedingung in eckigen Klammern notiert. Ein Beispiel ist die folgende Anfrage:

    SEL [Farbe = 'Rot'] (WEINE)

Die Anfrage liefert als Ergebnis die folgende Tabelle mit allen Rotweinen:

---

[2]Prädikate sind Bedingungen, die die Wahrheitswerte **true** oder **false** liefern.

Name	Farbe	Jahrgang	Weingut
La Rose Grand Cru	Rot	1998	Chateau La Rose
Creek Shiraz	Rot	2003	Creek
Zinfandel	Rot	2004	Helena
Pinot Noir	Rot	2001	Creek
Pinot Noir	Rot	1999	Helena

Während die Selektion Zeilen selektiert, werden mittels der *Projektion* Spalten ausgewählt. Die Projektion wird analog zur Selektion mit **PROJ** notiert:

```
PROJ [ Region ] (ERZEUGER)
```

Zur Auswahl von Spalten müssen die Attributnamen angegeben werden. Das Ergebnis der Anfrage ist die folgende Tabelle mit den Namen der Weinregionen:

Region
South Australia
Kalifornien
Bordeaux
Hessen

Wie man am Ergebnis sieht, werden bei der Projektion doppelte Tupel entfernt. Dies ist die Folge der Interpretation von Tabellen als mathematische Relationen, also als (duplikatfreie) Mengen von Tupeln.

Wir benötigen nun noch eine Operation, um zwei Tabellen miteinander zu verschmelzen. Der *Verbund* (engl. *Join*) verknüpft Tabellen über gleichbenannte Spalten, indem er jeweils zwei Tupel verschmilzt, falls sie dort gleiche Werte aufweisen. Er wird mit **JOIN** notiert.

```
PROJ [ Name, Weingut ] (WEINE)
    JOIN
SEL [ Region = 'Kalifornien' ] (ERZEUGER)
```

Das Ergebnis einer Verbundoperation ist eine Tabelle, die als Schema die Vereinigung der Spaltennamen der Eingangsrelationen erhält. Die Tupel der Eingangsrelationen werden immer dann zu einem neuen Tupel verschmolzen, wenn sie bei den gemeinsamen Attributen (hier: Weingut) in den Werten übereinstimmen. Die obige, schon etwas komplexer aufgebaute Anfrage führt zu folgendem Ergebnis:

Name	Weingut	Anbaugebiet	Region
Zinfandel	Helena	Napa Valley	Kalifornien
Pinot Noir	Helena	Napa Valley	Kalifornien
Chardonnay	Bighorn	Napa Valley	Kalifornien

Für Tabellen können weitere sinnvolle Operationen definiert werden, etwa Vereinigung, Differenz, Durchschnitt, Umbenennung von Spalten etc. (siehe Abschnitt 4.2.2). Alle Operationen sind beliebig kombinierbar und bilden somit eine Algebra zum Rechnen mit Tabellen, die sogenannte *relationale Algebra* oder auch *Relationenalgebra*.

Sprachen und Sichten

Nach diesen Vorbemerkungen kommen wir zurück zu unserer Grobarchitektur eines (relationalen) Datenbanksystems aus Abbildung 1.5 von Seite 10 und diskutieren die dort aufgeführten Komponenten. Wie bereits erwähnt, werden in diesem Buch nur die Sprachschnittstellen vertieft erläutert. Für eine Vertiefung der internen Implementierungsprobleme verweisen wir auf das ergänzende Datenbankimplementierungsbuch [SHS05].

Die relationale Algebra vermittelt bereits einen guten Eindruck davon, wie moderne Datenbanksysteme Daten manipulieren. Ein wichtiger Aspekt dabei ist, dass Tabellen konzeptionell als Ganzes verarbeitet werden und nicht etwa in einer Schleife durchlaufen werden müssen. Ein Datenbanksystem stellt an der Benutzerschnittstelle mehrere Sprachkonzepte zur Verfügung, etwa um Anfragen, Datenbankänderungen oder externe Sichten zu deklarieren.

Als *Anfragesprache* (auch *Abfragesprache*) wird oft eine Sprache angeboten, die es erlaubt, aus vorhandenen Tabellen neue zu berechnen, die eine Antwort auf eine Fragestellung geben. Relationale DBMS bieten eine interaktive Möglichkeit an, Datenbankanfragen zu formulieren und zu starten. Heutzutage ist die Sprache in der Regel ein Dialekt der in den Kapiteln 7 und 10 ausführlich vorgestellten Sprache SQL. SQL umfasst grob gesagt die Ausdrucksfähigkeit der Relationenalgebra und zusätzlich Funktionen (**sum**, **max**, **min**, **count**, ...) zum Aggregieren von Werten einer Tabelle sowie einfache arithmetische Operationen. Alternativ dazu existieren oft graphisch verpackte Anfragemöglichkeiten für den gelegentlichen Benutzer.

Um einen ersten Eindruck der Sprache SQL zu vermitteln, geben wir eine Umsetzung unserer Verbundanfrage in SQL-Notation an:

```
select Name, ERZEUGER.Weingut, Anbaugebiet, Region
from   WEINE natural join ERZEUGER
where  Region = 'Kalifornien'
```

Die Operation JOIN der Relationenalgebra wird hier durch den Operator **natural join** realisiert. Weitere Varianten der Formulierung werden wir in Kapitel 7 behandeln.

Ebenfalls interaktiv wird eine *Änderungskomponente* (angelehnt an den englischen Fachbegriff auch als *Update-Komponente* bezeichnet) angeboten, die es ermöglicht,

- Tupel einzugeben,

- Tupel zu löschen und

- Tupel zu ändern.

Lokale und globale Integritätsbedingungen müssen bei Änderungsoperationen automatisch vom System überprüft werden.

Definition von Benutzersichten

Häufig vorkommende Datenbankanfragen können unter einem Sichtnamen als virtuelle Tabelle gespeichert werden. Als Beispiel möchten wir die Tabelle KALIFORNIEN_WEINE definieren, die alle Bordeaux-Weine enthalten soll:

```
KALIFORNIEN_WEINE := PROJ [ Name, Farbe, Jahrgang, Weingut ] (
                     SEL [Region='Kalifornien'] (ERZEUGER)
                 JOIN
                     WEINE)
```

Das Ergebnis dieser Anfrage ist die folgende Relation:

KALIFORNIEN_WEINE	Name	Farbe	Jahrgang	Weingut
	Zinfandel	Rot	2004	Helena
	Pinot Noir	Rot	1999	Helena
	Chardonnay	Weiß	2002	Bighorn

Diese berechnete Tabelle ist nun über den Sichtnamen BORDEAUX_WEINE genauso ansprechbar wie WEINE oder ERZEUGER. Darüber hinaus werden Änderungen auf diesen beiden Tabellen automatisch in der Sichtrelation berücksichtigt.

Optimierer

Eine wichtige Komponente eines DBMS ist der *Optimierer*, da Anfragen unabhängig von der internen Detailrealisierung der Datenstrukturen formuliert werden sollen. Das DBMS muss Anfragen selbst optimieren, um eine effiziente Ausführung zu ermöglichen.

Für unsere Beispielbetrachtung stellt sich also das folgende Problem: Finde einen Relationenalgebra-Ausdruck, der äquivalent ist („das gleiche Ergebnis liefert") zu einem vorgegebenen, der aber effizienter auszuwerten ist.

Eine Möglichkeit der Optimierung ist die sogenannte *algebraische Optimierung*. Hierbei werden Algebraausdrücke nach bestimmten Regeln in äquivalente Ausdrücke umgeformt. Betrachten wir etwa die beiden folgenden Algebraterme:

1. **SEL** [Anbaugebiet = 'Rheingau'] (ERZEUGER **JOIN** WEINE)

2. (**SEL** [Anbaugebiet = 'Rheingau'] (ERZEUGER)) **JOIN** WEINE

Man kann sich leicht klarmachen, dass die beiden Ausdrücke für jede gegebene Datenbank die gleichen Ergebnisse liefern, sie also *äquivalent* sind. Die algebraische Optimierung nutzt derartige Äquivalenzen, um jeweils Umformungen vorzunehmen, die zu äquivalenten, aber effizienteren Ausführungen führen.

Hierbei werden heuristische Strategien eingesetzt, etwa die allgemeine Strategie: *„Führe Selektionen möglichst früh aus, da sie die Tupelanzahlen in Relationen verkleinern."*

Betrachten wir unser Beispiel und nehmen dabei an, dass WEINE 5.000 Tupel und ERZEUGER 500 Tupel enthält. Der Verbund soll in Form ineinander geschachtelter Schleifen ausgeführt werden, wobei jedes Tupel der ERZEUGER-Relation mit jedem Tupel der WEINE-Relation verglichen wird. Der Aufwand dafür beträgt bei Relationengrößen (Anzahl der Tupel) n bzw. m, und somit $n \cdot m$. Gehen wir weiterhin davon aus, dass wir insgesamt Erzeuger aus 20 verschiedenen Anbaugebieten erfasst haben.

Unter diesen Annahmen ergeben sich für die beiden obigen Varianten etwa folgende Aufwände (grob gemessen an der Anzahl von Zugriffen auf Einzeltupel):

1. Im ersten Fall erhalten wir $500 \cdot 5.000 = 2.500.000$ Operationen für die **JOIN**-Ausführung. Da nur Weine erfasst sind, die auch einen Erzeuger haben (also deren Erzeugernummer in der ERZEUGER-Relation vorkommt), liefert der Verbund 5.000 Tupel, auf welche die **SEL**-Operation angewendet wird und die unter der obigen Annahme $\frac{1}{20}$ der Tupel aus WEINE als Ergebnis produziert. Insgesamt erhalten wir somit $2.500.000 + 5.000 = 2.505.000$ Operationen.

2. Im zweiten Fall erfordert die Ausführung der Selektion auf der ERZEUGER-Relation 500 Zugriffe. Entsprechend unserer Annahme erfüllen durchschnittlich $\frac{500}{20} = 25$ Tupel in ERZEUGER die Bedingung Anbaugebiet = 'Rheingau'. Demzufolge benötigt die Ausführung des Verbundes nun $25 \cdot 5.000 = 125.000$ Operationen. Insgesamt werden somit 125.500 Operationen benötigt.

Diese beiden unterschiedlichen Ausführungen führen in diesem Beispiel zu Aufwandsabschätzungen, die um den Faktor 20 differieren.

Datenbankoptimierer werden in Kapitel 7 von [SHS05] intensiv diskutiert.

Interne Strukturen

Die interne Ebene legt die Dateiorganisationsformen fest, die bei der Speicherung von Relationen eingesetzt werden. Eine Relation kann intern als Datei zum Beispiel wie folgt abgespeichert werden:

- als Heap (dt. „Haufen"), also ungeordnet bzw. in der Reihenfolge des Einfügens

- sequenziell, also geordnet nach einer bestimmten Spalte oder Spaltenkombination

- hashorganisiert, also gestreut gespeichert, wobei die Adressberechnung durch eine numerische Formel, die Hashfunktion, erfolgt

- baumartig, d.h. die Tupel sind hierbei in einem Suchbaum angeordnet oder

- als weitere, hier nicht ausgeführte Speicherstrukturen

Neben der Speicherung der Relation können zusätzliche *Zugriffspfade* angelegt werden, die den Zugriff nach bestimmten Kriterien beschleunigen können. Etwa kann die Relation WEINE intern sequenziell nach dem Attribut Name abgelegt sein, ein zusätzlich aufgebauter baumartiger Zugriffspfad aber auch den Zugriff über das produzierende Weingut beschleunigen.

Zwischen der Realisierung verschiedener Dateiorganisationen bzw. Zugriffspfade soll beliebig gewechselt werden können, ohne dass dies Auswirkungen auf der konzeptuellen und externen Ebene haben darf.

Man muss beim Einsatz zugriffsunterstützender Strukturen immer beachten: Je schneller die Anfragen aufgrund zusätzlicher Zugriffsstrukturen werden, desto langsamer werden Datenbankänderungen, da die Zugriffsstrukturen jeweils an die neuen Daten angepasst werden müssen.

Kapitel 4 von [SHS05] behandelt ausführlich die verschiedenen Datenorganisationsformen, die in klassischen Datenbanksystemen zum Einsatz kommen.

Zugriffe auf Plattenseiten

Jede Operation des (voroptimierten) Anfrageausdrucks (etwa SEL, PROJ, JOIN usw.) muss nun in eine optimale Folge von Seitenzugriffen umgesetzt werden. Dabei werden Zugriffspfade und Dateiorganisationen ausgenutzt, wenn es dem System sinnvoll erscheint. Die Reihenfolge der Zugriffe wird nach vorliegenden Zugriffspfaden bestimmt. Betrachten wir dazu ein Beispiel:

```
SEL [ Name = 'Pinot Noir']
  ( SEL [ Jahrgang > 2000 ] ( WEINE ))
```

Nehmen wir nun an, dass für den Zugriff über Name ein Zugriffspfad definiert ist, hingegen auf dem Attribut Jahrgang nicht. Das System muss jetzt die Reihenfolge der Selektionen ändern, um eine effizientere Ausführung zu garantieren.

Sprachen und Verantwortliche

Beim Benutzen eines DBMS sind verschiedene Aufgaben zu lösen, die verschiedene Beschreibungssprachen erfordern und zum Teil von verschiedenen Personenkreisen eingesetzt werden:

- Zur Datenbankdefinition wird eine sogenannte Datendefinitionssprache eingesetzt (Data Definition Language, kurz DDL). Klassischerweise fällt diese Aufgabe dem Datenbankadministrator (DBA) zu, wird aber auch von Datenbankanwendungsentwicklern vorgenommen, die zu ihrer Anwendung eine Datenbank erstellen.

- Die Dateiorganisation erfolgt in der Speicherstruktur-Beschreibungssprache SSL (Storage Structure Language), typischerweise mit dem Ziel der Performanzverbesserung, und ist Aufgabe des Datenbankadministrators.

- Die Sichtdefinition erfolgt in einer Sichtdefinitionssprache, je nach System SDDL (Subscheme Data Definition Language) oder VDL (View Definition Language). Das betreffende Tätigkeitsfeld wird mit der Rolle des Administrators verbunden.

- Anfragen erfolgen in einer interaktiven Anfragesprache IQL (Interactive Query Language). Bietet die Sprache auch Änderungsoperationen an, wird sie allgemein als Datenmanipulationssprache (Data Manipulation Language kurz DML) bezeichnet. Zielgruppe für diese Sprache sind sowohl geschulte Anwender als auch Anwendungsentwickler.

- Die Datenbankprogrammiersprachen (Data Base Programming Language, kurz DBPL) sind für die Anwendungsentwickler gedacht. Sie vereinen datenbankspezifische Konzepte mit klassischen Programmiertechniken.

Die Trennung in Sprachen und Rollen ist bei den heutigen Systemen meist nicht so strikt – so umfasst etwa SQL alle diese Teilsprachen, während beispielsweise objektorientierte oder XML-Datenbanksysteme tatsächlich verschiedene Sprachen für verschiedene Aufgaben (Datendefinition, Anfragen) bereitstellen.

1.2.3 Einsatzgebiete, Grenzen und Entwicklungstendenzen

Bisher haben wir die Grundkonzepte von DBMS beschrieben. Nun müssen wir sie in die Softwarelandschaft einordnen sowie Entwicklungslinien der Vergangenheit und Entwicklungstendenzen der Zukunft diskutieren.

Einsatzgebiete und Grenzen

Die klassischen Einsatzgebiete der Datenbanken sind Anwendungen im kommerziellen Bereich, die sich aus Buchhaltungs- und Katalogisierungsproblemen entwickelt haben. Ein typisches Beispiel neben unserer kleinen Weindatenbank sind beispielsweise Artikelverwaltungs- und Bestellsysteme im Handel bzw. E-Commerce. Derartige Anwendungen zeichnen sich durch einige Charakteristika aus: Es gibt viele Objekte (20.000 Artikel, 10.000 Kunden,

1.000 Bestellvorgänge pro Tag usw.), aber vergleichsweise wenige Objekttypen (ARTIKEL, KUNDE, BESTELLUNG). Objekte sind einfach strukturiert und verhältnismäßig klein. Durchzuführende Transaktionen sind kurz und betreffen wenige Objekte (etwa die Bestellung eines Artikels), und die ausgeführten Operationen sind relativ unkompliziert, wie etwa einfache arithmetische Berechnungen.

Andere wichtige Beispiele für Datenbankanwendungen sind *Enterprise Resource Planning (ERP)*-Systeme, die die gesamte Ressourcenplanung in Unternehmen unterstützen. Derartige Systeme beinhalten neben der Stammdatenverwaltung Komponenten für die Materialwirtschaft (Lagerhaltung, Beschaffung), Finanz- und Rechnungswesen, Controlling, Personalwirtschaft und Produktion[3]. Die bekanntesten Vertreter sind sicherlich SAP R/3 bzw. der Nachfolger mySAP ERP und PeopleSoft.

Ein weiteres Beispiel sind *Customer Relationship Management (CRM)*-Systeme, die zur Verwaltung der Kundenbeziehungen eines Unternehmens dienen. In einer Datenbank werden dazu alle Kundenkontakte erfasst – beginnend bei den Adressen über die Historie von Anfragen, Angeboten und Kaufvorgängen bis hin zur finanziellen Situation. Deratige Systeme werden insbesondere zur Unterstützung des Vertriebs und für Marketingaktionen eingesetzt.

Datenbanksysteme bilden auch die Basis für sogenannte *Data Warehouses*. Hierbei handelt es sich um eine integrierte Datenbasis für Unternehmensdaten aus verschiedenen Quellsystemen, die zum Zweck der Analyse längerfristig und unabhängig von den Quellsystemen gespeichert werden. Auf Aspekte von Data Warehouses werden wir in Kapitel 19 noch näher eingehen.

Natürlich haben derartige herkömmliche Datenbanksysteme auch Grenzen:

- Relationale Datenbanksysteme mit ihren flachen, einheitlich strukturierten Daten sind überfordert, wenn sehr tiefe, auch wechselnde Strukturen der Daten mit vielen Objekttypen benötigt werden und wenn Transaktionen viele Objekte über längere Zeiträume hinweg manipulieren. Beispiele hierfür sind CAD- und andere technische oder wissenschaftliche Anwendungen wie in der Physik, Astronomie oder Genomforschung.

- Auch Anwendungen, in denen kontinuierlich und unter Umständen große Datenmengen erzeugt werden, die möglichst zeitnah oder gar in Echtzeit verarbeitet werden müssen, stellen relationale Datenbanksysteme vor Probleme. Beispiele hierfür sind die Verarbeitung von Protokolldaten in Telekommunikationsnetzwerken, von Sensordaten in der Umweltmessung, in Logistik- und Fertigungsprozessen, der Verkehrssteuerung oder der Satellitenüberwachung. Hier verbietet sich oft schon aufgrund des Datenvolumens und der theoretischen Unendlichkeit der Daten eine Ablage in einem

---

[3]Zwar weisen diese Systeme immer noch relativ einfache Datenstrukturen auf, die Anzahl der Objekttypen bzw. Tabellen kann jedoch immens sein. So umfasst eine SAP R/3-Datenbank mehr als 77.000 Tabellen und Sichten [Mun07]!

Datenbanksytem und eine darauf aufbauende Verarbeitung durch Anfragen.

Entwicklungslinien bei Datenbankmanagementsystemen

In den 60er Jahren entstanden die ersten Datenbanksysteme im Sinne unserer Begriffsbildung. Diese unterstützten das sogenannte *hierarchische Modell* bzw. das *Netzwerkmodell*. Diese Modelle sind an die Datenstrukturen von kommerziellen Programmiersprachen angelehnt und basieren somit auf Zeigerstrukturen zwischen Datensätzen. Dem hierarchischen Datenmodell können hierbei Baumstrukturen zugeordnet werden, während das Netzwerkmodell allgemeinere Verknüpfungen zulässt.

Die Systeme dieser ersten Generation zeichneten sich durch eine schwache Trennung zwischen interner und konzeptueller Ebene aus, so dass die Art der internen Speicherung die Anwendungsprogrammierung beeinflusste. Die Datenmanipulationssprache war navigierend anhand der Zeigerstrukturen.

Die 70er und 80er Jahre waren geprägt durch die Entwicklung der *relationalen Datenbanksysteme*, die zurzeit den kommerziellen Markt (neben Altsystemen der ersten Generation) beherrschen. Wie wir anhand unseres Beispielsystems gesehen haben, werden Daten in Tabellenstrukturen verwaltet, wobei das Drei-Ebenen-Konzept eine Trennung der internen von der konzeptuellen Ebene erzwingt. Relationale DBMS unterstützen eine deklarative Datenmanipulationssprache, in der Regel SQL. Die Datenmanipulationssprache ist von der Programmiersprache der Anwendungsentwicklung separiert, so dass die Kopplung der beiden Sprachwelten zwangsweise zu Problemen führt.

Seit den (späten 80er und) 90er Jahren kann die relationale Datenbanktechnik als etabliert gelten. Aktuelle Entwicklungstendenzen sind daher auf die Berücksichtigung neuer Anforderungen gerichtet.

Hierzu zählt zum einen die Verwaltung komplex strukturierter Datenbestände. So waren Ende der 90er Jahre *objektorientierte* Datenbanksysteme eines der populärsten Schlagworte im Datenbankbereich. Derartige Systeme ermöglichen die Zusammenfassung von Daten in komplexeren Objektstrukturen und bieten so adäquate Strukturierungskonzepte. Sie unterstützen zum Teil deklarative oder navigierende DML, wobei die deklarativen Ansätze in kommerziellen Systemen nicht ausgereift waren. Daher boten sie eine integrierte Datenbankprogrammiersprache an – zunächst als Erweiterung von C++, später dann auf Basis von Java.

Inzwischen haben objektorientierte Konzepte als *objektrelationale* Erweiterungen auch Eingang in die SQL-Datenbanksysteme gefunden. Im Gegensatz zu den objektorientierten Datenbanksystemen werden Entwicklungen im Bereich dieser objektrelationalen Datenbanksysteme (ORDBS) von den großen Datenbankherstellern vorangetrieben und haben den aktuellen SQL:2003-Standard beeinflusst. Ein wichtige Rolle spielt dabei insbesondere die Verwaltung raumbezogener Daten oder Geodaten (engl. *Spatial Data*) zur Unterstützung von Geoinformationssystemen.

Auch die Verbreitung von *XML* hat großen Einfluss auf die Datenbankentwicklung. Neben Datenbanksystemen, die direkt XML-Dokumente verwalten können (sogenannte *native* XML-Datenbanksysteme), unterstützen einige der aktuellen kommerziellen DBMS auch die Speicherung und Verarbeitung von XML-Daten in Form spezieller Datentypen.

Zur Verarbeitung von kontinuierlich erzeugten Daten wurden in den letzten Jahren *Datenstrommanagementsysteme* vorgeschlagen. Hierbei handelt es sich um Systeme, die kontinuierliche Anfragen auf sogenannten *Datenströmen* verarbeiten können.

Schließlich besteht in vielen Szenarien die Aufgabe, verteilt vorliegende und auf unterschiedliche Weise strukturierte Daten zu verknüpfen. Eine der Herausforderungen in derartigen *Daten-* oder *Informationsintegrationssystemen* ist die Überwindung der Heterogenität – der unterschiedlichen Ausprägung auf System-, Datenmodell-, Schema- und Datenrepräsentationsebene.

1.2.4 Wann kommt was?

Wie finden sich die bisher nur kurz angerissenen Konzepte und Systembestandteile in diesem Buch wieder? Viele der diskutierten Aspekte werden im vorliegenden Buch ausführlich behandelt, aber einiges, das eher den internen Realisierungen zuzuordnen ist, ist dem Buch „Datenbanken: Implementierungskonzepte" von Saake, Heuer und Sattler [SHS05] (das sich einer Vorlesung „Datenbanken II" zuordnen lässt) vorbehalten. Die Themen können wie folgt den Kapiteln und Abschnitten des vorliegenden Buchs zugeordnet werden:

- Allgemeine *Architekturfragen* sind Inhalt von Kapitel 2.

- Die Frage der *Datendefinition* ist eng mit dem Konzept des Datenbankmodells verbunden. Diese Aufgabe gehört zu den wichtigsten Tätigkeiten beim Einsatz von DBMS und wird darum in diesem Buch sehr intensiv behandelt. Kapitel 3 führt die Grundlagen von *Datenbankmodellen* ein und stellt mit dem Entity-Relationship-Modell ein konkretes Modell für den Entwurf von Datenbanken vor. Erweiterte Modellierungskonzepte werden in Kapitel 8 eingeführt. Die Kapitel 5 und 6 diskutieren die Probleme des Datenbankentwurfs, wobei Kapitel 6 die theoretischen Grundlagen für den Entwurf relationaler Datenbanken liefert. Die Datendefinition für relationale Datenbanken wird in Kapitel 7 behandelt, weitere Datenbankmodelle sind Gegenstand des dritten Teils mit den Kapiteln 16 bis 20.

- Die interne *Dateiorganisation* ist „Datenbanken-Implementierungstechniken" zugeordnet und wird in [SHS05] in den Kapiteln 4 und 5 behandelt.

- Das Problem der *Sichtdefinition* wird in Kapitel 14 intensiver diskutiert. In den Kapiteln 12 und 15 werden des weiteren Transaktionen, Integritätssicherung und Aspekte der Zugriffskontrolle behandelt.

- Die Struktur des *Data Dictionary* ist natürlich an das verwendete Datenbankmodell angelehnt. Weitere Aspekte, wie benötigte Informationen für die Optimierung, werden in „Datenbanken-Implementierungstechniken" behandelt.

- Die Themenfelder *Plattenzugriffssteuerung*, *Auswertung* und *Optimierung* sind eindeutig dem Themenbereich der Datenbankimplementierung zugeordnet. Eine ausführlicher Diskussion der Konzepte erfolgt in den Kapiteln 6 und 7 von [SHS05].

- Sprachen für *Anfragen* und *Änderungen* sind naturgemäß ein wichtiger Aspekt. Die Datenbanksprache SQL wird in den Kapiteln 7 (relationaler Teil) und 10 (erweiterte Konzepte) vorgestellt. Formale Grundlagen sind Gegenstand von Kapitel 4 (speziell Relationenalgebra und -kalkül) bzw. 9 (erweiterte Anfragemodelle), weitere Datenbanksprachen werden in Kapitel 11 behandelt.

- Der Bereich der *Datenbankanwendungsprogrammierung* wird in Kapitel 13 behandelt.

1.3 Beispielanwendung

In diesem Buch greifen wir größtenteils auf dasselbe Beispiel zurück, das einen kleinen Teil der Möglichkeiten einer Datenbankanwendung anhand einer kleinen Weinkellerverwaltung beschreiben soll. Unsere Anwendung umfasst folgende Objekttypen, zu denen Informationen in einem Datenbanksystem gespeichert werden[4]:

- Zu jedem **Wein** wollen wir folgende Eigenschaften verwalten: den Namen, die Farbe (rot, weiß, rosé), den Jahrgang sowie den Restzuckergehalt (die Restsüße).

- Ein **Erzeuger** ist ein Weinproduzent, von dem wir den Namen (das Weingut) und die Adresse bzw. die Region (wie das Napa Valley in Kalifornien, das Barossa Valley in Australien oder Saint Emilion in Frankreich) speichern.

---

[4] Alle Ähnlichkeiten mit real existierenden Weinen und Weingütern sind unbeabsichtigt und rein zufällig. Darüber hinaus verwenden wir eine vereinfachende Benennung der Weine im Wissen, dass dies nicht mit der Realität übereinstimmt.

- Das **Anbaugebiet** ist die geographische Region, in der ein Wein mit dem Namen der Region angebaut wird, so z.B. Bordeaux in Frankreich, Kalifornien oder der Rheingau in Deutschland. Demzufolge werden die Eigenschaften Name und Land benötigt.

- Eine **Rebsorte** ist durch den Namen und die Farbe gekennzeichnet, beispielsweise Zinfandel (rot), Riesling (weiß) oder Cabernet Sauvignon (rot).

- Ein **Gericht** ist eine Speise mit einem Namen (z.B. Rinderbraten, Kalbsleber) und einer Beilage wie Pommes Frites, Thüringer Klößen oder Risotto.

- Ein **Kritiker** ist ein Weinexperte, zu dem wir den Namen und die Organisation (Firma, Verlag usw.) verwalten.

Die genannten Objekttypen stehen miteinander in vielfältigen Beziehungen, die ebenfalls in der Datenbank verwaltet werden sollen:

- Ein Erzeuger **produziert** Weine, beispielsweise produziert das (fiktive) Weingut „Helena" einen Zinfandel.

- Weiterhin ist ein Erzeuger in einem Anbaugebiet **angesiedelt**. So sitzt das Weingut „Helena" im kalifornischen Napa Valley.

- Ein Wein wird aus einer oder mehreren Rebsorten **hergestellt**, etwa der kalifornische Opus One aus „Cabernet Sauvignon", „Cabernet Franc" und „Merlot".

- Ein Weinkritiker **empfiehlt** einen Wein zu einem Gericht, z.B. einen bestimmten Bordeaux-Wein zu Rinderbraten.

Im Anhang A werden Darstellungen der modellierten Anwendungsdaten sowohl in einem abstrakteren Modell, dem Entity-Relationship-Modell, kurz ER-Modell (siehe Kapitel 6), als auch im Relationenmodell angegeben. Dort sind auch einige Beispieldaten aufgeführt. Für die verschiedenen Namen von Objekten, Beziehungen und Eigenschaften werden wir gegebenenfalls auch Abkürzungen verwenden, falls wir dies zur Darstellung aus Platzgründen benötigen.

Wir haben uns für diese Beispielmodellierung entschieden, weil erstens viele Konzepte anhand dieser Modellierung diskutiert werden können und wir zweitens annehmen, dass ein solches Szenario allgemein bekannt ist. Natürlich ist eine einzelne Beispielanwendung nicht für alle Problembereiche gleichermaßen zur Veranschaulichung geeignet, so dass wir in einigen Abschnitten kleinere Ergänzungen, Vereinfachungen oder Änderungen vornehmen, wenn damit die jeweiligen Konzepte besser verdeutlicht werden können.

1.4 Vertiefende Literatur

Die Grundkonzepte von Datenbanksystemen sind in vielen Lehrbüchern aufbereitet, die wir an dieser Stelle nicht alle explizit aufzählen wollen. Stellvertretend seien hier nur die Bücher erwähnt, auf die wir uns zum Teil schon im Vorwort bezogen haben: es sind die Bücher von Ullman [Ull88, Ull89], Garcia-Molina, Ullman und Widom [GMUW02], Elmasri und Navathe [ExN02], Silberschatz, Korth und Sudarshan [SKS97], Ramakrishnan [Ram98], Kemper und Eickler [KE06], Vossen [Vos94, Vos99], O'Neil [O'N94], Date [Dat95, DD97b] und Maier [Mai83]. Eine Einführung in Datenbankkonzepte geben auch die Bücher von Lausen [Lau05] Ullman und Widom [UW97], von Atzeni, Ceri, Paraboschi und Torlone [ACPT99] sowie das von Kudraß herausgegebene Taschenbuch [Kud07]. Vertiefende Literatur zu den einzelnen Themenkomplexen werden in den einzelnen Abschnitten angegeben. Auch die historische Entwicklung wird zum Teil in diesen Lehrbüchern abgehandelt und spiegelt sich in den wechselnden Themenschwerpunkten der großen Datenbanktagungen und -zeitschriften wider.

Die Standardisierung der Drei-Ebenen-Architektur, der verschiedenen Datenbanksprachen und Verantwortlichen durch ANSI-SPARC kann in [TK78, Dat86a] oder [LD87] nachgelesen werden.

Die neun Aufgaben eines Datenbanksystems – die Codd'schen Regeln – wurden von Codd in [Cod82] definiert.

1.5 Übungsaufgaben

Übung 1-1 Vergleichen Sie die Dateiverwaltung eines Betriebssystems, etwa ein Dateisystem von UNIX/Linux oder einer neueren Windows-Version, mit einem Datenbankmanagementsystem! Welche Funktionalität stimmt überein, wo liegen die Unterschiede? □

Übung 1-2 Vor dem Einsatz rechnergestützter Datenbanksysteme wurden Daten ausschließlich manuell verwaltet. Geben Sie manuelle Tätigkeiten (etwa in einer Bibliothek) als Gegenstücke zu den Funktionsmodulen eines DBMS an, die in Abbildung 1.5 auf Seite 10 abgebildet sind! □

Übung 1-3 Überlegen Sie sich umgangssprachlich formulierte Anfragen und Änderungsoperationen, die Ihrer Meinung nach in einer Bibliotheksanwendung häufig anfallen. □

Teil I
Kernkonzepte relationaler Datenbanken

2

Architekturen von Datenbanksystemen

In diesem Kapitel werden wir die prinzipielle Architektur eines Datenbanksystems vorstellen. Datenbankarchitekturen kann man aus verschiedenen Blickwinkeln betrachten:

- Die **Schemaarchitektur** beschreibt den Zusammenhang zwischen dem konzeptuellen, internen und externen Schema. Außerdem ordnet sie die Datenbank-Anwendungsprogramme in diese Schemata ein.

- Die **Systemarchitektur** beschreibt den Aufbau eines Datenbanksystems aus Komponenten, Bausteinen oder Werkzeugen. In Standardisierungsvorschlägen werden die Schnittstellen zwischen diesen Komponenten genormt, nicht jedoch die Komponenten selbst.

- Die **Anwendungsarchitektur** beschreibt die Einbindung des Datenbanksystems in eine konkrete Applikation, etwa ein Web-Shop, eine ERP-Anwendung oder ein entscheidungsunterstützendes Data-Warehouse-System. Insbesondere wird dabei die Aufteilung der Funktionalität des Gesamtsystems auf die einzelnen Komponenten und deren Verbindung festgelegt.

Die *Schemaarchitektur* beschreibt im Wesentlichen drei Schemata:

- Das *konzeptuelle Schema*, welches das Ergebnis der Datenmodellierung, des Datenbankentwurfs und der Datendefinition ist. Diese drei Bereiche sind Thema der nächsten Kapitel.

- Das *interne Schema* legt die Dateiorganisationen und Zugriffspfade für das konzeptuelle Schema fest. Die Realisierung des internen Schemas ist Gegenstand des zweiten Bandes [SHS05].

- Das *externe Schema* ist das Ergebnis der Sichtdefinition und legt Benutzersichten auf das globale, konzeptuelle Schema fest. In der Regel handelt es sich nicht nur um ein externes Schema, sondern um mehrere anwendungsspezifische externe Schemata. Sichten werden in Kapitel 14 behandelt.

- Die *Anwendungsprogramme* sind das Ergebnis der Datenbankanwendungsprogrammierung und arbeiten idealerweise auf den externen Schemata.

Die *Systemarchitektur* enthält die folgenden Arten von Komponenten, die in einem Datenbanksystem nötig sind:

- Die *Definitionskomponenten* zur Datendefinition auf der konzeptuellen Ebene, zur Definition der Dateiorganisation auf der internen Ebene und zur Sichtdefinition auf der externen Ebene.

- Die *Programmierkomponenten* zur Datenbankprogrammierung mit Datenbankoperationen, die in herkömmliche Programmiersprachen eingebettet werden.

- Die *Benutzerkomponenten* wie beispielsweise erstellte Datenbankanwendungsprogramme, interaktive Anfrage- und Änderungswerkzeuge.

- Die *Transformationskomponenten* zur Optimierung, Auswertung und Plattenzugriffssteuerung für Datenbankoperationen und zur Transformation der Ergebnisdaten von der internen in die externe (Benutzer-)Darstellung.

Die *Anwendungsarchitektur* wird das Abarbeiten eines Datenbankanwendungsprogramms genauer vorstellen und außerdem eine anwendungsbezogene Sicht auf die Werkzeuge geben, mit denen man eine Datenbankumgebung für ein spezielles Problem erstellen kann.

2.1 Schemaarchitektur und Datenunabhängigkeit

Ein wesentlicher Aspekt bei Datenbankanwendungen ist die Unterstützung der *Datenunabhängigkeit* durch das Datenbankmanagementsystem. Sowohl Datenbanken als auch Anwendungssysteme haben in der Regel eine lange Lebensdauer, während der sowohl die Realisierung der Datenspeicherung als auch externe Schnittstellen aus verschiedensten Gründen modifiziert oder erweitert werden. Das Konzept der Datenunabhängigkeit hat das Ziel, eine (oft langlebige) Datenbank von notwendigen Änderungen der Anwendung abzukoppeln (und umgekehrt).

Die Datenunabhängigkeit kann in zwei Aspekte aufgeteilt werden:

- Die *Implementierungsunabhängigkeit* oder auch *physische Datenunabhängigkeit* bedeutet, dass die konzeptuelle Sicht auf einen Datenbestand unabhängig von der für die Speicherung der Daten gewählten Datenstruktur besteht.

- Die *Anwendungsunabhängigkeit* oder auch *logische Datenunabhängigkeit* hingegen koppelt die Datenbank von Änderungen und Erweiterungen der Anwendungsschnittstellen ab.

Zur Unterstützung der Datenunabhängigkeit in Datenbanksystemen wurde bereits in den 70er Jahren von der ANSI/X3/SPARC[1] Study Group on Database Management Systems eine *Drei-Ebenen-Schemaarchitektur* als Ergebnis einer mehrjährigen Studie vorgeschlagen [Dat86a, TK78, LD87]. ANSI ist das Kürzel für die amerikanische Standardisierungsbehörde American National Standards Institute. Die dort vorgeschlagene Aufteilung in drei Ebenen ist im Datenbankbereich inzwischen allgemein akzeptiert. Abbildung 2.1 zeigt die diesem ANSI-Vorschlag folgende, prinzipielle Schemaarchitektur.

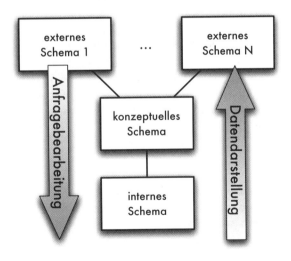

Abbildung 2.1: Drei-Ebenen-Schemaarchitektur für Datenbanken

---

[1]SPARC steht für Standards Planning and Requirements Committee.

Die ANSI-Schemaarchitektur teilt ein Datenbankschema in drei aufeinander aufbauende Ebenen auf. Von unten nach oben werden die folgenden Ebenen vorgeschlagen:

- Das *interne Schema* beschreibt die systemspezifische Realisierung der Datenbank, etwa die eingerichteten Zugriffspfade. Die Beschreibung des internen Schemas ist abhängig vom verwendeten Basissystem und der von diesem angebotenen Sprachschnittstelle.

- Das *konzeptuelle Schema* beinhaltet eine implementierungsunabhängige Modellierung der gesamten Datenbank in einem systemunabhängigen Datenmodell, zum Beispiel dem ER-Modell oder dem relationalen Modell. Das konzeptuelle Schema beschreibt die Struktur der Datenbank vollständig.

- Basierend auf dem konzeptuellen Schema können mehrere *externe Schemata* definiert werden, die anwendungsspezifische (Teil-)Sichten auf den gesamten Datenbestand festlegen.

  Oft beschreiben externe Sichten einen anwendungsspezifischen Ausschnitt des konzeptuellen Schemas unter Benutzung desselben Datenmodells. Es ist aber auch möglich, unterschiedliche Datenbankmodelle für verschiedene externe Schemata zu verwenden.

Die Sprachmittel und typischen Konzepte auf den verschiedenen Ebenen werden im Folgenden exemplarisch anhand einer kleinen Beispielanwendung vorgestellt.

Zwischen den verschiedenen Schemaebenen müssen Abbildungen festgelegt werden, die die Transformation von Datenbankzuständen, Anfragen und Änderungstransaktionen zwischen den Ebenen ermöglichen. Da diese Transformationen vom Datenbankmanagementsystem durchgeführt werden, müssen diese Abbildungen in einer formalen Beschreibungssprache mit festgelegter Semantik notiert werden.

Die Aufgabe der Abbildungen zwischen den Ebenen kann in zwei Problembereiche aufgeteilt werden:

- Die *Anfragebearbeitung* erfordert eine Übersetzung von Anfragen und Änderungsoperationen, die bezüglich der externen Schemata formuliert wurden, in Operationen auf den internen Datenstrukturen (über den Zwischenschritt der konzeptuellen Ebene).

- Die *Datendarstellung* erfordert eine Transformation in der umgekehrten Richtung: Die internen Datenstrukturen von Anfrageergebnissen müssen derart transformiert werden, dass sie den Beschreibungskonzepten der externen Darstellungen entsprechen.

Ebenenarchitektur am Beispiel

Wir wollen die Basisidee der Drei-Ebenenarchitektur von Datenbankschemata im Folgenden wieder anhand einer kleinen Beispielmodellierung zu unserer Weindatenbank diskutieren. Die konzeptuelle Gesamtsicht ist im relationalen Datenbankmodell beschrieben.

Die konzeptuelle Gesamtsicht

Die konzeptuelle Gesamtsicht erfolgt in relationaler Darstellung. Die Datenbank ist in zwei Relationen gespeichert, wie in Abbildung 2.2 dargestellt.

WEINE	WeinID	Name	Farbe	Jahrgang	Weingut → ERZEUGER
	1042	La Rose Grand Cru	Rot	1998	Château La Rose
	2168	Creek Shiraz	Rot	2003	Creek
	3456	Zinfandel	Rot	2004	Helena
	2171	Pinot Noir	Rot	2001	Creek
	3478	Pinot Noir	Rot	1999	Helena
	4711	Riesling Reserve	Weiß	1999	Müller
	4961	Chardonnay	Weiß	2002	Bighorn

ERZEUGER	Weingut	Anbaugebiet	Region
	Creek	Barossa Valley	South Australia
	Helena	Napa Valley	Kalifornien
	Château La Rose	Saint-Emilion	Bordeaux
	Château La Pointe	Pomerol	Bordeaux
	Müller	Rheingau	Hessen
	Bighorn	Napa Valley	Kalifornien

Abbildung 2.2: Konzeptuelle Beispieldatenbank in Relationendarstellung

Schlüssel, also identifizierende Attribute in Relationen, werden durch Unterstreichung gekennzeichnet. Bezüge zwischen Relationen, die sogenannten Fremdschlüssel als Verweise auf Schlüssel, sind in der Beispielrelation mit dem Bezug zu dem Schlüssel einer anderen Relation angegeben.

Externe Sichten

Eine mögliche Anwendungssicht wäre dadurch gegeben, dass die Daten in *einer* Relation dargestellt werden, wobei die Attribute WeinID und Jahrgang ausgeblendet werden sollen (wie in Abbildung 2.3 gezeigt).

Diese externe Sicht kann in SQL-Datenbanksystemen einfach durch eine View-Definition (vgl. Kapitel 14) realisiert werden.

Dieses erste Beispiel definiert eine flache Tabelle als Sicht auf andere flache Tabellen, verlässt also den verwendeten Beschreibungsrahmen im gewissen Sinne nicht. Aber auch Sichten in einem anderen Datenbankmodell sind möglich, etwa als eine hierarchisch aufgebaute Relation wie in Abbildung 2.4.

Name	Farbe	Weingut	Anbaugebiet	Region
La Rose Grand Cru	Rot	Château La Rose	Saint-Emilion	Bordeaux
Creek Shiraz	Rot	Creek	Barossa Valley	South Australia
Zinfandel	Rot	Helena	Napa Valley	Kalifornien
Pinot Noir	Rot	Creek	Barossa Valley	South Australia
Pinot Noir	Rot	Helena	Napa Valley	Kalifornien
Riesling Reserve	Weiß	Müller	Rheingau	Hessen
Chardonnay	Weiß	Bighorn	Napa Valley	Kalifornien

Abbildung 2.3: Externe Sicht auf zwei Relationen, dargestellt als eine Relation

Region	Anbaugebiet	Weingut	Wein	
			Name	Farbe
South Australia	Barossa Valley	Creek	Creek Shiraz	Rot
			Pinot Noir	Rot
Kalifornien	Napa Valley	Helena	Zinfandel	Rot
			Pinot Noir	Rot
		Bighorn	Chardonnay	Weiß
Bordeaux	Saint-Emilion	Château La Rose	La Rose Grand Cru	Rot
	Pomerol	Château La Pointe		
Hessen	Rheingau	Müller	Riesling Reserve	Weiß

Abbildung 2.4: Externe Sicht als hierarchisch aufgebaute Relation

Diese externe Darstellung ist in den meisten SQL-Datenbanken nicht möglich, entspricht aber der hierarchischen Darstellung von Tabellen, wie sie in vielen Anwendungen üblich ist. Eine derartige Datenrepräsentation ist allerdings in *objektrelationalen Datenbanken* möglich, die wir später noch kennenlernen werden.

Interne Darstellung

Für die interne Darstellung kann ein Datenbankmanagementsystem optimierte Datenstrukturen verwenden. Abbildung 2.5 zeigt eine mögliche Variante: die ERZEUGER-Tupel sind über das Attribut Weingut als Schlüssel in einem Mehrwegebaum organisiert. Die Datensätze selbst sind zusammen mit den zugehörigen Tupeln der Relation WEINE auf Blöcken gespeichert.

Eine derartige Organisation wird auch als *Clusterspeicherung* bezeichnet und zeigt, wie stark die interne Realisierung von der konzeptuellen Darstellung abweichen kann.

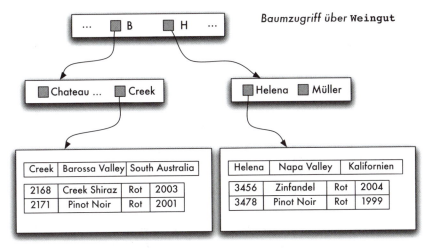

Abbildung 2.5: Interne Realisierung durch Baumzugriffsstruktur und Clusterung

2.2 Systemarchitekturen

Systemarchitekturen beschreiben die Komponenten eines Datenbanksystems. Es gibt zwei wichtige Architekturvorschläge, die in diesem Abschnitt vorgestellt werden sollen:

- Die ANSI-SPARC-Architektur als detaillierte Version unserer etwas groben Drei-Ebenen-Architektur.

- Die Fünf-Schichten-Architektur als detaillierte Version der Transformationskomponenten der Drei-Ebenen-Architektur.

Nach diesen beiden Architekturvorschlägen werden wir auf die Architekturen konkreter Datenbanksysteme und Pseudo-Datenbanksysteme eingehen.

2.2.1 ANSI-SPARC-Architektur

Im ANSI-SPARC-Normvorschlag wurde neben der Drei-Ebenen-Schemaarchitektur auch eine Drei-Ebenen-Systemarchitektur vorgestellt. Im Wesentlichen entspricht die Architektur unserer vereinfachten Architektur aus dem letzten Kapitel, die wir in Abbildung 2.6 noch einmal aufführen.

Der endgültige Vorschlag stammt aus dem Jahre 1978 und verfeinert die grundlegende Architektur um

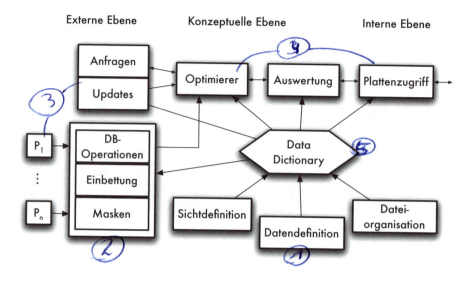

Abbildung 2.6: Vereinfachte Architektur eines DBMS

- eine detailliertere interne Ebene, insbesondere mit Berücksichtigung der diversen Betriebssystemkomponenten,

- weitere interaktive und Programmierkomponenten auf der externen Ebene wie etwa Berichtgeneratoren und

- eine genaue Bezeichnung und Normierung der Schnittstellen zwischen den einzelnen Komponenten.

Eine genauere Darstellung entnehme man der Originalliteratur [TK78, Dat86a] oder [LD87]. Die in Abbildung 2.6 aufgeführten Komponenten kann man folgendermaßen klassifizieren (siehe auch Abbildung 2.7):

- Die *Definitionskomponenten* bieten Datenbank-, System- und Anwendungsadministratoren die Möglichkeit zur Datendefinition, Definition der Dateiorganisationsformen und Zugriffspfade sowie Sichtdefinition.

- Die *Programmierkomponenten* beinhalten eine vollständige Entwicklungsumgebung in einer höheren Programmiersprache, einer 4GL[2] oder einer graphischen Sprache, die Datenbankoperationen und in den meisten Fällen auch Werkzeuge zur Definition von Menüs, Masken und anderen Primitiven einer graphischen Benutzeroberfläche integriert.

---

[2]4th Generation Language, dt. Programmiersprache der vierten Generation

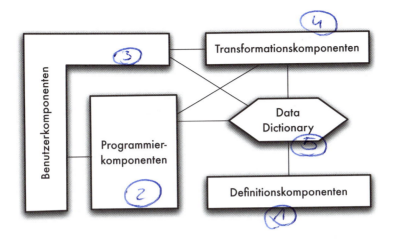

Abbildung 2.7: Klassifikation von Komponenten eines DBMS

- Die *Benutzerkomponenten* umfassen die interaktiven Anfrage- und Änderungs- (oder Update-)Werkzeuge für anspruchsvolle Laien und die vorgefertigten Datenbankanwendungsprogramme für den unbedarften Benutzer („Parametric User", die in der Abbildung mit P_1 bis P_n bezeichnet werden).

- Die *Transformationskomponenten* wandeln Anfrage- und Änderungsoperationen schrittweise über Optimierung und Auswertung in Plattenzugriffsoperationen um. Umgekehrt werden die in Blöcken der Platte organisierten Bytes in die externe Benutzerdarstellung (im Relationenmodell: Tabellen) transformiert.

- Zentraler Kern des ganzen Systems ist das *Data Dictionary* (der *Schemakatalog* oder das *Datenwörterbuch*), das die Daten aus den Definitionskomponenten aufnimmt und die Programmier-, Benutzer- und Transformationskomponenten mit diesen Informationen versorgt.

Gerade die Transformationskomponenten sind in der Drei-Ebenen-Architektur noch etwas ungenau beschrieben. Die folgende Fünf-Schichten-Architektur wird die schrittweise Transformation von Operationen und Daten genauer darlegen.

2.2.2 Fünf-Schichten-Architektur

Nach Ideen von Senko [Sen73] wurde als Weiterentwicklung von Härder [Här87] im Rahmen des IBM-Prototyps *System R* die folgende Systemarchitektur eingeführt.

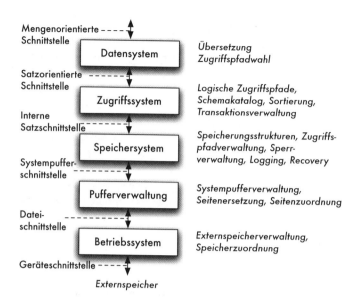

Abbildung 2.8: Funktionsorientierte Sicht auf die Fünf-Schichten-Architektur

Die *Fünf-Schichten-Architektur* basiert auf einer genaueren Beschreibung der in einem Datenbankmanagementsystem enthaltenen Transformationskomponenten. Diese realisiert eine schrittweise Transformation von Anfragen und Änderungen von der abstrakten Datenbankmodellebene bis hinunter zu Zugriffen auf die Speichermedien. Abbildung 2.8 zeigt die einzelnen Transformationskomponenten mit den zugehörigen Aufgaben sowie die zwischen den Komponenten geltenden Schnittstellen. Die Aufgaben der höheren Komponenten sind dort jeweils unterteilt in Aufgaben der Anfragetransformation (links) sowie der Datensicherung (rechts).

Die *mengenorientierte Schnittstelle* realisiert eine deklarative Datenmanipulationssprache auf Tabellen, Sichten und Zeilen einer Tabelle. Eine typische Sprache für diese Abstraktionsebene ist SQL mit mengenorientiertem Zugriff auf Relationen.

Die Anweisungen der MOS werden durch das *Datensystem* auf die *satzorientierte Schnittstelle* **SOS** umgesetzt. Die SOS realisiert einen navigierenden Zugriff auf einer internen Darstellung der Relationen. Manipulierte Objekte der SOS sind typisierte Datensätze und interne Relationen (geordnete Listen von Datensätzen mit Duplikaten) sowie logische Zugriffspfade, die sogenannten *Indexe*, und temporäre Zugriffsstrukturen, die *Scans*. Aufgaben des Datensystems sind die Übersetzung und Optimierung etwa von SQL-Anfragen auf die

SOS unter Ausnutzen der Zugriffspfade sowie die Realisierung der Zugriffs- und Integritätskontrolle.

Das *Zugriffssystem* übernimmt die Transformation auf die *interne Satzschnittstelle* **ISS**. Hier werden interne Tupel einheitlich verwaltet, also ohne Typisierung aufgrund unterschiedlicher Relationstypen wie in der SOS. Auf der ISS werden die Speicherstrukturen der Zugriffspfade implementiert, etwa konkrete Operationen auf B*-Bäumen und Hashtabellen. Neben der Umsetzung der SOS auf diese implementierungsnähere Darstellung realisiert das Zugriffssystem Operationen wie die Sortierung und den Mehrbenutzerbetrieb mit Transaktionen.

Das *Speichersystem* hat die Aufgabe, die Datenstrukturen und Operationen der ISS auf internen Seiten eines virtuellen linearen Adressraums zu realisieren. Dieser interne Adressraum wird durch die Operationen der *Systempufferschnittstelle* manipuliert. Typische Objekte sind interne Seiten und Seitenadressen, zugehörige Operationen sind etwa Freigeben und Bereitstellen von Seiten. Neben den typischen Operationen zur Verwaltung eines internen Seitenpuffers mit Seitenwechselstrategien realisiert das Speichersystem die Sperrverwaltung für den Mehrbenutzerbetrieb sowie das Schreiben des Logbuchs für das Recovery.

Die *Pufferverwaltung* bildet die internen Seiten auf die Blöcke der *Dateischnittstelle* **DS** des Betriebssystems ab, das die Externspeicherverwaltung übernimmt. Die Umsetzung der Operationen der Dateischnittstelle auf die *Geräteschnittstelle* erfolgt nun nicht mehr durch Komponenten des DBMS, sondern durch das Betriebssystem.

Die Fünf-Schichten-Architektur ist nur *ein* Vorschlag für eine Aufteilung in Transformationsschritte, der auf den ursprünglichen Prototyp-Entwicklungen für relationale DBMS basiert. Die Architektur kann etwa verkürzt werden, indem Zugriffssystem und Speichersystem in einer Komponente zusammengefasst werden. Einige ältere Datenbankmodelle, aber auch einige moderne objektorientierte DBMS, bieten keine mengenorientierte Schnittstelle an und überlassen deren Aufgaben dem Anwendungsprogrammierer. Auch können einige Aufgaben der tieferen Ebenen alternativ auf den höheren Ebenen realisiert werden; ein Beispiel wäre die Realisierung eines *Objektpuffers* im Zugriffssystem anstelle eines Seitenpuffers.

Auch die Zuordnung der Datensicherungsmaßnahmen zu den Ebenen ist nicht zwingend vorgegeben. Die Sperrverwaltung kann zum Beispiel auf höheren Ebenen angesiedelt werden, während alternativ die Zugriffskontrolle implementierungsnäher modelliert werden könnte.

Abschließend soll noch bemerkt werden, dass alle in diesem Unterabschnitt angesprochenen Komponenten der Fünf-Schichten-Architektur im zweiten Band [SHS05] dieses Lehrbuches weitaus ausführlicher behandelt werden: Der zweite Band widmet sich ausschließlich diesen Implementierungstechniken von Datenbanksystemen, während sich der vorliegende Band eher auf den Entwurf von Datenbankanwendungen und die Benutzung von Datenbanksystemen konzentriert.

2.2.3 Konkrete Systemarchitekturen

In diesem Abschnitt wollen wir die Umsetzung der im vorigen Abschnitt beschriebenen idealisierten Systemarchitektur in konkreten Systemen kommerzieller Hersteller vorstellen. Wir beschränken uns dabei auf relationale Datenbankmanagementsysteme (RDBMS), die einerseits heute den Markt dominieren und andererseits in den aktuellen Versionen auch Erweiterungen über das Relationenmodell hinaus bieten, etwa zur Verwaltung objektorienterter Daten, von XML-Dokumenten oder Multimedia-Daten.

Gegenwärtig sind eine ganze Reihe von RDBMS auf dem Markt verfügbar. Zu den wichtigsten Systemen zählen die kommerziellen Vertreter wie IBM DB2 V.9.1, Oracle11g, Microsoft SQL Server 2005, Ingres 2006, Sybase Adaptive Server Enterprise sowie die Open-Source-Systeme PostgreSQL, MySQL und Firebird. Gemeinsame Merkmale dieser Systeme sind:

- eine Drei-Ebenen-Architektur nach ANSI-SPARC,

- eine einheitliche Datenbanksprache (Structured Query Language, kurz SQL),

- eine Einbettung dieser Sprache in Programmiersprachen wie C/C++ oder Java,

- diverse Werkzeuge für die Definition, Anfrage und Darstellung von Daten und den Entwurf von Datenbankanwendungsprogrammen und der Benutzerinteraktion sowie

- kontrollierter Mehrbenutzerbetrieb, Zugriffskontrolle und Datensicherheitsmechanismen.

Das erste relationale Datenbanksystem war der im kalifornischen Entwicklungslabor Anfang der 70er Jahre entstandene Forschungsprototyp System R. Dieses System umfasste ca. 80.000 Zeilen PL/1-, PL/S- und Assembler-Code und kam mit einer Codegröße von etwa 1,2 MByte aus! Als Datenbanksprache wurde SEQUEL unterstützt – eine Sprache, die nachhaltig die Standardisierung von SQL beeinflusst hat. Aus den Erfahrungen mit diesem System hat IBM später zwei kommerzielle Systeme entwickelt:

- *DB2* zunächst für IBM-Rechner unter MVS, inzwischen aber auch für Windows und Unix bzw. Linux,

- *SQL/DS* (SQL/Data System) für IBM-Rechner unter DOS/VSE oder VM/CMS.

Abbildung 2.9 zeigt die Systemarchitektur von DB2, die auf einem Client-Server-Ansatz basiert. Hierbei kommunizieren die Clients über geeignete Netzwerkprotokolle oder gemeinsamen Speicher mit dem Datenbankserver. Dieser besteht aus mehreren Prozessen bzw. Agenten, die auch als Engine Dispatchable Units (EDU) bezeichnet werden. Der erste Kommunikationspartner für eine Clientanwendung ist dabei der Listener-Prozess, der eingehende Verbindungsanforderungen an den Koordinationsagenten weiterleitet. Dieser führt alle Datenbankanforderungen im Auftrag der jeweiligen Anwendung aus. Im Fall einer Parallelverarbeitung auf einer geeigneten Hardwareplattform werden die parallel auszuführenden Teilanfragen noch an spezielle Subagenten delegiert, die in einem Pool verwaltet werden.

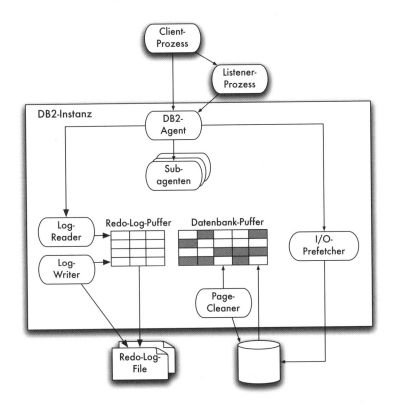

Abbildung 2.9: Architektur von IBM DB2

Zu den eigentlichen Datenbankprozessen gehören der (in Abbildung 2.9 nicht dargestellte) System Controller-Prozess zur Steuerung aller anderen Funktionen sowie die folgenden Prozesse, die pro DB2-Instanz laufen:

- Der I/O-Prefetcher übernimmt das Vorablesen von Seiten in den Puffer.

- Der Page-Cleaner-Prozess ist für das Zurückschreiben von modifizierten Seiten aus dem Puffer auf die Festplatte verantwortlich.

- Der Log-Reader-Prozess behandelt die Logeinträge für die Transaktionsverwaltung und das Recovery im Falle des Abbruchs einer Transaktion.

- Der Log-Writer-Prozess ist für das Schreiben der Log-Einträge in das Logbuch verantwortlich.

- Die Erkennung der Verklemmung von Transaktionen durch gegenseitiges Sperren übernimmt ein weiterer Prozess.

Darüber hinaus gibt es noch weitere Prozesse, etwa zur Archivierung von Logdateien, zur Überwachung der laufenden Prozesse auf abnormale Beendigung sowie zur parallelen und verteilten Verarbeitung. Alle serverseitigen Prozesse kommunizieren über einen gemeinsamen Speicherbereich – dem Database Global Memory.

Fast parallel zu den Arbeiten am System R wurde an der University of California in Berkeley (UCB) das System Ingres entwickelt. Die Originaldatenbanksprache in Ingres war QUEL (QUEry Language). Durch die Standardisierung von SQL wurde SQL als zweite Datenbanksprache in Igres eingeführt. Ingres hatte sich vom Universitätsprototypen zwischenzeitlich zu einem Technologieführer bei relationalen Datenbanksystemen entwickelt, beispielsweise im Bereich der Optimierung von Anfragen und bei der Integration neuer Konzepte wie benutzerdefinierter Datentypen und Regeln. Aus dem Universitätsprototypen *University INGRES* entstand ab 1980 ein Produkt der Firma Relational Technology. Später wurde diese Firma zur INGRES Inc., wurde dann von dem Softwarehersteller ASK und schließlich von CA (Computer Associates) übernommen. Heute wird Ingres von der Ingres Corp. weiterentwickelt, ist aber als Open-Source-Version verfübar. Auch Ingres ist für diverse Rechner und Betriebssystemplattformen zu haben, insbesondere für den Unix-Bereich.

Oracle (von der Oracle Corporation, früher Relational Software Corporation) wird vom Hersteller als Marktführer bei relationalen Datenbanksystemen bezeichnet. Oracle gibt es für fast alle Plattformen vom PC bis zum Großrechner und für fast alle Betriebssysteme von Windows bis zu herstellerspezifischen Betriebssystemen. Auch hier ist die Datenbanksprache SQL.

Eine weitere wichtige Rolle spielt Sybase sowohl bezüglich des aktuellen Systems Adaptive Server Enterprise als auch aufgrund der „Verwandtschaft" zu Microsoft SQL Server. Sybase war eines der ersten Systeme für die Unix-Plattform. Ende der 80er Jahre war Microsoft auf der Suche nach einem SQL-System für die Windows NT-Plattform und übernahm dazu die Codebasis von Sybase. Dies erklärt auch die Ähnlichkeit beider Produkte, etwa in

Form der Unterstützung der Datenbanksprache Transact-SQL, einer prozeduralen Erweiterung von SQL. Seit Mitte der 90er Jahre werden beide Produkte jedoch unabhängig voneinander entwickelt. Eine Besonderheit der aktuellen SQL-Server-Version von Microsoft ist speziell die Unterstützung der .NET-Umgebung.

Ein DBMS, das für die Verwaltung besonders großer Datenmengen bis in den Petabyte-Bereich ausgerichtet ist, ist Teradata von NCR. Hierbei handelt es sich um ein paralleles DBMS, das auf Systemen mit mehreren tausend Knoten bzw. Prozessoren eingesetzt werden kann und diese Knoten zur parallelen Verarbeitung komplexer SQL-Anfrage nutzt. Damit ist Teradata speziell für den Data-Warehouse-Bereich geeignet.

Neben den „großen" serverbasierten DBMS gibt es noch eine Reihe weiterer Datenbanksysteme, die als einbettbare Lösung (*Embedded Database*, d.h. in eine Applikation integriert, wie etwa SQLite oder Berkeley DB) oder als Desktoplösung für den Ein-Benutzer-Betrieb ausgelegt sind. Diese Systeme erfüllen in der Regel nicht alle Anforderungen an ein DBMS und werden daher oft auch als Pseudo-DBS bezeichnet. Der bekannteste Vertreter ist sicher Microsoft Access als Teil der Office-Suite. MS Access besteht aus zwei Komponenten: der graphischen Benutzeroberfläche und dem Datenbankkern – der sogenannten Jet Engine. Die graphische Benutzeroberfläche umfasst neben der graphischen Anfrageschnittstelle QBE (siehe auch Abschnitt 11.2) eine vollständige Entwicklungsumgebung für Datenbankanwendungen mit Formularen (Forms), Reports und der Möglichkeit, Anwendungscode in *Visual Basic for Applications* zu implementieren. Alle diese Objekte werden komplett in der Access-Datenbank abgelegt. Die Jet Engine ist eine Sammlung von Bibliotheken (DLLs) zur Manipulation von Access-Datenbankdateien sowie einer objektorientierten Schnittstelle für Basic-Programme (*Data Access Objects – DAO*). Obwohl diese Jet Engine Techniken zur Verarbeitung von SQL-Anfragen zur Sicherstellung der Datenintegrität sowie zur Synchronisation von Transaktionen bereitstellt, ist sie nur für kleinere Anwendungen mit wenigen Nutzern geeignet. So gibt es bei der Verarbeiten im Netzwerk mit mehreren Nutzern Performanzeinschränkungen. Ebenso fehlen Recoverymaßnahmen sowie leistungsfähige Techniken zur Anfrageoptimierung. Allerdings können die graphische Benutzeroberfläche und die in Access erstellten Anwendungen über ODBC (siehe Kapitel 13) auch auf serverbasierte SQL-Systeme wie SQL Server oder Oracle zugreifen.

Ein vergleichbares System ist FileMaker, das insbesondere auf der Apple-Plattform verbreitet ist.

2.3 Anwendungsarchitekturen

Vielen Datenbankanwendungen liegt heutzutage meist eine Client-Server-Architektur zugrunde. Bei dieser Softwarearchitektur nimmt ein Dienstnehmer (ein sogenannter Client) die Dienste eines Diensterbringers (Servers) zur Erfüllung seiner Aufgaben in Anspruch. Hierzu sendet er eine Anforderung an den Server, der diese bearbeitet und eventuelle Ergebnisse zurücksendet (Abbildung 2.10). Für jeden Server ist bekannt, welche Dienste er erbringen kann. Die Interaktion zwischen Client und Server wird dabei durch ein Protokoll geregelt. Charakteristisch ist weiterhin die Asymmetrie der Rollenverteilung, wobei diese jedoch nicht unbedingt starr ist. So kann ein Client aus einer Beziehung durchaus die Rolle eines Servers in einer anderen Beziehung einnehmen.

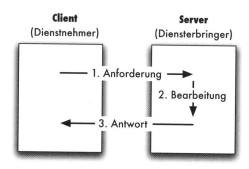

Abbildung 2.10: Client-Server-Modell

Für Datenbankanwendungen ist dieses Modell nahezu ideal. So erfordert ein Mehrbenutzerbetrieb auf einem gemeinsamen Datenbestand eine zentrale Kontrollinstanz, andererseits bietet die heute verfügbare Hardwarelandschaft mit den leistungsfähigen PCs geeignete Frontends für eine benutzergerechte Präsentation und Manipulation der Daten. Das DBMS bildet in diesem Szenario den Server, der als Dienst die Ausführung von Datenbankoperationen wie Anfragen, Änderungen oder Transaktionskommandos anbietet. Die Clients, die häufig auf der Basis von PCs realisiert sind, können Daten als Ergebnis von Anfragen anfordern und in geeigneter Weise präsentieren bzw. weiterverarbeiten. So lassen sich eine Vielzahl von Clients mit einem gemeinsamen Datenbankserver einsetzen. Durch die zentrale Verwaltung der Daten werden Redundanzen und Inkonsistenzen speziell auch im Mehrbenutzerbetrieb vermieden und der Administrationsaufwand gesenkt. Im Gegensatz zu Zentralrechneranwendungen auf Mainframe-Basis ermöglicht jedoch die Verarbeitungskapazität der Clients, die Ressourcen des Servers bei lokaler Verarbeitung oder Aufbereitung der Daten zu entlasten.

Die Trennung in Dienstnehmer und Diensterbringer liefert natürlich nur einen groben Hinweis zur Aufteilung der Funktionalität. So existieren verschiedene Möglichkeiten zur Realisierung einer Client-Server-basierten Datenbankanwendung. Grundsätzlich lassen sich dabei drei Funktionsgruppen unterscheiden:

- Präsentation und Benutzerinteraktion,

- die eigentliche Anwendungslogik sowie

- die Datenmanagementfunktionalität einschließlich der Anfragebearbeitung und Transaktionskontrolle.

Die Zerlegung einer Anwendung und die Zuordnung der Funktionen zu Client bzw. Server kann – unter Beibehaltung der Reihenfolge – im Prinzip an jeder Stelle auch innerhalb einer Gruppe erfolgen. So kann z.B. ein Teil der Präsentationsfunktionalität vom Server erbracht werden, etwa in einer Webanwendung, die Diagramme als Grafiken vorberechnet und zum Webbrowser sendet. Der entgegengesetzte Fall wird durch sogenannte Seitenserver repräsentiert, die ausschließlich Speicherseiten verwalten und auf Anforderung zum Client senden. Eine solche Architektur wird beispielsweise in einigen Objektdatenbanksystemen verwendet.

Der häufigste Fall ist jedoch die Zuordnung der Präsentations- und Interaktionsfunktionen zum Client sowie der Datenmanagementfunktionen zum Server. Zur Verteilung der eigentlichen Anwendungslogik bieten moderne DBMS zwei Varianten. So können die Anwendungsfunktionen einerseits vollständig im Client implementiert werden. In diesem Fall bietet der Datenbankserver nur die Möglichkeit der Ausführung von SQL-Operationen, d.h. als Schnittstelle dient hier SQL. Mit der zweiten Variante werden Teile der Anwendungsfunktionalität durch gespeicherte Prozeduren realisiert, die vom Datenbankserver verwaltet und auch ausgeführt werden. Bei beiden Ansätzen kommunizieren Client und Server über ein DBMS-spezifisches Protokoll. Da hierbei die drei Funktionsgruppen auf zwei Komponenten aufgeteilt werden, spricht man auch von einer *Zwei-Schichten-Architektur* (Abbildung 2.11(a)).

Obwohl diese Architektur sehr häufig zum Einsatz kommt, weist sie dennoch einige Nachteile auf:

- eine hohe Netzwerkbelastung durch Operationen, die auf vielen Datensätzen ausgeführt werden sollen und daher einen Transport dieser Datensätze zum Client erfordern,

- eine eingeschränkte Skalierbarkeit, da das DBMS den „Flaschenhals" bildet und

- nicht zuletzt einen hohen Wartungsaufwand, da bei Änderungen der Anwendungsfunktionen diese auf allen Clients aktualisiert werden müssen.

Teilweise können diese Nachteile jedoch durch den Einsatz von gespeicherten Prozeduren vermieden werden.

Eine Alternative ist die Verwendung einer *Drei-Schichten-Architektur* (Abbildung 2.11(b)). Hierbei wird die Anwendungslogik durch eine eigene Schicht

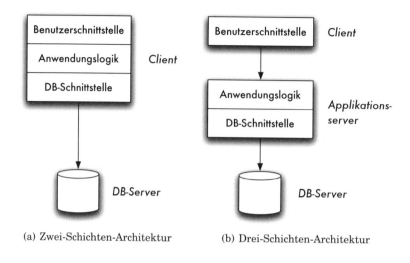

(a) Zwei-Schichten-Architektur   (b) Drei-Schichten-Architektur

Abbildung 2.11: Anwendungsarchitekturen im Vergleich

realisiert. So entsteht ein Applikationsserver, der semantisch höhere Dienste bereitstellt. Dienste dieser Art können z.B. das Eintragen eines Kunden, das Anlegen einer Bestellung oder das Ausliefern eines Produktes mit allen damit verbundenen Aktionen sein. Bei einer streng objektorientierten Vorgehensweise lassen sich diese Dienste applikationsspezifischen Objekten wie Kunden, Bestellungen oder Produkten zuordnen. Da Clients auf diese *Geschäfts-* oder *Businessobjekte* ausschließlich über Objektmethoden oder Dienste zugreifen können, wird sichergestellt, dass die Daten nur in der zulässigen Weise entsprechend der implementierten Geschäftslogik manipuliert werden.

Zur Kommunikation zwischen Client und Applikationsserver werden häufig spezielle Middleware-Lösungen (z.B. CORBA oder RMI) oder auch Webmechanismen wie HTTP eingesetzt. Eine aktuelle Technologie sind *Web Services*: Hierbei werden die Dienste in XML beschrieben und auch die Nachrichten für Dienstaufruf und -antwort sind in XML kodiert und werden über SOAP bzw. XML-RPC ausgetauscht. Web Services erlauben eine einfache Interoperabilität über System- und Programmiersprachengrenzen hinweg, sind aber aufgrund des höheren Kommunikationsaufwandes für zeitkritische Anwendungen weniger geeignet.

Applikationsserver stellen eine integrierte Umgebung für das Zusammenstellen und Ausführen der Anwendungsdienste bereit. Konkrete Beispiele hierfür sind insbesondere die auf Java Enterprise Edition (Java EE) basierenden Umgebungen JBoss von Red Hat, IBM WebSphere oder Apples WebObjects. Java EE-basierte Applikationsserver sind in sogenannte Container unterteilt, die eine Laufzeitumgebung für bestimmte Objekte darstellen. Eine wichtige Form sind EJB-Container für Enterprise Java Beans (EJB) – die Geschäftskomponenten der Java-Plattform. Der Container arbeitet dabei als Vermittler zwischen Client und Datenbank, indem die Dienstanforderungen (Benutzereingaben) vom Client entgegen genommen werden und an die entsprechenden EJB-Komponenenten weitergeleitet werden. Die Verwaltung der Daten der Komponenten (d.h. das Speichern in der Datenbank bzw. das Wiederherstellen aus der Datenbank) kann wahlweise vom Container übernommen oder vom Entwickler von Hand programmiert werden. Die Kommunikation mit dem DBMS erfolgt in beiden Fällen über die DBMS-eigene Schnittstelle (z.B. SQL). Darüber hinaus bietet ein Applikationsserver noch weitere Dienste wie etwa zur Transaktionsverwaltung, zur Kommunikation und auch zur Entwicklungs- und Installationsunterstützung (das sogenannte Deployment).

Eine Drei-Schichten-Architektur besitzt im Vergleich zum Zwei-Schichten-Ansatz vor allem dann Vorteile, wenn die Anwendungslogik für mehrere, eventuell auch verschiedene Clients oder Anwendungssysteme genutzt werden soll. Allerdings steht dem ein erhöhter Entwicklungsaufwand entgegen.

Die sogenannte *Serviceorientierte Architektur (SOA)* ist eine Weiterentwicklung dieser Idee und zielt auf eine verbesserte Unterstützung von Geschäftsprozessen ab, indem die Dienste (Services) auch von verschiedenen voneinander unabhängigen Diensterbringern (Softwaresystemen) angeboten werden können.

2.4 Zusammenfassung

Die Architektur von Datenbanksystemen kann aus verschiedenen Blickwinkeln betrachtet werden: als Schemaarchitektur mit den Zusammenhängen zwischen den verschiedenen Schemaebenen, als Systemarchitektur mit den Komponenten eines DBMS sowie als Anwendungsarchitektur mit der Anbindung von Anwendungsprogrammen. Diese verschiedenen Sichtweisen haben wir in diesem Kapitel kurz vorgestellt. Die wichtigsten der damit verbundenen Begriffe sind in Tabelle 2.1 noch einmal zusammengefasst.

2.5 Vertiefende Literatur

Architekturen von Datenbankmanagementsystemen werden in diesem Buch nur kurz angerissen. Eine ausführlichere Behandlung, auch von weiteren Architekturprinzipien wie Client-Server-Architekturen, verteilten und föderierten DBMS kann in [SHS05] nachgelesen werden.

Die ANSI-SPARC-Architektur wird in [TK78, Dat86a] und [LD87] erläutert. Dabei ist [TK78] die Originalarbeit, in der Schnittstellen, Sprachen und

Begriff	Informale Bedeutung
Drei-Ebenen-Schemaarchitektur	Aufteilung eines DB-Schemas in drei Ebenen (intern, konzeptuell, extern)
internes Schema	Beschreibung der systemspezifischen Realisierung einer DB
konzeptuelles Schema	implementierungsunabhängige Modellierung der DB
externes Schema	Modellierung der anwendungsspezifischen Sicht auf der DB
Datenunabhängigkeit	Entkopplung der Daten von Anwendungsprogrammen
ANSI-SPARC-Architektur	Normungsvorschlag für Systemarchitektur von DBMS
Fünf-Schichten-Architektur	Systemarchitektur für DBMS zur Beschreibung der Transformationskomponenten

Tabelle 2.1: Wichtige Begriffe zu Datenbankarchitekturen

Verantwortlichkeiten definiert werden. Die Fünf-Schichten-Architektur, die auf Ideen von Senko [Sen73] zurückgeht, wird im Buch von Härder [Här87] ausführlich erläutert. Speziell der Schichtenarchitektur von DBMS und deren Entwicklung hinsichtlich neuer Systemkonzepte widmet sich auch der zweiteilige Artikel von Härder [Här05b, Här05a].

Eine ausführlichere Diskussion von Architekturkonzepten für DBMS findet sich im Datenbankhandbuch [LS87] und in den Büchern von Härder und Rahm [HR01] sowie von Saake, Heuer und Sattler [SHS05].

Über relationale Datenbanksysteme gibt es eine ganze Reihe von Spezialbüchern, wie beispielsweise [Cha99] für DB2, [CHRS98, Lon05] für Oracle oder [Pet06] für MS SQL Server. Aktuelle Informationen zu diesen und weiteren Systemen sind aber auch in den Onlinedokumentationen auf den Websites der Hersteller zu finden.

Mehrschichtige Architekturen, J2EE und Applikationsserver werden u.a. in [MB06] behandelt. Einen guten Überblick zu serviceorientierten Architekturen gibt [Mel07].

2.6 Übungsaufgaben

Übung 2-1 Geben Sie analog zu den Beispielen über Weine jetzt auch für Bibliotheksdaten ein konzeptuelles Schema, zwei unterschiedliche externe Sichten und eine interne Realisierung an. □

Übung 2-2 Vergleichen Sie die Drei-Ebenen- und die Fünf-Schichten-Architektur. Welche Schichten lassen sich welchen Ebenen zuordnen? □

Übung 2-3 Informieren Sie sich über frei verfügbare DBMS wie MySQL, Derby und Berkeley DB: Ermitteln Sie ihre Architektur und ihre Systemkomponenten und vergleichen Sie diese mit der Drei-Ebenen-Architektur. Fragestellungen sind etwa:

- Gibt es einen Optimierer?
- Gibt es Dateiorganisationsformen und Zugriffspfade?
- Gibt es eine Datenbanksprache, die in eine herkömmliche Programmiersprache eingebettet werden kann? □

3

Das Entity-Relationship-Modell

Datenmodelle dienen in der Informatik der Erfassung und Darstellung der Informationsstruktur einer Anwendung, nicht der Informationen selbst. Im Datenbankbereich gibt es verschiedene Einsatzzwecke. Als Entwurfsmodelle für die frühen Phasen der Entwicklung von Datenbankanwendungen sind sie weitgehend unabhängig von der späteren Implementierungsplattform und dienen auch als Mittel zur Kommunikation mit dem Anwender oder Auftraggeber. Realisierungsmodelle werden dagegen zur Implementierung des Datenbankentwurfs in einem konkreten System eingesetzt und beschreiben somit die Modellierungsmöglichkeiten dieses Systems.

In diesem Kapitel werden wir nach einigen grundlegenden Überlegungen zur Rolle von Datenbankmodellen zunächst das klassische Entwurfsmodell für Datenbanken kennenlernen – das Entity-Relationship-Modell.

3.1 Datenbankmodelle

Die Konzepte eines Datenbankmodells (im Weiteren auch als Datenmodell bezeichnet) zur Darstellung einer Informationsstruktur umfassen

1. *statische Eigenschaften* wie a) Objekte und b) Beziehungen, inklusive der Standarddatentypen, die Daten über die Beziehungen und Objekte darstellen können,

2. *dynamische Eigenschaften* wie a) Operationen und b) Beziehungen zwischen Operationen sowie

3. *Integritätsbedingungen* an a) Objekte und b) Operationen.

Objekte sind dabei etwa (Daten über) Weine und Weingüter (Erzeuger), aber auch über Ereignisse wie die Bestellung eines Weines bei einem Händler (1a). Ein Beispiel für eine Beziehung zwischen diesen Objekten ist die Tatsache, dass ein Erzeuger einen Wein produziert (1b). Operationen auf Objekten sind das Bestellen eines Weines oder die Berechnung des Preises unter Einbeziehung von Steuern (2a). Beziehungen zwischen Operationen können zum Beispiel festlegen, dass ein Wein erst dann bestellt werden darf, wenn er produziert wird (2b). Als Integritätsbedingung können wir festlegen, dass die Bestellnummer eines Weines eindeutig sein muss (Schlüsselbedingung, 3a), dass es zu jedem Wein auch einen Erzeuger geben muss (referentielle Integrität, 3a) oder dass das Alter eines Weines nur erhöht werden kann (Übergangsbedingung, 3b).

Datenmodelle sind in vielen Gebieten der Informatik grundlegend. Beispielsweise gibt es in folgenden Bereichen spezifische Datenmodelle:

- Programmiersprachen: Typsysteme wie in C oder Java,

- Expertensysteme: Wissensrepräsentationsmethoden wie semantische Netze, logische Formeln oder Framestrukturen,

- Graphiksysteme: Repräsentationsmodelle wie das Begrenzungsmodell (Boundary Representation, BRep) oder die Constructive Solid Geometry (CSG),

- Datenbanksysteme: Datenbankmodelle, mit denen wir uns in diesem Kapitel beschäftigen.

Tabelle 3.1 stellt die Begriffe Datenbankmodell, Datenbankschema und Datenbank der den meisten Lesern vertrauten Begriffswelt imperativer Programmiersprachen gegenüber. Ein *Datenbankmodell* entspricht einem Typsystem einer Programmiersprache, in dem die Strukturierungskonzepte für die manipulierten Daten festgelegt werden. Ein *Datenbankschema* entspricht in dieser Analogie den Variablendeklarationen, während die eigentliche Datenbank den den Variablen zugewiesenen Daten (den Werten) entspricht.

Klassische Datenbankmodelle sind speziell geeignet für:

- große Informationsmengen mit relativ starrer Struktur und

- die Darstellung statischer Eigenschaften und Integritätsbedingungen (umfasst somit die Bereiche 1a, 1b und 3a).

Als Operationen sind in den klassischen Datenbankmodellen nur die Standard-Anfrage- und Änderungsoperationen vorhanden, die objektspezifische Operationen nicht adäquat modellieren und unterscheiden können.

Datenbankkonzept	Typsystem einer Programmiersprache
Datenbankmodell	Typsystem
Relation, Attribut ...	`int, struct ...`
Datenbankschema	Variablendeklaration
`relation WEIN = (...)`	`var x: int, y: struct Wein`
Datenbank	Werte
WEIN(4961, 'Chardonnay', 'Weiß', ...)	42, 'Cabernet Sauvignon'

Tabelle 3.1: Gegenüberstellung von Datenbankkonzepten zu Konzepten imperativer Programmiersprachen

Zu den klassischen Datenbankmodellen zählen abstrakte Datenbankmodelle, die speziell für den Datenbankentwurf geeignet sind, und konkrete Datenbankmodelle, die zur Implementierung dieses Entwurfs mit einem konkreten Datenbanksystem bereitstehen. Tabelle 3.2 zeigt einige Beispiele und gleichzeitig den Zusammenhang mit Programmiersprachen: Auch hier gibt es abstrakte Notationen für Algorithmen und konkrete Implementierungen als Programm in einer konkreten Programmiersprache.

Modelle	Daten	Algorithmen
abstrakt	Entity-Relationship-Modell	Struktogramme
konkret	Hierarchisches Modell	Pascal
	Netzwerkmodell	C, C++
	Relationenmodell	Java, C#

Tabelle 3.2: Modelle für Daten und Algorithmen in verschiedenen Abstraktionsstufen

In diesem Kapitel und dem folgenden Kapitel 4 werden wir zunächst zwei der klassischen Datenbankmodelle vorstellen. In den späteren Kapiteln werden dann auch noch einige neuere Datenbankmodelle eingeführt.

Abbildung 3.1 beinhaltet eine historische Einordnung sowie einen Überblick über die Bezüge zwischen den vorgestellten Datenbankmodellen. Dabei bedeuten HM: hierarchisches Modell, NWM: Netzwerkmodell, RM: Relationenmodell, NF^2: Modell der geschachtelten (Non-First-Normal-Form = NF^2) Relationen, eNF^2: erweitertes NF^2-Modell, ER: Entity-Relationship-Modell, SDM: semantische Datenmodelle, OODM / C++: objektorientierte Datenmodelle auf Basis objektorientierter Programmiersprachen wie C++, OEM: objektorientierte Entwurfsmodelle (etwa UML), ORDM: objektrelationale Datenmodelle.

Die genannten Modelle lassen sich wie folgt kurz charakterisieren:

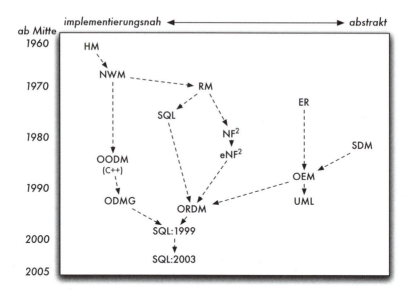

Abbildung 3.1: Historische Einordnung und Bezüge zwischen einigen der vorgestellten Datenbankmodelle

- *Hierarchisches Modell (HM)*

  Die Datenbestände werden angelehnt an hierarchisch strukturierte Dateiformate beschrieben. Beginnend in den 70er Jahren ist das hierarchische Modell (neben dem Netzwerkmodell) das erfolgreichste der Datenbankmodelle der ersten Generation.

- *Netzwerkmodell (NWM)*

  Der Datenbestand besteht aus verketteten Datensätzen (Records), die ein Netzwerk bilden. Zur Verkettung werden zweistellige funktionale Beziehungen genutzt. Der Zugriff auf die einzelnen Datensätze geschieht mittels Navigation. Alle Programme werden in einer Programmiersprache (der sogenannten Wirtssprache) geschrieben, die um spezielle Kommandos wie **find** (Suchen und Positionieren), **get** (Datentransfer zum Anwendungsprogramm) und **store** (Datentransfer zur Datenbank) erweitert wird.

- *Relationenmodell (RM)*

  Im Relationenmodell werden die Daten als flache (ungeschachtelte) Tabellen dargestellt. Tabellen sind Mengen von Tupeln. Beziehungen werden ausschließlich über Wertegleichheit ausgedrückt.

- *SQL-Datenmodell (SQL)*

  Das SQL-Datenmodell erweitert das theoretische Relationenmodell um einige weitere Aspekte: Tabellen als Multimengen und als Mengen werden unterschieden; eine Reihe von unterschiedlichen Wertebereichen (unter anderem lange Felder, Strings, Datumswerte) und Nullwerte werden eingeführt; Gruppierung und Sortierung (im flachen Relationenmodell nicht ausdrückbare Operationen) werden in der Anfragesprache unterstützt.

- *Modell der geschachtelten (Non-First-Normal-Form) Relationen (NF^2)*

  Das NF^2-Modell stellt eine Erweiterung des Relationenmodells um hierarchische Schachtelung dar: Attribute dürfen in diesem Modell Relationen als Werte haben.

- *Erweitertes NF^2-Modell (eNF^2)*

  Die Erweiterung der geschachtelten Relationen des NF^2-Modells um die Kollektionstypen Liste und Multimenge sowie die orthogonale Schachtelung aller Typkonstruktoren führt zum eNF^2-Modell.

- *Entity-Relationship-Modell (ERM)*

  Das ER-Modell ist ein abstraktes Modell, in dem Datenbestände durch abstrakte Datensätze (Entities), beliebige Beziehungen (Relationships) und Attribute modelliert werden.

  Dieses Modell wird hauptsächlich für den Entwurf von Datenbanken eingesetzt.

- *Semantische Datenmodelle (SDM)*

  Semantische Datenmodelle erweitern das ER-Modell um weitere Abstraktionskonzepte (Spezialisierung, Generalisierung, komplexe Objekte) bzw. stellen Neuentwicklungen basierend auf diesen Konzepten dar. Hier werden auch erweiterte ER-Modelle eingeordnet.

  Auch diese Modelle werden primär als Entwurfsdatenmodelle eingesetzt.

- *Objektorientierte Datenmodelle* auf Basis objektorientierter Programmiersprachen wie C++ (*OODM*)

  Das Typsystem der Programmiersprache wird direkt als Datenbankmodell eingesetzt. Naturgemäß ist die Umsetzung in der Datenbank sehr implementierungsnah; es existiert keine physische Datenunabhängigkeit.

- *Objektorientierte Entwurfsmodelle (OEM)*

  Objektorientierte Modellierungskonzepte (Kapselung, Methoden, Spezialisierung, Referenzen) werden mit den Konzepten von ER-Modellen vereinigt (Entity = Objekt). Im Gegensatz zu den programmiersprachenbasierten OODM-Ansätzen wird der *extensionale* Aspekt von Klassen (Klasse als Kollektion von Objekten) betont.

- *ODMG*-Standard

  Das Datenbankmodell des ODMG-Standards ist eine Weiterentwicklung der programmiersprachenbasierten OODM-Ansätze durch Aufnahme datenbankspezifischer Modellierungskonzepte. Besonders bei der Anfragesprache wurden auch Konzepte von SQL übernommen.

- *Objektrelationale Datenmodelle (ORDM)* und neuer SQL-Standard *SQL:2003*

  Objektrelationale Datenbanken stellen eine evolutionäre Erweiterung von relationalen Datenbanken um Konzepte der Objektorientierung dar. Mit den Standards SQL:1999 und SQL:2003 wurden Erweiterungen des relationalen Modells um objektorientierte Konzepte wie abstrakte Datentypen, Spezialisierungshierarchien für Tabellen sowie Objektidentifikatoren eingeführt.

3.2 Semantikfestlegung für Datenbankmodelle

Wie legt man die Semantik eines Datenbankmodells fest? Als Datenbankmodell bezeichnen wir eine abstrakte Sprache zur Beschreibung von Datenbankschemata, und ein derart beschriebenes Datenbankschema beschreibt mögliche Datenbanken als Instanzen sowie die Möglichkeiten, diese Datenbanken zu ändern. In letzter Konsequenz legt ein Datenbankmodell somit die Semantik von Datenbankschemata fest, die wiederum Abfolgen von Datenbanken charakterisieren, wie sie von einem Datenbankmanagementsystem verwaltet werden.

Ein Datenbanksystem kann als lange Zeit laufender Prozess aufgefasst werden, dessen jeweils aktueller Zustand den Inhalt der Datenbank festlegt. Eine formale Semantikfestlegung kann einen derartigen Systemlauf als lineare Folge von Zuständen modellieren, wobei jeder Zustand einer Datenbank entspricht, und die Übergänge die Änderungen der Datenbank modellieren, etwa das Einfügen eines Datenelements.

Eine derartige Semantikfestlegung ist uns von imperativen Programmiersprachen bekannt: Dort werden die Zustände zum Teil durch die aktuellen Belegungen der Variablen festgelegt, und ein Zustandsübergang kann diese Belegung durch den Zuweisungsoperator ändern. Die Semantikfestlegung für Datenbanksysteme kann somit als Erweiterung derartiger Programmiersprachensemantiken aufgefasst werden: Datenbankzustände werden durch Variablen zu einem strukturierten Datentyp (in der Regel basierend auf dem Mengenkonstruktor) modelliert, und der Zuweisungsoperator wird durch elementare Operationen (etwa Einfügen oder Löschen von Elementen) auf diesen Variablen ersetzt.

Abbildung 3.2 zeigt eine Zustandsfolge für einen Ausschnitt unserer Weindatenbank. Es werden die ersten drei Zustände σ_0 bis σ_2 gezeigt. Beim ersten

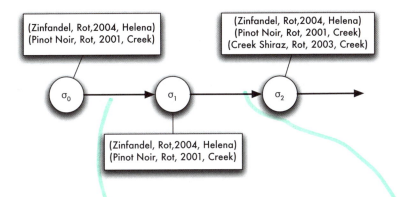

Abbildung 3.2: Beispiel für eine Datenbankzustandsfolge

Zustandsübergang bleibt der Inhalt der Datenbank unverändert, beim Übergang von σ_1 auf σ_2 wird ein neuer Wein hinzugefügt.

Die konkreten Semantikfestlegungen für Datenbankmodelle sind natürlich etwas ausgefeilter als diese direkte Modellierung. Wir werden das Prinzip an einem einfachen Beispiel kurz erläutern und danach jeweils bei den konkreten Datenbankmodellen ausgereiftere Semantikfestlegungen angeben. Statt Folgen von Datenbankzuständen wird bei der Semantikfestlegung vereinfachend jeweils die *Menge der möglichen Datenbankzustände* festgelegt.

Als Beispiel behandeln wir ein einfaches Datenmodell, das als Datenbankobjekte Mengen von Tupeln betrachtet. Dieses Modell ist eine vereinfachte Version des relationalen Datenbankmodells, das später in diesem Buch intensiv behandelt werden wird. In unserem Beispiel – wie in Abbildung 3.2 – sollen Daten über Weine gespeichert werden. Dazu wollen wir in der Datenbank unter dem Begriff Wein jeweils Einträge der Form (Name, Farbe, Jahrgang, Weingut) speichern.

Als Basisdatentypen verwenden wir die ganzen Zahlen **integer** sowie Zeichenketten **string**. Die Konstruktoren **tuple** und **set** erlauben die Konstruktion komplexerer Datenstrukturen und stellen die Basisoperationen für diese Datenstrukturen bereit, etwa **insert** und **delete** für Mengen. Die Notation **set**(z) bedeutet, dass der Konstruktor **set** auf den Datentyp z angewendet wird.

Für jeden Datentyp legen wir nun eine Trägermenge als Bedeutung des Datentyps fest (und Funktionen auf diesen Trägermengen als Bedeutung der Operationen). Wir bezeichnen diese Trägermengen als *mögliche Werte* und notieren diese Zuordnung mit dem griechischen Buchstaben μ (gesprochen *mü*).

- $\mu(\textbf{integer}) = \mathbb{Z}$

  (die ganzen Zahlen $\mathbb{Z}$)

- $\mu(\mathtt{string}) = C^*$

  (Folgen von Zeichen aus $C = \{a, b, \ldots, z, A, B, \ldots, Z, \ldots\}$)

- $\mu(\mathtt{set}(z)) = 2^{\mu(z)}$

  (die Potenzmenge über den Werten des Parameterdatentyps z, oder anders ausgedrückt, die Menge aller Teilmengen von möglichen Werten in $\mu(z)$)[1]

- $\mu(\mathtt{tuple}(z_1, \ldots, z_n)) = \mu(z_1) \times \cdots \times \mu(z_n)$

  (das kartesische Produkt der Parameterwertebereiche)

Die Semantik eines Datenbankschemas ist zustandsbasiert: Eine Zustandsfunktion $\hat{\sigma}$ (ausgesprochen *Sigma Dach*) ordnet jeder „Datenbankvariablen" in jedem Zustand einen Wert zu. Allgemein entspricht eine Datenbankentwicklung einer Folge

$$\hat{\sigma} = \langle \sigma_0, \sigma_1, \ldots, \sigma_i, \ldots \rangle$$

Das Dach über dem Sigma soll die aufgespannte Folge von einzelnen Zuständen σ_i andeuten. Im Datenbankbereich gehen wir in der Regel von unendlichen Folgen aus – die Datenbestände sind beliebig lange persistent. Als Menge der Datenbankzustände nehmen wir Punkte einer Zeitachse $\mathcal{T}$ (in der Regel die natürlichen Zahlen), so dass wir für eine Datenbankvariable db Folgendes erhalten:

$$\hat{\sigma}(db) \colon \mathcal{T} \to \mu(\mathtt{typ}(db))$$

wobei $\mathtt{typ}(db)$ den Datentyp der Datenbankvariablen bezeichnet. In unserem konkreten Beispiel der Weindatenbank haben wir die Funktion

$$\hat{\sigma}(\mathtt{WEINE}) \colon \mathcal{T} \to 2^{C^* \times C^* \times \mathbb{Z} \times C^*}$$

als Semantik unseres einfachen Datenbankschemas. Ein konkreter Zustandswert, etwa zum Zeitpunkt 42, könnte dann wie folgt lauten:

$$\hat{\sigma}(\mathtt{WEINE})(42) = \{('Zinfandel', 'Rot', 2004, 'Helena'),$$
$$('Pinot\ Noir', 'Rot', 2001, 'Creek')\}$$

Dieses Beispiel sollte die prinzipielle Vorgehensweise andeuten, mit der man die Semantik von Datenbankschemata festlegen kann. Wir folgen den prinzipiellen Konventionen (μ für mögliche Werte, σ für Zustände) in den weiteren

---

[1] Genau genommen nur die endlichen Teilmengen der Potenzmenge $2^{\mu(z)}$: Wir haben an dieser Stelle eine vereinfachte Darstellung gewählt, um den verwendeten mathematischen Apparat nicht unnötig aufzublähen.

Kapiteln, werden aber die Notationen jeweils an die Konventionen der betrachteten Datenmodelle anpassen. Des weiteren betrachten wir in der Regel einen festen Datenbankzustand $\hat{\sigma}(i)$, ohne dass dem i eine besondere Bedeutung zuzuordnen sei, und notieren diesen Zustand abkürzend als σ.

3.3 Grundlagen des Entity-Relationship-Modells

Der Begriff des Entity-Relationship-Modells (kurz ER-Modell) geht zurück auf einen grundlegenden Artikel von P. P. Chen im Jahre 1976 [Che76]. Seit dieser Zeit hat sich dieses Datenmodell fest im Bereich der Datenbankmodelle etabliert und wird – in abgewandelten Formen – heutzutage faktisch als Standardmodell für frühe Entwurfsphasen der Datenbankentwicklung eingesetzt.

Zum ER-Modell gehört eine graphische Notation, mit der (Datenbank-)Schemata modelliert werden können, die – wie im vorigen Abschnitt erläutert – die Struktur der Datenbank auf einer noch abstrakten, implementierungsunabhängigen Ebene beschreiben. Ein solches *ER-Schema* oder auch *ER-Diagramm (ERD)* ist aufgrund der wenigen benötigten Konzepte und der einfachen Notation auch für Nicht-Datenbankspezialisten (d.h. die Anwender oder Auftraggeber – die Domänenexperten) verständlich und daher sehr gut für die frühen Entwurfsphasen und die Kommunikation mit diesen Nutzern geeignet.

3.3.1 Grundkonzepte des klassischen ER-Modells

Das Entity-Relationship-Modell basiert auf den drei Grundkonzepten *Entity* als zu modellierende Informationseinheit, *Relationship* zur Modellierung von Beziehungen zwischen Entitys und *Attribut* als Eigenschaft von einem Entity oder einer Beziehung. Neben dem englischen Lehnwort Entity sind in deutschsprachigen Dokumenten die Begriffe Objekt, Ding oder gar Entität vorgeschlagen. Wir verzichten auf diese Eindeutschungen, da die Begriffe zum Teil in der allgemeinen Informatik anders belegt sind (etwa Objekt), zum anderen Teil in der Umgangssprache (Ding) oder dem Fremdwörtergebrauch (Entität)[2] anders verwendet werden. Neben dem Begriff Relationship sind die Begriffe Beziehung und Relation mit verbreitet.

---

[2]Gebräuchliche Bedeutungen des Begriffs *Entität* sind etwa die folgenden:

- Brockhaus Enzyklopädie, Band 6: **Entität** [mlat.] *die, -/-en, Philosophie:* die bestimmte Seinsverfassung (Wesen) des einzelnen Seienden, auch dieses selbst.

- Duden Fremdwörterbuch: **Entität** [lat.-mlat.] *die, -, -en:* 1. Dasein im Unterschied zum Wesen eines Dinges (Philos.). 2. [gegebene] Größe

Trotz dieses sehr spezifischen Fremdwortgebrauchs wird Entität wiederholt als deutsches Gegenstück zu Entity vorgeschlagen.

Die drei Basisbegriffe Entity, Relationship und Attribut können wie folgt charakterisiert werden:

Entity ist ein Objekt der realen oder der Vorstellungswelt, über das Informationen zu speichern sind, z.B. ein Wein, ein Weingut, ein Produkt, ein Kunde oder auch ein Student oder Professor. Auch Informationen über Ereignisse wie Bestellungen oder Prüfungen können Objekte im Sinne des ER-Modells sein.

Relationship repräsentiert eine Beziehung zwischen Entitys, z.B. ein Weingut produziert einen Wein, ein Kunde bestellt ein Produkt oder ein Dozent hält eine Vorlesung.

Attribut entspricht einer Eigenschaft von Entitys oder Beziehungen, z.B. Farbe und Jahrgang eines Weines, der Name eines Weingutes, die ISBN eines Buchs, der Titel einer Vorlesung.

Entitys sind in einer Datenbank allerdings nicht direkt darstellbar, sondern nur über ihre Eigenschaften beobachtbar. Dies bedeutet einfach nur, dass etwa ein Wein nicht selbst in der Datenbank gespeichert werden kann – nur Informationen über seine Eigenschaften (Name, Farbe, Jahrgang usw.) lassen sich erfassen.

Daher benötigen wir *Werte* als direkt darstellbare, primitive Datenelemente. Wertemengen sind beschrieben durch *Datentypen*, die neben einer Wertemenge auch die Grundoperationen auf diesen Werten charakterisieren.

Im ER-Modell gehen wir von einer Reihe vorgegebener Standarddatentypen aus, etwa die ganzen Zahlen **integer**, die Zeichenketten **string**, Datumswerte **date** etc. Jeder Datentyp stellt einen Wertebereich $\mu(D)$ mit Operationen und Prädikaten dar, zum Beispiel:

$\mu(\textbf{int})$: den Wertebereich $\mathbb{Z}$ (die ganzen Zahlen) mit $+, -, \cdot, \div, =, < \ldots$

$\mu(\textbf{string})$: den Wertebereich C^* (Folgen von Zeichen aus der Menge C) mit $+, =, < \ldots$

Der Wertebereich wird auch Interpretation (Bedeutung) genannt und beschreibt die *möglichen* Werte, die eine Entity-Eigenschaft annehmen kann.

Entity-Typen

Entitys sind die in einer Datenbank zu repräsentierenden Informationseinheiten. Sie werden nicht einzeln in ihren Ausprägungen (ein konkreter Wein Zinfandel, rot, 2004 im Barossa Valley produziert) modelliert, sondern Objekte mit gleichen Eigenschaften werden zu *Entity-Typen* zusammengefasst, beispielsweise Wein oder Rotwein, allgemein also etwa $E_1, E_2 \ldots$.

In der graphischen Notation werden Entity-Typen als Rechtecke dargestellt, wobei der Name des Typs in das Rechteck eingetragen wird (siehe Abbildung 3.3).

$$\boxed{\text{Wein}}$$

Abbildung 3.3: Graphische Darstellung eines Entity-Typs

Die Semantik eines Entity-Typs wird, wie in Abschnitt 3.2 dargestellt, durch die Deklaration der möglichen Exemplare und durch Zustände festgelegt, die jeweils eine aktuell existierende Menge von Exemplaren beschreiben. Die Semantik eines Entity-Typs E wird somit durch zwei Definitionen bestimmt:

$\mu(E)$ Die Menge der *möglichen* Entitys vom Typ E. Die Werte der Menge $\mu(E)$ werden hier nicht festgelegt; wir gehen von einer hinreichenden Anzahl möglicher Werte aus, etwa einer Menge isomorph zu den natürlichen Zahlen.

$\sigma(E)$ Die Menge der *aktuellen* Entitys vom Typ E in einem Zustand σ, d.h., die aktuelle Ausprägung des Entity-Typs (σ, der griechische Buchstabe *Sigma*, steht für englisch *state* (Zustand)).

Aktuelle Entitys müssen mögliche Elemente sein, also gilt $\sigma(E) \subseteq \mu(E)$. Ferner fordern wir, dass in jedem Zustand nur eine endliche Menge aktueller Entitys existiert, also $\sigma(E)$ endlich ist.

Beziehungstypen

Auch Beziehungen zwischen Entitys werden in einem ER-Schema nicht für jede Ausprägung modelliert, sondern zu *Beziehungstypen* zusammengefasst. Es wird also nur der Sachverhalt beschrieben, dass ein Wein von einem Erzeuger produziert wird und nicht, dass der 2004er Zinfandel von der Creek Winery hergestellt wurde. Ein Beziehungstyp muss mindestens zwei Entity-Typen miteinander verbinden, allgemein kann jedoch eine beliebige Anzahl $n \geq 2$ von Entity-Typen an einem Beziehungstyp teilhaben. Im ersten Fall spricht man auch von binären Beziehungstypen, im allgemeinen Fall entsprechend von n-stelligen Beziehungstypen.

Zu jedem n-stelligen Beziehungstyp R gehören n Entity-Typen $E_1, \ldots, E_n$. Auch hier wird die Semantik über die möglichen bzw. aktuellen Ausprägungen festgelegt. Für jeden Beziehungstyp R werden die möglichen Ausprägungen als die Elemente des kartesischen Produkts über den möglichen Entitys festgelegt:

$$\mu(R) = \mu(E_1) \times \cdots \times \mu(E_n)$$

Die Menge der aktuellen Beziehungen σ(R) in einem Zustand ist wieder eine Teilmenge der möglichen Beziehungen μ(R). Wir verschärfen diese Bedingung dahingehend, dass aktuelle Beziehungen nur zwischen aktuellen Entitys bestehen, also:

$$\sigma(R) \subseteq \sigma(E_1) \times \cdots \times \sigma(E_n)$$

Beziehungstypen werden graphisch als Raute dargestellt, in die der Name des Typs eingetragen wird. Die Verbindungen zu den beteiligten Entity-Typen erfolgt über Linien typischerweise von den Ecken der Raute. Bei der Wahl des Typnamens ist es oft sinnvoll, die Leserichtung (von links nach rechts, von oben nach unten) zu berücksichtigen, allerdings sind Beziehungen grundsätzlich bidirektional.

In Abbildung 3.4 ist die Notation von Beziehungstypen an zwei Beispielen dargestellt. Der binäre Beziehungstyp in Abbildung 3.4 a) ordnet einem Wein den Erzeuger zu (Erzeuger *produziert* Wein), der dreistellige (ternäre) Beziehungstyp in Abbildung 3.4 b) drückt aus, dass ein Kritiker einen Wein zu einem Gericht *empfiehlt*. Die Beispiele sollen auch noch einmal verdeutlichen, dass Entity-Typen nicht direkt, sondern nur über Beziehungstypen miteinander verbunden werden können.

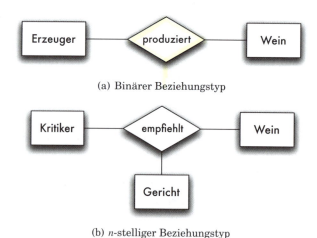

(a) Binärer Beziehungstyp

(b) *n*-stelliger Beziehungstyp

Abbildung 3.4: Graphische Darstellung von Beziehungstypen

Neben der gezeigten graphischen Notation ist auch eine Textnotation möglich, die für einen Beziehungstyp R die Form $R(E_1, \ldots, E_n)$ hat, z.B.

produziert(Erzeuger, Wein). Man beachte, dass in der Textnotation eine Reihenfolge der beteiligten Entity-Typen festgelegt wird – in der graphischen Notation wird dieses offen gelassen.

Ist ein Entity-Typ mehrfach an einem Beziehungstyp beteiligt (etwa in der Beziehung grenzt_an(Anbaugebiet, Anbaugebiet)), können *Rollennamen* vergeben werden:

grenzt_an(*Gebiet1*: Anbaugebiet, *Gebiet2*: Anbaugbiet)

Während in der Textnotation dieser Rollenname durch die Parameterposition ersetzt werden könnte (etwa steht im grenzt_an-Beziehungstyp das nördlichere oder westlichere Gebiet vorn), ist in der graphischen Notation in diesen Fällen die Vergabe von Rollennamen zwingend. Die Rollennamen werden an die Verbindungslinie zwischen Beziehungstyp-Symbol und Entity-Typ-Symbol geschrieben (Abbildung 3.5).

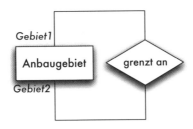

Abbildung 3.5: Beziehungstyp mit Rollennamen

Attribute

Attribute modellieren Eigenschaften von Entitys oder auch Beziehungen. Alle Entitys eines Entity-Typs haben dieselben Arten von Eigenschaften. Attribute werden somit für Entity-Typen deklariert.

In der graphischen Notation wird ein Attribut als Oval dargestellt und über eine Linie dem Entity-Typ zugeordnet. In Abbildung 3.6 ist dies für den Entity-Typ Wein mit den Attributen Name, Farbe und Jahrgang dargestellt. Optional kann zum Attribut A noch der Wertebereich D in der Form $A : D$ angegeben werden.

Im klassischen ER-Modell nehmen Attribute „druckbare" Werte an, also Werte der Standarddatentypen wie **int** oder **string**. Die tatsächliche Menge der angebotenen Datentypen schwankt je nach zugrundeliegender Literaturquelle und wird darum von uns offen gelassen.

Die Semantik einer Attributdeklaration wird wie folgt festgelegt: Ein Attribut A eines Entity-Typs E stellt im Zustand σ eine Abbildung dar:

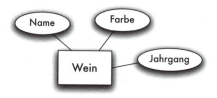

Abbildung 3.6: Attributnotation für Entity-Typen

$$\sigma(A) : \sigma(E) \to \mu(D)$$

Eine Attributdeklaration entspricht somit in einem Zustand σ einer Funktion, die jedem aktuellen Entity aus $\sigma(E)$ einen Wert des Datentyps D zuordnet.

Attribute von Beziehungen werden analog behandelt. Attributdeklarationen werden beim Beziehungstyp vorgenommen; eine Attributdeklaration gilt auch hier für alle Ausprägungen eines Beziehungstyps. Derartige Attribute werden auch als *Beziehungsattribute* bezeichnet. Die Semantik von Beziehungsattributen wird analog zu Entity-Attributen festgelegt. Ein Attributtyp A eines Beziehungstyps R stellt im Zustand σ eine Abbildung dar:

$$\sigma(A) : \sigma(R) \to \mu(D)$$

Man beachte, dass die Attributfunktion nur für Beziehungsausprägungen definiert sind, die im aktuellen Zustand enthalten sind.

Die Notation wird im Beispiel in Abbildung 3.7 gezeigt – dieser Beziehungstyp gibt an, dass ein Wein zu einem bestimmten Anteil aus einer Rebsorte hergestellt ist. Beispielsweise sind Bordeaux-Weine meist sogenannte Cuvees – eine Kombination (Verschnitt) aus drei bis fünf verschiedenen Rebsorten. Das Attribut Anteil gibt in unserem Beispiel an, zu wieviel Prozent eine bestimmte Rebsorte beteiligt ist. Offensichtlich kann dieses Attribut weder dem Entity-Typ Wein noch dem Entity-Typ Rebsorte zugeordnet werden: im ersten Fall wäre der Anteil für alle an der Beziehung beteiligten Rebsorten gleich, im zweiten Fall wäre eine Rebsorte bei allen beteiligten Weinen zu gleichen Anteilen vertreten.

In der Textnotation werden Entity-Typen E mit Attributen $A_1, \ldots A_m$ und den jeweiligen Wertebereichen $D_1, \ldots, D_m$ wie folgt notiert:

$$E(A_1 : D_1, \ldots, A_m : D_m)$$

Oft werden die Wertebereiche (wie auch in der graphischen Notation, vergleiche Abbildung 3.6) weggelassen, also:

$$E(A_1, \ldots, A_m)$$

Abbildung 3.7: Attributnotation für Beziehungstypen

Deklarationen von Beziehungstypen R mit Attributen werden entsprechend notiert, indem sie an die Liste der Entity-Typen angefügt werden (hier sind die Wertebereiche weggelassen):

$$R(E_1,\ldots,E_n;A_1,\ldots,A_p)$$

Zur besseren Unterscheidbarkeit können die beteiligten Entity-Typen von den Attributen wie hier durch ein Semikolon anstelle eines Kommas getrennt werden.

Identifizierung durch Schlüssel

In der Regel haben wir bei einer Beschreibung im ER-Modell den Effekt, dass einige Attribute mit ihren Werten bereits eine eindeutige *Identifizierung* für Entitys eines Entity-Typs bilden – so wird ein Wein etwa durch den Namen, den Jahrgang und das Weingut eindeutig identifiziert, ein Buch durch die zugehörige ISBN und ein Student durch seine Matrikelnummer[3]. Wir bezeichnen eine derartige Identifikation durch eine Attributmenge als *Schlüssel*[4] für den betreffenden Entity-Typ.

Für einen Entity-Typ $E(A_1,\ldots,A_m)$ sei eine Teilmenge $\{S_1,\ldots,S_k\}$ der gesamten Attribute gegeben, die sogenannten *Schlüsselattribute*. Es gilt also:

$$\{S_1,\ldots,S_k\} \subseteq \{A_1,\ldots,A_m\}$$

In jedem Datenbankzustand identifizieren die aktuellen Werte der Schlüsselattribute eindeutig Instanzen des Entity-Typs E. Formal kann diese Bedingung wie folgt geschrieben werden:

$$\forall e_1,e_2 \in \sigma(E) : (\sigma(S_1)(e_1) = \sigma(S_1)(e_2) \wedge \ldots \wedge \sigma(S_k)(e_1) = \sigma(S_k)(e_2)) \implies (e_1 = e_2)$$

---

[3]Die Festlegung einer identifizierenden Schlüsselbedingung ist eine *Modellierungsentscheidung* für eine konkrete Datenbankanwendung – für jede der drei Beispielidentifizierungen lassen sich in der Realität Gegenbeispiele finden.

[4]Im Relationenmodell wird die Definition noch exakter getroffen. Dort wird auch noch die Minimalität der Attributmenge festgelegt.

Sowohl in der textuellen als auch in der graphischen Notation markieren wir Schlüsselattribute durch Unterstreichungen, also textuell durch:

$$E(\ldots,\underline{S_1},\ldots,\underline{S_i},\ldots)$$

Die graphische Variante der Schlüsseldefinition ist in Abbildung 3.8 dargestellt.

In vielen Anwendungen haben wir verschiedene mögliche Schlüssel, etwa können Weine wie im obigen Beispiel durch Namen, Jahrgang und Weingut, aber auch durch eine intern vergebene Weinidentifikationsnummer identifiziert werden. Wir sprechen in diesem Zusammenhang von mehreren *Schlüsselkandidaten* oder kurz *Schlüsseln*. Wir wählen einen der Schlüsselkandidaten aus und bezeichnen ihn als *Primärschlüssel*. Dieser hat die oben eingeführte einfache graphische Repräsentation. Falls mehrere Schlüssel graphisch dargestellt werden sollen, verbindet man die Kanten zu ihren Attributen jeweils mit einem Querbalken (siehe [Heu97]).

Die vier Konzepte Werte, Entitys, Beziehungen und Attribute ermöglichen die Beschreibung beliebig strukturierter Weltausschnitte. Wir werden in den folgenden Abschnitten allerdings sehen, dass diese Konzepte für eine ausdrucksstarke und realitätsnahe Modellierung weiter verfeinert werden müssen.

3.3.2 Ein einfaches Beispiel für ein ER-Schema

Bevor wir die erweiterten ER-Modellierungskonzepte behandeln, wollen wir zunächst die bisher eingeführten Konstrukte in einem zusammenhängenden Beispiel betrachten, das wir später in geeigneter Weise noch verfeinern werden. Als Anwendungsdomäne dient wieder unser Weinkeller.

Das komplette Schema ist in Abbildung 3.8 dargestellt. Zentraler Entity-Typ ist `Wein` mit den Attributen `Name`, `Farbe`, `Jahrgang` und `Restsüße`. Ein Wein wird aus einer oder mehreren Rebsorte(n) *hergestellt* (Beziehungstyp), wobei der Anteil der Rebsorte als Attribut des Beziehungstyps repräsentiert wird (siehe vorigen Abschnitt). `Rebsorte` ist ebenfalls ein Entity-Typ und wird mit den Attributen `Name` und `Farbe` modelliert. Weiterhin wird ein Wein von einem Erzeuger *produziert* – auch dies wird über einen Beziehungstyp dargestellt. Der Entity-Typ Erzeuger besitzt die Attribute `Weingut` und eine zunächst nicht weiter strukturierte `Adresse`. Als Erweiterung zu unserem bisherigen Beispiel wird auch das `Anbaugebiet` als Entity-Typ mit den Attributen `Name`, `Region` und `Land` modelliert: beispielsweise ist der Ort Saint-Emilion in der Region Bordeaux in Frankreich eine Instanz dieses Typs (d.h. ein konkretes Entity). Die Zuordnung zwischen Erzeuger und Anbaugebiet – also der Sachverhalt, dass ein bestimmtes Weingut in einem Anbaugebiet angesiedelt ist – wird durch den Beziehungstyp *sitzt in* erfasst. Schließlich ist den Erzeugern noch eine `Lizenz` zugeordnet, die ihnen erlaubt, eine bestimmte Menge Wein zu produzieren.

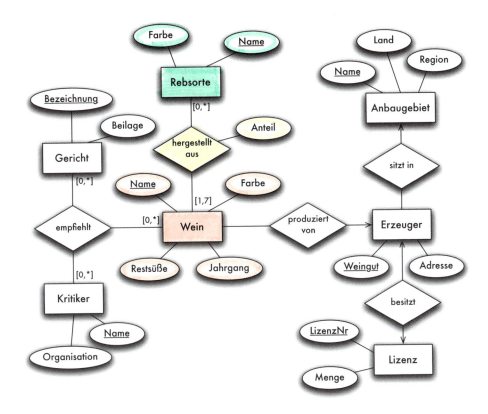

Abbildung 3.8: Beispiel für ein ER-Schema

Im linken Teil des Diagramms sind die Empfehlungen modelliert. Wir nehmen hierbei vereinfachend an, dass ein Kritiker einen bestimmten Wein zu einem Gericht *empfiehlt*, also beispielsweise, dass ein weißer Chardonnay aus Kalifornien gut zu Lamm passt. Kritiker und Gericht sind daher als Entity-Typen repräsentiert, die über den Beziehungstyp mit dem Entity-Typ Wein verbunden sind.

Die Notation der Pfeilspitzen sowie die zusätzlichen Informationen an den Verbindungslinien werden wir in den folgenden Abschnitten noch erläutern.

3.3.3 Semantik eines ER-Schemas

Nachdem die einzelnen Konzepte erläutert wurden, können wir nun die Semantik eines kompletten Schemas im ER-Modell betrachten. Wie in Abschnitt

3.2 beschrieben, beschränken wir uns auf die Festlegung der Menge aller möglichen ER-Zustände σ für ein gegebenes ER-Schema.

Jeder Zustand σ eines ER-Schemas ist eine Zuordnung

$$
\begin{aligned}
E &\mapsto \sigma(E) \subseteq \mu(E) \\
R(E_1,\ldots,E_n;\ldots) &\mapsto \sigma(R) \subseteq \sigma(E_1) \times \ldots \times \sigma(E_n) \\
E(\ldots,A_i:D,\ldots) &\mapsto \sigma(A_i): \sigma(E) \to \mu(D),\ldots \\
R(\ldots;\ldots,A_i:D,\ldots) &\mapsto \sigma(A_i): \sigma(R) \to \mu(D),\ldots
\end{aligned}
$$

bei gegebener fester Interpretation μ der Datentypen durch Wertebereiche und der Entity-Typen durch vorgegebene Mengen möglicher Entitys.

Nach diesen allgemeinen Festlegungen wenden wir uns speziellen Aspekten und zusätzlichen Notationen zu.

3.4 Eigenschaften von Beziehungen

Wie das Beispiel in Abbildung 3.8 zeigt, können sich Beziehungstypen hinsichtlich ihrer Eigenschaften unterscheiden. So sind an der *empfiehlt*-Beziehung drei Entity-Typen beteiligt, während alle anderen Beziehungstypen in diesem Schema binär sind.

Allgemein lassen sich Beziehungen durch zwei wesentliche Eigenschaften beschreiben:

- die *Stelligkeit* gibt an, wie viele Entity-Typen mit einem Beziehungstyp verbunden sind, während

- die *Funktionalität* bzw. *Kardinalität* beschreibt, wieviele Instanzen eines Entity-Typs jeweils in die Beziehung eingehen.

Im Folgenden werden wir diese Eigenschaften genauer vorstellen.

3.4.1 Stelligkeit

Die Stelligkeit oder der Grad eines Beziehungstyps beschreibt die Anzahl der am Beziehungstyp beteiligten Entity-Typen, also in der graphischen Notation die Anzahl der Verbindungslinien. Die zweifellos häufigste Variante sind dabei binäre (zweistellige) Beziehungstypen. Einige Vorschläge für spezielle ER-Modelle und zugehörige Werkzeugsysteme boten daher nur zweistellige Beziehungstypen als Einschränkung der allgemeineren n-stelligen Beziehungen an. So stellt sich die Frage, ob mehrstellige Beziehungen eventuell durch mehrere zweistellige Beziehungen ersetzt werden können.

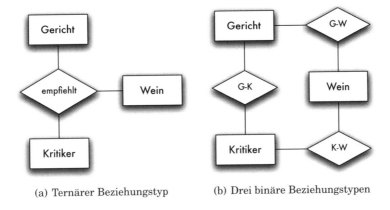

(a) Ternärer Beziehungstyp   (b) Drei binäre Beziehungstypen

Abbildung 3.9: Ternäre vs. binäre Beziehungen im ER-Modell

Hierzu betrachten wir in Abbildung 3.9 ein Beispiel aus unserer Weindomäne: nämlich den Beziehungstyp mit den Empfehlungen von Weinen zu bestimmten Speisen durch Weinkritiker, links wie im vorigen Abschnitt als dreistellige (ternäre) Beziehung, rechts in Form von drei zweistelligen Beziehungen jeweils zwischen zwei Entity-Typen dargestellt.

Zur Beantwortung unserer Frage betrachten wir in Abbildung 3.10 die Instanzen: die Ovale symbolisieren die Entity-Mengen, die Linien repräsentieren Beziehungen zwischen einigen ausgewählten Entitys. Die unterschiedlichen Linienarten in Abbildung 3.10 (b) sollen dabei nur die Zuordnung zu den Beziehungen in Abbildung 3.10 (a) erleichtern – tatsächlich ist die Zusammengehörigkeit etwa von $g_1 - w_1$ und $g_1 - k_1$ nicht mehr gegeben!

Wenn wir nun versuchen, aus den drei binären Beziehungen in Abbildung 3.11 (a) (zur Erinnerung: die unterschiedlichen Linienarten werden ignoriert) die ursprünglichen Beziehungen zu rekonstruieren, ergibt sich das Bild in Abbildung 3.11 (b).

Die Beziehungen (1) bis (3) entsprechen offensichtlich den Beziehungen aus Abbildung 3.10 (a). Allerdings kann auch die (neue) Beziehung (4) $g_1 - w_1 - k_2$ abgeleitet werden!

Wir können also feststellen, dass ein wichtiger Aspekt der ursprünglichen Beziehungsausprägung nicht mehr rekonstruiert werden kann: Die Information, dass unser Kritiker k_2 den Wein w_1 nur für das Gericht g_2 empfohlen hat, *nicht* aber für g_1, ist nun verlorengegangen! Allgemein bedeutet dies, dass mehrere mögliche Ausprägungen für empfiehlt auf dieselben binären Beziehungen abgebildet werden. Ein weiterer, nicht beabsichtigter Nebeneffekt ist, dass wir jetzt Informationen ausdrücken können, die mit dem ursprünglichen Beziehungstyp nicht ausdrückbar waren. So können wir beispielsweise eine Be-

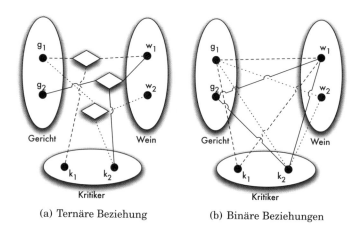

(a) Ternäre Beziehung (b) Binäre Beziehungen

Abbildung 3.10: Beispiel für Beziehungsinstanzen zu Abbildung 3.9

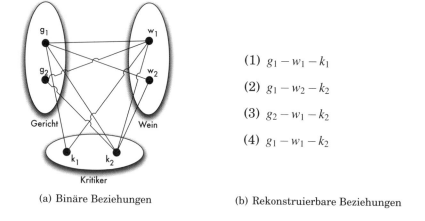

(1) $g_1 - w_1 - k_1$

(2) $g_1 - w_2 - k_2$

(3) $g_2 - w_1 - k_2$

(4) $g_1 - w_1 - k_2$

(a) Binäre Beziehungen (b) Rekonstruierbare Beziehungen

Abbildung 3.11: Rekonstruktion der Beziehungsinstanzen

ziehungsinstanz $g_2 - w_2$ einfügen, d.h. eine Empfehlung ohne Angabe eines Kritikers.

Diese kurzen Beispiele zeigen, dass die direkte Umsetzung n-stelliger Beziehungstypen in zweistellige zu unerwünschten Effekten führen kann. Dies heißt aber nicht, dass wir prinzipiell eine geringere Ausdrucksfähigkeit haben, falls wir nur zweistellige Beziehungen erlauben – in unserem Beispiel könnten wir die dreistellige Beziehung zum Beispiel durch einen künstlichen neuen Entity-Typ Empfehlung und drei zweistellige Beziehungen ersetzen (Abbildung 3.12).

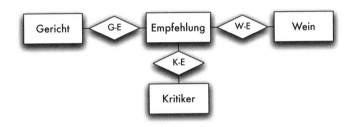

Abbildung 3.12: Dreistellige Beziehung durch künstlichen Entity-Typ

Das Prinzip dieser Umsetzung entspricht der Transformation vom ER-Modell in das Netzwerkmodell, in dem ebenfalls nur zweistellige Beziehungen erlaubt sind. Diese Transformation wird in Abschnitt 16.3 näher erläutert.

Auch im Relationenmodell können solche Zusammenhänge dargestellt werden: Verbundabhängigkeiten und die Transformationseigenschaft *Verbundtreue* werden diese Aufgabe übernehmen (siehe Abschnitt 6.3.2).

3.4.2 Kardinalitäten und funktionale Beziehungen

Neben der Anzahl der in eine Beziehung eingehenden Entity-Typen ist die Anzahl der beteiligten *Instanzen* des jeweiligen Entity-Typs ein weiteres wichtiges Merkmal von Beziehungstypen. So kann beispielsweise für die hergestellt aus-Beziehung aus Abbildung 3.7 festgelegt werden, dass ein Wein aus mindestens einer Rebsorte hergestellt sein muss (anderenfalls ist es kein Wein), andererseits aber nicht mehr als sieben Rebsorten enthalten darf (sonst ist er maximal noch als Glühwein geeignet). Derartige Festlegungen bezeichnet man als *Kardinalität* einer Beziehung. Eine Kardinalitätsangabe stellt im Prinzip eine Integritätsbedingung dar, d.h. damit wird beschrieben, unter welchen Bedingungen die Daten konsistent zur realen Welt sind.

Allgemein lassen sich drei Formen von Kardinalitäten unterscheiden, wobei m und n für eine beliebige Anzahl > 1 stehen:

- 1:1-Beziehungen,

- 1:n- bzw. n:1-Beziehungen sowie

- m:n-Beziehungen.

Im Folgenden stellen wir diese Beziehungstypen genauer vor, wobei wir zunächst von einem binären Beziehungstyp R ausgehen, der die Entity-Typen E_1 und E_2 miteinander verbindet.

Bei einer *1:1-Beziehung* ist jedem Entity e_1 vom Entity-Typ E_1 *maximal* ein Entity e_2 vom Typ E_2 zugeordnet und umgekehrt. Abbildung 3.13 verdeutlicht dies für die Entity-Mengen von E_1 und E_2.

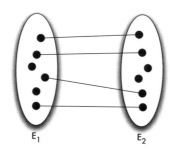

Abbildung 3.13: 1:1-Beziehung

Ein Beispiel für eine derartige Beziehung ist „Mann *ist verheiratet mit* Frau". Unter Annahme monogamer Beziehungen ist tatsächlich jeder Mann mit maximal einer Frau verheiratet und umgekehrt – allerdings kann es durchaus Männer oder Frauen geben, die nicht verheiratet sind. In unserem Weinszenario ist die Beziehung „Erzeuger *besitzt* Lizenz" ein Beispiel einer 1:1-Beziehung.

Bei einer *1:n-Beziehung* sind jedem Entity e_1 vom Typ E_1 beliebig viele Entitys vom Typ E_2 zugeordnet; gleichzeitig gibt es jedoch zu jedem Entity e_2 des Typs E_2 maximal ein Entity e_1 aus E_1 (Abbildung 3.14).

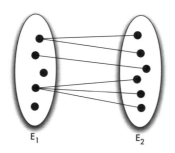

Abbildung 3.14: 1:n-Beziehung

Beispiele für derartige Beziehungen sind etwa „eine Mutter *hat* Kinder" (eine Mutter kann mehrere Kinder haben, aber jedes Kind hat – in diesem Fall genau – eine biologische Mutter) oder aus unserer Anwendungsdomäne die Beziehungen produziert und sitzt_in.

Die hierzu inverse n:1-Beziehung, bei der jedem Entity e_1 vom Typ E_1 *maximal* ein Entity des Typs E_2 zugeordnet wird, bezeichnet man auch als *funktionale* Beziehung. Ein solcher Beziehungstyp beschreibt eine Funktion:

$$R : E_1 \to E_2$$

In der Praxis kommen funktionale Beziehungen recht häufig vor. Gerade in implementierungsnäheren Datenmodellen wie dem Netzwerkmodell spielen sie eine wichtige Rolle, da sie direkt zum navigierenden Zugriff genutzt werden können.

Da im ER-Modell Beziehungen bidirektional sind, kann jede 1:n-Beziehung auch als n:1- und damit als funktionale Beziehung angesehen werden. So ist der produziert_von-Beziehungstyp offensichtlich funktional, da jedem Wein maximal ein Erzeuger zugeordnet wird.

Die allgemeinste Form sind *m:n-Beziehungen*, die (zunächst noch) keinerlei Restriktionen beinhalten. Hier können jedem Entity der Menge E_1 mehrere Entites aus E_2 zugeordnet sein – genauso kann ein Entity aus E_2 mit mehreren E_1-Entitys in Beziehung stehen (Abbildung 3.15).

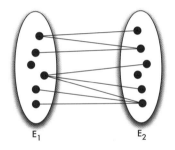

Abbildung 3.15: m:n-Beziehung

Ein Beispiel für m:n-Beziehung ist unsere hergestellt_aus-Beziehung: ein Wein kann aus mehrere Rebsorten hergestellt werden und genauso kann eine Rebsorte in verschiedenen Weinen enthalten sein.

In der graphischen Notation des ER-Modells werden Kardinalitäten als zusätzliche Informationen an den Verbindungslinien zwischen Beziehungstyp und Entity-Typen notiert. Für den speziellen Fall der funktionalen Beziehung wird die Funktion

$$R : E_1 \to E_2$$

durch eine Pfeilspitze im Bildbereich E_2 der Funktion dargestellt. Der Beziehungstyp produziert_von zwischen Weine und Erzeuger wird demnach wie in Abbildung 3.16 notiert.

3.4 Eigenschaften von Beziehungen

Abbildung 3.16: Funktionale Beziehung im ER-Modell

Die 1:1-Beziehung stellt einen Spezialfall der funktionalen Beziehung dar und kann deshalb, wie in Abbildung 3.17 dargestellt, mit zwei Pfeilspitzen notiert werden.

Abbildung 3.17: Graphische Notation einer 1:1-Beziehung im ER-Modell

Für den allgemeinen Fall der Kardinalitätsangabe wird häufig die *[min_i,max_i]-Notation* verwendet, bei der zu jedem an der Beziehung R beteiligten Entity-Typ E_i der minimale (min_i) und der maximale (max_i) Wert der möglichen Teilnahmen der Instanzen von E_i vorgegeben wird:

$$min_i \leq |\{r \mid r \in R \wedge r.E_i = e_i\}| \leq max_i$$

Die Kardinalitätsangaben werden an der Verbindungslinie zum jeweiligen Entity-Typ notiert und sind somit auch für beliebige n-stellige Beziehungstypen verwendbar (Abbildung 3.18).

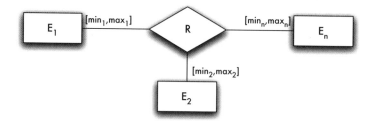

Abbildung 3.18: Kardinalitätsangabe mit [min_i,max_i]-Notation

Textuell können wir Kardinalitätsangaben wie folgt notieren:

$$R(E_1, \ldots, E_i[min_i, max_i], \ldots, E_n)$$

◀**Beispiel 3-1**▶ Betrachten wir zur Verdeutlichung die Beziehung hergestellt_aus mit den folgenden Kardinalitätsangaben:

hergestellt_aus(Wein[1,3], Rebsorte[0,2])

Nach unserer obigen Erklärung bedeutet dies, dass ein Wein aus mindestens einer und maximal drei Rebsorten hergestellt sein muss (also zwischen ein- und dreimal in einer hergestellt_aus-Beziehung auftreten muss) bzw. dass jede Rebsorte in maximal zwei Weinen verwendet werden darf. Für die Entity-Mengen:

$$\text{Weine} = \{w_1, w_2\} \text{ und Rebsorte} = \{r_1, r_2, r_3, r_4\}$$

würde die Beziehungsmenge

$$\text{hergestellt\_aus}_1 = \{(w_1, r_1), (w_1, r_2), (w_1, r_3), (w_2, r_4)\}$$

diese Forderung erfüllen: Der Wein w_1 besteht aus den Rebsorten $r_1, \ldots, r_3$, der Wein w_2 aus r_4. Dagegen erfüllt die Beziehungsmenge

$$\text{hergestellt\_aus}_2 = \{(w_1, r_1), (w_1, r_2), (w_1, r_3), (w_1, r_4)\}$$

diese Forderung nicht, da hierbei der Wein w_1 viermal auftritt und w_2 nicht beteiligt ist. □

Eine spezielle Wertangabe für max_i ist die Angabe eines $*$-Symbols, das einer unbegrenzten Anzahl entspricht. Für min_i werden häufig 0 oder 1 verwendet, wobei

- $min_i = 1$ eine *zwingende* Beziehung bezeichnet, d.h. jedes Entity des betreffenden Typs E_i muss mindestens einmal an der Beziehung teilnehmen, und

- $min_i = 0$ eine *optionale* Beziehung beschreibt, also ein Entity nicht unbedingt an der Beziehung teilnehmen muss.

In Abbildung 3.19 sind die verschiedenen Beziehungsarten und die korrespondierenden Notationen dargestellt.

Betrachten wir noch einige weitere Beispiele für Kardinalitätsangaben.

◀**Beispiel 3-2**▶ Die 1:1-Beziehung besitzt zwischen Erzeuger und Lizenz ist zumindest einseitig optional, wenn wir annehmen, dass es freie Lizenzen gibt und damit nicht jede Lizenz an der Beziehung beteiligt ist (also min = 0). Andererseits muss jeder Erzeuger genau eine Lizenz besitzen und somit an der Beziehung teilnehmen:

3.4 Eigenschaften von Beziehungen

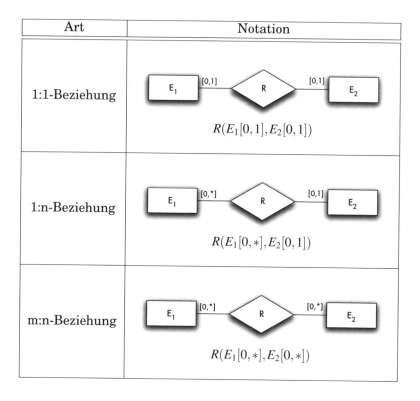

Abbildung 3.19: [min_i,max_i]-Notation für verschiedene Beziehungsarten

verheiratet_mit(Erzeuger[1,1], Lizenz[0,1])

◂**Beispiel 3-3**▸ Die funktionale Beziehung aus Abbildung 3.16 ist in [min,max]-Notation wie folgt zu notieren:

produziert_von(Wein[1,1], Erzeuger[0,*])

Dies bedeutet, dass jeder Wein von genau einem Erzeuger hergestellt sein muss (es gibt keinen Wein ohne Erzeuger). Man spricht hier auch von einer *totalen funktionalen* Beziehung im Gegensatz zu partiellen Beziehungen bei der Angabe [0,1]. Gleichzeitig kann ein Erzeuger beliebig viele Weine produzieren, wobei es auch Erzeuger ohne Wein geben kann.

Würden wir eine Beschränkung auf maximal drei verschiedene Weine pro Erzeuger festlegen, so ist folgende Notation notwendig:

produziert_von(Wein[1,1], Erzeuger[0,3])

◀**Beispiel 3-4**▶ Die m:n-Beziehung hergestellt_aus zwischen Wein und Rebsorte kann mit der auf Seite 71 formulierten Einschränkung auf sieben Rebsorten pro Wein in folgender Weise verfeinert werden:

hergestellt_aus(Wein[1,7], Rebsorte[0,*])

Gleichzeitig wird damit auch ausgedrückt, dass jeder Wein mindestens eine Rebsorte enthalten muss, andererseits aber nicht jede Rebsorte zur Herstellung der Weine verwendet werden muss. □

Alternative Notationen

Während die Notation der ER-Grundkonzepte Entity- und Beziehungstyp sowie Attribut in der Literatur weitgehend identisch ist, gibt es für die Kardinalitätsangabe verschiedene Varianten. So wurde in der Originalarbeit von Chen für (binäre) 1:n-Beziehungen eine einfachere Notation verwendet, die der Leserichtung entspricht. In Abbildung 3.20 (b) ist dies der [min,max]-Notation gegenübergestellt: einem Entity vom Typ E_1 sind N Entitys vom Typ E_2 zugeordnet, daher wird das N an die E_2-Seite geschrieben.

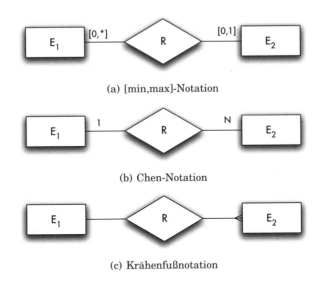

Abbildung 3.20: Alternative Notationen für Kardinalitäten

Eine weitere Alternative ist die sogenannte Krähenfußnotation, die auch von einigen kommerziellen Entwurfswerkzeugen unterstützt wird. Hierbei wird die *n*-Seite (in unserer [min-max]-Notation die [0,1]-Seite!) mit einem Krähenfuß versehen (Abbildung 3.20 (c)).

3.5 Weitere Konzepte im Entity-Relationship-Modell

Bereits in den ersten Vorschlägen für das ER-Modell wurden neben den vier Basiskonzepten Werte, Entitys, Beziehungen und Attribute eine Reihe weiterer Modellierungskonzepte vorgeschlagen. Wir betrachten im Folgenden insbesondere *abhängige Entitys*, *Spezialisierungen* mittels der IST-Beziehung und *Optionalität* von Attributen und Beziehungen.

3.5.1 Abhängige Entity-Typen

Neben Attributen können auch *funktionale Beziehungen* als Schlüssel dienen – die Definitionen übertragen sich direkt von Attributen auf funktionale Beziehungstypen, da die Semantik beider Konzepte durch Funktionen festgelegt wird. Der Wertebereich einer funktionalen Beziehung ist allerdings die Menge der *aktuellen* Instanzen eines Entity-Typs – die Identifizierung durch eine funktionale Beziehung setzt also die tatsächliche aktuelle Existenz des identifizierenden Entitys voraus!

Aus diesem Grunde bezeichnen wir einen Entity-Typ, an dessen Schlüssel eine funktionale Beziehung beteiligt ist, auch als *abhängigen Entity-Typ* (engl. *Weak Entity*). Instanzen eines derartig abhängigen Entity-Typs können somit nur existieren in Abhängigkeit von anderen Entitys. Als Beispiel betrachten wir einen Entity-Typ WeinJahrgang zur Darstellung konkreter Jahrgänge eines Weines, die sich aufgrund äußerer Einflüsse im Charakter unterscheiden können. Die Instanzen dieses Entity-Typs werden durch das Jahr und den (abstrakten) Weineintrag, zu dem der Jahrgang gehört, identifziert. Das Beispiel ist in Abbildung 3.21 dargestellt. In der dortigen Notation werden abhängige Entity-Typen durch funktionale Beziehungen als Schlüssel markiert.

Abbildung 3.22 zeigt eine mögliche Ausprägung für das Beispielschema in Abbildung 3.21: Das Attribut Jahr und der Wert der funktionalen Beziehung gehört-zu sind zusammen Schlüssel für Wein-Jahrgänge. Weine können ohne Jahrgänge existieren, aber nicht umgekehrt.

Viele Vorschläge für eine graphische Darstellung von ER-Schemata sehen eine explizite graphische Notation für abhängige Entity-Typen vor. Abbildung 3.23 zeigt das Beispiel aus Abbildung 3.21 in der von Elmasri und Navathe in [ExN02] vorgeschlagenen Darstellung, in der das Entity-Symbol und das Relationship-Symbol durch doppelte Linien, und die funktionale Beziehung durch die Angaben 1 und *N* gekennzeichnet sind. Das zusätzlich identifizieren-

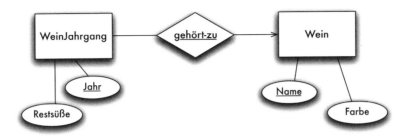

Abbildung 3.21: Abhängige Entitys im ER-Modell: Funktionale Beziehung als Schlüssel

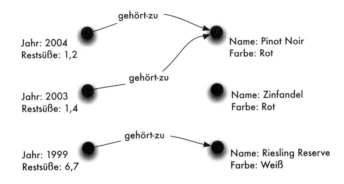

Abbildung 3.22: Mögliche Ausprägung für abhängige Entitys

de Attribut Jahr wird dort als *partieller Schlüssel* bezeichnet und gestrichelt markiert.

3.5.2 Die IST-Beziehung

Eine weitere, in vielen Anwendungen auftauchende Beziehung zwischen Entitys ist die *Spezialisierungs-/Generalisierungsbeziehung*, auch als IST-Beziehung bekannt (engl. *is-a relationship*). Zur Erläuterung betrachten wir das folgende Beispiel. In unsere Datenbank wollen wir zusätzlich Schaumweine aufnehmen, die sich von normalen Weinen durch den Gehalt an Kohlendioxid unterscheiden, das durch spezielle Herstellungsverfahren eingebracht wird. Der Zusammenhang ist in Abbildung 3.24 (a) dargestellt:

- Jeder Schaumwein (w_1, w_2, w_4) ist offensichtlich ein Wein (bzw. einer Instanz vom Entity-Typ Wein zugeordnet).
- Aber nicht jeder Wein ist zugleich ein Schaumwein (wie z.B. w_3, w_5, w_6).

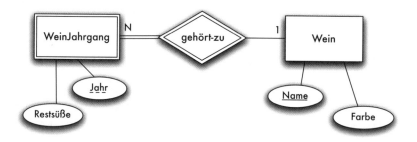

Abbildung 3.23: Abhängige Entitys im ER-Modell: Alternative graphische Notation

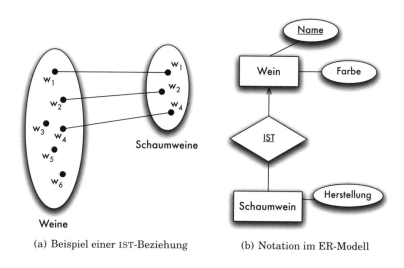

(a) Beispiel einer IST-Beziehung (b) Notation im ER-Modell

Abbildung 3.24: IST-Beziehung im ER-Modell

Abbildung 3.24(b) zeigt eine mögliche graphische Notation im ER-Modell. Der Entity-Typ Wein bleibt wie bisher, der Entity-Typ Schaumwein ist über eine funktionale IST-Beziehung zugeordnet und Instanzen dieses Typs werden auch über diese Beziehung identifiziert. Es handelt sich somit um einen Spezialfall eines abhängigen Entity-Typs!

Weiterhin treffen die Attribute von Wein auch auf Schaumwein zu, auch wenn sie dort nicht explizit notiert sind. Wir sprechen hier von *vererbten* Attributen. Der Entity-Typ Schaumwein hat ein zusätzliches Attribut Herstellung, welches das Verfahren zum Einbringen des Kohlendioxid kennzeichnet (z.B. Asti-Methode, Champagner-Methode). Insgesamt besitzt Schaumwein also folgende Attribute:

$$\underbrace{\text{Schaumwein(Name, Farbe,}}_{\text{von Wein}} \text{Herstellung)}$$

Darüber hinaus ist zu beachten, dass nicht nur die Attributdeklarationen vererbt werden, sondern auch jeweils die aktuellen Werte für eine Instanz in einem Zustand.

In der Textnotation schreiben wir E_1 IST E_2 als Deklaration einer Spezialisierungsbeziehung. Semantisch entspricht eine IST-Beziehung einer *injektiven* funktionalen Beziehung. In diesem Spezialfall können wir die Funktion σ(R) als Einbettung einer Menge in einer Obermenge auffassen und legen die Semantik wie folgt fest:

$$\sigma(E_1) \subseteq \sigma(E_2)$$

Die Funktion σ(R) ist hier also die Identitätsfunktion. Um die spezielle Rolle der IST-Beziehung graphisch hervorzuheben, wird in der graphischen Notation oft anstelle der Beziehungstyp-Raute ein fetter Funktionspfeil benutzt (wie in Abbildung 3.25).

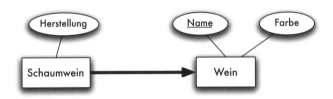

Abbildung 3.25: Alternative Notation für IST-Beziehung im ER-Modell

3.5.3 Optionalität von Attributen

Analog zur Optionalität von Beziehungen (Abschnitt 3.4.2), die ausdrückt, dass Entitys eines Typs nicht zwingend an einer Beziehung teilnehmen müssen, können auch Attribute *optional* sein. Dies ist der Fall, wenn das Attribut nicht für alle Entitys einen definierten Wert annehmen muss. Nicht-optionale Attribute werden entsprechend als *total* bezeichnet. Auch für die Optionalität (bzw. Totalität) sind mehrere graphische Notationen verbreitet. Wir folgen der Notation von Hohenstein [Hoh93], in der Optionalität durch kleine Kreise an der Verbindungslinie zwischen Attributsymbol und Entity-Typ-Symbol markiert wird. Totalität wird nicht gesondert gekennzeichnet. Ein Beispiel zeigt Abbildung 3.26. Hier wird modelliert, dass bei kleineren Ländern die Anbaugebiete nicht in Regionen unterteilt sind, das Attribut Region somit optional ist.

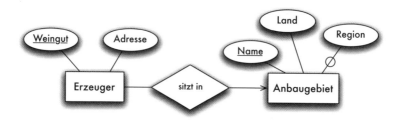

Abbildung 3.26: Optionale Attribute im ER-Modell

Semantisch bedeutet die Optionalitätsangabe, dass die Funktion σ(A) eine partielle Funktion ist, somit nicht für alle Entitys aus σ(E) einen definierten Wert annehmen muss.

Analog kann die vorgestellte graphische Notation auch für Optionalität bei Beziehungstypen eingesetzt werden. Um Totalität explizit graphisch zu markieren, könnte etwa ein ausgefüllter Kreis verwendet werden.

3.6 Zusammenfassung

In diesem Kapitel haben wir mit dem ER-Modell ein Entwurfsmodell für Datenbanken kennengelernt, das trotz seines Alters immer noch eine wichtige Rolle spielt und auch durch eine Vielzahl (kommerzieller) Werkzeuge unterstützt wird. In Tabelle 3.3 sind noch einmal die wichtigsten Konzepte mit ihrer Bedeutung dargestellt.

Wie wir in späteren Kapiteln noch sehen werden, orientieren sich auch neuere Entwicklungen aus dem Bereich objektorientierter Entwurfsmodelle am ER-Modell, sodass wir diese Konzepte – wenn auch unter einem anderen Namen – wiederfinden werden.

3.7 Vertiefende Literatur

Das Entity-Relationship-Modell wurde in einem grundlegenden Artikel von P.P. Chen im Jahre 1976 [Che76] beschrieben. Seitdem wurde es sehr oft in Lehrbüchern und Übersichtsartikeln behandelt. Zu empfehlen ist insbesondere die Einführung im Buch von Elmasri und Navathe [ExN02]. Dort wird auch auf eine Reihe von Erweiterungen und Varianten des ER-Modells verwiesen und weiterführende Literatur angegeben.

Begriff	Informale Bedeutung
Entity	zu repräsentierende Informationseinheit
Entity-Typ	Gruppierung von Entitys mit gleichen Eigenschaften
Beziehungstyp	Gruppierung von Beziehungen zwischen Entitys
Attribut	datenwertige Eigenschaft eines Entitys oder einer Beziehung
Schlüssel	identifizierende Eigenschaft von Entitys
Kardinalitäten	Einschränkung von Beziehungstypen bezüglich der mehrfachen Teilnahme von Entitys an der Beziehung
Stelligkeit	Anzahl der an einem Beziehungstyp beteiligten Entity-Typen
funktionale Beziehung	Beziehungstyp mit Funktionseigenschaft
abhängige Entitys	Entitys, die nur abhängig von anderen Entitys existieren können
IST-Beziehung	Spezialisierung von Entity-Typen
Optionalität	Attribute oder funktionale Beziehungen als partielle Funktionen

Tabelle 3.3: Wichtige Begriffe des ER-Modells

3.8 Übungsaufgaben

Übung 3-1 Modellieren Sie folgenden Sachverhalt in einem ER-Schema. Geben Sie dabei speziell die Kardinalitäten der Beziehungstypen in [min,max]-Notation an:

> Ein Würfel ist durch 6 Flächen beschrieben, die wiederum jeweils durch 4 Kanten begrenzt sind. Jede Kante wird durch 2 Punkte repräsentiert, wobei jeder Punkt aus x-, y- und z-Koordinate besteht. Zwei aneinander grenzende Flächen haben eine Kante gemeinsam, zwei zusammenstoßende Kanten teilen sich einen Punkt.

□

Übung 3-2 Modellieren Sie die Informationsstruktur der folgenden Anwendung im ER-Modell.

Es handelt sich um eine Datenbank über Bankkonten und zugehörige Banktransaktionen. Modelliert werden sollen verschiedene Arten von Konten (Sparkonto, Girokonto usw.), die Informationen über die Kunden und die Buchungen enthalten. Kunden können mehrere Konten besitzen, aber nur ein Girokonto, und bei Sparkonten können mehrere Besitzer eingetragen sein. Scheckkarten werden nur für Girokonten ausgegeben, und nur bei diesen sind Abbuchungen über Geldautomaten möglich. Neben Auszahlungen und Einzahlungen sind insbesondere Buchungen von einem Konto auf ein anderes möglich. Auszahlungen, Einzahlungen, Buchungen sowie Kontoeröffnung werden mit Datum protokolliert.

Welche Beschreibungsaspekte können im ER-Modell nicht oder nur schlecht umgesetzt werden? ☐

Übung 3-3 Geben Sie aus einem Ihnen bekannten Szenario (Universität, Bibliothek usw.) je ein Beispiel für eine

1. m:n-Beziehung,
2. 1:n-Beziehung,
3. 1:1-Beziehung,
4. mehrstellige Beziehung. ☐

Übung 3-4 Bei der ER-Modellierung bestehen trotz der Beschränkung auf wenige Konzepte einige Freiheiten. So gibt es oft folgende Alternativen:

1. Entity-Typ vs. Attribut,
2. abhängiger Entity-Typ vs. selbständiger Entity-Typ,
3. mehrstelliger Beziehungstyp vs. zusätzlicher Entity-Typ und binäre Beziehungen,
4. Attribut vs. IST-Beziehung.

Geben Sie für jede dieser Möglichkeiten zum ER-Schema aus Abbildung 3.8 ein Beispiel an und diskutieren Sie Vor- und Nachteile. ☐

4

Relationenmodell und Anfragemodelle

Das von Codd im Jahre 1970 eingeführte Relationenmodell [Cod70] ist das mittlerweile am weitesten verbreitete Datenbankmodell. Aufgrund seiner Einfachheit und Exaktheit ist es in der Forschung seit Langem anerkannt und hat viele weitere Arbeiten im Datenbankbereich beeinflusst. Gleichzeitig ist es auch in der Praxis etabliert – die kommerziell erfolgreichsten Datenbanksysteme sind relationale Systeme.

In diesem Kapitel werden wir daher zunächst den Strukturteil des Relationenmodells genauer betrachten. Anschließend stellen wir mit der Relationenalgebra und dem Bereichskalkül zwei formale, auf dem Relationenmodell basierende Anfragemodelle vor.

4.1 Relationenmodell: Strukturteil

Während das in Kapitel 3 vorgestellte ER-Modell ein Entwurfsmodell für die konzeptionelle Phase des Datenbankentwurfs darstellt, ist das Relationenmodell ein Realisierungsmodell zur Implementierung des Entwurfs. Es bietet somit Konzepte zur Strukturierung von Repräsentation von Daten, die wir im Folgenden vorstellen.

4.1.1 Schemata und Instanzen

Im Relationenmodell werden Objekttypen der zu modellierenden Anwendungswelt durch *Relationenschemata* beschrieben. Diese bestehen aus einer Menge von *Attributen*, die die gemeinsamen Eigenschaften der Objekte repräsentieren, die zu einem darstellbaren Objekttyp gehören. Attributen werden *Wertebereiche* (auch *Domänen*, engl. *Domains*) zugeordnet, die in der Praxis meist Standarddatentypen wie **integer**, **string**, **real** oder **boolean** sind. Ein *Datenbankschema* besteht vorläufig nur aus einer Menge von *Relationenschemata* (diese Sichtweise wird später noch erweitert). Eine *Relation* ist nun in ihrer einfachsten Beschreibung eine Teilmenge des kartesischen Produkts über den Wertebereichen der Attribute des Relationenschemas. Sie stellt die zu einem Relationenschema passenden und aktuell vorhandenen Daten dar – die *Instanz* zu diesem Schema. Die in der Datenbank aktuell vorhandene Relation zu einem im Datenbankschema definierten Relationenschema heißt *Basisrelation*. ix Menge aller Basisrelationen heißt *Datenbank* (auch *Datenbankwert* oder *Datenbankzustand*). Ein Element einer Relation heißt *Tupel*. Um die Relation von ihrem Relationenschema zu unterscheiden, bezeichnen wir sie mit einem kleinen r. Eine Relation zum Relationenschema R wird dann mit $r(R)$ gekennzeichnet. Die eben angesprochene Zweiteilung in Schema und Instanz (die Relation) findet sich auch bei den meisten neueren Datenbankmodellen, sie wird nur langsam durch die Einführung von Metatypen und Metaklassen überwunden.

Eine Relation kann anschaulich als Tabelle verstanden werden: Die Attribute des Relationenschemas bilden die Spaltenüberschriften der Tabelle, die Tupel sind die verschiedenen Zeilen, und die Einträge in den verschiedenen Tabellenpositionen gehören zu den jeweiligen Wertebereichen. Diese Begriffe werden in Abbildung 4.1 veranschaulicht.

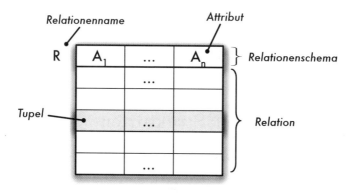

Abbildung 4.1: Veranschaulichung eines Relationenschemas und einer Relation

An den verschiedenen Tabellenpositionen können somit nur atomare Attributwerte stehen und nicht wiederum Tabellen oder andere strukturierte Werte: Diese Einschränkung nennt man die *erste Normalform* (*1NF*) für Relationen. 1NF-Relationen werden oft auch als *flache Relationen* bezeichnet.

WEINE	WeinID	Name	Farbe	Jahrgang	Weingut
	1042	La Rose Grand Cru	Rot	1998	Château La Rose
	2168	Creek Shiraz	Rot	2003	Creek
	3456	Zinfandel	Rot	2004	Helena
	2171	Pinot Noir	Rot	2001	Creek
	3478	Pinot Noir	Rot	1999	Helena
	4711	Riesling Reserve	Weiß	1999	Müller
	4961	Chardonnay	Weiß	2002	Bighorn

ERZEUGER	Weingut	Anbaugebiet	Region
	Creek	Barossa Valley	South Australia
	Helena	Napa Valley	Kalifornien
	Château La Rose	Saint-Emilion	Bordeaux
	Château La Pointe	Pomerol	Bordeaux
	Müller	Rheingau	Hessen
	Bighorn	Napa Valley	Kalifornien

Abbildung 4.2: Zwei Relationen der Weindatenbank

Die Definition einer Relation als Teilmenge des kartesischen Produkts ist problematisch, da die verschiedenen Spalten einer Tabelle damit in ihrer Reihenfolge fixiert sind. Um das zu vermeiden, wird eine Relation oft als eine Menge von Abbildungen definiert, wie etwa in [Vos87, Vos94] oder [Ull88, Ull89]. Der Unterschied wird unten noch genauer erläutert. Zur Illustration der Konzepte betrachten wir einen Ausschnitt aus unserer Beispielanwendung der Weindatenbank.

◄**Beispiel 4-1**► Die Informationen über Weine und ihre Erzeuger sind – aus Gründen, die wir in den Kapiteln 5 und 6 noch näher erläutern werden – in zwei Tabellen dargestellt. Dabei sind die Erzeugerdaten (Weingut, Anbaugebiet) in einer Extratabelle ERZEUGER aufgenommen. Das Relationenschema WEINE besteht dabei aus den Attributen Name, Farbe und Jahrgang. Um den jeweiligen Erzeuger auch den Weinen zuordnen zu können, nehmen wir zusätzlich das Weingut als Attribut in die Tabelle auf. Ergänzend zum Beispiel aus Kapitel 1 haben wir einen künstlichen Schlüssel WeinID eingeführt. Die Tabellen sind in Abbildung 4.2 wiedergegeben.

Jedem Attribut wird ein Wertebereich zugeordnet, den Attributen WeinID und Jahrgang etwa der Wertebereich **integer** und allen anderen Attributen der Wertebereich **string**. Eine gültige Relation besteht dann beispielsweise aus den Tupeln, die in Abbildung 4.2 als Zeilen in der Tabelle auftauchen. Die Menge der Tupel ist eine mögliche Teilmenge des kartesischen Produktes über den jeweiligen Wertebereichen. □

Wir definieren nun die verschiedenen Konzepte zu Schemata und Instanzen im Relationenmodell noch etwas genauer.

Attribute und Wertebereiche

Sei $\mathcal{U}$ eine nicht-leere, endliche Menge, das *Universum* der Attribute. Ein Element $A \in \mathcal{U}$ heißt *Attribut*. Sei $\mathcal{D} = \{D_1, \ldots, D_m\}$ eine Menge endlicher, nicht-leerer Mengen mit $m \in \mathbb{N}$. Jedes D_i wird *Wertebereich* oder *Domäne* genannt. Es existiert eine total definierte Funktion dom : $\mathcal{U} \longrightarrow \mathcal{D}$. dom($A$) heißt der *Wertebereich von A*. Ein $w \in \text{dom}(A)$ wird *Attributwert* für A genannt.

Relationenschemata und Relationen

Eine Menge $R \subseteq \mathcal{U}$ heißt *Relationenschema*. Eine *Relation r über* $R = \{A_1, \ldots, A_n\}$ (kurz: $r(R)$) mit $n \in \mathbb{N}$ ist eine endliche Menge von Abbildungen

$$t : R \longrightarrow \bigcup_{i=1}^{m} D_i$$

die *Tupel* genannt werden, wobei $t(A) \in \text{dom}(A)$ gilt. $t(A)$ ist dabei die Restriktion der Abbildung t auf $A \in R$. Für $X \subseteq R$ heißt die Einschränkung der Abbildung t auf X (bezeichnet mit $t|_X$ oder ebenfalls vereinfachend mit $t(X)$) *X-Wert* von t. Die Menge aller Relationen über einem Relationenschema R wird so bezeichnet:

$$\textbf{REL}(R) := \{r \mid r(R)\}$$

Der Unterschied zu der klassischen Definition einer Relation als Teilmenge des kartesischen Produktes der zugrundeliegenden Wertebereiche, also als $r \subseteq \text{dom}(A_1) \times \cdots \times \text{dom}(A_n)$, soll im folgenden Beispiel noch einmal deutlich gemacht werden.

◄**Beispiel 4-2**► Definieren wir die Relation als Teilmenge des kartesischen Produktes, so ist die Reihenfolge der Spalten fixiert. Die zwei Relationen

$$r_1 \subseteq \text{dom}(\texttt{Weingut}) \times \text{dom}(\texttt{Anbaugebiet}) \times \text{dom}(\texttt{Region})$$

und

$$r_2 \subseteq \times \text{dom}(\texttt{Region}) \times \text{dom}(\texttt{Anbaugebiet}) \times \text{dom}(\texttt{Weingut})$$

aus Abbildung 4.3 sind ungleich, obwohl sie doch das Gleiche bedeuten sollen. Würden wir diese beiden Relationen als Ergebnis einer Anfrage bekommen, so müsste umständlich eine Äquivalenz dieser Relationen definiert werden, um dem System klarzumachen, dass beide Relationen das Gleiche bedeuten.

Daher verwenden wir die Definition einer Relation über eine Menge von Abbildungen. Die Attributwerte werden den einzelnen Attributen nun reihenfolgenunabhängig zugewiesen. Sowohl die Relation r_1 als auch die Relation r_2 bestehen aus Tupeln t_1, t_2, t_3 mit

$t_1(\texttt{Weingut})=$'Creek', $t_1(\texttt{Anbaugebiet})=$'Barossa Valley',
$t_1(\texttt{Region})=$'South Australia'

r_1	**Weingut**	**Anbaugebiet**	**Region**
	Creek	Barossa Valley	South Australia
	Helena	Napa Valley	Kalifornien
	Château La Rose	Saint-Emilion	Bordeaux

r_2	**Region**	**Anbaugebiet**	**Weingut**
	South Australia	Barossa Valley	Creek
	Kalifornien	Napa Valley	Helena
	Bordeaux	Saint-Emilion	Château La Rose

Abbildung 4.3: Zwei verschiedene, aber äquivalente Relationen, falls diese als Teilmenge des kartesischen Produktes definiert werden

t_2(Weingut)='Helena', t_2(Anbaugebiet)='Napa Valley',
t_2(Region)='Kalifornien'
t_3(Weingut)='Château La Rose', t_3(Anbaugebiet)='Saint-Emilion',
t_3(Region)='Bordeaux'

und sind somit identisch. Ein Tupel kann man nun insgesamt wieder mit den Attributwerten in einer bestimmten Reihenfolge schreiben (sofern die Reihenfolge der Attribute festgelegt ist):

$$t_1 = \langle \text{'Creek'}, \text{'Barossa Valley'}, \text{'South Australia'} \rangle$$

Ein X-Wert kann dann so notiert werden:

$$t_1(\{\texttt{Weingut}, \texttt{Anbaugebiet}\}) = \langle \text{'Creek'}, \text{'Barossa Valley'} \rangle$$

Wollen wir auch bei dieser Notation von Tupeln die Reihenfolgeunabhängigkeit bewahren, so nehmen wir in die Tupelkomponenten noch die Attributnamen auf:

$$t_1(\{\texttt{Weingut}, \texttt{Anbaugebiet}\}) = \langle \texttt{Weingut} : \text{'Creek'}, \texttt{Anbaugebiet} : \text{'Barossa Valley'} \rangle$$

□

Datenbankschema und Datenbank

Eine Menge von Relationenschemata $S := \{R_1, \ldots, R_p\}$ mit $p \in \mathbb{N}$ heißt *Datenbankschema*. Ein *Datenbankwert* (kurz: *Datenbank*) über einem Datenbankschema S ist eine Menge von Relationen

$$d := \{r_1, \ldots, r_p\}$$

wobei $r_i(R_i)$ für alle $i \in \{1,\ldots,p\}$ gilt. Eine Datenbank d über S wird mit $d(S)$ bezeichnet, eine Relation $r \in d$ heißt *Basisrelation*.

◂**Beispiel 4-3**▸ In unserem laufenden Beispiel besteht das Datenbankschema S unter anderem aus den Relationenschemata WEINE und ERZEUGER, also

$$S = \{ \text{WEINE, ERZEUGER}, \ldots \}$$

und die Datenbank d unter anderem aus den beiden in Abbildung 4.2 enthaltenen Basisrelationen, die formal mit $r(\text{WEINE})$ und $r(\text{ERZEUGER})$ bezeichnet werden. □

4.1.2 Integritätsbedingungen

Da eine Relation eine Menge ist, können keine zwei Tupel mit identischen Werten für *alle* Attribute eines Relationenschemas in dieser Relation existieren. Sonst ist aber zunächst alles erlaubt.

Wie in Abschnitt 1.2 schon angedeutet, müssen wir *identifizierende Attributmengen* für Relationenschemata angeben, um eine gewisse Konsistenz in den zugehörigen Relationen sicherzustellen. Die entsprechenden Attributwerte identifizieren dann jedes Tupel aus einer Relation eindeutig. Sind die Attributmengen bzgl. der Teilmengeninklusion $\subseteq$ minimal gewählt, so sprechen wir von *Schlüsseln* (engl. *Key*) für das Relationenschema. Ein Schlüssel muss vom Datenbankadministrator speziell ausgezeichnet werden. Dieser heißt dann *Primärschlüssel* (engl. *Primary Key*).

◂**Beispiel 4-4**▸ Bei den beiden Relationen $r(\text{WEINE})$ und $r(\text{ERZEUGER})$ wollen wir die Teilmengen

$$\{\text{Name}, \text{Jahrgang}, \text{Weingut}\}$$

und

$$\{\text{WeinID}\}$$

als Schlüssel des Relationenschemas WEINE und die Teilmenge

$$\{\text{Weingut}\}$$

als Schlüssel des Relationenschemas ERZEUGER ansehen.

Da im Relationenschema ERZEUGER nur ein einziger Schlüssel vorhanden ist, ist er auch gleichzeitig der Primärschlüssel. Im Relationenschema WEINE sind beide identifizierenden Attributmengen minimal und somit auch Schlüssel. Die Minimalität bedeutet dabei, dass jede Teilmenge, etwa

$$\{\text{Name}, \text{Jahrgang}\}$$

oder

{Name, Weingut}

kein Schlüssel ist, zwei Tupel also in diesen Attributen übereinstimmen dürfen. Der Datenbankadministrator kann nun einen der Schlüssel als Primärschlüssel auswählen. Dies wird im konkreten Beispiel normalerweise die WeinID sein, die Gründe dafür werden wir in Kapitel 6 noch kennenlernen.

Jede Obermenge eines Schlüssels ist eine identifizierende Attributmenge, die auch *Oberschlüssel* oder *Superkey* genannt wird. Trivialerweise bilden immer alle Attribute eines Relationenschemas zusammen eine identifizierende Attributmenge. □

Wir werden den Begriff Schlüssel nun genauer einführen.

Schlüssel

Eine *identifizierende Attributmenge* für ein Relationenschema R ist eine Menge $K := \{B_1, \ldots, B_k\} \subseteq R$, so dass für jede Relation $r(R)$ gilt:

$$\forall t_1, t_2 \in r \; [\; t_1 \neq t_2 \implies \exists B \in K : t_1(B) \neq t_2(B) \;].$$

Ein *Schlüssel* ist eine bezüglich $\subseteq$ minimale identifizierende Attributmenge, *Primattribut* nennt man jedes Attribut eines Schlüssels. Ein *Primärschlüssel* ist ein ausgezeichneter Schlüssel.

Lokale Integritätsbedingungen

Lokale Integritätsbedingungen $\mathcal{B}$ bilden die Menge aller möglichen Relationen zu einem Relationenschema auf **true** oder **false** ab. Damit werden also die „guten" Relationen von den „schlechten" (nicht integeren) getrennt. Lokale Integritätsbedingungen für ein Relationenschema R sind also Abbildungen $b \in \mathcal{B}$

$$b \colon \{r \mid r(R)\} \to \{\textbf{true}, \textbf{false}\}$$

von der Menge aller Relationen über R auf die Wahrheitswerte.

Haben wir etwa ein Relationenschema $R = \{A, B\}$ vorliegen mit der Attributmenge $\{A\}$ als Schlüssel, so wird durch die der Schlüsselbedingung zugeordnete Funktion

r_1	A	B
	a_1	b_1
	a_2	b_1

auf **true** und

r_2	A	B
	a_1	b_1
	a_1	b_2

auf **false** abgebildet. Schlüssel sind also Spezialfälle von lokalen Integritätsbedingungen, die Relationen wie r_1 erlauben und Relationen wie r_2 ausschließen.

Erweiterte Relationenschemata

Bisher hatten wir ein Relationenschema nur als Menge von Attributen betrachtet, denen Wertebereiche zugeordnet wurden. Nun erweitern wir diese Relationenschemata um lokale Integritätsbedingungen.

$$\mathcal{R} := (R, \mathcal{B})$$

heißt dann *erweitertes Relationenschema*. Eine Relation r über $\mathcal{R}$ (kurz: $r(\mathcal{R})$) muss dann den lokalen Integritätsbedingungen über $\mathcal{B}$ genügen. r ist also eine Relation über R mit $b(r) = $ **true** für alle $b \in \mathcal{B}$ (kurz: $\mathcal{B}(r) = $ **true**). Die Menge aller Relationen über einem erweiterten Relationenschema $\mathcal{R}$ wird mit

$$\mathbf{SAT}_R(\mathcal{B}) := \{r \mid r(\mathcal{R})\}$$

bezeichnet. **SAT** ist abgeleitet vom englischen Wort *satisfy*. Falls keine lokalen Integritätsbedingungen vorliegen, also falls $\mathcal{B} = \{\}$ gilt, schreiben wir statt $\mathbf{SAT}_R(\{\})$ auch kurz $\mathbf{REL}(R)$.

Falls $\mathcal{K}$ eine Menge von Schlüsseln für $r(R)$ ist, wird mit Hilfe von

$$\mathcal{B}_\mathcal{K} := \{b_K \mid K \in \mathcal{K} \ \wedge \ [b_K(r) = \textbf{true} \iff \\ \forall t_1, t_2 \in r[t_1 \neq t_2 \implies \exists B \in K : t_1(B) \neq t_2(B)]]\}$$

ein erweitertes Relationenschema $\mathcal{R} = (R, \mathcal{B}_\mathcal{K})$ festgelegt, für das in Zukunft auch kurz $\mathcal{R} = (R, \mathcal{K})$ geschrieben wird.

Wir erweitern nun noch die Begriffe Datenbankschema und Datenbank um die lokalen Integritätsbedingungen.

Lokal erweitertes Datenbankschema und Datenbank

Eine Menge lokal erweiterter Relationenschemata

$$S := \{\mathcal{R}_1, \ldots, \mathcal{R}_p\}$$

mit $p \in \mathbb{N}$ heißt *lokal erweitertes Datenbankschema*. Eine Datenbank über einem lokal erweiterten Datenbankschema $S := \{\mathcal{R}_1, \ldots, \mathcal{R}_p\}$ ist eine Menge von Relationen $d := \{r_1, \ldots, r_p\}$, wobei $r_i(\mathcal{R}_i)$ für alle $i \in \{1, \ldots, p\}$ gilt. Eine Datenbank d über S wird mit $d(S)$ bezeichnet, eine Relation $r \in d$ heißt *Basisrelation*.

Fremdschlüssel

Neben Schlüsseln hatten wir in der Einführung auch Fremdschlüssel schon als weitere Integritätsbedingung erwähnt. Ein *Fremdschlüssel* (engl. *Foreign Key*) ist eine Attributliste X in einem Relationenschema R_1, wenn in einem Relationenschema R_2 eine kompatible[1] Attributliste Y Primärschlüssel ist und die Attributwerte zu X in der Relation $r_1(R_1)$ auch in den entsprechenden Spalten Y der Relation $r_2(R_2)$ enthalten sind. Wir haben von Attributlisten anstelle von Attributmengen gesprochen, um deutlich zu machen, dass eine eindeutige Zuordnung zwischen den beteiligten Attributen existieren muss. Vereinfacht sprechen wir im Folgenden jedoch oft von Mengen. Wir bezeichnen einen solchen Fremdschlüssel dann mit $X(R_1) \to Y(R_2)$. Der Begriff wird nun genauer definiert.

Eine *Fremdschlüsselbedingung* für eine Relation $r_1(R_1)$ oder auch $r_1(\mathcal{R}_1)$ ist ein Ausdruck

$$X(R_1) \to Y(R_2)$$

mit $X \subseteq R_1, Y \subseteq R_2$. X nennt man dann *Fremdschlüssel* für R_1 bezüglich Y in R_2. Eine Datenbank d *genügt* $X(R_1) \to Y(R_2)$ genau dann, wenn eine Relation $r_2(\mathcal{R}_2)$ mit Y Primärschlüssel für r_2 in der Datenbank existiert und Folgendes erfüllt ist:

$$\{t(X)|t \in r_1\} \subseteq \{t(Y)|t \in r_2\}.$$

◄**Beispiel 4-5**► Im obigen Beispiel ist die Attributmenge

$$X := Y := \{\text{Weingut}\}$$

Fremdschlüssel im Relationenschema WEINE bezüglich des Schemas ERZEUGER. Mit der eingeführten Kurzschreibweise bedeutet dies:

$$\text{Weingut(WEINE)} \to \text{Weingut(ERZEUGER)}$$

□

Man beachte, dass selbst in dem kleinen Ausschnitt des Anwendungsbeispiels, den wir bis jetzt behandelt haben, bereits verschiedene zusätzliche Integritätsbedingungen (Schlüssel, Fremdschlüssel) notwendig waren, um die Semantik der Anwendung im Datenbankschema so weit wie möglich zu erhalten.

Globale Integritätsbedingungen

Eine Menge von Abbildungen

$$\Gamma := \{\gamma \,|\, \gamma \colon \{d \mid d(S)\} \longrightarrow \{\textbf{true},\textbf{false}\}\}$$

---

[1] Kompatibel werden Attributmengen bezeichnet, wenn sie aus der gleichen Anzahl von Attributen bestehen und die Wertebereiche der Attribute auch jeweils zueinander passen.

nennt man eine Menge *globaler Integritätsbedingungen* für das Datenbankschema S. Dann heißt

$$\mathcal{S} := (S, \Gamma)$$

global erweitertes Datenbankschema. $d(\mathcal{S})$ ist eine Datenbank $d(S)$ mit $\gamma(d) =$ **true** für alle $\gamma \in \Gamma$ (kurz: $\Gamma(d) =$ **true**). Die Menge aller gültigen Datenbanken (bezüglich der vorliegenden Integritätsbedingungen) wird mit

$$\mathbf{DAT}(\mathcal{S}) := \{d \mid d(\mathcal{S})\}$$

definiert. Ein Fremdschlüssel ist eine spezielle globale Integritätsbedingung.

4.2 Relationale Anfragemodelle: Operationenteil

Neben der strukturellen Beschreibung einer Datenbank, für die das Relationenmodell die Konzepte definiert, werden – wie in Abschnitt 1.2 motiviert – weiterhin noch Operationen für das Suchen und Ändern des Datenbestandes benötigt. Dieser Operationenteil eines Datenbankmodells wird durch Anfragemodelle gebildet, die wir in den folgenden Abschnitten vorstellen.

4.2.1 Kriterien für Anfragesprachen

Anfragesprachen für Datenbanksysteme sollten gewissen Kriterien genügen. Die folgende Kriteriensammlung wurde in [HS91] eingeführt:

- **Ad-hoc-Formulierung**: Der Benutzer soll eine Anfrage formulieren können, ohne ein vollständiges Programm schreiben zu müssen.

- **Deskriptivität**: Der Benutzer soll Anfragen der Form: „Was will ich haben?" formulieren und nicht: „Wie komme ich an das, was ich haben will?".

- **Mengenorientiertheit**: Jede Operation soll auf Mengen von Daten gleichzeitig arbeiten, nicht navigierend auf einzelnen Elementen („one-tuple-at-a-time").

- **Abgeschlossenheit**: Das Ergebnis einer Anfrage ist wieder eine Relation und kann als Eingabe für die nächste Anfrage verwendet werden.

- **Adäquatheit**: Alle Konstrukte des zugrundeliegenden Datenmodells werden unterstützt.

- **Orthogonalität**: Sprachkonstrukte sind in ähnlichen Situationen auch ähnlich anwendbar.

- **Optimierbarkeit**: Die Sprache besteht aus wenigen Operationen, für die es Optimierungsregeln (die nicht Gegenstand dieses Buches sind sondern in [SHS05] behandelt werden) gibt.

- **Effizienz**: Jede Operation ist effizient ausführbar (im Relationenmodell hat jede Operation eine Komplexität $\leq O(n^2)$ für Relationen mit n Tupeln).

- **Sicherheit**: Keine Anfrage, die syntaktisch korrekt ist, darf in eine Endlosschleife geraten oder ein unendliches Ergebnis liefern.

- **Eingeschränktheit**: Die Anfragesprache sollte keine komplette Programmiersprache sein. Diese Eigenschaft folgt aus Sicherheit, Optimierbarkeit und Effizienz.

- **Vollständigkeit**: Die Sprache muss mindestens die Anfragen einer Standardsprache (wie etwa die in diesem Kapitel einzuführende Relationenalgebra oder den sicheren Relationenkalkül) ausdrücken können.

Die folgenden Grundlagen für relationale Anfragesprachen werden obige Kriterien weitestgehend erfüllen. Bei den konkreten Anfragesprachen, die in Kapitel 7 und 11 behandelt werden, müssen die Kriterien nochmals sorgfältig angewandt werden, um Unterschiede zwischen den konkreten Sprachen feststellen zu können.

4.2.2 Relationenalgebra

Als ersten Ansatz eines Anfragemodells für Datenbanken betrachten wir das Konzept der *Anfragealgebra*. Im mathematischen Sprachgebrauch ist eine Algebra eine Menge von Werten mit Funktionen auf diesem Wertebereich, etwa die Menge der natürlichen Zahlen mit den Operationen Addition, Multiplikation etc. Diese Idee wird auf Datenbankanfragen erweitert, indem Datenbankzustände als Ansammlung von *Werten* eines Wertebereichs aufgefasst werden und Datenbankanfragen als *Operationen* auf diesem Wertebereich. Formal führt man etwa im Relationenmodell einen *abstrakten Datentyp* Relation ein und definiert auf diesem Datentyp dann Operationen wie die Vereinigung zweier Relationen, das Streichen von Attributen einer Relation etc. Hierbei muss auf die Vollständigkeit der Operationenmenge bezüglich des Datenmodells geachtet werden. Der Ansatz der Anfragealgebren ist insofern *operational*, als dass Anfragen durch Schachtelung (Hintereinanderausführung) von Operationen ausgedrückt werden. Im Gegensatz zu Programmiersprachen werden aber komplexe Datenbankelemente wie Relationen als Einheit der Verarbeitung angesehen.

Die Relationenalgebra wurde bereits von Codd eingeführt und ist – in verschiedenen Versionen – die beliebteste Grundlage relationaler Datenbanksprachen. Wir geben zunächst einen Überblick über die von uns gewählte Standardversion, die mit den folgenden sechs Operationen auskommen wird:

- **Attribute ausblenden**: Diese Operation heißt *Projektion*, in Zeichen π. Als Parameter werden die Attribute definiert, die erhalten bleiben sollen, sowie die Relation, auf die die Operation angewendet werden soll.

- **Tupel heraussuchen**: Diese Operation heißt *Selektion*, in Zeichen σ. Neben der Relation, auf die die Selektion angewendet werden soll, werden als Parameter die Bedingungen definiert, unter denen die Tupel im Ergebnis erhalten bleiben sollen.

- **Relationen verknüpfen**: Hierfür ist der *Verbund* (engl. *Join*) zuständig, in Zeichen ⋈. Dabei werden Tupel zweier Relationen über gleichbenannten Spalten und Werten aneinandergehängt.

- **Relationen vereinigen**: Diese Operation ist die *Vereinigung*, in Zeichen ∪. Tupel aus den beiden beteiligten Relationen werden zusammengesammelt, doppelte Tupel entfernt.

- **Relationen voneinander abziehen**: Dies ist die *Differenz*, in Zeichen −. Tupel aus der ersten Relation werden herausgenommen, falls sie auch in der zweiten Relation vorkommen.

- **Attribute umbenennen**: Diese Operation heißt *Umbenennung*, in Zeichen β. Hierbei werden Attributnamen umbenannt, was für Operationen wie ⋈, ∪, − wichtig werden wird, da diese von den Namen der Attribute abhängen.

Das Prinzip einiger dieser Operationen ist in Abbildung 4.4 noch einmal skizziert.

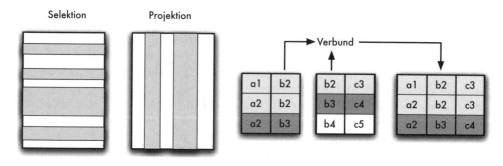

Abbildung 4.4: Operationen der Relationenalgebra

Möchte man den Begriff der *Relationenalgebra* genauer definieren, so müssen wir zunächst die algebraische Struktur, also die Trägermenge der Algebra und ihre Operationen, festlegen. Sieht man die Datenbank d zu einem bestimmten Zeitpunkt als fest an, so kann man durch die relationenalgebraischen Operationen Ω die Menge der Basisrelationen um virtuelle Relationen erweitern. Algebraisch gesehen ist d die Erzeugendenmenge, $[d]_\Omega$ das Erzeugnis unter den Operationen aus Ω und damit die Trägermenge (die Menge aller virtuellen Relationen, die sich durch Ω aus d herleiten lassen). Dann ist $([d]_\Omega, \Omega)$ die Relationenalgebra mit den Operationen, die wir nun genauer einführen. Dabei verwenden wir eine mathematische, nicht-lineare Notation, bei der die Parameter in Indexschreibweise angegeben werden. Die allgemeine Notation ist dabei

$$op_{parameter}(r)$$

für unäre Operatoren wie Selektion und Projektion bzw. die Infixschreibweise

$$r_1 \; op \; r_2$$

für binäre Operationen wie den Verbund und die Mengenoperationen. Für eine Relation r mit dem Relationenschema R müsste demnach korrekterweise $op(r(R))$ notiert werden, also z.B. $\pi(r(\text{WEINE}))$. Im Interesse einer besseren Lesbarkeit interpretieren wir dort, wo es eindeutig ist – wie etwa in Algebraausdrücken – WEINE als die Relation und lassen $r(\dots)$ weg.

Projektion

Die Syntax der *Projektion* ist

$$\pi_{attributmenge}(Relation)$$

Die Semantik wird erklärt durch

$$\pi_X(r) := \{t(X) \mid t \in r\}$$

für eine Relation $r(R)$ und $X \subseteq R$ Attributmenge in R.

◂**Beispiel 4-6**▸ Ein erstes Beispiel ist die Projektion auf ein Attribut der Relation ERZEUGER:

$$\pi_{\text{Region}}(\text{ERZEUGER})$$

Diese ergibt dann als Ergebnisrelation Folgendes:

Region
South Australia
Kalifornien
Bordeaux
Hessen

Doppelte Ergebnistupel werden dabei eliminiert, da das Ergebnis nach Definition einer Relation eine Tupelmenge und keine Multimenge sein soll.

Die Projektion

$$\pi_{\text{Anbaugebiet,Region}}(\text{ERZEUGER})$$

schränkt die ERZEUGER-Relation auf zwei Attribute ein und ergibt

Anbaugebiet	Region
Barossa Valley	South Australia
Napa Valley	Kalifornien
Saint-Emilion	Bordeaux
Pomerol	Bordeaux
Rheingau	Hessen

□

Eine einfache Optimierungsregel lässt sich leicht aus der Definition der Projektionsoperation ableiten: Bei vielen Projektionen hintereinander reicht die zuletzt ausgeführte auch allein aus. So ergibt etwa

$$\pi_{\text{Anbaugebiet}}(\pi_{\text{Anbaugebiet,Region}}(\text{ERZEUGER}))$$

das gleiche Ergebnis wie die kürzere Fassung:

$$\pi_{\text{Anbaugebiet}}(\text{ERZEUGER})$$

Selektion

Die Syntax der Selektion ist

$$\sigma_{Bedingung}(relation)$$

Die Semantik wird erklärt durch

$$\sigma_F(r) := \{t \mid t \in r \wedge F(t) = \text{true}\}$$

wobei die Formel F eine *Bedingung* darstellt und nun noch genauer erläutert werden muss:

1. F ist eine *Konstantenselektion* der Form

$$Attribut\ \theta\ Konstante$$

Hier wird für jedes Tupel der Wert eines Attributs mit einer vorgegebenen Konstante verglichen. Das Vergleichssymbol (oder boolesches Prädikat) θ ist $=$ oder $\neq$, bei linear geordneten Wertebereichen auch $\leq$, $<$, $\geq$ oder $>$.

◄**Beispiel 4-7**► Die Konstantenselektion

$$\sigma_{\text{Jahrgang}>2000}(\text{WEINE})$$

ergibt die Ergebnisrelation

WeinID	Name	Farbe	Jahrgang	Weingut
2168	Creek Shiraz	Rot	2003	Creek
3456	Zinfandel	Rot	2004	Helena
2171	Pinot Noir	Rot	2001	Creek
4961	Chardonnay	Weiß	2002	Bighorn

□

2. F kann eine *Attributselektion* der Form

$$Attribut_1 \; \theta \; Attribut_2$$

sein. Hierbei werden für jedes Tupel zwei Attributwerte verglichen. Die beteiligten Attribute müssen gleiche oder kompatible Wertebereiche besitzen.

3. F kann eine logische Verknüpfung mehrerer Konstanten- oder Attributselektionen mit $\wedge, \vee$ oder $\neg$ sein. Insgesamt sind also boolesche Ausdrücke über Konstanten und Attributselektionen darstellbar. Durch die später noch einzuführenden Mengenoperationen werden die booleschen Ausdrücke jedoch noch überflüssig werden: Eine Relationenalgebra ist auch mit atomaren Konstanten- und Attributselektionen bereits vollständig.

Als einfache Optimierungsregeln kann man bereits jetzt einführen:

- Selektionen lassen sich in der Reihenfolge beliebig vertauschen.
- Manchmal lassen sich Projektion und Selektion vertauschen: die einzige Voraussetzung ist, dass die Selektionsattribute in der Projektionsliste vorkommen.

Verbund

Die Syntax des (natürlichen) Verbundes (engl. *Natural Join*) ist

$$Relation_1 \bowtie Relation_2$$

Die Semantik wird erklärt durch

$$r_1 \bowtie r_2 := \{t \mid t(R_1 \cup R_2) \wedge \exists t_1 \in r_1 : t_1 = t(R_1) \wedge \exists t_2 \in r_2 : t_2 = t(R_2)\}$$

Die Formel bedeutet, dass genau diejenigen Tupel t ins Ergebnis aufgenommen werden, für die es passende Gegenstücke t_1 und t_2 in r_1 und r_2 gibt. Der Verbund verknüpft somit Tabellen über gleich benannten Spalten bei gleichen Attributwerten.

◂**Beispiel 4-8**▸ Die Anfrage

$$\text{WEINE} \bowtie \text{ERZEUGER}$$

ergibt folgende Ergebnisrelation (die Attribute Farbe und Jahrgang sind aus Platzgründen weggelassen):

WeinID	Name	...	Weingut	Anbaugebiet	Region
1042	La Rose Grand Cru	...	Ch. La Rose	Saint-Emilion	Bordeaux
2168	Creek Shiraz	...	Creek	Barossa Valley	South Australia
3456	Zinfandel	...	Helena	Napa Valley	Kalifornien
2171	Pinot Noir	...	Creek	Barossa Valley	South Australia
3478	Pinot Noir	...	Helena	Napa Valley	Kalifornien
4711	Riesling Reserve	...	Müller	Rheingau	Hessen
4961	Chardonnay	...	Bighorn	Napa Valley	Kalifornien

Man beachte, dass das Weingut „Château La Pointe" nicht im Ergebnis erscheint. □

Tupel, die keinen Partner finden, werden also eliminiert. Diese Tupel heißen *Dangling Tuples*. Der *Outer Join*, der bei den relationalen Anfragesprachen noch eingeführt wird, übernimmt Dangling Tuples in das Ergebnis und löst damit dieses Problem.

Was passiert jedoch, wenn die beiden zu verbindenden Relationen kein gemeinsames Attribut besitzen? In diesem Fall entartet der Verbund zum *kartesischen Produkt* $\times$.

◂**Beispiel 4-9**▸ Die Anfrage

$$\pi_{\text{Name}}(\text{WEINE}) \bowtie \pi_{\text{Anbaugebiet}}(\text{ERZEUGER})$$

liefert

Name	Anbaugebiet
La Rose Grand Cru	Barossa Valley
La Rose Grand Cru	Napa Valley
La Rose Grand Cru	Saint-Emilion
La Rose Grand Cru	Pomerol
La Rose Grand Cru	Rheingau
Creek Shiraz	Barossa Valley
Creek Shiraz	Napa Valley
...	

Die beiden zu verbindenden Relationen haben durch die Projektionen disjunkte Schemata bekommen (Name und Anbaugebiet) und verknüpfen somit jedes Tupel der einen mit jedem Tupel der anderen Relation. □

Einige der im Beispiel angesprochenen Eigenschaften des Verbundes sollen jetzt noch einmal zusammengefasst werden:

- Zunächst einmal folgt aus $R_1 \cap R_2 = \{\}$, dass $r_1 \bowtie r_2 = r_1 \times r_2$ gilt, der Verbund also zum kartesischen Produkt entartet.

- Die Projektion ist nicht die inverse Operation zu einem Verbund. Im Allgemeinen gilt
$$\pi_{R_1}(r_1 \bowtie r_2) \subseteq r_1$$
und nicht die Gleichheit dieser beiden Ausdrücke.

- Auch im umgekehrten Fall ist der Verbund nicht immer die inverse Operation zu zwei Projektionen, die auf einer gemeinsamen Relation ausgeführt wurden: Der Verbund ist nur die inverse Operation, falls die Projektionen eine verbundtreue Dekomposition (siehe Abschnitt 6.3.2) der Originalrelation ergeben.

Einige Optimierungsregeln kann man für den Verbund angeben:

- Der Verbund ist kommutativ: $r_1 \bowtie r_2 = r_2 \bowtie r_1$.

- Der Verbund ist assoziativ: $(r_1 \bowtie r_2) \bowtie r_3 = r_1 \bowtie (r_2 \bowtie r_3)$.

- Weil der Verbund kommutativ und assoziativ ist, ist auch folgende abkürzende Schreibweise für den Verbund von p Relationen erlaubt: $\bowtie_{i=1}^{p} r_i$

Mengenoperationen und Umbenennung

Die klassischen Operationen auf Mengen sind die Vereinigung, der Durchschnitt und die Differenz. Diese Mengenoperationen sind auch in der Relationenalgebra enthalten, allerdings mit der Einschränkung, dass die Relationenschemata der beiden beteiligten Relationen gleich sein müssen. Diese Gleichheit ist zwar eine starke Einschränkung, sie kann jedoch oft durch die Umbenennungsoperation erreicht werden. Wir veranschaulichen die Operation mit einem Beispiel.

◄**Beispiel 4-10**► Die folgenden Relationen bestehen jeweils nur aus einem Attribut, das **string**-Werte als Attributwerte enthält:

WEINLISTE	Name
	La Rose Grand Cru
	Creek Shiraz
	Zinfandel
	Pinot Noir
	Riesling Reserve

EMPFEHLUNG	Wein
	La Rose Grand Cru
	Riesling Reserve
	Merlot Selection
	Sauvignon Blanc

□

Auf diesen beiden Relationen führen wir nun die neuen Relationenalgebra-Operationen ein.

Die *Umbenennung*

$$\beta_{neu \leftarrow alt}(relation)$$

ändert den Attributnamen der Ausgangsrelation von *alt* in *neu*.

◄**Beispiel 4-11**► Im Beispiel passt die Operation

$$\beta_{\text{Name} \leftarrow \text{Wein}}(\text{EMPFEHLUNG})$$

etwa das Relationenschema von EMPFEHLUNG an das von WEINLISTE an. Beide Relationen haben nun übereinstimmende Relationenschemata mit dem einzigen Attribut Name. □

Die Semantik der Umbenennung kann durch

$$\beta_{B \leftarrow A}(r) := \{t' \mid \exists t \in r : t'(R - A) = t(R - A) \land t'(B) = t(A)\}$$

beschrieben werden.

Durch die Umbenennungsoperation sind jetzt auch auf den beiden obigen Relationen die Mengenoperationen Vereinigung, Differenz und Durchschnitt möglich geworden.

Die *Vereinigung*

$$relation1 \cup relation2$$

ist bei gleichen Schemata möglich.

◄**Beispiel 4-12**► Im Beispiel ergibt die Anfrage

$$\text{WEINLISTE} \cup \beta_{\text{Name} \leftarrow \text{Wein}}(\text{EMPFEHLUNG})$$

die Ergebnisrelation mit allen Weinen aus der Weinliste oder der Empfehlung:

Name
La Rose Grand Cru
Creek Shiraz
Zinfandel
Pinot Noir
Riesling Reserve
Merlot Selection
Sauvignon Blanc

□

Man beachte, dass durch die Umbenennung das Ergebnis der Vereinigungsoperation ein eindeutig bestimmtes Schema hat. Ohne die Umbenennung würde im Beispiel für das einzige Attribut der Name `Name` oder `Wein` zur Auswahl stehen.

Die Semantik ist wie folgt definiert, wobei nach den obigen Vorbemerkungen gleiche Schemata, also $r_1(R)$ und $r_2(R)$, vorausgesetzt werden:

$$r_1 \cup r_2 := \{t \mid t \in r_1 \vee t \in r_2\}$$

Die *Differenz*

$$relation1 - relation2$$

ist analog anwendbar.

◀**Beispiel 4-13**▶ Die Differenz ergibt bei der Anfrage

$$\text{WEINLISTE} - \beta_{\text{Name} \leftarrow \text{Wein}}(\text{EMPFEHLUNG})$$

die Ergebnisrelation mit allen Weinen der Weinliste, die nicht in der Empfehlung vorkommen:

Name
Creek Shiraz
Zinfandel
Pinot Noir

□

Die Semantik ist unter den gleichen Annahmen wie bei der Vereinigung definiert durch:

$$r_1 - r_2 := \{t \mid t \in r_1 \wedge t \notin r_2\}$$

Die dritte Mengenoperation ist der *Durchschnitt*:

$$relation1 \cap relation2$$

◀**Beispiel 4-14**▶ Im Beispiel wird der Durchschnitt in

$$\text{WEINLISTE} \cap \beta_{\text{Name} \leftarrow \text{Wein}}(\text{EMPFEHLUNG})$$

angewendet und ergibt die Ergebnisrelation mit allen Weinen, die in beiden Relationen vorkommen:

Name
La Rose Grand Cru
Riesling Reserve

□

Die Semantik des Durchschnitts ist angegeben durch:

$$r_1 \cap r_2 := \{t \mid t \in r_1 \wedge t \in r_2\}$$

Von den Mengenoperationen ist der Durchschnitt ∩ eigentlich überflüssig, da $r_1 \cap r_2 = r_1 - (r_1 - r_2)$ gilt und somit der Durchschnitt durch die Differenz ausgedrückt werden kann.

Allgemein kann man sagen, dass die Umbenennung

- Verbunde ermöglicht, wo bisher kartesische Produkte ausgeführt wurden (unterschiedliche Attribute werden gleich benannt),
- kartesische Produkte ermöglicht, wo bisher Verbunde ausgeführt wurden (gleiche Attribute werden unterschiedlich genannt),
- die Mengenoperationen auch bei nicht übereinstimmenden Attributnamen ermöglicht, wie in den Beispielen oben gezeigt.

Eine weitere mengentheoretische Operation, das Komplement, ist nicht Bestandteil der Relationenalgebra, da eine Anfrage mit dem Komplementoperator ein unendliches Ergebnis liefern könnte.

Minimale Menge relationenalgebraischer Operatoren

Für theoretische Untersuchungen ist es wichtig, mit einer minimalen Menge von Operationen auszukommen. Eine *minimale* Relationenalgebra besteht etwa aus den Operationen

$$\pi, \sigma, \bowtie, \beta, \cup \text{ und } -$$

wobei bei der Selektion nur einfache Konstanten- und Attributselektionen, aber keine vollständigen booleschen Ausdrücke notwendig sind. Wir bezeichnen diese Menge von Operationen mit Ω.

Die Operationen aus Ω sind *unabhängig*, d.h. es kann keine weggelassen werden, ohne die Vollständigkeit zu verlieren.

Es gibt auch andere unabhängige Mengen von Relationenalgebra-Operationen (etwa [Ull88, Ull89]): So kann ⋈ und β durch das kartesische Produkt × ersetzt werden. Dadurch wird jedoch die Semantik des kartesischen Produkts komplizierter, da diese Operation nun auch auf Schemata mit gemeinsamen Attributen angewendet werden kann und diese dann doppelt im Relationenschema vorkommen würden. In diesem Fall würde man eine implizite Umbenennung vornehmen müssen, wie wir sie in der Sprache SQL noch sehen werden, oder man arbeitet mit Spaltennummern statt Spaltennamen. Die letzte Möglichkeit ist in der Theorie oft üblich, leider in der Praxis nur schwer zu nutzen.

In älteren Lehrbüchern fehlt manchmal die Umbenennung β (siehe etwa [Vos87]), diese Algebra ist dann nicht relational vollständig.

Relationale Vollständigkeit

Die relationale Vollständigkeit legt die Relationenalgebra als Maß der Ausdrucksfähigkeit von Anfragesprahen fest. Eine Anfragesprache L ist *relational vollständig*, falls jeder Term der Relationenalgebra durch einen Ausdruck in L simuliert werden kann. L heißt *streng relational vollständig*, wenn dies jeweils durch einen einzigen Ausdruck von L möglich ist.

Die ursprüngliche Definition von Codd bezog sich auf den sicheren Relationenkalkül. Wir nehmen im Folgenden $\Omega = \{\pi, \sigma, \bowtie, \beta, \cup, -\}$ als Operationenmenge der Relationenalgebra an.

Problem: Quantoren

In einem Kalkül basierend auf der Prädikatenlogik erster Ordnung kann neben dem Existenzquantor auch der Allquantor formuliert werden. In konkreten relationalen Anfragesprachen wie etwa auch SQL wird deswegen der Allquantor auch explizit zu formulieren sein. Wie kann nun aber der Allquantor in der Relationenalgebra ausgedrückt werden, wenn er innerhalb der Selektionsbedingungen nicht erlaubt ist?

Während der Existenzquantor in jeder Selektionsbedingung implizit enthalten ist, kann der Allquantor in der Relationenalgebra simuliert werden. Wir führen dazu die neue Operation *Division* ein, die aus Ω hergeleitet werden kann.

Seien $r_1(R_1)$ und $r_2(R_2)$ gegeben mit $R_2 \subseteq R_1$. Sei $R' = R_1 - R_2$. Dann ist

$$r'(R') = \{t \mid \forall t_2 \in r_2 \exists t_1 \in r_1 : t_1(R') = t \land t_1(R_2) = t_2\} =: r_1 \div r_2$$

die Division von r_1 durch r_2.

Ein Beispiel wird zeigen, wie der in der Definition der Division auftauchende Allquantor wirkt:

◄**Beispiel 4-15**► Wir erweitern unser Weinbeispiel um eine Relation WEIN_EMPFEHLUNG, in der die von verschiedenen Weinkritikern bewerteten (und empfohlenen) Weine erfasst sind.

WEIN_EMPFEHLUNG	Wein	Kritiker
	La Rose Grand Cru	Parker
	Pinot Noir	Parker
	Riesling Reserve	Parker
	La Rose Grand Cru	Clarke
	Pinot Noir	Clarke
	Riesling Reserve	Gault-Millau

Für eine Verkostung sollen nun die Weine ausgewählt werden, die von *allen* in einer Relation GUIDES1 bzw. GUIDES2 aufgelisteten Kritikern empfohlen wurden.

Dies kann mit Hilfe der Division berechnet werden:

$$\text{WEIN\_EMPFEHLUNG} \div \text{GUIDES1}$$

und würde folgendes Ergebnis liefern:

Name
La Rose Grand Cru
Pinot Noir

bzw. für die zweite Kritikerliste

$$\text{WEIN\_EMPFEHLUNG} \div \text{GUIDES2}$$

Name
Riesling Reserve

□

Wichtig an der Division ist noch, dass sie durch die herkömmlichen Relationenalgebra-Operationen ausdrückbar ist:

$$r_1 \div r_2 = \pi_{R'}(r_1) - \pi_{R'}((\pi_{R'}(r_1) \bowtie r_2) - r_1)$$

Im Wesentlichen werden also der Verbund (der zum kartesischen Produkt entartet), die Projektion und die Differenz benötigt, um die Division zu simulieren. Die Intention hinter dieser Berechnung ist eine doppelte Negation: In unserem obigen Beispiel wird das Ergebnis gebildet, indem alle Weinempfehlungen entfernt werden, die nicht von allen Kritikern empfohlen wurden. Letztere werden dadurch bestimmt, dass von allen benötigten Kombinationen ($\pi_{R'}(r_1) \bowtie r_2$) eben diese Weinempfehlungen abgezogen werden.

Der Name der Division wurde in Analogie zur arithmetischen Operation der ganzzahligen Division gewählt: Die ganzzahlige Division ist in dem Sinne die Inverse zur Multiplikation, indem sie als Ergebnis die größte Zahl liefert, für die die Multiplikation mit dem Divisor kleiner ist als der Dividend. Analog gilt: $r = r_1 \div r_2$ ist die größte Relation, für die $r \bowtie r_2 \subseteq r_1$ ist.

4.2.3 Anfragekalkül

Der bisher präsentierte Ansatz der Anfrage*algebren* verwirklicht die Idee, dass Datenbankkollektionen Ausprägungen eines abstrakten Datentyps (etwa des

Datentyps Relation) und Anfragen Operationen dieses Datentyps sind. Ein alternativer Zugang ist der logikbasierte Ansatz, in dem Datenbankinhalte Belegungen von Prädikaten einer Logik entsprechen und Anfragen abgeleiteten Prädikaten. Derartige Anfrageformalismen werden als *Kalküle* bezeichnet. Da bei der Definition abgeleiteter Prädikate angegeben wird, *was* zum Ergebnis gehören soll, und nicht *wie* es berechnet wird, spricht man auch von *deskriptiven* Anfragen.

Ein Kalkül ist eine formale logische Sprache zur Formulierung von Aussagen. Formeln eines Kalkül sind uns bereits in den vorigen Abschnitten etwa zur Formulierung von Integritätsbedingungen begegnet. Wir wollen hier einen derartigen Kalkül zur Formulierung von Anfragen einsetzen.

Aus der Mathematikausbildung an der Schule und im Grundstudium wird den meisten Lesern der Prädikatenkalkül vertraut sein. Im Prädikatenkalkül werden Aussagen über mathematische Strukturen formuliert, zum Beispiel sind die Axiome der natürlichen Zahlen durch Aussagen im Prädikatenkalkül formalisierbar. Aussagen können als spezielle Anfragen aufgefasst werden: Anfragen, die als Antwort entweder Ja oder Nein liefern.

In der Mathematik werden derartige Aussagen bekannterweise auch zur *expliziten Konstruktion von Mengen* eingesetzt. Etwa wird die Menge aller Quadrate von Zahlen, deren Kubikzahlen zwischen 0 und 1000 liegen, wie folgt notiert:

$$\{x^2 \mid x \in \mathbb{N} \land x^3 > 0 \land x^3 < 1000\}$$

Eine derartige explizite Mengenkonstruktion besteht im Wesentlichen aus drei Bestandteilen: der Angabe von Bereichen für Variablen (hier $x \in \mathbb{N}$), einer Selektionsbedingung und einer Ergebnisberechnung (hier x^2).

Es liegt nahe, diesen Ansatz auf Datenbankanfragen auszuweiten, indem im Bedingungsteil Bezug auf Datenbankobjekte genommen wird. Entsprechend dieser verbreiteten mathematischen Konvention können wir Anfragen in einem allgemeinen Anfragekalkül wie folgt formalisieren. Eine allgemeine *Anfrage* hat die Form

$$\{f(\bar{x}) \mid p(\bar{x})\}$$

wobei die einzelnen Bestandteile wie folgt festgelegt werden:

- Die Notation $\bar{x}$ bezeichnet eine Menge von freien Variablen, über die die Bedingung ausgewertet wird, also

$$\bar{x} = \{x_1 : D_1, \ldots, x_n : D_n\}$$

D_i bezeichnet den Bereich, an den eine Variable x_i gebunden ist. Eine Variable kann an einen Wertebereich eines Datentyps gebunden sein (übliche Typisierung aus Programmiersprachen) oder an eine Kollektion von

Datenbankobjekten, über die iteriert werden soll. Einzelne Varianten von Anfragekalkülen unterscheiden sich darin, ob und wie die Angabe der Zuordnung von Variablen an Wertebereiche oder an Datenbankkollektionen notiert wird. In den folgenden Abschnitten werden einige mögliche Varianten anhand konkreter Kalküle vorgestellt.

- Die Funktion f bezeichnet eine *Ergebnisfunktion* über den freien Variablen $\bar{x}$. Bei Datenbankanfragen sind wichtige Spezialfälle die Angabe einer Variable selber (f ist hier die Identitätsfunktion) und die Tupelkonstruktion (Ergebnis vom Typ **tuple of**). Der letztere Fall ist etwa im Relationenmodell der Standardfall, und wird darum in Relationenkalkülen syntaktisch abgekürzt.

- p ist ein *Selektionsprädikat* über den freien Variablen $\bar{x}$. Ein Selektionsprädikat kann wie folgt aufgebaut werden:

    - Terme zu den Wertebereichen werden wie üblich aus Variablen, Konstanten und Funktionsanwendungen gebildet.
    - Mittels der Prädikate der Datentypen, etwa $\leq, <, >, \geq$, können atomare Formeln über Termen gebildet werden. Insbesondere kann das Gleichheitsprädikat $=$ für alle (auch komplex strukturierte) Wertebereiche verwendet werden.
    - Der Bezug zur aktuellen Datenbank erfolgt in der Regel über *Datenbankprädikate*. So wird im Relationenmodell der Relationenname als Prädikatensymbol aufgefasst.
    Allgemein kann je nach Datenmodell der Bezug zum aktuellen Datenbankinhalt auch unterschiedlich hergestellt werden, etwa können in funktionalen Datenbankmodellen Datenbankfunktionen anstelle von Prädikaten verwendet werden, Konstantensymbole können Datenbankobjekte bezeichnen, Bereichsdeklarationen können Variablen direkt an Datenbankkollektionen binden etc. Wir präsentieren den Zugang über Datenbankprädikate, da er am weitesten verbreitet ist und die anderen Möglichkeiten darauf zurückgeführt werden können.
    - Die gebildeten atomaren Formeln können mit den bekannten prädikatenlogischen Operatoren $\wedge, \vee, \neg, \forall, \exists$ zu Formeln zusammengesetzt werden.

Wir werden hier keine Beispiele für allgemeine Anfragen sondern stattdessen spezielle Kalküle vorstellen. Im Bereich des Relationenmodells sind zwei Kalküle verbreitet, die sich in den erlaubten Wertebereichen der Variablen unterscheiden:

- Der *Bereichskalkül* ist dadurch gekennzeichnet, dass Variablen Werte elementarer Datentypen (*Bereiche*) annehmen. Eine weitere verbreitete deutsche Bezeichnung dieses Kalküls lautet Domänenkalkül bzw. Domänen-Relationenkalkül (von engl. *Domain Calculus*).

- Im *Tupelkalkül* hingegen variieren Variablen über Tupelwerte (entsprechend den Zeilen einer Relation).

In diesem Kapitel werden wir zunächst nur den Tupelkalkül kurz einführen, da der Bezug zu SQL hier besonders einfach deutlich wird. Den Bereichskalkül sowie Erweiterungen für andere Datenmodelle werden wir in Kapitel 9 diskutieren.

Zuvor wollen wir jedoch kurz skizzieren, wie man sich eine – nicht optimierte – Auswertung von Kalkülanfragen vorstellen kann und welche Probleme hierbei auftreten.

Ergebnisbestimmung einer Anfrage

Entsprechend der bekannten mathematischen Konstruktion von Mengen kann die nicht-optimierte Auswertung einer Kalkülanfrage wie folgt skizziert werden. Sie besteht aus zwei Schritten:

1. Bestimme alle Belegungen der freien Variablen in $\bar{x}$, für die das Prädikat p wahr wird.

2. Wende Funktion f auf die durch diese Belegungen gegebenen Werte an.

Das Ergebnis einer Anfrage ist somit eine Menge von Werten, die mittels der Funktion f aus denjenigen Belegungen der freien Variablen berechnet werden, die das Selektionsprädikat erfüllen. Der Bezug zum aktuellen Datenbankinhalt wird hierbei über die Datenbankprädikate hergestellt.

Für den praktischen Einsatz von Kalkülanfragen für Datenbankanfragen tritt nun ein wichtiges Problem auf:

Unter welchen Umständen liefern Kalkülanfragen endliche Ergebnisse?

Etwa lässt sich leicht eine Kalkülanfrage formulieren (mittels der logischen Negation), die das Inverse zu einer Datenbankrelation bestimmt, also eine unendliche Relation. Ob eine Kalkülanfrage ein endliches oder ein unendliches Ergebnis hat, kann zudem vom aktuellen Inhalt der Datenbank abhängen. Für Datenbankanfragen sind wir an den sogenannten *sicheren Anfragen* interessiert, die unabhängig vom aktuellen Inhalt der Datenbank garantiert ein endliches Ergebnis liefern. Der Aspekt der Sicherheit wird später noch in Kapitel 9 detaillierter diskutiert werden.

4.2.4 Tupelkalkül

Im Tupelkalkül sind Variablen grundsätzlich tupelwertig. Anfragen haben daher die Form

$$\{t|\phi(t)\}$$

wobei t eine *freie* Tupelvariable ist, die weder durch All- noch durch Existenzquantoren in der Formel ϕ quantifiziert ist. Wie oben für den allgemeinen Kalkül eingeführt, muss das Prädikat ϕ für t erfüllt sein, damit t im Ergebnis erscheint.

Die Bausteine für die Bildung des Prädikats sind Atome und Formeln. Hierbei kann ein *Atom* folgende Formen aufweisen:

- Tupelvariablen t, die durch $t \in R$ oder $R(t)$ an die Relation mit dem Namen R gebunden sind,

- Prädikate der Form $t.A_i \, \theta \, s.A_j$ mit den Tupelvariablen t und s, den Attributen A_i und A_j, die jeweils aus den t bzw. s zugeordneten Relationenschemata kommen müssen, sowie $\Theta \in \{<, >, \leq, \geq, \neq, =, \dots\}$,

- Prädikate der Form $t.A_i \, \theta \, c$ mit einer Konstanten c aus dem Wertebereich des Attributes A_i ($c \in \text{dom}(A_i)$).

Die *Formeln* sind spezielle Formeln der Prädikatenlogik erster Ordnung, die wie folgt aufgebaut sind:

- Ein Atom ist eine Formel.

- Sind ϕ und ψ Formeln, dann sind auch $\neg\phi$, (ϕ), $\phi \wedge \psi$ und $\phi \vee \psi$ Formeln.

- Ist $\phi(t)$ eine Formel und t eine freie (d.h. noch nicht durch einen Quantor gebundene) Tupelvariable in $\phi(t)$, so sind auch $\forall t \in R(\phi(t))$ bzw. $\exists t \in R(\phi(t))$ Formeln.

Den Einsatz des Tupelkalküls zur Formulierung von Anfragen wollen wir nun anhand einiger Beispiele vorstellen. Wir verwenden hierzu wieder unsere Beispielrelationen.

Eine einfache Anfrage ist die Ermittlung aller Rotweine in der Relation WEINE:

$$\{w \mid w \in \text{WEINE} \wedge w.\text{Farbe} = \text{'Rot'}\}$$

Als Ergebnisfunktion (links vom |-Zeichen) kann auch der Tupelkonstruktor $\langle \dots \rangle$ angegeben werden, der Attributwerte von (auch verschiedenen) Tupelvariablen zu einem neuen Tupel zusammenstellt:

$$\{\langle w.\text{Name}, w.\text{Weingut}\rangle \mid w \in \text{WEINE} \land w.\text{Farbe} = \text{'Rot'}\}$$

Die Verbundoperation muss explizit durch eine geeignete Bedingung über zwei Tupelvariablen formuliert werden. Das folgende Beispiel illustriert dies anhand der Ausgabe aller Weingüter, von denen Weine in der Datenbank vorhanden sind:

$$\{\langle e.\text{Weingut}\rangle \mid e \in \text{ERZEUGER} \land w \in \text{WEINE} \land e.\text{Weingut} = w.\text{Weingut}\}$$

Wie oben beschrieben können Tupelvariablen innerhalb der Formel auch durch einen All- oder Existenzquantor quantifiziert werden. Dies wird im folgenden Beispiel zur Ausgabe aller Bordeaux-Weine genutzt:

$$\{\langle w.\text{Name}, w.\text{Weingut}\rangle \mid w \in \text{WEINE} \land$$
$$\exists e \in \text{ERZEUGER}(w.\text{Weingut} = e.\text{Weingut} \land e.\text{Region} = \text{'Bordeaux'})\}$$

Die existenzielle gebundene Unteranfrage kann in diesem Fall jedoch durch Anwendung der Regeln der Prädikatenlogik aufgelöst werden:

$$\{\langle w.\text{Name}, e.\text{Weingut}\rangle \mid w \in \text{WEINE} \land e \in \text{ERZEUGER}$$
$$\land w.\text{Weingut} = e.\text{Weingut} \land e.\text{Region} = \text{'Bordeaux'}\}$$

Die Anwendung einer universell gebundenen Unteranfrage zeigt das folgende Beispiel, in dem alle Weingüter bestimmt werden, die *nur* Rotweine produzieren:

$$\{\langle e.\text{Weingut}, e.\text{Anbaugebiet}\rangle \mid e \in \text{ERZEUGER} \land$$
$$\forall w \in \text{WEINE}(e.\text{Weingut} = w.\text{Weingut} \Rightarrow w.\text{Farbe} = \text{'Rot'})\}$$

Eine wichtige Frage ist die nach der Ausdrucksmächtigkeit des Tupelkalküls: Können mit dem Tupelkalkül die gleichen Anfragen wie mit der Relationenalgebra formuliert werden? Hier gilt folgender Satz:

Satz 4.1 Der Tupelkalkül ist *streng relational vollständig*, d.h. zu jedem Term τ der Relationenalgebra gibt es einen äquivalenten (sicheren) Ausdruck η des Tupelkalküls. □

Zwei Anfragen τ und η sind dabei äquivalent genau dann, wenn sie in jedem Zustand der Datenbank die gleiche Relation bestimmen.

Der Beweis erfolgt durch Induktion über den Termaufbau. Wir verzichten auch hier auf einen vollständigen Beweis und verweisen auf die einschlägige Literatur [Mai83]. In Kapitel 9 werden wir jedoch noch zeigen, wie sich die Grundoperationen der Relationenalgebra in Anfragekalkülen umsetzen lassen.

4.3 Änderungsoperationen

Bisher haben wir ausschließlich Anfrageoperationen betrachtet, also Operationen, die den Zustand der gespeicherten Datenbank nicht ändern. Änderungsoperationen sollen nun in diesem Abschnitt betrachtet werden. Wir werden zuerst allgemeine Grundprinzipien diskutieren und uns dann der Formalisierung von Änderungen im Relationenmodell zuwenden.

4.3.1 Allgemeine Grundprinzipien

Betrachten wir die Formalisierung von Datenbankzuständen in Abschnitt 3.2, dann wird jeder Datenbankzustand durch eine Kollektion von *Mengen* dargestellt (Funktionen können ebenfalls als Mengen dargestellt werden). Ein gegebenes Datenbankkonzept K, etwa ein Entity-Typ im ER-Modell, wurde in einem Zustand σ durch eine Menge $\sigma(K)$ interpretiert. Wie kommt man von einem DB-Zustand zu einem neuen, also wie kann eine Datenbankänderung erfolgen?

Formal kann man natürlich alle Mengen von Datenobjekten komplett durch andere Mengen ersetzen. Dieser Ansatz wird bei theoretischen Überlegungen auch durchaus eingesetzt, wo ein neuer DB-Zustand das Ergebnis einer Anfrage an den alten Zustand ist und somit kein neuer formaler Apparat für Änderungen benötigt wird. Im praktischen Einsatz und für den Sprachentwurf ist es hingegen sinnvoll, lokale Änderungen anstelle einer kompletten Ersetzung als Änderungsmodell zu verwenden.

Ein Zustand ist eine Kollektion von Mengen; lokale Änderungen wären hier sicher das Einfügen von Elementen in eine dieser Mengen (**insert**-Operation) und entsprechend das Entfernen aus einer Menge (**delete**-Operation)[2]. Die Semantik einzelner derartiger Operationen ist durch die Semantik des abstrakten Datentyps Menge vorgegeben, braucht hier also nicht diskutiert zu werden.

In der Tradition der mengenweisen Verarbeitung von Anfragen betrachten wir im Datenbankbereich semantisch ebenfalls *Mengen gleichzeitig ausgeführter Einfügungen und Löschungen*. Auf der Sprachebene wird etwa das Löschen mehrerer Tupel aus einer Relation als ein Konstrukt angeboten. Diese Vorgehensweise erlaubt es, bei Änderungen die Einhaltung modell-inhärenter Integritätsbedingungen zu fordern, die bei Folgen von Einzeländerungen zwischenzeitig verletzt würden.

Aktuelle Sprachen erlauben nicht beliebiges gleichzeitiges Ausführen von Einfügungen und Löschungen. Etwa kann in relationalen Datenbanken in einem Schritt jeweils nur auf einer Relation gearbeitet werden, und es darf nur eine Art von Operationen ausgeführt werden. Das Problem der inkonsistenten Zwischenzustände wird dabei wie folgt gelöst:

---

[2]Würde der semantische Bereich anders aussehen, etwa Listen als grundlegende Struktur benutzen, wären hier natürlich andere Operationen zu benutzen.

- Eine typische Operation ist das Ersetzen eines Elements durch ein anderes. Da simultanes Löschen und Einfügen nicht möglich sind, wird zusätzlich zu **insert** und **delete** eine explizite Operation **replace** angeboten.

- Das Konzept der *Transaktion* fasst eine Folge von **insert**-, **delete**- und **replace**-Operationen zu einem atomaren Zustandsübergang zusammen. Relationenübergreifende Integritätsbedingungen müssen von Transaktionen respektiert, dürfen aber von Einzeloperationen verletzt werden.

4.3.2 Relationale Änderungsoperationen

Nach den Vorbemerkungen können wir die Änderungsoperationen des relationalen Datenbankmodells nun einfach formalisieren. Manipuliert werden ganze Tupelmengen auf einmal. Wir verwenden die speziellen Notationen für das Relationenmodell, also **DAT** anstatt von σ.

Um eine Datenbank d zu verändern, insbesondere um nach der Definition des Datenbankschemas aus der ursprünglich gegebenen leeren Datenbank (bestehend nur aus leeren Relationen) einen nicht-leeren Datenbankwert zu erzeugen, werden drei grundlegenden *Änderungsoperationen* oder auch *Update-Operationen* formalisiert. Dabei sei ein Datenbankschema S gegeben mit $S := (S, \Gamma)$, also Relationen $S := \{\mathcal{R}_1, \ldots, \mathcal{R}_p\}$ und Integritätsbedingungen Γ.

Ferner sei eine gültige Datenbank $d(S) := \{r_1(\mathcal{R}_1), \ldots, r_i(\mathcal{R}_i), \ldots, r_p(\mathcal{R}_p)\}$ gegeben und zwei Tupel t und t' über $\mathcal{R}_i$. Eine Update-Operation u ist nun eine Abbildung $u : \mathbf{DAT}(S) \longrightarrow \mathbf{DAT}(S)$. Wir definieren die drei Operationen **insert**, **delete** und **replace** wie folgt:

- Die Operation $u(d) := $ **insert** t **into** $r_i(\mathcal{R}_i)$ ist definiert durch

$$d \longmapsto \begin{cases} d' := \{r_1, \ldots, r_i \cup \{t\}, \ldots, r_p\} & \text{falls } d' \in \mathbf{DAT}(S) \\ d & \text{sonst} \end{cases}$$

- Die Operation $u(d) := $ **delete** t **from** $r_i(\mathcal{R}_i)$ ist definiert durch

$$d \longmapsto \begin{cases} d' := \{r_1, \ldots, r_i - \{t\}, \ldots, r_p\} & \text{falls } d' \in \mathbf{DAT}(S) \\ d & \text{sonst} \end{cases}$$

- Die Operation $u(d) := $ **replace** $t \to t'$ **in** $r_i(\mathcal{R}_i)$ ist definiert durch

$$d \longmapsto \begin{cases} d' := \{r_1, \ldots, (r_i - \{t\}) \cup \{t'\}, \ldots, r_p\} & \text{falls } d' \in \mathbf{DAT}(S) \\ d & \text{sonst} \end{cases}$$

Man beachte, dass **replace** nicht äquivalent zu einer Hintereinanderanwendung von **delete** und **insert** ist, da nach der implizit in **replace** enthaltenen Löschoperation ein ungültiger Datenbankwert auftreten darf (also ein

$d'' \notin \mathbf{DAT}(\mathcal{S})$). Wie oben schon erwähnt, werden in der Praxis häufig die Integritätsbedingungen bei den elementaren Update-Kommandos nicht berücksichtigt. Eine Folge von Update-Aktionen, die *Transaktion*, ist dann eine Abbildung von $\mathbf{DAT}(\mathcal{S})$ in $\mathbf{DAT}(\mathcal{S})$.

4.4 Zusammenfassung

Das Relationenmodell bildet als Realisierungsmodell die Grundlage heutiger SQL-Datenbanksysteme. Aufbauend auf dem Relationenmodell wurden mit der Relationenalgebra und den relationalen Anfragekalkülen (von denen wir hier den Tupelkalkül betrachtet haben) zwei verschiedene formale Anfragemodelle vorgestellt. Die Konzepte dieser Anfragemodelle werden wir später in den konkreten Anfragesprachen wie SQL wiederfinden.

Eine Übersicht über die in diesem Kapitel eingeführten Begriffe und deren Bedeutung geben wir in Tabelle 4.1.

4.5 Vertiefende Literatur

Das Relationenmodell und seine Operationen wurde von Codd in [Cod70, Cod72, Cod82, Cod90] eingeführt. Der Klassiker der theoretischen Grundlagen des Relationenmodells ist das Buch von Maier [Mai83]. Ein deutsches Buch für Einsteiger ist [Sau92].

Die Relationenalgebra wurde erstmals in [Cod72] beschrieben. Eine Version der Relationenalgebra mit dem kartesischen Produkt als Grundoperation enthält etwa [Ull88]. Der Tupelkalkül wird in [Ull88] und [Mai83] erläutert. Eingeführt wurde er durch Codd in [Cod72].

4.6 Übungsaufgaben

Übung 4-1 Geben Sie die Voraussetzungen an, unter denen die folgenden Optimierungsregeln für die Relationenalgebra gelten:

- $\sigma_F(r_1 \bowtie r_2) = \sigma_{F_1}(r_1) \bowtie \sigma_{F_2}(r_2)$
- $\pi_X(r_1 \bowtie r_2) = \pi_{X_1}(r_1) \bowtie \pi_{X_2}(r_2)$ □

Übung 4-2 Der äußere Verbund ist eine Variante der Verbundoperation, bei der auch Tupel im Ergebnis erscheinen, die keinen Verbundpartner haben. In diesem Fall werden die fehlenden Attributwerte mit **null** belegt (siehe Abschnitt 10.4). Geben Sie für den äußeren Verbund zwischen den Relationen

Begriff	Informale Bedeutung
Attribut	Spalte einer Tabelle
Wertebereich	mögliche Werte eines Attributs (auch Domäne)
Attributwert	Element eines Wertebereichs
Relationenschema	Menge von Attributen
Relation	Menge von Zeilen einer Tabelle
Tupel	Zeile einer Tabelle
Datenbankschema	Menge von Relationenschemata
Datenbank	Menge von Relationen (Basisrelationen)
Schlüssel	minimale Menge von Attributen, deren Werte ein Tupel einer Tabelle eindeutig identifizieren
Primärschlüssel	ein beim Datenbankentwurf ausgezeichneter Schlüssel
Fremdschlüssel	Attributmenge, die in einer anderen Relation Schlüssel ist
Fremdschlüsselbedingung	alle Attributwerte des Fremdschlüssels tauchen in der anderen Relation als Werte des Schlüssels auf
Relationenalgebra	Anfragealgebra mit Tabellen als Werten
Selektion	Operation zur Auswahl von Tupeln einer Relation
Projektion	Operation zur Auswahl von Attributen einer Relation
natürlicher Verbund	Verknüpfung zweier Relationen über gemeinsame Attribute mit gleichen Werten
Umbenennung	Operation zur Änderung von Attributnamen
Anfragekalkül	logikbasierter Anfrageformalismus mit Prädikaten zur Darstellung von DB-Inhalten und Anfragen
Tupelkalkül	Anfragekalkül mit tupelwertigen Variablen
Änderungsoperation	Operation zur Manipulation (Einfügen, Löschen, Ändern) von Tupeln

Tabelle 4.1: Wichtige Begriffe des Relationenmodells

$r_1(R)$ mit $R(A,B,C)$ und $r_2(S)$ mit $S(C,D,E)$ einen Algebrausdruck unter Verwendung der in diesem Kapitel eingeführten Operatoren an. □

Übung 4-3 Geben Sie eine Anfrage im Tupelkalkül an, die abhängig vom Inhalt der Datenbank ein endliches oder ein unendliches Ergebnis liefern kann. □

Übung 4-4 Formulieren Sie die folgenden Anfragen an die in Anhang A.2 aufgeführten Beispielrelationen sowohl in der Relationenalgebra als auch im Tupelkalkül.

1. Man ermittle Namen und Jahrgang aller roten Bordeaux-Weine.
2. Gesucht sind alle Anbaugebiete, aus denen nicht mindestens zwei Weingüter kommen.
3. Man finde alle Anbaugebiete, in denen Rot- und Weißweine produziert werden.
4. Man bestimme das Weingut, das den ältesten Wein im Angebot hat. □

Übung 4-5 Formulieren Sie folgende Änderungen der Beispielrelationen aus Anhang A.2:

1. Fügen Sie eine neue Rebsorte Grüner Veltiner (weiß) ein.
2. Löschen Sie das Anbaugebiet Toskana.
3. Ändern Sie den Jahrgang des Weines Riesling Reserve auf 2000. □

Übung 4-6 Gegeben sind die Relationenschemata:

BESUCHER	=	{Gast, Restaurant}
ANGEBOT	=	{Restaurant, Wein}
GESCHMACK	=	{Gast, Wein}

mit folgender Bedeutung

BESUCHER	Welcher Gast besucht welches Restaurant?
ANGEBOT	Welches Restaurant bietet welchen Wein an?
GESCHMACK	Welcher Gast mag welchen Wein?

Man gebe in der Relationenalgebra und im Tupelkalkül folgende Anfragen an:

1. Gib die Restaurants aus, die einen Wein anbieten, den Charles Duchemin mag!

2. Gib die Gäste aus, die mindestens ein Restaurant besuchen, das auch einen Wein anbietet, den sie mögen!

3. Gibt die Gäste aus, die *nur* Restaurants besuchen, die auch einen Wein anbieten, den sie mögen!

4. Gib die Gäste aus, die *kein* Restaurant besuchen, das auch einen Wein anbietet, den sie mögen! □

Übung 4-7 Gegeben seien folgende Relationenschemata:

```
ARTIKEL    =  {ArtikelNr, Teil_ArtikelNr, Bezeichnung}
GEBRAUCH   =  {ArtikelNr, Auto, Anzahl}
LAGER      =  {ArtikelNr, Lagerort, Menge}
```

mit der Bedeutung

ARTIKEL	Welche Bauteile hat ein Auto und welche direkten Teile hat dieses Bauteil?
GEBRAUCH	Welches Bauteil wird in welchem Auto in welcher Anzahl gebraucht?
LAGER	Welches Bauteil ist in welchem Lager wie oft vorhanden?

Man gebe, falls möglich, in Relationenalgebra und im Tupelkalkül folgende Anfragen an:

1. Welche Artikel (Bezeichnung!) lagern in Magdeburg oder Bad Doberan?
2. Welcher Lagerort lagert die wenigsten Artikel mit der Nummer 4711?
3. Welcher Lagerort lagert alle Teile, die auch Bad Doberan lagert?
4. Welche Artikel (ArtikelNr) gibt es an mehr als einem Lagerort?
5. Welche Artikel gibt es an keinem Lagerort?
6. Welcher Lagerort hat wenigstens 40% der Artikel, die in einem VW Polo gebraucht werden?
7. Wieviele Lenkräder sind auf Lager?
8. Wieviele von jedem Teil sind auf Lager?
9. Gib *alle* Unterteile des Bauteils Motor aus!

Falls eine Anfrage in Algebra oder Kalkül Ihrer Meinung nach nicht ausdrückbar ist, begründen Sie dies. □

5

Phasen des Datenbankentwurfs

Bereits in den vorigen Kapiteln wurde beschrieben, welche zentrale Rolle die integrierte Datenhaltung in einer Datenbank in größeren Softwaresystemen einnimmt. Demzufolge ist der *Entwurf* der Datenbank von zentraler Bedeutung bei der Entwicklung betrieblicher Informationssysteme oder anderer kommerzieller Anwendungen.

Inhalt dieses Kapitels ist ein Überblick über Anforderungen an den Datenbankentwurf und den allgemeinen Entwurfsprozess sowie eine detaillierte Beschreibung zweier wichtiger Entwurfsschritte, nämlich der konzeptionellen Modellierung von Datenbanken und der Abbildung der konzeptionellen Modellierung auf kommerzielle Datenbankmodelle. Eine weitere wichtige Phase des Datenbankentwurfs, der *relationale Datenbankentwurf*, wird gesondert in Kapitel 6 behandelt. Die Phase der Datendefinition und die zugehörigen Sprachen in den kommerziellen Datenbankmodellen wird in den Kapiteln 6 und 7 wieder aufgegriffen.

5.1 Entwurfsaufgabe

Da die zentrale Datenhaltung für mehrere Anwendungssysteme über einen Zeitraum mehrerer Jahre ein kritischer Aspekt des Informationsmanagements etwa eines Unternehmens ist, kommt dem *Datenbankentwurf* eine besondere Bedeutung zu. Die Entwurfsaufgabe kann dabei von der Anwendungsseite her wie folgt charakterisiert werden:

1. Die Anwendungsdaten jeder Anwendung sollen aus den in der Datenbank gespeicherten Dateien abgeleitet werden können. Anwendungsdaten stellen den Teil der Gesamtinformationen dar, die für eine bestimmte Anwendung benötigt werden. Von Anwenderseite her ist es natürlich wünschenswert, wenn diese Wiedergewinnung der Daten aus der Datenbank möglichst effizient erfolgen kann.

2. Nur vernünftige Anwendungsdaten sollen gespeichert werden: Es macht keinen Sinn, alle im Lauf des täglichen Geschäfts anfallenden Daten einer Firma zentral in einer Datenbank zu speichern. Stattdessen muss der (jetzige und zukünftige) Informationsbedarf der Anwendungen ermittelt und von der Datenbank gedeckt werden.

3. Anwendungsdaten sollen möglichst nicht-redundant dargestellt werden, dies spart nicht nur Speicherplatz, sondern verhindert auch Anomalien, die beim unkontrollierten Umgang mit redundanten Daten leicht entstehen können. Derartige Anomalien werden wir beim relationalen Entwurf in Kapitel 6 ausführlicher diskutieren.

Gemäß dem klassischen Entwurfsvorgehen wird der Entwurfsprozess als eine Abfolge von Entwurfsdokumenten (auch *Modellierungen* genannt) beschrieben, die von einer abstrakten, anwendungsnahen Beschreibungsebene hin zur tatsächlichen Realisierung der Datenbank führen. Konkrete Entwurfsschritte bilden ein Entwurfsdokument auf ein anderes ab, wobei der Beschreibungsformalismus beibehalten wird oder auch wechseln kann (etwa vom ER-Modell hin zum Relationenmodell). Entwurfsschritte können manuell oder automatisiert sein. Ein Phasenmodell für eine derartige Vorgehensweise wird in Abschnitt 5.2 vorgestellt werden.

Von der formalen Seite des Entwurfsprozesses her sind wir primär an zwei Eigenschaften von Entwurfsschritten interessiert:

- Unter der Eigenschaft des *Informationserhalts* verstehen wir, dass entsprechend der transformierten neuen Datenbankbeschreibung alle Informationen gespeichert werden können, die bei der ursprünglichen Modellierung möglich waren.

  Bei Transformationen im Relationenmodell korrespondiert dies mit dem Begriff der sogenannten Verbundtreue (siehe Kapitel 6).

- Die *Konsistenzerhaltung* fordert, dass Regeln und Einschränkungen, die im Eingabedokument gewährleistet wurden, auch in der neuen Modellierung respektiert werden.

  Im Relationenmodell entspricht das der sogenannten Abhängigkeitstreue (siehe Kapitel 6).

Neben diesen eher formalen Korrektheitseigenschaften kann man eine ganze
Reihe von zum Teil auch informellen Gütekriterien an Entwurfsdokumente und
Transformationsschritte aufstellen:

- *Redundanzfreiheit* haben wir bereits diskutiert. Eine Informationseinheit
  sollte nur genau einmal dargestellt werden (Minimalität).

- *Vollständigkeit bezüglich der Anforderungsanalyse.* Diese Eigenschaft ist
  wichtig, aber leider nur eingeschränkt formalisierbar.

- *Konsistenz des Beschreibungsdokuments.* Dies entspricht einer syntaktischen und semantischen Analyse, wie wir sie von Programmiersprachenübersetzern kennen.

- *Ausdrucksstärke, Verständlichkeit des benutzten Formalismus.* Dies ist eine nicht vollständig formal handhabbare Eigenschaft, die zudem für unterschiedliche Personenkreise differieren kann. Eine Datenbankbeschreibung soll allein anhand der Modellkonzepte (ohne weitere Erläuterung) verständlich sein.

- *Formale Semantik der Beschreibungskonstrukte.* Diese Eigenschaft einer Modellierungssprache ist notwendig, wenn formale Methoden zur Konsistenzsicherung oder automatischen Transformation angewendet werden sollen.

- *Lesbarkeit der Dokumente.* Insbesondere bei graphischen Beschreibungssprachen sollte Wert auf das Layout der Graphik gelegt werden, etwa durch Bildung von zusammengehörigen Konzeptgruppen, Vermeidung von sich schneidenden Kanten, Hierarchien in einheitlicher Ausrichtung etc. Hierzu gehört auch bei textuellen Dokumenten eine geeignete Wahl der Bezeichnungen der modellierten Konzepte.

- Weitere Qualitätseigenschaften aus der Softwaretechnik, etwa Unterstützung von Erweiterbarkeit, Modularisierung, Wiederverwendbarkeit sowie Werkzeugunterstützung etc.

Diese Eigenschaften sind zum Teil gegenläufig und können nicht alle zugleich optimal erreicht werden. Auch unterstützen die auf den unterschiedlichen Entwurfsebenen benutzten Beschreibungsmittel nicht alle Eigenschaften adäquat, so dass hier Abstriche gemacht werden müssen.

5.2 Phasenmodell

Der Realisierung einer Datenbankanwendung geht zuallererst eine Kosten/Nutzen-Analyse voraus, in der geklärt werden muss, ob die Realisierung des

Systems tatsächlich einen betriebswirtschaftlichen oder sonstigen Nutzen hat, der den Aufwand der Implementierung rechtfertigen kann. Auf diese Aspekte gehen wir in diesem Buch nicht ein, da diese ökonomischen Betrachtungen nicht primär Gegenstand der Datenbanktechnik sind.

Analog zu den Phasenmodellen des allgemeinen Softwareentwurfs können wir den nun folgenden Datenbankentwurf in mehrere Phasen unterteilen:

- *Anforderungsanalyse*

  Die Anforderungen (engl. *Requirements*) an die zu realisierende Datenbank werden gesammelt und analysiert.

- *Konzeptioneller Entwurf*

  In der Phase des konzeptionellen Entwurfs soll die Datenbank zusammen mit den Anwendungsfunktionen *unabhängig* von dem später zur Implementierung verwendeten System entworfen werden.

- *Verteilungsentwurf*

  Soll die Datenbankanwendung verteilt realisiert werden, kann die Verteilung der Daten entworfen werden, *bevor* konkrete Systeme ausgewählt werden, um etwa auf verschiedenen Knoten eines verteilten Systems unterschiedliche Datenbankmodelle einsetzen zu können.

- *Logischer Entwurf*

  Der logische Entwurf entspricht dem Detailentwurf von Prozeduren bzw. Modulen im Software Engineering. Hier wird ein Datenbankmodell ausgewählt (analog zur Auswahl eines Programmierparadigmas im Softwareentwurf) und das Ergebnis des konzeptionellen Entwurfs auf dieses Datenmodell abgebildet. Anschließend wird das resultierende Schema anhand unterschiedlicher Qualitätskriterien optimiert.

- *Datendefinition*

  Das Ergebnis des logischen Entwurfs muss nun in eine konkrete Deklaration in einer Datendefinitionssprache umgesetzt werden. Dies entspricht der Codierungsphase in der Programmierung.

  Der logische Entwurf erfolgt noch systemunabhängig, in der Datendefinitionsphase hingegen wird die Schemadefinition für ein konkretes DBMS vorgenommen.

  Die *Definition der Benutzersichten* als Umsetzung der in der Phase des konzeptionellen Entwurfs gewonnenen Anwendungssichten ist ebenfalls Teil der Datendefinition.

- *Physischer Entwurf*

  Folgend der Drei-Ebenen-Schemaarchitektur wird in den bisherigen Entwurfsphasen das konzeptuelle Schema entworfen und realisiert, also die logische Gesamtsicht auf den Datenbestand definiert. Im *physischen Entwurf* erfolgt die Definition der Zugriffsstrukturen auf der internen Ebene in einer SSL (Storage Structure Language).

  Der physische Entwurf umfasst somit das Tuning der Datenbankanwendung etwa durch die geeignete Auswahl von Zugriffsstrukturen.

- *Implementierung und Wartung*

  Es folgt die Phase der tatsächlichen Installation der Datenbankanwendung und der fortlaufenden Anpassung an neue Anforderungen bzw. Wechsel der Systemplattformen etc. Obwohl diese Phase oft den größten Teil der Betriebskosten im Gesamtlebenslauf eines Softwaresystems hervorrufen kann, gehen wir nicht vertieft auf diese Phase ein, da die entstehenden Probleme ähnlich zu den entsprechenden Aspekten im allgemeinen Softwareentwurf sind.

Die Abbildung 5.1 zeigt ein mögliches Phasenmodell des Datenbankentwurfs. Im Softwareentwurf ist ein derartiges Phasenmodell nicht als streng sequentielles Vorgehen zu verstehen, sondern Rückkopplungen und Entwurfsrevisionen (zurück gerichtete Pfeile) sind sinnvoll und oft notwendig.

Der Entwurf der eigentlichen Datenbank muss begleitet werden vom Entwurf der *Anwendungsfunktionen*, die auf den Datenbeständen basieren. Diese beiden Entwurfsstränge müssen natürlich regelmäßig abgeglichen werden, um einen sinnvollen Gesamtentwurf zu erhalten. Der Funktionsentwurf kann mit klassischen Methoden des Software Engineerings erfolgen (etwa Funktionsdekomposition), auf die wir hier nicht näher eingehen wollen und stattdessen auf die einschlägigen Lehrbücher verweisen (etwa [Som07]). Aktuelle Tendenzen schlagen vor, diese beiden Entwurfsstränge enger zu integrieren, indem *objektorientierte* Entwurfsmethoden eingesetzt werden. Hierauf gehen wir später in diesem Kapitel noch genauer ein.

5.2.1 Anforderungsanalyse

In der Anforderungsanalyse wird der Informationsbedarf beispielsweise in den Fachabteilungen eines Unternehmens gesammelt und analysiert. Die Anforderungen kommen somit von den späteren Anwendern und sind naturgemäß oft nicht formalisiert, unvollständig und widersprüchlich.

Ergebnisse der Analysephase sind somit *informale Beschreibungen* (Texte, tabellarische Aufstellungen, Formblätter usw.) des Fachproblems. Typische Methoden sind Interviewtechniken, Analyse existierender Arbeitsabläufe, Dokumentation und Analyse genutzter Formulare bzw. Standarddokumente.

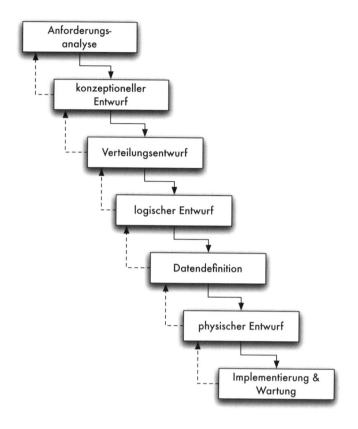

Abbildung 5.1: Phasenmodell des DB-Entwurfs

Teil der klassischen Anforderungsanalyse ist das Trennen der Information über Daten (Datenanalyse) von der Information über Funktionen (Funktionsanalyse). Wie bereits erwähnt, wird diese Trennung in neueren Ansätzen der objektorientierten Analyse nicht mehr gefordert, da dort Funktionen und Daten in Objekte gekapselt werden.

Der klassische Datenbankentwurf behandelt nur die Datenanalyse und Folgeschritte und ignoriert die Funktionsanalyse weitestgehend. Wir werden uns ebenfalls primär auf diese Aspekte konzentrieren und darauffolgend Möglichkeiten einer integrierten Analyse skizzieren. Die Methoden des reinen *Funktionsentwurfs* sind Methoden der allgemeinen Softwaretechnik und werden in diesem Buch nicht behandelt.

5.2.2 Konzeptioneller Entwurf

Basierend auf den Ergebnissen der Anforderungsanalyse ist das Ziel des *konzeptionellen Entwurfs* die erste *formale* Beschreibung des Fachproblems und der im Anwendungsbereich benötigten Informationsstrukturen. In diesem Zusammenhang spricht man von einer Modellierung des *Universe of Discourse*, kurz UoD. Das UoD bestimmt den zu modellierenden Gegenstandsbereich und umfasst den für die Realisierung relevanten Teil der Anwendung. Die Informationsstrukturen werden in einem abstrakten und formalen Datenbankmodell beschrieben, etwa einem semantischen Datenmodell wie dem in Kapitel 8 vorgestellten erweiterten ER-Modell.

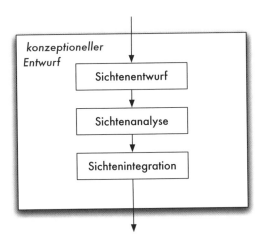

Abbildung 5.2: Schritte des konzeptionellen Entwurfs

Im konzeptionelle Entwurf der Datenbankstrukturen werden insbesondere die folgenden Teilschritte unterschieden, die in Abbildung 5.2 graphisch dargestellt werden:

1. Die *Modellierung von verschiedenen Sichten* auf die Gesamtinformation, etwa spezielle Sichten für verschiedene Fachabteilungen eines Unternehmens.

2. Es folgt eine *Analyse der modellierten Sichten* in bezug auf die folgenden Aspekte:

    (a) *Namenskonflikte* treten auf, wenn verschiedene Begriffe für dasselbe Konzept der modellierten Anwendung auftreten (sogenannte *Synonyme*) bzw. derselbe Begriff für mehrere Konzepte benutzt wird

(*Homonyme*). Die Existenz von Homonymen und Synonymen ist eine zwangsläufige Folge der Mehrdeutigkeit natürlicher Sprachen.

Klassische Beispiele für Homonyme der natürlichen Sprache sind etwa Schloss (als Gebäude und als Schließvorrichtung). Kandidaten für diese Homonyme können anhand von Wörterbüchern erkannt werden. Weitere Homonyme entstehen durch Fachsprachen (etwa der Begriff „Schlüssel" im Datenbankbereich) und lassen sich nur fachspezifisch erkennen.

Der anwendungsspezifische Gebrauch von Homonymen ist ebenfalls schwer erkennbar: Ein Wein in der Bestellabteilung eines Händlers kann ein abstrakter Wein sein, repräsentiert durch die Bestellinformation, während die Versandabteilung hingegen eine Wein*flasche* darunter verstehen kann.

Ähnliches gilt für (anwendungsspezifische) Synonyme, etwa im Fall der Begriffe Weingut, Hersteller, Erzeuger, Winzer im Weinhandelsbeispiel. Das Auffinden von Synonymen ist ein wichtiger Schritt, um Verbindungen zwischen den Sichten zu identifizieren und um die Redundanzfreiheit der Daten zu gewährleisten.

(b) Auch nach Analyse der Namenskonflikte können *Typkonflikte* auftreten, wenn verschiedene Strukturen für das gleiche Element modelliert werden. Auch Typkonflikte treten zwangsläufig auf, da unterschiedliche Anwendungssichten einen unterschiedlichen Informationsbedarf bedeuten.

Für die Bestellabteilung sind für einen Wein andere Attribute von Interesse als für einen Kritiker: Der Kritiker ist beispielsweise nicht an den Anforderungen für eine Verpackung eines Weins interessiert.

(c) Oft haben gleiche Attribute in verschiedenen Sichten unterschiedliche Wertebereiche. In diesen Fällen spricht man von *Wertebereichskonflikten*. Etwa können Farben innerhalb von Weinen als Zahlen kodiert werden oder aber als Zeichenketten.

(d) *Bedingungskonflikte* treten ein, wenn in verschiedenen Sichten unterschiedliche Integritätsbedingungen angegeben werden, z.B. verschiedene Schlüssel für ein Element (Weinführer werden über die ISBN oder über Titel und Jahr identifiziert).

(e) *Strukturkonflikte* entstehen, wenn der gleiche Sachverhalt durch unterschiedliche Datenmodellkonstrukte ausgedrückt wird. Eine mehrfache Spezialsierung kann im ER-Modell explizit ausgedrückt werden, aber auch durch ein sogenanntes *Diskriminatorattribut*, das die Zugehörigkeit zu einer bestimmten Unterklasse festlegt. Zum Beispiel kann eine Partitionierung von Person in Mann und Frau durch das Attribut Geschlecht vom Aufzählungsdatentyp { weiblich, männlich } erfolgen.

Insbesondere werden im Analyseschritt Beziehungen zwischen den verschiedenen Sichten gefunden (verschiedene Namen für ein und dasselbe Element) und Konflikte zwischen Sichten beseitigt (unterschiedliche Datentypen für dasselbe Attributfeld).

3. Als dritter Schritt erfolgt die *Integration der Sichten* in ein Gesamtschema. Hier müssen die im vorherigen Schritt erkannten Konflikte aufgelöst werden, um ein konsistentes Gesamtschema zu erhalten.

Das Ergebnis dieser Schritte ist ein konzeptionelles Gesamtschema, z.B. ein komplexes ER-Diagramm.

Neben dem Strukturanteil, der primär auf die Datenmodellierung zielt, müssen in dieser Phase auch andere Aspekte der Datenbankanwendung formalisiert werden, etwa Basistransaktionen oder komplexe Integritätsbedingungen. Ein Schichtenansatz für diesen Zweck wird ebenfalls in Abschnitt 5.3 vorgestellt.

5.2.3 Verteilungsentwurf

Sollen die Daten auf mehreren Rechnern verteilt vorliegen, muss Art und Weise der *verteilten Speicherung* festgelegt werden. Eine naheliegende Methode ist, verschiedene Objekttypen des konzeptionellen Schemas auf unterschiedliche Knoten zu verteilen. Es bleibt dabei das Problem, wie mit Beziehungen zwischen Objekten auf verschiedenen Knoten zu verfahren ist. Alternativ können auch einzelne Objekttypen verteilt gespeichert werden, wobei entweder die zugehörigen Objekte eines Objekttyps verteilt werden oder die einzelnen Objekte selber verteilt realisiert werden können.

Im Relationenmodell bezeichnet man die beiden letztgenannten Aufteilungen als *horizontale* bzw. *vertikale* Fragmentierung (wobei Fragmentierung die Bedeutung hat: Aufteilung auf Fragmente, also Teilen einer Relation):

- Eine *horizontale* Verteilung liegt vor, wenn verschiedene Tupel einer Relation auf unterschiedlichen Knoten gespeichert werden. Der Begriff horizontal deutet einen waagerechten Schnitt durch eine Tabelle an, der graphisch die Verteilung verdeutlichen kann.

  Ein typisches Beispiel wäre die Kundenrelation eines bundesweit arbeitenden Weinversands, die die Daten der nord- und ostdeutschen Kunden auf einem Rechner ihrer Filiale in Rostock speichern würde, während die restlichen Kunden in Magdeburg verwaltet werden.

- Eine *vertikale* Verteilung ordnet einzelne Attribute von Tupeln (Tupel entsprechen Objekten der modellierten Anwendung) auf verschiedenen Knoten an. Eine typische vertikale Verteilung wäre die Aufteilung der Kundendaten auf zwei Rechner, wobei einer die Adressdaten (wichtig für die

Poststelle) und ein weiterer die Kontodaten (wichtig für die Finanzabteilung) verwalten würde.

Wichtig ist hierbei, dass vertikal fragmentierte Objekte auch wieder korrekt zusammengesetzt werden können, ein Problem, dem wir im Abschnitt über relationale Normalisierung unter dem Stichwort „verlustlose Zerlegung" wieder begegnen werden. An dieser Stelle sei nur erwähnt, dass es im Relationenmodell ausreicht, in allen vertikalen Fragmenten jeweils den Primärschlüssel mit aufzunehmen, so dass die Teiltupel wieder zusammengesetzt werden können. Abbildung 5.3 verdeutlicht die beiden Fragmentierungsarten.

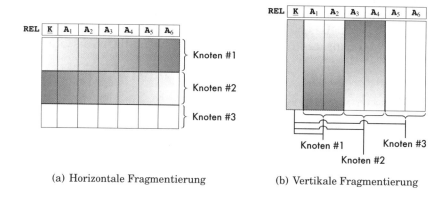

Abbildung 5.3: Formen der Fragmentierung von Relationen

Natürlich sind auch Mischformen zwischen vertikaler und horizontaler Verteilung sinnvoll. Die Zuordnung zu den einzelnen Knoten wird oft von der Aufteilung in Fragmente getrennt und dann als *Allokation* bezeichnet. Für Datenbankmodelle mit weiteren Modellierungskonstrukten sind weitere Fragmentierungsarten denkbar, etwa Fragmentierung durch die Einordnung in einer Spezialisierungshierarchie.

5.2.4 Logischer Entwurf

Der logische Entwurf entspricht dem Detailentwurf von Algorithmen im allgemeinen Softwareentwurf. Das verwendete Datenmodell ist eine idealisierte Form des Datenbankmodells des ausgewählten Realisierungs-Datenbankmanagementsystems, etwa das relationale Modell. Idealisiert heißt hier, dass man auf gewisse systemspezifische Feinheiten verzichtet, sich aber trotzdem auf die Modellierungs*konzepte* des Zielsystems beschränkt. Die Vorgehensweise basiert in der Regel auf zwei Schritten:

1. Im ersten Schritt erfolgt eine Transformation des konzeptionellen Schemas in das Zieldatenbankmodell, etwa vom ER-Modell ins relationale Modell. Diese Umsetzung ist weitestgehend automatisierbar.

2. Der zweite Schritt beinhaltet eine Verbesserung des relationalen Schemas anhand von Gütekriterien, etwa Minimierung redundanter Speicherung. Dieser Schritt ist im Relationenmodell als *Normalisierung* bekannt (siehe Kapitel 6). Allgemein beinhaltet dieser Schritt eine Optimierungsaufgabe, wobei verschiedene Optimierungsziele konkurrieren können (etwa redundanzfreie Speicherung durch Aufteilung auf mehrere Relationen versus schnelleren Zugriff bei redundanter Speicherung).

   Trotz existierender Algorithmen etwa zur Normalisierung relationaler Schemata ist die genannte Verbesserung nicht vollständig automatisierbar, da diese Algorithmen nicht alle Informationen über das Anwendungsprofil berücksichtigen können.

Das Ergebnis des logischen Entwurfs ist das logische Schema, z.B. eine Sammlung von Relationen. Der logische Entwurf für das relationale Datenmodell wird als *relationaler Entwurf* bezeichnet und in Kapitel 6 ausführlich behandelt.

5.2.5 Datendefinition

Das logische Schema ist eine Datenbankbeschreibung in einem Datenbankmodell, für das implementierte Systeme zur Verfügung stehen, aber in einer noch idealisierten Form.

In der Phase der *Datendefinition* (oder auch genauer Daten*bank*-Definition) wird das logische Schema umgesetzt in ein konkretes Schema unter der Verwendung der Datendefinitions- und Datenmanipulationssprache (DDL und DML) eines implementierten Datenbankmanagementsystems. Selbst bei standardisierten Datenbankmodellen und -sprachen, wie dem relationalen Modell mit SQL, unterscheiden sich die einzelnen Systeme doch oft in den konkret unterstützten Sprachmitteln, da diese Standards nur eine gemeinsame Teilsprache definieren und offen gegenüber Erweiterungen sind.

Im relationalen Modell erfolgt etwa die Definition von Wertebereichen, Relationen und Sichten in der angebotenen DDL (vgl. Abschnitt 7.1). Die Realisierung der Integritätssicherung erfolgt soweit möglich mit den Mitteln der Datenbanksprache, etwa durch Angabe von Fremdschlüsselbeziehungen für die referentielle Integrität oder durch die Definition von Triggern.

Das Ergebnis der Datendefinitionsphase ist ein konkretes Datenbankschema für ein implementiertes Datenbankmanagementsystem. Die Datendefinition beschreibt das *konzeptuelle* Gesamtschema sowie die externen Sichten gemäß der Drei-Schichten-Schemaarchitektur, aber *nicht* die interne Ebene.

Ein weiterer Schritt der Datendefinition ist die Definition der *Sichten*, die im konzeptionellen Entwurf bestimmt werden, in der Sichtdefinitionssprache des verwendeten Datenbankmanagementsystems. In Kapitel 14 wird die Sichtdefinition in der relationalen Sprache SQL ausführlich vorgestellt.

5.2.6 Physischer Entwurf

Die Definition der *internen* Ebene erfolgt in der Phase des *physischen Entwurfs*. Hierfür wird eine *Speicherstruktursprache* SSL eingesetzt, die die Angabe konkreter Speicherungsstrukturen ermöglicht. Hier wird etwa angegeben, ob eine Relation in einer Baumstruktur oder mittels einer Hashtabelle gespeichert wird, und welche Attribute typische Selektionskriterien in Anfragen sind, für die darum ein zusätzlicher Suchindex angelegt wird. Allgemein erfolgt hier eine Ergänzung der Datenbankdefinition um Zugriffsunterstützung bzgl. Effizienzverbesserung, z.B. durch die Definition von Indexen.

Das Ergebnis des physischen Entwurfs ist das sogenannte physische (oder auch interne) Schema. In diesem Buch gehen wir nicht näher auf Methoden und Sprachen des physischen Entwurfs ein.

5.2.7 Implementierung und Wartung

Wie überall im Bereich des Software Engineerings ist das resultierende Anwendungssystem alles andere als ein unveränderliches System. Im tatsächlichen Betrieb erfolgen Phasen der Wartung, der weiteren Optimierung der physischen Ebene, der Anpassung an neue Anforderungen und Systemplattformen, der Portierung auf neue Datenbankmanagementsysteme etc. Da die in dieser Phase anfallenden Kosten die ursprünglichen Entwurfskosten in der Regel übersteigen, muss in der Entwurfsphase die leichte Modifikation der Anwendung vorbereitet werden, etwa durch saubere Dokumentation aller Entwurfsentscheidungen, Modularisierungstechniken etc. Auf die hierfür sinnvollen Techniken des Software Engineerings gehen wir ebenfalls an dieser Stelle nicht ein und verweisen stattdessen auf die einschlägigen Lehrbücher (etwa [PP04, Som07]).

5.2.8 Objektorientierte Entwurfsmethoden

Wir haben hier bisher die klassischen Phasen des Entwurfs von Datenbank*strukturen* vorgestellt und bereits erwähnt, dass parallel die entsprechenden Phasen des Funktionsentwurfs durchgeführt werden. Die Abstimmung zweier derart getrennte Entwurfsstränge ist natürlich wichtig und wird vom klassischen Datenbankentwurf nicht hinreichend unterstützt. So werden konzeptionelle Entwurfsentscheidungen, die die Wahl der Datenbankstrukturen betreffen, oft erst dann als falsch erkannt, wenn die Änderungstransaktionen tatsächlich ausprogrammiert werden.

Der objektorientierte Entwurf stützt sich auf die bereits im Zusammenhang mit objektorientierten Datenbanken ausführlich diskutierten Konzepte der Objektorientierung. Wichtig ist hier insbesondere die Integration von Funktions- und Strukturbeschreibung in Objektbeschreibungen – Objekte werden durch Attribute (die Struktur) und Methoden (die Funktionen) charakterisiert.

Die objektorientierte Integration von Struktur und Verhalten kann gut am Beispiel des Exemplars eines Weineintrags im Versandkatalog erläutert werden. Der Datenbankeintrag entspricht einem Eintrag für den Wein, auf dem Informationen über den Wein, die Verfügbarkeit, den aktuellen Preis etc. eingetragen werden. Diese Informationen werden nicht beliebig durch Funktionen geändert, sondern nur durch vorgegebene Operationen Weinversand, Weinbestellung, Weinlieferung, Preisänderung etc. Im objektorientierten Entwurf werden diese Operationen als *Methoden* bzw. *Ereignisse* einer Objektklasse WeinEintrag modelliert und zusammen mit den Informationsstrukturen verfeinert und schlussendlich realisiert – die Trennung in Datenbank- und Funktionsentwurf existiert hier nicht.

Der Einsatz der objektorientierten Modellierungssprache UML wird in Kapitel 8 beschrieben. Die formale, objektorientierte Sprache TROLL zur konzeptionellen Modellierung wird von Saake in [Saa93] ausführlich diskutiert.

5.2.9 Phasenbegleitende Methoden

Begleitend in allen Entwurfsphasen sollten *Validationsmethoden* eingesetzt werden, um den aktuellen Entwurfsschritt überprüfen zu können. Hier können die bewährten Methoden des Software Engineerings zur Qualitätssicherung im Entwurfsprozess eingesetzt werden:

Verifikation: Der formale Beweis von Schemaeigenschaften kann in vielen Entwurfsschritten eingesetzt werden, da die verwendeten Datenbankmodelle auf einer eindeutigen mathematischen Semantik aufbauen.

Prototyping: Prototyping in frühen Entwurfsphasen ermöglicht beispielhaftes Arbeiten mit der Datenbank vor der endgültigen Implementierung, gegebenenfalls auch mit unvollständigen Schemata (Teilschemata oder Schemainkrementen).

Validation mit Testdaten: Im Rahmen des Prototyping kann eine Überprüfung der Richtigkeit des Entwurfs anhand von realen oder künstlichen Testdaten erfolgen. In frühen Phasen können Testdaten per Hand erstellt werden; mit fortschreitendem Entwurf kann dieses durch Werkzeuge unterstützt erfolgen.

Die Qualität der Entwurfsschritte kann durch den Einsatz von Transformationswerkzeugen, die gewisse Qualitätseigenschaften garantieren, erhöht werden. Dies gilt insbesondere für die Übergänge vom konzeptionellen Entwurf bis hin zur Datendefinition (vgl. Kapitel 6 über den relationalen Datenbankentwurf). Qualitätseigenschaften können ebenfalls durch Analysewerkzeuge basierend auf (heuristischen) Softwaremetriken oder algorithmisch verifizierbaren Qualitätseigenschaften beruhen.

5.3 Konzeptioneller Entwurf

Der Begriff des konzeptionellen Schemas und dessen Rolle im Entwurfsprozess wurde bereits im vorigen Abschnitt diskutiert. In diesem Abschnitt wird nun ein Beschreibungsrahmen für konzeptionelle Schemata vorgestellt, der weitgehend unabhängig von den verwendeten Beschreibungssprachen für die einzelnen betrachteten Konzepte ist.

5.3.1 Konzeptionelles Schema

Bereits im Zusammenhang mit Datenbankmodellen haben wir die Aufgaben des konzeptionellen Schemas als implementierungsunabhängige Modellierung der Informationsstrukturen genauer beschrieben. Beim Entwurf von Datenbank*anwendungen* müssen wir neben den Informations*strukturen* zusätzliche Aspekte modellieren, so etwa Anwendungsfunktionen oder zeitliche Bedingungen, die die Evolution des Datenbestands betreffen. Zu diesem Zweck teilen wir ein konzeptionelles Schema S wie folgt in vier Komponenten auf:

$$S = (O, D, E, A)$$

Ein konzeptionelles Schema S besteht somit aus den folgenden vier Komponenten, die *Schichten* genannt werden: O Objektschicht, D Datenschicht, E Entwicklungsschicht und A Aktionsschicht.

- O In der *Objektschicht* werden Objekte, Objekttypen und ihre Beziehungen modelliert, etwa die Objekttypen Wein und Erzeuger sowie die Beziehung produziert-von. Zusätzlich werden Integritätsbedingungen angegeben.

- D Die *Datenschicht* enthält die Definitionen der Wertebereiche von Attributen. Neben den Standarddatentypen können hier auch anwendungsspezifische Datentypen modelliert werden, etwa **point** für geometrische Daten oder **address** als zusammengesetzter Wert.

    Die Schichten O und D beschreiben die *statische Struktur* der Datenbank, d.h. die möglichen Zustände σ der Anwendung.

Datenschicht und Objektschicht legen ein konzeptionelles *Datenbankschema* fest (bzw. den *statischen* Anteil davon).

E Die *Entwicklungsschicht* beinhaltet die Angabe von Bedingungen über die zeitliche Entwicklung des Datenbestands. Dynamische Integritätsbedingungen beschreiben das Verhalten der Datenbank, indem die erlaubten zeitlichen Entwicklungen des Datenbestands festgelegt werden. Die zeitlichen Entwicklungen werden formalisiert durch Zustandsfolgen:

$$\hat{\sigma} = \langle \sigma_0, \ldots, \sigma_i, \ldots \rangle$$

Eine wichtige Teilklasse der dynamischen Integritätsbedingungen sind die transitionalen Bedingungen, die Einschränkungen für Zustandsübergänge beschreiben. Die Entwicklungsschicht wird auch *Integritätsschicht* genannt.

A Die *Aktionsschicht* enthält implementierungsunabhängige Beschreibungen von Aktionen, die die Datenbank ändern. Derartige Aktionen werden in den folgenden Entwurfsschritten durch Anwendungsprozeduren realisiert. Transaktionen und Anwendungsprogramme beschreiben (anwendungs-)relevante Änderungen, d.h. Zustandsübergänge $\sigma_i \mapsto \sigma_{i+1}$, die durch die angebotenen Aktionen realisierbar sind.

Die Schichten *E* und *A* beschreiben das *dynamische Verhalten* der Anwendung, d.h. die zulässigen (erlaubten und realisierbaren) Zustandsfolgen, mit

$$\langle \sigma_0, \ldots, \sigma_i, \ldots, \sigma_n \rangle \text{ ist erlaubt}$$

und

$$\sigma_i \mapsto \sigma_{i+1}, \quad i = 0, \ldots, n-1 \text{ ist realisierbar.}$$

Insbesondere in Nicht-Standardanwendungen wird das konzeptionelle Schema noch um eine *Prozessschicht P* erweitert, in der langfristige Abläufe, Workflows, Interaktivität und Bearbeitungsprozesse beschrieben werden können [Saa93].

Die einzelnen Schichten werden in den folgenden Abschnitten genauer vorgestellt. Graphisch kann die Aufteilung in Schichten wie in Abbildung 5.4 verdeutlicht werden.

5.3.2 Objektschicht

Die Objektschicht beinhaltet die Beschreibung der in der Datenbank gespeicherten Informationsobjekte auf einer implementierungsunabhängigen Stufe, etwa im erweiterten ER-Modell oder in UML. Wir verzichten hier auf weitere

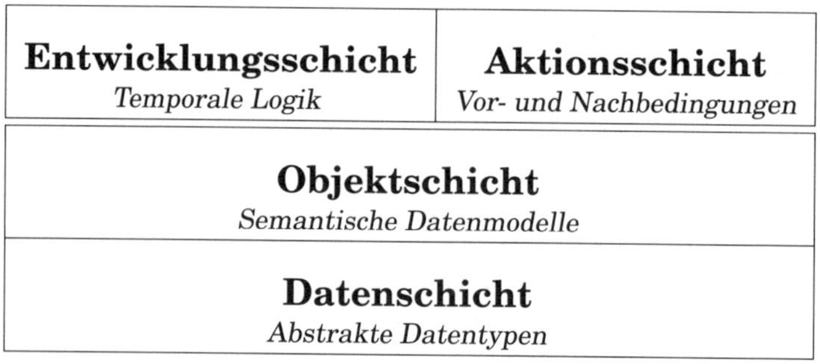

| **Entwicklungsschicht**
Temporale Logik | **Aktionsschicht**
Vor- und Nachbedingungen |
|---|---|
| **Objektschicht**
Semantische Datenmodelle | |
| **Datenschicht**
Abstrakte Datentypen | |

Abbildung 5.4: Schichtenaufteilung eines konzeptionellen Schemas

Beispiele, da Datenbankmodelle an anderer Stelle ausführlich diskutiert werden. Stattdessen gehen wir kurz auf datenbankmodellunabhängige Entwurfsprinzipien ein.

Abstraktionskonzepte in semantischen Datenmodellen

Ziel des konzeptionellen Entwurfs der Objektschicht ist die Spezifikation eines konzeptionellen Schemas auf hohem abstraktem implementierungsunabhängigem Niveau. Auf der Objektschicht werden zu diesem Zweck – unabhängig von konkreten Datenbankmodellen – allgemeine *Abstraktionskonzepte* verwendet.

1. Objekte mit gleichen Eigenschaften werden in Objekttypen zusammengefasst. Dieser Schritt wird als *Typisierung* oder auch *Klassifizierung* bezeichnet.

2. *Generalisierung* bzw. *Spezialisierung* ordnet Objekttypen in einer Vererbungshierarchie an.

3. Die *Sammlung* ist die Charakterisierung von Objekten als Menge von anderen Objekten, etwa Weinkollektion als Sammlung von Weinen. Die einzelnen Objekte müssen demselben Objekttyp zugeordnet sein.

4. Die *Aggregierung* definiert komplexe Objekte als zusammengesetzt aus anderen Teilobjekten. Die Teilobjekte können verschiedenen Objekttypen angehören.

5.3.3 Datenschicht

In der Datenschicht werden die Datentypen (Wertebereiche) für Eigenschaften (Attribute) von Objekten festgelegt. In der Regel sind eine Reihe von Datentypen bereits vorgegeben, so dass diese nicht mehr explizit definiert werden müssen. Ähnlich wie in Programmiersprachen können des Weiteren neue Datentypen aus diesen abgeleitet werden, etwa Bereichstypen auf Zahlen, Aufzählungsdatentypen oder strukturierte Werte (Tupel-, Mengenbildung). Die Operationen für derartige Datentypen sind durch die Konstruktion festgelegt. Mit diesen Datentypen kommt man insbesondere in Standardanwendungen aus dem kommerziellen Bereich in der Regel aus, so dass in diesen Fällen die Definition der Datenschicht nur einen kleinen Teil des konzeptionellen Schemas einnimmt.

Die explizite Spezifikation einer Datenschicht ist aus diesen Gründen im klassischen Datenbankentwurf eher unüblich. Allerdings reichen die von den bekannten Datenbankmodellen vordefinierten Datentypen selbst für einfache Anwendungen oft nicht aus. Dies gilt erst recht für die sogenannten Nicht-Standardanwendungen zum Beispiel im Ingenieurbereich oder Kartographieanwendungen. Neben den vorgegebenen Datentypen wie **integer** und **string** müssen hier zusätzlich anwendungsspezifische Datentypen spezifiziert werden können. Typische Beispiele für zu spezifizierende Datentypen sind:

- geometrische und graphische Datentypen wie Punkt, Linienzug und Polygon,

- ingenieurwissenschaftlich relevante Datentypen wie Matrix und Vektor und

- insbesondere für Multimediaanwendungen und verwandte Gebiete wichtige Datentypen wie digitalisierte Bilder, Bildsequenz und Text, die im klassischen Datenbankentwurf nur als uninterpretierte Byte-Container modelliert werden können.

Zur Beschreibung von Datentypen kann etwa die algebraische Spezifikation von abstrakten Datentypen eingesetzt werden [EM85, EGL89]. Einfache Datentypen kann man hierbei direkt durch Angabe eines Gleichungssystems beschreiben, während zur Konstruktion komplexerer Strukturen *Datentypkonstruktoren* wie `list` oder `set` eingesetzt werden. Die Modellbildung für die algebraische Spezifikation sind Algebren im mathematischen Sinne, d.h. abstrakte Wertebereiche zusammen mit Funktionen auf diesen Wertebereichen.

◀**Beispiel 5-1**▶ Als Beispiel betrachten wir die Definition eines Datentyps für eine Datenbankanwendung mit graphischen Daten, etwa für eine Karte von Weinregionen. Der geometrische Datentyp point modelliert Punkte in der Zahlenebene. Zusammen mit den zugehörigen Operationen könnte er wie folgt spezifiziert werden:

```
datatype point based on real;
sorts point;
operations distance :      (point × point): real;
           xcoord, ycoord :(point): real;
```

```
              createpoint :   (real × real): point;
              add :           (point × point): point;
              ...
variables p,q : point;
          x,y,x1,y1 : real;
equations
   x = xcoord(createpoint(x,y));
   y = ycoord(createpoint(x,y));
   distance(createpoint(x,y),createpoint(x1,y1))
      = sqrt((x-x1)*(x-x1) + (y-y1)*(y-y1));
   add(p,q)
      = createpoint(xcoord(p)+xcoord(q),
                    ycoord(p)+ycoord(q));
   ...
```

Ein Modell für den Typ point in dieser Beispielspezifikation ist die Menge abstrakter Punkte auf der Zahlenebene (isomorph zu real×real) zusammen mit den angegebenen Operationen. □

In der Regel gibt es mehrere mathematische Modelle für eine Spezifikation, aus der ein (bis auf Isomorphie eindeutiges) Modell als Semantik gewählt werden muss [EM85, EGL89].

Da der Einsatz algebraischer Spezifikation ein gutes Verständnis der zugrundeliegenden theoretischen Konzepte voraussetzt, werden Datentypdefinitionen stattdessen oft in einer an Programmiersprachen angelehnten Sprache angegeben.

Werte versus Objekte

Die Entscheidung Wert oder Objekt ist oft Teil des Modellierungsspielraums. Hinweise auf Werte anstelle von Objekten sind folgende Kriterien:

- Eigenschaften von Werten sind nicht änderbar.

- Werte identifizieren sich selber.

- Werte sind nur als Eigenschaften von Objekten in einer Datenbank gespeichert.

- Werte können nicht isoliert (d.h. ohne Eigenschaft eines Objekts zu sein) eingefügt oder gelöscht werden.

- Eine Operation auf Werten ändert nicht den Zustand eines Wertes (wie es bei Objekten der Fall sein kann), sondern liefert einen neuen Wert.

Man kann sich diese Eigenschaften gut verdeutlichen, wenn man die Kriterien einmal auf die Zahl 42 als Wert und dann auf ein Person-Objekt anwendet. Nicht immer ist die Unterscheidung so naheliegend, etwa können Adressen oder Polygonzüge abhängig von der Anwendung sowohl als Werte als auch als Objekte modelliert werden.

5.3.4 Entwicklungsschicht

Mit den Definitionen der Entwicklungsschicht sollen die erlaubten zeitlichen Entwicklungen der Datenbank unabhängig von konkreten Änderungsaktionen eingeschränkt werden. Hierzu dient die Angabe von *transitionalen* und *temporalen* Integritätsbedingungen, also Bedingungen, die sich auf einzelne Zustandsübergänge (transitionale Bedingungen) oder auf längerfristige Abläufe (temporale Bedingungen) beziehen. Transitionale und temporale Bedingungen werden zusammen als *dynamische* Integritätsbedingungen bezeichnet. Des Weiteren werden hier auch *statische* Integritätsbedingungen angegeben, die in der Modellierung der Objektschicht nicht bereits berücksichtigt wurden (etwa weil das dort verwendete Datenbankmodell keine hinreichend mächtige Sprache zur Formulierung von Integritätsbedingungen anbietet oder da statische und dynamische Bedingungen gemeinsam entworfen werden sollen).

Statische Bedingungen werden in einem Dialekt der Prädikatenlogik angegeben, der je nach verwendetem Datenbankmodell unterschiedlich sein kann. Ein Beispiel für eine statische Bedingung ist die folgende Formel, die angibt, dass bei Lizenzen von Weinerzeugern eine maximale Hektoliterzahl (Attribut HLiter) angegeben wird, die mindestens den Wert 2.000 haben muss:

$$\forall (l : \texttt{Lizenz}) \; l.\texttt{HLiter} > 2000$$

Zur Formulierung von transitionalen Bedingungen müssen wir die Prädikatenlogik erweitern, um den Zugriff auf den alten und neuen Zustand in einer Formel zu ermöglichen. Eine Möglichkeit ist, einen expliziten Operator **next** einzuführen, der einen Teil der Formel im neuen (nächsten) Zustand auswertet. Der alte Wert muss dabei in einer Variable gerettet werden, wenn er in dieser Teilformel benötigt wird. Diese Erweiterung basiert auf den Operatoren der temporalen Logik. Ein Beispiel für eine transitionale Bedingung gibt die folgende Formel, die bedeutet, dass bei einer Lizenz die Hektoliterangabe in einem Schritt maximal um 1.000 Hektoliter erhöht werden darf:

$$\forall (l : \texttt{Lizenz}) \forall (x : \textbf{integer}) \; (l.\texttt{HLiter} = x) \implies \textbf{next}(l.\texttt{HLiter} \leq x + 1000)$$

Da die Verwendung des **next**-Operators zu umständlichen Formeln mit Hilfsvariablen führt, wird in anderen Sprachvorschlägen explizit zwischen altem und neuem Datenbankobjekt unterschieden:

$$\forall (l : \texttt{Lizenz})\ \textbf{new}(l).\texttt{HLiter} \leq \textbf{old}(l).\texttt{HLiter} + 1000$$

Für echte temporale Bedingungen muss die Logik um weitere Operatoren der temporalen Logik erweitert werden, etwa **always** („ab jetzt gilt immer") oder **sometime** („irgendwann muss gelten"). Wir geben hier keine vollständige Sprache zur Formulierung temporaler Integritätsbedingungen an, sondern formulieren nur ein Beispiel:

$$\forall (l : \texttt{Lizenz}) \forall (s : \textbf{int})\ \textbf{always}((l.\texttt{HLiter} = s) \implies \textbf{always} \neg (l.\texttt{HLiter} < s))$$

Laut dieser Bedingung dürfen Hektoliterangaben von Lizenzen niemals fallen. Diese einfache temporale Bedingung kann auch als transitionale Bedingung formuliert werden, aber zur Verdeutlichung des Einsatzes temporaler Operatoren reicht das einfache Beispiel aus. Für echt temporale Bedingungen verweisen wir auf die am Ende dieses Kapitels aufgeführte einschlägige Literatur.

Die folgende Bedingung kann nicht direkt mit transitionalen Bedingungen ausgedrückt werden, da auf den ursprünglichen Wert auch nach mehreren Erhöhungen noch zugegriffen werden muss:

$$\forall (l : \texttt{Lizenz}) \forall (s : \textbf{int})\ \textbf{always}((l.\texttt{HLiter} = s) \implies \textbf{always}(l.\texttt{HLiter} < 2 \times s))$$

Die Bedingung besagt umgangssprachlich, dass eine Lizenz auch durch mehrfache Erhöhungen niemals die ursprüngliche Hektoliterangabe verdoppeln kann.

Die Angabe von zeitlichen Bedingungen in temporaler Logik erfordert eine gewisse Vertrautheit mit logischen Formalismen. Alternativ können derartige Bedingungen mit eher operationalen Methoden (wie z.B. Zustandsautomaten) ausgedrückt werden, wie sie in populären Entwurfsmethoden wie der objektorientierten Analyse eingesetzt werden.

5.3.5 Aktionsschicht

In der Aktionsschicht erfolgt die abstrakte Beschreibung von anwendungsspezifischen Änderungsaktionen, beispielsweise durch Vor- und Nachbedingungen oder in Pseudocode-Notation (Beispiel und konkrete Syntax siehe etwa [EGH+92]).

◄**Beispiel 5-2**► Als Beispiel für eine konkrete Änderung spezifizieren wir eine Aktion, die eine Erhöhung der Hektoliterangaben einer Lizenz durchführt:

```
action ErhöheMaximaleProduktionsmenge (
            LizenzNo: string,
```

```
                    DeltaBetrag: integer):
    pre
        (exists l: Lizenz)
            l.LizenzNo = LizenzNo and
            (exists e: Erzeuger) besitzt(e,l);
    post
        (exists l: Lizenz)
            l.LizenzNo = LizenzNo and
            l.HLiter = old(l).HLiter + DeltaBetrag;
    end action ErhöheMaximaleProduktionsmenge.
```

Man beachte, dass Hektoliterangaben nur bei tatsächlich an Erzeuger vergebenen Lizenzen möglich sind. □

Auch bei Aktionsspezifikationen sind neben der hier vorgestellten deskriptiven Variante operationale Sprachvorschläge verbreitet, etwa durch Angabe von Pseudocode-Programmen oder Struktogrammen. Diese operationalen Sprachvorschläge werden in Entwurfssitzungen eher von den Anwendern akzeptiert, da sie näher an den existierenden Arbeitsabläufen der Anwendung sind. Deskriptive Aktionsspezifikationen hingegen haben Vorteile für den Entwickler, da sie mehr Freiheit der Realisierung lassen, sich auf das „Was" (und nicht das „Wie") konzentrieren und gegen logikbasierte Integritätsbedingungen abgeglichen werden können.

5.3.6 Modellierung von Anwendungsprozessen

Der bisher beschriebene Vier-Schichten-Ansatz beschreibt eine Datenbank, die durch festgelegte Aktionen eingekapselt ist. Um die Dynamik von Anwendungssystemen beschreiben zu können, wird etwa in [Saa93] als fünfte Schicht die *Prozessschicht* eingeführt, die langfristige Anwendungsprozesse und Arbeitsabläufe in einem Informationssystem beschreibt. *Workflows* in Informationssystemen [Jab95a, Jab95b] sind hier einzuordnen und korrespondieren bezüglich der Beschreibung von Arbeitsabläufen zu den bereits bekannten Datenbankansätzen für erweiterte Transaktionsmodelle [Elm92]. Wir verzichten an dieser Stelle auf eine tiefergehende Diskussion der Beschreibung einer Prozessschicht, da es in diesem Buch primär um die Datenbankkomponente von Informationssystemen geht, und führen stattdessen nur ein Beispiel an, wie derartige Prozessbeschreibungen aussehen könnten.

Ein Beispiel für einen Sprachvorschlag zur Beschreibung von Anwendungsprozessen im Datenbankbereich ist das ConTract-Modell von Reuter und Wächter [WR92]. Das ConTract-Modell ermöglicht die Komposition komplexer Prozesse aus elementaren Aktionen (bzw. deren Realisierungen durch *Transaktionen*).

Als Beispiel für eine Beschreibung im ConTract-Modell wird eine Ablaufspezifikation der Buchung einer Weinreise in Abbildung 5.5 dargestellt.

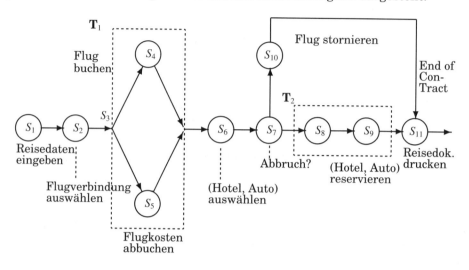

Abbildung 5.5: Beispiel einer Ablaufspezifikation im ConTract-Modell

Das Beispiel wurde einer Reisebuchungsanwendung entnommen, in der verschiedene Datenbankzugriffe miteinander koordiniert werden. Das Beispiel beschreibt einen Anwendungsprozess, der aus mehreren elementaren Aktionen S_1 bis S_{11} zusammengesetzt ist. Elementare Aktionen können dabei die Eingabe von Parametern, Anfragen an Datenbanken oder Änderungen von Datenbanken sein. Teilprozesse können logisch zu Transaktionen (T_1 und T_2) zusammengefasst werden, d.h. diese Teilprozesse werden entweder ganz oder gar nicht ausgeführt und hinterlassen die Datenbank in einem konsistenten Zustand.

5.4 Aspekte der Datenintegration

Die *Sichtintegration* innerhalb des Datenbankentwurfs ist ein spezieller Fall der Datenintegration, in der verschiedene Datenbestände integriert werden müssen. Bei der Sichtintegration geht es speziell um Schemata in Entwurfsmodellen, und oft sind noch keine Daten zu diesen Schemata in existierenden Datenbanken enthalten. Die Datenintegration beschäftigt sich mit der Verallgemeinerung auf beliebige Situationen. Wir werden im Folgenden einige der Aspekte der Integration kurz vorstellen.

Die *Integration existierender Datenbanken* ist eine in der Praxis sehr oft auftretende Entwurfsaufgabe. Oft existieren separat entwickelte Datenbanken für bestimmte Anwendungen, die aufgrund neuer übergreifender Anwendungen in einen (logischen oder physischen) Gesamtdatenbestand überführt werden müssen. Andere Gründe für eine Integration sind Fusionen von Organisationen und Unternehmen, oder die Einbindung externer Datenbanken etwa aus dem Internet oder von Zulieferern und Fremdanbietern. Das Ergebnis der Integration kann tatsächlich *eine neue*, nun gemeinsam genutzte Datenbank sein, die eine Obermenge der bisher gespeicherten Daten umfaßt. Oft bleiben die ursprünglich zu integrierenden Datenbanken aber bestehen (bei Fremdanbietern ist dies sogar die einzige Möglichkeit!) – in diesem Fall erfolgt nur eine *logische Integration* in Form einer virtuellen Gesamtdatenbank.

Ziel der Integration ist ein widerspruchsfreies und homogenes *integriertes Schema*, das die Basis für anwendungsspezifische Sichten bilden kann. Die Heterogenität der lokalen Datenbanken manifestiert sich auf verschiedenen Ebenen: Die Datenbanken können heterogene Datenbankmodelle haben, selbst homogene Datenbankmodelle können zu heterogenen Datenbankschemata führen, und selbst bei identischen Schemata kann Heterogenität auf der Datenebene auftreten. Wir werden diese drei Ebenen im Folgenden kurz diskutieren.

5.4.1 Heterogenität der Datenmodelle

Eine Heterogenität der Datenbankmodelle muss durch eine Transformation in ein festgelegtes Datenbankmodell beseitigt werden. Abbildung 5.6 zeigt zwei Datenbankschemata in heterogenen Datenbankmodellen, die denselben Weltausschnitt beschreiben. Die erste Datenbankbeschreibung zeigt ein Schema einer objektorientierten Datenbank in einer UML-ähnlichen Notation. Die rechte Abbildung zeigt zwei Relationen im relationalen Datenmodell, die dieselbe Information speichern können. Die Aggregierung der objektorientierten Darstellung wird hier durch Fremdschlüsselbedingungen modelliert.

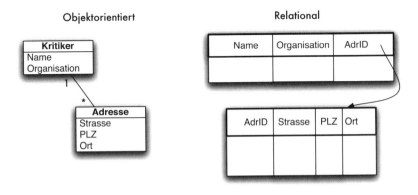

Abbildung 5.6: Heterogenität von Datenbankmodellen

Die Auflösung der Heterogenität auf der Datenbankmodellebene erfolgt durch eine Transformation in ein gemeinsames Integrationsdatenbankmodell.

5.4.2 Heterogene Datenbankschemata

Auch wenn die Datenmodelle zweier Datenbanken übereinstimmen, kann die Modellierung unterschiedlich sein. Abbildung 5.7 zeigt zwei Schemaausschnitte im ER-Modell. In Schema A wird das Geschlecht von Kritikern durch ein Attribut Geschlecht modelliert. Im Schema B wird dieselbe Information dadurch modelliert, dass die Klasse Kritiker in die beiden Klassen Frau und Mann aufgeteilt wird. Ein weiteres Problem in dem abgebildeten Beispiel ist die unterschiedliche Repräsentation des Alters: einmal direkt durch das Attribut Alter, einmal durch das Geburtsjahr.

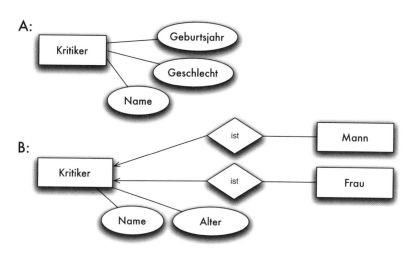

Abbildung 5.7: Heterogenität von Datenbankschemata

Der Prozess der Auflösung der Heterogenität auf Schemaebene wird als *Schemaintegration* bezeichnet.

5.4.3 Heterogenität auf der Datenebene

Auch auf der Datenebene selber tritt Heterogenität auf, wie Abbildung 5.8 verdeutlicht. In diesem Beispiel weisen zwei Tabellen dasselbe relationale Schema auf, verwenden aber zum Beispiel unterschiedliche Konventionen für die tatsächliche Speicherung von Namen und Geburtsjahren. Während dieses auf Probleme des Datenbankentwurfs zurückgeführt werden kann, zeigt das Beispiel weitere Probleme auf: Für einige Informationen, etwa für Berufsbezeichnungen, gelten keine allgemeingültigen Konventionen und Tippfehler (hier im Vornamen) können ebenfalls auftreten.

KRITIKER1	Name	Geburtsjahr	Beruf
	Peter Meier	1962	Dipl.-Agrarökonom
	Johannes Conrad	1928	Dichter
	...	...	...

KRITIKER2	Name	Geburtsjahr	Beruf
	Meier, Peter	62	Landwirt
	Conrad, Johanes	28	Dichter
	...	...	...

Abbildung 5.8: Heterogenität von Datenbankinstanzen

Die Auflösung der Heterogenität auf der Datenebene muss auf vielfältige Methoden der Datenanalyse und Ähnlichkeitssuche zugreifen. *Explizit gespeichertes semantisches Integrationswissen* kann unterschiedliche Konventionen bei Einträgen explizit darstellen, so dass eine Datenintegration weitgehend automatisch erfolgen kann.

5.4.4 Schemakonflikte bei der Integration

Abbildung 5.9 klassifiziert wichtige, bei der Integration heterogener Datenquellen auftretende Konflikte.

- *Namenskonflikte* können teilweise mittels linguistischen Wissens und Begriffswörterbüchern aufgelöst werden.

- *Semantische Konflikte* betreffen die Extensionen von Klassen, so können die Personen einer Klasse Person eines DBMS eine Obermenge der Klasse Kritiker eines anderen DBMS sein. Derartige Beziehungen müssen erkannt und explizit gemacht werden, um eine korrekte Integration zu erreichen. Als Spezialfälle treten diejenigen Fälle auf, die die Beziehungen zwischen zwei Mengen charakterisieren (Inklusion, Überlappung, Disjunktheit).

- Der Bereich der *Eigenschaftskonflikte* (oder auch *Beschreibungskonflikte*) fasst eine Reihe von Varianten der Beschreibung von Eigenschafts-Charakteristiken und deren Modellierung zusammen, die bei der Integration aufeinander abgestimmt werden müssen. So können in verschiedenen

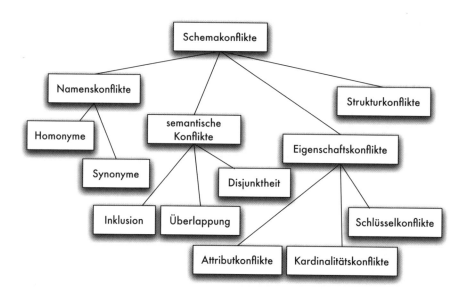

Abbildung 5.9: Klassifikation von Konflikten

Datenbanksystemen unterschiedliche Kardinalitäten für Beziehungen, unterschiedliche Attributdeklarationen oder unterschiedliche Schlüsselbedingungen gewählt worden sein.

- Als *Strukturkonflikte* bezeichnet man schließlich unterschiedliche Modellierungen desselben Sachverhalts, wie sie z.B. in Abbildung 5.7 aufgetreten sind.

Zusätzlich zu den in der Abbildung aufgeführten Konfliktklassen müssen auch noch *Integritätskonflikte* betrachtet werden, die den Fall betreffen, wenn in unterschiedlichen Datenbanken verschiedene, sich eventuell sogar widersprechende, Integritätsbedingungen formuliert sind [CST97, CHS+97].

5.5 Entity-Relationship-Abbildung auf das Relationenmodell

Der erste Teilschritt des logischen Datenbankentwurfs bestand aus der Abbildung des konzeptionellen Schemas im Entwurfsmodell (hier also im ER-Modell) in ein Schema des Zielmodells, in unserem Fall in ein relationales Schema. Man kann grob zwei Vorgehensweisen unterscheiden:

- Die Transformation der ER-Konzepte in Konzepte des Zielmodells wird nach heuristischen Regeln manuell vorgenommen. Diese Regeln fixieren nicht exakt das resultierende Schema, sondern lassen dem Entwerfer noch Gestaltungsspielraum.

- Man führt eine automatische Transformation der ER-Konzepte durch.

Die Ziele der Transformation sind allgemein die Darstellung aller Informationen des ER-Diagramms im resultierenden Datenbankschema, etwa im Relationenmodell durch Relationenschemata, Schlüssel und Fremdschlüssel.

5.5.1 Informationskapazität

Eine exakte Umsetzung von ER-Modell ins Relationenmodell bedeutet, dass im resultierenden Datenbankschema genauso viele Instanzen darstellbar sind wie im ER-Diagramm (nicht weniger, aber auch nicht mehr). Dieses Ziel nennt man *Erhaltung der Informationskapazität* nach [Hul86]. Wir werden dies hier nicht formalisieren, sondern anhand von Beispielen betrachten.

Abbildung 5.10: Kapazitätserhöhung: ER-Diagramm mit 1:1-Beziehung

Bilden wir die 1:1-Beziehung besitzt des ER-Diagramms aus Abbildung 5.10 auf ein Relationenschema

$$R = \{\texttt{LizenzNo}, \texttt{Weingut}\}$$

mit genau einem Schlüssel ab, also

$$K = \{\{\texttt{LizenzNo}\}\}$$

dann können wir *mehr* Relationen darstellen, als es korrekte Beziehungen zwischen den Entitys gibt. Eine mögliche ungültige Relation wäre Folgende:

BESITZT	LizenzNo	Weingut
	007	Helena
	42	Helena

Korrekte Ausprägungen können allerdings auch gespeichert werden, wie die folgende zweite Ausprägung zeigt:

BESITZT	LizenzNo	Weingut
	007	Helena
	42	Müller

Die Abbildung ist damit *kapazitätserhöhend*. Sie wäre kapazitätserhaltend gewesen, wenn wir die Schlüssel beider Entity-Typen im Relationenschema jeweils zu einem Schlüssel gemacht hätten. Unter der Schlüsselmenge

$$K = \{\{\texttt{LizenzNo}\}, \{\texttt{Weingut}\}\}$$

ist die inkorrekte Relation nicht mehr erlaubt. Gerade in implementierten Datenbanken wird oft nur ein Schlüsselkandidat ausgewählt; unser Beispiel zeigt die Problematik dieser Einschränkung.

Betrachten wir nun als zweites Beispiel das Diagramm in Abbildung 5.11.

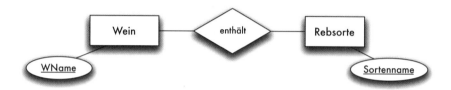

Abbildung 5.11: Kapazitätsverminderung: ER-Diagramm für m:n-Beziehung

Bilden wir die m:n-Beziehung R des ER-Diagramms aus Abbildung 5.11 auf das dort angegebene Relationenschema mit einem Schlüssel {WName} ab, so können wir *weniger* Relationen darstellen, als es korrekte Beziehungen zwischen den Entitys gibt. Die Abbildung ist *kapazitätsvermindernd*. Die folgende (korrekte) Relation wäre als Ausprägung nicht mehr möglich:

ENTHÄLT	WName	Sortenname
	Zinfandel Red Blossom	Zinfandel
	Bordeaux Blanc	Cabernet Sauvignon
	Bordeaux Blanc	Muscadelle

Die Abbildung wäre kapazitätserhaltend gewesen, wenn wir die Schlüssel beider Entity-Typen im Relationenschema zusammen zu einem neuen Schlüssel gemacht hätten:

$$K = \{\{\texttt{WName}, \texttt{Sortenname}\}\}$$

Alle Relationen zu dem einelementigen Schlüssel wären allerdings auch korrekte Relationen bezüglich zweier Schlüssel, die Kapazität wird also echt vermindert.

5.5.2 Beispiel für eine Abbildung auf das Relationenmodell

Als Beispiel wollen wir uns nun anschauen, wie ein einfaches ER-Beispiel auf Relationen abgebildet wird. Das ER-Diagramm in Abbildung 5.12 wird auf insgesamt fünf Relationenschemata abgebildet: je ein Relationenschema für jeden Entity-Typ und jeden Beziehungstyp. Die Attribute werden bei Entity-Typen den jeweiligen Relationenschemata unverändert zugeordnet. Bei Beziehungstypen werden den zugehörigen Relationenschemata nicht nur die Attribute des Beziehungstyps (in diesem Fall nur bei HergestelltAus das Attribut Anteil), sondern auch die Primärschlüssel der beteiligten Entity-Typen zugeordnet. Hiermit wird sichergestellt, dass die Beziehung zwischen den Entitys in der relationalen Darstellung über ihre identifizierenden Attributwerte realisiert werden kann.

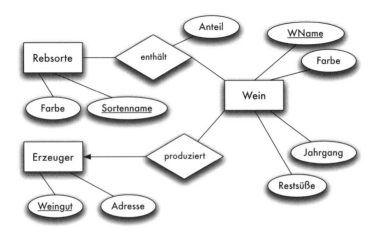

Abbildung 5.12: Beispiel für ein ER-Schema

Die Wahl der Schlüssel hängt nun von der Kardinalität der Beziehung ab. Im Beispiel haben wir es mit einer m:n-Beziehung zu tun. Kapazitätserhaltend sind bei m:n-Beziehungen nun Abbildungen, die im Relationenschema, das zum Beziehungstyp gehört, einen aus beiden Entity-Primärschlüsseln kombinierten neuen Schlüssel bilden. Bei 1:n-Beziehungen wird der Schlüssel der 1-Seite übernommen.

Als Ergebnis erhalten wir nun die folgenden fünf Relationen:

1. REBSORTE = {Farbe, Sortenname} mit $K_{\text{REBSORTE}} = \{\{\text{Sortenname}\}\}$

2. ENTHÄLT = {Sortenname, WName, Anteil} mit
   $K_{\text{ENTHÄLT}} = \{\{\text{Sortenname}, \text{WName}\}\}$

3. WEIN = {Farbe, WName, Jahrgang, Restsüße} mit $K_{\text{WEIN}} = \{\{\text{WName}\}\}$

4. PRODUZIERT = {WName, Weingut} mit $K_{\text{PRODUZIERT}} = \{\{\text{WName}\}\}$

5. ERZEUGER = {Weingut, Adresse} mit $K_{\text{ERZEUGER}} = \{\{\text{Weingut}\}\}$

Die Schlüssel der beiden aus den Beziehungstypen abgeleiteten Relationen ENTHÄLT und PRODUZIERT müssen als Fremdschlüssel deklariert werden, die auf die jeweiligen Relationen verweisen, denen die Schlüssel entnommen wurden.

In den folgenden Unterabschnitten werden wir diese Regeln nun für die einzelnen Fälle jeweils detailliert angeben und erläutern.

5.5.3 Abbildungsregeln für das relationale Modell

Die Abbildungen von ER-Konzepten auf relationale Konzepte werden nach folgenden Grundprinzipien vorgenommen:

- Entity-Typen und Beziehungstypen werden jeweils auf Relationenschemata abgebildet. Die Attribute werden zu Attributen des Relationenschemas, die Schlüssel werden übernommen.

- Die verschiedenen Kardinalitäten der Beziehungen werden durch Wahl der Schlüssel bei dem zugehörigen Relationenschema ausgedrückt.

- In einigen Fällen können Relationenschemata von Entity- und Beziehungstypen miteinander verschmolzen werden.

- Zwischen den verbleibenden Relationenschemata werden diverse Fremdschlüsselbedingungen eingeführt.

Wir erläutern die Umsetzungsregeln anhand binärer Beziehungen. Für mehrstellige Beziehungstypen müssen die Regeln entsprechend angepasst werden. Eine Übersicht über die Transformationen sind Tabelle 5.1 zu entnehmen.

Wir führen nun die einzelnen Abbildungen genauer ein.

Entity-Typen

Für jeden Entity-Typ bilden wir ein Relationenschema mit allen Attributen des Entity-Typs im Diagramm, die Schlüssel werden übernommen. Falls mehrere Schlüssel vorhanden sind, wird ein Primärschlüssel gewählt. Der Primärschlüssel sollte möglichst einfach sein (also besser aus einem statt aus mehreren Attributen bestehen und besser ein **integer**-Attribut statt ein **string**-Attribut sein).

ER-Konzept	wird abgebildet auf relationales Konzept
Entity-Typ E_i	Relationenschema R_i
Attribute von E_i	Attribute von R_i
Primärschlüssel P_i	Primärschlüssel P_i
Beziehungstyp	Relationenschema
	Attribute: P_1, P_2
dessen Attribute	weitere Attribute
1:n	P_2 wird Primärschlüssel der Beziehung
1:1	P_1 und P_2 werden Schlüssel der Beziehung
m:n	$P_1 \cup P_2$ wird Primärschlüssel der Beziehung
IST-Beziehung	R_1 erhält zusätzlichen Schlüssel P_2
weak entity E_1	erhält Schlüssel P_2 des „starken" Entity-Typs E_2 als Fremdschlüssel, Schlüssel von E_1 ist dann $P_1 \cup P_2$

Bezeichnungen:
E_1, E_2: an Beziehung beteiligte Entity-Typen
P_1, P_2: deren Primärschlüssel
bei 1:n-Beziehung: E_2 ist die n-Seite
bei IST-Beziehung: E_1 ist speziellerer Entity-Typ

Tabelle 5.1: Abbildung eines ER-Schemas auf ein relationales Schema

Beziehungstypen

Für jeden Beziehungstyp bilden wir ein Relationenschema mit allen Attributen des Beziehungstyps im Diagramm, zusätzlich übernehmen wir alle Primärschlüssel der beteiligten Entity-Typen. Die Schlüssel werden jetzt folgendermaßen gewählt:

- m:n-Beziehung: Beide Primärschlüssel zusammen werden Schlüssel im neuen Relationenschema.

- 1:n-Beziehung: Der Primärschlüssel der n-Seite (bei der funktionalen Notation die Seite ohne Pfeilspitze) wird Schlüssel im neuen Relationenschema.

- 1:1-Beziehung: Beide Primärschlüssel werden je ein Schlüssel im neuen Relationenschema, der Primärschlüssel wird dann aus diesen Schlüsseln gewählt.

Sind die obigen Beziehungen optionale Beziehungen, in der Intervallnotation also näher mit [0,1] oder [0,n] beschrieben, so ist diese Abbildung auch schon die endgültige. Dagegen können im Fall der Kardinalitäten [1,1] oder [1,n], also bei zwingenden Beziehungen, Relationenschemata verschmolzen werden:

- 1:n-Beziehung: das Entity-Relationenschema der n-Seite kann in das Relationenschema der Beziehung integriert werden.

- 1:1-Beziehung: beide Entity-Relationenschemata können in das Relationenschema der Beziehung integriert werden.

Wir stellen für diese Fälle jeweils ein Beispiel vor. Wir beginnen mit dem Fall der m:n-Beziehungen.

◄**Beispiel 5-3**► Ein Beispiel für eine m:n-Beziehung ist die Zuordnung von Rebsorten zu Weinen (siehe Abbildung 5.13). Nach der Abbildungsvorschrift werden drei Relationenschemata angelegt:

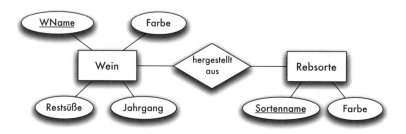

Abbildung 5.13: ER-Abbildung: Eine m:n-Beziehung

1. REBSORTE = {Farbe, Sortenname} mit $K_{REBSORTE} = \{\{\text{Sortenname}\}\}$

2. ENTHÄLT = {Sortenname, WName, Anteil} mit
$K_{ENTHÄLT} = \{\{\text{Sortenname}, \text{WName}\}\}$

3. WEIN = {Farbe, WName, Jahrgang, Restsüße} mit $K_{WEIN} = \{\{\text{WName}\}\}$

Zwei Attribute der Relation ENTHÄLT sind Fremdschlüssel: Der WName bezüglich des Relationenschemas ERZEUGER und der Sortenname bezüglich des Relationenschemas REBSORTE. □

Nach der m:n-Beziehung betrachten wir nun eine typische 1:n-Beziehung.

◄**Beispiel 5-4**► Ein Beispiel für eine 1:n-Beziehung ist der Zusammenhang zwischen Erzeuger und Anbaugebiet (siehe Abbildung 5.14). Nach der Abbildungsvorschrift werden drei Relationenschemata angelegt:

- ERZEUGER mit den Attributen Weingut und Adresse,

- ANBAUGEBIET mit den Attributen Name und Region und

- SITZT_IN mit den Attributen Weingut und Name und dem Primärschlüssel der *n*-Seite Weingut als Primärschlüssel dieses Schemas.

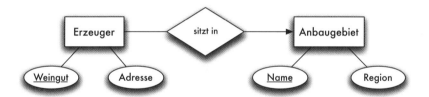

Abbildung 5.14: ER-Abbildung: Eine 1:n-Beziehung

Falls ein Erzeuger jedoch zu einer Region gehören muss (zwingende Beziehung), kann das Relationenschema ERZEUGER mit dem Relationenschema SITZT_IN verschmolzen werden. □

Als drittes Beispiel betrachten wir eine 1:1-Beziehung.

◄**Beispiel 5-5**► Ein Beispiel für eine 1:1-Beziehung ist die Zuordnung von Erzeuger und Lizenz (siehe Abbildung 5.15). Wir nehmen an, dass es eine bestimmte Menge von Lizenzen gibt, die die Erzeuger erwerben können (jeweils maximal eine), so dass eine eindeutige Zuordnung existiert (es aber auch Erzeuger ohne Lizenz geben kann und umgekehrt). Nach der ursprünglichen Abbildungsvorschrift werden drei Relationenschemata angelegt:

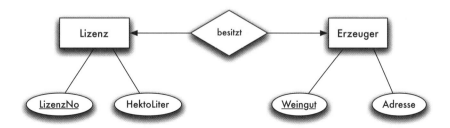

Abbildung 5.15: ER-Abbildung: Eine 1:1-Beziehung

- ERZEUGER mit den Attributen Weingut und Adresse,

- LIZENZ mit den beiden Attributen LizenzNo und Hektoliter und

- BESITZT mit den Primärschlüsseln der beiden beteiligten Entity-Typen jeweils als Schlüssel dieses Schemas, also LizenzNo und Weingut.

5.5 Entity-Relationship-Abbildung auf das Relationenmodell

Ist nun jeder Erzeuger in Besitz einer Lizenz und gibt es keine freien Lizenzen mehr, so können wir die drei Relationenschemata auch zusammenfassen. Eine Beispielrelation wäre:

ERZEUGER	Weingut	Adresse	LizenzNo	Hektoliter
	Rotkäppchen	Freiberg	42-007	10.000
	Weingut Müller	Dagstuhl	42-009	250

Können nun aber Erzeuger ohne Lizenz sein, so müsste man bei der LizenzNo – einem möglichen Kandidaten für den Primärschlüssel – Nullwerte einführen, um zumindest die Zuordnung von Erzeuger zu Adresse durchführen zu können:

ERZEUGER	Weingut	Adresse	LizenzNo	Hektoliter
	Rotkäppchen	Freiberg	42-007	10.000
	Weingut Müller	Dagstuhl	$\perp$	$\perp$

Gäbe es auch freie Lizenzen, so wäre auch der andere potentielle Primärschlüssel durch einen Nullwert zu belegen:

ERZEUGER	Weingut	Adresse	LizenzNo	Hektoliter
	Rotkäppchen	Freiberg	42-007	10.000
	Weingut Müller	Dagstuhl	$\perp$	$\perp$
	$\perp$	$\perp$	42-003	100.000

In diesem Fall ist also das Auftrennen in mehrere Relationenschemata sinnvoll, je nach Analyse der möglicherweise auftretenden Nullwerte in zwei oder drei Schemata. □

IST-*Beziehung*

Die IST-Beziehung wird auf kein eigenes Relationenschema abgebildet. In das Relationenschema des spezielleren Entity-Typs wird aber zusätzlich der Primärschlüssel des allgemeineren Entity-Typs aufgenommen.

◄**Beispiel 5-6**► Ein Beispiel für eine IST-Beziehung ist die Spezialisierung von Weinen zu Schaumweinen (siehe Abbildung 5.16). Für das Relationenschema WEIN wurde bereits der Primärschlüssel WName festgelegt. Nach der Abbildungsvorschrift werden Primärschlüssel vererbt:
  Die Relation SCHAUMWEIN bekommt das Attribut Herstellung sowie den geerbten Schlüssel WName. Wir erhalten somit folgende Relationen:

1. WEIN = {Farbe, WName, Jahrgang, Restsüße} mit $K_{\text{WEIN}} = \{\{\text{WName}\}\}$

2. SCHAUMWEIN = {WName, Herstellung} mit $K_{\text{SCHAUMWEIN}} = \{\{\text{WName}\}\}$

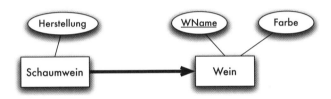

Abbildung 5.16: ER-Abbildung: Eine IST-Beziehung

Der Schlüssel WName in SCHAUMWEIN ist Fremdschlüssel bezüglich der Relation WEIN. Dieser Fall ist Standard, da die Spezialierung als abhängiges Entity modelliert ist und daher den Schlüssel erbt. In der Realität kann es für die Subklasse weitere Schlüsselkandidaten geben. □

Der vererbte Schlüssel ist in der spezielleren Relation Fremdschlüssel bezüglich der allgemeineren: In der spezielleren Relation dürfen höchstens die Schlüsselwerte auftauchen, die in der allgemeineren Relation auch vorhanden sind.

Weitere Beispiele

Wir erläutern in diesem Abschnitt nun noch weitere Ausschnitte einer Weindatenbank zur Veranschaulichung der obigen Abbildungen und gleichzeitig auch zum Aufzeigen weiterer Problemfälle.

◂**Beispiel 5-7**▸ Die rekursive Beziehung grenzt-an zwischen Anbaugebieten, die ein Anbaugebiet als benachbart zu anderen definiert (siehe Abbildung 5.17), beinhaltet ebenfalls ein technisches Problem. Das entstehende Relationenschema enthält die Primärschlüssel der beiden beteiligten Entity-Typen, in diesem Fall also zweimal das Attribut Name. Da dies im Relationenmodell weder erlaubt noch in der Anwendung praktikabel ist, müssen wir beide oder zumindest eines der Attribute umbenennen. Dies kann beispielsweise aufgrund der Rollennamen geschehen, die im ER-Schema den beiden Kanten mitgegeben werden können, also Attribute nach und von.

Als Ergebnis der Abbildung erhalten wir die folgenden zwei Relationen:

1. ANBAUGEBIET = {Name, Region} mit $K_{\text{ANBAUGEBIET}} = \{\{\text{Name}\}\}$

2. GRENZT_AN = {nach, von} mit $K_{\text{GRENZT\_AN}} = \{\{\text{nach}, \text{von}\}\}$

Beide Attribute von und nach sind hierbei Fremdschlüssel auf das Attribut Name der Relation ANBAUGEBIET.

Abbildung 5.18 zeigt eine rekursive funktionale Beziehung. Hier bietet sich wieder ein Verschmelzen (mit optionalen Nullwerten) an, so dass ein Attribut

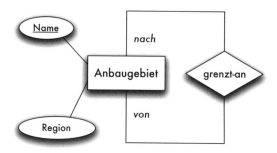

Abbildung 5.17: ER-Abbildung: Eine rekursive Beziehung

als Fremdschlüssel zum Schema KRITIKER hinzugenommen werden muss. Auch hier muss dann der hinzugenommene Schlüssel umbenannt werden, etwa von Name zu Mentorname. Ergebnis ist die folgende Relation:

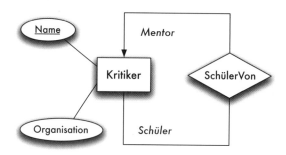

Abbildung 5.18: ER-Abbildung: Eine rekursive funktionale Beziehung

1. KRITIKER = {Name, Organisation, Mentorname} mit $K_{\text{KRITIKER}} = \{\{\text{Name}\}\}$

Das Attribut Mentorname ist hierbei Fremdschlüssel auf das Attribut Name der Relation KRITIKER. □

Weak Entities werden nach den Standardabbildungen für 1:n-Beziehungen behandelt, bei denen zusätzliche Regeln für Schlüssel und Fremdschlüssel eingesetzt werden.

◂**Beispiel 5-8**▸ Abbildung 5.19 zeigt unser Standardbeispiel für einen abhängigen Entity-Typ. Ein WeinJahrgang kann ohne einen Wein-Eintrag in der Datenbank nicht existieren. Weinjahrgänge werden neben dem Wein durch das Jahr identifiziert.

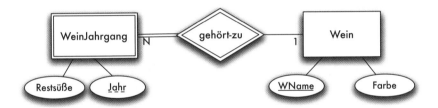

Abbildung 5.19: ER-Abbildung: Weak Entitys

Die 1:n-Beziehung kann hier immer mit der schwachen Seite verschmolzen werden. Die schwache Seite, hier der Jahrgang, übernimmt den Schlüssel der starken Seite. Die resultierenden Relationen sind die folgenden:

1. WEINJAHRGANG = {WName, Restsüße, Jahr} mit
   $K_{\text{WEINJAHRGANG}} = \{\{\text{WName}, \text{Jahr}\}\}$

2. WEIN = {Farbe, WName} mit $K_{\text{WEIN}} = \{\{\text{WName}\}\}$

Zusätzlich wird die Abhängigkeit dadurch gesichert, dass das Attribut WName in WEINJAHRGANG Fremdschlüssel zur Relation WEIN ist. □

Als abschließendes Beispiel betrachten wir eine mehrstellige Beziehung.

◄**Beispiel 5-9**► Mehrstellige Beziehungen wie die Empfiehlt-Beziehung (siehe Abbildung 5.20) zwischen Kritikern, Weinen und Gerichten werden nach ähnlichen Regeln abgebildet wie die exemplarisch betrachteten zweistelligen Beziehungen oben. Jeder beteiligte Entity-Typ wird dabei nach den obigen Regeln behandelt. Bei Empfiehlt werden in das resultierende Relationenschema die Primärschlüssel der drei beteiligten Entity-Typen aufgenommen. Da die Beziehung allgemeiner Art ist (also eine k:m:n-Beziehung im dreistelligen Fall), bilden alle Primärschlüssel zusammen den Schlüssel für das neue Relationenschema.

1. EMPFIEHLT = {WName, Bezeichnung, Name} mit
   $K_{\text{EMPFIEHLT}} = \{\{\text{WName}, \text{Bezeichnung}, \text{Name}\}\}$

2. GERICHT = {Bezeichnung, Beilage} mit $K_{\text{GERICHT}} = \{\{\text{Bezeichnung}\}\}$

3. WEIN = {Farbe, WName, Jahrgang, Restsüße} mit $K_{\text{WEIN}} = \{\{\text{WName}\}\}$

4. KRITIKER = {Name, Organisation} mit $K_{\text{KRITIKER}} = \{\{\text{Name}\}\}$

Die drei Schlüsselattribute von EMPFIEHLT sind Fremdschlüssel für die jeweiligen Ursprungsrelationen. □

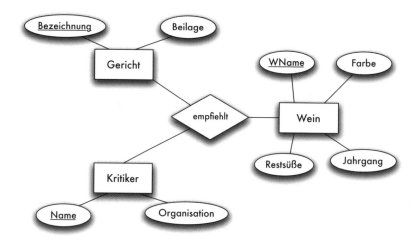

Abbildung 5.20: ER-Abbildung: Eine mehrstellige Beziehung

5.6 Zusammenfassung

Analog zu den Phasenmodellen des Softwareentwurfs kann ein Phasenmodell für den Entwurf von Datenbanken entwickelt werden. Der konzeptionellen Entwurf spielt hierbei eine zentrale Rolle, da er die logische Gesamtsicht unabhängig von einem Implementierungsmodell beschreibt. Die im konzeptionellen Entwurf im ER-Modell beschriebenen Datenbankschemata können nach festen Regeln in Tabellenschemata umgewandelt werden, die die gleiche Informationskapazität haben.

Eine Übersicht über die in diesem Kapitel eingeführten Begriffe und deren Bedeutung geben wir in Tabelle 5.2.

5.7 Vertiefende Literatur

Die Phasen des Datenbankentwurfs werden in mehreren Datenbanklehrbüchern behandelt (auch hier sei wieder auf das Buch von Elmasri und Navathe [ExN02] verwiesen). Die Konsequenzen eines objektorientierten Entwurfs für die konzeptionelle Modellierung von Datenbanken wird von Saake in [Saa93] diskutiert.

Die Aufteilung des konzeptionellen Schemas in Schichten wird in [Saa91a, EGH+92] erläutert. Vergleichbare Ansätze sind in [SFNC84, CS88] beschrieben. In [EGH+92] wird basierend auf dem erweiterten ER-Modell ein Sprach-

Begriff	Informale Bedeutung
Entwurfsprozess	strukturierte Vorgehensweise zum Entwurf einer Datenbank
konzeptioneller Entwurf	implementierungsunabhängiger Entwurf, Ergebnis ist konzeptionelles Schema
logischer Entwurf	Festlegung der Datenbankstruktur im gewählten Implementierungsmodell
Datendefinition	tatsächliche Datendefinition
Datenintegration	Verschmelzen von zwei oder mehr Datenbanken in einer integrierten Datenbank
Heterogenität	Unterschiede in der Darstellung desselben Sachbestandes
Informationskapazität	gibt an, welche Datenbanken als Ausprägung speicherbar sind
kapazitätserhöhend	nach einer Abbildung sind mehr Datenbanken speicherbar als zuvor
kapazitätsvermindernd	nach einer Abbildung sind weniger Datenbanken speicherbar als zuvor

Tabelle 5.2: Wichtige Begriffe des Datenbankentwurf

vorschlag für alle vier Komponenten vorgestellt. In [Saa91b] steht der dynamische Anteil des konzeptionellen Entwurfs im Vordergrund. Der Bezug zu objektorientierten Entwurfsansätzen wird in [Saa93] diskutiert. Die erwähnte Sprache TROLL wird unter anderem in [Saa93, Jun93, JSHS96] vorgestellt; eine kurze Einführung bietet [LL95, Kapitel 16].

Die Erweiterung um eine fünfte Komponente zur Prozessbeschreibung wird ebenfalls in [Saa91a, Saa93] diskutiert. Das als Beispielformalismus herangezogene ConTract-Modell von Reuter und Wächter wird u.a. in [WR92] beschrieben. Der Artikel [WR92] ist in einem Sammelband erschienen, der mehrere erweiterte Transaktionsmodelle vorstellt, die zur Prozessmodellierung geeignet sind [Elm92].

Schemaintegration in erweiterten ER-Modellen wird z.B. von Spaccapietra und Koautoren in [SPD92, SP94] ausführlich diskutiert.

Den ER-Datenbankentwurf und Abbildungen auf das Relationenmodell erläutern unter anderem [BCN92], [TYF86] und [Ull88].

5.8 Übungsaufgaben

Übung 5-1 Betrachten Sie das in diesem Buch beschriebene Wein-Beispiel. Geben Sie Beispiele für die Konfliktklassen der Sichtintegration an, die durch verschiedene Sichten von Anwenderklassen entstehen können. □

Übung 5-2 Geben Sie für das Weinbeispiel jeweils eine Anwendung für die Konzepte der verschiedenen Schichten des konzeptionellen Entwurfs an. □

Übung 5-3 Setzen Sie das von Ihnen in Aufgabe 3-2 entwickelte ER-Modell nach Rezept in das Relationenmodell um. □

Übung 5-4 Geben Sie für das Anwendungsszenario aus Aufgabe 3-2 jeweils eine typische Beschreibung für jede Schicht des konzeptionellen Entwurfs sowie für einen Anwendungsprozess an. □

Übung 5-5 Betrachten Sie zwei unterschiedliche Lösungen zu den Modellierungsübungen aus den Kapiteln 3 und 8. Untersuchen Sie diese Lösungen auf Konflikte und identifizieren Sie diese. □

6

Relationaler Datenbankentwurf

Der im letzten Kapitel eingeführte *logische Datenbankentwurf* hat das Ziel, ein Schema des Entwurfsmodells in ein Schema des Zielmodells zu überführen und dieses dann zu verfeinern. In diesem Kapitel beschäftigen wir uns speziell mit dem Relationenmodell als Zielmodell und den Verfeinerungsschritten auf der relationalen Ebene. Aus dem logischen Datenbankentwurf des letzten Kapitels soll mit Hilfe einer genaueren Spezifikation von lokalen und globalen Integritätsbedingungen ein guter logischer Datenbankentwurf entstehen.

Was heißt dabei gut? Ein moderner Softwareentwurf stellt hohe Qualitätsanforderungen an die Software. Insbesondere Wartung und Fehlerbehandlung sind Prozesse, die bei qualitativ schlechter Software sehr teuer werden können. Auch ein Datenbankschema soll daher möglichst „sauber" entworfen und implementiert sein. Wie kann man dies nun speziell am Beispiel des relationalen Zielmodells erreichen?

Zur Gewährleistung einer hohen Qualität des Datenbankentwurfs benötigen wir einige (zum Teil formale) Grundlagen:

- Damit wir Qualität messen können, benötigen wir objektive Aussagen über Eigenschaften von relationalen Entwürfen, die unter anderem die Bereiche Wartbarkeit, Fehlervermeidung, Lesbarkeit und Redundanzfreiheit der Daten betreffen. Hierzu werden wir *Normalformen* einführen, deren Einhaltung als Qualitätsmerkmal der Redundanzfreiheit dient.

- Zwei relationale Entwürfe müssen vergleichbar sein betreffend dieser Qualitätseigenschaften. Hierzu müssen wir Aussagen treffen können, ob zwei Entwürfe potentiell dieselben Daten speichern können, was den bereits im letzten Kapitel eingeführten Begriff der Informationskapazität betrifft. Zusammen mit den Normalformen können wir nun für zwei Schemata die Aussage treffen, dass sie dieselben Daten halten können und dass Schema A besser als Schema B ist.

- Schließlich benötigen wir Algorithmen, die ein vorgegebenes Schema bezüglich dieser Qualitätsaussagen tatsächlich verbessern. Derartige Algorithmen sind für eine Werkzeugunterstützung des Datenbankentwurfs unverzichtbar.

Eigenschaften von Schemata, Vergleichbarkeit von Entwürfen und Algorithmen für den qualitativ hochwertigen Entwurf werden wir in diesem Kapitel einführen. Dabei kann es wiederum zwei Ausgangspunkte für den logischen Entwurf mit dem relationalen Zielmodell geben.

Der erste Ausgangspunkt ist durch das letzte Kapitel gegeben: wir starten mit einem höheren Datenbankmodell und transferieren dann automatisiert in das relationale Zielmodell. Dadurch sollten schon viele gute Eigenschaften abgesichert sein. Die noch nicht erfüllten Qualitätsanforderungen müssen nun durch die zweite Phase des logischen Entwurfs nachgearbeitet werden.

Verzichtet man auf die Nutzung eines höheren Datenbankmodells für den konzeptionellen und logischen Entwurf[1], so kann man dieses Kapitel auch zum logischen Entwurf innerhalb des Relationenmodells selbst betrachten. Das Datenbankentwurfsproblem reduziert sich dann auf folgendes Problem:

Aus gegebenen Attributen (die das Universum $\mathcal{U}$ bilden) und Abhängigkeiten zwischen diesen Attributen (zunächst den im nächsten Abschnitt eingeführten funktionalen Abhängigkeiten F) soll ein lokal erweitertes Datenbankschema

$$S = \{\mathcal{R}_1, \ldots, \mathcal{R}_p\} \text{ mit } \mathcal{R}_i = (R_i, \mathcal{K}_i)$$

erzeugt werden, wobei $\mathcal{K}_i$ eine Menge von Schlüsseln ist, denen die Basisrelationen $r_i(R_i)$ genügen müssen.

Es wird sich allerdings herausstellen, dass in diesem Fall nicht alle Feinheiten eines ER-Diagramms auf relationaler Ebene erfasst werden können.

In Abschnitt 6.1 werden wir die für den Entwurf wichtigsten lokalen Integritätsbedingungen, die funktionalen Abhängigkeiten, einführen. Danach werden Datenbankentwurfseigenschaften erläutert, die mit Hilfe dieser Abhängigkeiten formuliert werden können: in Abschnitt 6.2 zunächst wünschenswerte Eigenschaften des Zielschemas, in Abschnitt 6.3 dann wünschenswerte Eigenschaften jedes Transformationsschrittes beim logischen Datenbankentwurf.

---

[1] Man beachte, dass der konzeptionelle Entwurf eine frühe Phase im Datenbankentwurf ist, die das *konzeptionelle Schema*, nicht jedoch das *konzeptuelle* Datenbankschema (aus der Drei-Ebenen-Architektur) des jeweiligen Datenbanksystems liefert.

Abschnitt 6.4 führt in einige Entwurfsverfahren ein, die diese Eigenschaften erreichen können. Neben den funktionalen sind die mehrwertigen Abhängigkeiten wichtige lokale Integritätsbedingungen für den Datenbankentwurf. Diese werden mit ihren wünschenswerten Schema- und Transformationseigenschaften sowie den Entwurfsverfahren in Abschnitt 6.5 eingeführt. Weitere Abhängigkeiten (insbesondere globale Integritätsbedingungen) werden in Abschnitt 6.6 besprochen.

6.1 Funktionale Abhängigkeiten

Die in Abschnitt 4.1 eingeführten lokalen Integritätsbedingungen werden nun konkretisiert. Abhängigkeiten zwischen Attributen und damit zwischen Attributwerten sind dabei besonders wichtige Integritätsbedingungen.

Definition funktionaler Abhängigkeiten

Die bekanntesten und im Datenbankentwurf am häufigsten eingesetzten Abhängigkeiten zwischen Attributen sind funktionale Abhängigkeiten. Eine *funktionale Abhängigkeit* gilt dann innerhalb einer Relation zwischen Attributmengen X und Y, wenn in jedem Tupel der Relation der Attributwert unter den X-Komponenten den Attributwert unter den Y-Komponenten festlegt[2]. Unterscheiden sich also zwei Tupel in den X-Attributen nicht, so haben sie auch gleiche Werte für alle Y-Attribute. Die funktionale Abhängigkeit (kurz: FD, von *Functional Dependency*) wird dann mit $X \to Y$ bezeichnet.

◄**Beispiel 6-1**► Betrachten wir hierzu eine Variante unserer WEINE-Relation (Abbildung 6.1), die auch die Erzeugerinformationen enthält (die Attribute Farbe und Jahrgang sind nur aus Platzgründen nicht dargestellt). In dieser Relation gelten u.a. die funktionalen Abhängigkeiten

  WeinID $\to$ Name, Weingut
  Anbaugebiet $\to$ Region

da im ersten Fall zwei in der WeinID übereinstimmende Tupel auch bezüglich der Attribute Name und Weingut übereinstimmen müssen (trivialerweise – da es keine gleichen Werte in WeinID gibt), während im zweiten Fall zwei WEINE-Tupel mit dem gleichen Anbaugebiet auch die gleiche Region besitzen.
  Eine funktionale Abhängigkeit

  Weingut $\to$ Name

---

[2] Wie in der Datenbanktheorie üblich, bezeichnen $A, B, C, \ldots$ Attribute und $X, Y, Z, \ldots$ Attributmengen. Statt $X \cup Y$ wird kurz XY, statt $\{A\} \cup \{B\}$ auch AB geschrieben.

WEINE	WeinID	Name	...	Weingut	Anbaugebiet	Region
	1042	La Rose Gr. Cru	...	Ch. La Rose	Saint-Emilion	Bordeaux
	2168	Creek Shiraz	...	Creek	Barossa Valley	South Australia
	3456	Zinfandel	...	Helena	Napa Valley	Kalifornien
	2171	Pinot Noir	...	Creek	Barossa Valley	South Australia
	3478	Pinot Noir	...	Helena	Napa Valley	Kalifornien
	4711	Riesling Res.	...	Müller	Rheingau	Hessen
	4961	Chardonnay	...	Bighorn	Napa Valley	Kalifornien

Abbildung 6.1: WEINE-Relation mit Redundanzen

gilt dagegen nicht, da ein Weingut verschiedene Weine mit verschiedenen Namen produzieren kann. Trivialerweise gilt jedoch eine funktionale Abhängigkeit wie

WeinID → WeinID

immer. Später werden wir noch erklären, wie man weitere funktionale Abhängigkeiten aus einer gegebenen Menge ableiten kann. □

Definieren wir funktionale Abhängigkeiten genauer, so können wir zwischen der Syntax und der Semantik der FDs trennen.

Eine funktionale Abhängigkeit ist für eine Relation $r(R)$ und Attributmengen $X, Y \subseteq R$ ein Ausdruck der Form $X \to Y$. Die Relation r *genügt* der FD $X \to Y$ genau dann, wenn

$$|\pi_Y(\sigma_{X=x}(r))| \leq 1 \text{ für alle } X\text{-Werte } x$$

gilt. Diese Definition ist gleichwertig mit der oben informal eingeführten Bedingung:

$$\forall t_1, t_2 \in r : t_1(X) = t_2(X) \implies t_1(Y) = t_2(Y)$$

Wir führen jetzt für die linken und rechten Seiten von FDs noch spezielle Bezeichnungen ein. Für eine FD-Menge $F := \{X_1 \to Y_1, \ldots, X_k \to Y_k\}$ mit $k \in \mathbb{N}$ wird $VB(F) := \{X_1, \ldots, X_k\}$ der *Vorbereich* von F, $NB(F) := \{Y_1, \ldots, Y_k\}$ der *Nachbereich* von F genannt; $ATTR(F)$ mit

$$ATTR(F) := \bigcup_{Z \in VB(F) \cup NB(F)} Z$$

ist die *Attributmenge* von F[3]. Gilt für eine Attributmenge $X \subseteq \mathcal{U}$ auch $ATTR(F) \subseteq X$, so heißt F FD-Menge *über* X. Die Abhängigkeiten von F bestehen also nur aus Attributen von X.

---
[3] Wie in der Datenbanktheorie üblich, wird für eine FD f statt $VB(\{f\})$, $NB(\{f\})$ und $ATTR(\{f\})$ vereinfachend $VB(f), NB(f)$ und $ATTR(f)$ geschrieben.

Da FDs mit Hilfe von

$$\mathcal{B}_F := \{b_f \mid f \in F \wedge [b_f(r) = \textbf{true} \iff r \text{ genügt } f]\}$$

als spezielle lokale Integritätsbedingungen aufgefasst werden können, wird für das erweiterte Relationenschema $\mathcal{R} = (R, \mathcal{B}_F)$ im Weiteren auch kurz $\mathcal{R} = (R, F)$ geschrieben, falls F eine FD-Menge über R ist.

Schlüssel als Spezialfall

Funktionale Abhängigkeiten schränken die erlaubte Menge von Relationen zu einem Relationenschema ein. Schlüssel sind nun Spezialfälle funktionaler Abhängigkeiten.

◂**Beispiel 6-2**▸ In der Relation WEINE (Abbildung 6.1 auf Seite 162) gilt die funktionale Abhängigkeit

   WeinID → Name, Farbe, Jahrgang, Weingut, Anbaugebiet, Region

Wie oben erklärt, können wir auf der rechten Seite sogar die WeinID ergänzen, da die Abhängigkeit WeinID → WeinID immer gilt. Auf der rechten Seite der funktionalen Abhängigkeit steht dann das gesamte Relationenschema. Jedes Tupel aus der Relation wird von der WeinID also eindeutig bestimmt. Das ist auch genau die Charakterisierung einer identifizierenden Attributmenge für eine Relation. Da die Attributmenge nur aus einem einzigen Element besteht, ist sie auch Schlüssel, da es keine kleinere identifizierende Attributmenge geben kann. □

Ein Schlüssel X liegt also vor, wenn für ein Relationenschema R eine FD $X \to R$ gilt und X minimal ist. Ziel des auf diesen Abhängigkeiten basierenden Datenbankentwurfs wird es sein, alle gegebenen funktionalen Abhängigkeiten in diese Schlüsselabhängigkeiten umzuformen, ohne dabei semantische Informationen zu verlieren.

Man beachte dabei, dass im Fall der speziellen FD-Menge $F := \{K \to R \mid K \in \mathcal{K}\}$ für eine Schlüsselmenge $\mathcal{K}$ eines erweiterten Relationenschemas $\mathcal{R} = (R, \mathcal{K})$ die Gleichung $\textbf{SAT}_R(F) = \textbf{SAT}_R(\mathcal{K})$ gilt. Eine solche Menge F ist die Menge der *Schlüsselabhängigkeiten* für R.

Ableitung von FDs

Betrachten wir eine Relation r folgender Ausprägung:

r	**A**	**B**	**C**
	a_1	b_1	c_1
	a_2	b_1	c_1
	a_3	b_2	c_1
	a_4	b_1	c_1

6.1 Funktionale Abhängigkeiten

Diese Relation genügt den FDs $A \to B$ und $B \to C$. Man sieht sofort, dass dann auch die FD $A \to C$ gelten muss. Dagegen lassen sich die FDs $C \to A$ oder $C \to B$ nicht ableiten. Die Frage ist nun, welche weiteren FDs aus einer gegebenen FD-Menge abgeleitet werden können.

Gilt für eine funktionale Abhängigkeit f über R $\mathbf{SAT}_R(F) \subseteq \mathbf{SAT}_R(f)$, dann *impliziert* F die FD f (kurz: $F \models f$).

Im obigen Beispiel gilt also

$$F = \{A \to B, B \to C\} \models A \to C$$

da die Menge der möglichen Relationen zu F schon eine Teilmenge der Relationen ist, die unter $A \to C$ möglich wäre.

Hüllenbildung

Interessant ist für uns nun insbesondere die Ermittlung *aller* funktionalen Abhängigkeiten, die aus einer gegebenen FD-Menge abgeleitet werden können.

Die *Hülle* von F über einem Relationenschema R ist definiert durch

$$F_R^+ := \{f \mid (f \text{ FD über } R) \wedge F \models f\}$$

Meistens legt man das Relationenschema R nicht explizit fest, sondern lässt alle Attribute zu, über denen F definiert ist ($ATTR(F)$). Dann ist die *Hülle* von F durch $F^+ := F^+_{ATTR(F)}$ definiert. Zwei FD-Mengen F und G heißen *äquivalent* (kurz: $F \equiv G$) genau dann, wenn $F^+ = G^+$ gilt. F heißt dann auch *Überdeckung* von G und umgekehrt.

◀Beispiel 6-3▶ In obiger Relation r gelten neben den gegebenen FDs $A \to B$ und $B \to C$ und der bereits abgeleiteten FD $A \to C$ auch noch weitere, wie zum Beispiel $AB \to C$, $A \to BC$ und selbst triviale FDs wie $AB \to AB$. Alle diese FDs zusammen ergeben die Hülle $\{A \to B, B \to C\}^+$. □

Ableitungsregeln

Die logische Implikation $\models$ von FDs ist bisher formal festgelegt worden. Um systematisch die Hülle von FDs erzeugen zu können, werden nun Ableitungsregeln formuliert, die die Implikation simulieren. Die Menge der benötigten Ableitungsregeln sollte folgende Eigenschaften erfüllen:

- *gültig* (sound), so dass die Ableitungsregeln keine FD ableiten, die logisch nicht impliziert wird (etwa ist eine Ableitungsregel $A \to B \implies B \to A$ ungültig),

- *vollständig* (complete), d.h. durch die Ableitungsregeln sollen auch alle implizierten FDs abgeleitet werden können und

- *unabhängig* (independent) oder auch bzgl. $\subseteq$ minimal, was bedeutet, dass keine der Ableitungsregeln weggelassen werden kann, ohne dass die Vollständigkeit der Ableitungsregeln verletzt wird.

In Tabelle 6.2 ist eine allgemein übliche Regelmenge dargestellt, die gültig und vollständig ist.

Name	Regel		
F1: Reflexivität	$X \supseteq Y$	$\Longrightarrow$	$X \rightarrow Y$
F2: Augmentation	$\{X \rightarrow Y\}$	$\Longrightarrow$	$XZ \rightarrow YZ$ sowie $XZ \rightarrow Y$
F3: Transitivität	$\{X \rightarrow Y, Y \rightarrow Z\}$	$\Longrightarrow$	$X \rightarrow Z$
F4: Projektivität	$\{X \rightarrow YZ\}$	$\Longrightarrow$	$X \rightarrow Y$
F5: Additivität	$\{X \rightarrow Y, X \rightarrow Z\}$	$\Longrightarrow$	$X \rightarrow YZ$
F6: Pseudotransitivität	$\{X \rightarrow Y, WY \rightarrow Z\}$	$\Longrightarrow$	$WX \rightarrow Z$

Abbildung 6.2: Ableitungsregeln für FDs

Von diesen Regeln ist die Menge $\{$**F1**,**F2**,**F3**$\}$ bereits vollständig und wird in der Literatur auch als *Armstrong-Axiome* bezeichnet. Auch die Menge $\{$**F1**,**F2**,**F6**$\}$ ist unabhängig, da etwa die Transitivität **F3** einen Spezialfall der Pseudotransitivität **F6** darstellt [Mai83].

Für die Armstrong-Axiome wollen wir zunächst den Beweis der Gültigkeit erbringen:

Beweis für **F1**. Wir nehmen an, dass für zwei Attributmengen X und Y mit $X, Y \subset R$ gilt: $X \supseteq Y$ und dass es zwei Tupel $t_1, t_2 \in r(R)$ gibt mit $t_1(X) = t_2(X)$. Wegen $X \supseteq Y$ folgt daraus, dass auch $t_1(Y) = t_2(Y)$ gilt. Entsprechend der Definition von funktionalen Abhängigkeiten folgt demnach daraus $X \rightarrow Y$.

Beweis für **F2**. Dieser Beweis wird indirekt vorgenommen. Wir nehmen hierzu an, dass in $r(R)$ die funktionale Abhängigkeit $f_1 : X \rightarrow Y$ gilt, nicht jedoch $f_2 : XZ \rightarrow YZ$. Demzufolge müssten zwei Tupel $t_1, t_2 \in r(R)$ existieren, so dass gilt:

(1) $t_1(X) = t_2(X)$

(2) $t_1(Y) = t_2(Y)$

(3) $t_1(XZ) = t_2(XZ)$

(4) $t_1(YZ) \neq t_2(YZ)$

Die ersten beiden Bedingungen ergeben sich aus f_1, die Bedingungen (3) und (4) sind eine Konsequenz aus f_2. Aus (1) und (3) folgt aber auch, dass $t_1(Z) = t_2(Z)$, woraus sich wiederum ableiten lässt, dass $t_1(YZ) = t_2(YZ)$. Hier liegt offensichtlich ein Widerspruch zur Aussage (4) vor – die Annahme ist demnach falsch und **F2** gilt.

6.1 Funktionale Abhängigkeiten

Name	Regel		
R Reflexivität	$\{\}$	$\implies$	$X \to X$
A Akkumulation	$\{X \to YZ, Z \to AW\}$	$\implies$	$X \to YZA$
P Projektivität	$\{X \to YZ\}$	$\implies$	$X \to Y$

Abbildung 6.3: RAP-Ableitungsregeln für FDs

Beweis für **F3**. Für diesen Beweis nehmen wir an, dass in $r(R)$ die beiden funktionalen Abhängigkeiten $f_1 : X \to Y$ und $f_2 : Y \to Z$ gelten. Wir können nun für zwei beliebige Tupel $t_1, t_2 \in r(R)$ mit $t_1(X) = t_2(X)$ ableiten:

(1) Wegen f_1 gilt auch $t_1(Y) = t_2(Y)$.

(2) Wegen f_2 und (1) gilt auch $t_1(Z) = t_2(Z)$.

Daraus lässt sich wiederum $X \to Z$ ableiten, so dass **F3** gilt.

In [Mai83] wird mit den *B-Axiomen* bzw. den *RAP-Regeln* eine alternative Menge von Axiomen eingeführt, die den Vorteil hat, dass sie direkt auf einen Algorithmus zum Ableiten von Abhängigkeiten führt.

Die Ableitungsregeln werden mit **R**, **A** und **P** markiert und sind in Abbildung 6.3 angegeben. Wie bisher stehen W, X, Y, Z für Attributmengen und A für ein einzelnes Attribut.

Dabei bedeutet die **R**-Regel beispielsweise, dass bereits aus der leeren FD-Menge (also ohne Voraussetzungen) triviale FDs wie $AB \to AB$ abgeleitet werden können.

Man kann nun zeigen, dass die Armstrong-Axiome aus den RAP-Regeln abgeleitet werden können und diese somit vollständig sind [Mai83]:

- Axiom **F1** (Reflexivität) ergibt sich direkt aus der **R**-Regel.

- Die Augmentation **F2** wird wie folgt abgeleitet: Wir gehen von einer funktionalen Beziehung $X \to Y$ aus. Aus der **R**-Regel können wir weiterhin $XZ \to XZ$ ableiten. Nun wird in der allgemeinen Form der **A**-Regel X durch XZ, Y durch Z, Z durch X, A durch Y und W durch $\{\}$ ersetzt, so dass wir durch

$$XZ \to ZX, X \to Y \implies XZ \to ZXY$$

die funktionale Abhängigkeit $XZ \to XZY$ ableiten können. Unter Anwendung der **P**-Regel ergibt sich $XZ \to Y$.

- Das Axiom zur Transitivität **F3** kann durch Anwendung der **A**-Regel abgeleitet werden. In der allgemeinen Form der Regel ersetzen wir X durch X, Y durch $\{\}$, Z durch Y, A durch Z und W durch $\{\}$. Daraus entsteht

$$X \to Y, Y \to Z \implies X \to YZ$$

Auf das Ergebnis $X \to YZ$ wird noch die **P**-Regel angewendet und es ergibt sich $X \to Z$.

Das folgende einfache Beispiel demonstriert die Anwendung der Regeln.

◄**Beispiel 6-4**► Die implizierte Abhängigkeit $A \to C$ soll mit den RAP-Regeln ermittelt werden. Aus der FD-Menge $\{A \to B, B \to C\}$ kann zunächst $A \to BC$ mit Hilfe der **A**-Regel abgeleitet werden. In der allgemeinen Regel ersetze man Y und W durch die leere FD-Menge, X durch A, Z durch B und V durch C. Danach kann mit der **P**-Regel die gewünschte FD $A \to C$ abgeleitet werden. □

Membership-Problem

Eine der häufigsten Fragestellungen im relationalen Datenbankentwurf ist:

Kann eine bestimmte FD $X \to Y$ aus der vorgegebenen Menge F abgeleitet werden, d.h. wird sie von F impliziert?

Dies ist das sogenannte *Membership-Problem*, da es formal auf das Enthaltensein (Membership) von $X \to Y$ in der Hülle von F zurückgeführt wird:

Membership-Problem (1): „$X \to Y \in F^+$?"

Leider kann dieses Problem so nicht in linearer Zeit gelöst werden. Die Hülle einer FD-Menge kann nämlich eine exponentielle Größe erreichen, so dass allein das Berechnen von F^+ zu aufwändig ist. Daher verzichtet man auf die Berechnung von F^+ und löst das Membership-Problem durch die Bestimmung des maximalen Nachbereichs zum vorgegebenen Vorbereich X. Jedes Y, das von X funktional bestimmt wird, muss dann in diesem maximalen Nachbereich enthalten sein. Zunächst definieren wir diesen maximalen Nachbereich formal als Hülle einer Attributmenge. Die *Hülle einer Attributmenge X bzgl. F* ist

$$X_F^* := \{A \mid X \to A \in F^+\}$$

Wenn F eindeutig ist, wird auch kurz X^* geschrieben.

Das Membership-Problem kann nun durch Lösen des modifizierten Problems

Membership-Problem (2): „$Y \subseteq X_F^*$?"

in linearer Zeit gelöst werden. Mit Hilfe der **RAP**-Regeln gibt es einen einfachen Algorithmus **MEMBER** (Abbildung 6.4), der unter Verwendung der Funktion **CLOSURE**(F, X) den Test auf Membership durchführt.

◄**Beispiel 6-5**► Mit dem Algorithmus wollen wir nun das Membership-Problem für $A \to C$ lösen, d.h.

```
CLOSURE(F,X):   /* Funktion zur Berechnung der Hülle $X_F^*$ */
    $X^* := X$
    repeat
        $\overline{X}^* := X^*$   /* R-Regel */
        forall FDs $Y \to Z \in F$
            if $Y \subseteq X^*$ then
                $X^* := X^* \cup Z$   /* A-Regel */
            end if
        end for
    until $X^* = \overline{X}^*$
    return $X^*$

MEMBER(F, $X \to Y$):   /* Test auf $X \to Y \in F^+$ */
    return $Y \subseteq$ CLOSURE(F,X)   /* P-Regel */
```

Abbildung 6.4: Algorithmus für Membership-Test

$$A \to C \in \{f_1 := A \to B, f_2 := B \to C\}^+ \ ?$$

oder das gleichwertige Problem

$$C \subseteq A^* \ ?$$

Wir gehen nach dem obigen Ablauf vor:

1. Zunächst wird $A^* := A$ gesetzt.

2. Im ersten Durchlauf der **repeat**-Schleife in der CLOSURE-Funktion wird f_1 verarbeitet, da $A \subseteq A$ ist, also $A^* := A \cup B = AB$.

3. Im zweiten Durchlauf kann dann mit dem neuen A^* auch f_2 verarbeitet werden, da $B \subseteq AB$ ist, also $A^* := AB \cup C = ABC$.

4. ABC kann nicht erweitert werden, bleibt also bei nachfolgenden Schritten stabil – die **repeat**-Schleife wird verlassen.

5. Der Test in MEMBER liefert $C \subseteq ABC$, also ist $C \subseteq A^*$ und somit ist $A \to C$ in der Hülle der gegebenen FD-Menge.

□

Zwei FD-Mengen sind nun äquivalent, wenn sie die gleichen Hüllen besitzen. Man nennt sie dann auch jeweils Überdeckungen voneinander. Wir definieren diese Begriffe nun genauer.

Überdeckungen

Seien F, G FD-Mengen über $\mathcal{U}$. F heißt *äquivalent* zu G (oder: F heißt *Überdeckung* von G; kurz: $F \equiv G$), falls $F^+ = G^+$ ist. Gleichwertig mit dieser Bedingung sind

$$F \models \{g \mid g \in G\} \quad \wedge \quad G \models \{f \mid f \in F\}$$

oder auch

$$\forall g \in G : g \in F^+ \quad \wedge \quad \forall f \in F : f \in G^+$$

Eine wichtige Aufgabe beim formalen Entwurf ist das Finden einer Überdeckung, die einerseits so wenig Attribute wie möglich in ihren funktionalen Abhängigkeiten und andererseits möglichst wenig funktionale Abhängigkeiten insgesamt enthält. Dieses ist deshalb wichtig, da mit diesen Minimalitätseigenschaften innerhalb der FD-Menge beim späteren Datenbankentwurf nachgewiesen werden kann, dass die Datenbankschemaeigenschaften, die wir im folgenden Abschnitt einführen werden, auch wirklich gelten. Die FD-Menge wird dabei nämlich die Vorlage für die Strukturierung des Datenbankschemas werden.

Wir berechnen im Folgenden verschiedene Überdeckungen:

- Die *nicht-redundante Überdeckung* eliminiert überflüssige funktionale Abhängigkeiten aus der FD-Menge.

- Die *reduzierte Überdeckung* eliminiert überflüssige Attribute aus den linken und rechten Seiten der FDs.

- Die *minimale Überdeckung* reduziert die FD-Menge auf eine äquivalente Menge, die mit einer minimalen Anzahl von funktionalen Abhängigkeiten auskommt.

- Die *ringförmige Überdeckung* stellt die minimale Überdeckung in einer Form dar, aus der man die Relationenschemata und ihre Schlüssel später direkt ablesen kann.

Insgesamt versuchen wir die Menge F unter der Randbedingung so weit zu reduzieren, dass sie äquivalent zur Ausgangsmenge G bleibt. Wir stellen nun die Überdeckungen im Einzelnen vor.

Nicht-redundante Überdeckung

Seien F, G FD-Mengen über R. F heißt *nicht-redundant* dann und genau dann, wenn

$$\not\exists F' \subset F : F' \equiv F \iff \not\exists f \in F : F \setminus \{f\} \models F$$

Es können also in F keine funktionalen Abhängigkeiten weggelassen werden, ohne die Hülle von F zu verändern.

F heißt *nicht-redundante Überdeckung* von G dann und genau dann, wenn F nicht-redundant und Überdeckung von G ist.

Der Algorithmus zur Bestimmung einer nicht-redundanten Überdeckung folgt dann auch dieser Definition direkt. Wir erzeugen eine Kopie der FD-Menge F und gehen alle FDs der Original-FD-Menge schrittweise durch. Für jede FD testen wir, ob wir sie aus F eliminieren können, aber sie mit Hilfe der verbleibenden FDs auf F auch wieder erzeugen (also logisch implizieren) können. Ist das der Fall, ist die betrachtete FD redundant und wird aus der Kopie von F entfernt.

In Abbildung 6.5 beschreiben wir den Algorithmus formaler. Die Zeitkomplexität von **NONREDUNDANTCOVER** ist

$$O(n^2)$$

wenn n die Anzahl der funktionalen Abhängigkeiten in F ist. Es wird n-mal der Membership-Test durchgeführt, der in linearer Zeit durchgeführt werden kann.

NONREDUNDANTCOVER(F):
   var G: FD-Menge
   $G := F$
   forall FD $f \in F$
      if **MEMBER**$(G - f, f)$ /* f redundant in G ? */
         then $G := G - f$
   end for
   return resultierende FDs in G

Abbildung 6.5: Algorithmus **NONREDUNDANTCOVER** zur Bestimmung der nicht-redundanten Überdeckung zu einer FD-Menge F

◄**Beispiel 6-6**► Gegeben sei $F = \{A \rightarrow B, B \rightarrow A, B \rightarrow C, A \rightarrow C\}$. Dann ist

$$\text{NONREDUNDANTCOVER}(F) = \{A \rightarrow B, B \rightarrow A, A \rightarrow C\}$$

oder

$$\text{NONREDUNDANTCOVER}(G) = \{A \rightarrow B, B \rightarrow A, B \rightarrow C\}$$

Die nicht-redundante Überdeckung einer FD-Menge ist also nicht eindeutig, da die Reihenfolge der FDs, in der die Schleife die FD-Menge durchläuft, Einfluss auf das Ergebnis hat.

Eine weitere nicht-redundante Überdeckung wäre etwa $\{A \rightarrow B, B \rightarrow A, AB \rightarrow C\}$. Interessanterweise kann diese Überdeckung mit Hilfe des Algorithmus überhaupt nicht erzeugt werden, da diese Überdeckung aus anderen als den in F enthaltenen funktionalen Abhängigkeiten aufgebaut ist. Später werden wir diese Eigenschaft noch dringend benötigen: Die nicht-redundante Überdeckung einer FD-Menge F muss keine Teilmenge von F sein. □

Leider reichen nichtredundante Überdeckungen noch nicht aus, um die Überdeckung so kompakt wie möglich darstellen zu können. Dazu eliminieren wir in den funktionalen Abhängigkeiten jetzt noch überflüssige Attribute.

Reduzierte Überdeckung

Bei der reduzierten Überdeckung versuchen wir, auf den linken und rechten Seiten der vorhandenen funktionalen Abhängigkeiten überflüssige Attribute zu entfernen. Dies erfolgt durch Anwendung von zwei Operationen:

- der *Linksreduktion*, die unwesentliche Attribute auf der linken Seite einer FD entfernt und

- der *Rechtsreduktion* zur Entfernung unwesentlicher Attribute auf der rechten Seite.

Klären wir zunächst, wann ein Attribut unwesentlich ist. Sei $\mathcal{R} = (R, \mathcal{K})$ ein erweitertes Relationenschema und F eine FD-Menge über R. A ist ein Attribut aus R und $X \rightarrow Y$ eine FD aus F. A heißt *unwesentlich* in $X \rightarrow Y$ bzgl. F, wenn

$$[X = AZ, Z \neq X \implies (F - \{X \rightarrow Y\}) \cup \{Z \rightarrow Y\} \equiv F] \quad \vee$$

$$[Y = AW, W \neq Y \implies (F - \{X \rightarrow Y\}) \cup \{X \rightarrow W\} \equiv F]$$

A kann also aus der FD $X \rightarrow Y$ entfernt werden, ohne dass sich die Hülle von F ändert.

Eine FD $X \rightarrow Y$ heißt nun *linksreduziert*, wenn kein Attribut in X unwesentlich ist. Dementsprechend ist die FD *rechtsreduziert*, wenn kein Attribut in Y unwesentlich ist.

Mit diesem Wissen können wir einen Algorithmus zur Bestimmung einer reduzierten Überdeckung zu einer FD-Menge F formulieren (Abbildung 6.6). Im Algorithmus **REDUCEDCOVER** wird zunächst eine Linksreduktion in F durchgeführt, indem in allen FDs aus F die unwesentlichen Attribute der linken Seite entfernt werden. Anschließend werden die unwesentlichen Attribute auf der rechten Seite der FDs gestrichen (Rechtsreduktion). Sollten dabei FDs mit einer leeren rechten Seite entstehen, so werden diese anschließend eliminiert. Schließlich werden die FDs mit gleicher linker Seite unter Anwendung der Additivitätsregel verschmolzen.

REDUCEDCOVER(F):
    forall FD $X \rightarrow Y \in F$ /* *Linksreduktion* */
        forall $A \in X$ /* *A unwesentlich ?* */
            if $Y \subseteq$ CLOSURE$(F, X - \{A\})$
            then ersetze $X \rightarrow Y$ durch $(X - A) \rightarrow Y$ in F
        end for
    end for

    forall verbleibende FD $X \rightarrow Y \in F$ /* *Rechtsreduktion* */
        forall $B \in Y$ /* *B unwesentlich ?* */
            if $B \subseteq$ CLOSURE$(F - \{X \rightarrow Y\} \cup \{X \rightarrow (Y - B)\}, X)$
            then ersetze $X \rightarrow Y$ durch $X \rightarrow (Y - B)$
        end for
    end for

    Eliminiere FDs der Form $X \rightarrow \emptyset$
    Vereinige FDs der Form $X \rightarrow Y_1, X \rightarrow Y_2, \ldots$ zu $X \rightarrow Y_1 Y_2 \ldots$
return resultierende FDs

Abbildung 6.6: Algorithmus REDUCEDCOVER *zur Bestimmung der reduzierten Überdeckung zu einer FD-Menge F*

Betrachten wir hierzu noch ein einfaches Beispiel.

◄**Beispiel 6-7**► Gegeben sei die folgende FD-Menge:

$$F = \{f_1 : A \rightarrow B, f_2 : AB \rightarrow C, f_3 : A \rightarrow C, f_4 : B \rightarrow A, f_5 : C \rightarrow E\}$$

1. Wir führen zunächst die Linksreduktion durch. Bei der FD f_2 kann das Attribut A gestrichen werden, da $C \subseteq$ CLOSURE$(F, \{A\})$ (wegen f_3).

2. Der nächste Schritt ist die Rechtsreduktion. Hier wird die FD f_3 durch $A \rightarrow \{\}$ ersetzt, da $C \subseteq$ CLOSURE$(\{A \rightarrow B, B \rightarrow C, A \rightarrow \{\}, B \rightarrow A, C \rightarrow E\}, \{A\})$ gilt.

3. Anschließend wird die FD $A \rightarrow \{\}$ gestrichen.

Insgesamt ergibt sich somit

$$\text{REDUCEDCOVER}(F) = \{A \rightarrow B, B \rightarrow C, B \rightarrow A, C \rightarrow E\}$$

□

Minimale Überdeckung

Unter allen nicht-redundanten Überdeckungen werden wir nun diejenigen auswählen, die die kleinste Mächtigkeit haben, das heißt also die kleinste Anzahl von funktionalen Abhängigkeiten.

Eine FD-Menge F heißt *minimal* dann und genau dann, wenn

$$\forall F' \, [F' \equiv F \Rightarrow |F| \leq |F'|]$$

Eine minimale FD-Menge ist auch immer automatisch nicht-redundant.

Ein großes Problem bei der minimalen Überdeckung ist ihre effiziente Berechnung. Ein naheliegender Algorithmus, der alle nicht-redundanten Überdeckungen ermittelt und dann unter diesen die mit der kleinsten Mächtigkeit auswählt, ist exponentiell. Früher hatte man auch die Vermutung, dass das Problem NP-vollständig sei, das heißt höchstwahrscheinlich auch nie schneller gelöst werden kann als mit exponentiellen Algorithmen. Zum Glück stellte sich aber heraus, dass eine minimale Überdeckung sehr effizient berechnet werden kann.

Für die effiziente Berechnung minimaler Überdeckungen haben diejenigen FDs besondere Bedeutung, die ohne Zuhilfenahme von FDs aus ihrer eigenen Äquivalenzklasse abgeleitet werden können, also nur mit Hilfe von FDs aus fremden Äquivalenzklassen entstehen.

Äquivalente, minimale FD-Mengen werden im folgenden Datenbankentwurf noch wichtig werden: Ein Ziel des Datenbankentwurfs wird sein, funktionale Abhängigkeiten durch äquivalente Schlüsselabhängigkeiten zu ersetzen, da diese in der DDL eines konkreten Datenbanksystems spezifiziert und effizient überwacht werden können. Um die Schlüsselabhängigkeiten zu entdecken, werden wir die minimale Überdeckung im nächsten Abschnitt vor den Entwurfsverfahren noch in Form bringen.

6.2 Schemaeigenschaften

Wir stellen nun einige „übliche" Datenbankschemaeigenschaften vor, die wir beim relationalen Datenbankentwurf möglichst erreichen wollen. Allgemein sollen Relationenschemata, Schlüssel und Fremdschlüssel so gewählt werden, dass

1. alle Anwendungsdaten aus den Basisrelationen hergeleitet werden können,

2. nur semantisch sinnvolle und konsistente Anwendungsdaten dargestellt werden können und

3. die Anwendungsdaten möglichst nicht-redundant dargestellt werden.

Diese allgemeinen Forderungen können jetzt bei einer Anwendungsspezifikation durch Abhängigkeiten konkretisiert werden. Dabei werden wir uns mit den Forderungen 1 und 2 erst im nächsten Abschnitt beschäftigen, da diese bei der Transformation von Datenbankschemata erhalten bleiben müssen. Die Forderung 3 nach nicht-redundanter Darstellung wird im nächsten Unterabschnitt zunächst motiviert. In den darauffolgenden Unterabschnitten werden wir versuchen, lokal innerhalb einer Relation Redundanzen zu entfernen (Normalformen) und globale Redundanzen in der Datenbank zu verhindern (Minimalität).

6.2.1 Änderungsanomalien

Redundanzen in Basisrelationen sind aus mehreren Gründen unerwünscht:

- Zunächst einmal belegen redundante Informationen unnötig viel Speicherplatz. Im Zuge der immer preiswerter werdenden Speicherkapazität ist dieser Grund der Redundanzvermeidung allerdings eher unkritisch.

- Daneben lassen sich Änderungsoperationen auf Basisrelationen mit Redundanzen nur schwer umsetzen: Wenn eine Information redundant ist, muss eine Änderung diese Information in allen ihren Vorkommen verändern. Dies ist mit normalen relationalen Änderungsoperationen und den in relationalen Systemen vorkommenden lokalen Integritätsbedingungen (Schlüsseln) jedoch nur schwer zu realisieren.

◄**Beispiel 6-8**► Fügen wir in die mit Redundanzen behaftete WEINE-Relation aus Abbildung 6.1 auf Seite 162 ein neues Tupel ein[4]

```
insert into WEINE (WeinID, Name, Farbe, Jahrgang,
    Weingut, Anbaugebiet, Region)
  values (4711, 'Chardonnay', 'Weiß', 2004,
    'Helena', 'Rheingau', 'Kalifornien')
```

dann sind gleich mehrere Integritätsbedingungen verletzt, die in dieser Relation durch Schlüsselbedingungen allein nicht spezifiziert werden können:

- So ist die WeinID 4711 eigentlich einem Riesling Reserve-Wein zugeordnet. Dies verletzt u.a. die FD WeinID → Name

- Das Weingut Helena war bisher im Napa Valley angesiedelt. Das neue Tupel verletzt somit die FD Weingut → Anbaugebiet

---

[4] Die SQL-Anweisungen für Änderungen werden erst in Kapitel 7 eingeführt, sollten aber weitgehend selbsterklärend sein.

- Auch die Abhängigkeit Anbaugebiet → Region wird verletzt, da das Rheingau nicht in Kalifornien liegt.

Während das erste Problem noch durch eine Schlüsselbedingung gelöst werden kann, die die Eindeutigkeit von WeinID erzwingt, ist dies für die anderen beiden Abhängigkeiten nicht möglich. Daher müssen diese Integritätsbedingungen beim Datenbankentwurf auf Schlüsselbedingungen zurückgeführt werden, um für das System kontrollierbar zu bleiben. □

Dieses Problem ist ein einfaches Beispiel für eine **insert**-Anomalie. Beim Ändern eines Tupels und beim Löschen eines Tupels können ähnliche Anomalien entstehen (**update**- und **delete**-Anomalien).

◄**Beispiel 6-9**► Nehmen wir an, wir würden die WEINE-Relation wie folgt ändern:

update WEINE **set** Region = 'Australien'
where Name = 'Creek Shiraz'

und damit diese Relation erhalten:

WEINE	WeinID	Name	...	Anbaugebiet	Region
	1042	La Rose Grand Cru	...	Saint-Emilion	Bordeaux
	2168	Creek Shiraz	...	Barossa Valley	Australien
	3456	Zinfandel	...	Napa Valley	Kalifornien
	2171	Pinot Noir	...	Barossa Valley	South Australia
	3478	Pinot Noir	...	Napa Valley	Kalifornien
	4711	Riesling Reserve	...	Rheingau	Hessen
	4961	Chardonnay	...	Napa Valley	Kalifornien

Offensichtlich tritt dabei das gleiche Problem wie in Beispiel 6-8 auf: die Bedingung Anbaugebiet → Region wird verletzt. Da diese Bedingung aber nicht durch Schlüsselinformationen abgedeckt wird, können wir durch die **update**-Anweisung einen inkonsistenten Zustand erreichen. □

6.2.2 Normalformen

Wir werden nun Normalformen für Relationen einführen, die durch Transformation der Schemata das Auftreten von Änderungsanomalien vermeiden. Diese Normalformen entfernen Redundanzen, die aufgrund von funktionalen Abhängigkeiten innerhalb einer Relation entstehen.

Erste Normalform

Die *erste Normalform* haben wir bereits im Abschnitt 4.1 erwähnt. Sie erlaubt nur atomare Attribute in den Relationenschemata, d.h. als Attributwerte sind

Elemente von Standarddatentypen wie **integer** oder **string** erlaubt, nicht jedoch mengenwertigen Ausprägungen von Konstruktoren wie **array** oder **set**. Existieren solche mengenwertigen Attribute, muss für die Überführung in die erste Normalform eine flache Relation gebildet werden, indem jedes Tupel mit jeder Ausprägung seines mengenwertigen Attributes dupliziert wird.

◄**Beispiel 6-10**► Zur Illustration verwenden wir eine modifizierte ERZEUGER-Relation, die zusätzlich zu den Weingütern auch die von ihnen produzierten Weine enthält. Da es sich hierbei um mehrere Weine handeln kann, muss das Attribut WName in sich strukturiert sein und als eine Menge oder Liste von **strings** dargestellt werden. Diese Relation verletzt offensichtlich die erste Normalform:

ERZEUGER	Weingut	Anbaugebiet	Region	WName
	Ch. La Rose	Saint-Emilion	Bordeaux	La Rose Grand Cru
	Creek	Barossa Valley	South Australia	Creek Shiraz, Pinot Noir
	Helena	Napa Valley	Kalifornien	Zinfandel, Pinot Noir
	Müller	Rheingau	Hessen	Riesling Reserve
	Bighorn	Napa Valley	Kalifornien	Chardonnay

Entsprechend der obigen Forderung muss diese Relation zur Überführung in der ersten Normalform wie folgt umgeformt werden:

ERZEUGER	Weingut	Anbaugebiet	Region	WName
	Ch. La Rose	Saint-Emilion	Bordeaux	La Rose Grand Cru
	Creek	Barossa Valley	South Australia	Creek Shiraz
	Creek	Barossa Valley	South Australia	Pinot Noir
	Helena	Napa Valley	Kalifornien	Zinfandel
	Helena	Napa Valley	Kalifornien	Pinot Noir
	Müller	Rheingau	Hessen	Riesling Reserve
	Bighorn	Napa Valley	Kalifornien	Chardonnay

□

Leider haben wir mit dieser Struktur mehrfache Redundanzen in die Relation eingeführt, die wir jedoch im Folgenden durch die weiteren Normalformen eliminieren werden. Wir gehen für die weiteren Betrachtungen daher davon aus, dass sich die Relationen bereits in erster Normalform befinden.

Zweite Normalform

Die weiteren Normalformen versuchen, aufgrund der Struktur von funktionalen Abhängigkeiten Redundanzen aufzudecken und zu beseitigen.

◄**Beispiel 6-11**► Hierzu betrachten wir das Schema der folgenden Variante der Weinrelation ohne WeinID:

WEINE2	Name	Weingut	Farbe	Anbaugebiet	Region	Preis
	La Rose Grand Cru	Ch. La Rose	Rot	Saint-Emilion	Bordeaux	39.00
	Creek Shiraz	Creek	Rot	Barossa Valley	South Australia	7.99
	Pinot Noir	Creek	Rot	Barossa Valley	South Australia	10.99
	Zinfandel	Helena	Rot	Napa Valley	Kalifornien	5.99
	Pinot Noir	Helena	Rot	Napa Valley	Kalifornien	19.99
	Riesling Reserve	Müller	Weiß	Rheingau	Hessen	14.99
	Chardonnay	Bighorn	Weiß	Napa Valley	Kalifornien	9.90

In dieser Relation gelten folgende funktionalen Abhängigkeiten:

f_1: Name, Weingut $\to$ Preis
f_2: Name $\to$ Farbe
f_3: Weingut $\to$ Anbaugebiet, Region
f_4: Anbaugebiet $\to$ Region

□

Die zweite Normalform erlaubt keine partiellen Abhängigkeiten zwischen Schlüsseln des Relationenschemas und weiteren Attributen.

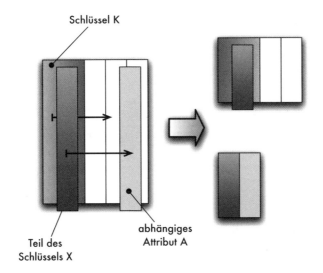

Abbildung 6.7: Partielle Abhängigkeit und ihre Elimination

Steht auf der rechten Seite einer funktionalen Abhängigkeit das gesamte Relationenschema und ist die linke Seite minimal, dann ist die linke Seite automatisch Schlüssel für das Relationenschema. Eine *partielle Abhängigkeit* liegt nun vor, wenn eine Attributmenge funktional schon von einem *Teil* des Schlüssels abhängt. Im obigen Beispiel sind durch die FD f_1 Name und Weingut zusammen ein Schlüssel. Die Farbe hängt aber allein vom Wein (d.h. vom Attribut Name), also einem Teil des Schlüssels, ab (f_2). In gleicher Weise sind die Attribute Anbaugebiet und Region bereits allein von Weingut abhängig (f_3).

Die *zweite Normalform* kann nun durch Elimination der rechten Seite der partiellen Abhängigkeit und eine Kopie der linken Seite erreicht werden (siehe Abbildung 6.7).

◄**Beispiel 6-12**► Für die Relation aus unserem obigen Beispiel bedeutet dies nun, das Relationenschema so zu zerlegen, dass die rechten Seiten der zweiten und dritten FD (d.h. die partiellen Abhängigkeiten) entfernt werden. Somit ergeben sich drei Relationen, die nach der berücksichtigten FD benannt sind:

R1

Name	Weingut	Preis
La Rose Grand Cru	Ch. La Rose	39.90
Creek Shiraz	Creek	7.99
Pinot Noir	Creek	10.99
Zinfandel	Helena	5.99
Pinot Noir	Helena	19.99
Riesling Reserve	Müller	19.99
Chardonnay	Bighorn	9.90

R2

Name	Farbe
La Rose Grand Cru	Rot
Creek Shiraz	Rot
Pinot Noir	Rot
Zinfandel	Rot
Riesling Reserve	Weiß
Chardonnay	Weiß

R3

Weingut	Anbaugebiet	Region
Château La Rose	Saint-Emilion	Bordeaux
Creek	Barossa Valley	South Australia
Helena	Napa Valley	Kalifornien
Müller	Rheingau	Hessen
Bighorn	Napa Valley	Kalifornien

Durch die Zerlegung der Relationen werden bereits einige der Redundanzen entfernt, so etwa die Information, dass Pinot Noir ein Rotwein ist oder die Zuordnung der Weingüter zu den Anbaugebieten. □

Zu beachten ist, dass das partiell abhängige Attribut nur stört, wenn es kein Primattribut ist. *Primattribute* sind Attribute aus Schlüsseln des Relationenschemas. Attribute, die in Schlüsseln des Relationenschemas vorkommen, werden also nicht auf partielle Abhängigkeiten überprüft.

Wir führen die zweite Normalform nun formal ein. Sei $\mathcal{R} = (R, \mathcal{K})$ ein erweitertes Relationenschema und F eine FD-Menge über R. A ist ein Attribut aus R und $X \to Y$ eine FD aus F. Y *hängt partiell* von X bzgl. F ab, wenn die FD $X \to Y$ nicht linksreduziert ist. Y *hängt voll* von X ab, wenn die FD $X \to Y$

linksreduziert ist. $\mathcal{R}$ ist dann in *zweiter Normalform* (2NF), wenn $\mathcal{R}$ in 1NF ist und jedes Nicht-Primattribut von R voll von jedem Schlüssel von $\mathcal{R}$ abhängt. Ein Datenbankschema S ist in 2NF bezüglich F genau dann, wenn alle $\mathcal{R} \in S$ in 2NF bezüglich F sind.

Dritte Normalform

Die zweite bösartige Struktur, die auf Redundanzen innerhalb einer Relation hinweist, ist die *transitive Abhängigkeit*. Geht man von einem Schlüssel K aus und bestimmt dieser eine Attributmenge X funktional, die Attributmenge X aber auch eine Attributmenge Y des gleichen Schemas, so liegt eine transitive Abhängigkeit $K \rightarrow X \rightarrow Y$ vor. Auch hier werden nur transitiv abhängige Attribute Y untersucht, die Nicht-Primattribute sind.

◄**Beispiel 6-13**► Im Relationenschema aus Beispiel 6-11 ist noch eine weitere Redundanz versteckt, die durch die beiden Abhängigkeiten

f_3: Weingut $\rightarrow$ Anbaugebiet
f_4: Anbaugebiet $\rightarrow$ Region

verursacht wird. Dies ist genau die Situation, die wir bei transitiven Abhängigkeiten eben skizziert haben: Region hängt vom Schlüssel Weingut transitiv ab, da man Anbaugebiet noch dazwischenschalten kann. In der Relation R3 in Beispiel 6-12 sieht man auch die negativen Konsequenzen. Die Information, dass das Napa Valley in Kalifornien liegt, ist mehrfach, also redundant, abgelegt. □

Allgemein verschiebt man bei einer transitiven Abhängigkeit das transitiv abhängige Attribut A in ein neues Relationenschema und kopiert die zwischengeschaltete Attributmenge X zu A. Dieser Schritt wird in Abbildung 6.8 verdeutlicht. Gelten dann in einem Relationenschema keine transitiven Abhängigkeiten mehr, so ist das Schema in *dritter Normalform* (kurz: 3NF).

◄**Beispiel 6-14**► Bezogen auf unsere Relationen aus Beispiel 6-12 bedeutet dies, die transitive Abhängigkeit in R3 zu eliminieren, indem man Region zusammen mit dem Anbaugebiet in eine andere Relation auszulagern:

R3_1	Weingut	Anbaugebiet
	Château La Rose	Saint-Emilion
	Creek	Barossa Valley
	Helena	Napa Valley
	Müller	Rheingau
	Bighorn	Napa Valley

R3_2	Anbaugebiet	Region
	Saint-Emilion	Bordeaux
	Barossa Valley	South Australia
	Napa Valley	Kalifornien
	Rheingau	Hessen

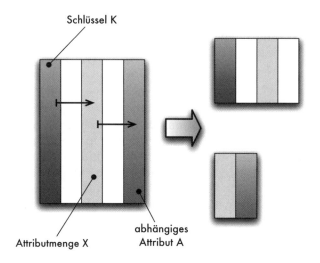

Abbildung 6.8: Transitive Abhängigkeit und ihre Elimination

□

Dies ist bereits der grundlegende Schritt des später noch einzuführenden Dekompositionsverfahrens.

Transitive Abhängigkeiten und die dritte Normalform werden abschließend noch genauer definiert.

Sei R ein Relationenschema, $X \subseteq R$ und F eine FD-Menge über R. Ein $A \in R$ heißt *transitiv abhängig* von X bezüglich F genau dann, wenn es ein $Y \subseteq R$ gibt mit $X \to Y, Y \not\to X, Y \to A, A \notin XY$.

Ein erweitertes Relationenschema $\mathcal{R} = (R, \mathcal{K})$ ist in *dritter Normalform* (3NF) bezüglich F genau dann, wenn

$$\nexists A \in R: \quad A \text{ ist Nicht-Primattribut in } R$$
$$\land\ A \text{ transitiv abhängig von einem } K \in \mathcal{K} \text{ bezüglich } F.$$

Ein Datenbankschema S ist in 3NF bezüglich F genau dann, wenn alle $\mathcal{R} \in S$ in 3NF bezüglich F sind.

Wählt man speziell $Y \subseteq K$, so erkennt man, dass die partiellen Abhängigkeiten ein Spezialfall der transitiven sind. Die zweite Normalform wird von der dritten somit impliziert und ist daher für weitere Betrachtungen überflüssig. Die dritte Normalform ist die einzige, die im weiteren Verlauf des Kapitels als Kriterium untersucht werden muss.

Boyce-Codd-Normalform (BCNF)

In der Definition der dritten Normalform wurden nur Nicht-Primattribute auf transitive Abhängigkeit von einem Schlüssel getestet. Manchmal lassen sich jedoch auch Redundanzen innerhalb der Schlüsselattribute feststellen.

◂**Beispiel 6-15**▸ Hierzu erweitern wir unser Beispiel um eine Relation mit Weinhändlern:

WEINHANDEL	Name	Weingut	Händler	Preis
	La Rose Grand Cru	Château La Rose	Weinkontor	39.90
	Creek Shiraz	Creek	Wein.de	7.99
	Pinot Noir	Creek	Wein.de	10.99
	Zinfandel	Helena	GreatWines.com	5.99
	Pinot Noir	Helena	GreatWines.com	19.99
	Riesling Reserve	Müller	Weinkeller	19.99
	Chardonnay	Bighorn	Wein-Dealer	9.90

Für diese Relation nehmen wir folgende funktionale Abhängigkeiten an:

Name, Weingut $\rightarrow$ Preis
Weingut $\rightarrow$ Händler
Händler $\rightarrow$ Weingut

Mit diesen FDs soll eine (etwas unrealistische) 1:1-Zuordnung zwischen Weingut und Händler ausgedrückt werden. Aufgrund dieser Abhängigkeiten werden die beiden Attributmengen

{ Name, Weingut } und { Name, Händler }

als Schlüsselkandidaten festgelegt. Da die transitiven Abhängigkeiten nun nur noch Primattribute betreffen, befindet sich die Relation bereits in 3NF. Dehnt man die Definition von transitiven Abhängigkeiten jedoch auf alle Attribute aus, so ist eine Redundanz zu erkennen. □

Mit dieser Erweiterung auf Primattribute gelangen wir zur Definition der Boyce-Codd-Normalform.

Ein erweitertes Relationenschema $\mathcal{R} = (R, \mathcal{K})$ ist bezüglich F in *Boyce-Codd-Normalform* (BCNF) genau dann, wenn

$$\nexists A \in R : A \text{ transitiv abhängig von einem } K \in \mathcal{K} \text{ bezüglich } F.$$

S ist in BCNF bezüglich F genau dann, wenn alle $\mathcal{R} \in S$ in BCNF bezüglich F sind. Es ist leicht zu zeigen, dass

$$S \text{ ist in BCNF} \implies S \text{ ist in 3NF}$$

gilt, aber nicht umgekehrt.

◂**Beispiel 6-16**▸ Das obige Relationenschema kann wie bisher durch Zerlegung in die Boyce-Codd-Normalform überführt werden:

WEINE(Name, Weingut, Preis)
WEINHANDEL(Weingut, Händler)

□

Leider werden wir in Abschnitt 6.3.1 noch sehen, welche Nachteile wir uns bei der BCNF einhandeln: Für viele Entwurfsverfahren wird deshalb die 3NF das Nonplusultra bleiben.

6.2.3 Minimalität

Durch die Normalformen haben wir lokal innerhalb einer Relation Redundanzen vermieden. Die Forderung nach Minimalität eines Datenbankschemas soll nun helfen, global Redundanz zu vermeiden.

◄**Beispiel 6-17**► Für eine Attributmenge ABC und eine FD-Menge $\{A \to B, B \to C\}$ wollen wir ein Datenbankschema in dritter Normalform angeben. Möglich wären beispielsweise

$$S = \{(AB, \{A\}), (BC, \{B\})\}$$

und

$$S' = \{(AB, \{A\}), (BC, \{B\}), (AC, \{A\})\}$$

als Datenbankschemata. Während in S die Informationen über die Beziehung zwischen A- und C-Werten ohne Redundanzen abgelegt werden, sind sie in S' redundant sowohl in den ersten beiden Relationen als auch in der dritten Relation AC vorhanden. Diese Redundanz kann natürlich wieder zu Inkonsistenzen durch Änderungsanomalien führen. Während alle Relationenschemata jeweils in dritter Normalform sind, ist S' nicht minimal: Die dritte Normalform (und die Transformationseigenschaften des nächsten Abschnitts 6.3) können wir bereits mit zwei Relationenschemata erfüllen. □

Die *Minimalität* des Datenbankschemas bedeutet, dass wir zwar Normalformen und andere Eigenschaften durch Aufspalten in mehrere Relationenschemata erreichen wollen, dass wir aber möglichst wenig Relationenschemata erzeugen wollen, die den anderen Forderungen genügen. Können wir also die dritte Normalform mit vier Schemata erreichen, so ist das besser als das Erreichen desselben Kriteriums mit sechs Relationenschemata.

In Tabelle 6.1 geben wir noch einmal einen Überblick über die hier eingeführten Schemaeigenschaften. Die wichtigsten (dritte Normalform und Minimalität) werden wir in Zukunft mit **S1** und **S2** bezeichnen.

Kennung	Schemaeigenschaft	Kurzcharakteristik
	1NF	nur atomare Attribute
	2NF	keine partielle Abhängigkeit eines Nicht-Primattributes von einem Schlüssel
S1	3NF	keine transitive Abhängigkeit eines Nicht-Primattributes von einem Schlüssel
	BCNF	keine transitive Abhängigkeit eines Attributes von einem Schlüssel
S2	Minimalität	minimale Anzahl von Relationenschemata, die die anderen Eigenschaften erfüllt

Tabelle 6.1: Relationale Schemaeigenschaften im Überblick

6.3 Transformationseigenschaften

In diesem Abschnitt werden nun Eigenschaften der schrittweisen Transformation von Datenbankschemata untersucht. Wie im letzten Abschnitt bei der Elimination von partiellen und transitiven Abhängigkeiten angedeutet, werden Datenbankschemata durch Zerlegung von Relationenschemata verfeinert. Bei dieser Zerlegung ist darauf zu achten, dass

1. nur semantisch sinnvolle und konsistente Anwendungsdaten dargestellt und

2. alle Anwendungsdaten aus den Basisrelationen hergeleitet werden können.

Das erste Kriterium wird zur Transformationseigenschaft *Abhängigkeitstreue*, das zweite zur *Verbundtreue* führen.

6.3.1 Abhängigkeitstreue

Haben wir eine Menge von Attributen und zugehörige Abhängigkeiten gesammelt, so sollen die gesamten Abhängigkeiten auf irgendeine Art im Datenbankschema repräsentiert werden. Da wir in relationalen Datenbanken an Integritätsbedingungen hauptsächlich Schlüssel und Fremdschlüssel zur Verfügung haben, sollen alle funktionalen Abhängigkeiten beim Datenbankentwurf in diese Konzepte umgewandelt werden.

Der Begriff *Abhängigkeitstreue* bedeutet zunächst, dass eine Menge von Abhängigkeiten äquivalent zu einer zweiten Menge von Abhängigkeiten transformiert werden kann. In unserem Fall ist diese zweite Menge von Abhängigkeiten die Menge der Schlüsselabhängigkeiten, da diese vom Datenbanksystem effizient überprüft werden kann. Abhängigkeitstreue meint also spezieller, dass die Menge der Abhängigkeiten äquivalent ist zu der Menge der Schlüsselbedingungen im resultierenden Datenbankschema. Die Äquivalenz sichert zu, dass wir mit den Schlüsselabhängigkeiten semantisch genau die gleichen Integritätsbedingungen ausdrücken wie mit den funktionalen oder mehrwertigen Abhängigkeiten vorher. Man sagt dann auch, dass das Datenbankschema die gegebenen funktionalen Abhängigkeiten vollständig charakterisiert.

◀**Beispiel 6-18**▶ Betrachten wir zur Verdeutlichung das Relationenschema aus den Beispielen 6-12 und 6-14 mit den dort angegebenen Abhängigkeiten. Entsprechend der Forderungen der zweiten und dritten Normalform wurden diese Schemata wie folgt zerlegt:

```
R1(Name, Weingut, Preis)
R2(Name, Farbe)
R3_1(Weingut, Anbaugebiet)
R3_2(Anbaugebiet, Region)
```

woraus sich diese Schlüsselabhängigkeiten ergeben:

```
Name, Weingut  → Preis
Name           → Farbe
Weingut        → Anbaugebiet
Anbaugebiet    → Region
```

Offensichtlich entspricht dies bei Berücksichtigung der Transitivitätsregel der ursprünglichen Menge: die Transformation ist demnach abhängigkeitstreu. □

Allerdings kann dies nicht immer garantiert werden, wie das folgende Beispiel zeigt.

◀**Beispiel 6-19**▶ Betrachten wir hierzu ein Relationenschema mit Adressinformationen:

$$\text{ADRESSE}(\text{PLZ}(P), \text{Ort}(O), \text{Straße}(S), \text{Hausnummer}(H))$$

Entsprechend den Konventionen etwa der Deutschen Post bestimmt einerseits die PLZ den Ort, andererseits kann die PLZ aber auch über Ort, Straße und Hausnummer ermittelt werden. Demzufolge gelten die funktionalen Abhängigkeiten:

$$F = \{P \rightarrow O, OSH \rightarrow P\}$$

Als Schlüssel kommen OSH und PSH in Frage. Letzteres deshalb, weil PSH → OSHP gilt und PSH minimal ist. Das Schema ist in 3NF, da alle vier Attribute Primattribute sind und somit nicht auf transitive Abhängigkeit untersucht werden. Das Schema ist jedoch nicht in BCNF, da

$$PSH \to P \to O$$

eine transitive Abhängigkeit des Primattributs O ist. Das obige Relationschema ADRESSE muss also zerlegt werden. Leider zerstört aber jede Zerlegung die Abhängigkeit

$$OSH \to P$$

Das heißt, dass die sich ergebende Menge von Abhängigkeiten nicht mehr äquivalent zu F ist. Die Abhängigkeitstreue ist also bei einem (zerlegten) Schema in BCNF nicht gewährleistet. □

Abschließend definieren wir die Transformationseigenschaft „Abhängigkeitstreue" noch formal.

Sei $S = \{(R_1, \mathcal{K}_1), \ldots, (R_p, \mathcal{K}_p)\}$ ein lokal erweitertes Datenbankschema sowie F eine Menge lokaler Abhängigkeiten. S *charakterisiert vollständig* F (oder: ist *abhängigkeitstreu* bezüglich F) genau dann, wenn

$$F \equiv \{K \to R \mid (R, \mathcal{K}) \in S, K \in \mathcal{K}\}$$

F soll also durch Schlüsselabhängigkeiten äquivalent dargestellt werden.

6.3.2 Verbundtreue

Will man das Kriterium der Normalformen erfüllen, so müssen Relationenschemata teilweise in kleinere Relationenschemata zerlegt werden. Um aber nur sinnvolle Zerlegungen (Dekompositionen) zuzulassen, fordert man, dass die Originalrelation wieder aus den zerlegten Relationen mit dem natürlichen Verbund zurückgewonnen werden kann. Dieses Kriterium heißt *Verbundtreue*.

◄**Beispiel 6-20**► Die im Beispiel 6-13 entdeckten Redundanzen bezüglich der Attribute Anbaugebiet und Region hätten sich eventuell auch dadurch lösen lassen, dass wir jedes dieser Attribute einzeln in ein neues Relationenschema verschieben. Das kuriose Ergebnis ist in Abbildung 6.9 zu sehen.

Offensichtlich kann aus dieser Zerlegung die Originalrelation aus Abbildung 6.1 nicht wiederhergestellt werden, da alle Zusammenhänge zwischen den verschiedenen Relationen verloren gegangen sind. Das Ergebnis eines Verbundes zwischen diesen Relationen entartet zum kartesischen Produkt mit $7 \cdot 4 \cdot 4 = 112$ Tupeln. □

Bei allen Dekompositionen müssen wir also auf Verbundtreue achten. Dies kann einfach syntaktisch geschehen, indem wir die Struktur von funktionalen Abhängigkeiten beachten. Das folgende Beispiel wird ein Kriterium für Verbundtreue erläutern.

◄**Beispiel 6-21**► Zerlegen wir ein Relationenschema $R = ABC$ in

WEINE	WeinID	Name	Farbe	Weingut
	1042	La Rose Grand Cru	Rot	Château La Rose
	2168	Creek Shiraz	Rot	Creek
	3456	Zinfandel	Rot	Helena
	2171	Pinot Noir	Rot	Creek
	3478	Pinot Noir	Rot	Helena
	4711	Riesling Reserve	Weiß	Müller
	4961	Chardonnay	Weiß	Bighorn

WEIN_ANBAU	Anbaugebiet
	Saint-Emilion
	Barossa Valley
	Napa Valley
	Rheingau

WEIN_REGION	Region
	Bordeaux
	South Australia
	Kalifornien
	Hessen

Abbildung 6.9: Nicht verbundtreue Zerlegung der WEINE-Relation

$$R_1 = AB \text{ und } R_2 = BC$$

so ist diese Dekomposition bei Vorliegen der Abhängigkeiten

$$F = \{A \to B, C \to B\}$$

nicht verbundtreu, dagegen ist sie es bei Vorliegen der Abhängigkeiten

$$F' = \{A \to B, B \to C\}$$

Im letzteren Fall liegt es daran, dass die Attributmenge im Schnitt der beiden entstandenen Relationenschemata (hier: B) eines der beiden Relationenschemata (hier: BC) funktional bestimmt, also Schlüssel für eines der beiden Relationenschemata ist. In Abbildung 6.10 und 6.11 sind Relationen über dem Schema ABC dargestellt, die den Abhängigkeiten F bzw. F' genügen. Nach Dekomposition kann der Verbund die erste Relation nicht wiederherstellen, die zweite Relation dagegen originalgetreu. □

Die Verbundtreue wird nun noch genauer eingeführt. Die Dekomposition einer Attributmenge X in $X_1, \ldots, X_p$ mit $X = \bigcup_{i=1}^{p} X_i$ heißt *verbundtreu* ($\pi \bowtie$-treu, lossless) bezüglich einer Menge von Abhängigkeiten F über X genau dann, wenn

$$\forall r \in \mathbf{SAT}_X(F) : \pi_{X_1}(r) \bowtie \cdots \bowtie \pi_{X_p}(r) = r$$

gilt.

Original			Dekomposition					Verbund		
A	B	C	A	B		B	C	A	B	C
1	2	3	1	2		2	3	1	2	3
4	2	5	4	2		2	5	4	2	5
								1	2	5
								4	2	3

Abbildung 6.10: Nicht-verbundtreue Dekomposition

Original			Dekomposition					Verbund		
A	B	C	A	B		B	C	A	B	C
1	2	3	1	2		2	3	1	2	3
4	2	3	4	2				4	2	3

Abbildung 6.11: Verbundtreue Dekomposition

Ein einfaches Kriterium für Verbundtreue bei Dekomposition in zwei Relationenschemata ist Folgendes: Die Dekomposition von X in X_1 und X_2 ist verbundtreu bzgl. F, wenn $X_1 \cap X_2 \rightarrow X_1 \in F^+$ oder $X_1 \cap X_2 \rightarrow X_2 \in F^+$ gilt.

Das folgende, allgemeinere Kriterium für Verbundtreue wird etwa in [Mai83] oder [BDB79] hergeleitet: Sei G eine Menge von Schlüsselabhängigkeiten. Dann gilt für eine abhängigkeitstreue Zerlegung

$$\exists i \in \{1, \ldots, p\} : X_i \rightarrow X \in G^+ \implies \text{Die Dekomposition von } X \text{ in } X_1, \ldots, X_p$$
$$\text{ist verbundtreu bezüglich } G. \quad (6.1)$$

Man nennt eine minimale Teilmenge von X_i auch Universalschlüssel, da sie die gesamte Attributmenge X funktional bestimmt. Ein Universalschlüssel muss also in einer Menge der Partition X_i vollständig enthalten sein.

◄**Beispiel 6-22**► Bei obigen Beispielrelationen aus den Abbildungen 6.10 und 6.11 ist im ersten Fall (Abbildung 6.10) AC der einzige Universalschlüssel. Er ist in keinem Relationenschema der Dekomposition enthalten. Im zweiten Fall (Abbildung 6.11) ist der Universalschlüssel A trivialerweise im ersten Schema enthalten. □

Man beachte, dass dieses Kriterium nur sinnvoll angewendet werden kann, wenn eine abhängigkeitstreue Zerlegung bereits gewährleistet werden kann. In diesem Fall sind nämlich die Schlüsselabhängigkeiten G im obigen Kriterium äquivalent zur Ausgangs-FD-Menge F.

In Tabelle 6.2 geben wir noch einmal einen Überblick über die hier eingeführten Transformationseigenschaften. Wir werden sie in Zukunft mit **T1** und **T2** bezeichnen.

Kennung	Transformationseigenschaft	Kurzcharakteristik
T1	Abhängigkeitstreue	alle gegebenen Abhängigkeiten sind durch Schlüssel repräsentiert
T2	Verbundtreue	Originalrelationen können durch den Verbund der Basisrelationen wiedergewonnen werden

Tabelle 6.2: Relationale Transformationseigenschaften im Überblick

6.4 Entwurfsverfahren

Wir wenden uns nun konkreten Verfahren zur Erreichung der vorgestellten Schema- und Transformationseigenschaften zu.

6.4.1 Ziele

Aus dem Vorrat der obigen Kriterien werden nun diejenigen konkretisiert, die ein Maß für die Güte von FD-basierten Datenbankentwurfsalgorithmen sind. Diese Datenbankentwurfsalgorithmen sollen ein lokal erweitertes Datenbankschema

$$S = \{(R_1, \mathcal{K}_1), \ldots, (R_p, \mathcal{K}_p)\}$$

liefern. Sei dazu ein Universum $\mathcal{U}$ und eine FD-Menge F gegeben.

T1 S charakterisiert vollständig F.

S1 S ist in 3NF bezüglich F.

T2 Die Dekomposition von $\mathcal{U}$ in $R_1, \ldots, R_p$ ist verbundtreu bezüglich F.

S2 Minimalität, d.h. $\nexists S' : S'$ erfüllt **T1, S1, T2** und $|S'| < |S|$.

Für andere Abhängigkeiten können ähnliche Kriterien aufgestellt werden.

Man kann Beispiele für schlecht entworfene Datenbankschemata aufführen, die nur je drei dieser vier Kriterien erfüllen. Falls ein Kriterium also nicht abgedeckt wird, muss es in einem Datenbankentwurfsalgorithmus durch ein adäquates ersetzt werden. Als Beispiel für den Verzicht auf ein Kriterium sei die Minimalitätsbedingung gewählt.

◂**Beispiel 6-23**▸ Sei $S = \{(AB, \{A\}), (BC, \{B\}), (AC, \{A\})\}$, so erfüllt S die Eigenschaften **T1, S1** und **T2** bezüglich $F = \{A \to B, B \to C, A \to C\}$. Wie man leicht sieht, können in der dritten Relation AC-Tupel gespeichert werden,

- die entweder redundant bezüglich der aus den ersten beiden Relationen ableitbaren Tupel sind oder

- sogar widersprüchliche Informationen liefern.

Man beachte, dass S **S2** nicht erfüllt. Das korrekte Datenbankschema wäre $S' = \{(AB,\{A\}),(BC,\{B\})\}$ gewesen. □

Einige dieser Kriterien für gute Datenbankschemaeigenschaften sind umstritten. Beispielsweise ist die Frage zu stellen, ob bei der Verbundtreue

- wirklich eine Relation über dem gesamten Universum rekonstruierbar sein muss (gibt es in jedem Fall eine Universalrelation mit einer echten Bedeutung?) und ob

- der Rekonstruktionsoperator immer der natürliche Verbund sein muss.

Ein weiteres Problem haben wir bereits in Abschnitt 6.3.1 kennengelernt: Im Allgemeinen sind die BCNF und die Abhängigkeitstreue nicht gleichzeitig erfüllbar (darum wird als konkretes Kriterium für die folgenden Datenbankentwurfsalgorithmen auch nur 3NF gefordert). Allein die Erkennung von BCNF ist im allgemeinen Fall NP-vollständig (vergleiche [Mai83]).

Wir starten zunächst mit dem klassischen Dekompositionsverfahren, das allerdings nur die Kriterien **S1** und **T2** erreichen wird. Danach werden wir einen Vertreter der Syntheseverfahren einführen, der alle Eigenschaften erreicht.

6.4.2 Dekompositionsverfahren

Die Dekomposition ist die älteste, theoretisch untermauerte Entwurfstechnik für relationale Datenbanken. Sie startet bei einem initialen Relationenschema R, das aus allen Attributen der Anwendung und einer von den erfassten Abhängigkeiten implizierten Schlüsselmenge besteht.

Für eine Attributmenge $\mathcal{U}$ und eine FD-Menge F sucht man also alle $K \to \mathcal{U}$ mit K minimal, für die $K \to \mathcal{U} \in F^+$ gilt. Diese Menge nennen wir dann $\mathcal{K}(F)$. $(\mathcal{U}, \mathcal{K}(F))$ wird dann das erste initiale Relationenschema.

Danach sucht man transitive Abhängigkeiten in diesem Relationenschema, die von einem der gefundenen Schlüssel starten. Findet man eine transitive Abhängigkeit $K \to Y \to A$, so eliminiert man aus R die Attributmenge A und steckt sie zusammen mit Y in ein neues Relationenschema, in dem Y auch Schlüssel wird. Dieser Schritt wird auch auf die resultierenden Relationenschemata wieder angewendet. Dabei muss man in jedem Fall die für die resultierenden Relationenschemata noch anwendbaren FDs bestimmen. Das sind diejenigen, die noch über Attributen des Relationenschemas definiert sind.

Dieser Ablauf ist in Abbildung 6.12 als Algorithmus **DECOMPOSE**($\mathcal{R}$) dargestellt. Die Eingabe ist ein erweitertes Universalrelationenschema $\mathcal{R} =$

DECOMPOSE($\mathcal{R}$)
　　Setze $D := \{\mathcal{R}\}$
　　while $\mathcal{R}' \in D$, das 3NF nicht erfüllt
　　　/* Finde Attribut A, das transitiv von K abhängig ist */
　　　if Schlüssel K mit $K \to Y, Y \not\to K, Y \to A, A \notin KY$
　　　then
　　　　/* Zerlege Relationenschema R bzgl. A */
　　　　$R_1 := R - A$, $R_2 := YA$
　　　　$\mathcal{R}_1 := (R_1, \mathcal{K})$, $\mathcal{R}_2 := (R_2, \mathcal{K}_2 = \{Y\})$
　　　　$D := (D - \mathcal{R}') \cup \{\mathcal{R}_1\} \cup \{\mathcal{R}_2\}$
　　　end if
　　end while
　　return D

Abbildung 6.12: Algorithmus zur 3NF-Dekomposition

$(\mathcal{U}, \mathcal{K}(F))$ mit allen Attributen und einer von erfassten FDs F über R implizierten Schlüsselmenge. Der Algorithmus liefert eine Zerlegung in $D = \{\mathcal{R}_1, \mathcal{R}_2, \ldots\}$ von 3NF-Relationenschemata.

Betrachten wir zur Erläuterung ein Beispiel.

◄**Beispiel 6-24**► Wir sammeln zunächst alle Attribute unserer Anwendung zu einem initialen Relationenschema, etwa $R = ABC$. Weiterhin bestimmen wir die funktionalen Abhängigkeiten $F = \{A \to B, B \to C\}$ für diese Anwendung. Aus diesen FDs können wir den einzigen Schlüssel $K = A$ ermitteln.

Es gibt nun eine transitive Abhängigkeit in diesem Schema:

$$K = A \to B \to C$$

Es erfüllt die obigen Anforderungen, da $B \not\to A$ und $C \notin AB$ gelten. Das Attribut C wird daher aus dem Relationenschema eliminiert. Es entsteht ein neues Relationenschema mit den Attributen BC und dem Schlüssel B. Das resultierende Datenbankschema ist also

$$R_1 := AB \quad R_2 := BC$$
$$\mathcal{R}_1 := (R_1, \{A\}) \quad \mathcal{R}_2 := (R_2, \{B\})$$

Für die weiteren Schritte müssen wir noch die FD-Mengen über R_1 (nur $\{A \to B\}$) und R_2 (nur $\{B \to C\}$) festlegen. Allerdings ist dies in unserem Beispiel überflüssig. □

Von den oben angesprochenen Datenbankschemaeigenschaften haben wir dann aber nur zwei erreicht:

- Da wir alle transitiven Abhängigkeiten eliminieren, ist das Ergebnis in dritter Normalform (**S1**).

- Die Art der Eliminierung sichert auch die Verbundtreue zu, da die Attribute in der Schnittmenge der entstehenden Relationenschemata das zweite Schema immer funktional bestimmen: Y ist ja Schlüssel für R_2 (**T2**).

Leider ist die Minimalität nicht gewährleistet, da wir je nach vorliegenden FDs mehr Relationenschemata als nötig erzeugen können. Die Abhängigkeitstreue ist auch nicht gewährleistet. Außerdem ist das Endergebnis stark von der Reihenfolge der FD-Anwendung abhängig. Beispiele für diese fehlenden Eigenschaften finden sich in den Übungsaufgaben.

Ein weiterer Nachteil: Die Dekomposition ist in dieser Form ein NP-vollständiges Problem, da das Suchen der Schlüssel im Originalschema schon exponentielle Zeit benötigt.

Abschließend wollen wir das Dekompositionsverfahren noch einmal auf ein konkretes Beispiel unseres Weinszenarios anwenden.

◄**Beispiel 6-25**► Wir gehen von einem Universalrelationenschema R mit den Attributen Name, Weingut, Preis, Farbe, Anbaugebiet, Region aus. Dazu seien folgende funktionale Abhängigkeiten gegeben:

```
Name, Weingut  → Preis
Name, Weingut  → Weingut
Name, Weingut  → Name
Name           → Farbe
Weingut        → Anbaugebiet, Region
Anbaugebiet    → Region
```

Der Schlüssel des Universalrelationenschemas ist $K = \{$ Name, Weingut $\}$. Wir können nun folgende transitive Abhängigkeiten der Form $K \to Y \to A$ identifizieren:

(1) Name, Weingut $\to$ Anbaugebiet $\to$ Region, wodurch im Algorithmus $A =$ Region wird und dieses Relationenschema entsteht:

   R1(<u>Anbaugebiet</u>, Region)

(2) Name, Weingut $\to$ Weingut $\to$ Anbaugebiet mit $A =$ Anbaugebiet. Demzufolge wird das verbleibende Universalrelationenschema weiter zerlegt und folgendes Schema abgespalten:

   R2(<u>Weingut</u>, Anbaugebiet)

(3) Name, Weingut $\to$ Name $\to$ Farbe mit $A =$ Farbe, was eine weitere Zerlegung notwendig macht und dieses Schema produziert:

R3(<u>Name</u>, Farbe)

Damit ergibt sich das verbleibende Relationenschema

R(<u>Name</u>, Weingut, Preis)

und eine Zerlegung $D = \{R, R1, R2, R3\}$. □

6.4.3 Syntheseverfahren

Nach den etwas enttäuschenden Ergebnissen der Dekomposition stellen wir nun mit dem Syntheseverfahren einen leistungsfähigeren formalen Ansatz vor. Ausgangspunkt dieses Verfahrens ist eine FD-Menge F, die zunächst in mehreren Schritten manipuliert wird, um sie in eine resultierende Menge von Schlüsselabhängigkeiten G zu transformieren, so dass $F \equiv G$ gilt. Die FD-Menge wird dabei immer so verändert, dass sie äquivalent zur Ausgangsmenge bleibt. Auf diese Weise ist die Erfüllung der Transformationseigenschaft „Abhängigkeitstreue" also bereits im Verfahren verankert. Erst im letzten Schritt wird direkt aus der umgeformten FD-Menge ein Schema abgeleitet.

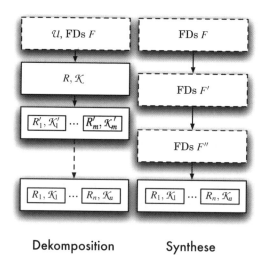

Abbildung 6.13: Dekomposition und Synthese im Vergleich

Das Prinzip ist in Abbildung 6.13 noch einmal im Vergleich zum Dekompositionsverfahren verdeutlicht. Während die Dekomposition bereits im ersten Schritt ein initiales Relationsschema R mit Schlüsselmenge $\mathcal{K}$ aus den gegebenen Attributen $\mathcal{U}$ und den gegebenen FDs F formt, manipuliert die Synthese zunächst nur die gegebenen FDs. Bei der Dekomposition entstehen die endgültigen Relationenschemata und ihre Schlüssel aus den bereits während des Verfahrens erzeugten Schemata. Dagegen wird das Schema bei der Synthese erst im letzten Schritt erstellt.

Die allgemeinen Probleme von Dekompositionsalgorithmen werden beim Syntheseansatz vermieden: Die Reihenfolgeunabhängigkeit wird durch Manipulation der FD-Menge weitgehend erreicht und die Abhängigkeitstreue kann erfüllt werden. Allerdings können beim Syntheseansatz nur FDs sinnvoll verwendet werden. Mehrwertige Abhängigkeiten sind kontextabhängig (siehe Abschnitt 6.5 über MVDs) und können deshalb nicht so einfach umgeformt werden wie FDs.

Als weiterer Vorteil der Synthese ist die Zeitkomplexität anzusehen. Obwohl auch die Synthese abschließend Relationenschemata und deren Schlüssel bestimmt, ist die Zeitkomplexität des Verfahrens polynomial.

In Abbildung 6.14 ist das Syntheseverfahren algorithmisch dargestellt. Die Eingabe ist eine FD-Menge F zu einem Relationenschema R, der Algorithmus liefert eine verbundtreue und abhängigkeitstreue Zerlegung in $R_1, \ldots R_n$, wobei alle R_i in 3NF sind.

SYNTHESIZE(F):
$\hat{F} :=$ **MINIMALCOVER**(F)   /* *Bestimme minimale Überdeckung zu F* */
Bilde Äquivalenzklassen C_i von FDs aus $\hat{F}$ mit gleichen oder
    äquivalenten linken Seiten, d.h. $C_i = \{X_i \rightarrow A_{i1}, X_i \rightarrow A_{i2}, \ldots\}$
Bilde zu jeder Äquivalenzklasse C_i ein Schema der Form
    $R_{C_i} = \{X_i \cup \{A_{i1}\} \cup \{A_{i2}\} \cup \ldots\}$
if keines der Schemata R_{C_i} enthält einen Schlüssel von R
then erzeuge weiteres Relationenschema R_K mit Attributen
    aus R, die Schlüssel bilden
return $\{R_K, R_{C_1}, R_{C_2}, \ldots\}$

Abbildung 6.14: Algorithmus zur 3NF-Synthese

Der Algorithmus arbeitet wie folgt: Zunächst wird die minimale Überdeckung $\hat{F}$ zur FD-Menge F ermittelt. Danach werden die FDs aus $\hat{F}$ zu Äquivalenzklassen zusammengefasst, wobei alle FDs in eine Klasse kommen, die gleiche oder äquivalente linke Seiten haben. Die linken Seiten zweier FDs sind dann äquivalent, wenn sie sich gegenseitig funktional bestimmen. Pro Äquivalenzklasse wird schließlich ein Relationenschema angelegt. Mit Hilfe von Äquivalenzklassen kann eine Menge von FDs durch eine einzige, generalisierende FD dargestellt werden. So lassen sich für ein Relationenschema R mit $X_i, Y \subset R$ die FDs

durch
$$X_i \rightarrow X_j \text{ und } X_i \rightarrow Y \text{ mit } 1 \leq i,j \leq n$$

$$(X_1, X_2, \ldots, X_n) \rightarrow Y$$

repräsentieren. Eine solche FD wird in [Mai83] als *zusammengesetzte FD* (engl. *Compound Functional Dependency*, kurz CFD) bezeichnet und liefert uns die benötigte Äquivalenzklasse. Die linke Seite einer solchen CFD kann im idealisierten Fall mit den FDs $F = \{X_1 \rightarrow X_2, X_2 \rightarrow X_3, X_3 \rightarrow X_4, X_4 \rightarrow X_1, X_1 \rightarrow Y\}$ auch als Ring dargestellt werden (Abbildung 6.15 nach [Mai83]).

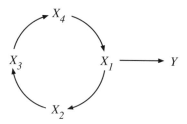

Abbildung 6.15: Darstellung einer Äquivalenzklasse als Ring

Aus einer Äquivalenzklasse kann problemlos ein Relationenschema abgeleitet werden.

◄**Beispiel 6-26**► Gehen wir von der FD-Menge

$$F = \{A \rightarrow B, AB \rightarrow C, A \rightarrow C, B \rightarrow A, C \rightarrow E\}$$

aus, so ergibt sich durch Bestimmung der minimalen Überdeckung die folgende FD-Menge (siehe auch Beispiel 6-7):

$$\hat{F} = \{A \rightarrow B, B \rightarrow C, B \rightarrow A, C \rightarrow E\}$$

Die FDs mit den linken Seiten A und B können zu einer Äquivalenzklasse zusammengefasst werden: Diese drei FDs bilden nun ein Relationenschema, indem die Attributmengen der FDs vereinigt werden. Die linken Seiten der FDs sind jeweils ein Schlüssel. Die vierte FD bildet ein Schema für sich allein.

Das Syntheseergebnis ist also:

$$(ABC, \{\{A\}, \{B\}\}), (CE, \{C\})$$

Dieses Schema erfüllt alle vier wünschenswerten Eigenschaften. □

Erreichung der Verbundtreue

Der letzte, im obigen Beispiel nicht erforderliche, Schritt im Syntheseverfahren sorgt für die Verbundtreue der Zerlegung. Dies wird durch einen einfachen Trick erreicht [Mai83]: Die Original-FD-Menge F wird um eine FD $\mathcal{U} \to \delta$ erweitert, wobei δ ein Dummyattribut ist, das nach der Synthese wieder entfernt wird. Die Reduktionstechniken der Synthese werden dann ausgenutzt, um aus $\mathcal{U}$ den zur Verbundtreue nötigen Universalschlüssel nach Gleichung 6.1 zu berechnen.

◄**Beispiel 6-27**► Für die FD-Menge $\{A \to B, C \to E\}$ ist das Syntheseergebnis

$$(AB, \{A\}), (CE, \{C\})$$

nicht verbundtreu. Der Universalschlüssel AC ist in keinem Relationenschema enthalten. Die Dummy-FD $ABCE \to \delta$ wird durch das Entfernen unwesentlicher Attribute auf die FD $AC \to \delta$ reduziert. Nach Entfernen des Dummyattributs bleibt ein drittes Relationenschema

$$(AC, \{AC\})$$

im Syntheseergebnis. □

Auch das Syntheseverfahren wollen wir abschließend wieder auf unser Weinszenario anwenden.

◄**Beispiel 6-28**► Gegeben seien wieder das Relationenschema und die funktionalen Abhängigkeiten aus Beispiel 6-25:

f_1: Name, Weingut → Preis
f_2: Name, Weingut → Weingut
f_3: Name, Weingut → Name
f_4: Name → Farbe
f_5: Weingut → Anbaugebiet, Region
f_6: Anbaugebiet → Region

Bei der Bestimmung der minimalen Überdeckung werden die FDs f_2, f_3 entfernt: durch Linksreduktion wird etwa aus f_2 die FD Name → Name, die bei der Rechtsreduktion zu Name → ∅ reduziert und dann entfernt wird. Weiterhin wird in der FD f_5 das Attribut Region gestrichen. Im nächsten Schritt werden die Äquivalenzklassen gebildet:

$$
\begin{aligned}
C_1 &= \{\text{Name}, \text{Weingut} \to \text{Preis}\} \\
C_2 &= \{\text{Name} \to \text{Farbe}\} \\
C_3 &= \{\text{Weingut} \to \text{Anbaugebiet}\} \\
C_4 &= \{\text{Anbaugebiet} \to \text{Region}\}
\end{aligned}
$$

Aus diesen Klassen können dann direkt die Relationenschemata konstruiert werden, die dem Ergebnis von Beispiel 6-25 entsprechen. □

6.4.4 Verfeinerung des Entity-Relationship-Datenbankentwurfs

Auch das Syntheseverfahren ist nicht perfekt, wenn es als alleiniger Datenbankentwurfsalgorithmus eingesetzt wird. Mit FDs lassen sich leider nur wenige semantische Beziehungen darstellen.

Zur Verfeinerung des in Abschnitt 5.5 vorgestellten ER-Entwurfs ist jedoch sowohl die Dekomposition als auch die Synthese ein geeignetes Verfahren.

◄**Beispiel 6-29**► Bei der ER-Modellierung stellt sich manchmal die Frage, ob ein Sachverhalt als ein Entity-Typ oder in Form mehrerer, in Beziehung stehender Entity-Typen dargestellt werden soll. Abbildung 6.16 zeigt diese beiden Fälle für die Repräsentation eines Weinproduzenten. In Variante #1 wurde eine Modellierung mit getrennten Entity-Typen Erzeuger und Anbaugebiet gewählt, in Variante #2 wurden die Informationen zum Anbaugebiet als Attribute des Entity-Typs Erzeuger dargestellt.

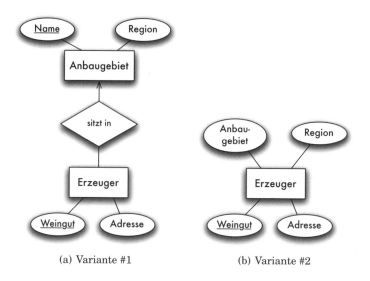

Abbildung 6.16: Varianten zur Modellierung der Erzeugerinformationen

Bei der Abbildung des ER-Schemas aus Variante #2 entsteht ein Relationenschema:

ERZEUGER(Weingut, Adresse, Anbaugebiet, Region)

Dieses Relationenschema befindet sich noch nicht in dritter Normalform, da folgende funktionale Abhängigkeiten gelten:

```
Weingut      → Adresse, Anbaugebiet, Region
Anbaugebiet  → Region
```

Mit den vorgestellten Entwurfsverfahren würden wir eine Zerlegung von ERZEUGER vornehmen und damit letztlich zum gleichen Ergebnis wie bei der Abbildung des ER-Schemas aus Variante #1 in Abbildung 6.16 kommen. □

6.5 Mehrwertige Abhängigkeiten

Funktionale Abhängigkeiten allein genügen manchmal nicht, um alle Zusammenhänge zwischen Attributen darzustellen. Eine weitere wichtige Klasse von Abhängigkeiten für den Datenbankentwurf sind daher *mehrwertige Abhängigkeiten*. Vereinfacht gesagt, beschreibt eine solche Abhängigkeit die Zuordnung einer Menge von Attributwerten zu einem anderen Attributwert. Den dadurch möglicherweise auftretenden Anomalien wird durch eine weitere Normalform begegnet.

6.5.1 Grundlagen

Eine mehrwertige Abhängigkeit (engl. *Multivalued Dependency*, kurz MVD) $X \twoheadrightarrow Y$ besagt, dass innerhalb einer Relation r einem Attributwert von X eine Menge von Y-Werten zugeordnet wird, unabhängig von den Werten der restlichen Attribute von r.

◄**Beispiel 6-30**► In der folgenden Relation werden Weine mit ihren Jahrgängen und passenden Gerichten gespeichert.

WEIN_EMPFEHLUNG	WName	Jahrgang	Gericht
	Chardonnay	2002	Geflügel
	Chardonnay	2002	Fisch
	Chardonnay	2003	Fisch
	Chardonnay	2003	Geflügel
	Shiraz	2003	Wild
	Shiraz	2003	Lamm
	Shiraz	2004	Wild
	Shiraz	2004	Lamm

Da es zu einem Wein typischerweise mehrere Jahrgänge gibt und der Wein auch sicher zu verschiedenen Gerichten passt, liegen hier diese mehrwertigen Abhängigkeiten vor:

WName ↠ Jahrgang
WName ↠ Gericht

Jedem Wert in WName ist somit eine Menge von Jahrgang- bzw. von Gericht-Werten zugeordnet. □

Bezeichnen wir bei einer mehrwertigen Abhängigkeit $X \twoheadrightarrow Y$ die restlichen Attribute des Schemas mit Z, so wird in der Relation r, die dieser MVD genügt, jedem X-Wert jede Kombination von möglichen Y- und Z-Werten als Attributwert zugeordnet.

Formal bedeutet dies, dass eine Relation $r(R)$ mit $X, Y \subseteq R$, $Z := R - (X \cup Y)$ der MVD $X \twoheadrightarrow Y$ genau dann *genügt*, wenn gilt:

$$\forall t_1, t_2 \in r : \quad [(t_1 \neq t_2 \wedge t_1(X) = t_2(X))$$
$$\implies \exists t_3 \in r : t_3(X) = t_1(X) \wedge t_3(Y) = t_1(Y) \wedge t_3(Z) = t_2(Z)]$$

Für eine Relation r zum Schema R mit den Attributen XYZ bedeutet diese formale Definition der MVD $X \twoheadrightarrow Y$ Folgendes: Gelten für r

$$(x_1, y_1, z_1) \in r \text{ und } (x_1, y_2, z_2) \in r$$

dann müssen auch

$$(x_1, y_1, z_2) \in r \text{ und } (x_1, y_2, z_1) \in r$$

gelten.

Betrachten wir hierzu ein Beispiel.

◀**Beispiel 6-31**▶ In der Relation aus Beispiel 6-30 gibt es die beiden Tupel

$$t_1 = (\text{'Chardonnay'}, 2002, \text{'Geflügel'})$$

und

$$t_2 = (\text{'Chardonnay'}, 2003, \text{'Fisch'})$$

Aufgrund der Formel muss nun auch das folgende Tupel

$$t_3 = (\text{'Chardonnay'}, 2002, \text{'Fisch'})$$

in der Relation enthalten sein und aus Symmetriegründen auch:

$$t_3' = (\text{'Chardonnay'}, 2003, \text{'Geflügel'}).$$

Dies ist verständlich, da die Jahrgänge eines Weines *unabhängig* von den passenden Speisen sind – ein 2003er Chardonnay passt genauso gut zu Fisch wie der 2002er Jahrgang. Demzufolge muss jeder Jahrgang eines Weines mit jedem zu diesem Wein passenden Gericht in einem Tupel vorkommen, um tatsächlich unabhängig davon zu sein. □

Analog zu den entsprechenden Definitionen bei FDs werden auch für eine MVD-Menge M der Vorbereich $VB(M)$, der Nachbereich $NB(M)$, die Attributmenge $ATTR(M)$ sowie $\mathcal{B}_M$ und die Implikation $\models$ definiert. Im Allgemeinen wird der Kontext R der MVD mit $R := \mathcal{U}$ festgelegt; falls $R \subset \mathcal{U}$ gilt, wird die MVD *eingebettete mehrwertige Abhängigkeit* (engl. *Embedded Multivalued Dependency*, kurz EMVD) genannt und $X \twoheadrightarrow Y(R)$ geschrieben.

Auch für mehrwertige Abhängigkeiten gibt es den Armstrong-Axiomen vergleichbare Ableitungsregeln. In Abbildung 6.17 sind diese Regeln dargestellt, wobei wie üblich $W, X, Y, Z \subseteq R$ Attributmengen sind.

Name	Regel		
M1: Reflexivität	$\{\}$	$\Longrightarrow$	$X \twoheadrightarrow X$
M2: Augmentation	$\{X \twoheadrightarrow Y\}$	$\Longrightarrow$	$XZ \twoheadrightarrow Y$
M3: Additivität	$\{X \twoheadrightarrow Y, X \twoheadrightarrow Z\}$	$\Longrightarrow$	$X \twoheadrightarrow YZ$
M4: Projektivität	$\{X \twoheadrightarrow Y, X \twoheadrightarrow Z\}$	$\Longrightarrow$	$X \twoheadrightarrow Y \cap Z$ und $X \twoheadrightarrow Y - Z$
M5: Transitivität	$\{X \twoheadrightarrow Y, Y \twoheadrightarrow Z\}$	$\Longrightarrow$	$X \twoheadrightarrow Z - Y$
M6: Pseudotransitivität	$\{X \twoheadrightarrow Y, WY \twoheadrightarrow Z\}$	$\Longrightarrow$	$WX \twoheadrightarrow Z - (WY)$
M7: Komplement	$\{X \twoheadrightarrow Y\}$ mit $Z = R - (XY)$	$\Longrightarrow$	$X \twoheadrightarrow Z$
M8: Replikation	$\{X \to Y\}$	$\Longrightarrow$	$X \twoheadrightarrow Y$
M9: Vereinigung	$\{X \twoheadrightarrow Y, Z \to W\}$ mit $W \subseteq Y, Y \cap Z = \{\}$	$\Longrightarrow$	$X \to W$

Abbildung 6.17: Ableitungsregeln für MVDs

Von diesen Regeln entsprechen **M1**-**M3** direkt den gleichnamigen Regeln für funktionale Abhängigkeiten, **M4**-**M6** sind zumindest von der Grundidee her verwandt. Für **M7** gibt es dagegen kein Pendant. Die Regeln **M8** und **M9** lassen sich dann anwenden, wenn sowohl funktionale als auch mehrwertige Abhängigkeiten vorliegen.

Bevor wir zu den nächsten Klassen von Abhängigkeiten kommen, werden wir schon die ersten Nachteile dieser formalen Datenbankentwurfstechnik aufzeigen: FDs und MVDs sind im Allgemeinen nur sehr schwer korrekt zu bestimmen. Insbesondere ist die Vollständigkeit der Anwendungsbeschreibung durch diese Abhängigkeiten meistens nicht gegeben. Die Definition der MVDs ist sogar so undurchsichtig, dass eine falsche Spezifikation der Anwendung leicht erreicht werden kann.

◄**Beispiel 6-32**► Das Beispiel ist an ein Beispiel aus [VRT82] angelehnt und demonstriert ein Problem mit falsch definierten MVDs.

Wir betrachten eine Relation mit den Weinangeboten des Tages: Hier sind Restaurants mit dem Wein des Tages und den dazu passenden Gerichten gespeichert. Das Relationenschema ist dann

$$R = \{\text{Restaurant}, \text{TagesWein}, \text{Gericht}\}$$

mit der FD Restaurant $\to$ TagesWein und der MVD TagesWein $\twoheadrightarrow$ Gericht. Das bedeutet, jedes Restaurant bestimmt funktional seinen Wein des Tages (TagesWein) und jeder Wein bestimmt eine Menge von Gerichten.

Wird nun der Preis jedes Gerichtes als zusätzliches Attribut (Preis) aufgenommen und die FD Gericht $\to$ Preis hinzugefügt, so kann man die (unsinnige) FD TagesWein $\to$ Preis ableiten (durch Anwendung der Regel **M9** auf die FD Gericht $\to$ Preis und die anschließende Ausnutzung der Transitivitätsregeln **M5**): der Wein würde demnach den Preis des Essens bestimmen!

Der Fehler liegt in der falschen Spezifikation der MVD. Mit der MVD TagesWein $\twoheadrightarrow$ Gericht haben wir nicht allein die Tatsache modelliert, dass dem Wein des Tages eine Menge von Gerichten zugeordnet ist. Gleichzeitig haben wir mit dieser MVD behauptet, dass die Werte zum Attribut Gericht unabhängig von den Werten aller restlichen Attribute sind, also auch unabhängig vom Preis. Mit der FD Gericht $\to$ Preis drücken wir dagegen gerade eine Abhängigkeit zwischen diesen, eben noch als unabhängig deklarierten, Attributen aus.

Sinnvoll wäre dagegen die FD-Menge

$$\text{Restaurant} \to \text{TagesWein}, \quad \text{Gericht} \to \text{Preis}$$

und die MVD

$$\text{TagesWein} \twoheadrightarrow \text{Gericht}, \text{Preis}$$

gewesen. Hier bestimmt der TagesWein das Gericht und den Preis mehrwertig, innerhalb der rechten Seite der MVD gilt noch eine funktionale Abhängigkeit.
□

Dieses Beispiel zeigt, dass das Zusammenspiel von FD und MVD während des Entwurfs mit besonderer Sorgfalt gehandhabt werden muss.

6.5.2 Schemaeigenschaften

Als wünschenswerte Schemaeigenschaft bei Vorliegen von MVDs führen wir nun eine weitere Normalform ein. Die *vierte Normalform* fordert im Prinzip, dass keine zwei mehrwertigen Abhängigkeiten zwischen Attributen einer Relation bestehen. Die Relation in Beispiel 6-30, die bereits in BCNF ist, verletzt offensichtlich diese Forderung, da dort die beiden MVDs WName $\twoheadrightarrow$ Jahrgang und WName $\twoheadrightarrow$ Gericht vorliegen. Die vierte Normalform erreicht man durch Elimination der rechten Seite von einer der beiden mehrwertigen Abhängigkeiten in

der Relation. Der eliminierte Teil wird in eine neue Relation aufgenommen und
die linke Seite der MVD wird in diese neue Relation kopiert.

◀**Beispiel 6-33**▶ Auf unsere Relation aus Beispiel 6-30 angewendet, bedeutet
dies eine Zerlegung in zwei Relationen:

WEIN_JAHR

WName	Jahrgang
Chardonnay	2002
Chardonnay	2003
Shiraz	2003
Shiraz	2004

WEIN_GERICHT

WName	Gericht
Chardonnay	Geflügel
Chardonnay	Fisch
Shiraz	Wild
Shiraz	Lamm

□

Mehrwertige Abhängigkeiten können auch dann Redundanzen verursachen, wenn weitere Attribute im Relationenschema existieren. Ziel ist es daher, keine nicht-triviale mehrwertige Abhängigkeit zuzulassen. Eine MVD $X \twoheadrightarrow Y$ ist *nicht-trivial*, wenn außer X und Y noch weitere Attribute im zugehörigen Relationenschema enthalten sind. Enthält ein Schema dagegen nur noch triviale MVDs, so ist es in *vierter Normalform* (kurz: 4NF).

◀**Beispiel 6-34**▶ Erweitern wir die WEIN_JAHR-Relation mit den Attributen Wein und Jahrgang noch um die Farbe und Restsüße, so ist die MVD WName $\twoheadrightarrow$ Jahrgang nicht mehr trivial.

Zur Vermeidung von Redundanzen eliminieren wir die rechten Seiten der MVD aus der Originalrelation und nehmen die Attribute der MVD jeweils in ein neues Relationenschema auf:

WEIN_JAHR1(<u>WName, Jahrgang</u>)
WEIN_JAHR2(<u>WName</u>, Farbe, Restsüße)

Dies ist auch der grundlegende Schritt des Dekompositionsverfahrens mit mehrwertigen Abhängigkeiten. □

Wir definieren die 4NF nun genauer. Sei R ein Relationenschema, $X, Y \subseteq R$, M MVD-Menge über R. Eine MVD $X \twoheadrightarrow Y$ heißt trivial genau dann, wenn $Y \subseteq X$ oder $X \cup Y = R$ ist. Ein erweitertes Relationenschema $\mathcal{R} = (R, \mathcal{K})$ ist in *vierter Normalform* (4NF) bezüglich M genau dann, wenn für alle $X \twoheadrightarrow Y \in M^+$ gilt:

$X \twoheadrightarrow Y$ ist trivial oder $X \supseteq K$ für ein $K \in \mathcal{K}$.

6.5.3 Transformationseigenschaften

Semantisch drückt eine mehrwertige Abhängigkeit die Unabhängigkeit der Attributmengen Y und Z voneinander aus, pro X-Wert bildet das kartesische Produkt der Y- und Z-Werte den YZ-Wert:

$$X \twoheadrightarrow Y \iff \forall X\text{-Werte } x : \pi_{YZ}(\sigma_{X=x}(r)) = \pi_Y(\sigma_{X=x}(r)) \bowtie \pi_Z(\sigma_{X=x}(r)).$$

Die folgende Charakterisierung einer MVD ist für den Datenbankentwurf sehr wichtig: genau für alle $r \in \mathbf{SAT}_R(\{X \twoheadrightarrow Y\})$ gilt

$$r = \pi_{XY}(r) \bowtie \pi_{XZ}(r) \tag{6.2}$$

also die verbundtreue Dekomposition von R in XY und XZ.

Die Transformationseigenschaften bleiben ansonsten gegenüber den bei den funktionalen Abhängigkeiten erwähnten unverändert.

6.6 Weitere Abhängigkeiten und Verfahren

Neben den bereits erläuterten klassischen Abhängigkeiten, Schema-, Transformationseigenschaften und Entwurfsverfahren gibt es noch weitere interessante Klassen von Abhängigkeiten und Ansätze zum Datenbankentwurf, die wir nun abschließend skizzieren wollen.

Unter den Transformationseigenschaften mehrwertiger Abhängigkeiten haben wir bereits gesehen, dass MVDs Informationen über das mögliche Auftrennen eines Relationenschemas in mehrere Relationenschemata liefern können. Solche Schemata sollen nur dann aufgetrennt werden, wenn die resultierende Dekomposition auch wieder ohne Informationsverlust rekonstruiert werden kann. Im relationalen Modell ist die für diese Rekonstruktion zuständige Operation der Verbund. Stellt man solche rekonstruierbaren Dekompositionen von Relationenschemata als Abhängigkeit dar, so kommt man zum Begriff der *Verbundabhängigkeit*. Kann man etwa ein Relationenschema R ohne Informationsverlust in Schemata $R_1, \ldots, R_p$ auftrennen, so wird mit $\bowtie [R_1, \ldots, R_p]$ die zugehörige Verbundabhängigkeit (engl. von *Join Dependency*, kurz JD) bezeichnet. Die Vereinigung aller R_i soll dabei R ergeben.

◄**Beispiel 6-35**► Für das Relationenschema WEINE2 aus Beispiel 6-11 gilt die Verbundabhängigkeit

$$\bowtie [\quad \{\text{Name},\text{Weingut},\text{Preis}\},$$
$$\{\text{Name},\text{Farbe}\},$$
$$\{\text{Weingut},\text{Anbaugebiet}\},$$
$$\{\text{Anbaugebiet},\text{Region}\} \quad]$$

In der WEINE-Relation korrekt eingetragene Informationen können also auch immer in der so angegebenen Dekomposition in vier Bestandteile zerlegt werden. Außerdem kann der Verbund die ursprüngliche WEINE-Relation aus den Bestandteilen rekonstruieren. □

Im Datenbankentwurf wird häufig eine Verbundabhängigkeit über allen Attributen, die im Datenbankschema überhaupt vorkommen, benötigt (alle Attribute des Datenbankschemas wurden als *Universum* bezeichnet). Sie soll ausdrücken, dass wir eine über allen Attributen in nur einer einzigen Universalrelation darstellbare Information gleichwertig auf die in der Verbundabhängigkeit angegebenen Attributmengen verteilen können.

Wir definieren diese Abhängigkeit nun genauer. Eine *Verbundabhängigkeit* ist für ein Datenbankschema $S = \{R_1,\ldots,R_p\}$ über $\mathcal{U}$ ein Ausdruck der Form $\bowtie [R_1,\ldots,R_p]$. $r(\mathcal{U})$ *genügt* der JD $\bowtie [R_1,\ldots,R_p]$ genau dann, wenn $r = \pi_{R_1}(r) \bowtie \cdots \bowtie \pi_{R_p}(r)$ gilt.

Verbundabhängigkeiten können auch als spezielle lokale Integritätsbedingungen aufgefasst werden und sind dann eine direkte Verallgemeinerung von MVDs (siehe auch Gleichung 6.2 auf Seite 202), da für $\mathcal{U} = XYZ$ und $r(\mathcal{U})$

$$r \text{ genügt } X \twoheadrightarrow Y \iff r \text{ genügt } \bowtie [XY, XZ]$$

beziehungsweise für $S = \{R_1, R_2\}$ über $\mathcal{U}$

$$r \text{ genügt } \bowtie [R_1, R_2] \iff r \text{ genügt } R_1 \cap R_2 \twoheadrightarrow R_1$$

gilt.

Als wünschenswerte Schemaeigenschaft bei Vorliegen von JDs führen wir nun eine weitere Normalform ein. Die *fünfte Normalform* bedeutet grob gesagt, dass die JD über den Relationenschemata des Datenbankschemas schon durch die vorliegenden FDs impliziert wird. Die JD bietet also keine neue semantische Information mehr.

Auch die bereits bekannten Fremdschlüssel lassen sich verallgemeinern. Fordern wir auf der rechten Seite einer Fremdschlüsselabhängigkeit nicht unbedingt den Primärschlüssel einer Relation, so kommen wir zum Begriff der *Inklusionsabhängigkeit*. Sollen die X-Werte in einer Relation $r_1(R_1)$ auch als Y-Werte in einer Relation $r_2(R_2)$ vorkommen, so definieren wir die Inklusionsabhängigkeit (engl. *Inclusion Dependency*, kurz IND) $R_1[X] \subseteq R_2[Y]$. Formal: Eine *Inklusionsabhängigkeit* ist für die Relationen $r_1(R_1), r_2(R_2) \in d(S)$, $X \subseteq R_1$,

$Y \subseteq R_2$ ein Ausdruck der Form $R_1[X] \subseteq R_2[Y]$. Die Datenbank *d genügt* der IND $R_1[X] \subseteq R_2[Y]$ genau dann, wenn $\pi_X(r_1) \subseteq \pi_Y(r_2)$ gilt.

Man beachte, dass man die Generalisierung in erweiterten Entity-Relationship-Modellen oder in semantischen Datenbankmodellen nicht mithilfe der bisher besprochenen Abhängigkeiten darstellen kann: Der Inklusionsabhängigkeit fehlt dazu die Möglichkeit zur Verwendung eines Vereinigungsoperators auf der linken und rechten Seite der Inklusion.

6.7 Weitere relationale Entwurfsverfahren

Die vorgestellten formalen Methoden zum relationalen Datenbankentwurf basieren auf FDs und MVDs. Keine der obigen Methoden berücksichtigt dagegen INDs. Die Schwierigkeiten bei der Berücksichtigung von Inklusionsabhängigkeiten sind praktischer und theoretischer Natur: Ein praktisches Problem ist die Formulierung von INDs, wenn noch keine Relationenschemata vorhanden sind, wie etwa im Synthesealgorithmus. Theoretische Probleme sind die Unentscheidbarkeit der Frage, ob sich eine gewisse Inklusionsabhängigkeit aus einer Menge anderer FDs und INDs herleiten lässt sowie die Definition der Abhängigkeitstreue beim Vorliegen von INDs. Ein interaktiver Algorithmus, der beim Datenbankentwurf FDs und INDs berücksichtigt, wird in [MR86] beschrieben.

Weitere Ansätze im relationalen Datenbankentwurf sind:

- Gemischte Verfahren mit FDs und MVDs, die im Gegensatz zu den vorher behandelten Verfahren

    - entweder die FDs und MVDs getrennt behandeln und ihre unterschiedliche Semantik berücksichtigen, oder
    - FDs und MVDs in nicht-trivialer Weise in eine für den Entwurf brauchbare Menge von MVDs umformen.

  Beispiele dazu sind die Verfahren von Beeri und Kifer [BK86b, BK86a], Zaniolo und Melkanoff [ZM81] sowie Ozsoyoglu und Yuan [OY86].

- Verfahren zur *Sichtintegration*, die von mehreren, zunächst voneinander unabhängigen Attributmengen mit ihren lokalen Abhängigkeiten ausgehen und diese mithilfe zusätzlicher Integrationsbedingungen, zu denen dann auch INDs zählen, zu einem Datenbankschema integrieren (eine Übersicht über Sichtintegrationsmethoden gibt [BLN86]).

Ein gemeinsames Problem der gemischten Verfahren mit FDs und MVDs bleibt jedoch die mangelhafte Spezifikation der Anwendung (FDs und MVDs reichen nicht aus, um komplexe Anwendungen zu modellieren).

Die Sichtintegrationsverfahren bieten zwar mehr Modellierungsmöglichkeiten (in den meisten Fällen noch INDs) und sind durch ihre Vorgehensweise, aus kleinen vorstrukturierten Attributmengen ein komplettes Datenbankschema zu erzeugen, für den Datenbankadministrator auch wesentlich besser handhabbar. Allerdings treten bei der Integration unentscheidbare Probleme auf, die ihre Ursache in der uneingeschränkten Form der zugehörigen Abhängigkeiten haben (siehe dazu [Con86]).

6.8 Zusammenfassung

Bildet das Relationenmodell das Zielmodell des Datenbankentwurfs, lassen sich zentrale Schritte des Entwurfsprozesses formal unterstützen. Dies sichert zum einen einen guten logischen Datenbankentwurf und erlaubt zum anderen auch die Automatisierung einzelner Schritte durch Entwurfswerkzeuge. Die entsprechenden theoretischen Grundlagen und Algorithmen haben wir in diesem Kapitel vorgestellt. Tabelle 6.3 fasst die wichtigsten Begriffe noch einmal zusammen.

6.9 Vertiefende Literatur

Ein allgemeines Lehrbuch zu den theoretischen Grundlagen des Relationenmodells, insbesondere des relationalen Datenbankentwurfs, ist [Mai83]. Ein moderneres Buch zu weiteren Aspekten der Datenbanktheorie ist [AHV95]. Deutsche Theoriebücher sind [KK93] und [Tha91a].

Abhängigkeiten. Die funktionalen Abhängigkeiten wurden von Codd [Cod71] eingeführt. Ihre erste Axiomatisierung nahm Armstrong [Arm74] vor. Ein linearer Algorithmus zur Lösung des Membership-Problems wird in [BB79] beschrieben. Mehrwertige Abhängigkeiten wurden von Fagin [Fag77] eingeführt. Verbundabhängigkeiten wurden zum ersten Mal von Aho, Beeri und Ullman eingehender untersucht [ABU79]. Inklusionsabhängigkeiten und ihre Implikation werden in [CFP84] von Casanova, Fagin und Papadimitriou detailliert vorgestellt.

Schema- und Transformationseigenschaften. Die erste bis dritte Normalform stammen von Codd [Cod71]. Die BCNF wurde von Boyce und Codd eingeführt und in [Cod74] beschrieben. Die vierte Normalform stammt von Fagin [Fag77]. Die Abhängigkeitstreue wird in [Ber76] beschrieben, die Verbundtreue wird in [BDB79] in Entwurfsalgorithmen berücksichtigt.

Begriff	Informale Bedeutung
Änderungsanomalie	Änderung einer redundanzbehafteten Relation, die zu Inkonsistenzen führt
funktionale Abhängigkeit	innerhalb einer Relation bestimmt eine Attributmenge den Wert einer anderen Attributmenge
Ableitungsregel	Regel zur logischen Implikation von funktionalen Abhängigkeiten
Membership-Problem	Fragestellung zur Ableitbarkeit einer FD aus einer vorgegebenen FD-Menge
erste Normalform	Relationenschema enthält nur atomare Attribute
partielle Abhängigkeit	Attributmenge ist funktional schon von einem Teil des Schlüssels abhängig
zweite Normalform	Relationenschema enthält keine partiellen Abhängigkeiten
transitive Abhängigkeit	vom Schlüssel abhängige Attributmenge bestimmt andere Attributmenge funktional
dritte Normalform	Relationenschema ohne transitive Abhängigkeiten zwischen Nicht-Primattributen
Boyce-Codd-Normalform	Verschärfung der dritten Normalform auf Primattribute
Minimalität	Erreichen der Normalformen mit minimaler Anzahl von Relationenschemata
Verbundtreue	Zerlegung einer Relation liefert durch natürlichen Verbund die Originalrelation
Abhängigkeitstreue	Menge von FDs wird in äquivalente Menge von Schlüsselabhängigkeiten transformiert
mehrwertige Abhängigkeit	innerhalb einer Relation bestimmt eine Attributmenge eine Menge von Attributwerten
vierte Normalform	Relationenschema ohne nicht-triviale mehrwertige Abhängigkeiten

Tabelle 6.3: Wichtige Begriffe zum relationalen Datenbankentwurf

Dekompositionsalgorithmen. Das *3NF-Dekompositionsverfahren* von Codd [Cod71] erreicht **S1** und **T2**. Verbesserungen können statt 3NF auch BCNF, unter einschränkenden Bedingungen an die FD-Menge auch **T1**, erzielen (siehe etwa [Ull88]). Das *4NF-Dekompositionsverfahren* von Lien [Lie85] erzielt ebenfalls **S1** (mit 4NF) und **T2**. **T1** und Reihenfolgeunabhängigkeit des Dekompositionsergebnisses kann nur bei sehr speziellen, sogenannten *konfliktfreien MVDs* erreicht werden.

Synthesealgorithmen. Der *klassische Synthesealgorithmus* von Bernstein [Ber76] erzielt **T1**, **S1** und **S2**. Der Algorithmus von Biskup, Dayal und Bernstein [BDB79] erzeugt – falls nötig – nachträglich noch ein Relationenschema, das der Bedingung 6.1 von Seite 187 genügt, und erreicht so **T2**. Maier [Mai83] erzielt ebenfalls alle vier Kriterien, die Anzahl der Attribute pro Schema – und damit die Neigung zu globalen Redundanzen – kann bei seinem Algorithmus jedoch geringer sein. Ling, Tompa und Kameda [LTK81] eliminieren weitere globale Redundanzen, die durch die vier bisherigen Kriterien noch nicht erkannt werden.

Weitere Entwurfsverfahren. Ein interaktiver Algorithmus, der beim Datenbankentwurf FDs und INDs berücksichtigt, wird in [MR86] beschrieben. FDs und MVDs berücksichtigen die Verfahren von Beeri und Kifer [BK86b, BK86a], Zaniolo und Melkanoff [ZM81] sowie Ozsoyoglu und Yuan [OY86]. Sichtintegrationsverfahren werden in [BLN86] vorgestellt, ihre Probleme in [Con86] behandelt.

6.10 Übungsaufgaben

Übung 6-1 Führen Sie mit der Attributmenge $ABCDE$ und den FDs

$$F = \{A \to B, A \to CD, A \to E, CD \to E, EC \to B\}$$

eine Dekomposition durch. Eliminieren Sie transitive Abhängigkeiten dabei wenn möglich in einer solchen Reihenfolge, dass im Dekompositionsergebnis die Abhängigkeitstreue verletzt ist. □

Übung 6-2 Führen Sie mit der Attributmenge $ABCD$ und den FDs

$$F = \{A \to B, B \to C, B \to D\}$$

eine Dekomposition durch. Eliminieren Sie transitive Abhängigkeiten dabei wenn möglich in einer solchen Reihenfolge, daß im Dekompositionsergebnis die Minimalität verletzt ist. Geben Sie das zugehörige minimale Schema zum Vergleich an. □

Übung 6-3 Finden Sie für die FD-Menge

$$A \to B, AB \to C, A \to C, B \to A, C \to E$$

redundante FDs und unwesentliche Attribute. Wenden Sie dazu jeweils mehrfach den Algorithmus zum Membership-Problem an. Beachten Sie jeweils die Definitionen von redundant und unwesentlich, die die Art der Anwendung des Algorithmus bereits festlegt. □

Übung 6-4 Gegeben sei die FD-Menge $F = \{A \to D, AB \to DE, CE \to G, E \to H, H \to D\}$.

1. Gilt $AB \to BH \in F^+$?
2. Ist ABC Schlüssel für das Schema $ABCDEGH$? □

Übung 6-5 Gegeben sei die FD-Menge $F = \{AB \to C, A \to B, C \to DE\}$ über dem Universum $U = \{A, B, C, D, E\}$. Welche Transformations- und Schemaeigenschaften erfüllen die folgenden Schemata

1. $S_1 = \{(ABC, \{A\}), (CDE, \{C\})\}$
2. $S_2 = \{(ABC, \{AB\}), (CDE, \{C\})\}$
3. $S_3 = \{(AB, \{A\}), (BC, \{B\}), (CDE, \{C\}), (AC, \{A\})\}$

Geben Sie ein S an, das alle Transformations- und Schemaeigenschaften erfüllt. □

Übung 6-6 Sei $F = \{A \to B, BC \to D\}$ gegeben mit dem Universum $U = \{A, B, C, D, E\}$. Welche Transformations- und Schemaeigenschaften erfüllen die Schemata

1. $S_1 = \{(ABC, \{AC\}), (BCD, \{BC\})\}$
2. $S_2 = \{(AB, \{A\}), (BCD, \{BC\})\}$

Geben Sie ein S an, das alle Eigenschaften erfüllt. □

Übung 6-7 Seien $F_1 = \{AB \to C, B \to A, AD \to E, BD \to I\}$ und $F_2 = \{AB \to C, B \to A, AD \to EI\}$.

1. Sind F_1 und F_2 äquivalent?
2. Sind F_1 und F_2 nicht-redundant? □

7

Die relationale Datenbanksprache SQL

SQL[1] (Structured Query Language) ist *die* Datenbanksprache für relationale Systeme. SQL ist von der amerikanischen Normungsorganisation ANSI (American National Standards Institute) und der internationalen Normungsorganisation ISO (International Standardization Organization) standardisiert und wird heute von allen kommerziellen und frei verfügbaren relationalen Datenbanksystemen unterstützt.

Als Datenbanksprache umfasst SQL mehrere Teile: einen Daten- und Sichtdefinitionsteil, einen Anfrageteil, einen Teil zur Formulierung von Datenänderungen, einen Definitionsteil für Dateiorganisationsformen und Zugriffspfade sowie einen Teil mit imperativen Konstrukten zur Definition von Prozeduren und Funktionen. In diesem Kapitel werden wir zunächst nur die Teile davon behandeln, die zum Relationenmodell und der Relationenalgebra korrespondieren. Darüber hinausgehende Konzepte sowie Erweiterungen, die mit den aktuellen Versionen des Standards (speziell SQL:2003) eingeführt wurden, stellen wir in späteren Kapiteln vor.

7.1 SQL als Datendefinitionssprache

SQL stellt als *Datendefinitionssprache* (engl. Data Definition Language, kurz DDL) eine ganze Reihe von Anweisungen zur Datendefinition zur Verfügung.

---

[1] Gesprochen „S–Q–L" oder im englischen Sprachraum auch oft „Sequel".

Diese lassen sich den einzelnen Ebenen der Drei-Ebenen-Schemaarchitektur, wie in Abbildung 7.1 dargestellt, zuordnen.

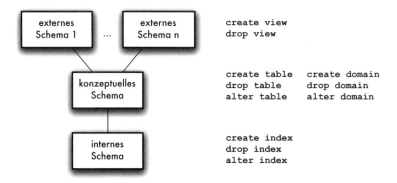

Abbildung 7.1: SQL-DDL in der Drei-Ebenen-Schemaarchitektur

Auf der externen Ebene kann man mit der **create view**-Anweisung Sichten definieren (Kapitel 14), auf der konzeptuellen Ebene werden mit **create table** Relationen (im SQL-Sprachgebrauch Tabellen) angelegt. Weiterhin gibt es hier die Möglichkeit, Wertebereiche für Attribute der Relation festzulegen (**create domain**). Die Anweisungen der internen Ebene zum Anlegen von Zugriffspfaden (**create index**) sind eigentlich nicht mehr Teil des SQL-Standards, dennoch aber von den meisten Systemen unterstützt. Daher wollen wir im Folgenden kurz darauf eingehen.

7.1.1 Erzeugen von Tabellen

Mit der **create table**-Anweisung wird ein Relationenschema für eine Basisrelation definiert. In der einfachsten Form ist die Syntax der Anweisung wie folgt:

create table *relationenname* (
        spaltenname$_1$ wertebereich$_1$ [**not null**],
        ...
        spaltenname$_k$ wertebereich$_k$ [**not null**])

Mit dieser Anweisung werden sowohl

- das Relationenschema im Katalog der Datenbank abgelegt, als auch
- eine leere Basisrelation in der Datenbank erzeugt.

Die möglichen Wertebereiche sind die vordefinierten SQL-Datentypen (Tabelle 7.1), benutzerdefinierte Wertebereiche als Einschränkung der vordefinierten

Datentyp	Bedeutung
smallint	ganzzahlige Werte
integer, int	
decimal(p,q)	Festkommazahlen mit Genauigkeit p
numeric(p,q)	und q Nachkommastellen
float(p)	Gleitkommazahlen
real	
double precision	
character(n), char(n)	Zeichenketten fester Länge n
character varying(n), varchar(n)	Zeichenketten variabler Länge n
boolean	Wahrheitswerte (**true**, **false**)
bit(n)	Bitfolgen fester Länge n
bit varying(n)	Bitfolgen variablen Länge n
date	Datum
time	Zeit
timestamp	Zeitstempel
interval	Zeitintervall

Tabelle 7.1: Vordefinierte Datentypen in SQL

Datentypen (siehe unten) sowie seit SQL:1999 auch benutzerdefinierte Datentypen und Kollektionen (siehe Abschnitt 17.4).

Bei den in Tabelle 7.1 dargestellten Typen unterscheiden sich Fest- und Gleitkommazahlen durch die interne Darstellung: Bei den Festkommazahlen ist die Genauigkeit bzw. die Anzahl der signifikanten Stellen über den gesamten Wertebereich gleich, während sie bei den Gleitkommazahlen mit größeren Werten abnehmen. Daher sind für die Speicherung von Geldbeträgen in kommerziellen Anwendungen die Festkommatypen zu wählen. Der Unterschied zwischen **char** und **varchar** liegt ebenfalls in der internen Darstellung: **char**-Zeichenketten belegen immer die definierte Länge, **varchar**-Zeichenketten nur den Umfang der tatsächlich belegten Zeichen bis zur maximalen Länge. Ähnlich verhält sich dies bei den Bitfolgen.

Bei den Zeit-Datentypen sind **timestamp** und **interval** eine Besonderheit. Zeitstempel (**timestamp**) sind eine Kombination aus Datum und Uhrzeit, um beispielsweise den Zeitpunkt einer Änderung zu speichern. Der Intervalltyp dient zur Repräsentation einer Zeitdauer wie z.B. eine Stunde oder zwei Wochen.

Leider sind im SQL-Standard die maximal zulässigen Längen der Zeichenketten bzw. Anzahl der Stellen und Wertebereiche nicht vorgegeben. Definiert ist nur die relative Beziehung der Wertebereiche, so etwa:

$$\mu(\textbf{smallint}) \subseteq (\textbf{integer}) \subseteq (\textbf{bigint}) \subseteq (\textbf{decimal}) \subseteq (\textbf{real}) \subseteq (\textbf{float})$$

Es sei weiterhin angemerkt, dass einige Systeme darüber hinaus noch weitere Datentypen anbieten, etwa **number** in Oracle für alle Formen numerischer Typen oder **money** in Sybase und SQL Server als monetärer Datentyp.

Mit der Klausel **not null** können in der jeweiligen Spalte *Nullwerte* als Attributwerte ausgeschlossen werden. Nullwerte werden in SQL syntaktisch durch das Wortsymbol **null**, in den Beispielrelationen innerhalb diese Buches immer mit $\perp$ gekennzeichnet. **null** repräsentiert die Bedeutung „Wert unbekannt", „Wert nicht anwendbar" oder „Wert existiert nicht", gehört dabei aber zu keinem Wertebereich. **null** kann in allen Spalten auftauchen, außer den mit **not null** gekennzeichneten. Die Auswirkungen des Nullwertes auf weitere SQL-Klauseln werden wir noch in Abschnitt 10.1.4 behandeln.

◄**Beispiel 7-1**► Als Beispiel für die Anwendung der **create table**-Anweisung betrachten wir das Anlegen der Relation WEINE in unserer Weindatenbank:

```
create table WEINE (
    WeinID int not null,
    Name varchar(20) not null,
    Farbe varchar(10),
    Jahrgang int,
    Weingut varchar(20))
```

Die Attribute WeinID und Name sind hierbei als **not null** deklariert, da diese Informationen unbedingt benötigt werden. Für den Jahrgang könnte auch der **date**-Typ genutzt werden, wenn die anderen Datumsteile (Tag, Monat) ignoriert werden. □

Spaltendefinitionen können über die Klausel

default *wert*

zusätzlich noch mit *Defaultwerten* versehen werden. Der Defaultwert wird anstelle eines Nullwertes dann für einen Attributwert eingesetzt, wenn das betreffende Attribut in der Einfügeoperation nicht gesetzt wird.

◄**Beispiel 7-2**► Wir erweitern die obige Definition der Tabelle WEINE um Defaultwerte für einige der Spalten:

```
create table WEINE (
    WeinID int not null,
    Name varchar(20) not null,
    Farbe varchar(10) default 'Rot',
    Jahrgang int default 2005,
    Weingut varchar(20))
```
□

Mit der **create domain**-Anweisung können benutzerdefinierte Wertebereiche (Domänen) auf der Basis vorhandener Datentypen eingeführt werden. Dies bedeutet eigentlich nur, dass der Wertebereich eines Datentyps eingeschränkt wird, beispielsweise der Jahrgang als Beschränkung des **integer**-Bereichs auf Werte zwischen 1950 und 2010 oder die Farbe auf Zeichenketten aus der Menge { „Rot", „Weiß", „Rosé" }.

Eine Wertebereichsdefinition besteht aus dem Namen, dem Basisdatentyp, einem Defaultwert sowie einer Wertebereichseinschränkung in Form einer Integritätsbedingung. Letztere wird durch eine **check**-Klausel mit einer Bedingung definiert, die von allen Werten erfüllt sein muss.

◄**Beispiel 7-3**► Betrachten wir die Definition des Wertebereichs für die Farbe eines Weines auf der Basis des **varchar**-Datentyps. Die **check**-Klausel stellt sicher, dass jeder Wert aus dem Wertebereich WeinFarbe in der angegebenen Menge enthalten sein muss. Das verwendete Prädikat ist hier **in** für ∈, **value** steht in der Bedingung für einen Wert des Wertebereichs.

```
create domain WeinFarbe varchar(4)
    default 'Rot'
    check (value in ('Rot', 'Weiß', 'Rose'))
```
□

Dieser Wertebereich kann nun wie einer der vordefinierten Datentypen bei der Tabellendefinition genutzt werden.

In SQL:2003 wurden noch weitere Wege zur Tabellendefinition eingeführt. So kann eine Tabelle auf der Basis einer Anfrage definiert werden, indem das Schema des Anfrageergebnisses übernommen wird.

◄**Beispiel 7-4**► Mit der folgenden Anweisung wird die Tabelle EXKLUSIV_WEINE eingeführt, die das gleiche Schema wie unsere WEINE-Tabelle besitzt.

```
create table EXKLUSIV_WEINE as
    (select * from WEINE)
    with data
```
□

Durch die zusätzliche Klausel **with data** bzw. **with no data** kann weiterhin festgelegt werden, ob die Daten der Ursprungstabelle kopiert werden oder nicht.

Darüber hinaus ist auch eine Erweiterung bestehender Tabellendefinitionen zum Anlegen neuer Tabellen möglich. Hierzu kann die **like**-Klausel eingesetzt werden, mit deren Hilfe das Schema der angegebenen Tabelle übernommen und ergänzt werden kann.

◄**Beispiel 7-5**► Mit der folgenden Anweisung erzeugen wir eine Tabelle SCHAUMWEINE, die zusätzlich zu den Attributen von WEINE noch eine Spalte Herstellung besitzt.

```
create table SCHAUMWEINE (
```

```
    like WEINE,
    Herstellung varchar(20) default 'Champagner')
```
□

7.1.2 Tabellen mit Integritätsbedingungen

Bei der Vorstellung des Relationenmodells in Abschnitt 4.1 haben wir bereits Primär- und Fremdschlüssel eingeführt. Auch in SQL können diese Integritätsbedingungen bei der Definition einer Tabelle angegeben werden. Hierfür stehen zwei Klauseln zur Verfügung:

- **primary key** definiert eine Attributmenge als Primärschlüssel,
- **foreign key** bzw. **references** legt den Fremdschlüssel fest, wobei jeweils Zieltabelle und -attribut(e) angegeben werden müssen.

Beide Klauseln können sowohl direkt hinter der Definition der betreffenden Spalte oder zum Abschluss der Tabellendefinition (jedoch innerhalb der runden Klammern) eingesetzt werden. Man spricht im ersten Fall auch von *Spaltenbedingungen* und im zweiten Fall von *Tabellenbedingungen*. Die Bezeichnungen verdeutlichen auch den Unterschied:

- Spaltenbedingungen beziehen sich immer nur auf eine Spalte, d.h. beispielsweise, dass der Primärschlüssel auch nur ein Attribut umfassen kann.

- Tabellenbedingungen beziehen sich dagegen auf die gesamte Tabelle und demzufolge lassen sich damit auch Attributmengen zu einem Primär- bzw. Fremdschlüssel zusammenfassen.

Wird eine Fremdschlüsselbedingung als Tabellenbedingung formuliert, so muss mit der **foreign key**-Klausel zusätzlich die jeweilige Attributmenge spezifiziert werden. Im Fall einer Spaltenbedingung genügt die **references**-Klausel.

Pro Tabelle ist nur ein Primärschlüssel zulässig (der jedoch mehrere Spalten umfassen kann), während mehrere Fremdschlüssel definiert werden können. Allerdings können weitere Schlüssel durch die **unique**-Klausel definiert werden, die wie die **primary key**-Klausel eingesetzt wird. Weiterhin sei angemerkt, dass bei der **primary key**-Klausel die **not null**-Definition implizit gegeben ist.

◄**Beispiel 7-6**► Betrachten wir den Einsatz dieser Integritätsbedingungen am Beispiel unserer Weindatenbank.

```
    create table ERZEUGER (
      Weingut varchar(20) primary key,
```

```
    Anbaugebiet varchar(20),
    Region varchar(20) not null)

create table WEINE (
    WeinID int primary key,
    Name varchar(20) not null,
    Farbe WeinFarbe,
    Jahrgang int,
    Weingut varchar(20) references ERZEUGER(Weingut))
```

Alternativ können die Bedingungen auch wie folgt notiert werden:

```
create table WEINE (
    WeinID int,
    Name varchar(20) not null,
    Farbe WeinFarbe,
    Jahrgang int,
    Weingut varchar(20),
    primary key(WeinID),
    foreign key(Weingut) references ERZEUGER(Weingut))
```

Soll zusätzlich noch die Kombination aus Wein, Jahrgang und Weingut als Schlüssel definiert werden, so muss folgende Klausel ergänzt werden:

```
create table WEINE (
    ...
    unique(WeinID, Name, Weingut))
```

□

Zu beachten ist im obigen Beispiel auch die Reihenfolge der Tabellendefinitionen: Da in der Fremdschlüsselbedingung der Tabelle WEINE die Tabelle ERZEUGER referenziert wird, muss Letztere zuerst definiert werden. Ein Ausweg ist nur das nachträgliche Hinzufügen der Integritätsbedingungen (siehe Abschnitt 7.1.3).

Neben den aus dem Relationenmodell bekannten Integritätsbedingungen und der **not null**-Klausel unterstützt SQL noch weitere Formen, die wir in Abschnitt 12.3 vorstellen.

7.1.3 Löschen und Ändern von Tabellendefinitionen

Tabellendefinitionen können in SQL über die **drop table**-Anweisung gelöscht werden:

```
drop table relationenname [ restrict | cascade ]
```

Damit wird sowohl das Relationenschema aus dem Schemakatalog als auch die eigentliche Basisrelation aus der Datenbank gelöscht.

Über die optionale Klausel **cascade** kann erzwungen werden, dass auch alle Sichten und Integritätsbedingungen, die zu dieser Basisrelation gehören, gelöscht werden. Bei **restrict** (dem Defaultfall) wird das **drop**-Kommando zurückgewiesen, falls noch solche Sichten und Integritätsbedingungen existieren.

◄**Beispiel 7-7**► Die folgende Anweisung löscht die WEINE-Tabelle:

```
drop table WEINE
```

□

Auch ein nachträgliches Ändern von Tabellendefinitionen ist in SQL möglich. Konkret erlaubt der Standard

- das Hinzufügen, Ändern und Löschen von Spalten,
- das Hinzufügen und Löschen von Integritätsbedingungen.

Änderungen an Spalten werden über die **alter table**-Anweisung eingeleitet:

```
alter table relationenname modifikation
```

Für Spaltendefinitionen sind folgende Änderungen (*modifikation*) möglich:

- **add column** *spaltendefinition* fügt eine neue Spalte hinzu, wobei *spaltendefinition* den in Abschnitt 7.1.1 eingeführten Aufbau aus Name, Typ, optional Defaultwert und Spaltenbedingung hat. Alle bereits in der Tabelle existierenden Tupel erhalten als Wert der neuen Spalte den angegebenen Defaultwert bzw. den **null**-Wert wenn kein Defaultwert angegeben ist.

- **drop column** *spaltenname* löscht die angegebene Spalte. Wie beim Löschen von Tabellen sind auch hier wieder die **restrict**- bzw. **cascade**-Modi möglich.

- **alter column** *spaltenname* **set default** *defaultwert* erlaubt des Verändern des Defaultwertes der Spalte.

Weitergehende Änderungen wie Umbenennungen oder Änderung des Datentyps sind dagegen nicht möglich.

◄**Beispiel 7-8**► Zur Illustration der Anweisungen erweitern wir die WEINE-Tabelle um eine Spalte Preis:

```
alter table WEINE
    add column Preis decimal(5,2)
```

Mit der nächsten Anweisung wird der Defaultwert der Jahrgang-Spalte neu gesetzt:

```
alter table WEINE
    alter column Jahrgang set default 2007
```
□

Integritätsbedingungen (genauer: Tabellenbedingungen) können ebenfalls über die **alter table**-Anweisung hinzugefügt bzw. gelöscht werden.

Alle bisher eingeführten Integritätsbedingungen lassen sich über die **add**-Klausel nachträglich zu einer Tabelle definieren. Dabei kann die Bedingung auch mit einem Namen (mit der Klausel **constraint** *bed-name*) versehen werden, wie das folgende Beispiel zeigt.

◄**Beispiel 7-9**► Zusätzlich zum Primärschlüssel WeinID der WEINE-Tabelle soll die Kombination (Name, Weingut) eindeutig sein:

```
alter table WEINE
    add constraint WeinBed_Eindeutig unique (Name, Weingut)
```
□

Die Angabe eines Namens für die Integritätsbedingung ist übrigens auch bei der Definition im Rahmen einer **create table**-Anweisung möglich, kann aber dort wie beim **alter table** auch weggelassen werden. In diesem Fall generiert das DBMS einen eindeutigen Namen.

Das Löschen von Integritätsbedingungen ist über den Namen (benutzerdefiniert oder systemgeneriert) mit Hilfe der **drop constraint**-Klausel möglich, wie das folgende Beispiel illustriert.

◄**Beispiel 7-10**► Die zuvor definierte Integritätsbedingung WeinBed_Eindeutig soll wieder gelöscht werden:

```
alter table WEINE drop constraint WeinBed_Eindeutig
```
□

7.1.4 Erzeugen und Löschen von Indexen

In den früheren Fassungen des SQL-Standards (bis 1989) waren die Anweisungen zum Anlegen und Löschen von Zugriffspfaden noch Bestandteil der Norm. Die Anweisungen der internen Ebene wurden jedoch mit SQL-92 gestrichen. Da sie aber von allen SQL-Systemen weiterhin unterstützt werden, werden wir sie an dieser Stelle kurz vorstellen. Für Details zur internen Realisierung der Indexe verweisen wir dagegen auf [SHS05].

Ein Index wird als Zugriffspfad benötigt. Falls ein Index definiert wurde, wird er in Anfragen und Änderungsoperationen implizit berücksichtigt – der Nutzer muss sich also nicht selbst um die Nutzung eines Indexes kümmern. Im Gegensatz dazu ist die Indexdatei in einigen Pseudo-RDBS bis in die Anwendungsprogramme hinein explizit zugreifbar – ein klarer Verstoß gegen Datenunabhängigkeit und Drei-Ebenen-Architektur.

Mit Hilfe von

```
create [unique] index indexname on relationenname (
        spaltenname₁ ordnung₁,
        ...,
        spaltenname_k ordnung_k )
```

wird ein Index über k Attributen einer Basisrelation angelegt, wobei die Sortierrichtung *ordnung$_i$* angegeben werden kann (**asc** für aufsteigend, engl. *ascending*, **desc** für absteigend, engl. *descending*). Ist zusätzlich das Schlüsselwort **unique** spezifiziert, so dient dieser Index nicht nur als Zugriffsunterstützung, sondern überwacht auch eine Schlüsselbedingung.

◀**Beispiel 7-11**▶ Mit der folgenden Anweisung wird ein Index auf dem Name-Attribut der WEINE-Relation angelegt, der gleichzeitig die Eindeutigkeit der Name-Werte überwacht:

```
create unique index WeinIndex on WEINE (Name asc)
```

□

Indexe können auch nachträglich angelegt werden. Falls dann **unique** gewählt wird, müssen die vorhandenen Attributwerte jedoch dieser Einschränkung genügen und insbesondere als **not null** deklariert sein. Ansonsten wird die Anweisung zurückgewiesen.

Wie andere Datenbankobjekte auch, kann ein Index in SQL mit Hilfe der **drop**-Anweisung gelöscht werden:

◀**Beispiel 7-12**▶

```
drop index WeinIndex
```

□

Abschließend sei angemerkt, dass ein DBMS die Eignung von **unique**-Indexen zur Überprüfung von Schlüsseleigenschaften auch selbst ausnutzt: wird eine Tabelle mit Primärschlüssel oder **unique**-Spalten definiert, so wird auf diesen Spalten ein entsprechender Index automatisch erzeugt.

7.2 SQL als relationale Anfragesprache

In diesem Abschnitt werden wir den Kern des Anfrageteils der relationalen Datenbanksprache SQL vorstellen. Dazu gehören (nach einem Überblick über alle zum Anfrageteil gehörenden Klauseln) insbesondere die Funktionsweise der **from**-, **select**- und **where**-Klausel sowie die Möglichkeiten zur Darstellung der Mengenoperationen. Mit den hier beschriebenen Klauseln wird der Umfang der Relationenkalküle und der Relationenalgebra im Großen und Ganzen abgedeckt.

7.2.1 Überblick

Anfragen werden in SQL mithilfe des *SFW-Blocks* formuliert, der nach den ersten drei Klauseln einer solchen Anfrage (**select**, **from**, **where**) benannt ist:

```
-- Anfrage
select projektionsliste
from relationenliste
[ where bedingung ]
```

Die **select**-Klausel

- gibt die *Projektionsliste* an, die das Ergebnisschema bestimmt und
- integriert auch *arithmetische Operationen* und *Aggregatfunktionen*.

Die **from**-Klausel

- legt die zu verwendenden *Relationen* (Basisrelationen oder Sichten) fest und
- führt eventuelle *Umbenennungen* durch (mithilfe von Tupelvariablen oder Aliasnamen).
- Sind mehrere Relationen angegeben, so werden diese über das kartesische Produkt miteinander verknüpft.

Die optionale **where**-Klausel

- spezifiziert *Selektionsbedingungen* und
- *Verbundbedingungen*, um aus dem kartesischen Produkt einen Gleichverbund (*Equi Join*) zu machen.
- Darüber hinaus sind in der **where**-Klausel auch geschachtelte Anfragen erlaubt, d.h., in der **where**-Klausel kann wieder ein SFW-Block angegeben werden.

Neben diesen drei Klauseln können in Anfragen noch weitere eingesetzt werden, u.a. die **group by**-Klausel zur Gruppierung von Tupeln einer Relation über gleiche Attributwerte sowie die **order by**-Klausel zur Sortierung der Ergebnisrelation. Auf diese erweiterten Klauseln werden wir aber erst in den Folgekapiteln eingehen.

In dem obigen Anfragemuster ist außerdem noch ein Kommentar angegeben. Diese werden in SQL durch die Zeichenfolge '--' eingeleitet und reichen bis zum Ende der Zeile.

Wie bereits in Abschnitt 4.2.4 erwähnt, sind einige Sprachkonstrukte von SQL, wie etwa der Gebrauch von Tupelvariablen eng an den Tupelkalkül angelehnt. Tatsächlich korrespondieren die ersten drei Klauseln des SFW-Blocks in ihrer ursprünglichen Form direkt mit typischen Anfragebestandteilen des Tupelkalküls. Wir werden daher jeweils am Schluss der folgenden Abschnitte auf diese Korrespondenz hinweisen.

7.2.2 Die from-Klausel

Die from-Klausel bildet die Basis der Anfragebearbeitung in SQL. Hier werden Basisrelationen (später auch Sichtrelationen) aufgelistet, aus denen die Daten extrahiert und deren Attribute in den anderen Klauseln verwendet werden sollen. Die Syntax der from-Klausel muss in Zusammenhang mit der zwingenden select-Klausel beschrieben werden und ist in der einfachsten Form

    select *
    from relationenliste

wobei hinter jedem Relationennamen optional eine Tupelvariable auftauchen kann. Zum Beispiel ist das Ergebnis der Anfrage

    select *
    from WEINE

an die Relationen aus Kapitel 4 die gesamte Relation WEINE.

Bei mehr als einer Relation wird das kartesische Produkt gebildet. So liefert die Anfrage

    select *
    from WEINE, ERZEUGER

das kartesische Produkt (also $7 \cdot 6 = 42$ Tupel) statt des eventuell erwarteten natürlichen Verbundes (aus nur 7 Tupeln):

Durch Einführung von Tupelvariablen kann auf eine Relation mehrfach zugegriffen werden. Beispielsweise wird in der Anfrage

    select *
    from WEINE w1, WEINE w2

das kartesische Produkt von WEINE mit sich selbst berechnet, was 49 Tupel und 10 Spalten in der entstehenden Relation ergibt. Die aus den Relationen w1 und w2 stammenden Spalten werden durch Voranstellung des Tupelvariablennamens unterschieden. Die zehn Spalten lauten somit:

```
w1.WeinID, w1.Name, w1.Farbe, w1.Jahrgang, w1.Weingut
w2.WeinID, w2.Name, w2.Farbe, w2.Jahrgang, w2.Weingut
```

Dieser Selbstverbund (engl. *Self Join*) ist wichtig für Anfragen, die zwei Werte eines Attributs miteinander vergleichen sollen, wie etwa zur Bestimmung der Weine des gleichen Erzeugers. Die **where**-Klausel wird wie die Selektionsbedingung der Relationenalgebra oder die Formel der Relationenkalküle auf jeweils ein Tupel angewendet. Tupelübergreifende Selektionen können nur mit Hilfe des Selbstverbundes simuliert werden. Zu diesem Fall wird es im Abschnitt 10.1.3 noch konkrete Beispiele geben.

Verbunde

Neben der oben vorgestellten Form des kartesischen Produktes ist auch die Formulierung unter Verwendung eines expliziten **cross join**-Operators möglich:

```
select *
from WEINE cross join ERZEUGER
```

Der Ausdruck hinter **from** erzeugt das kartesische Produkt als neue Zwischenrelation, auf die in der Restanfrage zugegriffen wird.

Im Normalfall wird jedoch anstelle des kartesischen Produktes der Verbund aus der Relationenalgebra berechnet werden. Hierfür gibt es in SQL mehrere Möglichkeiten. Die klassische Form ist die Simulation über eine Verbundbedingung in der **where**-Klausel (siehe Abschnitt 7.2.4):

```
select *
from WEINE, ERZEUGER
where WEINE.Weingut = ERZEUGER.Weingut
```

Dieser natürliche Verbund kann auch über den expliziten **natural join**-Operator formuliert werden:

```
select *
from WEINE natural join ERZEUGER
```

Wie beim gleichnamigen Relationenalgebraoperator werden die beiden Tabellen dabei über die gleich benannten Spalten verknüpft – in unserem Beispiel also Weingut.

Für die Variante des Gleichverbunds (Gleichheitsbedingung über zwei Attribute) lassen sich die zu vergleichenden Attribute in der **using**-Klausel angeben:

```
select *
from WEINE join ERZEUGER
   using (Weingut)
```

Schließlich existiert noch eine Variante für den θ-Verbund, der eine beliebige Bedingung in der **on**-Klausel zulässt. Neben dem Gleichheitsoperator sind somit auch andere Operatoren θ ∈ { <, <=, >=, >, <> } möglich.

```
select *
from WEINE join ERZEUGER
   on WEINE.Weingut = ERZEUGER.Weingut
```

All diese Verbundoperationen können als abkürzende Schreibweisen für komplexe Anfragen zum Verbinden zweier Relationen aufgefasst werden, deren korrekte Formulierung eine der Fehlerquellen beim Arbeiten mit dem ursprünglichen SQL-Standard ist. So wird beim natürlichen Verbund über mehrere Relationen leicht eine der nötigen Gleichheitsbedingungen vergessen. Allerdings unterstützen nicht alle DBMS die bereits in SQL-92 eingeführten expliziten **join**-Operatoren – hier bleibt nur der Weg über die Verbundbedingung in der **where**-Klausel. Es sei aber auch betont, dass dies keinen Einfluss auf die Performanz der Anfrageverarbeitung hat: Das DBMS erkennt die Kombination aus kartesischem Produkt und Selektion selbständig als Verbund und wählt den dafür effizientesten Berechnungsalgorithmus.

Tupelvariablen für Zwischenergebnisse

Zu den Relationen in der **from**-Klausel können über **as** explizite Tupelvariablen zugeordnet werden, deren Wertebereich alle Tupel der jeweiligen Relation umfasst. Wie oben bereits dargestellt, ermöglichen Tupelvariablen überhaupt erst einen Selbstverbund. Darüber hinaus können auch Zwischenrelationen, die mit den obigen Operatoren (oder einem vollständigen SFW-Block) erst gebildet werden, über Tupelvariablen mit einem Namen versehen werden:

```
select Ergebnis.Weingut
from (WEINE natural join ERZEUGER) as Ergebnis
```

Das Schlüsselwort **as** ist dabei optional bzw. wird von einigen Systemen (wie Oracle) auch gar nicht unterstützt.

Hier zeigt sich auch die Orthogonalität bezüglich der **from**-Klausel: SQL-Ausdrücke, die eine Relation liefern, wie ein SFW-Block oder die Verbundoperatoren, können anstelle einer Relation in der **from**-Klausel stehen.

◄**Beispiel 7-13**► Demzufolge ist auch eine Anfrage der folgenden Form möglich, wobei hinter **from** eine vollständige Anfrage angegeben wird:

```
select Ergebnis.Weingut
from (
   select *
   from WEINE natural join ERZEUGER) as Ergebnis
```

□

Bezug zum Tupelkalkül

Die from-Liste entspricht im Tupelkalkül einer speziellen Definition von Tupelvariablen und deren direktem Binden an Datenbankrelationen. Die Definition ist insofern speziell, da sie garantiert, dass korrespondierende Kalkülausdrücke automatisch sicher (siehe Abschnitt 9.3.2) sind. Für den bereits diskutierten Ausschnitt aus einer SQL-Anfrage

```
select ...
from WEINE w1, WEINE w2
where ...
```

lautet der korrespondierende Tupelkalkülausdruck wie folgt:

$$\{\cdots \mid \text{WEINE}(w1) \wedge \text{WEINE}(w2) \wedge (\ldots)\}$$

Die from-Klausel bindet alle eventuell in den anderen Klauseln vorkommenden Tupelvariablen in Form einer Konjunktion an Datenbankrelationen – dies gewährleistet die Sicherheit. In SQL müssen im Gegensatz zum Tupelkalkül nicht alle Tupelvariablen explizit benannt werden; hier genügen etwa die Relationennamen als implizit definierte Tupelvariablen, sofern Eindeutigkeit gewährleistet ist.

7.2.3 Die select-Klausel

Mit der select-Klausel werden die Attribute festgelegt, die im Anfrageergebnis erwartet werden. In der Relationenalgebra entspricht dies einer abschließenden Projektion. Im Relationenkalkül ist diese Klausel in der Zielliste wiederzufinden.

Die Syntax der select-Klausel ist (neben dem bereits eingeführten Spezialfall *)

```
select [distinct] projektionsliste
from ...
```

wobei die Projektionsliste folgendermaßen aufgebaut ist:

```
projektionsliste := { attribut |
                      arithmetischer-ausdruck |
                      aggregat-funktion } [, ...]
```

Die einzelnen Elemente der Projektionsliste können wie folgt spezifiziert werden:

- Attribute der hinter **from** stehenden Relationen, optional mit einem Präfix, das den Relationennamen oder den Namen der Tupelvariablen angibt,
- arithmetische Ausdrücke über Attributen dieser Relationen und passenden Konstanten (diese werden in Abschnitt 10.1 noch genauer beschrieben),
- Aggregatfunktionen über Attributen dieser Relationen (auch diese werden wir in Abschnitt 10.2 noch erläutern).

Projektionsergebnis Menge oder Multimenge

Die optionale **distinct**-Klausel gibt an, dass eine Ergebnismenge erzeugt werden soll (also wie bei der Projektion Duplikate entfernt werden sollen). So würde die Anfrage

    select Name **from** WEINE

die Ergebnisrelation

Name
La Rose Grand Cru
Creek Shiraz
Zinfandel
Pinot Noir
Pinot Noir
Riesling Reserve
Chardonnay

ergeben. Das Ergebnis enthält also wie die Ausgangsrelation 7 Tupel. Damit entspricht das Ergebnis nicht der relationenalgebraischen Projektion (doppelte Tupel werden nicht eliminiert) sondern einer Multimenge von Tupeln. Es gibt zwei Gründe, diese vereinfachte Fassung der Projektion zum Standardfall in SQL zu machen:

- Die Version ohne Duplikateliminierung!SQL ist einfacher zu implementieren. In den meisten Fällen wird zur Entfernung von Duplikaten eine Sortierung der Daten nach den Projektionsattributen benötigt, die teurer ist als ein sequentieller Durchlauf der Daten.
- Die Erhaltung aller Werte einer Spalte wird manchmal bei Aggregatfunktionen benötigt, die beispielsweise den Durchschnitt aller Werte dieser Spalte berechnen sollen. In diesem Fall können keine Duplikate entfernt werden, ohne das Ergebnis der Berechnung zu verfälschen.

Erweitern wir unsere Beispielrelation WEINE um eine Spalte Preis, so könnte durch eine Aggregatfunktion der mittlere Preis aller Weine bestimmt werden. Da es jedoch möglich ist, dass zwei Weine den gleichen Preis haben, würde eine Durchschnittsberechnung nach einer Projektion mit Duplikateliminierung nicht den korrekten Wert berechnen.

Möchte man in SQL die Projektion der Relationenalgebra darstellen, so benutzt man das optionale **distinct** innerhalb der **select**-Klausel:

> **select distinct** Name **from** WEINE

Diese Anfrage ergibt genau die Projektion aus der Relationenalgebra, also die Ergebnisrelation:

Name
La Rose Grand Cru
Creek Shiraz
Zinfandel
Pinot Noir
Riesling Reserve
Chardonnay

Tupelvariablen und Relationennamen

Die Angabe der Attributnamen kann hinter **select** bei Mehrdeutigkeiten auch durch die Angabe eines Präfixes ergänzt werden: So sind die Anfragen

> **select** Name **from** WEINE

und

> **select** WEINE.Name **from** WEINE

äquivalent, da im ersten Fall nur ein einziges Attribut Name im Gültigkeitsbereich, der durch die **from**-Klausel angegeben wird, auftaucht. Dagegen wäre folgende Anfrage mit dem natürlichen Verbund zwischen WEINE und ERZEUGER nicht erlaubt:

> **select** Name, Jahrgang, Weingut   -- *(falsch!)*
> **from** WEINE **natural join** ERZEUGER

Das Attribut Weingut existiert sowohl in WEINE als auch in ERZEUGER. Deshalb muss in der **select**-Klausel die Herkunft des Attributes Weingut durch ein Präfix qualifiziert werden:

> **select** Name, Jahrgang, ERZEUGER.Weingut
> **from** WEINE **natural join** ERZEUGER

Die anderen Attribute Name und Jahrgang sind dagegen eindeutig der Relation WEINE zugeordnet.

Wenn wir Tupelvariablen einführen, so kann der Name einer Tupelvariablen zur Qualifizierung eines Attributes benutzt werden:

> **select** w1.Name, w2.Weingut
> **from** WEINE w1, WEINE w2

Bezug zum Tupelkalkül

Die **select**-Klausel entspricht direkt der Zielliste im erweiterten Tupelkalkül. So korrespondiert die zuletzt angegebene SQL-Anfrage zum folgenden Kalkülausdruck:

$$\{w1.\text{Name}, w2.\text{Weingut} \mid w1 \in \text{WEINE} \land w2 \in \text{WEINE}\}$$

Genauer gesagt, sie entspricht dem entsprechenden Ausdruck in einem *Multimengenkalkül* wie dem EER-Kalkül – SQL-Anfragen ohne **distinct** entsprechen Multimengenanfragen, mit **distinct** hingegen erhalten wir die klassischen mengenbasierten Tupelkalkülausdrücke.

7.2.4 Die **where**-Klausel

Mit der **where**-Klausel wird die Bedingung angegeben, die alle Tupel im Anfrageergebnis erfüllen müssen. Diese Bedingung wird auf die in der **from**-Klausel angegebenen Relationen angewendet. Somit entspricht die **where**-Klausel sowohl der Selektion der Relationenalgebra als auch einer Verbundbedingung, die aus dem kartesischen Produkt der hinter **from** aufgeführten Relationen einen Gleichverbund oder natürlichen Verbund macht.

Die Syntax einer SQL-Anfrage mit **where**-Klausel ist

```
select ... from ...
where bedingung
```

wobei die Bedingung folgende Formen annehmen kann:

- Eine *Konstantenselektion* ist ein Vergleich eines Attributs mit einer Konstanten:

    $attribut \; \theta \; konstante$

    Dabei sind die möglichen Vergleichssymbole θ abhängig vom Wertebereich, der dem Attribut zugrunde liegt und zu dem die Konstante passen muss.

- Eine *Attributselektion* ist ein Vergleich zwischen zwei Attributen mit kompatiblen Wertebereichen:

    $attribut_1 \; \theta \; attribut_2$

    Auch hier sind die verfügbaren Vergleichssymbole vom Wertebereich abhängig.

- Eine *Verbundbedingung*

    $relation_1.attribut = relation_2.attribut$

hat keine Entsprechung in der Relationenalgebra, da dort die Verbundbedingung in der Verknüpfungsvorschrift des natürlichen Verbundes implizit enthalten ist. Statt der Namen der Relationen ($relation_1$ und $relation_2$) können natürlich auch die Namen der in der **from**-Klausel optional eingeführten Tupelvariablen als Präfix auftauchen.

Ein Beispiel für die Anwendung einer Verbundbedingung ist der natürliche Verbund von WEINE und ERZEUGER, der alternativ zu der in Abschnitt 7.2.2 angegebenen Form auch mit einer **where**-Bedingung formuliert werden kann:

```
select Name, Jahrgang, ERZEUGER.Weingut
from WEINE, ERZEUGER
where WEINE.Weingut = ERZEUGER.Weingut
```

- Neben diesem natürlichen Verbund ist, wie in Abschnitt 7.2.2 erläutert, auch der Gleichverbund (zwischen beliebigen kompatiblen Attributen) und der θ-Verbund (mit beliebigen Vergleichsoperatoren) erlaubt.

- Eine *Bereichsselektion*

    ```
    attribut between konstante₁ and konstante₂
    ```

    ist eine Abkürzung für den Ausdruck

    $$konstante_1 \leq attribut \leq konstante_2$$

    und schränkt damit die Attributwerte auf das abgeschlossene Intervall

    $$[konstante_1, konstante_2]$$

    ein.

    ◀**Beispiel 7-14**▶ Ein Beispiel ist eine Anfrage zur Bestimmung aller Weine aus den Jahren 2000 bis 2005:

    ```
    select Name, Jahrgang from WEINE
    where Jahrgang between 2000 and 2005
    ```
    □

- Die *Ähnlichkeitsselektion* ist theoretisch ebenfalls nur eine Abkürzung – diesmal für eine disjunktiv, d.h. mit **or**, verknüpfte Bedingung – praktisch jedoch überhaupt nicht wegzudenken. Mit der Bedingung

    ```
    attribut like spezialkonstante
    ```

wird eine einfache Art des Ähnlichkeitsvergleichs in Zeichenketten ermöglicht. Die Spezialkonstante ist dabei eine Zeichenkette, die neben den normalen Zeichen die zwei Sondersymbole '%' und '_' enthalten kann. Hierbei steht '%' für kein oder beliebig viele Zeichen und '_' für genau ein Zeichen. Dies bedeutet, dass die Spezialkonstante eigentlich eine Menge konkreter Zeichenkettenkonstanten repräsentiert, die mit Hilfe der Sondersymbole gebildet werden. Die Bedingung ist nun genau dann erfüllt, wenn der Attributwert mit einer dieser Konstanten übereinstimmt.

Auf diese Weise kann nach Attributwerten gesucht werden, die zu einem Suchstring *ähnlich* sind – allerdings nur in der eingeschränkten Form der Zeichenersetzung.

◄**Beispiel 7-15**► Ein Beispiel ist die Suche nach einem Wein, dessen Name nicht exakt bekannt ist:

```
select * from WEINE
where Name like 'La Rose%'
```

Diese Anfrage liefert alle Weine, deren Name mit 'La Rose' beginnt und kann somit als Abkürzung für die folgende Anfrage aufgefasst werden:

```
select * from WEINE
where Name = 'La Rose'
      or Name = 'La RoseA' or Name = 'La RoseAA' ...
      or Name = 'La RoseB' or Name = 'La RoseBB' ...
      ...
      or Name = 'La Rose Grand Cru' ...
      or Name = 'La Rose Grand Cru Classe' ...
      or.Name = 'La RoseZZZZZZZZZZZZZ' ...
```

◻

Offensichtlich würde diese Anfrage ohne **like** in eine Aufzählung aller Möglichkeiten ausarten, beim Fehlen der Längenbegrenzung für Strings sogar in einer unendlich langen Liste der möglichen Konstanten.

Es sei angemerkt, dass der aktuelle SQL-Standard SQL:2003 noch ein weitergehendes Prädikat **similar to** einführt, das auch reguläre Ausdrücke in der Spezialkonstanten erlaubt, bzw. dass einige Systeme eigene Prädikate mit erweiterten Möglichkeiten anbieten.

- Eine *Nullselektion* wählt Tupel aus, die in einem gegebenem Attribut Nullwerte enthalten. Diese Selektion wird durch das spezielle Prädikat

    attribut **is null**

beschrieben. Mit allen bisher vorgestellten Prädikaten kann nur auf Werte aus dem Wertebereich der Attribute zugegriffen werden – ein Vergleich mit einem Nullwert würde in diesem Fall immer **false** liefern.

◄**Beispiel 7-16**► Beispielsweise werden mit der folgenden Anfrage alle Weingüter ermittelt, zu denen kein Anbaugebiet angegeben ist:

```
select * from ERZEUGER
where Anbaugebiet is null
```

□

- *Quantifizierte Bedingungen* sind möglich, wenn eines der beiden Argumente in einem Vergleich eine Menge von Attributwerten zurückliefert. In Abschnitt 10.1.3 werden die hierfür benötigten Quantoren **all**, **any**, **some** und **exists** näher besprochen.

- Sämtliche Bedingungen können natürlich zu komplexen booleschen Ausdrücken verknüpft werden. Dazu werden die logischen *Konnektoren* **or**, **and** und **not** wie im Relationenkalkül auf die Einzelbedingungen angewendet.

In Abschnitt 7.2.6 werden wir darüber hinaus noch darauf eingehen, wie SFW-Blöcke innerhalb der **where**-Klausel geschachtelt werden können.

Bezug zum Tupelkalkül

Die **where**-Klausel des SFW-Blocks entspricht der qualifizierenden Formel in Tupelkalkülanfragen. Das Binden von Tupelvariablen auf der oberen Ebene erfolgt ausschließlich im **from**-Teil; im **where**-Teil können allerdings Unteranfragen mit Quantoren auftauchen, in denen neue Variablen gebunden werden können.

Die erlaubten atomaren Formeln entsprechen (bis auf die erwähnten Besonderheiten von SQL) denen des Tupelkalküls, also insbesondere etwa Gleichheitsanfragen mit = sowie Vergleichen mittels < und >. Die logischen Konnektive $\wedge$, $\vee$ und $\neg$ sind mit **and**, **or** und **not** bezeichnet.

Als Beispiel betrachten wir die Umsetzung der folgenden Anfrage in den Tupelkalkül:

```
select Name, Jahrgang
from WEINE, ERZEUGER
where WEINE.Weingut = ERZEUGER.Weingut and
      ( Anbaugebiet = 'Saint-Emilion' or
        Anbaugebiet = 'Pomerol' )
```

Der entsprechende Kalkülausdruck lautet nun wie folgt:

$$\{\langle w.\text{Name}, w.\text{Jahrgang}\rangle \mid w \in \text{WEINE} \land e \in \text{ERZEUGER}$$
$$\land\, w.\text{Weingut} = e.\text{Weingut}$$
$$\land\, (e.\text{Anbaugebiet} = \text{'Saint-Emilion'} \lor e.\text{Anbaugebiet} = \text{'Pomerol'})\}$$

7.2.5 Mengenoperationen

Die Mengenoperationen sind in der Relationenalgebra sehr restriktiv nur über Relationen mit dem gleichen Relationenschema definiert. In SQL wird dagegen der Benennung von Attributen keine so entscheidende Bedeutung beigemessen. Statt dessen sind die Mengenoperationen auf Mengen *kompatibler Attribute* erlaubt. Attribute sind kompatibel zueinander, wenn sie kompatible Wertebereiche haben. Zwei Wertebereiche sind kompatibel, wenn sie

- gleich sind oder

- beides auf **character** basierende Wertebereiche sind (unabhängig von der Länge der Strings) oder

- beides numerische Wertebereiche sind (unabhängig vom genauen Typ wie **integer** oder **float**).

Kompatible Attribute können in Vergleichen und Mengenoperationen benutzt werden.

Grundsätzlich wird in SQL nur die Vereinigung als Operator benötigt, die Differenz (und damit dann auch der Durchschnitt) sind über eine Schachtelung innerhalb der **where**-Klausel simulierbar (siehe Abschnitt 7.2.6). Dennoch bietet der SQL-Standard seit der SQL-92-Fassung neben dem **union**-Operator für die Vereinigung auch die anderen beiden Mengenoperationen *Durchschnitt* als **intersect** und *Differenz* als **except**[2] an, die orthogonal in Anfragen eingesetzt werden können.

Der Standardfall ist die Verbindung von zwei SFW-Blöcken über eine Mengenoperation:

SFW-Block$_1$ mengenop SFW-Block$_2$

Dies setzt voraus, dass die beiden SFW-Blöcke die gleiche Anzahl von Attributen aufweisen und die positionsweise korrespondierenden Attribute jeweils kompatibel sind.

In der SQL-Umsetzung der Relationenalgebraanfrage aus Beispiel 4-12 von Seite 102

---

[2]Unter Oracle heißt der Differenzoperator **minus**.

```
select Name from WEINLISTE
union
select Wein from EMPFEHLUNG
```

müssen demnach die Attribute Name und Wein kompatibel sein. Im Ergebnis setzen sich die Attributnamen des linken (bzw. im obigen Beispiel des oberen) Operanden durch, d.h., das Ergebnisschema besteht in unserem Beispiel aus dem Attribut Name.

Im ersten SQL-Standard SQL-89 war die Vereinigung nur als äußerste Operation erlaubt. Eine mit **union** abgeleitete Relation konnte damit nicht in eine andere Anfrage eingesetzt werden, auch wenn die abgeleitete Relation als Sicht definiert ist. SQL-89 ist somit nicht abgeschlossen und die **union**-Operation nicht orthogonal einsetzbar.

Im aktuellen Standard sind die Mengenoperationen jedoch orthogonal und es lassen sich auch Anfragen der folgenden Form formulieren:

```
select *
from (select Weingut from ERZEUGER
      except select Weingut from WEINE)
```

Diese Anfrage, welche die Anzahl der Weingüter ermittelt, von denen keine Weine verfügbar sind, kann sogar noch weiter vereinfacht werden: Mithilfe der **corresponding**-Klausel werden zwei Relationen nur über ihren gemeinsamen Bestandteilen vereinigt. Die folgende Anfrage liefert somit das gleiche Ergebnis:

```
select *
from ERZEUGER except corresponding WEINE
```

Zusätzlich kann über **by** die Attributliste angegeben werden, über der die Mengenoperation vorgenommen werden soll:

```
select *
from ERZEUGER except corresponding by (Weingut) WEINE
```

Bei den drei Mengenoperationen werden als Ergebnis tatsächlich auch Mengen von Tupeln berechnet, also Duplikate eliminiert. Dies kann auch explizit durch die Notation **union distinct** formuliert werden, ist jedoch der Standardfall. Verwendet man aber statt **union** bzw. **union distinct** die Kombination **union all**, so wird auf die Duplikateliminierung verzichtet und eine Multimenge erzeugt. Falls die beiden beteiligten Relationen also n bzw. m Tupel beinhalten, hat das Ergebnis von **union all** immer $n+m$ Tupel, auch wenn einige Ergebnistupel in der Schnittmenge beider Relationen liegen. In gleicher Weise kann die Duplikateliminierung bei **intersect** und **except** unterdrückt werden.

In Abbildung 7.2 ist die Wirkung der verschiedenen Varianten am Beispiel der **union**-Operation noch einmal verdeutlicht.

R	A	B	C
	1	2	3
	2	3	4

S	A	C	D
	2	3	4
	2	4	5

R union S	A	B	C
	1	2	3
	2	3	4
	2	4	5

R union all S	A	B	C
	1	2	3
	2	3	4
	2	3	4
	2	4	5

R union corresponding S	A	C
	1	3
	2	4
	2	3

R union corresponding by (A) S	A
	1
	2

*Abbildung 7.2: Varianten der **union**-Operation in SQL*

7.2.6 Schachtelung von Anfragen

SQL erlaubt die Schachtelung von Anfragen, d.h. es können Anfragen bzw. SFW-Blöcke in eine andere Anfrage eingesetzt werden. In Abschnitt 7.2.2 haben wir dies schon für die **from**-Klausel gesehen, nun wollen wird dies auch für die **where**-Klausel betrachten. Darüber hinaus ist im aktuellen Standard auch die Möglichkeit einer Schachtelung in der **select**-Klausel eingeführt, dies ist aber erst Gegenstand der objektrelationalen Erweiterungen, die wir in Kapitel 17 behandeln.

Beim Einsetzen eines SFW-Blocks in die **where**-Klausel entsteht das Problem, dass der SFW-Block im Allgemeinen eine Menge liefert und die Standardvergleiche aus Abschnitt 7.2.4 somit nicht anwendbar sind.

Für Vergleiche mit Wertemengen gibt es in SQL daher zwei Möglichkeiten:

- Man benutzt die Standardvergleiche in Verbindung mit den Quantoren **all** ($\forall$) oder **any** ($\exists$). Diese Möglichkeit werden wir in Abschnitt 10.1.3 vorstellen.

- Man benutzt spezielle Prädikate für den Zugriff auf Mengen, konkret **in** und **exists**.

Das in-Prädikat und geschachtelte Anfragen

Mit dem in-Prädikat kann geprüft werden, ob ein Attributwert in einer Wertemenge enthalten ist. Hierbei kann die Wertemenge auch durch eine Anfrage berechnet werden. Syntaktisch wird dies als Teil einer where-Bedingung wie folgt formuliert:

```
attribut in ( SFW-block )
```

Das in-Prädikat liefert für das aktuelle Tupel somit true, wenn der Wert des Attributs in der in Klammern angegebenen bzw. in der durch den SFW-Block berechneten Menge vorkommt. Das Attribut auf der linken Seite muss dabei kompatibel zum Ergebnisschema der inneren Anfrage sein.

◄**Beispiel 7-17**► Die folgende Anfrage ermittelt alle Weine aus der Region Bordeaux:

```
select Name
from WEINE
where Weingut in (
    select Weingut from ERZEUGER
    where Region='Bordeaux')
```

Die Ausführung der Anfrage kann man sich folgendermaßen vorstellen:

1. Die innere Anfrage zu den Weingütern aus Bordeaux wird ausgewertet. Das Ergebnis wird als Menge von Konstanten in die äußere Anfrage hinter in eingesetzt.

2. Die so modifizierte Anfrage

    ```
    select Name
    from WEINE
    where Weingut in (
        'Château La Rose', 'Château La Point')
    ```

    wird ausgeführt und liefert das gewünschte Ergebnis:

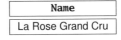

Name
La Rose Grand Cru

□

Es sei angemerkt, dass dies nur eine konzeptionelle Interpretation der Auswertung einer geschachtelten Anfrage ist. Tatsächlich kann die obige Anfrage in einen Verbund der Form

```
select Name
from WEINE natural join ERZEUGER
where Anbaugebiet = 'Bordeaux'
```

umgeschrieben und vom DBMS über einen effizienten Verbundalgorithmus berechnet werden.

Mit Hilfe des unären logischen Konntektors **not** kann das **in**-Prädikat auch negiert werden – es liefert dann **true**, wenn der aktuelle Attributwert *nicht* in der Wertemenge enthalten ist. Auf diese Weise kann beispielsweise die Differenz zweier Relationen ohne Nutzung der **except**-Operation berechnet werden. Dies ist teilweise bei älteren bzw. nicht standardkonformen SQL-Systemen notwendig.

◄**Beispiel 7-18**► Die Relationenalgebraanfrage

$$\pi_{\text{Weingut}}(\text{ERZEUGER}) - \pi_{\text{Weingut}}(\text{WEINE})$$

kann so etwa auch durch folgende geschachtelte SQL-Anfrage umgesetzt werden:

```
select Weingut from ERZEUGER
where Weingut not in (
   select Weingut from WEINE )
```

□

Das exists-Prädikat

Das **exists**-Prädikat ist eine sehr einfache Form der Schachtelung, die nur testet, ob das Ergebnis der inneren Anfrage nicht leer ist. Demzufolge wird es als Teil einer **where**-Bedingung in dieser Form notiert:

```
exists ( SFW-block )
```

Auch das **exists**-Prädikat kann natürlich mit **not** negiert werden und testet dann auf die leere Menge.

Beispiele mit dem **exists**-Prädikat werden wir im folgenden Abschnitt geben.

Bezug zum Tupelkalkül

Das **in** und das **exists**-Prädikat entsprechen dem ∃-Quantor des Tupelkalküls. Die anderen Schachtelungsoperatoren von SQL können ebenfalls auf Quantoren zurückgeführt werden; ein expliziter ∀-Quantor existiert nicht, kann aber aufgrund der Beziehung $\forall \varphi \equiv \neg \exists \neg \varphi$ mittels **exists** simuliert werden.

Verzahnt geschachtelte Anfragen

In den bisherigen Beispielen für geschachtelte Anfragen konnte die innere Anfrage (auch Unteranfrage genannt) immer unabhängig von der äußeren Anfrage ausgewertet werden. Es ist aber auch möglich, in der inneren Anfrage auf die Relation(en) der äußeren Anfrage zuzugreifen, indem die Relationennamen bzw. die Tupelvariablen aus der **from**-Klausel der äußeren Anfrage referenziert werden. In diesem Fall spricht man von *verzahnt geschachtelten Anfragen* bzw. von *korrelierten Unteranfragen*.

Betrachten wir hierzu folgende Anfrage:

◂**Beispiel 7-19**▸ Gesucht werden alle Weingüter, die einen 1999er Rotwein anbieten können:

```
select * from ERZEUGER
where 1999 in (
    select Jahrgang from WEINE
    where Farbe='Rot' and WEINE.Weingut = ERZEUGER.Weingut)
```

Konzeptionell kann die Abarbeitung wieder wie folgt interpretiert werden:

1. In der äußeren Anfrage wird das erste ERZEUGER-Tupel untersucht. Entsprechend unserer Beispieldaten aus Abbildung 4.2 auf Seite 87 ist dies das Weingut Creek aus dem Barossa Valley. Dieses wird in der inneren Anfrage eingesetzt.

2. Die innere Anfrage

    ```
    select Jahrgang from WEINE
    where Farbe='Rot' and WEINE.Weingut = 'Creek'
    ```

    wird ausgewertet. Sie liefert in diesem Fall die Werteliste (2003, 2001).

3. Das Ergebnis der inneren Anfrage wird in die äußere eingesetzt. Da das Prädikat „1999 **in** (2003, 2001)" den Wert **false** annimmt, wird dieses Weingut im Ergebnis nicht berücksichtigt.

4. In der äußeren Anfrage wird das zweite ERZEUGER-Tupel untersucht. Der obige Vorgang wiederholt sich, bis alle Tupel bearbeitet sind und das Ergebnis Pinot Noir mit der WeinID 3478 geliefert wird.

□

Wie oben beschrieben kann auch die Anfrage aus Beispiel 7-19 in einen Verbund umgewandelt und somit effizienter ausgewertet werden:

```
select ERZEUGER.*
from ERZEUGER natural join WEINE
where Jahrgang=1999 and Farbe='Rot'
```

Allgemein gilt, dass Anfragen, bei denen die innere Anfrage ein Verbundprädikat mit einem Verweis auf die äußere Anfrage beinhaltet, in einen Verbund umgeschrieben werden können. Details hierzu sowie zu weiteren Fällen können der einschlägigen Literatur entnommen werden [Kim82, SHS05].

Möchte man in der inneren und der äußeren Anfrage in der **from**-Klausel jeweils die gleiche Relation nutzen, so müssen Tupelvariablen eingeführt werden.

◀**Beispiel 7-20**▶ So liefert die folgende Anfrage die Namen aller Weingüter, die sowohl Rot- als auch Weißweine liefern (genauer gesagt: Weine unterschiedlicher Farbe):

```
select Weingut from WEINE w1
where Weingut in (
    select Weingut from WEINE w2
    where w1.Farbe <> w2.Farbe)
```

□

Das oben eingeführte **exists**-Prädikat bietet sich besonders für den Einsatz in verzahnt geschachtelten Anfragen an:

◀**Beispiel 7-21**▶ Mit der folgenden Anfrage werden die Weingüter aus der Region Bordeaux ermittelt, von denen keine Weine gespeichert sind:

```
select * from ERZEUGER e
where Region = 'Bordeaux' and not exists (
    select * from WEINE
    where Weingut = e.Weingut)
```

□

Mit Hilfe von **not exists** kann auch der Allquantor bzw. die relationale Division aus Abschnitt 4.2.2 simuliert werden.

◀**Beispiel 7-22**▶ In Anlehnung an Beispiel 4-15 von Seite 105 berechnet die folgende Anfrage die Weine, die von allen in der Relation GUIDES gespeicherten Kritikern empfohlen werden:

```
select distinct Wein
from WEIN_EMPFEHLUNG w1
where not exists (
    select *
    from WEIN_EMPFEHLUNG w2
    where w1.Wein=w2.Wein and not exists (
        select *
        from GUIDES
        where GUIDES.Kritiker=w2.Kritiker))
```

In verbaler Form bedeutet die Anfrage: „Gib alle Weine aus, so dass kein Wein existiert, der nicht von allen Kritikern in der Relation GUIDES empfohlen wurde." Letztere Weine werden durch die erste innere Anfrage (**select** * **from** WEIN_EMPFEHLUNG w2 ...) ermittelt – für die Beispieldaten ist dies der Riesling Reserve. Dieser Wein wird dann mit der äußeren Anfrage von der Liste aller Weine abgezogen. □

Tupelbildung und Tupelvergleiche

Im Vergleich zur Relationenalgebra sind in SQL viel allgemeinere Operanden von Vergleichen innerhalb der **where**-Klausel möglich. So sind neben Attributen und Konstanten in allen Vergleichen mit den üblichen Vergleichssymbolen auch sogenannte *Tupelbildungen* (Row Constructors) zugelassen, die *ein* Tupel aus Konstanten oder Attributen bilden.

Mithilfe dieser Konstruktoren werden Tupel bestehend aus Attributen und Konstanten (sowie arithmetischen Ausdrücken über diesen) gebildet. Dies geschieht über die Auflistung dieser Elemente innerhalb von runden Klammern:

(Element$_1$, ..., Element$_n$)

Dabei können die runden Klammern weggelassen werden, wenn nur ein Element innerhalb der Tupelbildung steht. Dies führt uns auf den oben bereits behandelten Normalfall zurück. Außerdem sind Anfragen, die genau einen Wert zurückliefern und ebenfalls in runden Klammern stehen, ebenso Tupelbildungen.

So konstruierte Tupel können nun innerhalb der **where**-Klausel verwendet werden. Ein Beispiel dafür ist folgender Teil einer Anfrage, bei dem die Bedingung wahr ist, falls Name und Jahrgang des Rotweins den beiden vorgegebenen Konstanten entspricht:

```
...where ( select Name, Jahrgang
           from WEINE
           where Farbe = 'Rot')
       =
       ('Zinfandel', 2004)
```

Bei den Tupelbildungen, die in einem Vergleich vorkommen, muss die Anzahl der Attribute übereinstimmen. Außerdem müssen die Attribute kompatibel (siehe Abschnitt 7.2.5) sein.

Während die Vergleiche = und <> auf Tupeln leicht zu definieren sind (alle Komponenten müssen gleich sein bzw. mindestens eine Komponente muss ungleich sein), muss man sich bei den anderen Vergleichen auf eine Semantik einigen: In SQL ist der Vergleich

$$(a_1,\ldots,a_n) < (b_1,\ldots,b_n)$$

wahr, wenn ein j existiert, für das $a_j < b_j$ und $a_i = b_i$ für alle $i < j$ gilt. Dies entspricht der lexikographischen Ordnung.

7.2.7 Mächtigkeit des SQL-Kerns

Vergleicht man die Klauseln des SQL-Kerns mit der Relationenalgebra, so erkennt man, dass jede Operation der Relationenalgebra durch eine oder mehrere Klauseln des SQL-Anfrageteils abgedeckt wird. Während der SFW-Block bereits alle Operationen (außer der Vereinigung) darstellen kann, ist die Vereinigung eine Extraoperation. Im SQL-Standard sind darüber hinaus alle Mengenoperationen sowie diverse Verbundvarianten explizit als Operation eingeführt. Weiterhin wird durch eine mögliche Schachtelung in der **from**-Klausel die Ähnlichkeit mit der Relationenalgebra noch verstärkt.

In Tabelle 7.2 sind die korrespondierenden Algebraoperationen und SQL-Klauseln noch einmal tabellarisch gegenübergestellt.

Relationenalgebra	SQL
Projektion	**select distinct**
Selektion	**where** ohne Schachtelung
Verbund	**from**, **where**
	from mit **join** oder **natural join**
Umbenennung	**from** mit Tupelvariable
	as (siehe Abschnitt 7.2.2)
Differenz	**where** mit Schachtelung
	except corresponding
Durchschnitt	**where** mit Schachtelung
	intersect corresponding
Vereinigung	**union corresponding**

Tabelle 7.2: Vergleich der Relationenalgebra mit SQL

7.3 Änderungsoperationen in SQL

Bisher wurden als Operationen auf den Basisrelationen nur Anfragen ohne Veränderung der Basisrelationen selbst besprochen. Jetzt gehen wir zu Änderungsoperationen (Update-Operationen) über, welche die Basisrelationen auch verändern können.
Die Änderungsoperationen des Relationenmodells sind:

- Einfügen von Tupeln in Basisrelationen,

- Löschen von Tupeln aus Basisrelationen und
- Ändern von Tupeln in Basisrelationen.

Diese Operationen sind jeweils als

- Ein-Tupel-Operationen (etwa die Erfassung einer neuen Ausleihung) und
- Mehr-Tupel-Operationen (erhöhe das Gehalt aller Mitarbeiter um 4,5%)

zu finden. In SQL werden vor allem Mehr-Tupel-Operationen unterstützt. Das Löschen und das Ändern von einzelnen Tupeln wird über Mehr-Tupel-Operationen simuliert. Das komplexere Problem, Einfügen, Löschen und Ändern von Tupeln auch auf Sichten zu definieren, werden wir erst in Kapitel 14 betrachten. In kommerziellen Datenbanksystemen werden oft Änderungsoperationen auch menü- oder formulargesteuert angeboten, was den Benutzerkomfort gegenüber den etwas primitiven SQL-Operationen im Ein-Tupel-Fall erhöht.

7.3.1 Übersicht über Änderungen in SQL

In SQL werden die folgenden Änderungsoperationen unterstützt:

- Die **insert**-Anweisung ermöglicht das Einfügen eines oder mehrerer Tupel in eine Basisrelation oder Sicht.
- Mittels **update** können ein oder mehrere Tupel in einer Basisrelation oder Sicht geändert werden.
- Die **delete**-Anweisung realisiert das Löschen eines oder mehrerer Tupel aus einer Basisrelation oder Sicht.

Allgemein werden alle Änderungsoperationen zurückgewiesen, welche die definierten Integritätsbedingungen verletzen.

7.3.2 Die **update**-Anweisung

Syntaktisch wird eine Attributänderung mit der **update**-Anweisung wie folgt notiert:

```
update relationenname
set    attribut₁ = ausdruck₁, ..., attributₙ = ausdruckₙ
[ where bedingung ]
```

Die Wirkung der **update**-Anweisung kann wie folgt charakterisiert werden: In allen Tupeln der Relation *relationenname*, die *bedingung* erfüllen, werden die Attributwerte wie angegeben ersetzt.

◀**Beispiel 7-23**▶ In einem Beispiel betrachten wir die folgende Tabelle:

WEINE	WeinID	Name	Farbe	Jahrgang	Weingut	Preis
	2168	Creek Shiraz	Rot	2003	Creek	7.99
	3456	Zinfandel	Rot	2004	Helena	5.99
	2171	Pinot Noir	Rot	2001	Creek	10.99
	3478	Pinot Noir	Rot	1999	Helena	19.99
	4711	Riesling Reserve	Weiß	1999	Müller	14.99
	4961	Chardonnay	Weiß	2002	Bighorn	9.90

Die folgende Änderungsanweisung, die alle Weine aus den Jahren vor 2000 im Preis um 10% erhöht, zeigt das Zusammenspiel zwischen **where**-Klausel und **update**-Anweisung:

```
update WEINE
set Preis = Preis * 1.10
where Jahrgang < 2000
```

Dieses Beispiel zeigt außerdem, dass der alte Attributwert zur Berechnung des neuen Wertes herangezogen werden kann. Das Ergebnis ist die folgende veränderte Basisrelation:

WEINE	WeinID	Name	Farbe	Jahrgang	Weingut	Preis
	2168	Creek Shiraz	Rot	2003	Creek	7.99
	3456	Zinfandel	Rot	2004	Helena	5.99
	2171	Pinot Noir	Rot	2001	Creek	10.99
	3478	Pinot Noir	Rot	1999	Helena	21.99
	4711	Riesling Reserve	Weiß	1999	Müller	16.49
	4961	Chardonnay	Weiß	2002	Bighorn	9.90

□

Attributänderungen mittels **update** sind jeweils Mehr-Tupel-Operationen. Eine Ein-Tupel-Operation kann durch Angabe eines Schlüssels in der **where**-Bedingung erfolgen.

◄**Beispiel 7-24**► Wenn WeinID als Schlüssel in unserer Beispielrelation definiert wurde, dann ist folgende Anweisung eine Ein-Tupel-Operation:

```
update WEINE
set Preis = 7.99
where WeinID = 3456
```

□

Erfolgt keine Angabe hinter **where**, betrifft die Änderung die gesamte Relation.

◄**Beispiel 7-25**► So setzt die Anweisung

```
update WEINE
set Preis = 11
```

die Preise *aller* Weine auf 11 Euro.

□

7.3.3 Die delete-Anweisung

Syntaktisch wird das Löschen von Tupeln aus einer Relation in SQL wie folgt notiert:

```
delete from relationenname
[ where bedingung ]
```

Der Effekt einer derartigen Anweisung ist das Löschen aller Tupel, die das Selektionsprädikat hinter **where** erfüllen, aus der betreffenden Relation.

◄**Beispiel 7-26**► Das Löschen eines Tupels in unserer WEINE-Relation kann wie folgt notiert werden:

```
delete from WEINE
where WeinID = 4711
```
□

Wie bei der **update**-Anweisung müssen derartige Ein-Tupel-Operationen durch Angabe eines Schlüsselwertes erzwungen werden. Der Standardfall ist das Löschen mehrerer Tupel.

◄**Beispiel 7-27**► Mit der folgenden Anweisung werden alle Weißweine aus der Relation gelöscht.

```
delete from WEINE
where Farbe = 'Weiß'
```
□

Natürlich kann auch die gesamte Relation gelöscht werden:

◄**Beispiel 7-28**►

```
delete from WEINE
```
□

Man beachte den Unterschied zur **drop table**-Anweisung: mit **delete** werden nur die Tupel gelöscht, die (leere) Tabelle bleibt erhalten. Dagegen entfernt **drop table** auch das Relationenschema aus dem Data Dicitionary.

Löschoperationen können allerdings zur Verletzung von Integritätsbedingungen führen, so dass sie vom DBMS auch abgewiesen werden können.

◄**Beispiel 7-29**► Die folgende Anweisung verletzt eine Fremdschlüsseleigenschaft unserer Beispielmodellierung, da noch Weine von diesen Erzeugern vorhanden sind:

```
delete from ERZEUGER
where Anbaugebiet = 'Hessen'
```
□

7.3.4 Die insert-Anweisung

Für die **insert**-Anweisung gibt es zwei unterschiedliche Formen: Das Einfügen von konstanten Tupeln sowie das Einfügen berechneter Tupel (aus anderen Relationen). Der erste Fall wird wie folgt syntaktisch notiert:

    insert into *relationenname* [(*attribut$_1$*, ..., *attribut$_n$*)]
      values (*konstante$_1$*, ..., *konstante$_n$*)

Die optionale Attributliste ermöglicht das Einfügen von unvollständigen Tupeln: Nicht aufgeführte Attribute werden auf **null** gesetzt. Auch wird die Zuordnung der Werte zu den Attributen durch die Reihenfolge festgelegt. Fehlt die optionale Attributliste, müssen alle Attribute der ursprünglichen **create table**-Deklaration mit Werten besetzt werden, wobei die Reihenfolge der Attribute aus der DDL-Anweisung übernommen wird.

◄**Beispiel 7-30**► Die folgende Anweisung fügt ein Tupel mit einem neuen Erzeuger in die ERZEUGER-Relation ein:

    insert into ERZEUGER (Weingut, Region)
    values ('Wairau Hills', 'Marlborough')

Da nicht alle Attribute angegeben sind, wird der Wert des fehlenden Attributs Anbaugebiet auf **null** gesetzt.

Die folgende Anweisung kommt dagegen ohne die explizite Angabe einer Attributliste aus:

    insert into ERZEUGER
    values ('Château Lafitte', 'Medoc', 'Bordeaux')

Die Reihenfolge der Werte hinter **values** entspricht dabei der Reihenfolge der Definition aus Beispiel 7-6.   □

Das Einfügen von aus der Datenbank berechneten Tupelmengen wird syntaktisch in SQL wie folgt notiert:

    insert into *relationenname* [(*attribut$_1$*, ..., *attribut$_n$*)]
      (*SQL-anfrage*)

Die Attributliste hat dieselbe Bedeutung wie im Ein-Tupel-Fall; die einzufügenden Werte können mittels einer beliebigen Anfrage berechnet werden.

◄**Beispiel 7-31**► Zur Illustration erweitern wir unser Weinszenario um eine Relation LIEFERANT (LName, ProdID, ProdName, ProdJahr), die Weinlieferanten mit den Namen LName sowie die von ihnen gelieferten Produkte enthält. Unter der Annahme, dass der Lieferant Wein-Kontor die Rotweine von Château Lafitte liefert, können wir diese Weine durch folgende Anfrage in die WEINE-Relation übernehmen:

```
insert into WEINE (
    select ProdID, ProdName, 'Rot', ProdJahr, 'Château Lafitte'
    from LIEFERANT
    where LName = 'Wein-Kontor' )
```

Dieses Beispiel zeigt weiterhin, dass durch Einsetzen von Konstanten im **select**-Teil berechnete Werte mit vorgegebenen Werten kombiniert werden können und dass die Zuordnung nur über die Position in der Projektionsliste erfolgt. □

7.3.5 Probleme bei SQL-Änderungen

Mit den drei Änderungsoperationen in SQL verbinden sich einige allgemeine Probleme. Das erste Problem ist, dass nur *Ein-Relationen-Änderungen* realisiert sind. So werden etwa Fremdschlüssel noch nicht berücksichtigt, obwohl diese Bedingungen in der DDL spezifiziert werden können.

Ändert sich der Name eines Angestellten, der Bestandteil des Schlüssels in der Relation ERZEUGER ist, muss der Fremdschlüssel in der Relation WEINE explizit ebenfalls geändert werden:

```
update ERZEUGER
set Weingut = 'Beringer'
where Weingut = 'Helena'

update WEINE
set Weingut = 'Beringer'
where Weingut = 'Helena'
```

Diese Änderung muss so per Hand durchgeführt werden, obwohl dem System die notwendigen Informationen für eine automatische Änderung vorliegen. Erschwerend kommt hinzu, dass zwischen den beiden Änderungen natürlich die Fremdschlüsselbedingung verletzt wird.

Etwas umständlich gerade beim Umgang mit größeren Datenmengen ist auch, dass Einfügen und Ändern nicht zusammen im Sinne von „Füge ein bzw. aktualisiere, falls schon vorhanden" ausgeführt werden können. So schlägt **insert** fehl, wenn die Primärschlüsselbedingung verletzt ist – die betroffenen Tupel müssen anschließend per **update** geändert werden. Einige DBMS-Hersteller bieten hierfür jedoch inzwischen (proprietäre) Erweiterungen[3].

Allgemein sind die Änderungsoperationen nicht sehr komfortabel für Anwender. Auch gibt es eine Reihe von folgenschweren Fehlermöglichkeiten – das Ändern oder Löschen einer ganzen Relation ist der einfachste Fall, der bereits bei kleinen Fehlern in der **where**-Klausel eintreten kann.

---

[3] Ein Beispiel dafür ist die **merge**-Anweisung in Oracle

7.4 Zusammenfassung

In diesem Kapitel haben wir die Teile von SQL vorgestellt, die mit den Konzepten des Relationenmodells sowie der relationalen Anfragemodelle aus Kapitel 4.1 korrespondieren. Die wichtigsten Begriffe davon sind noch einmal in Tabelle 7.3 zusammengefasst.

Begriff	**Informale Bedeutung**
SQL	Structured Query Language; ISO-Standard für (relationale) Datenbanksprache
DDL	Datendefinitionssprache; in SQL der Teil mit **create**-Anweisungen
DML	Datenmanipulationssprache mit Änderungsoperationen
Tabelle	SQL-Bezeichnung für Relation ohne Mengensemantik
SFW-Block	Grundstruktur einer SQL-Anfrage; bezeichnet **select**-, **from**- und (optionale) **where**-Klausel
select-Klausel	Element einer SQL-Anfrage zur Formulierung der Projektion
from-Klausel	Element einer SQL-Anfrage zur Angabe der verwendeten Tabellen
where-Klausel	optionales Element einer SQL-Anfrage zur Formulierung der Selektionsbedingung
Tupelvariable	spezielle Variable innerhalb einer SQL-Anfrage, die als Wertebereich die Menge aller Tupel der zugeordneten Relation besitzt
geschachtelte Anfrage	Anfrage, bei der ein vollständiger SFW-Block in einer der Klauseln eingesetzt ist
Nullwert	spezieller Wert für „Wert unbekannt" oder „nicht anwendbar"

Tabelle 7.3: Wichtige Begriffe zum relationalen Teil von SQL

Über diese Konzepte hinaus bietet SQL noch eine Vielzahl weiterer Konstrukte sowohl für den Datendefinitionsteil wie Integritätsbedingungen (Kapitel 12), Sichten (Kapitel 14) und benutzerdefinierte Datentypen (Kapitel 17) sowie für den Anfrageteil.

7.5 Vertiefende Literatur

Die Ur-SQL-Version SEQUEL wird in [CB74, CAE+76] eingeführt. Die aktuellen Standardisierungsdokumente sind [Int03a, Int03b] – allerdings ist der Zugriff darauf kostenpflichtig[4].

Eine ausführliche Beschreibung von SQL nach dem Standard SQL-92 ist im Klassiker von Date und Darwen [DD97a], dessen deutsche Fassung [DD98] sowie im Buch von Melton und Simon [MS93] zu finden. Eine umfassende Darstellung der neueren Fassungen von SQL geben die Bücher von Melton und Simon [MS01] sowie von Türker [Tür03]. Letzteres behandelt den aktuellen SQL:2003-Standard und zeigt darüber hinaus auch die Umsetzung in den kommerziellen Systemen.

Viele Beispiele für die praktische Arbeit mit SQL gibt Celko in seiner Buchreihe [Cel05, Cel06], in der auch spezielle Aspekte wie die Verwaltung von Hierarchien und Graphen behandelt werden.

7.6 Übungsaufgaben

Übung 7-1 Geben Sie die Tabellendefinition in SQL für die Relation REBSORTE aus Anhang A.2 an. Berücksichtigen Sie dabei insbesondere sinnvolle Integritätsbedingungen (Primärschlüssel, Wertemenge für Farbe). □

Übung 7-2 Geben Sie die SQL-Tabellendefinition für die Relation HERGESTELLT_AUS zunächst noch ohne referentielle Integritätsbedingungen an. Fügen Sie anschließend die Fremdschlüsselbedingungen nachträglich hinzu. □

Übung 7-3 Formulieren Sie die Anfragen aus Übung 4-4 in SQL. □

Übung 7-4 Formulieren Sie die Anfragen aus den Übungen 4-6 und 4-7 von Seite 116, sofern möglich in SQL. □

Übung 7-5 Formulieren Sie in SQL folgende Anfragen jeweils mit und ohne Schachtelung in der **where**-Klausel:

1. Gesucht sind alle Weine, die von einem Kritiker empfohlen werden.
2. Man ermittle alle Rebsorten, die in Bordeaux-Weinen verwendet werden.
3. Es sind alle Erzeuger zu bestimmen, die keinen Rotwein produzieren. □

---

[4]Drafts der Standarddokumente sind unter http://www.wiscorp.com/SQLStandards.html zu finden.

Übung 7-6 Formulieren Sie auf den Relationen aus Anhang A.2 folgende Änderungsoperationen in SQL:

1. Fügen Sie eine neue Rebsorte Grüner Veltiner (weiß) ein.
2. Ändern Sie die Bezeichnung der Region South Australia in Australien. □

Übung 7-7 Definieren Sie in SQL zwei neue Tabellen ROTWEINE und WEISSWEINE mit dem gleichen Schema wie WEINE und fügen Sie die Tupel aus WEINE entsprechend der Farbe in die neuen Tabellen ein. □

Teil II

Erweiterte Konzepte für relationale Datenbanken

8

Erweiterte Entwurfsmodelle

Im ersten Teil des Buches haben wir bereits das Entity-Relationship-Modell (kurz: ER-Modell) als Entwurfsmodell für Datenbestände kennengelernt, das sich durch die Beschränkung auf wenige Konzepte auszeichnet. Derart universelle einfache Ansätze sind zwar in der Lage, beliebige Datenbestände tatsächlich zu modellieren, bieten aber für spezielle Situationen oft keine eleganten und adäquaten Beschreibungen.

Das ER-Modell kann um Konzepte zur Beschreibung spezieller Modellierungsmuster erweitert werden. Diese Muster korrespondieren mit semantischen Beziehungen, wie sie in der Wissensrepräsentation und in der Computerlinguistik eingesetzt sind. Hierzu gehören insbesondere die Spezialisierung mit Vererbung und die Aggregation von Objekten. Anhand eines konkreten erweiterten ER-Modells, dem EER-Modell, werden derartige Konzepte detailliert vorgestellt.

Im allgemeinen Softwareentwurf haben sich objektorientierte Modelle weitgehend durchgesetzt. Wir werden den Bezug zu erweiterten ER-Modellen anhand der verbreiteten UML-Notation vorstellen.

8.1 Erweiterungen des ER-Modells

Bisher haben wir das klassische ER-Modell nur um spezielle Konzepte angereichert, die in Modellierungen oft benötigt werden, etwa spezielle Einschränkungen für Beziehungstypen wie Kardinalitätsangaben. All diese Erweiterungen lassen aber die vier Kernkonzepte des ER-Modells im Wesentlichen unverändert. Die Spezialisierung mittels einer IST-Beziehung zeigt aber, dass es Modellierungskonzepte gibt, die eine spezielle Bedeutung haben und nur unvollkommen auf die Basiskonzepte des klassischen ER-Modells abgebildet werden können.

Diese Erkenntnis führte zu den sogenannten *semantischen Datenmodellen*, in denen anstelle eines allgemeinen Beziehungskonzepts mehrere „semantiktragende" Beziehungsarten eingeführt wurden, etwa Spezialisierung/Generalisierung, Aggregation zu komplexen Objekten etc. Diese neuen Konzepte wurden bald auch zusammen mit anderen Erweiterungen in das ER-Modell integriert, und die erhaltenen Datenbankmodelle werden *erweiterte Entity-Relationship-Modelle* (EER-Modelle) genannt. Wir werden zuerst einige verbreitete Erweiterungen skizzieren, danach mit dem sogenannten EER-Modell einen typischen Vertreter ausführlich vorstellen und mit einer Diskussion weiterer Vorschläge, die von Interesse sind, abschließen.

8.1.1 Erweiterungen bei Attributen

Im klassischen ER-Modell sind nur Attribute möglich, die Werte von Standarddatentypen wie **string** oder **integer** annehmen. Eine naheliegende Erweiterung ist die Unterstützung *strukturierter* bzw. zusammengesetzter *Attributwerte*. Verbreitet sind Konstruktoren für die Tupelbildung (entsprechen dem **record**-Konstruktor aus Programmiersprachen) für die Mengenbildung sowie für geordnete Listen.

Die von Elmasri und Navathe [ExN02] vorgeschlagenen graphischen Notationen werden in Abbildung 8.1 vorgestellt. Hier werden Tupelbildung (dort *composite attribute*) und Mengenbildung (dort *multivalued attribute*) unterstützt. Elmasri und Navathe schlagen für die Tupelbildung eine hierarchische Aufspaltung des Attributs in Teilattribute vor. Ein Beispiel ist das Attribut Adresse in Abbildung 8.1, das in die drei Teilattribute Straße, Nummer und Ort aufgeteilt ist.

Mengenwertige Attribute (auch *mehrwertige* Attribute genannt) werden durch eine doppelte Begrenzungslinie gekennzeichnet. Im Beispiel können Weingüter mehrere Telefonnummern haben (Attribut Telefon#). Tupel- und Mengenbildung können geschachtelt eingesetzt werden.

Neben den Standarddatentypen und den üblichen Konstruktoren wird in einigen erweiterten ER-Modellen vorgeschlagen, beliebige abstrakte Datentypen als Wertebereiche für Attribute zuzulassen [EGH+92]. Etwa könnte ein Attribut Geometrie eines Entity-Typs Weinberg den Wertebereich **polygon** haben, dessen Werte Polygonzüge in der Ebene sind.

Eine weitere Art von Attributen, die graphisch speziell notiert wird, sind die *abgeleiteten Attribute* (engl. *derived attributes*). Abgeleitete oder auch *berechnete* Attribute sind Attribute, deren Werte nicht abgespeichert werden müssen, sondern durch eine Anfrage an die Datenbank bestimmt werden können.

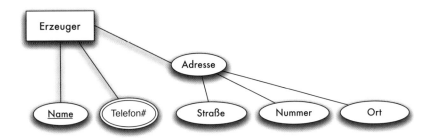

Abbildung 8.1: Strukturierte Attributwerte im ER-Modell

Bei der Deklaration eines abgeleiteten Attributs muss somit jeweils eine Anfrage mit angegeben werden, die den aktuellen Wert bestimmt. Abgeleitete Attribute werden durch gepunktete Begrenzungslinien dargestellt. Ein Beispiel zeigt Abbildung 8.2 mit dem Attribut Jahresgehalt für Angestellte von Weingütern.

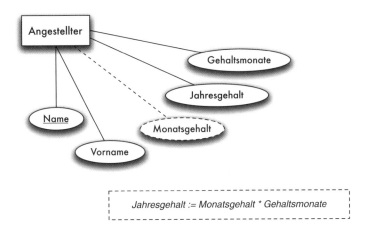

Abbildung 8.2: Abgeleitete Attributwerte im ER-Modell

8.1.2 Spezialisierung und Generalisierung

Die bisher vorgestellte IST-Beziehung ist eine einfache Form, Spezialisierungs- oder Generalisierungsbeziehungen zwischen Entity-Typen zu modellieren. Aus der Wissensrepräsentation und Vorschlägen semantischer Datenmodelle können verschiedene, feiner differenzierte Beziehungen in ein erweitertes ER-Modell übernommen werden:

- Hinter dem Begriff der *Spezialisierung* verbirgt sich die klassische IST-Beziehung, beispielsweise der Entity-Typ Schaumwein als Spezialisierung von Wein. Eigenschaften der Spezialisierung sind die Teilmengenbeziehung auf den Ausprägungen und die Vererbung von Eigenschaften.

- Während die Spezialisierung einige Entitys in einem spezielleren Kontext betrachtet, möchte man bei der *Generalisierung* Entitys in einen *allgemeineren* Kontext setzen. Etwa kann ein Erzeuger ein Abonnent eines Weinführers sein – aber auch ein Kritiker kann Abonnent sein!

    Bei der Generalisierung verallgemeinern wir in dem Sinne, dass der Generalisierungs-Entity-Typ durch die Vereinigungsmenge der Instanzen mehrerer Entity-Typen gebildet wird. Dieser Entity-Typ erhält Attributdeklarationen, die dem allgemeinen Kontext zuzuordnen sind, etwa die Lieferadresse. Auf die konzeptionellen Unterschiede zwischen Spezialisierung und Generalisierung werden wir später bei der Diskussion des EER-Modells tiefer eingehen.

    Warnung: Die Begriffe Spezialisierung und Generalisierung werden in einigen Datenmodellvorschlägen in der umgekehrten Bedeutung oder auch synonym gebraucht – hier muss man sich jeweils die genauen Definitionen und Beispiele anschauen.

- Die *Partitionierung* bezeichnet den oft auftretenden Sonderfall der Spezialisierung, dass ein Entity-Typ in mehrere *disjunkte* Entity-Typen spezialisiert wird. Beispiel ist eine Partitionierung von Weinen in Schaumweine und Tafelweine, wobei ein konkreter Wein nur eines von beiden sein kann. Wir sprechen von *totaler* oder *vollständiger* Partitionierung, wenn alle Instanzen eindeutig einer Partition zugeteilt werden. Eine vollständige Partitionierung wird auch als *disjunkte Überdeckung* bezeichnet.

Wir verzichten an dieser Stelle auf die Diskussion geeigneter graphischer Notationen und der formalen Semantik, da wir dieses bei der Vorstellung des EER-Modells im folgenden Abschnitt ausführlich tun werden.

8.1.3 Komplexe Objekte

Speziell bei der Diskussion der Datenbankunterstützung für Ingenieuranwendungen und anderer Nicht-Standardanwendungsgebiete ist der Begriff des sogenannten *komplexen Objekts* populär geworden [Mit88]. Unter einem komplexen Objekt verstehen wir im Kontext des ER-Modells eine Entity-Klasse, deren

Instanzen aus anderen Entitys *zusammengesetzt* sind. Wir unterscheiden mehrere Fälle:

- Unter dem Begriff *Aggregierung* verstehen wir die Situation, dass ein Entity aus einzelnen Instanzen anderer Entity-Typen zusammengesetzt ist. Typisches Beispiel ist ein Fahrzeug, das aus Motor, Karosserie und anderen Teilen besteht. Aggregierung entspricht der Tupelbildung auf Werten.

- Das entsprechende Gegenstück zur Mengenbildung auf Werten wird als *Sammlung* oder auch als *Assoziation* (engl. *association*) bezeichnet. Typisches Beispiel ist die Arbeitsgruppe als Sammlung einzelner Mitarbeiter.

- Sammlung und Aggregierung basieren auf der Zusammenfassung von Entitys zu komplexen Entitys. Einige Vorschläge für komplexe Objekte gehen insofern weiter, als dass auch Beziehungen in komplexe Objekte integriert werden. Ein komplexes Objekt entspricht dann einer Teildatenbank mit einem lokalen Schema bestehend aus lokalen Entity-Typen und lokalen Beziehungstypen.

Zwischen komplexen Entitys und ihren Teilen existieren in der Regel Existenzabhängigkeiten – je nach Anwendungsbereich ist das Ganze von der Existenz der Teile abhängig oder die Teile können nur in Abhängigkeit vom komplexen Objekt existieren. Es besteht somit eine starke konzeptionelle Nähe zu abhängigen Objekttypen, wie sie bereits im klassischen ER-Modell eingeführt wurden.

8.1.4 Beziehungen höheren Typs

Auch das Konzept der Beziehung lässt sich erweitern. Im Gegensatz zu den diskutierten neuen Konzepten bei den Entity-Typen sind Erweiterungen bei den Beziehungstypen in erweiterten ER-Modellen nicht verbreitet. Der Grund liegt vermutlich darin, dass sich Beziehungen auch als Entitys darstellen lassen und somit auf höhere Konzepte für Beziehungen zugunsten entsprechender Konzepte für Entity-Typen verzichtet werden kann.

- Die Konzepte der *Spezialisierung* und *Generalisierung* machen auch für Beziehungstypen einen Sinn. Etwa könnte die Beziehung Abonnement eines Weinführers zu Probeabonnement spezialisiert werden.

  Eine derartige Erweiterung ist sehr naheliegend und semantisch leicht zu fundieren – trotzdem ist sie in vielen populären erweiterten ER-Modellen nicht verwirklicht worden.

- Eine Spezialisierung zwischen Beziehungstypen ist genau genommen eine *Beziehung zwischen Beziehungsinstanzen*, also eine Beziehung zweiter

Ordnung. Eine Erweiterung des klassischen ER-Modells um Beziehungen höherer Ordnung wurde etwa von Thalheim unter dem Namen *hierarchische Entity-Relationship-Modell*, kurz HERM, vorgeschlagen [Tha91b, Tha00]. Beziehungen höherer Ordnung können Aggregierung und Spezialisierung als Spezialfälle modellieren.

Naturgemäß verwirklichen existierende erweiterte ER-Modelle in der Regel nicht alle hier skizzierten Erweiterungen, sondern beschränken sich auf eine sinnvoll handhabbare Teilmenge hinreichender Ausdrucksfähigkeit. Des Weiteren gibt es verschiedene erweiterte ER-Modelle, die auf bestimmte Anwendungsgebiete, etwa geographische Informationssysteme oder Ingenieuranwendungen, zugeschnitten sind und spezifische Erweiterungen für die Anwendungsgebiete anbieten. Ein Beispiel ist die explizite Modellierung von Versionen und Varianten für Entwurfsdatenbanken im Ingenieurbereich.

Nachdem wir einen Überblick über mögliche Erweiterungen des klassischen ER-Modells gegeben haben, werden wir nun ein spezielles erweitertes ER-Modell, das wir kurz EER-Modell nennen, genauer betrachten.

8.2 Das EER-Modell – ein erweitertes ER-Modell

Das vorgestellte erweiterte ER-Modell ist nur einer der Vorschläge für erweiterte ER-Modelle. Es wurde als konkrete Erweiterung ausgewählt, da mit den Büchern von Hohenstein [Hoh93] und Gogolla [Gog94] vollständige Beschreibungen sowohl in deutscher als auch englischer Sprache vorliegen. Das EER-Modell wurde im Rahmen eines Projekts zur Entwicklung einer Datenbankentwurfsumgebung festgelegt [EGH+92]. Weitere erweiterte ER-Modelle werden im Anschluss an die Vorstellung des EER-Modells kurz diskutiert.

8.2.1 Übernommene Grundkonzepte aus dem klassischen ER-Modell

Das EER-Modell erweitert das klassische ER-Modell um weitere Konstrukte, behält aber bis auf wenige Ausnahmen die Grundkonzepte des ER-Modells unverändert bei. Im Einzelnen werden folgende Konzepte übernommen:

- *Werte*: Die Standarddatentypen des ER-Modells werden auch im EER-Modell unterstützt.

- *Entitys* bzw. *Entity-Typen*: Werden unverändert übernommen.

- *Beziehungen* bzw. *Beziehungstypen*: Werden unverändert übernommen.

- *Attribute*: Werden unverändert übernommen.

- *Funktionale Beziehungen*: Werden unverändert übernommen.

- *Schlüssel*: Auch im EER-Modell werden nur die Primärschlüssel graphisch angegeben. Schlüssel können über Attribute und funktionale Beziehungen definiert werden. Im EER-Modell werden Schlüssel durch einen schwarz ausgefüllten Kreis an der Verbindungslinie des Teilschlüssels graphisch notiert. Der Grund dafür ist, dass das Schlüsselkonzept im EER-Modell um zusätzliche Möglichkeiten erweitert wurde, die mit der Notation durch Unterstreichung nicht adäquat notiert werden können.

Ein Beispiel für die Schlüsselnotation zur Modellierung eines *abhängigen Entitys* zeigt Abbildung 8.3. Ein Weinjahrgang wird hier durch das Jahr und den zugehörigen Wein identifiziert.

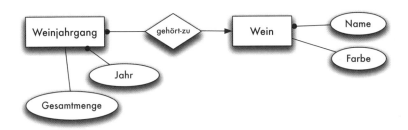

Abbildung 8.3: Schlüsselnotation im EER-Modell

Nicht übernommen werden die folgende Konzepte:

- Die IST-Beziehung wird durch ein allgemeineres Konzept, den *Typkonstruktor*, ersetzt.

- Abhängige Entity-Typen werden im EER-Modell ausschließlich durch das erweiterte Schlüsselkonzept sowie objektwertige Attribute modelliert.

8.2.2 Erweiterung bei Wertebereichen

Das EER-Modell unterstützt *benutzerdefinierte* Datentypen, auch Nicht-Standarddatentypen genannt. Neue benutzerdefinierte Datentypen sind frei definierbar mittels Datentypkonstruktoren für Mengen-, Tupel- oder Listenkonstruktion. Das EER-Modell unterstützt die folgenden Konstruktoren:

prod: Tupelbildung, z.B. können Punkte in der Ebene durch den folgenden Datentyp beschrieben werden:

$$\mathbf{point} = \mathbf{prod}(\mathbf{real}, \mathbf{real})$$

list: Listen oder Folgen von Werten, z.B. können Polygonzüge als Folgen von Punkten beschrieben werden:

$$\text{polygon} = \text{list}(\text{point})$$

set: Mengen von Werten ohne Duplikate, etwa die Menge von Urlaubstagen:

$$\text{holidays} = \text{set}(\text{date})$$

Der Datentyp der Datumswerte kann, falls nicht bereits als Standarddatentyp unterstützt, durch Tupelbildung definiert werden.

bag: Multimengen von Werten, also Mengen, in denen Werte mehrfach vorkommen können. Beispiel ist die Multimenge der Geburtstage einer Gruppe, bei der einzelne Datumswerte mehrfach auftreten können:

$$\text{birthdays\_of\_a\_group} = \text{bag}(\text{date})$$

Jeder Nicht-Standarddatentyp D stellt einen Wertebereich $\mu(D)$ mit Operationen dar, z.B.:

$$\mu(\text{point}) = \mu(\text{real}) \times \mu(\text{real})$$

Für jeden Nicht-Standarddatentyp können spezifische Operationen wie $+$, $-$, **distance** etc. für den Datentyp **point** durch Gleichungen spezifiziert oder in einer imperativen, an Programmiersprachen angelehnten Notation definiert werden. In [EGH$^+$92] werden mehrere Beispiele für die Spezifikation benutzerdefinierter Datentypen im EER-Modell gegeben. Eine Beispielspezifikation für den Datentyp **point** kann in Beispiel 5-1 auf Seite 135 gefunden werden.

8.2.3 Mengenwertige und strukturierte Attribute

Mengen- und tupelwertige (oder strukturierte) Attribute werden im EER-Modell nicht mittels der im vorigen Abschnitt vorgestellten graphischen Notation dargestellt. Stattdessen werden die Konstruktoren **prod**, **set**, **list** und **bag** direkt in die Attributdeklaration geschrieben. Das Beispiel aus Abbildung 8.1 wird im EER-Modell somit wie in Abbildung 8.4 gezeigt notiert.

8.2.4 Der Typkonstruktor: Spezialisierung, Generalisierung, Partitionierung

Die Konzepte der Spezialisierung, Generalisierung und Partitionierung lassen sich als Spezialfall eines allgemeinen Konstrukts auffassen: eines sogenannten

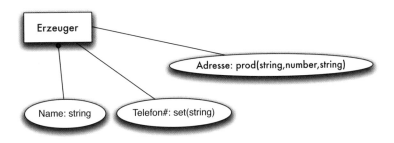

Abbildung 8.4: Mengen- und tupelwertige Attribute im EER-Modell

Typkonstruktors, der als Dreieck mit Eingabe- und Ausgabe-Entity-Typen notiert wird. Eingabetypen werden mit einer Seite des Dreiecks verbunden, die Ausgabetypen sind mit der dieser Seite gegenüberstehenden Spitze verbunden. In [Hoh93, Gog94] wird der Typkonstruktor mit einem Namen beschriftet (analog zum Namen eines Beziehungstyps). Wir verzichten darauf, da als Namen in der Regel nur ist und sind auftreten.

Die bereits diskutierte Spezialisierung bzw. IST-Beziehung wird als Spezialfall mit dem Typkonstruktor ausgedrückt. Abbildung 8.5 zeigt die Spezialisierung von Weinen zu Schaumweinen aus Abbildung 3.24 in der Notation im EER-Modell:

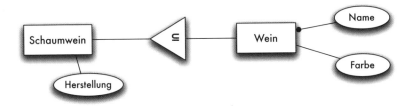

Abbildung 8.5: Spezialisierung (IST-Beziehung notiert mit dem Typkonstruktor des EER-Modells

In das Dreieck wird ein $\supseteq$- bzw. $\subseteq$-Symbol geschrieben, um die Teilmengensemantik der IST-Beziehung zu verdeutlichen: $\sigma(\text{Schaumwein}) \subseteq \sigma(\text{Wein})$. In diesem Spezialfall ist die Semantik des Typkonstruktors identisch mit der vorgestellten Semantik der IST-Beziehung. Die offene Seite des Symbols zeigt im Diagramm in Richtung der Obermenge, sofern das in der graphischen Darstel-

8.2 Das EER-Modell – ein erweitertes ER-Modell

lung Sinn macht (die Untermenge ist jeweils mit der Spitze des Dreiecks verbunden!). Handelt es sich um eine totale Spezialisierung, wird das ⊆-Symbol durch das Gleichheitszeichen = ersetzt.

Generalisierung

Wird der Typkonstruktor mit mehreren Eingabetypen notiert, so modelliert er eine *Generalisierungsbeziehung*. Die allgemeine Notation für eine Generalisierung wird in Abbildung 8.6 gezeigt.

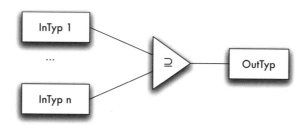

Abbildung 8.6: Notation des Typkonstruktors für die Generalisierung

Die Semantik der Spezialisierungsbeziehung – die Ausprägung des spezialisierten Typs ist eine Untermenge der Ausprägung des Eingabetyps – kann direkt auf mehrere Eingabetypen erweitert werden. Der Typkonstruktor für die Generalisierung stellt somit im Zustand σ eine Inklusion dar:

$$\bigcup_i \sigma(\texttt{InTyp}_i) \supseteq \sigma(\texttt{OutTyp})$$

Als Beispiel betrachten wir den Fall, dass Abonnenten von Weinführern sowohl Weingüter als auch Kritiker sein können. Das Beispiel ist in Abbildung 8.7 modelliert. Die Generalisierungsklasse hat keine eigene Identifizierung durch Schlüssel. Attribute des Generalisierungstyps modellieren gemeinsame Attribute, die nur im Kontext der Generalisierung auftreten. Im Beispiel ist dies die Angabe des Attributs Lieferadresse.

In dem Beispiel aus Abbildung 8.7 ist die Semantik der Generalisierung durch die folgende Inklusion gegeben:

$$\sigma(\texttt{Kritiker}) \cup \sigma(\texttt{Weingut}) \supseteq \sigma(\texttt{Abonnent})$$

Wie erwähnt kann beim Typkonstruktor statt des ⊆-Symbols auch ein Gleichheitszeichen in das Dreieck gezeichnet werden. In diesem Fall liegt eine totale Generalisierung vor – in unserem Beispiel wäre dann *jeder* Kritiker und *jedes* Weingut ein Abonnent; wir hätten also:

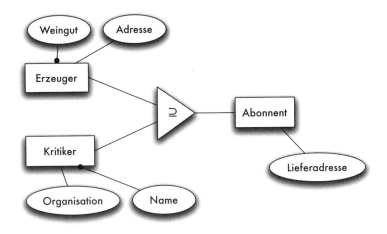

Abbildung 8.7: Beispiel für Generalisierung im EER-Modell

$$\sigma(\text{Kritiker}) \cup \sigma(\text{Weingut}) = \sigma(\text{Abonnent})$$

Als letzte Bemerkung zum Beispiel in Abbildung 8.7 weisen wir darauf hin, dass Ausgabetypen keine eigenen Schlüssel haben können – die Identifikation von Entitys der Ausgabetypen wird durch den Typkonstruktor definiert.

8.2.4.1 Abbildung der Generalisierung auf Beziehungen

Anhand eines Beispiels wollen wir zeigen, dass die Generalisierung ein relevantes Konstrukt ist, dessen Fehlen in einer Modellierungssprache zu Problemen führen kann. Hierfür nutzen wir erneut unser Abonnentenbeispiel. Abbildung 8.8 zeigt die Generalisierung mit einer funktionalen Beziehung abonniert.

Um die abonniert-Beziehung im normalen ER-Modell darzustellen, haben wir mindestens drei Möglichkeiten, die allerdings jeweils mit Nachteilen verbunden sind (siehe Abbildung 8.9). Die Schwierigkeit besteht darin, dass sowohl Kritiker als auch Erzeuger einen Weinführer abonnieren können.

- In Version a) werden zwei abonniert-Beziehungstypen definiert. Beide sind 1:n-Beziehungen, da ein Abonnement zu einem bestimmten Zeitpunkt einem Abonnenten zugeordent sein kann. Allerdings könnten in dieser Modellierung Weinführerabonnements gleichzeitig von einem Kritiker und einem Erzeuger abonniert sein. Grund dafür ist dass eine funktionale Beziehung nur jeweils lokal geprüft werden kann. Diese Definition erfüllt also nicht die Anforderungen der Anwendung.

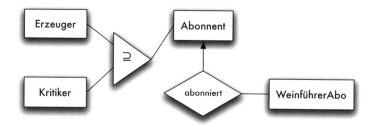

Abbildung 8.8: Beziehung an einer Generalisierung

- In Version b) wird ein zusätzlicher Entity-Typ Abonnent zwischen Personen[1] und Kritikern bzw. Erzeugern geschaltet. Die funktionale Beziehung ist somit gewährleistet. Aufgrund der Inklusionssemantik der IST-Beziehung muss nun aber wirklich jeder Erzeuger und jeder Kritiker als Abonnent auftreten. Eine andere Möglichkeit lässt diese Modellierung nicht zu.

- In Version c) wird das Abonnieren direkt für Person definiert. Leider können hier nun auch Personen abonnieren, die es laut Anwendungsbeschreibung nicht dürfen, etwa Urlauber oder Verlage, die weder Kritiker noch Erzeuger sind.

Partitionierung

Werden beim Typkonstruktor mehrere Ausgabetypen angegeben, erhält man die *Partitionierung*. Die allgemeine Notation der Partitionierung ist in Abbildung 8.10 gezeigt.

Die Ausgabetypen einer Partitionierung werden auch als *Partitionen* bezeichnet. Die Semantik einer Partitionierung wird durch zwei Bedingungen festgelegt:

- Die Partitionen (die Ausgabetypen des Typkonstruktors) bilden Spezialisierungen des Eingabetyps:

$$\sigma(\text{InTyp}) \supseteq \bigcup_i (\sigma(\text{OutTyp}_i))$$

- Die einzelnen Partitionen sind disjunkt:

$$\forall i,j: \; i \neq j \implies \sigma(\text{OutTyp}_i) \cap \sigma(\text{OutTyp}_j) = \emptyset$$

---

[1] Laut unserer bisherigen Modellierung handelt es sich genauer um *juristische Personen*, da auch Firmen oder Vereine Erzeuger sein können.

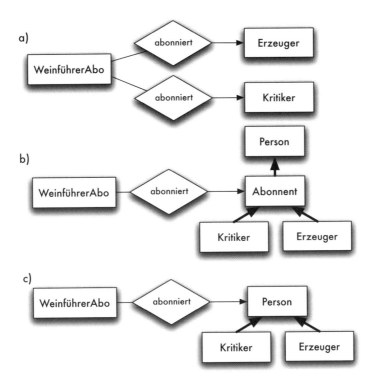

Abbildung 8.9: Auswirkungen der fehlenden Generalisierung im klassischen ER-Modell

Die Spezialisierung bzw. IST-Beziehung kann als Spezialfall für $n=1$ aufgefasst werden, also als eine Partitionierung mit genau einer Partition.

Als Beispiel für eine Partitionierung betrachten wir die Aufteilung von Erzeugern in Privaterzeuger und Unternehmen in Abbildung 8.11. Beide Ausgabetypen erben Attribute und Identifikation durch Schlüssel vom Eingabetyp Erzeuger. Das $\supseteq$-Symbol bedeutet, dass es auch Erzeuger geben kann, die weder Privaterzeuger noch Unternehmen sind (etwa staatliche Weingüter).

Eine Partitionierung ist nicht identisch mit einer *mehrfachen Spezialisierung*, da zusätzlich die Disjunktheitsbedingung gilt. Als Beispiel betrachten wir die mehrfache Spezialisierung in Abbildung 8.12, in der wir Erzeuger in die Entity-Typen Internethändler und Unternehmen spezialisieren – es gibt Erzeuger, die in beiden Spezialisierungen enthalten sind.

Totale Partitionierungen werden auch als disjunkte Überdeckung bezeichnet und mit dem Gleichheitszeichen im Dreieck notiert. Für die Semantikfestlegung gilt die analoge Festlegung wie für totale Generalisierungen. Ein typi-

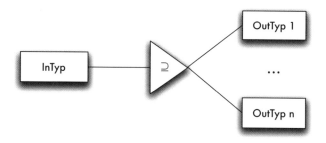

Abbildung 8.10: Notation des Typkonstruktors für die Partitionierung

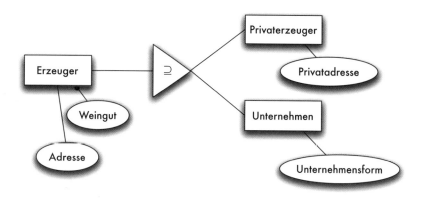

Abbildung 8.11: Beispiel für Partitionierung im EER-Modell

sches Beispiel ist die totale Partitionierung von Personen in die Entity-Typen Mann und Frau.

Partitionierung versus Generalisierung

In vielen Modellierungssituationen ist es fraglich, ob man eine Partitionierung oder eine Generalisierung zur Beschreibung des Zusammenhangs von Entity-Typen einsetzen sollte. Die konzeptionellen Unterschiede (und damit Kriterien zur Auswahl) werden wir anhand des Beispiels in Abbildung 8.13 erläutern.

Dafür greifen wir unser Beispiel der Partitionierung erneut auf. Der wichtigste Unterschied ist die Teilmengenbeziehung zwischen den Instanzmengen:

- Im Fall der *Partitionierung* haben wir die Beziehung:

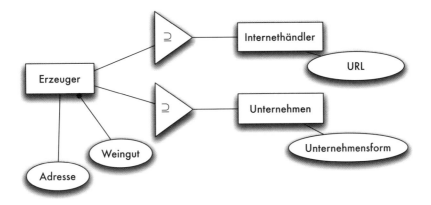

Abbildung 8.12: Mehrfache Spezialisierung im EER-Modell

$$\sigma(\text{Erzeuger}) \supseteq \sigma(\text{Privaterzeuger}) \cup \sigma(\text{Unternehmen})$$

Es kann somit Erzeuger geben, die weder Privaterzeuger noch Unternehmen sind – etwa Vereine oder staatliche Organisationen.

- Im Fall der *Generalisierung* haben wir hingegen die Beziehung:

$$\sigma(\text{Erzeuger}) \subseteq \sigma(\text{Privaterzeuger}) \cup \sigma(\text{Unternehmen})$$

Erzeuger sind nun ausschließlich Privaterzeuger und Unternehmen. Aber im Gegensatz zur Partitionierung muss nicht jedes Unternehmen auch ein Erzeuger sein. Hier können in der Datenbank also auch Daten über Unternehmen gespeichert werden, die mit Weinerzeugung nichts zu tun haben.

Die Unterschiede in der Modellierung treten auch bei der Vergabe von Schlüsseln auf: Schlüssel können jeweils nur bei Eingabetypen vergeben werden; für Ausgabetypen dient die Typkonstruktion zur Identifizierung.

Semantik des allgemeinen Typkonstruktors

Die Semantikfestlegungen für Spezialisierung, Generalisierung und Partitionierung weisen große Ähnlichkeiten auf. Es liegt darum nahe, alle diese Konstrukte durch einen einheitlichen Typkonstruktor auszudrücken, wie er in Abbildung 8.14 dargestellt ist. Das X im Dreieck steht hierbei für eines der beiden Symbole $\supseteq$ (bzw. $\subseteq$ je nach Orientierung des Dreiecks) oder $=$.

Die Semantik des allgemeinen Typkonstruktors kann nun durch die folgenden beiden Bedingungen festgelegt werden:

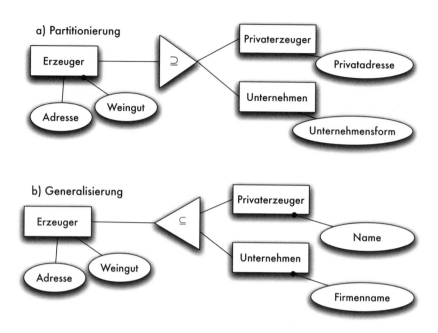

Abbildung 8.13: Partitionierung und Generalisierung im Vergleich

- Die Ausgabetypen des Typkonstruktors bilden Spezialisierungen der Eingabetypen:

$$\bigcup_j (\sigma(\text{InTyp}_j)) \supseteq \bigcup_i (\sigma(\text{OutTyp}_i))$$

Steht im Dreieck an der Stelle X ein Gleichheitszeichen, so verschärft sich die Bedingung zu:

$$\bigcup_j (\sigma(\text{InTyp}_j)) = \bigcup_i (\sigma(\text{OutTyp}_i))$$

- Die einzelnen Ausgabetypen sind disjunkt:

$$\forall i,j:\ i \neq j \implies \sigma(\text{OutTyp}_i) \cap \sigma(\text{OutTyp}_j) = \emptyset$$

Der allgemeine Typkonstruktor hat allerdings kein Gegenstück in den üblichen Abstraktionskonzepten beim Modellieren von Weltausschnitten im konzeptionellen Datenbankentwurf. Aus diesem Grund werden im EER-Modell nur die Spezialfälle unterstützt, obwohl der allgemeine Typkonstruktor als einheitliche semantische Grundlage benutzt werden kann.

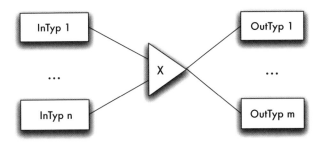

Abbildung 8.14: Allgemeiner Typkonstruktor

Einschränkungen im Gebrauch des Typkonstruktors

Der Typkonstruktor kann nicht nur auf Basistypen angewendet werden, sondern auch auf Ergebnistypen von Typkonstruktionen. Etwa kann die Spezialisierung Schaumwein von Wein weiter zu Flaschengärung spezialisiert oder Teil einer Generalisierung zu Katalogeinträge eines Internetversandes werden. Es gilt aber die folgende Einschränkung:

Der aus den Typkonstruktionen gebildete gerichtete Graph darf keine Zyklen enthalten.

Die Einschränkung stellt die eindeutige Identifikation von Instanzen in den konstruierten Entity-Typen sicher. In den Originalquellen über das EER-Modell [EGH+92, Hoh93, Gog94] wird eine weitere Einschränkung getroffen:

Jeder konstruierte Entity-Typ ist Resultat genau einer Anwendung des Typkonstruktors.

Diese Einschränkung verbietet sogenannte *Mehrfachspezialisierungen* mit Mehrfachvererbung von Eigenschaften. Andere erweiterte ER-Modelle (etwa das in [ExN02] beschriebene) erlauben derartige Mehrfachspezialisierungen. Ein typisches Beispiel in unserem leicht modifizierten Weinszenario wäre die Spezialisierung ErzeugenderKritiker, die als Spezialisierung sowohl von Erzeuger als auch von Kritiker auftritt (Abbildung 8.15).

Die Bedeutung dieser Mehrfachspezialisierung ist durch die folgende Beziehung beschrieben:

$$\sigma(\text{ErzeugenderKritiker}) \subseteq \sigma(\text{Erzeuger}) \cap \sigma(\text{Kritiker})$$

Eine Mehrfachspezialisierung impliziert aufgrund der Bedeutung der Spezialisierung als Teilmengenbildung eine Schnittmengenbildung der beteiligten Eingabetypen. Wir erlauben derartige Mehrfachspezialisierungen, da sie insbesondere beim Entwurf von Datenbanken für objektorientierte Datenbanksysteme

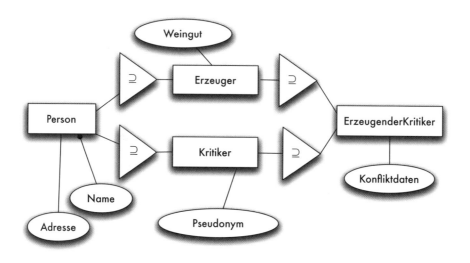

Abbildung 8.15: Mehrfachspezialisierung zu ErzeugenderKritiker

ein Modellierungsmittel anbieten, das sich direkt in Beschreibungskonzepte dieser Systeme umsetzen lässt. Wir führen allerdings folgende Einschränkung ein:

Mehrfachspezialisierungen sind nur erlaubt, wenn die Eingabetypen direkt oder indirekt aus einer gemeinsamen Ausgangsklasse konstruiert wurden.

Diese Einschränkung basiert auf der Tatsache, dass die Instanzmengen unabhängiger Basisklassen disjunkt sind. Eine Mehrfachspezialisierung macht aufgrund der Bildung der Schnittmenge nur dann einen Sinn, wenn die Eingabetypen gemeinsame Elemente enthalten.

8.2.5 Aggregierung und Sammlung mittels objektwertiger Attribute

Die Bildung komplexer Objekte, also von Objekten, die aus anderen Objekten „zusammengesetzt" sind, wird im EER-Modell durch *objektwertige Attribute* ermöglicht. Abbildung 8.16 zeigt den Einsatz objektwertiger Attribute bei der Modellierung eines Weinkatalogs. Die schwarz ausgefüllten Kreise werden für die Schlüsselfestlegung genutzt, näheres hierzu im folgenden Abschnitt.

Notiert werden objektwertige Attribute analog zu datenwertigen Attributen. Allerdings wird anstelle des Datentyps ein ▢-Symbol gezeichnet, das durch

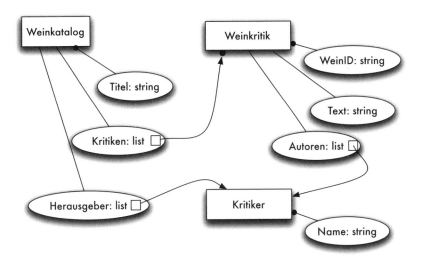

Abbildung 8.16: Objektwertige Attribute im EER-Modell

einen Pfeil mit dem Entity-Typ verbunden ist, dessen Instanzen mögliche Werte dieses Attributs sein können. In der Textnotation wird der Name des Entity-Typs anstelle der Datentypangabe geschrieben. Wie bei datenwertigen Attributen können die Angaben **set**, **list** und **bag** zur Deklaration mehrwertiger Attribute eingesetzt werden.

Ein objektwertiges Attribut A eines Entity-Typs $E(\ldots, A : E_A, \ldots)$, das Werte eines anderen Entity-Typs E_A annehmen kann, entspricht der Funktion:

$$\sigma(A) : \sigma(E) \rightarrow \sigma(E_A)$$

Bei mehrwertigen Attributen wird der Bildbereich jeweils durch Mengen-, Multimengen- bzw. Listenbildung über den Instanzen konstruiert. Objektwertige Attribute können nur aktuelle Instanzen als Werte annehmen. Das Attribut Autoren in Abbildung 8.16 entspricht somit der folgenden Funktion:

$$\sigma(\text{Autoren}) : \sigma(\text{Weinkritik}) \rightarrow (\sigma(\text{Kritiker}))^*$$

Die Notation $(\sigma(E))^*$ bezeichnet die Menge aller endlichen Folgen aktueller Instanzen von E.

Einfache objektwertige Attribute können äquivalent durch eine Umsetzung in funktionale Beziehungen ausgedrückt werden. Die Angabe **set** führt zu einer nicht-funktionalen zweistelligen Beziehung, während die Umsetzung der Angaben **list** und **bag** zusätzliche Attribute bzw. Entity-Typen erfordern würde.

8.2.6 Erweitertes Schlüsselkonzept

Abbildung 8.16 zeigt eine weitere Besonderheit objektwertiger Attribute. Da einfache objektwertige Attribute funktionalen Beziehungen entsprechen, können sie auch als Schlüsselattribute auftreten. Bei dem Attribut Kritiken zeigt sich eine andere Art der Schlüsselbedingung: Eine Weinkritik in einem Weinkatalog wird durch den Weinkatalog und die WeinID identifiziert! Ein objektwertiges Attribut kann Schlüssel sowohl für den Entity-Typ, für den es deklariert ist, als auch für den Entity-Typ, der Bildbereich des Attributs ist, sein. Diese zweifache Möglichkeit erfordert die Abwandlung der graphischen Notation für Schlüssel.

Zusammen mit dem erweiterten Schlüsselkonzept können objektwertige Attribute somit abhängige Entity-Typen adäquat modellieren. Das Beispiel aus Abbildung 3.21 von Seite 79 kann im EER-Modell nun wie in Abbildung 8.17 modelliert werden.

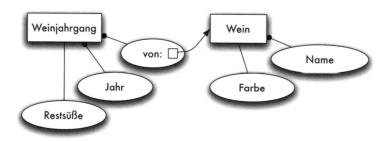

Abbildung 8.17: Einsatz objektwertiger Attribute zur Modellierung abhängiger Entity-Typen im EER-Modell

Die Modellierung in Abbildung 8.18 beschreibt dieselbe Abhängigkeit mittels eines objektwertigen Attributs Jahre, das für jeden Wein auf die Menge der vorhandenen Weinjahrgänge verweist. Auch hier dient die Beziehung zwischen Weinen und Weinjahrgängen zusammen mit dem Attribut Name zur Identifizierung von Weinjahrgängen.

In [EGH+92, Hoh93] wird eine abgewandelte graphische Notation für die Modellierung abhängiger Entity-Typen vorgeschlagen, bei der ein fetter Pfeil anstelle eines Schlüssel-Symbols verwendet wird. Abbildung 8.19 zeigt diese abgewandelte Notation.

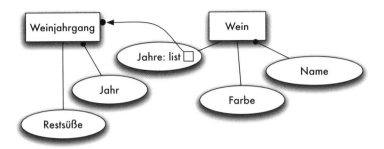

Abbildung 8.18: Alternativer Einsatz objektwertiger Attribute zur Modellierung abhängiger Entity-Typen im EER-Modell

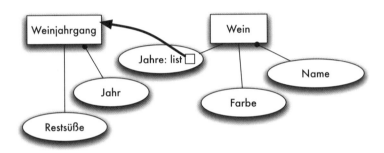

Abbildung 8.19: Modellierung abhängiger Entity-Typen im EER-Modell (alternative Notation)

8.2.7 Abgeleitete Konzepte

Neben Attributen können im EER-Modell beliebige andere Konzepte abgeleitet werden, etwa Typkonstruktionen, Beziehungen, objektwertige Attribute oder Entity-Typen. Die Ableitung muss jeweils mit einer *Anfrage* spezifiziert werden – wir gehen hier allerdings nicht auf die konkrete Notation von Anfragen im EER-Modell ein und verweisen stattdessen auf [EGH+92, Hoh93, Gog94]. Abgeleitete Konzepte werden wie abgeleitete Attribute mit gepunkteten Umrandungen notiert.

Ein interessanter Spezialfall abgeleiteter Konzepte sind abgeleitete Spezialisierungen und Partitionierungen, etwa die Partitionierung von Person in Mann und Frau anhand der Werte eines Attributs Geschlecht.

8.2.8 Vergleich zu anderen erweiterten ER-Modellen

Im Lehrbuch von Elmasri und Navathe [ExN02] wird ein erweitertes ER-Modell vorgestellt, das dort ebenfalls EER-Modell (nach *Enhanced ER-Model*) genannt wird. Es basiert auf dem von Elmasri et al. in [EWH85] vorgestellten *Entity-Category-Relationship Model*, kurz *ECR-Modell*. Die Modellierungskonzepte sind ähnlich zu dem in diesem Buch vorgestellten EER-Modell. Zur besseren sprachlichen Abgrenzung bezeichnen wir auch das in [ExN02] vorgestellte EER-Modell als ECR-Modell.

Das ECR-Modell unterscheidet sich vom EER-Modell hauptsächlich in den Notationen für Spezialisierungen und Generalisierungen. Einen Vergleich der Notationen für EER- und ECR-Modell gibt Abbildung 8.20 (die ⊆-Symbole im EER-Modell sind der Vereinfachung halber weggelassen).

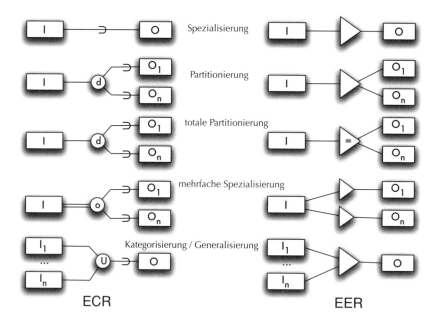

Abbildung 8.20: Gegenüberstellung der Notation für Spezialisierung, Partitionierung und Generalisierung im ECR- und EER-Modell

Spezialisierungen werden im ECR-Modell durch ein ⊂-Symbol an einer verbindenden Kante dargestellt, das den Aspekt der Mengeninklusion hervorheben soll. Die offene Seite des ⊂-Symbols zeigt dabei auf die Superklasse der Spezialisierungshierarchie.

Mehrfache Spezialisierungen und Partitionierungen werden durch Kreise in Zusammenhang mit dem Spezialisierungssymbol graphisch notiert, wobei ein d für Partitionierungen und ein o für Mehrfachspezialisierungen steht (d für *disjoint* und o für *overlapping*). Der Begriff Generalisierung wird im ECR-Modell synonym für (Mehrfach-)Spezialisierungen benutzt, je nachdem, in welcher Richtung die Entstehung der Beziehung während des Entwurfsprozesses gesehen wird. Totalität bei Partitionierungen wird durch eine doppelte Linie graphisch notiert.

Dem in diesem Buch vorgestellten Konzept der Generalisierung entspricht im ECR-Modell die *Kategorisierung*, bei der die Ergebnisklasse als *Kategorie* bezeichnet wird (engl. *category*). Kategorisierung wird als Kreis mit einem U notiert (U für *Union*). Totale Kategorisierung wird ebenfalls mit einer doppelten Linie gekennzeichnet.

Eine von den bisher vorgestellten Ansätzen verschiedene Vorgehensweise bietet HERM von Thalheim [Tha91b, Tha00]. Die grundlegende Erweiterung von HERM sind Relationships *über Relationships*, also eine hierarchische Schachtelung von Beziehungen. Hiermit kann elegant eine mehrstufige Aggregation abgebildet werden: Aggregierte Objekte entsprechen Beziehungen höherer Ordnung.

Im Sinne einer Minimierung von Modellierungskonzepten schlägt HERM vor, auch Spezialisierung durch Beziehungen (und nicht durch Entity-Typen!) zu modellieren. Dieser Ansatz basiert auf der Erkenntnis, dass eine einstellige Beziehung formal einer Untermengenbildung auf den Instanzenmengen entspricht.

Thalheim diskutiert in [Tha00] weitere Modellierungskonzepte, auf die wir hier nicht näher eingehen wollen, und gibt eine durchgängige formale Semantik für das hierarchische ER-Modell an.

8.3 UML für den Datenbankentwurf

Seit Anfang der 90er Jahre sind Ansätze zum objektorientierten Entwurf und zur objektorientierten Analyse populär. Bekannte Ansätze der ersten Generation können in den Büchern von Booch [Boo91] und Rumbaugh et al. [RBP+91, RBP+94] gefunden werden. Die von Rumbaugh eingeführte Methode *Object Modelling Technique* (OMT) ist gezielt für den Entwurf datenintensiver Anwendungen entwickelt worden, und basiert daher zum Teil auf erweiterten ER-Modellen. Aus diesen Ansätzen entstand (insbesondere durch Hinzufügung der Use Cases von Jacobson [JCJÖ92]) unter der Federführung von Booch, Jacobson und Rumbaugh die *Unified Modeling Language* (UML) [BJR97, FS97, Bur95, Oes97, Rum98, BRJ05, RJB04].

Oft wird der objektorientierte Entwurf als prinzipieller Fortschritt gegenüber dem ER-Modell-gestützten Entwurf angesehen, da der ER-Entwurf ausschließlich auf die (vermeintlich nicht moderne) relationale Technologie abzielen würde. Derartige Meinungen übersehen dabei allerdings, dass die Strukturbeschreibung in Form eines *Klassendiagramms* in UML von den Basiskonzepten her eine Modellierung in einem erweiterten ER-Modell darstellt.

In UML gibt es inzwischen eine Vielzahl von Diagrammen, die verschiedene Aspekte des Softwareentwurfs betreffen. Wir verzichten hier auf eine umfassende Übersicht und beschränken uns auf die Klassendiagramme, da diese für den Datenbankentwurf relevant sind. Klassendiagramme sind im Kern erweiterte ER-Diagramme, in denen die Entity-Typen nun Objektklassen eines objektorientierten Entwurfs entsprechen. Es gibt eine ganze Reihe von Erweiterungen im Vergleich zum EER-Modell, die aus Programmierungssicht motiviert sind (etwa spezielle Notationen für abstrakte Klassen und Interfaces). Wir beschränken uns auf den Teil der Notation, der direkten Bezug zu gespeicherten Datenobjekten hat.

8.3.1 Das Objektmodell von UML

Das Objektmodell von UML kann als Erweiterung eines erweiterten ER-Modells um objektorientierte Konzepte aufgefasst werden. Im Vergleich zu ER-Modellen bestehen folgende Besonderheiten:

- Unterschieden wird zwischen *Klassendiagrammen* und *Objektdiagrammen*. Klassendiagramme entsprechen den bekannten Datenbankschemanotationen, beschreiben also Typen von Instanzkollektionen. Objektdiagramme hingegen beschreiben Einzelobjekte.

- Neben den Strukturaspekten (Attribute, Beziehungen) werden auch Operationen im Klassendiagramm notiert.

  Diesen Aspekt werden wir nur oberflächlich betrachten; hier sei auf die Originalliteratur verwiesen.

- Die textuelle Sprache zur Formulierung von Integritätsbedingungen und Ableitungsregeln ist nicht vorgegeben, hier kann also natürlichsprachlicher Text oder ein geeigneter Logikformalismus genutzt werden.

  Die *Object Constraint Language* (OCL) [WK99] erlaubt formalisierte Angaben von Integritätsbedingungen.

- Üblich sind Darstellungen auf unterschiedlicher Detaillierungsebene. Eine Klasse kann z.B. nur mit ihrem Namen, mit Namen und Attributbezeichnern oder vollständig mit allen Detailangaben wie Datentypen etc. angegeben werden.

Für unsere Zwecke können wir die semantische Modellbildung für ER-Modelle übernehmen, obwohl der funktionale und zeitliche Aspekt der Operationen dort nicht berücksichtigt ist.

8.3.2 Darstellung von Klassen in UML

Abbildung 8.21 zeigt den prinzipiellen Aufbau einer Klassendarstellung im UML-Klassendiagramm. Attribute und Operationen werden im Gegensatz zu ER-Modellen innerhalb des Klassen-„Kastens" notiert. Diese beiden Abschnitte können jeweils leer sein. Da aber die Reihenfolge beider Abschnitte relevant ist, muss die Trennungslinie auf jeden Fall angegeben werden, auch wenn der Attributabschnitt leer bleibt.

Abbildung 8.21: Darstellung einer Klasse in UML

Klassennamen beginnen als Konvention typischerweise mit einem Großbuchstaben, Attribute hingegen mit einem kleinen. Wir werden dieser Konvention in unsern Beispielen nicht folgen sondern verwenden die Bezeichner aus unseren bisherigen Beispielen unverändert. Für Attributangaben und Operationen gelten die folgenden Konventionen:

- Attribute werden nach folgendem Muster angegeben:

    name: *typ* = *initialer_Wert* { *Zusicherung* }

    Die Angabe eines initialen Wertes und einer Zusicherung sind optional. Ein Beispiel wäre die folgende Angabe:

    Alter: **integer** = 0 { Alter > 0 **and** Alter < 125 }

- Das prinzipielle Muster für Operationen lautet:

    name(*Parameterliste*)

    Auch hier können Datentypen für Parameter und deren initiale Werte angegeben werden, Zusicherungen sind ebenfalls möglich.

Abbildung 8.22 zeigt den Entity-Typ Wein aus unserer Beispielmodellierung in UML-Notation. Auf eine Angabe von Operationen wurde verzichtet. Für die Restsüße wurde (unrealistischerweise) ein Typ **number** angenommen, um den Einsatz von Datentypen zu zeigen. Für den Jahrgang ist 2007 der Default-Wert.

Abbildung 8.22: Klasse Wein in UML

Im UML-Klassendiagramm können noch weitere Angaben stehen, die für den Datenbankentwurf zum Teil relevant sind:

- Verschiedene Arten von Klassen werden unterschieden. Für den Datenbankentwurf sind insbesondere die *abstrakten Klassen* relevant, die mit der Angabe {abstract} unter dem Klassennamen gekennzeichnet werden. Derartige Klassen haben keine eigenen Instanzen, nur ihre Unterklassen können Instanzen erzeugen.

  Weitere Klassenarten sind Metaklassen und parametrisierte Klassen, die für den Datenbankentwurf weniger relevant sind.

- Attribute können weitere Angaben haben. Für den Datenbankentwurf sind hier insbesondere die Definition von **readonly**-Attributen sowie die Angaben der Werte **public**, **protected** bzw. **private** für die Sichtbarkeit relevant.

- Abgeleitete Attribute können wie im EER-Modell definiert werden. Sie werden mit einem vorangestellten Schrägstrich (/) gekennzeichnet.

- Eine Besonderheit sind *Klassenattribute*, die durch Unterstreichen gekennzeichnet werden. Diese Attribute haben für alle Instanzen der Klasse denselben Wert. Ein Beispiel wäre das Attribut MaximaleRestsüße für Weine.

8.3.3 Beziehungen in UML

Der Standardfall in UML sind binäre Beziehungen. Beziehungen werden dabei der objektorientierten Terminologie folgend auch als *Assoziationen* bezeichnet.

Abbildung 8.23 zeigt ein einfaches Beispiel angelehnt an unsere Beispielmodellierung, anhand dessen wir die Notation erläutern können.

- Beim Beziehungsbezeichner können unterschiedliche Leserichtungen (durch ein ausgefülltes schwarzes Dreieck notiert) angegeben werden. Ein Grund dafür ist, dass in der objektorientierten Sicht eine binäre Beziehung eigentlich ein Paar zueinander inverser Referenzattribute darstellt.

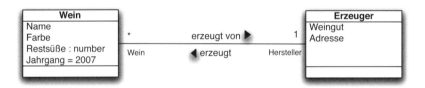

Abbildung 8.23: Binäre Beziehung in UML

Warnung: Eine binäre Beziehung mit an der Verbindungslinie angebrachter Pfeilspitze ist in UML keine funktionale Beziehung wie im ER-Modell, sondern eine nur in eine Richtung verfolgbare *Referenz*, wie sie in der objektorientierten Programmierung üblich ist.

- Weiterhin können *Rollennamen* angegeben werden. Diese können in einer späteren Implementierung Namen von Referenzattributen werden.

  Benötigt werden Rollennamen insbesondere bei rekursiven Beziehungen (siehe auch Abbildung 3.5 auf Seite 63).

- Analog zum ER-Modell können Kardinalitäten angegeben werden. Das Beispiel ist wie folgt zu lesen: *„1 Erzeuger erzeugt * Weine."*

  Mögliche Kardinalitätsangaben sind z.B. 1 für genau 1, die Angabe 0,1 für 0 oder 1, 0..3 für 0 bis 3, 0..* als Standardannahme, 1..* für nicht optionale Beziehungen oder auch zusammengesetzte Angaben wie 0..2,6,10..*.

An Beziehungen können auch Zusicherungen geschrieben werden, um etwa referentielle Integrität zu erzwingen.

Beziehungen mit Attributen

Die aus dem ER-Modell bekannten Beziehungen mit eigenen Attributen sind in UML auch möglich. Abbildung 8.24 zeigt eine derartige Beziehung. Attributierte Beziehungen werden als degenerierte Klassen ohne eigenen Bezeichner aufgefasst und auch entsprechend notiert.

Qualifizierende Beziehungen

Statt der Mengensemantik von beteiligten Objekten kann man in UML eine sogenannte *qualifizierende Assoziation* spezifizieren, um einen Zugriffsschlüssel anzugeben, der wiederum eine spätere Implementierung als Abbildung von Zugriffswerten auf Objektreferenzen ermöglicht.

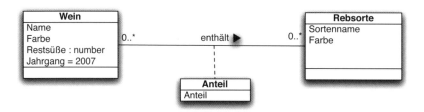

Abbildung 8.24: Beziehung mit Attributen in UML

Abgeleitete Beziehungen

Wie andere UML-Konzepte auch, können Beziehungen abgeleitet werden. Hierzu wird ihrem Bezeichner ein Schrägstrich vorangestellt. Typisches Anwendungsbeispiel ist eine berechnete Referenz als Abkürzung eines mehrstufigen Referenzpfades.

n-stellige Beziehungen

UML erlaubt auch drei- oder mehrstellige Assoziationen. Diese werden wie im ER-Modell als Raute notiert, wobei die Raute aber üblicherweise eine feste Größe hat und der Beziehungsname außerhalb der Raute steht.

Methodisch wird oft vorgegeben, dass derartige Beziehungen durch zusätzliche Klassen ersetzt werden sollen, weil sie dem „reinen" objektorientierten Ansatz widersprechen.

8.3.4 Aggregation in UML

Für die Aggregation wird in UML eine besondere Notation genutzt. Aggregation erfolgt über binäre Assoziationen, die mit einer Raute als Aggregationsbeziehung gekennzeichnet werden. Abbildung 8.25 zeigt diese Notation.

Abbildung 8.25: Aggregation in UML

Mehrere aggregierte Teile werden üblicherweise als Baum dargestellt. Dies zeigt Abbildung 8.26.

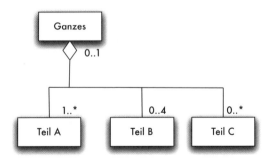

Abbildung 8.26: Aggregation in UML in Baumdarstellung

Eine Aggregationsbeziehung kann mittels der Angabe {**geordnet**}[2] zu einer listenwertigen Aggregation werden. Analog zu den abhängigen Entity-Typen des ER-Modells können in UML *abhängige Objekte* als Spezialfall der Aggregation modelliert werden. Diese Art der Aggregation wird als *Komposition* bezeichnet. Graphisch wird hier die Aggregationsraute schwarz ausgefüllt (siehe Abbildung 8.27).

Abbildung 8.27: Komposition in UML

8.3.5 Spezialisierung in UML

UML erlaubt die bekannte Spezialisierung mit Vererbung. Abbildung 8.28 zeigt die verwendete graphische Notation. Die die Spezialisierung ausdrückenden Linien zeichnen sich durch große, nicht ausgefüllte Pfeilspitzen in Richtung der Oberklasse aus.

Eine besondere Rolle spielen Spezialisierungen mit einem *Diskriminator*. Hier teilt ein Aufzählungsattribut, der Diskriminator, die Instanzen auf die Unterklassen auf. Das Aufzählungsattribut wird nicht explizit notiert; sein Wertebereich wird durch die beteiligten Klassennamen festgelegt. Spezialisierungen mit Diskriminator werden graphisch speziell notiert.

---

[2]Hier wurde eine deutsche Annotation nach [Oes97] verwendet.

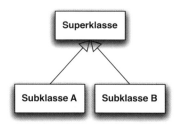

Abbildung 8.28: Spezialisierung in UML

Spezialisierungen in mehrere Unterklassen können mit den Zusicherungen **overlapping**, **disjoint**, **complete** und **incomplete** versehen werden, welche die im Zusammenhang mit dem EER-Modell ausführlich diskutierten Varianten (etwa Spezialfälle der Partitionierung) ausdrücken können.

8.4 Zusammenfassung

In diesem Kapitel haben wir Entwurfsmodelle vorgestellt, die über die Basiskonzepte des ER-Modells hinausgehende Modellierungsmöglichkeiten anbieten. Neben komplexen Attributen und Objekten betrifft dies insbesondere spezielle Beziehungen wie Generalisierung, Spezialisierung und Partitionierung. Weiterhin haben wir die für den Datenbankentwurf relevanten Teile von UML behandelt, die ebenfalls als eine Erweiterung des ER-Modells angesehen werden können.

Eine Übersicht über die in diesem Kapitel eingeführten Begriffe und deren Bedeutung gibt Tabelle 8.1.

8.5 Vertiefende Literatur

Das Entity-Relationship-Modell wurde in einem grundlegenden Artikel von P. P. Chen im Jahre 1976 [Che76] beschrieben. Seitdem wurde es sehr oft in Lehrbüchern und Übersichtsartikeln behandelt. Zu empfehlen ist insbesondere die Einführung im Buch von Elmasri und Navathe [ExN02]. Dort wird auch auf eine Reihe von Erweiterungen und Varianten des ER-Modells verwiesen und weiterführende Literatur angegeben.

Das beschriebene EER-Modell geht auf die Arbeiten [HNS86, HNSE87, EGH$^+$92] zurück. Die Arbeit [EGH$^+$92] beschreibt die hier vorgestellte Notati-

Begriff	Informale Bedeutung
EER-Modell	erweitertes ER-Modell
strukturierte Attribute	explizite Modellierung von nicht atomaren Attributwertebereichen
komplexe Objekte	Modellierung zusammengesetzter Informationseinheiten
Generalisierung	logische Zusammenfassung von Objekten unterschiedlicher Charakteristik
Partitionierung	Spezialisierung in mehrere disjunkte Klassen
Typkonstruktor	vereinheitlichtes Konzept zur Beschreibung von Spezialisierung, Generalisierung und Partitionierung
Aggregation	Modellierung komplexer Objekte
UML-Notation	Sammlung von Notationen für den Softwareentwurf
Klassendiagramm	UML-Pendant zum EER-Schema

Tabelle 8.1: Wichtige Begriffe bei erweiterten Entwurfsmodellen

on. Ausführliche Beschreibungen enthalten die Bücher von Hohenstein [Hoh93] und Gogolla [Gog94].

Das ebenfalls kurz behandelte hierarchische Entity-Relationship-Modell (HERM) wird von Thalheim in [Tha91b, Tha00] beschrieben. Eine um andere Strukturierungskonzepte erweiterte ER-Version ist das Structured Entity Relationship Model, kurz SERM von Sinz [Sin90]. Kommerzielle Werkzeuge zur ER-Modellierung sind etwa ERwin, Power-Builder und die Oracle-CASE-Produkte (Oracle Designer) [HM99].

Bekannte Ansätze der objektorientierten Modellierung können in den Büchern von Booch [Boo91] und Rumbaugh et al. [RBP+91, RBP+94] gefunden werden. Aus diesen Ansätzen entstand (unter Hinzunahme der Use Cases von Jacobson [JCJÖ92]) unter der Federführung von Booch, Jacobson und Rumbaugh die *Unified Modeling Language* (UML) [BJR97, FS97, Bur95, Oes97, Rum98, BRJ05, RJB04]. [HKKR05] ist eine gute Einführung in die verschiedenen Diagrammarten von UML. [WK99] präsentiert die Object Constraint Language (OCL) des UML-Ansatzes.

8.6 Übungsaufgaben

Übung 8-1 Geben Sie alternative Formulierungen der Modellierungsaufgaben aus dem ER-Kapitel im EER-Modell an. Welche Änderungen haben sich ergeben, welche neuen semantischen Aspekte konnten modelliert werden? □

Übung 8-2 Geben Sie ein weiteres Beispiel für eine Spezialisierung oder Generalisierung einer *Relationship* an (dieses Konzept ist in den vorgestellten Modellen – bis auf HERM – nicht vorgesehen!). Wie kann dieses Konzept im ER- bzw. EER-Modell simuliert werden? □

Übung 8-3 Vergleichen Sie die Begriffe Spezialisierung, Generalisierung, Klassen- und Typhierarchie aus dem EER- und den objektorientierten Modellen. Wie unterscheiden sich die einzelnen Semantiken? Bei welchen Anwendungsbeispielen wirken sich diese Unterschiede aus? □

Übung 8-4 Erläutern Sie die grundlegenden Konzepte des objektorientierten Ansatzes! Worin besteht der Unterschied bzw. der Zusammenhang zwischen einem Objekt und einer Klasse? Welche Möglichkeiten zur Abbildung von Beziehungen zwischen Klassen/Objekten gibt es? □

Übung 8-5 Gegeben ist der folgende reale Weltausschnitt:

- Person, Fahrzeughalter, Fußgänger,
- Fahrzeug, LKW, PKW, Schiff,
- Motor, Rad, Karosserie.

Bezüglich dieses Weltausschnittes lassen sich folgende Einschränkungen bzw. Bedingungen angeben:

- jedes Fahrzeug hat *genau einen* Fahrzeughalter,
- jeder PKW besitzt *genau* 4 Räder und *genau ein* Reserverad,
- ein LKW besitzt *mehr als* 4 Räder und
- LKWs und PKWs haben *genau einen* Motor und Schiffe *genau 1, 2 oder 4* Motoren.

Gesucht sind für diesen Weltausschnitt das UML-Klassendiagramm, *zu einer* Klasse mögliche Attribute und *zu einer* Klasse mögliche Operationen. Wie würden Sie eine Klasse „Taxi" in das Klassendiagramm mit aufnehmen? □

9

Grundlagen von Modellen und Anfragen

Im ersten Teil haben wir das Relationenmodell als einfache formale Grundlage für Datenbestände und Anfragen kennengelernt. In diesem Kapitel behandeln wir nun erweiterte Anfrageformalismen, und hierzu auch Erweiterungen des Relationenmodells.

9.1 Erweiterungen der Relationenalgebra

Die Darstellung und Behandlung komplexer Attributwerte ist nur ein Problem, das Erweiterungen der Relationenalgebra in den Griff bekommen wollen. Weitere Probleme wie die Behandlung rekursiver Anfragen, die Erweiterung um Funktionen auf Wertebereichen (mehrsortige Algebra), Gruppierungen und die genauere Behandlung von Nullwerten müssen ebenso gelöst werden. Insbesondere ist darauf zu achten, dass zur Auswertung von SQL-Anfragen durch relationale Operatoren diese die Mächtigkeit des SQL-Anfrageteils erreichen müssen.

Wir betrachten hier zunächst Funktionen sowie Gruppierungen.

Problem: Funktionen auf Wertebereichen und Gruppierungen

Um eine relevante Untermenge von SQL in eine relationale Algebra zu übersetzen, benötigen wir zumindest eine Erweiterung der Algebra um Operationen zur Berechnung allgemein und speziell von Aggregatfunktionen kombiniert mit einer Möglichkeit zur Gruppenbildung.

Der Gruppierungsoperator γ wird auf eine einzelne Relation angewandt und wird wie folgt notiert:

$$\gamma_{f_1(x_1),f_2(x_2),\ldots,f_n(x_n);A}(r(R))$$

Informal beschrieben, erweitert die Operation γ das Attributschema von $r(R)$ um neue Attribute, die mit den Funktionsanwendungen $f_1(x_1), f_2(x_2), \ldots, f_n(x_n)$ korrespondieren. Dabei werden die Funktionen $f_i(x_i)$ auf die Teilmenge derjenigen Tupel auf $r(R)$ angewandt, die gleiche Attributwerte für die Attribute A haben.

Semantik des Gruppierungsoperators

Formal lässt sich der Operator γ wie folgt definieren:

- Die Anwendung auf eine leere Attributmenge $A = \emptyset$, also $\gamma_{F(X);\emptyset}(r(R))$, ist definiert als

$$\gamma_{F(X);\emptyset}(r(R)) = r(R) \times r(R)^{F(X)}$$

  mit $r(R)^{F(X)}$ als einer Relation, die nur ein Attribut, dessen Name $F(X)$ ist, und genau ein Tupel hat, dessen Wert durch die Anwendung der Funktion $F(X)$ über $r(R)$ berechnet wird.

- Wird keine Funktion oder Berechnung spezifiziert, dann hat der Operator γ keinen Effekt: $\gamma_{\emptyset,\emptyset}(r(R)) - r(R)$. Weiterhin gilt: $\gamma_{\emptyset,A}(r(R)) = r(R)$.

- Nun können wir den allgemeinen Fall $\gamma[F(X);A](r(R))$ definieren als

$$\gamma_{F(X);A}(r(R)) = \bigcup_{t \in R} \gamma_{F(X);\emptyset}(\sigma_{A=t.A}(r(R)))$$

  wobei t ein Tupel aus $r(R)$ und $t.A$ dessen Werte der Attribute A in $r(R)$ bezeichnet.

Vereinfachend definieren wir $\gamma_{f_1(x_1),f_2(x_2),\ldots,f_n(x_n);A} r(R)$ als abkürzende Schreibweise für

$$\gamma_{f_1(x_1);A}(\gamma_{f_2(x_2);A} \cdots \gamma_{f_n(x_n);A}(r(R))\ldots)$$

Typische Funktionen $F(X)$ sind die Aggregatfunktion in SQL wie **count**, **sum**, **avg**, **min** und **max**. Es können aber auch Berechnungen allgemeiner Art, z. B. $R.a_1 \div 1.783$ für ein Gruppierungsattribut a_1, sein.

◄**Beispiel 9-1**► Die folgende Anfrage zeigt die Anwendung des γ-Operators. Es wird der älteste Wein pro Farbe aus der Relation WEINE der Beispieldatenbank ermittelt, nachdem zuvor die WeinID, die Farbe und der Jahrgang projiziert wurde:

$$\gamma_{\texttt{min}(\text{Jahrgang});\text{Farbe}}(\pi_{\text{WeinID,Farbe,Jahrgang}} r(\text{WEINE}))$$

Das Ergebnis dieser Anfrage ist die folgende Relation:

WeinID	Farbe	Jahrgang	min(Jahrgang)
1042	Rot	1998	1998
2168	Rot	2003	1998
3456	Rot	2004	1998
2171	Rot	2001	1998
3478	Rot	1999	1998
4711	Weiß	1999	1999
4961	Weiß	2002	1999

□

Problem: Nullwerte

Nullwerte können ad hoc wie in der Anfragesprache SQL behandelt werden (siehe Abschnitt 10.1): Selektionsbedingungen oder Verbunde, die auf Nullwerte angewendet werden, ergeben **false**, es sei denn, sie werden mit dem speziellen Prädikat **is null** getestet[1].

Das Problem dabei soll an folgendem Beispiel verdeutlicht werden.

◂**Beispiel 9-2**▸ Gegeben seien die beiden folgenden Relationen r_1 und r_2 mit dem gemeinsamen Attribut B:

r_1

A	B
a	b
a	∃

r_2

B	C
b	c
∃	c

Das ∃-Zeichen soll einen Nullwert darstellen, der „Wert existiert, aber zur Zeit nicht bekannt" bedeutet. Der Verbund würde folgendes Ergebnis ermitteln:

A	B	C
a	b	c

Ersetzt man dagegen in beiden Relationen den Nullwert durch den gleichen Wert b_1, so würde auch noch das Tupel (a, b_1, c) im Ergebnis erscheinen. Das *mögliche* Vorhandensein eines zweiten Tupels war dem Ergebnis des ersten Verbundes jedoch nicht anzusehen.

□

Eine Idee zur Erfassung nicht nur sicherer, sondern auch eventuell möglicher Tupel ist die Erweiterung der Relationen um eine STATUS-Spalte. Diese nimmt **d**efinit- und **m**aybe-Markierungen auf. Jedes mit **d** markierte Tupel ist sicher, jedes mit **m** markierte Tupel ist möglich, falls die Ersetzung der Nullwerte in entsprechender Weise geschieht. In dem verbandstheoretischen

---

[1] Eine dreiwertige Logik ist in den neueren SQL-Versionen verwirklicht. Auch diese wird in Abschnitt 10.1 erläutert.

Ansatz wird jeder Wertebereich um die Nullwerte ∃ und ∀ erweitert, wobei ∀ bedeutet, dass alle Werte des Bereichs als Attributwerte auftauchen, also der Wert beliebig wählbar ist.

◄**Beispiel 9-3**► Im Beispiel würden die Basisrelationen jetzt folgendermaßen aussehen:

r_1

A	B	STATUS
a	b	**d**
a	∃	**d**

r_2

B	C	STATUS
b	c	**d**
∃	c	**d**

Alle Tupel in den Basisrelationen sind definit. Der Verbund mit spezieller Behandlung der ∃- und ∀-Nullwerte, den wir mit $r_1 \mid\!\bowtie r_2$ bezeichnen, liefert folgendes Ergebnis:

A	B	C	STATUS
a	b	c	**d**
a	b	c	**m**
a	b	c	**m**
a	∃	c	**m**

Das erste Tupel entsteht aus dem ersten Tupel von r_1 und dem ersten Tupel von r_2 und ist somit definit, da kein Nullwert beteiligt ist. Das erste Tupel von r_i mit dem zweiten Tupel von r_j (für $j \neq i$) ergibt das zweite und dritte Tupel der Ergebnisrelation. Da diese mit dem STATUS-Wert zusammen gleich aussehen, kann eines gestrichen werden. Das verbleibende Tupel $(a,b,c,\mathbf{m})$ kann durch das definite Tupel $(a,b,c,\mathbf{d})$ überdeckt werden und wird deshalb ebenfalls gestrichen: Die Information, dass (a,b,c) im Ergebnis vorkommt, ist ja nicht nur möglich, sondern steht durch das erste Tupel bereits fest.

Das vierte Tupel der Ergebnisrelation enthält aber nun wichtige neue Informationen: Bei richtiger Ersetzung des Nullwertes ist ein Tupel (a, b_1, c) möglich, wie bereits oben angedeutet wurde.

Das reduzierte Ergebnis dieses modifizierten Verbundes ist also:

A	B	C	STATUS
a	b	c	**d**
a	∃	c	**m**

Natürlich muss die Behandlung der Nullwerte auch in anderen Operationen der Relationenalgebra fortgesetzt werden. □

9.2 Erweiterte Modelle und Anfragealgebren

Das relationale Datenmodell hat eine einfache, klare formale Grundlage, aber auch beschränkte Ausdrucksfähigkeiten in der Datenstrukturierung. Insbesondere hierarchisch zusammengesetzte Strukturen müssen „flach" realisiert werden. In diesem Abschnitt diskutieren wir Erweiterungen des Relationenmodells um strukturierte Attributwerte in sogenannten geschachtelten Relationen sowie semantische Datenmodelle, die weitere Konzepte zu diesen Ansätzen hinzufügen.

9.2.1 Geschachtelte Relationen: Das NF^2-Modell

Im relationalen Datenmodell müssen alle Daten in Relationen mit unstrukturierten Attributwerten vorliegen. Während der Diskussion des ER-Modells und seiner Erweiterungen hatten wir bereits Beispiele präsentiert, in denen komplexe Attributwerte modelliert wurden. Insbesondere tupel- und mengenwertige Attributwerte werden sogar für das einfache ER-Modell als naheliegende Erweiterung angesehen. Derartige strukturierte Attributwerte müssen im Relationenmodell simuliert werden: Alle Relationen liegen in der ersten Normalform (1NF) vor; Attributwerte sind atomar und von der Relationenalgebra „nicht weiter zerlegbar".

Eine Behebung dieser Einschränkung ist die Erweiterung auf das Modell der *geschachtelten Relationen*. Im Englischen werden geschachtelte Relationen als *Nested Relations* oder als *NF^2 Relations* bezeichnet. NF^2 steht hierbei für *Non First Normal Form* (NFNF), also nicht in der ersten Normalform vorliegende Relationen. Wir bezeichnen geschachtelte Relationen ebenfalls kurz als *NF^2-Relationen*.

NF^2-Relationen erlauben komplexe Attributwerte in dem Sinne, dass Attribute selbst wieder Relationen sein können. Ein Beispiel für eine NF^2-Relation wird in Abbildung 9.1 gezeigt. Das Attribut Weingüter enthält hier jeweils einige Weingüter zur jeweiligen Anbauregion als Untertabelle. Die Weingüter-Daten umfassen wiederum eine Untertabelle mit Weinen, die sie erzeugen.

Region	Weingüter			
	Weingut	Anbaugebiet	Weine	
			WeinID	Name
Kalifornien	Helena	Napa Valley	3456	Zinfandel
			3478	Pinot Noir
	Bighorn	Napa Valley	4961	Chardonnay
Bordeaux	Château La Rose	Saint-Emilion	1042	La Rose Grand Cru
	Château La Pointe	Pomerol		

Abbildung 9.1: Beispiel für eine NF^2-Relation

Ein geschachteltes Relationenschema kann als naheliegende Erweiterung des „flachen" Falls als Menge von Attributen

$$R = \{A_1, \ldots, A_n\}$$

definiert werden. Diese Attribute sind nun einerseits flache Attribute von einem Standarddatentyp wie im normalen Relationenmodell, also $\text{dom}(A_i) \in \mathcal{D}$, wobei $\mathcal{D}$ die Wertebereiche zu den Standarddatentypen sind. Andererseits können sie aber im Gegensatz zum normalen Relationenmodell selbst wieder (rekursiv) durch eine Menge von Attributen bestimmt sein, für ein Attribut A_i kann also gelten:

$$A_i = \{A_{i_1}, \ldots, A_{i_m}\}$$

Auch die restlichen Definitionen des Relationenmodells können auf den geschachtelten Fall übertragen werden.

Schließlich muss auch die Relationenalgebra um neue Operationen erweitert werden. In Abschnitt 9.2.4 wird eine NF^2-Algebra vorgestellt. Hier sei nur erwähnt, dass insbesondere zwei zusätzliche Operationen zum Schachteln ν (Nestung) und Entschachteln μ (Entnestung) von Relationen benötigt werden.

Ein Beispiel für einen Prototyp, der NF^2-Relationen realisiert, ist das an der Universität Darmstadt (später ETH Zürich) in der Gruppe von Schek entwickelte DASDBS-System [SPSW90].

9.2.2 PNF-Relationen

Die beliebige Schachtelung von Relationen kann zu unübersichtlichen und fehlerträchtigen Relationen führen, in denen Mengen von Mengen simuliert werden, die keine direkte Entsprechung im flachen Relationenmodell finden. Eine wichtige Teilklasse sind deshalb die sogenannten *PNF-Relationen*. PNF-Relationen können immer entschachtelt durch eine äquivalente 1NF-Relation dargestellt werden.

PNF steht für *Partitioned Normal Form*. Relationen in PNF haben auf *jeder* Stufe der Schachtelung einen flachen Schlüssel. Abbildung 9.2 zeigt links eine geschachtelte Relation in PNF, bei der auf der obersten Ebene das Attribut A Schlüssel ist. Die rechte Relation ist nicht in PNF – auf der obersten Ebene gibt es gar keine atomaren Attribute, und damit erst recht keine flachen Schlüssel.

Abbildung 9.3 zeigt die „flache" Realisierung der PNF-Relation aus Abbildung 9.2.

9.2.3 Verallgemeinerte geschachtelte Relationen

Das Modell der geschachtelten Relationen erlaubt mehrere mögliche Verallgemeinerungen. In NF^2-Relationen ist der Basiskonstruktor die *Relation*, die in

A	D	
	B	C
1	2	3
	4	2
2	1	1
	4	1
3	1	1

PNF-Relation

A	C
B	D
1	2
2	3
1	3
2	4

Nicht PNF

Abbildung 9.2: Beispiel für geschachtelte Relation in PNF und Gegenbeispiel

Entnestete Fassung der PNF-Relation:

A	B	C
1	2	3
1	4	2
2	1	1
2	4	1
3	1	1

Abbildung 9.3: Flache Darstellung der geschachtelten PNF-Relation aus Abbildung 9.2

üblichen Typsystemen dem Konstrukt **of tuple of** ... entspricht. Die möglichen Typkonstruktoren können neben den Konstruktoren **set of** und **of** um Listen mittels **of**, Multimengen mittels **of** oder Arrays mittels **of** ergänzt werden. Diese Typkonstruktoren können beliebig kombiniert werden, so dass beispielsweise **set of bag of integer** erlaubt ist.

Das resultierende Datenmodell wird als *erweitertes NF^2-Modell* bezeichnet, kurz eNF^2-Modell. Dieses Modell wird etwa von dem am Wissenschaftlichen Zentrum Heidelberg der IBM entwickelten Prototypen AIM-P realisiert [PT86, DL89, PD89].

Bei den bisherigen Erweiterungen müssen nicht hierarchische Beziehungen über Wertevergleiche wie im flachen Relationenmodell realisiert werden. Eine weitere mögliche Erweiterung ist ein abstrakter Datentyp, der Referenzen auf Tupel aufnehmen kann. Mit dieser Erweiterung kann das formale Modell geschachtelter Relationen um Referenzen erweitert werden, die verzeigerte Strukturen möglich machen. Als Konsequenz entsprechen Attribute allgemeinen Funktionen, die auch „Objekte" als Werte annehmen können.

Abschließend wollen wir die Typkonstruktoren zu den bisher behandelten formalen Datenmodellen in Verbindung setzen. Einige dieser Datenmodelle definieren sich über die Kombinierbarkeit der Konstruktoren zur Definition von Datenbankobjekten. Abbildung 9.4 verdeutlicht dies, wobei **atomic** für die Basisdatentypen steht.

Das Relationenmodell erlaubt nur Mengen von Tupeln als Datenbankobjekte. SQL schließt sich dem an, erlaubt aber zumindest als Ergebnisse von

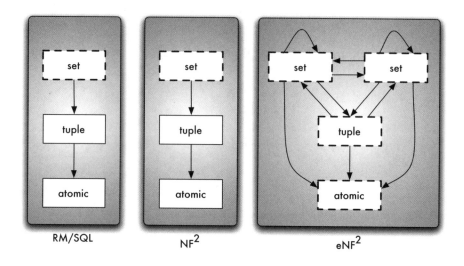

Abbildung 9.4: Kombinierbarkeit der Konstruktoren

Operationen auch Multimengen. Geschachtelte Relationen erlauben Relationen, also Mengen von Tupeln, als Attributwerte. Das eNF^2-Modell nimmt Listen hinzu. Letzteres Modell erlaubt im Gegensatz zu den ersten beiden jede Kombination als Typ eines im Datenbankkatalogs eingetragenen Datenbankobjekts (angedeutet durch die gestrichelt umrandeten Kästchen).

9.2.4 Erweitere Anfragealgebren

Für erweiterte Anfragekonzepte, insbesondere für objektrelationale Datenbanken und Data-Warehouse-Anwendungen, benötigen wir Erweiterungen der Relationenalgebra um weitere Operatoren bzw. Anpassungen an ein verfeinertes Datenmodell.

NF^2-Algebra

Als Erweiterung des Relationenmodells haben wir bereits in Abschnitt 9.2.1 das NF^2-Modell kennengelernt. Passend zu diesem Modell gibt es nun mehrere Vorschläge für Algebren, deren Operationen direkt aus der Relationenalgebra übernommen oder Erweiterungen der Relationenalgebra-Operationen sind:

- $\cup, -, \pi, \bowtie$ werden zunächst wie in der Relationenalgebra eingeführt.

- Die σ-Bedingungen werden erweitert um:

- Relationen als Operanden (statt nur Konstanten von Standarddatentypen)
- Mengenvergleiche, wie etwa θ: $=, \subseteq, \subset, \supset, \supseteq$

- Es gibt jetzt rekursiv aufgebaute Operationsparameter. So können etwa π und σ auch innerhalb von Projektionslisten und Selektionsbedingungen dort angewendet werden, wo relationenwertige Attribute auftauchen.

- Zwei zusätzliche Operationen ν (Nestung, engl. *nest*) und μ (Entnestung, engl. *unnest*) werden eingeführt.

◄**Beispiel 9-4**► Ein kleines Beispiel soll die neuen Operationen veranschaulichen. Wenden wir auf die unten links stehende Relation die dort angegebene Nestung an, so kommt die NF²-Relation rechts heraus.

A	B	C
1	2	7
1	3	6
1	4	5
2	1	1

$\xrightarrow{\nu_{B,C;D}(r)}$

$\xleftarrow{\mu_D(r')}$

A	D	
	B	C
1	2	7
1	3	6
1	4	5
2	1	1

In diesem speziellen Fall kann die Nestung durch die Entnestung wieder rückgängig gemacht werden. Leider ist die Nestung nicht allgemein die Inverse der Entnestung. Dies kann man an einer Abwandlung des Beispiel sehen:

A	B	C
1	2	7
1	3	6
1	4	5
2	1	1

$\not\xrightarrow{\nu_{B,C;D}(r)}$

$\xleftarrow{\mu_D(r')}$

A	D	
	B	C
1	2	7
	3	6
1	4	5
2	1	1

Wie man sieht, ist die Inversität insbesondere dann nicht gegeben, wenn die geschachtelte Relation nicht in PNF ist. □

Minimale geschachtelte Algebra

Für eine minimale geschachtelte Algebra werden die Operationen Projektion, Selektion (auch mit Bedingungen auf Mengen), Verbund, Mengenoperationen und Umbenennung aus der Relationenalgebra benötigt. Zusätzlich werden Nestung und Entnestung definiert:

- Die *Nestung* $v[(A_1,\ldots,A_n);A](r(R))$ fasst Attribute $A_1,\ldots,A_n$ des Relationenschemas R zu einem neuen Attribut A zusammen, d.h. A ist definiert als:

    set of(**tuple of**$(A_1,\ldots,A_n)$)

    Mehrere $(A_1,\ldots,A_n)$-Tupel werden zu einer Menge zusammengefasst, wenn die Werte der Tupel in der Relation r auf den restlichen Attributen des Relationenschemas (also auf $R-\{A_1,\ldots,A_n\}$) übereinstimmen.

- Die *Entnestung* $\mu[A](r(R))$ löst ein geschachteltes Attribut A auf, d.h. falls A als

    set of(**tuple of**$(A_1,\ldots,A_n)$)

    definiert ist, sind im Ergebnis die Attribute $A_1,\ldots,A_n$ im Relationenschema enthalten. Die einzelnen Tupel der Attributwerte von A werden zusammen mit den zugehörigen Attributwerten der restlichen Attribute von R zu neuen Tupeln verbunden.

Die Entnestung macht eine Nestung rückgängig; die Umkehrung gilt allerdings nicht immer, wie in Beispiel 9-4 zu sehen war.

Die vorgestellte minimale Algebra erfordert ein umständliches Arbeiten: Oft muss erst eine Entnestung vorgenommen werden, bevor andere Operationen ausgeführt werden können und abschließend wieder eine Nestung die ursprüngliche Struktur der Tabelle wiederherstellt. Dieses Manko wird mit der im Folgenden beschriebenen Erweiterung beseitigt.

Orthogonale geschachtelte Algebra

Ein Beispiel für eine erweiterte Algebra ist die Algebra von Schek und Scholl, die in [SS86, SS89] vorgestellt wurde. Die Operationen Projektion und Selektion können nun rekursiv geschachtelt eingesetzt werden. Wir diskutieren diese Möglichkeiten anhand der geschachtelten Relation r in Abbildung 9.1 auf Seite 285.

◄**Beispiel 9-5►** Im ersten Beispiel werden gleichzeitig auf mehreren Ebenen Projektionen durchgeführt:

$$\pi[\text{Region}, \pi[\text{Anbaugebiet}](\text{Weingüter})](r)$$

Das zweite Beispiel zeigt eine Selektion auf einer Unterrelation, die in die Projektion integriert wird:

$$\pi[\text{Region}, \sigma[\text{Anbaugebiet} = \textit{Pomerol}](\text{Weingüter})](r)$$

□

In dieser erweiterten Algebra sind Projektion und Selektion *orthogonal* einsetzbar, sofern die Tabellenstruktur es zulässt: Jede beliebige Kombination (Projektion in Projektion, Selektion in Projektion, Projektion in Selektion, Selektion in Selektion) ist erlaubt.

Algebren für spezielle geschachtelte Relationen

Wir hatten als relevanten Spezialfall in diesem Abschnitt die PNF-Relationen diskutiert. PNF-Relationen haben in jeder (Teil-)Relation einen flachen Schlüssel (also atomare Attribute als Schlüssel). Die Beispielrelation aus Abbildung 9.1 ist eine PNF-Relation. Eine Algebra für PNF-Relationen muss bei allen Operationen diese PNF-Eigenschaft erhalten.

Insbesondere haben wir die folgenden Forderungen:

- Die Projektion muss die flachen Schlüssel bewahren. Alternativ muss ein neuer flacher Schlüssel aus den verbleibenden atomaren Attributen gebildet werden; in diesem Fall müssen Tupel verschmolzen werden, wie wir es bei der Vereinigung ausführlich diskutieren werden. In jedem Fall muss auf jeder Ebene mindestens ein atomares Attribut übrig bleiben.

- Verbund und Vereinigung werden rekursiv, da die Schlüsseleigenschaft Verschmelzen von Tupeln erzwingt, die den gleichen Schlüssel, aber unterschiedliche Unterrelationen haben.

Wir zeigen das rekursive Verschmelzen von Tupeln anhand der bereits bekannten Beispielrelation aus Abbildung 9.1 von Seite 285.

◄**Beispiel 9-6►** Abbildung 9.5 zeigt eine zweite Relation, die wir mit der bereits vorhandenen vereinigen wollen.

Region	Weingüter			
	Weingut	Anbaugebiet	Weine	
			WeinID	Name
Bordeaux	Château La Rose	Saint-Emilion	9999	Chardonnay
Bordeaux	Magnifique	Pomerol	5588	Beaujolais

Abbildung 9.5: Zweite geschachtelte Relation mit demselbem Schema wie die Relation in Abbildung 9.1

Die Vereinigung dieser beiden geschachtelten Relationen ergibt mit PNF-Vereinigung die in Abbildung 9.6 angegebene Relation. Die Tupel der zweiten Relation werden mit dem letzten Tupel der ursprünglichen Relation verschmolzen, indem auf allen Ebenen von oben nach unten eine Vereinigung durchgeführt wird. Dabei wird sowohl ein neuer Wein bei einem existierenden Weingut (Château La Rose) eingefügt, als auch ein neues Weingut mit einem erzeugten Wein aufgenommen. Die beiden neuen Tupel werden also auf unterschiedlichen

Ebenen integriert, da die erste Stufe (Region Bordeaux) jeweils vorhanden ist und die zweite Stufe (das Weingut) vom ersten Tupel ebenfalls vorhanden ist.

Region	Weingüter			
	Weingut	Anbaugebiet	Weine	
			WeinID	Name
Kalifornien	Helena	Napa Valley	3456	Zinfandel
			3478	Pinot Noir
	Bighorn	Napa Valley	4961	Chardonnay
Bordeaux	Château La Rose	Saint-Emilion	1042	La Rose Grand Cru
			9999	Chardonnay
	Château La Pointe	Pomerol		
	Magnifique	Pomerol	5588	Beaujolais

Abbildung 9.6: Ergebnis der Vereinigung der Relationen in Abbildung 9.1 und 9.5 als PNF-Relationen

9.3 Anfragekalküle

Im Bereich des Relationenmodells sind zwei Kalküle verbreitet, die sich in den erlaubten Wertebereichen der Variablen unterscheiden:

- Der *Bereichskalkül* ist dadurch gekennzeichnet, dass Variablen Werte elementarer Datentypen (*Bereiche*) annehmen. Eine weitere verbreitete deutsche Bezeichnung dieses Kalküls lautet Domänenkalkül bzw. Domänen-Relationenkalkül (von engl. *domain calculus*).

- Im *Tupelkalkül* hingegen variieren Variablen über Tupelwerte (entsprechend den Zeilen einer Relation).

Beide Kalküle bilden die Grundlage kommerzieller Datenbanksprachen für das relationale Datenbankmodell, so dass hier eine intensivere Diskussion wichtig ist. Der Tupelkalkül wurde bereits in Abschnitt 4.2.4 eingeführt. Der Bereichskalkül wird im Folgenden vorgestellt. Danach werden wir kurz Kalküle für andere Datenbankmodelle vorstellen.

9.3.1 Bereichskalkül

Der Bereichskalkül lässt als Variablen nur solche zu den Basisdatentypen des Relationenmodells zu, die sogenannten *Bereichsvariablen*. Die Bausteine für

Anfragen des Bereichskalküls sind somit Terme, atomare Formeln und Formeln:

- *Terme* werden aus Konstanten, Variablen und Funktionsanwendungen zusammengesetzt. Terme sind somit:

    - Konstanten, etwa die Zahl 42 oder die Zeichenkette 'MZ-4'.
    - Variablen zu Datentypen, etwa x.
      Die Datentypangabe erfolgt in der Regel implizit und wird nicht explizit deklariert!
    - Funktionsanwendung $f(t_1,\ldots,t_n)$ einer Funktion f auf Terme t_i, etwa $plus(12,x)$ bzw. in Infixnotation $12+x$.

- *Atomare Formeln* werden durch die folgenden Konstruktionen gebildet:

    - Prädikatanwendung $\Theta(t_1,\ldots,t_n)$ wobei $\Theta \in \{<,>,\leq,\geq,\neq,=,\ldots\}$ ein Datentypprädikat ist und t_i ein Term. Zweistellige Prädikate werden wie üblich in Infixnotation geschrieben.
      Beispiele für Prädikatanwendungen sind $x=y$, $42>x$ oder $3+7=11$.
    - Prädikatanwendungen für Datenbankprädikate, notiert als $R(t_1,\ldots,t_n)$ für einen Relationennamen R.
      Als Voraussetzung muss n die Stelligkeit der Relation R sein und alle t_i müssen vom passenden Typ sein.
      Ein typisches Beispiel ist der folgende Ausdruck:

      $$\text{ERZEUGER}(\text{'Creek'}, x, y)$$

- *Formeln* werden wie üblich mit den prädikatenlogischen Operatoren $\land$, $\lor$, $\neg$, $\forall$ und $\exists$ gebildet.

- *Anfragen* haben nun die folgende Form:

  $$\{x_1,\ldots,x_n \mid \phi(x_1,\ldots,x_n)\}$$

ϕ ist hierbei eine Formel über den in der sogenannten Ergebnisliste aufgeführten Variablen x_1 bis x_n. Das Ergebnis ist eine Menge von Tupeln. Die Tupelkonstruktion erfolgt implizit aus den Werten der Variablen in der Ergebnisliste.

Ein Basiskalkül für theoretische Untersuchungen

Für theoretische Fragestellungen, etwa betreffend den Vergleich mit anderen Anfrageformalismen wie der Relationenalgebra oder betreffend Aspekten der Sicherheit von Anfragen, wird der vorgestellte Bereichskalkül weiter wie folgt eingeschränkt:

- Als einziger Wertebereich sind die ganzen Zahlen erlaubt.
- Datentyppädikate werden wie bei der Relationenalgebra auf die Gleichheit und die elementaren Vergleichsoperatoren eingeschränkt.
- Funktionsanwendungen sind nicht erlaubt; nur Konstanten dürfen neben Bereichsvariablen als Terme verwendet werden.

9.3.2 Sichere Anfragen

Das Problem der Sicherheit von Anfragen in einem allgemeinem Kalkül wurde ja bereits angerissen. Nun stellt sich die Frage: Wann liefern Bereichskalkülanfragen ein endliches Ergebnis? Um einer Antwort näher zu kommen, unterscheiden wir zuerst zwischen *sicheren* Anfragen allgemein und weiteren Einschränkungen syntaktischer Natur.

- *Sichere Anfragen* (auch *semantisch sichere Anfragen*) sind Anfragen, die für jeden Datenbankzustand $\sigma(\mathcal{R})$ ein endliches Ergebnis liefern. Semantische Sicherheit ist eine Eigenschaft von Kalkülausdrücken, die im Einzelfall leicht zu zeigen ist, aber nicht automatisch nachprüfbar ist.

Ein Beispiel für eine nicht sichere Anfrage ist:

$$\{x,y \mid \neg R(x,y)\}$$

Diese Anfrage berechnet das Komplement einer endlichen Relation. Entsprechend ist die folgende Anfrage, die die Relation unverändert ausgibt, sicher:

$$\{x,y \mid R(x,y)\}$$

Ein nicht ganz so naheliegendes Beispiel für eine sichere Anfrage ist der folgende Ausdruck:

$$\{x,y \mid y = 10 \wedge x > 0 \wedge x < 10\}$$

Die Sicherheit der letzten Anfrage folgt direkt aus den Regeln der Arithmetik. Das letzte Beispiel zeigt gleichzeitig, dass semantische Sicherheit im Allgemeinen *nicht entscheidbar* ist. Dies folgt aus der Nicht-Entscheidbarkeit des Prädikatenkalküls erster Stufe mit Arithmetik.

- Unter *syntaktisch sicheren Anfragen* verstehen wir Anfragen, die syntaktischen Einschränkungen unterliegen, um die semantische Sicherheit zu erzwingen. Syntaktisch sichere Anfragen definieren somit eine Teilmenge der semantisch sicheren Anfragen, für die die Sicherheitseigenschaft entscheidbar ist.

Wir verzichten auf eine vollständige Definition syntaktischer Einschränkungen, die Sicherheit garantieren, und geben stattdessen kurz die Grundidee wieder:

Jede freie Variable x_i muss überall in $\phi(x_1,\dots)$ durch positives Auftreten $x_i = t$ oder $R(\dots,x_i,\dots)$ an endliche Bereiche gebunden werden.

Die Bindung an endliche Bereiche muss für die ganze Bedingung, also insbesondere für alle Zweige einer Disjunktion gelten. Der Begriff „positives" Auftreten bezieht sich darauf, dass das Auftreten innerhalb einer Negation – wie das obige Beispiel zeigte – natürlich nicht an einen Bereich bindet. Ein Test auf diese Regel kann zum Beispiel durch die Konstruktion und Analyse einer disjunktiven Normalform für ϕ erfolgen. Näheres dazu kann in einschlägigen Lehrbüchern gefunden werden, etwa [Mai83].

Abbildung 9.7 verdeutlicht die Zusammenhänge zwischen den Mengen der sicheren und syntaktisch sicheren Anfragen.

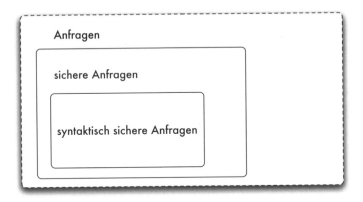

Abbildung 9.7: Sichere und syntaktisch sichere Anfragen

Auf Kalkülen basierende kommerzielle Sprachen wie SQL oder QUEL führen oft noch weitere syntaktische Regeln ein, die direkt semantische Sicherheit erzwingen. Näheres zu diesen Einschränkungen ist bei der Diskussion dieser Sprachen nachzulesen.

9.3.3 Beispiele für Anfragen im Bereichskalkül

Der Einsatz des Bereichskalküls zur Formulierung von Anfragen wird nun anhand einiger einfacher Beispiele vorgestellt. Die folgenden Anfragen im Bereichskalkül zeigen die Konzepte dieses Ansatzes sowie einige abkürzende Konventionen.

1. *„Alle Weingüter von Erzeugern in Hessen."*

$$\{x \mid \text{ERZEUGER}(x,y,z) \land z = \text{'Hessen'}\}$$

Als vereinfachte Notation sind ansonsten ungebundene Variablen (hier y und z) im Bedingungsteil existentiell mit $\exists$ gebunden. Die vollständige Version dieser Anfrage würde also wie folgt lauten:

$$\{x \mid \exists y \exists z \text{ERZEUGER}(x,y,z) \land y = \text{'Hessen'}\}$$

In der folgenden, äquivalenten Anfrage kann die Bereichsvariable eingespart werden, indem die Konstante als Parameter des Prädikats eingesetzt wird.

$$\{x \mid \text{ERZEUGER}(x,\text{'Hessen'},z)\}$$

Als Abkürzung für beliebige, unterschiedliche existentiell gebundene Variablen erlauben wir den Unterstrich (_). Viele Anfragen müssten sonst mit irrelevanten Variablen versehen werden, die nur als Platzhalter benötigt werden.

$$\{x \mid \text{ERZEUGER}(x,y,\_) \land y = \text{'Hessen'}\}$$

Verschiedene Auftreten des Unterstrichs stehen hierbei für paarweise verschiedene Variablen.

2. *„Regionen mit mehr als zwei Weingütern."*

$$\{z \mid \text{ERZEUGER}(x,y,z) \land \text{ERZEUGER}(x',y',z) \land x \neq x'\}$$

Diese Anfrage zeigt eine Verbundbildung über das dritte Attribut der ERZEUGER-Relation. Verbundbildung kann im Bereichskalkül einfach durch die Verwendung derselben Bereichsvariablen als Parameter in verschiedenen Relationsprädikaten erfolgen.

3. *„Aus welcher Region sind welche Weine mit Jahrgang vor 1970 im Angebot?"*

$$\{y,r \mid \text{WEINE}(x,y,z,j,w) \land \text{ERZEUGER}(w,a,r) \land j < 1970\}$$

Diese Anfrage zeigt einen Verbund über zwei Relationen.

4. *„Aus welchen Regionen gibt es Rotweine?"*

$$\{z \mid \text{ERZEUGER}(x,y,z) \wedge \exists a \exists b \exists c \exists d (\text{WEIN}(a,b,c,d,x) \wedge c = \text{'Rot'})\}$$

Hier wird eine existentiell gebundene Unteranfrage eingesetzt. Derartige Unteranfragen können aufgrund der Regeln der Prädikatenlogik und der impliziten Quantifizierung wie folgt aufgelöst werden:

$$\{x \mid \text{ERZEUGER}(x,y,z) \wedge (\text{WEIN}(a,b,c,d,x) \wedge c = \text{'Rot'})\}$$

5. *„Welches Weingut hat nur Weine mit Jahrgang nach 1995 im Angebot?"*

$$\{x \mid \text{ERZEUGER}(x,y,z) \wedge \forall a \forall b \forall c \forall d (\text{WEIN}(a,b,c,d,x) \implies d > 1995)\}$$

Im Gegensatz zu existentiell gebundenen Unteranfragen wie im vorigen Beispiel können universell gebundene Teilformeln nicht aufgelöst werden.

9.3.4 Eigenschaften des Bereichskalküls

Für den Bereichskalkül gilt folgende Eigenschaft:

> Der Bereichskalkül ist *streng relational vollständig*, d.h. zu jedem Term τ der Relationenalgebra gibt es einen äquivalenten (sicheren) Ausdruck η des Bereichskalküls.

Zwei Anfragen τ und η sind dabei äquivalent genau dann, wenn sie in jedem Zustand der Datenbank die gleiche Relation bestimmen. Als Folge des obigen Satzes gibt es zu jedem syntaktisch sicheren Ausdruck des Bereichskalküls einen äquivalenten Term der Relationenalgebra.

Der Beweis erfolgt durch Induktion über den Termaufbau. Wir verzichten auch hier auf einen vollständigen Beweis und verweisen auf die einschlägige Literatur [Mai83]. Stattdessen geben wir kurz eine Umsetzung der Grundoperationen der Relationenalgebra in den Bereichskalkül an.

Umsetzung von Relationenoperationen im Bereichskalkül

Seien zwei Relationenschemata $R(A_1, \ldots, A_n)$ und $S(B_1, \ldots, B_m)$ gegeben. Die folgenden Äquivalenzen zwischen Anwendungen von Operatoren der Relationenalgebra und Kalkülausdrücken sind gültig.

- Vereinigung (für $n = m$)

$$R \cup S \mathrel{\hat{=}} \{x_1 \ldots x_n \mid R(x_1, \ldots, x_n) \vee S(x_1, \ldots, x_n)\}$$

- Differenz (für $n = m$)

$$R - S \triangleq \{x_1 \ldots x_n \mid R(x_1, \ldots, x_n) \wedge \neg S(x_1, \ldots, x_n)\}$$

- Kreuzprodukt

$$R \times S \triangleq \{x_1 \ldots x_n x_{n+1} \ldots x_{n+m} \mid R(x_1, \ldots, x_n) \wedge S(x_{n+1}, \ldots, x_{n+m})\}$$

- Natürlicher Verbund

$$R \bowtie S \triangleq \{x_1 \ldots x_n x_{n+1} \ldots x_{n+m-i} \mid R(x_1, \ldots, x_n) \wedge S(x_1, \ldots, x_i, x_{n+1}, \ldots, x_{n+m-i})\}$$

Hierbei seien die ersten i Attribute von R und S die Verbundattribute, also $A_j = B_j$ für $j = 1 \ldots i$.

- Projektion

$$\pi_{\overline{A}}(R) \triangleq \{y_1 \ldots y_k \mid \exists x_1 \ldots \exists x_n (R(x_1, \ldots, x_n) \wedge y_1 = x_{i_1} \wedge \cdots \wedge y_k = x_{i_k})\}$$

Hierbei ist die Attributliste der Projektion wie folgt gegeben: $\overline{A} = (A_{i_1}, \ldots, A_{i_k})$

- Selektion

$$\sigma_\phi(R) \triangleq \{x_1 \ldots x_n \mid R(x_1, \ldots, x_n) \wedge \phi'\}$$

Die Formel ϕ' wird hierbei aus ϕ gewonnen, indem die Variablen x_i anstelle der Attributnamen A_i eingesetzt werden.

Die obige Umsetzung der relationalen Operatoren zeigt, wie Algebraterme durch rekursive Anwendung dieser Regeln in Kalkülausdrücke umgeformt werden können. Der umgekehrte Weg ist komplizierter: Hierfür müssen Kalkülausdrücke wieder in eine Normalform umgeformt werden, um dann analog zu obigen Regeln in Relationenalgebraterme umgeformt zu werden. Diese Umsetzung ist ein wichtiger Schritt in der Operationalisierung von Kalkülausdrücken, wie er etwa in der relationalen Anfrageoptimierung eingesetzt wird.

9.3.5 Kalküle für andere Datenmodelle

In einigen Lehrbüchern werden Anfragekalküle fest mit dem Relationenmodell verbunden vorgestellt. Diese Verbindung ist naheliegend, entsprechen doch Tupel einer Relation direkt Fakten zu einem Prädikat in einem Logikansatz. Jedoch können Kalkülanfragen auch auf andere Datenmodelle übertragen werden, deren Datenobjekte nicht direkt Fakten und Prädikaten einer Logik entsprechen.

In diesem Abschnitt werden Kalküle für andere Datenbankmodelle als dem Relationenmodell sowie Erweiterungen des Kalkülansatzes diskutiert. Als konkreten Kalkül betrachten wir einen Kalkül für das in Kapitel 8 vorgestellte erweiterte ER-Modell.

Kalküle für ER-Datenmodelle

In diesem Abschnitt stellen wir einen Kalkül für das in Kapitel 8 ausführlich diskutierte EER-Modell vor. Der *EER-Kalkül* nach Hohenstein und Gogolla [HG88, GH91, Hoh93, Gog94] basiert auf den vorgestellten Konzepten für relationale Anfragekalküle, bietet aber zusätzlich weitere Konzepte an:

- Anfragen im EER-Kalkül liefern *Multimengen* als Ergebnis, d.h. Anfrageergebnisse können Duplikate enthalten. Multimengenanfragen werden mit speziellen Klammersymbolen notiert:

$$\{\{\cdots \mid \cdots\}\}$$

  Die Multimengensemantik entspricht eher den realisierten Datenbanksprachen wie SQL und ermöglicht eine einfache Integration von Aggregatfunktionen in den Kalkül.

- Ein Problem mit relationalen Kalkülen ist die Frage der Sicherheit. Im EER-Kalkül wird das Problem der Sicherheit dadurch gelöst, dass Variablen ausschließlich positiv an *endliche Bereiche* gebunden werden. Die Bindung an Bereiche erfolgt in *Deklarationen* δ_i zu Beginn der qualifizierenden Formel, so dass eine EER-Anfrage die folgende Form erhält:

$$\{\{t_1,\ldots,t_n \mid \delta_1 \wedge \cdots \wedge \delta_k \wedge \phi\}\}$$

  wobei die Terme t_i wie im Bereichskalkül die Felder der Ergebnistupel bestimmen und ϕ eine qualifizierende Formel ist.

  Ein Beispiel für eine typische Deklaration in einer Datenbankanfrage wäre die folgende Bindung der Variable w an den (endlichen) Bereich aller in der Datenbank gespeicherten Weine:

$$(w\colon \texttt{WEINE})$$

- Bereiche des EER-Kalküls sind endliche (Multi-)Mengen von Datenobjekten, an die eine Variablenbindung erfolgen kann. Neben Datenbankbereichen können auch Anfragen als Bereiche in Deklarationen verwendet werden – der EER-Kalkül hat einen *rekursiven Anfrageaufbau* wie in Abbildung 9.8 gezeigt wird.

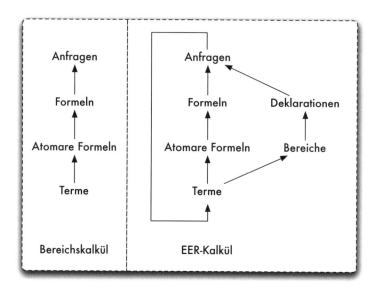

Abbildung 9.8: Vergleich des Formelaufbaus zwischen Bereichskalkül und EER-Kalkül

- Da Anfragen als spezielle Terme vom Typ **multiset** aufgefasst werden, können *Aggregatfunktionen* wie Summenbildung, Durchschnittswerte und Zählen einfach als Funktionen notiert werden, etwa in der folgenden Anfrage:

$$\text{AVG}(\{\{\mathit{Preis}(w) \mid (w\colon \text{WEINE} \wedge \text{Weingut}(w) = \text{'Creek'}\}\})$$

AVG (für engl. *average*) ist eine Funktion, die den Durchschnittswert einer Multimenge von Zahlen bestimmt (vergleiche hierzu Aggregierung in SQL, Abschnitt 10.2).

- Da Anfrageergebnisse nur spezielle Werte sind, die mit dem Datentypkonstruktor **multiset** konstruiert werden, können alle Operationen auf Multimengen wie Vereinigung, Schnittmenge etc. auch auf Anfrageterme angewendet werden. Hier verbindet der EER-Kalkül den algebraischen Ansatz zur Anfrageformulierung mit den Kalkülansätzen.

- Eine spezielle Funktion **bts** (für *bag-to-set*) entfernt Duplikate aus Multimengen und schlägt damit die Brücke zu den klassischen mengenbasierten Kalkülen.

- So wie in relationalen Kalkülen Relationen als Prädikate behandelt werden, müssen die Konzepte des EER-Modells auf logische Konstrukte des EER-Kalküls abgebildet werden:
  - Die Entity-Typen definieren die Bereiche, an die Variablen gebunden werden können.
  - Beziehungstypen definieren Prädikatsymbole. Alternativ können sie auch Bereiche definieren.
  - Attribute von Entity-Typen werden als Funktionen modelliert.

Der EER-Kalkül kann auch auf Datenbanken angewendet werden, die im ER-Modell oder im relationalen Datenbankmodell beschrieben wurden, da beide als Spezialfälle des EER-Modells aufgefasst werden können. Auch für das Netzwerk- und hierarchische Datenbankmodell könnte er benutzt werden, obwohl diesen Modellen dann eine neue multimengenbasierte Semantik gegeben würde. Die Nähe der Modellierungskonzepte des EER-Modells zu objektorientierten Konzepten lässt auch hier einen Einsatz zu.

◄**Beispiel 9-7**► Um einen Eindruck des EER-Kalküls zu vermitteln, geben wir einige Anfragen zum Beispiel-ER-Schema an.

$$\{\{\text{Weingut}(e) \mid (e : \text{ERZEUGER}) \land \exists (a : \text{ANBAUGEBIET}) \\ (\text{Name}(a) = \text{'Nahe'} \land \text{SitztIn}(e,a))\}\}$$

Diese erste Anfrage bestimmt die Weingüter im Anbaugebiet Nahe. Da im EER-Kalkül Variablen auch an Beziehungstypen gebunden werden können, kann die Anfrage auch wie folgt formuliert werden:

$$\{\{\text{Weingut}(si.\text{ERZEUGER}) \mid (si : \text{SitztIn}) \land \text{Name}(si.\text{ANBAUGEBIET}) = \text{'Nahe'}\}\}$$

Die Anzahl der Anbaugebiete wird mit einer Funktionsanwendung bestimmt:

$$\text{CNT}(\{\{a \mid (a : \text{ANBAUGEBIET})\}\})$$

Zuletzt bestimmen wir für jeden Erzeuger den durchschnittlichen Restsüße-Wert:

$$\{\{\text{Weingut}(e), \text{AVG}(\{\{\text{Restsüße}(w) \mid (w : \text{WEIN}) \land \text{produziert}(e,w)\}\}) \mid \\ (e : \text{ERZEUGER})\}\}$$

□

Die Struktur von Anfragen im EER-Kalkül ist eng an Anfragen in der Sprache SQL angelehnt, so dass er zur Semantikfestlegung von SQL-ähnlichen Sprachen dienen kann. Gogolla gibt in [Gog94] eine formale Semantik für eine Teilmenge des SQL-Standards an, während Hohenstein und Engels [HE92, Hoh93] eine SQL-basierte Sprache SQL/EER für das EER-Modell vorstellen, die auf dem EER-Kalkül basiert.

9.4 Zusammenfassung

Begriff	Informale Bedeutung
Gruppierungsoperator	realisiert Funktionen und Gruppenbildung in Relationen; erweitert die Relationenalgebra
maybe/definit	Kennungen, die bei der Behandlung von Nullwerten neben dem Wahrheitswert **true** (definit) auch den Wahrheitswert **unknown** (maybe) realisieren können
NF^2-Relationen	geschachtelte Relationen, nicht mehr in erster Normalform
PNF-Relationen	geschachtelte Relationen in Partitioned Normal Form, die sich vollständig mit Relationen in erster Normalform darstellen lassen
NF^2-Algebra	Erweiterung der Relationenalgebra, die auf geschachtelten Relationen arbeitet
Bereichskalkül	Anfrageformalismus basierend auf der Prädikatenlogik, bei dem die Variablen über Wertebereichen von Attributen definiert sind
Tupelkalkül	Anfrageformalismus basierend auf der Prädikatenlogik, bei dem die Variablen über den Relationen definiert sind, also Tupel darstellen
Sichere Anfragen	Anfragen, die eine endliche Ergebnisrelation liefern
EER-Kalkül	Anfrageformalismus für das erweiterte Entity-Relationship-Modell

Tabelle 9.1: Wichtige Begriffe zu erweiterten Modellen und Anfragen

Die Relationenalgebra muss um Operatoren wie den Gruppierungsoperator und die Behandlung von Nullwerten erweitert werden, um alle SQL-Anfragen darstellen zu können. Andererseits kann das Relationenmodell um geschachtelte Relationen erweitert werden. Dafür sind dann wiederum in passenden Algebren Operationen hinzuzufügen, die die Schachtelung behandeln können. Alternativ zu Algebren können als formale Grundlage für Anfragen auch Kalküle definiert werden. Der Bereichskalkül und der Tupelkalkül sind – in ihrer sicheren Variante – äquivalent zur Relationenalgebra. Ein sicherer Kalkül verhindert die Formulierung von Anfragen, die unendliche Ergebnisse liefern oder in Endlosschleifen münden. Die wichtigsten Begriffe sind noch einmal in Tabelle 9.1 zusammengefasst.

9.5 Vertiefende Literatur

Die Relationenalgebra wurde in [Cod72] eingeführt. Eine Version der Relationenalgebra mit dem kartesischen Produkt als Grundoperation enthält etwa [Ull88]. Eine orthogonale Algebra für geschachtelte Relationen wird in [SS86] eingeführt. Die Relationenalgebra mit Nullwerten behandelt [Bis81]. Algebren mit Erweiterungen in Richtung arithmetische Ausdrücke, Aggregatfunktionen und Gruppierungen (die im nächsten Kapitel für relationale Anfragesprachen eingeführt werden) sind ISBL [Tod76] und RELAX [MHH93].

Der Bereichskalkül und der Tupelkalkül werden in [Ull88] und [Mai83] erläutert. Eingeführt wurden sie durch Codd in [Cod72]. Einen um Aggregatfunktionen erweiterten Kalkül und angepasste Äquivalenzuntersuchungen zwischen Algebra und Kalkül wurden in [Klu82] eingeführt. Der EER-Kalkül stammt von Hohenstein und Gogolla [HG88, GH91, Hoh93, Gog94].

Datalog wird in den Büchern von Ullman [Ull88, Ull89] sowie in [CGT90] eingeführt.

9.6 Übungsaufgaben

Übung 9-1 Geben Sie ein Beispiel für ein Attribut im Wein-Beispiel, das als Verbund-Attribut Sinn macht und für das Nullwerte austreten können. Geben Sie ein Beispiel für den Einsatz von definit- und maybe-Markierungen in diesem Szenario an. □

Übung 9-2 Diskutieren Sie eine Modellierung des im Anhang A.2 aufgeführten relationalen Schemas in geschachtelten Relationen.

Welcher Bezug besteht zwischen Fremdschlüsselbedingungen in flachen Relationen und möglichen Modellierungen in geschachtelten Relationen? □

Übung 9-3 Gegeben sind die Relationenschemata:

```
BESUCHER  = {Gast,Restaurant}
ANGEBOT   = {Restaurant,Wein}
GESCHMACK = {Gast,Wein}
```

mit folgender Bedeutung

BESUCHER Welcher Gast besucht welches Restaurant?
ANGEBOT   Welches Restaurant bietet welchen Wein an?
GESCHMACK Welcher Gast mag welchen Wein?

Man gebe im Bereichskalkül folgende Anfragen an:

1. Gib die Restaurants aus, die einen Wein anbieten, den Charles Duchemin mag!
2. Gib die Gäste aus, die mindestens ein Restaurant besuchen, das auch einen Wein anbietet, den sie mögen!
3. Gibt die Gäste aus, die *nur* Restaurants besuchen, die auch einen Wein anbieten, den sie mögen!
4. Gib die Gäste aus, die *kein* Restaurant besuchen, das auch einen Wein anbietet, den sie mögen! □

Übung 9-4 Formulieren Sie die Beispiel-Anfragen aus der Aufgabe 9-3 auch im EER-Kalkül. Behandeln Sie dafür Relationen wie Entity-Typen. □

10

Erweiterte Konzepte von SQL

Der Anfrageteil von SQL bietet viele über die Relationenalgebra und den Relationenkalkül hinausgehende Möglichkeiten. Dazu gehören Operationen auf Wertebereichen, Aggregatfunktionen und Gruppenbildung, explizite Quantoren, Sortierung sowie rekursive Anfragen. Diese Konzepte werden im Folgenden behandelt.

Weiterhin werden wir anhand der Geschichte von SQL auf die Besonderheiten und Unterschiede der wichtigsten Versionen des SQL-Standards eingehen.

10.1 Weitere Operationen und Prädikate

Im praktischen Einsatz von SQL werden typischerweise über die einfachen Vergleichsoperatoren hinausgehende Berechnungen auf Attributwerten benötigt. Daher bietet SQL eine Reihe weiterer Operationen und Prädikate, die es ermöglichen, derartige Berechnungen als Teil der Anfrage zu formulieren statt sie im Anwendungsprogramm zu implementieren.

10.1.1 Skalare Ausdrücke

In SQL können an allen Stellen innerhalb der **select**- und **where**-Klauseln, an denen wir bislang Attribute verwendet haben, auch *skalare Ausdrücke* vorkommen. Skalare Ausdrücke sind Operationen über Attributen und Konstanten mit kompatiblen Wertebereichen, die wie üblich geklammert werden können.

Zu beachten ist, dass skalare Ausdrücke mehrere Attribute derselben (eventuell abgeleiteten) Relation umfassen können. Die Ausdrücke werden dann auf der aus der **from**-Klausel resultierenden Relation tupelweise ausgewertet. Eine Relation mit n Tupeln ergibt also nach Anwendung der skalaren Ausdrücke wiederum eine Ergebnisrelation mit n Tupeln.

Wird ein Spaltenwert durch einen skalaren Ausdruck über mehrere Attribute berechnet, so ist eine eindeutige Zuordnung eines Attributnamens nicht mehr möglich. Daher erlaubt SQL die Umbenennung einer Spalte durch **as** in der Projektionsliste:

ausdruck **as** *neuer-name*

◂**Beispiel 10-1**▸ In der folgenden Anfrage wird die Spalte Name umbenannt:

select Name **as** Bezeichnung, Jahrgang
from WEINE
where WeinID = 4711

Das Ergebnis ist eine Relation mit diesem Schema:

Bezeichnung	Jahrgang
Riesling Reserve	1999

□

SQL bietet eine Vielzahl von skalaren Operationen und Funktionen[1]. Neben den bekannten arithmetischen Operationen auf Wertebereichen wie +, -, *, / sowie numerischen Funktionen wie mod für Modulo, die Winkelfunktionen usw. wollen wir im Folgenden auf die wichtigsten Klassen von Funktionen und Operationen eingehen.

Zeichenkettenfunktionen

Zur Verarbeitung von Zeichenketten vom Typ **char** oder **varchar** gibt es eine Reihe von vordefinierten Funktionen:

- **char_length**(s) liefert die Länge der Zeichenkette s (Anzahl der Zeichen).

- s_1 || s_2 hängt die Zeichenkette s_2 an s_1 an.

- **position**(s_1 **in** s_2) liefert die Position der Zeichenkette s_1 in s_2 beginnend bei Position 1. Im Fehlerfall (s_1 nicht in s_2 enthalten) wird 0 zurückgegeben. In Oracle ist eine ähnliche Funktion **instr**(s_1, s_2, p, n) verfügbar, die ab der Position p nach dem n-ten Vorkommen von s_1 in s_2 sucht und die entsprechende Position liefert.

---
[1] In SQL ist die Angabe von Klammern bei leeren Parameterlisten nicht notwendig.

- **substring**(*s* **from** *p* **for** *l*) liefert die Teilzeichenkette von *s* beginnend bei Position *p*, die *l* Zeichen lang ist. Aufgrund dieser etwas ungewöhnlichen Notation bieten einige Systeme eine verwandte Funktion **substr**(*s*, *p*, *l*) (Oracle) bzw. verwenden die klassische Parameternotation ohne **from** (SQL Server).

- **lower**(*s*) bzw. **upper**(*s*) konvertieren die Zeichenkette *s* in Kleinbuchstaben bzw. Großbuchstaben. Obwohl nicht im Standard definiert, unterstützen die meisten Systeme diese Funktionen.

Im Folgenden illustrieren wir die Anwendung dieser Funktionen an einigen Beispielen.

◄**Beispiel 10-2**► Mit dieser Anfrage werden die Namen aller Grand Cru-Weine ausgegeben. Hierzu werden mit Hilfe des **like**-Prädikats zunächst alle relevanten Weine ermittelt und anschließend in der Projektionsklausel der Zeichenkette „Grand Cru" aus dem Namen entfernt:

```
select substring(Name from 1 for
    (char_length(Name) - position('Grand Cru' in Name)))
from WEINE
where Name like '%Grand Cru'
```

◻

Funktionen für Datums- und Intervallwerte

Wie in Abschnitt 7.1.1 eingeführt, gibt es in SQL spezielle Datentypen für die Repräsentation von Datums-, Zeit- und Intervallwerten. Dementsprechend sind auch eine Reihe von Funktionen für die Verarbeitung dieser Werte definiert:

- Das aktuelle Datum kann über die Funktion **current_date**, die aktuelle Zeit über **current_time** und die Kombination aus beiden über **current_timestamp** ermittelt werden. In Oracle heißen diese Funktionen **sysdate** bzw. **systimestamp**, während es im SQL Server nur **getdate** gibt.

- Literale (Konstanten) werden über die Notation **date** 'yyyy-mm-dd' definiert. Die Zeichenkette mit dem Datum besteht dabei aus dem Jahr (yyyy), dem Monat (mm) und dem Tag (dd). Timestamps werden in ähnlicher Weise definiert: **timestamp** 'yyyy-mm-dd hh:mm:ss', wobei hh:mm:ss für Stunden, Minuten und Sekunden steht. Auch Zeitintervalle wie z.B. 5 Stunden oder 2 Tage lassen sich konstruieren: **interval** '*n*' *einheit*. Hierzu ist es notwendig, zum Wert von *n* die Einheit wie **hour**, **day** oder **year** anzugeben. Auch gibt es beispielsweise bei Oracle wieder Besonderheiten in Form einer **to_date**-Funktion zur Konvertierung einer Zeichenkette in einen Datumswert.

Operand 1	Operator	Operand 2	Ergebnistyp
datetime	−	datetime	interval
datetime	+, −	interval	datetime
interval	+	datetime	datetime
interval	+, −	interval	interval
interval	*, /	numerisch	interval
numerisch	*, /	interval	interval

Tabelle 10.1: Operatoren und Operanden für Datum- und Zeitwerte

- Der Zugriff auf einzelne Komponenten eines Datumswertes d ist über die selbsterklärenden Funktionen wie **year**(d), **month**(d) und **day**(d) möglich.

- Mit Datumswerten sind arithmetische Operationen möglich. So können Tage, Monate oder Jahre zu einem Datum addiert bzw. von diesem abgezogen werden. Hierzu wird der Intervall-Typ **interval** benutzt. Auch können zwei Datumswerte subtrahiert werden. Tabelle 10.1 gibt einen Überblick über die möglichen Operatoren und Operanden (**datetime** steht hierbei für die Typen **date**, **time**, **timestamp**). Allerdings weichen auch hier die konkreten Systemimplementierungen syntaktisch ab.

Zur Illustration der Anwendung dieser Funktionen erweitern wir unsere WEINE-Relation zunächst um ein Attribut HerstDatum mit dem Herstellungsdatum:

```
alter table WEINE
    add column HerstDatum date
```

◄**Beispiel 10-3**► Zunächst wird das Herstellungsdatum eines Weines mit einer Konstanten belegt:

```
update WEINE
set HerstDatum = date '2004-08-13'
where Name = 'Zinfandel'
```

Der Jahrgang eines Weines könnte nun auch aus dem Herstellungsdatum abgeleitet werden:

```
select Name, year(HerstDatum) as Jahrgang
from WEINE
```

Schließlich wollen wir noch das Alter der Weine bestimmen:

```
select Name, year(current_date - HerstDatum) as Alter
from WEINE
```

□

Bedingte Ausdrücke

Mit dem **case**-Ausdruck kann ein Wert in Abhängigkeit von der Auswertung eines oder mehrerer Prädikate zurückgegeben werden. Die Syntax ist wie folgt:

> **case**
>   **when** *prädikat$_1$* **then** *ausdruck$_1$*
>   ...
>   **when** *prädikat$_{n-1}$* **then** *ausdruck$_{n-1}$*
>   [**else** *ausdruck$_n$*]
> **end**

Ein solcher **case**-Ausdruck kann in der **select**- oder **where**-Klausel eingesetzt werden und liefert den Wert des Ausdrucks *ausdruck$_i$*, dessen korrespondierendes Prädikat *prädikat$_i$* erfüllt ist, wobei die Abarbeitung von oben nach unten erfolgt. Ist keines der Prädikate erfüllt, wird der Wert von *ausdruck$_n$* geliefert.

Daneben existiert eine vereinfachte Variante zum direkten Wertevergleich in der folgenden Notation:

> **case** *ausdruck*
>   **when** *vergl-ausdr$_1$* **then** *ausdruck$_1$*
>   ...
>   **when** *vergl-ausdr$_{n-1}$* **then** *ausdruck$_{n-1}$*
>   [**else** *ausdruck$_n$*]
> **end**

Hier wird der Wert von *ausdruck$_i$* geliefert, für dessen Zweig *ausdruck* = *vergl-ausdr$_i$* gilt.

Schließlich gibt es noch zwei Kurzformen für die Vergleiche mit null. Der **nullif**-Ausdruck in der Form

> **nullif** (*ausdruck$_1$*, *ausdruck$_2$*)

ist eine Abkürzung für

> **case**
>   **when** *ausdruck$_1$* = *ausdruck$_2$* **then** **null**
>   **else** *ausdruck$_1$*
> **end**

und liefert somit für den Fall, dass die Werte beider Ausdrücke gleich sind, den Nullwert und anderenfalls den Wert von *ausdruck$_1$*.

Der **coalesce**-Ausdruck in der Notation:

> **coalesce** (*ausdruck$_1$*, *ausdruck$_2$*)

ist dagegen eine Abkürzung für

```
case
    when ausdruck₁ is not null then ausdruck₁
    else ausdruck₂
end
```

und liefert den Wert von *ausdruck₁*, falls dieser von null verschieden ist, sonst *ausdruck₂*. Auch hierfür wollen wir einige Anwendungen betrachten.

◀**Beispiel 10-4**▶ Die erste Anfrage fügt in das Ergebnis eine Spalte Weinart ein, die in Abhängigkeit von der Farbe Rotwein bzw. Weißwein enthält:

```
select case
        when Farbe = 'Rot' then 'Rotwein'
        when Farbe = 'Weiß' then 'Weißwein'
        else 'Sonstiges'
    end as Weinart,
    Name
from WEINE
```

Mit der zweiten Anfrage werden die Weine mit ihrem Anbaugebiet ausgegeben. Sofern dieses nicht existiert (etwa für Weine des in Abschnitt 7.3.4 eingefügten Erzeugers Weirau Hills) wird alternativ die Region verwendet:

```
select Name, coalesce(Anbaugebiet, Region)
from WEINE natural join ERZEUGER
```

□

Typkonvertierung

Mit dem **cast**-Operator lassen sich Typkonvertierungen von Ausdrücken explizit formulieren:

```
cast(ausdruck as typname)
```

So können beispielsweise Zeichenketten in Datumswerte oder numerische Werte, Datumswerte etc. in Zeichenketten konvertiert werden. Auch hier wollen wir ein Beispiel betrachten.

◀**Beispiel 10-5**▶ Die folgende Anfrage erzeugt für Weine Bezeichnungen der Form „2004er Zinfandel", indem der Jahrgang in eine Zeichenkette konvertiert und mit „er" sowie dem Namen kombiniert wird:

```
select cast(Jahrgang as varchar) || 'er ' || Name as Bezeichnung
from WEINE
```

□

10.1.2 Prädikate

Neben den bereits eingeführten Prädikaten wie **in** und **exists** sind in SQL noch weitere verfügbar. Stellvertretend sei hier nur das **unique**-Prädikat genannt, das **true** zurückgibt, wenn der SFW-Block keine Duplikate liefert:

> **unique** (*SFW-Block*)

◄**Beispiel 10-6**► Gesucht sind alle Weingüter, die genau einen Wein anbieten. Da wir noch keine Möglichkeit kennen, Elemente zu zählen, wird das **unique**-Prädikat verwendet, um die Multimenge der Weine (projiziert auf die Namen der Weingüter) auf Duplikate zu prüfen. Diese würden genau dann auftreten, wenn es von einem Erzeuger mehr als einen Wein gibt:

```
select * from ERZEUGER e
where unique (
    select Weingut from WEINE w
    where w.Weingut = e.Weingut)
```

□

Ein zweites, insbesondere für Zeit- bzw. Datumwerte interessantes Prädikat ist das **overlaps**-Prädikat, das **true** liefert, wenn sich die beiden Operanden in Form von Intervallen überlappen:

> $interval_1$ **overlaps** $interval_2$

◄**Beispiel 10-7**► So liefert etwa der folgende Ausdruck den Wert **true**:

```
(date '2007-01-01', date '2007-12-31') overlaps
    (date '2007-07-01', date '2008-07-01')
```

während der Ausdruck

```
(time '08:30:00', time '09:30:00') overlaps
    (time '10:00:00', time '10:30:00')
```

zu **false** ausgewertet wird. □

10.1.3 Quantoren und Mengenvergleiche

Im Gegensatz zur Relationenalgebra bieten sowohl der Tupel- als auch der Bereichskalkül die Quantoren $\forall$ und $\exists$ zur Bildung von Selektionsbedingungen. Auch in SQL sind diese Quantoren verfügbar, allerdings in einer syntaktisch etwas eingeschränkten Fassung. Quantoren erlauben bei geschachtelten **where**-Klauseln einen Vergleich mit den Standardvergleichsoperatoren θ = {<, ≤, =, ≠, ≥, >} selbst dann, wenn eine Wertemenge das Resultat des inneren SFW-Blocks ist.

Die Syntax der Bedingung ist in ihrer einfachsten Form:

attribut θ { **all** | **any** | **some** } (**select** *attribut*
from ... **where** ...)

Dabei sind **all** der All- und sowohl **any** als auch **some** die Existenzquantoren[2].

Wie aus der Prädikatenlogik bekannt, haben die Quantoren die folgende Bedeutung:

- **all**: Die **where**-Bedingung wird erfüllt, wenn für *alle* Tupel des inneren SFW-Blocks der θ-Vergleich mit *attribut* **true** wird.

- **any** bzw. **some**: Die **where**-Bedingung wird erfüllt, wenn der θ-Vergleich mit mindestens einem Tupel des inneren SFW-Blocks **true** wird.

◀**Beispiel 10-8**▶ Eine Anwendung des Allquantors ist die folgende Anfrage, die den ältesten Wein ohne Verwendung einer Aggregatfunktion bestimmt:

select *
from WEINE
where Jahrgang <= **all** (
    select Jahrgang **from** WEINE)

Der älteste Wein ist der Wein, dessen Jahrgang kleiner als bzw. gleich allen Jahrgängen ist – demnach liefert die Anfrage tatsächlich das gewünschte Ergebnis. □

Der Existenzquantor kann oft als Alternative zum **in**-Prädikat eingesetzt werden, wie das folgende Beispiel zeigt:

◀**Beispiel 10-9**▶ Gesucht sind alle Weingüter, die Rotweine produzieren:

select *
from ERZEUGER
where Weingut = **any** (
    select Weingut **from** WEINE
    where Farbe = 'Rot')

□

Wie aus Beispiel 10-8 ersichtlich, können die Quantoren jedoch mit verschiedenen Vergleichsoperatoren kombiniert werden, während das **in**-Prädikat

---

[2]Aus Gründen der englischen Grammatik wurden als Wortsymbole für den Existenzquantor sowohl **any** als auch **some** eingeführt: Je nach Anfrage „spricht" sich die Anfrage mit einem der beiden Wortsymbole besser.

nur auf Enthaltensein in der Menge prüft und somit nur den =-Operator unterstützt.

Trotz des Vorhandenseins von Quantoren ist die Anwendbarkeit in SQL aber sehr eingeschränkt: Ein Test auf Gleichheit zweier Mengen, der logisch mit

$$\forall x \in M_1 : x \in M_2 \land \forall x \in M_2 : x \in M_1$$

ausgedrückt werden könnte, lässt sich in SQL so nicht umsetzen. Die äußere Anfrage in SQL wird immer noch tupelweise abgearbeitet. Eine Anfrage wie:

„Gib alle Erzeuger aus, die sowohl Rot- als auch Weißweine produzieren."

kann allein mit Quantoren nicht formuliert werden.

Vergleich von Wertemengen

Wollen wir die oben erwähne Anfrage nach Weingütern mit Rot- und Weißweinen in eine SQL-Anfrage umsetzen, so müssen wir berücksichtigen, dass eine simple Anfrage wie

```
select Weingut
from WEINE
where Farbe = 'Rot' and Farbe = 'Weiß'
```

natürlich scheitert (d.h., immer die leere Ergebnisrelation liefert). SQL wertet die Bedingung wie in der Relationenalgebra und dem Relationenkalkül tupelweise aus, und der Attributwert eines Tupels kann in der Farbe-Spalte nicht gleichzeitig Rot und Weiß sein.

Der Trick ist nun, einen Selbstverbund der WEINE-Relation über die Spalte Weingut durchzuführen, um zwei Farbe-Spalten zur Verfügung zu haben. Die Kombination von beiden gewünschten Attributwerten taucht nun innerhalb einer Zeile der durch die **from**-Klausel entstehenden Relation auf.

◄**Beispiel 10-10**► Die richtige Anfrage lautet dann:

```
select w1.Weingut
from WEINE w1, WEINE w2
where w1.Weingut = w2.Weingut
    and w1.Farbe = 'Rot' and w2.Farbe = 'Weiß'
```

Ein Ausschnitt aus der hinter **from** gebildeten Tabelle sieht folgendermaßen aus:

w1.Weingut	w1.Farbe	w2.Weingut	w2.Farbe
Chateau La Rose	Rot	Chateau La Rose	Rot
Chateau La Rose	Rot	Creek	Rot
Chateau La Rose	Rot	Helena	Rot
Chateau La Rose	Rot	Creek	Rot
Chateau La Rose	Rot	Helena	Rot
Chateau La Rose	Rot	Müller	Weiß
...			
Creek	Rot	Creek	Weiß
...			

□

Das letzte Tupel qualifiziert sich innerhalb der **where**-Klausel und das zugehörige Weingut ist das Ergebnis der Anfrage.

Zählen von Wertemengen

Mit der gleichen Technik können wir in begrenztem Maße die Mächtigkeit einer Wertemenge mit einem vorgegebenen Wert vergleichen, ohne die Aggregatfunktion **count** zu nutzen.

◂**Beispiel 10-11**▸ So bestimmt etwa die folgende Anfrage alle Weingüter, aus denen zwei oder mehr Weine kommen:

```
select  distinct w1.Weingut
from    WEINE w1
where   w1.Weingut in (
            select w2.Weingut
            from WEINE w2
            where w2.WeinID <> w1.WeinID)
```

Die gleiche Anfrage ist auch ohne Schachtelung möglich:

```
select  distinct w1.Weingut
from    WEINE w1, WEINE w2
where   w1.Weingut = w2.Weingut
and     w1.WeinID <> w2.WeinID
```

□

Dieses Anfragemuster kann prinzipiell auf eine beliebige Größe der Wertemenge erweitert werden: durch n Tupelvariablen ist ein Test auf n Weine möglich.

10.1.4 Behandlung von Nullwerten

Wie bereits in Abschnitt 7.1.1 erläutert, gehört der Nullwert **null** zu keinem Wertebereich, sondern ist ein Extrasymbol, das je nach Anwendung „Wert unbekannt" oder „Wert nicht anwendbar" bedeutet. Der Nullwert kann auch nicht überall dort eingesetzt werden, wo Konstanten erlaubt sind. Beispielsweise können wir keine skalaren Ausdrücke mit **null** als Konstante bilden, und in der **select**-Klausel ist **null** als Literal nur in Verbindung mit einer expliziten Typkonvertierung (**cast**) erlaubt.

Sind Nullwerte in der Datenbank enthalten, so muss ihre Wirkung in Anfragen genauer betrachtet werden. Zur Vereinfachung konzentrieren wir uns hier nur auf vier Bereiche: skalare Ausdrücke, Aggregatfunktionen, Vergleiche und boolesche Ausdrücke.

- In skalaren Ausdrücken ist das Ergebnis **null**, sobald ein Nullwert in die Berechnung eingeht.

- In allen Aggregatfunktionen bis auf **count**(∗) werden Nullwerte vor Anwendung der Funktion entfernt.

- Fast alle Vergleiche mit dem Nullwert ergeben den Wahrheitswert **unknown** (statt **true** oder **false**). Die einzigen Ausnahmen: Das Prädikat **is null** gibt bei Anwendung auf einen Nullwert **true**, das Prädikat **is not null** ergibt **false**. Selbst ein Vergleich A=A ist bei Vorliegen von Nullwerten keine Tautologie mehr, sondern ergibt **unknown**.

- Boolesche Ausdrücke basieren auf einer dreiwertigen Logik, welche die Wahrheitswerte **true**, **false** und **unknown** umfasst. Dabei gelten für die Operatoren **and**, **or** und **not** die Wahrheitstabellen in Abbildung 10.1.

and	true	unknown	false
true	true	unknown	false
unknown	unknown	unknown	false
false	false	false	false

or	true	unknown	false
true	true	true	true
unknown	true	unknown	unknown
false	true	unknown	false

not	
true	false
unknown	unknown
false	true

Abbildung 10.1: Wahrheitstabellen für die dreiwertige Logik in SQL

◄**Beispiel 10-12**► Als Beispiel gehen wir von drei **integer**-Attributen A, B und C aus. Der Wert von A sei 10, der Wert von B 20 und der Wert von C **null**. Dann liefern folgende booleschen Ausdrücke folgende Wahrheitswerte:

Ausdruck	Ergebniswert
A < B **or** B < C	**true**
A > B **and** B > C	**false**
A > B **or** B > C	**unknown**
not B = C	**unknown**

□

Weitere Aspekte wie Vergleiche mit Nullwerten bei Tupelbildungen entnehme man der am Ende des Kapitels angegebenen Fachliteratur.

10.2 Aggregation und Gruppierung

Im Gegensatz zu den skalaren Operationen auf Wertebereichen arbeiten *Aggregatfunktionen* tupelübergreifend. Sie berechnen Eigenschaften von ganzen Tupelmengen, sogenannte Aggregate (Zusammenfassungen). Zunächst wollen wir als Tupelmenge noch die gesamte Relation verstehen – im nächsten Abschnitt werden wir dann die Bildung von Gruppen von Tupeln kennenlernen.

10.2.1 Aggregatfunktionen

In SQL gibt es folgende Aggregatfunktionen:

- **count** berechnet die Anzahl der Werte einer Spalte oder alternativ (im Spezialfall **count**(∗)) die Anzahl der Tupel einer Relation.
- **sum** berechnet die Summe der Werte einer Spalte (nur bei numerischen Wertebereichen).
- **avg** berechnet den arithmetischen Mittelwert der Werte einer Spalte (nur bei numerischen Wertebereichen).
- **max** bzw. **min** berechnen den größten bzw. kleinsten Wert einer Spalte.

Als Argumente einer Aggregatfunktion können wir

- ein Attribut der durch die **from**-Klausel spezifizierten Relation,
- einen gültigen skalaren Ausdruck oder

- im Falle der **count**-Funktion auch das Symbol ∗ angeben.

Die Aggregatfunktion wird dann auf die Menge der Attributwerte, die Menge der Ergebniswerte des skalaren Ausdrucks oder die Menge der Tupel der Relation angewendet.

Vor dem Argument können (außer im Fall von **count**(∗)) die Wortsymbole `distinct` oder `all` auftauchen. `distinct` bedeutet, dass vor Anwendung der Aggregatfunktion doppelte Werte aus der Menge von Werten, auf die die Funktion angewendet wird, eliminiert werden. Bei `all` gehen Duplikate mit in die Berechnung ein. `all` ist die Voreinstellung, falls vor dem Argument nichts spezifiziert wurde. Nullwerte werden in jedem Fall vor Anwendung der Funktion aus der Wertemenge eliminiert (außer im Fall von **count**(∗)).

Leider können zwei Aggregatfunktionen f_1 und f_2 nicht hintereinander angewendet werden, was im Zusammenhang mit der im folgenden Abschnitt behandelten **group by**-Klausel sinnvolle Anwendungen bieten würde. Statt

    select $f_1(f_2(A))$ **as** Ergebnis
    from R ...   -- *(falsch!)*

kann man aber in SQL auch

    select f_1(Temp) **as** Ergebnis
    from (**select** $f_2(A)$ **as** Temp **from** R ...)

schreiben.

Das Ergebnis einer Aggregatfunktion (ohne **group by**) ist immer ein einziges Element, darum kann eine solche Anfrage auch in Vergleichen innerhalb der **where**-Klausel an Stellen eingesetzt werden, in denen einelementige Anfrageergebnisse erwartet werden.

Betrachten wir nun einige einfache Beispiele der Anwendung von Aggregatfunktionen.

◄**Beispiel 10-13**► Die erste Anfrage liefert die Anzahl der Weine in unserer WEINE-Relation. Da hier komplette Tupel gezählt werden, kann **count**(∗) als Aggregatfunktion verwendet werden:

    select count(∗) **as** Anzahl
    from WEINE

Diese Anfrage liefert eine Relation mit einem Tupel und einer Spalte:

Anzahl
7

◄**Beispiel 10-14**► Mit der zweiten Anfrage wollen wir das Durchschnittsalter der Weine bestimmen. Diese Anfrage demonstriert auch den Einsatz skalarer Ausdrücke in Aggregatfunktionen.

```
select avg(all year(current_date) - Jahrgang)
from WEINE
```

□

Hier wurde das Schlüsselwort **all** verwendet, da bei Verwendung von **distinct** doppelte Werte eliminiert würden, was das Durchschnittsalter natürlich verfälscht. Die Angabe **all** ist jedoch auch der Defaultwert in SQL, so dass **all** auch weggelassen werden kann.

◄**Beispiel 10-15**► In der nächsten Anfrage ist dagegen die Angabe von **distinct** notwendig, da hier die Anzahl der *verschiedenen* Weinregionen (ohne Duplikate) ermittelt werden soll:

```
select count(distinct Region)
from ERZEUGER
```

□

Da Aggregatfunktionen nur einen Wert zurückliefern, kann man sie in Konstantenselektionen der **where**-Klausel einsetzen.

◄**Beispiel 10-16**► In der folgenden Anfrage wird dies ausgenutzt, um alle Weine zu ermitteln, die älter als der Durchschnitt sind.

```
select Name, Jahrgang
from WEINE
where Jahrgang < (
    select avg(Jahrgang)
    from WEINE)
```

□

In ähnlicher Weise kann auch das Fehlen des **unique**-Prädikats umgangen werden, indem mit **count** gezählt wird:

◄**Beispiel 10-17**► Als Beispiel greifen wir die Anfrage aus Beispiel 10-6 auf, die alle Weingüter bestimmt, die nur einen Wein liefern:

```
select * from ERZEUGER e
where 1 = (
    select count(*) from WEINE w
    where w.Weingut = e.Weingut)
```

□

Mit Aggregatfunktionen haben wir bisher nur einen Wert pro Relation zurückgeliefert. Diese Technik werden wir jetzt durch die Gruppierung innerhalb einer Relation verallgemeinern.

10.2.2 Gruppierung

Mit der **group by**-Klausel verlassen wir im Prinzip den Boden des normalen Relationenmodells. Eine Gruppierung erzeugt zumindest virtuell eine geschachtelte Relation (siehe auch Abschnitt 9.2.1). Hat die Ausgangsrelation das Relationenschema R und ist die Attributmenge hinter der Gruppierung G, so schachteln wir die Relation nach den übrigen Attributen $R - G$. Für gleiche G-Werte werden somit die Resttupel in einer Relation gesammelt.

Die Syntax der Gruppierung ist:

```
select ...
from ...
[ where ...]
group by attributliste
```

Ist die **where**-Klausel spezifiziert, so wird diese zunächst ausgewertet. Die der **where**-Klausel genügenden Tupel werden gemäß

$$\nu[(R-G;N)](r(R))$$

geschachtelt, wobei N das neu entstehende (geschachtelte) Attribut ist, das in SQL jedoch keine Rolle spielt und deswegen dort nicht benannt wird, und $r(R)$ die durch die **from**- (und **where**-)Klausel definierte Relation. Die Attribute G nennen wir auch *Gruppierungsattribute*, die Attribute $R - G$ Nicht-Gruppierungsattribute.

Diese gruppierte (geschachtelte) Relation existiert wie gesagt nur virtuell. Im Relationenmodell wird dagegen eine Relation aus *Gruppeneigenschaften* gebildet: Das sind neben den Gruppierungsattributen die durch Aggregatfunktionen abgeleiteten Attribute. Die Aggregatfunktionen werden dabei auf die Nicht-Gruppierungsattribute für jedes Tupel der geschachtelten Relation einzeln angewendet.

Die optionale **having**-Klausel folgt der Gruppierung in der Syntax

```
select ...
from ...
[where ...]
group by attributliste
[having bedingung ]
```

und in der Auswertungsreihenfolge: Die dort angegebene Bedingung ist über der Relation von Gruppeneigenschaften definiert. Sie darf neben den Gruppierungsattributen auch auf beliebige Aggregatfunktionen über den Nicht-Gruppierungsattributen Bezug nehmen.

In Abbildung 10.2 ist dieses Vorgehen noch einmal schematisch angedeutet.

Für die Verwendung von Gruppierungs- und Nicht-Gruppierungsattributen in den einzelnen Klauseln einer Anfrage gilt somit insgesamt:

- In der **select**-Klausel dürfen nur Gruppierungsattribute und Nicht-Gruppierungsattribute in aggregierter Form auftreten.
- In der **where**-Klausel sind sowohl Gruppierungs- als auch Nicht-Gruppierungsattribute zulässig – der Grund ist, dass die Selektion vor der Gruppierung ausgeführt wird.
- In der **group by**-Klausel werden die Gruppierungsattribute angegeben – Aggregatfunktionen sind hier ebenso unzulässig wie in der **where**-Klausel.
- Die **having**-Klausel darf nur Gruppierungsattribute sowie aggregierte Nicht-Gruppierungsattribute enthalten.

◄**Beispiel 10-18**► Eine erste Anwendung der Gruppierung ist die Bestimmung der Anzahl der Rot- und Weißweine. Anstatt diese getrennt über Selektionen auf der Weinfarbe zu ermitteln, wird nach dem Attribut Farbe gruppiert:

```
select Farbe, count(*) as Anzahl
from WEINE
group by Farbe
```

Als Ergebnis wird folgende Relation geliefert:

Farbe	Anzahl
Rot	5
Weiß	2

□

◄**Beispiel 10-19**► Die folgende Anfrage zur Auswahl der Weinregionen, aus denen mehr als ein Wein kommt, demonstriert die Verwendung der **having**-Klausel:

```
select Region, count(*) as Anzahl
from ERZEUGER natural join WEINE
group by Region
having count(*) > 1
```

□

Natürlich kann auch wieder die **having**-Klausel geschachtelt werden, wie das folgende Beispiel illustriert.

◄**Beispiel 10-20**► Gesucht sind alle Weingüter, bei denen das Durchschnittsalter ihrer Weine größer als das Durchschnittsalter aller Weine ist:

Schritt 1:

A	B	C	D
1	2	3	4
1	2	4	5
2	3	3	4
3	3	4	5
3	3	6	7

aus **from** und **where** resultierende Relation

Schritt 2:

A	B	N	
		C	D
1	2	3	4
		4	5
2	3	3	4
3	3	4	5
		6	7

group by A, B

Schritt 3:

A	sum(D)	N	
		C	D
1	9	3	4
		4	5
2	4	3	4
3	12	4	5
		6	7

select A, sum(D)

Das geschachtelte Attribut N wird nur noch für die folgende **having**-Klausel benötigt, aber nicht ausgegeben:

Schritt 4:

A	sum(D)
1	9

having A< 4 **and** sum(D) < 10 **and** max(C) = 4

*Abbildung 10.2: Wirkung der **group by**- und **having**-Klauseln*

```
select ERZEUGER.Weingut
from ERZEUGER natural join WEINE
group by ERZEUGER.Weingut
having avg(year(current_date) - Jahrgang) > (
    select avg(year(current_date) - Jahrgang)
    from WEINE)
```

□

10.2 Aggregation und Gruppierung

10.3 Sortierung

Mit den bisherigen Klauseln haben wir auf Mengen oder Multimengen von Tupeln gearbeitet: Beide Konzepte zeichnen sich dadurch aus, dass die Reihenfolge der Tupel unerheblich ist. Mit der **order by**-Klausel wird aus der ungeordneten Menge von Tupeln nun eine Liste, die nach bestimmten Kriterien sortiert ist. Die **order by**-Klausel wird erst nach den anderen Anfrageklauseln angewendet und ist insbesondere dazu geeignet, die Reihenfolge der Tupel bei der Ausgabe bzw. der Übergabe an das umgebende Programm bei einer SQL-Einbettung (siehe Kapitel 13.3) zu bestimmen. Die Syntax der **order by**-Klausel ist:

order by attributliste

Durch Angabe einer Liste von Attributen kann demnach auch nach mehreren Attributen sortiert werden. In diesem Fall wird bei Wertgleichheit im ersten Attribut das zweite Attribut hinzugezogen, liegt auch hier Wertgleichheit vor, das dritte usw. Für jedes Attribut der Liste kann noch die Richtung festgelegt weren: Hierbei steht **asc** (engl. *ascending*) für aufsteigende Reihenfolge und **desc** (engl. *descending*) für absteigend. Der Standardfall ist die aufsteigende Sortierung.

◂**Beispiel 10-21**▸ Eine einfache Anwendung der **order by**-Klausel ist die Sortierung der Weine nach dem Jahrgang:

select *
from WEINE
order by Jahrgang

□

Die abschließende Sortierung erlaubt aber auch die Verwendung berechneter Attribute als Sortierkriterium. So kann etwa nach einem Aggregat sortiert werden:

◂**Beispiel 10-22**▸ Mit der folgenden Anfrage werden die Weingüter entsprechend der Anzahl der von ihnen angebotenen Weine ausgegeben:

select Weingut, **count**(*) **as** Anzahl
from ERZEUGER **natural join** WEINE
group by Weingut
order by Anzahl **desc**

□

In diesem Zusammenhang wird oftmals ein „Abschneiden" der Ergebnisliste nach einer vorgegebenen Anzahl gewünscht. Diese Art von Anfragen werden auch als *Top-k-Anfragen* bezeichnet, da sie die bezüglich einer Rangfunktion „besten" (top) k Elemente liefern.

Eine Möglichkeit, dies in SQL auszudrücken, bietet wiederum der Selbstverbund, indem der Rang eines Tupels t durch die Anzahl der Tupel bestimmt wird, die größer oder gleich t sind (bzw. kleiner gleich – je nach dem, ob aufsteigend oder absteigend sortiert werden soll). Mittels Gruppierung und Aggregation wird dieser Rang berechnet, über eine **having**-Bedingung kann die Ergebnismenge auf die k Elemente beschränkt und abschließend sortiert ausgegeben werden [Lau05].

◂**Beispiel 10-23**▸ Als Beispiel wollen wir die vier ältesten Weine ausgeben. Entsprechend dem obigen Prinzip werden über den Selbstverbund alle Weine, die jünger sind, zugeordnet (Schritt 1), bezüglich des Namens gruppiert (Schritt 2), der Rang als **count**(∗) berechnet und die Ergebnismenge auf die Tupel mit einem Rang ≤ 4 beschränkt (Schritt 3). Abschließend wird die Liste sortiert ausgegeben (Schritt 4).

```
select w1.Name, count(*) as Rang
from WEINE w1, WEINE w2
where w1.Jahrgang <= w2.Jahrgang    -- Schritt 1
group by w1.Name                    -- Schritt 2
having count(*) <= 4                -- Schritt 3
order by Rang                       -- Schritt 4
```

Als Ergebnis wird folgende Tabelle ausgegeben:

Name	Rang
La Rose Grand Cru	1
Pinot Noir	2
Riesling Reserve	3
Pinot Noir	4

□

Einfacher kann dies jedoch mit proprietären Erweiterungen (beispielsweise einer **limit**-Klausel ergänzend zum **order by**) oder über die mit SQL:2003 eingeführten Sequenzfunktionen (siehe Abschnitt 19.4.3) formuliert werden.

10.4 Äußere Verbunde

Der klassische Verbund der Relationenalgebra und dessen Umsetzung in SQL hat die Eigenschaft, dass Dangling Tuples – also Tupel ohne Verbundpartner – nicht in das Ergebnis aufgenommen werden. Manchmal sollen aber auch diese Tupel im Ergebnis erscheinen, wobei die fehlenden Werte der anderen Relation natürlich durch Nullwerte aufgefüllt werden müssen.

LINKS	A	B
	1	2
	2	3

RECHTS	B	C
	3	4
	4	5

NATURAL JOIN	A	B	C
	2	3	4

OUTER	A	B	C
	1	2	⊥
	2	3	4
	⊥	4	5

LEFT	A	B	C
	1	2	⊥
	2	3	4

RIGHT	A	B	C
	2	3	4
	⊥	4	5

Abbildung 10.3: Die verschiedenen Arten des äußeren Verbundes

Daher gibt es in SQL neben dem klassischen Verbund, der auch als **inner join** bezeichnet wird, einen *äußeren Verbund*. Hierbei lassen sich drei Varianten unterscheiden:

- Der linke äußere Verbund (**left outer join**) übernimmt alle Tupel der linken Relation und füllt die fehlenden Werte der rechten Relation mit Nullwerten.

- Der rechte äußere Verbund (**right outer join**) übernimmt alle Tupel der rechten Relation und füllt entsprechend auf.

- Der volle äußere Verbund (**full outer join**) übernimmt dagegen die Tupel beider Relationen in das Ergebnis.

Wie beim inneren Verbund kann die eigentliche Verbundbedingung über **on**, **using** bzw. als natürlicher Verbund (**natural full outer join**) formuliert werden.

In Abbildung 10.3 ist die Wirkung dieser Operationen anhand des natürlichen Verbundes über den beiden Relationen LINKS und RECHTS dargestellt. Die Ergebnisse sind jeweils OUTER für den vollen äußeren Verbund, LEFT für den linken und RIGHT für den rechten äußeren Verbund benannt. Der eingeführte Nullwert wird mit ⊥ gekennzeichnet. Zum Vergleich ist noch das Ergebnis des inneren Verbundes (NATURAL JOIN) angegeben.

◂**Beispiel 10-24**▸ Als konkretes Beispiel betrachten wir eine Anfrage zur Bestimmung der Anzahl der verfügbaren Weine pro Anbaugebiet. Würden wir die Anfrage mit einen inneren Verbund formulieren, so würde das Anbaugebiet Pomerol nicht im Ergebnis erscheinen. Daher verwenden wir den linken äußeren Verbund:

```
select Anbaugebiet, count(WeinID) as Anzahl
from ERZEUGER natural left outer join WEINE
group by Anbaubebiet
```

Das Ergebnis ist folgende Relation mit der Anzahl 0 für Pomerol:

Anbaugebiet	Anzahl
Barossa Valley	2
Napa Valley	3
Saint-Emilion	1
Pomerol	0
Rheingau	1

□

Allerdings sind die äußeren Verbunde nur Abkürzungen für SQL-Anfragen, die auch mit anderen Sprachmitteln – wenn auch umständlicher – formuliert werden können. Die Idee der Umsetzung ist die getrennte Berechnung und anschließende Vereinigung der einzelnen Teile des Ergebnisses eines äußeren Verbundes: der innere Verbund, die Tupel der linken Relation ohne Verbundpartner und die entsprechenden Tupel der rechten Relation.

◄Beispiel 10-25► Zur Illustration betrachten wir wieder den linken äußeren Verbund zwischen ERZEUGER und WEINE (allerdings ohne Gruppierung).

```
select *
from ERZEUGER natural join WEINE
   union all
select ERZEUGER.*, cast(null as int), cast(null as varchar(20)),
      cast(null as varchar(10)), cast(null as int),
      cast(null as varchar(20))
from ERZEUGER e
where not exists (
   select *
   from WEINE
   where WEINE.Weingut = e.Weingut)
```

□

10.5 Künstliche Schlüssel und Sequenzgeneratoren

Ein häufiges Problem in Datenbankanwendungen ist die Vergabe von eindeutigen Schlüsselwerten, in unserem Beispiel etwa für WeinID. Die Generierung solcher eindeutigen Nummer lässt sich nicht einfach über eine globale transiente Variable im Anwendungsprogramm realisieren, da dies bei mehreren Clients und mehrfacher Ausführung der Anwendung keine Eindeutigkeit garantiert. Eine Alternative ist die Verwendung der Systemzeit, aber auch hier besteht die Möglichkeit, dass zwei Clients parallel zur gleichen Zeit eine Bestellung aufgeben. Der Mehrbenutzerbetrieb erschwert auch eine einfache datenbankgestützte Lösung, bei der der letzte (maximale) Schlüsselwert ermittelt und für die Ableitung des neuen Wertes inkrementiert wird. Da aber die Generierung eindeutiger Identifikatoren ein häufiges Problem ist, bieten die meisten DBMS auch eine entsprechende Lösung an, die inzwischen mit den Sequenzgeneratoren auch Einzug in den SQL-Standard gefunden hat.

Ein Sequenzgenerator ist ein Datenbankobjekt, das bei jedem Auslesen einen neuen Wert und somit insgesamt eine Sequenz von Werten liefert. In SQL wird ein solches Objekt durch folgende Anweisung angelegt:

```
create sequence SeqName as Datentypy
  start with Startwert
  increment by Inkrementwert
  minvalue Mimimalwert maxvalue Maximalwert
  cycle
```

Hierbei können der zugrundeliegende Datentyp (z.B. **int**), der Startwert, der Wert für die Inkrementierung nach einem Zugriff, minimaler und maximaler Wert sowie die Behandlung im Fall eines Überlaufs spezifiziert werden. Wird für Letzteres **cycle** angegeben, so beginnt die Sequenz beim Erreichen des durch **maxvalue** definierten Wertes von vorn (**minvalue**).

Eine einfache Anwendung von Sequenzen stellen die sogenannten Identitätsspalten dar. Hierbei handelt es sich um Spalten einer Tabelle, die eindeutige Schlüsselwerte enthalten sollen, die wiederum automatisch gefüllt werden. Eine Identitätsspalte wird durch Angabe von

```
generated { always | by default }
  as identity (Sequenzoptionen)
```

definiert und nutzt direkt einen Sequenzgenerator ohne dass dieser explizit angelegt werden muss. Als *Sequenzoptionen* können demzufolge alle oben beschrieben Parameter angegeben werden. Dies wird mit dem folgenden Beispiel verdeutlicht.

◂**Beispiel 10-26**▸ Wir erweitern unsere Tabelle WEINE um die WeinID-Spalte, die einen künstlichen, automatisch generierten Schlüssel enthalten soll:

```
create table WEINE (
    WeinID int generated always as identity (
        start with 1 increment by 1
        minvalue 1 maxvalue 100000 cycle),
    Name varchar(20) not null,
    Farbe varchar(10),
    Jahrgang int,
    Weingut varchar(20))
```

□

Eine Identitätsspalte wird nun einfach dadurch mit einem eindeutigen Wert belegt, dass ein Nullwert „eingefügt" wird, etwa für das obige Beispiel

insert into WEINE **values** (**null**, 'Pinot Noir', 'Rot', 1999, 'Helena')

Dieser Nullwert wird dann tatsächlich durch den neuen Wert der Sequenz ersetzt.

In Oracle gibt es derartige Sequenzen schon länger, daher mit einer anderen Notation. Eine Sequenz kann mit der folgenden SQL-Anweisung definiert werden, wobei sich u.a. noch Start- und Inkrementwert festlegen lassen:

create sequence Erzeuger_Seq;

Ein neuer Wert wird über *sequenzname*.nextval ausgelesen und kann sofort in einer **insert**-Anweisung eingesetzt werden. Mit *sequenzname*.currval kann auf den aktuellen Wert zugegriffen werden. Dies ist jedoch nur innerhalb einer Sitzung möglich.

◄**Beispiel 10-27**► Nehmen wir an, dass sowohl die ERZEUGER-Relation als auch die WEINE-Relation um eine Spalte ErzeugerID erweitert werden. Dann kann das Einfügen eines neuen Erzeuger mit einer generierten eindeutigen Erzeuger-ID sowie das Einfügen eines Weines dieses Erzeugers durch folgende SQL-Anweisungen geschehen:

insert into ERZEUGER (ErzeugerID, Weingut, Anbaugebiet, Region)
    values (Erzeuger_Seq.nextval, 'Müller', 'Rheingau', 'Hessen');
insert into WEINE (WeinID, Name, ErzeugerID)
    values (4711, 'Riesling Reserve', Erzeuger_Seq.currval);

□

10.6 Benannte Anfragen und Rekursion

Seit SQL:1999 ist im Standard die Verwendung von temporären Tabellen innerhalb einer Anfrage vorgesehen. Dies eröffnet in Verbindung mit weiteren Konzepten auch die Möglichkeit, rekursive Anfragen zu formulieren.

10.6.1 Benannte Anfragen

Manchmal ist es notwendig, bestimmte Anfrageteile mehrfach in einer Anfrage zu verwenden. Ein Beispiel hierfür ist die Bestimmung aller Weine, die nicht mehr als zwei Jahre älter oder jünger als das Durchschnittsalter der WEINE-Relation sind. In SQL kann dies wie folgt formuliert werden:

```
select *
from WEINE
where Jahrgang - 2 >= (
    select avg(Jahrgang) from WEINE)
  and Jahrgang + 2 <= (
    select avg(Jahrgang) from WEINE)
```

Zwar kann das DBMS hier eine Optimierung vornehmen, indem die innere Anfrage mit der Berechnung des Durchschnittsalters nur einmal ausgeführt wird. Dennoch ist die Anfrageformulierung umständlich. Eine Alternative bildet eine *benannte* Anfrage bzw. ein *wiederverwendbarer Tabellenausdruck*. Hierbei wird innerhalb einer Anfrage ein Tabellenausdruck mit einem Namen versehen, über den dieser Ausdruck in dieser Anfrage mehrfach referenziert wird. Syntaktisch wird dies mit der **with**-Klausel notiert:

```
with anfrage-name [ (spalten-liste) ] as
  ( anfrage-ausdruck )
anfrage
```

Der Bezeichner *anfrage-name* ist der Tabellenname, der in der Anfrage *anfrage* referenziert werden kann, *anfrage-ausdruck* ist eine SQL-Anfrage zur Berechnung dieser Tabelle.

◄**Beispiel 10-28**► Unter Verwendung der **with**-Klausel kann die obige Anfrage nun wie folgt formuliert werden:

```
with ALTER(Durchschnitt) as (
    select avg(Jahrgang) from WEINE)
select *
from WEINE, ALTER
where Jahrgang - 2 >= Durchschnitt
  and Jahrgang + 2 <= Durchschnitt
```

Zu beachten ist dabei, dass mit **with** eine temporäre Tabelle definiert wird. Demzufolge muss entweder wie in diesem Beispiel das kartesische Produkt zwischen WEINE und der temporären Tabelle ALTER berechnet werden oder es ist eine Schachtelung wie in der ursprünglichen Anfrage notwendig. ☐

Weiterhin sei angemerkt, dass die mit **with** eingeführten Tabellen nur für den Kontext dieser Anfrage verfügbar sind. Dadurch unterscheiden sich benannte Anfragen auch von dem in Kapitel 14 behandelten Konzept der Sichten.

10.6.2 Rekursive Anfragen

Wie in Abschnitt 4.2.1 bereits erläutert, besitzen Anfragealgebren und -sprachen typischerweise eine bewusst eingeschränkte Mächtigkeit, um Sicherheit, Optimierbarkeit und Effizienz zu gewährleisten. Eine Operation, die beispielsweise in Relationenalgebra und -kalkül nicht ausgedrückt werden kann, ist die Berechnung der *transitiven Hülle*, die u.a. aus der Graphentheorie bekannt ist. Die Hülle einer Relation $r(AB)$ mit $\text{dom}(A) = \text{dom}(B)$ ist die Relation r^+ mit:

1. $r \subseteq r^+$

2. $(a,b),(b,c) \in r^+ \implies (a,c) \in r^+$

3. keine weiteren Tupel sind in r^+

In der Graphentheorie entspricht dies der Menge der Knoten, die direkt oder indirekt über Kanten verbunden sind. Typische Anwendungen in Datenbanken sind etwa sogenannte Bill-of-Material-Anfragen zur Berechnung von Stücklisten. Ausgehend von einer *Part-of*-Beziehung zwischen Teilen oder Baugruppen wird dazu eine Liste aller zu einer gegebenen Baugruppe gehörenden Teile und deren Gesamtmenge erstellt. Da Teile zu Baugruppen gehören können, die wiederum in andere Baugruppen eingebaut sind, muss hierzu die transitive Hülle berechnet werden.

◄**Beispiel 10-29**► Für die folgenden Betrachtungen erweitern wir unser Weinbeispiel um eine Relation BUSLINIE, die es uns erlaubt, eine Tour durch ein Weinanbaugebiet – in diesem Fall das Barossa Valley in Australien – zu planen. Diese Relation (Abbildung 10.4 (b)) enthält die (fiktiven) direkten Busverbindungen zwischen je zwei Orten sowie die jeweilige Entfernung (Abbildung 10.4 (a)). Die gestrichelte Verbindung wird zunächst noch ignoriert.

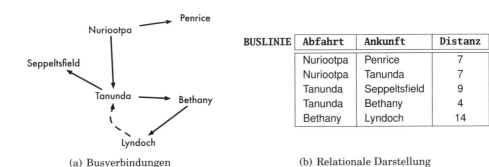

(a) Busverbindungen (b) Relationale Darstellung

Abbildung 10.4: Busliniennetz mit Beispielrelation

□

Die Aufgabe ist es nun, eine Tour zusammenzustellen, indem von einem Startort alle direkt oder indirekt erreichbaren Orte ermittelt werden. In Relationenalgebra oder SQL-92 ist dies nur für eine feste Tiefe (in unserem Fall: eine feste Anzahl von Umsteigevorgängen) formulierbar.

◄**Beispiel 10-30**► So liefert die folgende Anfrage alle mit maximal zweimaligen Umsteigen erreichbaren Ortschaften.

```
select Abfahrt, Ankunft
from BUSLINIE
where Abfahrt = 'Nuriootpa'
   union
select B1.Abfahrt, B2.Ankunft
from BUSLINIE B1, BUSLINIE B2
where B1.Abfahrt = 'Nuriootpa' and B1.Ankunft = B2.Abfahrt
   union
select B1.Abfahrt, B3.Ankunft
from BUSLINIE B1, BUSLINIE B2, BUSLINIE B3
where B1.Abfahrt = 'Nuriootpa' and B1.Ankunft = B2.Abfahrt
and B2.Ankunft = B3.Abfahrt
```

Offensichtlich hilft hier wieder der Selbstverbund, der neben den direkten Verbindungen die indirekten Verbindungen für ein- und zweimaliges Umsteigen berechnet. □

Wie leicht zu sehen ist, funktioniert dieses Muster jedoch nicht für den allgemeinen Fall einer beliebigen Anzahl von Umsteigevorgängen. Seit der Version SQL:1999 bietet SQL jedoch einen Ausweg, um derartige *rekursive Anfragen* zu formulieren. Hierzu wird die **with**-Klausel dahingehend erweitert, dass die definierte temporäre Tabelle selbst wieder im Tabellenausdruck referenziert werden darf. Eine derartige **with recursive**-Anfrage ist immer nach folgendem Muster aufgebaut:

```
with recursive rekursionstabelle as (
    rekursiver-anfrage-ausdruck -- rekursiver Teil
)
[ traversierungsklausel ] [ zyklenklausel ]
anfrage-ausdruck -- nicht rekursiver Teil
```

Der eigentliche Kern der rekursiven Anfrage wird in *rekursiver-anfrageausdruck* formuliert, im nicht rekursiven Teil wird abschließend die fertige Rekursionstabelle angefragt. Wichtig ist dabei das Schlüsselwort **recursive** in der **with**-Klausel – es zeigt an, dass es sich hier um eine rekursive Auswertung handelt.

Der rekursive Anfrageausdruck setzt sich aus zwei über **union (all)** kombinierten Teilen zusammen. Der erste (nicht rekursive) Schritt dient zur Initialisierung, der zweite Teil ist der Rekursionsschritt als Verbund zwischen der Basistabelle und der Rekursionstabelle:

Initialisierung		Schritt 1		Schritt 2	
Abfahrt	Ankunft	Abfahrt	Ankunft	Abfahrt	Ankunft
Nuriootpa	Penrice	Nuriootpa	Penrice	Nuriootpa	Penrice
Nuriootpa	Tanunda	Nuriootpa	Tanunda	Nuriootpa	Tanunda
		Tanunda	Seppeltsfield	Tanunda	Seppeltsfield
		Tanunda	Bethany	Tanunda	Bethany
				Bethany	Lyndoch

Abbildung 10.5: Schrittweiser Aufbau der Rekursionstabelle

```
-- Initialisierung
select ...
from tabelle where ...
    union all
-- Rekursionsschritt
select ...
from tabelle, rekursionstabelle
where rekursionsbedingung
```

Formulierung und Auswertung einer solchen Anfrage wollen wir nun an unserem Beispiel erläutern.

◄**Beispiel 10-31**► Für die Relation mit den Busverbindungen aus Beispiel 10-29 sollen nun alle von Nuriootpa erreichbaren Orte ermittelt werden. Hierfür benötigen wir eine Rekursionstabelle TOUR, die mit den Spalten Abfahrt und Ankunft in der **with recursive**-Klausel definiert wird.

```
with recursive TOUR(Abfahrt, Ankunft) as (
    select Abfahrt, Ankunft
    from BUSLINIE
    where Abfahrt = 'Nuriootpa'
        union all
    select T.Abfahrt, B.Ankunft
    from TOUR T, BUSLINIE B
    where T.Ankunft = B.Abfahrt)
select distinct * from TOUR
```

Der Initialisierungsteil der Anfrage wählt zunächst alle von Nuriootpa direkt erreichbaren Orte aus. Im Rekursionsschritt erfolgt dann der Verbund zwischen BUSLINIE und TOUR.

Betrachten wir den Inhalt der Rekursionstabelle in den einzelnen Schritten (Abbildung 10.5). Nach der Initialisierung umfasst diese Relation alle Tupel der Basisrelation mit dem Abfahrtsort Nuriootpa.

Durch den Verbund mit BUSLINIE über Abfahrt = Ankunft ergibt sich nach dem ersten Rekursionsschritt das in Schritt 1 dargestellte Bild. Wird im zweiten Rekursionsschritt diese Relation erneut mit BUSLINIE verbunden, umfasst das Ergebnis alle (mit zweimaligen Umsteigen) von Nuriootpa erreichbaren Ziele. Weitere Schritte würden keine neuen Ergebnisse liefern. □

Natürlich können im Rekursionsschritt auch arithmetische Operationen ausgeführt werden – das folgende Beispiel illustriert dies.

◄**Beispiel 10-32**► Die folgende Anfrage ist eine Erweiterung von Beispiel 10-31 um die Berechnung der Entfernung zwischen den Orten (im Attribut Strecke):

```
with recursive TOUR(Abfahrt, Ankunft, Strecke) as (
  select Abfahrt, Ankunft, Distanz as Strecke
  from BUSLINIE
  where Abfahrt = 'Nuriootpa'
    union all
  select T.Abfahrt, B.Ankunft, Strecke + Distanz as Strecke
  from TOUR T, BUSLINIE B
  where T.Ankunft = B.Abfahrt)
select distinct * from TOUR
```

□

Traversierungsreihenfolge

Der SQL-Standard sieht bei rekursiven Anfragen eine optionale Traversierungsklausel vor, über welche die Reihenfolge festgelegt wird, in der die Knoten des Graphs besucht werden. Hierbei ist über die Klausel

search breadth first by *spalte* **set** *pseudo-spalte*

die Breitensuche möglich, durch die zuerst alle direkt verbundenen Knoten (in unserem Beispiel also die Orte, die direkt vom Ausgangsort erreichbar sind) ausgegeben werden, dann die Knoten über zwei Kanten (Orte, die mit einmaligem Umsteigen erreichbar sind), dann die Knoten über drei Kanten usw.

Demgegenüber wird durch Angabe der Klausel

search depth first by *spalte* **set** *pseudo-spalte*

eine Tiefensuche erzwungen. Hierbei wird zunächst ein Pfad bis zum Ende verfolgt, bevor der nächste Pfad besucht wird.

In beiden Fällen gibt *spalte* das Attribut an, über das navigiert werden soll – demzufolge muss es ein Attribut aus der Bedingung des rekursiven Verbundes sein. Durch die Klausel wird eine Pseudospalte im Anfrageergebnis generiert, die im nicht rekursiven Teil der Anfrage durch eine **order by**-Klausel ausgewertet werden kann.

◀**Beispiel 10-33**▶ Die folgende Anfrage demonstriert die Festlegung der Traversierungsreihenfolge anhand der Tiefensuche. Zur Verdeutlichung wird ein Attribut Weg als Verkettung der Ortsnamen erzeugt.

```
with recursive TOUR(Abfahrt, Ankunft, Weg) as (
    select Abfahrt, Ankunft, Abfahrt || '-' || Ankunft as Weg
    from BUSLINIE
    where Abfahrt = 'Nuriootpa'
      union all
    select T.Abfahrt, B.Ankunft, Weg || '-' || B. Ankunft as Weg
    from TOUR T, BUSLINIE B
    where T.Ankunft = B.Abfahrt)
    search depth first by Ankunft set Reihenfolge
select Weg
from TOUR order by Reihenfolge
```

Diese Anfrage liefert auf unseren Beispieldaten folgende Ergebnisrelation:

Weg
Nuriootpa-Penrice
Nuriootpa-Tanunda
Nuriootpa-Tanunda-Seppeltsfield
Nuriootpa-Tanunda-Bethany
Nuriootpa-Tanunda-Bethany-Lyndoch

◻

Mit beiden Strategien wird somit im Wesentlichen die Ausgabereihenfolge beeinflusst. Allerdings lässt sich dies auch mit herkömmlichen Mitteln und der **order by**-Klausel realisieren. Beispiele hierfür sind etwa in [Tür03] zu finden.

Sicherheit rekursiver Anfragen

In Abschnitt 4.2.1 haben wir als eine wichtige Anforderung an Anfragesprachen die *Sicherheit* von Anfragen, d.h. die Endlichkeit der Berechnung, formuliert. Gerade die Rekursion ist durch mögliche Zyklen diesbezüglich eine gefährliche Operation. Wird etwa in die Relation aus Abbildung 10.4 (b) das folgende Tupel eingefügt (gestrichelte Linie in Abbildung 10.4 (a)):

```
insert into BUSLINIE (Abfahrt, Ankunft, Distanz)
    values ('Lyndoch', 'Tanunda', 12)
```

so entsteht offensichtlich ein Zyklus. Eine Möglichkeit, die Sicherheit rekursiver Anfragen zu gewährleisten, ist die Fixpunktsemantik (siehe Abschnitt 11.3.3). Hierbei wird die Monotonie der Rekursion gefordert. In unserem Beispiel bedeutet dies, dass

1. nur neue (indirekte) Verbindungen hinzukommen, die Relation TOUR also nur vergrößert wird,
2. wenn in einem Rekursionsschritt keine neue Verbindung gefunden wird, die Berechnung beendet werden kann.

Allerdings ist dies nur möglich, wenn in der Rekursionsanfrage keine Tupel „gelöscht" werden, etwa durch Negation oder Mengenoperationen wie Differenz und Schnittmenge. Daher muss in SQL die Sicherheit von Hand oder durch die Erkennung von Zyklen gewährleistet werden.

Eine einfache Form für sichere rekursive Anfragen ist die Begrenzung der Rekursionstiefe durch eine entsprechende Bedingung im Rekursionsteil.

◄**Beispiel 10-34**► So könnte etwa die Anfrage aus Beispiel 10-31 so eingeschränkt werden, dass nur Verbindungen mit maximal zwei Umsteigevorgängen berücksichtigt werden:

```
with recursive TOUR(Abfahrt, Ankunft, Umsteigen) as (
    select Abfahrt, Ankunft, 0
    from BUSLINIE
    where Abfahrt = 'Nuriootpa'
       union all
    select T.Abfahrt, B.Ankunft, Umsteigen + 1
    from TOUR T, BUSLINIE B
    where T.Ankunft = B.Abfahrt and Umsteigen < 2)
select distinct * from TOUR
```

Durch die erweiterte **where**-Bedingung gehen in den Verbund nur TOUR-Tupel mit maximal einem Umsteigevorgang ein, wodurch die Rekursion begrenzt wird. □

Die zweite Variante zur Gewährleistung der Sicherheit wird im SQL-Standard durch die Zyklenerkennung unterstützt. Ein solcher Zyklus liegt vor, wenn in einem Pfad ein Knoten mehrfach vorkommt – in unserem Beispiel also in einer Tour ein Ort wiederholt angefahren wird, wie etwa Tanunda. Die Zyklenerkennung wird durch eine spezielle Klausel der Rekursionsanfrage formuliert:

cycle *spalte* **set** *pseudo-spalte* **to** *zwert* **default** *nwert*

Durch diese Klausel wird die Pseudospalte vom Typ **char**(1) automatisch vom System im Anfrageergebnis eingeführt (sie darf allerdings nicht innerhalb des **with recursive**-Blocks referenziert werden). Der Spaltenwert wird *zwert*, wenn für dieses Tupel ein Zyklus erkannt wurde. Die Rekursion wird an dieser Stelle auch beendet. Anderenfalls ist der Spaltenwert *nwert*.

◄**Beispiel 10-35**► Die folgende Anfrage soll dies verdeutlichen. Wir konstruieren wieder ein Weg-Attribut und verwenden die **cycle**-Klausel.

```
with recursive TOUR(Abfahrt, Ankunft, Weg) as (
  select Abfahrt, Ankunft, Abfahrt || '-' || Ankunft as Weg
  from BUSLINIE
  where Abfahrt = 'Nuriootpa'
    union all
  select T.Abfahrt, B.Ankunft, Weg || '-' || B. Ankunft as Weg
  from TOUR T, BUSLINIE B
  where T.Ankunft = B.Abfahrt)
  cycle Ankunft set Zyklus to '*' default '-'
select Weg, Zyklus from TOUR
```

Das Resultat dieser Anfrage ist dann wie folgt:

Weg	Zyklus
Nuriootpa-Penrice	-
Nuriootpa-Tanunda	-
Nuriootpa-Tanunda-Seppeltsfield	-
Nuriootpa-Tanunda-Bethany	-
Nuriootpa-Tanunda-Bethany-Lyndoch	-
Nuriootpa-Tanunda-Bethany-Lyndoch-Tanunda	*

In der Spalte Zyklus ist demnach ersichtlich, ob ein Zyklus aufgetreten ist – in unserem Fall betrifft dies das letzte Tupel. □

Unterstützung rekursiver Anfragen in DBMS

Leider ist die Unterstützung rekursiver Anfragen in den aktuellen Systemen – wohl aufgrund der Komplexität – nicht standardkonform. So bieten IBM DB2 (unter Windows und Unix) und SQL Server 2005 zwar die Möglichkeit der Anfrageformulierung ähnlich zum SQL-Standard (nur das Schlüsselwort **recursive** muss weggelassen werden), erlauben aber nicht die Angabe der Traversierungs- und Zyklenklausel, so dass etwa Endlosschleifen nicht erkannt werden können. Dagegen entspricht die Mainframe-Version von DB2-Version unter z/OS dem Standard.

Oracle untersützt sogenannte hierarchische Anfragen – rekursive Anfragen auf azyklischen Strukturen – durch eine eigene Erweiterung des SFW-Blocks um die Klauseln **start with** und **connect by**. Die Syntax einer solchen Anfrage lautet dann:

```
select ...
from tabelle
start with start-bedingung
connect by attr₁ = prior attr₂
```

Mit der **start with**-Klausel wird die Bedingung für den Wurzelknoten definiert. Über die **connect by**-Klausel wird die Bedingung für die Verknüpfung von

Eltern- und Kindknoten angegeben, wobei der **prior**-Operator den Spaltenwert des Elterntupels liefert und dadurch für die Rekursion sorgt.

◄**Beispiel 10-36**► Somit kann unsere Anfrage aus Beispiel 10-31 wie folgt formuliert werden:

```
select *
from BUSLINIE
start with Abfahrt = 'Nuriootpa'
connect by Ankunft = prior Abfahrt
```

Das Ergebnis dieser Anfrage entspricht dem obigen Beispiel. □

Bei der Verwendung der Oracle-Klauseln ist zu berücksichtigen, dass eventuelle Verbunde *vor* der **connect by**-Operationen ausgeführt werden. Dies bedeutet, dass etwa der Startknoten nicht durch den Verbund entfernt wird – ggf. muss hier also ein äußerer Verbund verwendet werden.

Darüber hinaus unterstützt Oracle eine Reihe von Pseudospalten, die während der Verarbeitung einer hierarchischen Anfrage berechnet werden. Hierzu zählen u.a. die Spalte **level** mit der Hierarchiestufe (1 für die Wurzel, 2 für die Kindknoten der Wurzel etc.) sowie **connect_by_iscycle**, die den Wert 1 enthält, wenn ein Zyklus gefunden wurde. Letztere ist ab Oracle 10g verfügbar und muss mit der **connect by nocycle**-Klausel verwendet werden. Auf diese Weise ist eine Zyklenerkennung in der Anfrage möglich – ohne diese Erweiterung wird die Anfrage mit einer Fehlermeldung abgebrochen.

10.7 SQL-Versionen

Bisher haben wir allgemein vom SQL-Standard gesprochen und uns damit im Wesentlichen auf die aktuelle Standardversion SQL:2003 bezogen. Tatsächlich existieren mehrere Versionen des Standards, die von den einzelnen kommerziellen und frei verfügbaren Datenbankmanagementsystemen in unterschiedlicher Weise unterstützt werden. So ist die aktuelle Version gegenwärtig von keinem System in vollem Umfang umgesetzt, während immerhin nahezu alle Systeme SQL-92 unterstützen. Im Folgenden werden wir daher kurz auf die Geschichte von SQL eingehen und die Besonderheiten bzw. Grenzen der einzelnen Versionen vorstellen.

10.7.1 SEQUEL2

Auf Basis des von Codd eingeführten Relationenmodells sowie von Relationenalgebra und -kalkül wurde 1974 vom IBM-Forschungszentrum in San José eine erste Datenbanksprache *SEQUEL* (Structured English QUEry Language) entwickelt, die 1976 im Rahmen des Projektes *System R*, des ersten Prototyps eines relationalen Datenbanksystems, zur Sprache *SEQUEL2* weiterentwickelt wurde [CB74, CAE$^+$76].

SEQUEL2 bot bereits mehr als der spätere Standard SQL-89, etwa die Mengenoperationen **intersect** und **minus** neben **union**, und sogar mehr als der Standard SQL-92, wie zum Beispiel Mengenvergleiche mit einem expliziten Mengenkonstruktor **set** bzw. zwei SFW-Blöcken.

Zwei Beispiele, die an die Darstellung aus [CAE$^+$76] angelehnt sind, sollen dies illustrieren.

◄**Beispiel 10-37**► Mit der ersten Anfrage sollen alle Erzeuger ermittelt werden, die Weine aus Jahrgängen anbieten, die auch vom Weingut Müller angeboten werden:

```
select *
from ERZEUGER E
where (select Jahrgang
    from WEINE W
    where W.Weingut = E.Weingut)
contains
    (select Jahrgang
    from WEINE
    where Weingut = 'Müller')
```

Mit unseren Beispieldaten würde die Teilanfrage hinter **contains** die Menge { 1999 } liefern, so dass nur für den Erzeuger Helena die **where**-Bedingung { 2004, 1999 } ⊇ { 1999 } erfüllt ist. □

Statt **contains** könnte an dieser Stelle mit dem =-Operator auch auf Mengengleichheit geprüft werden.

Das nächste Beispiel soll die Nutzung der **set**-Funktion in Verbindung mit der Gruppierung illustrieren.

◄**Beispiel 10-38**► Die folgende Anfrage berechnet das gleiche Ergebnis wie in Beispiel 10-37, allerdings wird nun die **set**-Funktion genutzt, um in der **having**-Klausel die Wertemenge des Nicht-Gruppierungsattributes Jahrgang ohne Aggregatfunktion mit dem Ergebnis der geschachtelten Anfrage vergleichen zu können.

```
select Weingut
from WEINE
group by Weingut
having set(Jahrgang) contains
    select Jahrgang
    from WEINE
```

```
where Weingut = 'Müller'
```
                                                                    □

Darüber hinaus waren in SEQUEL2 bereits auch Konzepte wie Trigger und Integritätsbedingungen definiert, die erst viel später Eingang in den SQL-Standard gefunden haben.

10.7.2 SQL-89

In den ersten kommerziell verfügbaren relationalen Datenbanksystemen (Oracle, SQL/DS) wurde eine Untermenge von SEQUEL2 implementiert, die SQL genannt wurde.

SQL wurde in den Jahren 1982 bis 1986 vom ANSI (American National Standards Institute) genormt. Die erste genormte Version wird üblicherweise mit SQL-86 bezeichnet. Die ISO (International Organization for Standardization) übernahm eine revidierte Fassung dieser Norm, in der eine Teilsprache zur Integritätssicherung IEF (Integrity Enhancement Feature) ergänzt wurde (SQL-89). Diese Norm besteht aus drei Sprachebenen: Level 1, Level 2 und IEF.

Der *SQL-89-Standard Level 2* umfasst im Wesentlichen die in Kapitel 7 eingeführten Klauseln **create table** zur Tabellendefinition und **create index** zum Anlegen von Zugriffspfaden sowie den Anfrageteil mit **select-from-where-group by-having**. Da die expliziten **join**-Operatoren nicht verfügbar sind, müssen Verbunde jedoch über entsprechende **where**-Bedingungen formuliert werden. Die Ergebnisse von SFW-Blöcken können dann noch sortiert und vereinigt (**union**) werden. Hier setzt auch eine Kritik am alten SQL-89-Standard ein: Die Sprache ist nicht *orthogonal*. Da die **union**-Operation nur auf SFW-Blöcke anwendbar ist, sind auf der Vereinigung zweier Relationen weder Aggregatfunktionen noch Selektionsbedingungen erlaubt. Ferner sind die Änderungsanweisungen **insert**, **update** und **delete** definiert.

Im *Level 1* gab es dagegen noch folgende Einschränkungen:

- Es gibt keine Nullwerte.

- Es gibt keine Selektionsbedingungen mit <> oder **exists**.

- Es gibt keine **union**-Operation.

Der Level 2 wurde noch um *Integrity Enhancement Features* erweitert. Diese enthält zusätzlich zum Level 2

- die **check**-Klausel, die im Wesentlichen den Umfang der **where**-Klausel hat, wobei die Bedingung als Integritätsbedingung aufgefasst wird, und

- die Definition von Primärschlüsseln und Fremdschlüsseln.

Die IEF erweitert also die DDL von SQL-89 um eine Komponente zur Integritätssicherung.

10.7.3 SQL-92

Im Jahre 1992 erschien die ANSI- und ISO-Norm SQL-92 (auch SQL2 genannt), die wiederum drei Sprachebenen umfasst (Entry Level, Intermediate Level, Full Level).

Der *SQL-92-Standard Full Level* beinhaltet zunächst den SQL-89-Standard Level 2 mit Integrity Enhancement Feature und erweitert diesen in folgenden Bereichen:

- Es werden neue Datentypen (wie interval) angeboten.

- Neben Datentypen gibt es jetzt ein Domänenkonzept (**create domain**, **alter domain**), bei dem man einen Datentyp (etwa real) in verschiedene Wertebereiche (Gewichte, Größen, Geschwindigkeiten ...) aufschlüsseln kann.

- Zur Änderung des Datenbankschemas sind die Anweisungen **alter table** und **drop table** vorgesehen.

- Es gibt allgemeine Integritätsbedingungen, die mehrere Tabellen betreffen können.

- Die Menge der Zeichenkettenoperationen wurde erweitert.

- Man kann Namen für abgeleitete Spalten einführen. Bisher wurden solche Attribute, die etwa durch Aggregatfunktionen entstanden sind, mit Spaltennummern belegt. Mit

    select count(*) **as** Anzahl ...

    wird die Ergebnisspalte etwa Anzahl genannt.

- Der Verbund **join** ist jetzt als eigener Operator vorhanden und wird in diversen Varianten angeboten: der **cross join**, der θ-*Verbund* mit **join** und einer Verbundbedingung, der *Gleichverbund* oder *Equi-Verbund* mit **join** und **using** sowie der natürliche Verbund mit **natural join**. Neben diesen Verbunden gibt es auch den **outer join**.

- Neben der Mengenvereinigung **union** gibt es jetzt auch die bisher fehlenden Mengenoperationen **intersect** und **except**.

- Die Sprache ist nun fast vollständig orthogonal geworden. Die Einschränkungen in der Anwendbarkeit einiger Operationen (etwa **union**) sind fallengelassen worden.

    – So können jetzt beliebige **select**-Ausdrücke auch in der **from**-Klausel eingesetzt werden.

- Bei Mengenoperationen können die miteinander korrespondierenden Attribute flexibel durch **corresponding by** festgelegt werden.
- Es gibt nun Tabellenkonstruktoren (konstante Tabellen), die in Anfragen und Vergleichen wie konstante Werte eingesetzt werden können.
- Zur genaueren Behandlung von Anfragen an unvollständige Datenbankzustände (mit Nullwerten) gibt es eine dreiwertige Logik (**is true**, **is false**, **is unknown**).

- Mit **set transaction** können verschiedene Isolationsstufen eingestellt werden, denen die parallele konkurrierende Abarbeitung von Datenbanktransaktionen unterliegen soll (siehe auch Kapitel 12).

- Die Beschreibungen von Embedded SQL und Dynamic SQL sind nun Teil der Norm (siehe Abschnitt 13.3).

- Die Struktur des Datenbankkatalogs (Data Dictionary) ist nun Teil der Norm.

1993 wurde vom amerikanischen National Institute of Standards and Technology (NIST) mit dem Transitional Level eine weitere Fassung als FIPS 127-2 (Federal Information Processing Standards) standardisiert, zu der auch Konformitätstests angeboten wurden. Der Transitional Level ist zwischen Entry und Intermediate Level anzuordnen und wurde von den kommerziellen Herstellern schnell übernommen, da dies für Regierungsaufträge Voraussetzung war.

Die Unterschiede der verschiedenen Levels der SQL-92-Norm (E = Entry, T = Transitional, I = Intermediate, F = Full) sind in der Tabelle 10.2 noch einmal zusammengefasst. Ein + zeigt das Vorhandensein eines Features an, ein − das Fehlen des Features.

10.7.4 SQL:1999 und SQL:2003

Ein großer Schritt wurde mit SQL3 getan – hier wurden erstmals objektorientierte Erweiterungen sowie prozedurale Elemente (SQL/PSM, Trigger) eingeführt. Weiterhin wurden die in diesem Kapitel vorgestellten rekursiven Anfragen standardisiert. SQL3 wurde – allerdings nur zu gewissen Anteilen – im Jahre 1999 als SQL:1999 verabschiedet.

SQL:1999 fügt etliche neue Konstrukte dem bisherigen Standard hinzu. Sehr wichtig sind insbesondere die *objektorientierten Erweiterungen* wie

- abstrakte Datentypen (ADTs),
- Objektidentifikatoren,
- ADT-Hierarchien (ähnlich den Typhierarchien),

Feature in SQL-92	E	T	I	F
Datum, Intervalltypen	−	+	+	+
domain	−	−	+	+
string-Operationen	−	+	+	+
join	−	+	+	+
except, **intersect**	−	−	+	+
alter, **drop table**	−	+	+	+
set transaction	−	+	+	+
Dynamic SQL	−	+	+	+
union orthogonal	−	+	+	+
andere Orthogonalitätsverbesserungen	−	−	+	+
corresponding bei Mengenoperationen	−	−	−	+
dreiwertige Logik	−	−	−	+
allgemeine Integritätsbedingungen	−	−	−	+
check mit Bezug zu anderen Tabellen	−	−	−	+
alter domain	−	−	−	+
Tabellenkonstruktoren	−	−	−	+

Tabelle 10.2: Überblick über den Umfang der SQL-92-Levels

- Tabellenhierarchien (ähnlich der Inklusion von Extensionen zwischen Unter- und Oberklassen, hier bezogen auf Tabellen),
- Möglichkeiten zur Definition von Funktionen für ADTs,
- Überladen des Funktionsnamens mit Möglichkeiten zur dynamischen Auswahl der Funktionsimplementierung (ähnlich Overriding) sowie
- komplexe Datentypen wie **array** als Typkonstruktor für Felder, **row** als Tupeltypkonstruktor und **ref** als Typkonstruktor für Referenzen.

Auf diese neuen Konzepte werden wir speziell in Kapitel 17 noch näher eingehen.

Ab dem Jahr 2003 wurde die gegenwärtig noch aktuelle Version SQL:2003 veröffentlicht, die neben Erweiterungen für OLAP-Anfragen und Data Warehousing insbesondere die Integration von XML umfasst. Auch diese Erweiterungen werden wir in den späteren Kapiteln 18 und 19 genauer vorstellen.

Ein Problem an SQL:1999 und SQL:2003 ist die Masse an Klauseln (über 1000 Seiten Beschreibung), die eingeführt und miteinander in Abstimmung gebracht werden müssen. Die Beherrschbarkeit der Sprache für Mensch (Programmierer oder Administratoren) und Maschine (Compiler und Optimierer) wird dadurch erschwert. Hinzu kommt, dass die Syntax der Sprache durch die vielen Erweiterungen inzwischen sehr komplex und auch nicht immer eindeutig ist.

10.8 Zusammenfassung

SQL bietet über die Basisoperationen der Relationenalgebra hinaus noch eine Reihe von Operationen, die für die praktische Arbeit mit Datenbanken unabdingbar sind. Gegenstand dieses Kapitels waren daher Erweiterungen, die den relationalen Teil von SQL betreffen.

Neben Funktionen und Prädikaten für die verschiedenen Datentypen zählen hierzu insbesondere Gruppierung, Aggregatfunktionen und Sortierung. Mit den neuen Versionen des SQL-Standards wurden schließlich auch rekursive Anfragen eingeführt, die zur Berechnung der transitiven Hülle wie etwa Bill-of-Material-Anfragen benötigt werden.

Die wesentlichen Begriffe dieses Kapitels sind in Tabelle 10.3 noch einmal zusammengefasst.

Begriff	Informale Bedeutung
skalare Funktion	Funktion über Attribute bzw. Konstanten, die elementweise ausgewertet wird
Quantor	logischer Operator; in SQL für Vergleiche mit Ergebnismengen
dreiwertige Logik	in SQL eingesetzte Erweiterung der booleschen Logik um den Wert **unknown** für den Umgang mit Nullwerten
Aggregatfunktion	Funktion zur Berechnung eines tupelübergreifenden Wertes
Gruppierung	Operation zur Bildung von Gruppen aus Tupeln mit gleichen Werten bezüglich einer Attributmenge
äußerer Verbund	Form des Verbundes, bei dem auch Tupel ohne Verbundpartner in das Ergebnis aufgenommen werden
rekursive Anfrage	Anfrage, die eine Relation definiert, die wiederum in dieser Anfrage referenziert wird

Tabelle 10.3: Wichtige Begriffe zur SQL

10.9 Vertiefende Literatur

Die Ur-SQL-Version SEQUEL wird in [CB74, CAE+76] eingeführt. Eine Beschreibung von SQL-92 findet sich in [DD97b] und [MS93]. Die deutschsprachige Version des Klassikers [DD97b] ist [DD98]. Ein eigenständiges deutsches Buch zum Thema ist [Sau92]. Die Standards SQL-89 und SQL-92 sind in [Int89] bzw. [Int92] definiert. Die aktuelle Norm SQL:2003 ist in [ANS03a] und [ANS03c] beschrieben. Das Buch von Türker [Tür03] behandelt umfassend die neuen Aspekte von SQL:1999 und SQL:2003 sowie deren Unterstützung in den kommerziellen DBMS. Der relationale Teil von SQL:1999 wird auch in [MS01] vorgestellt. Empfehlenswerte Tutorien zu den Neuerungen sind [MPD99] und [DM05].

10.10 Übungsaufgaben

Übung 10-1 Ergänzen Sie in einer SQL-Anfrage die prozentualen Angaben zu Rebsorten der Weine um Literangaben für $0.7l$ Flaschen und $5l$ Fässer. □

Übung 10-2 Nutzen Sie Aggregationsfunktionen und Gruppierung um folgende Anfragen zu berechnen:

- Wieviele rote Weine gibt es in der Region „Bordeaux"?
- Welche Durchschnittspreis haben die einzelnen Jahrgänge der Region „Nahe"?
- Geben Sie für jede Region die Durchschnittspreise des Jahrgangs 1999 an, aber nur wenn für die Region mindestens 10 Weine dieses Jahrgangs im Angebot sind.
- In welchen Regionen werden mehr rote als weisse Weine angeboten?
- Geben Sie für die Region „Bordeaux" an, welches die Durchschnittsanteile der Rebsorten bei roten Weinen ist.
- In welcher Region werden prozentual die meisten Weine angeboten, die nur aus einer Rebsorte gekeltert sind?
- Geben Sie für jede Rebsorte den billigsten Wein an, der nur aus dieser Sorte gekeltert wird.

□

Übung 10-3 Geben Sie alle Weine, die über 20 Euro kosten, sortiert nach Region (und innerhalb der Region nach Jahrgang) aus. □

11

Weitere relationale Datenbanksprachen

Die Sprache SQL ist unstrittig die erfolgreichste kommerziell eingesetzte Anfragesprache für relationale Datenbanksysteme – ein Fakt, der sich auch in den Standardisierungen widerspiegelt. Trotzdem ist aber auch die Betrachtung weiterer Sprachansätze in einem Lehrbuch notwendig, und sei es nur, um die Eigenschaften der Sprache SQL im Vergleich dazu besser einschätzen zu können.

Wir werden in diesem Abschnitt die Sprachen QUEL und QBE betrachten. QUEL basiert auf ähnlichen Konstrukten wie SQL und ist sozusagen der Konkurrent von SQL, der sich langfristig zwar nicht kommerziell durchsetzen konnte, aber interessante Alternativen im Sprachdesign aufweist. QBE hingegen zeigt einen alternativen Zugang zu Anfragen, indem statt einer linearen Syntax eine tabellenorientierte graphische Anfrageschnittstelle unterstützt wird. Anschließend wird mit der Anfrageschnittstelle von Microsoft Access eine moderne Variante des ursprünglichen QBE-Vorschlags vorgestellt.

Als Beispiel für Sprachen deduktiver Datenbanken stellen wir Datalog vor. Datalog ist eine Anfragesprache, die ähnlich zu PROLOG logikbasierte Anfragen mit Rekursion ermöglicht. Abschließend behandeln wir mit Tutorial D eine Sprache, die primär zu Lehrzwecken eingeführt wurde und konsequent auf den Basiskonzepten des Relationenmodells und der Relationenalgebra fundiert.

11.1 QUEL

Die Sprache QUEL (für *QUEry Language*) ist bekannt geworden als die DDL/DML des Ingres-Systems, eines kommerziellen relationalen DBMS, das auf der Basis eines an einer Universität realisierten Prototypen entwickelt wurde. Aufgrund seines orthogonalen Sprachentwurfs lange Zeit ein ernsthafter Konkurrent für SQL, hat sich QUEL am Ende jedoch nicht gegen die standardisierte Sprache SQL behaupten können.

Die Schemadefinition in QUEL erfolgt weitgehend analog zur Schemadefinition in SQL, so dass wir hier nicht näher auf diesen Aspekt eingehen wollen und uns auf die Anfrageformulierung in QUEL konzentrieren.

11.1.1 Anfragen in QUEL

Auch für QUEL unterscheiden wir einen Kernanteil, der an dem Tupelkalkül angelehnt ist, und die Erweiterungen um beispielsweise Aggregierung. Anfragen im *QUEL-Kern* sind nach dem folgenden syntaktischen Muster aufgebaut:

range of r_1 **is** R_1
...
range of r_k **is** R_k
retrieve [**into** S] [**unique**] ([A_1 =] u_1,...,[A_n =] u_n)
[**where** φ]

Die einzelnen Platzhalter in diesem syntaktischen Rahmen stehen für die folgenden syntaktischen Konstruktionen:

$r_1,\ldots,r_k$ Variablen

$R_1,\ldots,R_k, S$ Relationennamen

$A_1,\ldots,A_n$ Attributnamen (optional)

$u_1,\ldots,u_n$ Datenterme

φ Selektionsformel mit freien Variablen $r_1,\ldots,r_k$ ohne Quantoren und ohne Prädikate $R(\ldots)$

Die syntaktische Form von QUEL-Anfragen kann als direkte Umsetzung von Ausdrücken des Tupelkalküls aufgefasst werden. Tupelvariablen werden explizit an endliche Relationen gebunden, so dass garantiert sichere Ausdrücke entstehen.

◂**Beispiel 11-1**▸ Ein Beispiel für eine QUEL-Anfrage nach obigem Muster ist die folgende Anfrage: „*Welche Weine kommen aus welchen Anbaugebieten der Region Hessen?*":

```
range of w is WEINE
range of e is ERZEUGER
retrieve (Name = w.Weinname, e.Anbaugebiet)
where w.Region = 'Hessen' and w.Weingut = e.Weingut
```

□

Diese Anfrage kann praktisch direkt in einen Ausdruck des Tupelkalküls umgewandelt werden: Die **range of**-Klauseln definieren Tupelvariablen, der **retrieve**-Teil gibt die Zielstruktur vor und der **where**-Teil die Selektionsbedingung φ:

$$\{\ w.\text{Weinname}, w.\text{Anbaugebiet}\ |$$
$$\text{WEINE}(w) \land \text{ERZEUGER}(e) \land e.\text{Anbaugebiet} = \text{'Hessen'}$$
$$\land w.\text{Weingut} = e.\text{Weingut}\}$$

Wie auch in SQL stellt die syntaktische Form der Deklaration von Tupelvariablen sicher, dass diese ausschließlich an endliche Datenbankrelationen gebunden sind – QUEL-Anfragen entsprechen automatisch *sicheren* Kalkülausdrücken.

In QUEL sind allerdings keine Unteranfragen wie in SQL möglich. Daraus ergibt sich die folgende Aussage: Der QUEL-Kern ist *nicht streng* relational vollständig. Nur Anfragen des Tupelkalküls der Form

$$[S:=]\{s:(A_1\ldots,A_n)|\ldots \exists r_i \ldots (\ldots \land R_i(r_i) \land \ldots \varphi)\}$$

(oder äquivalente Anfragen) lassen sich durch (je) eine QUEL-Anfrage darstellen. Da in QUEL die Zuweisung an Zwischenergebnisrelationen mittels des **into**-Konstrukts explizit möglich ist, können beliebige Unteranfragen durch Folgen von QUEL-Anfragen ausgedrückt werden: QUEL ist damit relational vollständig.

Eine Besonderheit von QUEL sind die mächtigen Aggregatfunktionen, die in vielen Fällen eine im Vergleich zu SQL einfachere Formulierung ermöglichen. Die grundsätzliche Notation ist

aggrfunc (*ausdr* [**by** *by-ausdr*] [**where** *bed*])

Als Aggregatfunktionen stehen die aus SQL bekannten Funktionen **min**, **max**, **avg**, **sum** und **count** zur Verfügung. Die duplikateliminierenden Varianten sind jeweils durch die Endung „u" gekennzeichnet, also etwa **countu**. Zusätzlich gibt es als spezielle Variante von **count** noch die Funktion **any**, die 1 liefert, wenn ein Tupel in der Argumentmenge existiert, anderenfalls 0. Da die **any**-Funktion die Auswertung abbricht, wenn ein Tupel gefunden wurde, ist sie meist effizienter als **count**.

Das folgende Beispiel zeigt eine einfache Anwendung.

◄**Beispiel 11-2**► Mit dieser Anfrage soll der Jahrgang des ältesten Weines bestimmt werden:

    range of w **is** WEINE
    retrieve (j = **min**(w.Jahrgang))

□

Im Gegensatz zu SQL können Aggregatfunktionen auch in der **where**-Klausel eingesetzt werden, ohne dass dazu eine geschachtelte Anfrage notwendig ist.

◄**Beispiel 11-3**► Als Beispiel soll mit der folgenden Anfrage der Name des ältesten Weines ermittelt werden.

    range of w **is** WEINE
    retrieve (w.Name)
    where w.Jahrgang = **min**(w.Jahrgang)

□

Über die **where**-Klausel als Teil der Aggregatfunktion lässt sich die zu aggregrierende Wertemenge einschränken.

◄**Beispiel 11-4**► So kann mit dieser Anfrage die Anzahl der Rotweine ermittelt werden:

    range of w **is** WEINE
    retrieve (anz=**count**(w.Name **where** w.Farbe = 'Rot')

□

Die optionale **by**-Klausel erlaubt partitionierte Aggregate und entspricht damit der Gruppierung von SQL. Als Ergebnis wird eine Relation geliefert, die pro Wert des **by**-Ausdrucks ein Tupel enthält.

◄**Beispiel 11-5**► Mit der folgenden Beispielanfrage wird die Anzahl der Weine pro Farbe ermittelt.

    range of w **is** WEINE
    retrieve (w.Farbe, anz=**count**(w.Name **by** w.Farbe))

□

Auch hier kann zusätzlich eine **where**-Klausel als Teil der Aggregatfunktion verwendet werden – die Selektion bezieht sich dann auf die Werte des **by**-Ausdrucks.

11.1.2 Änderungsoperationen in QUEL

Die Änderungsoperationen in QUEL entsprechen weitgehend den Änderungsoperationen in SQL, werden allerdings mit anderen Schüsselwörtern notiert. Die Wahl des Schlüsselwortes **append** anstatt des **insert** von SQL deutet auf eine eher an Tabellen in Form von Listen als an Relationen in Form von Tupelmengen orientierte Denkweise hin:

```
range of r is R
...
    delete r        | append to S(...)  | replace r(...)
    where φ         | where φ           | where φ
```

Da QUEL in aktuellen Systemen an Relevanz verloren hat, verzichten wir auf eine ausführlichere Diskussion des Sprachvorschlags und verweisen stattdessen auf andere Lehrbücher, etwa [Ull88, Dat87], und auf Originalliteratur [SWKH76].

11.2 Query by Example

Die Sprache QBE (Query by Example) ist im Gegensatz zu SQL oder QUEL keine textuelle Sprache. Anfragen werden in QBE durch Einträge in Tabellengerüsten formuliert, wobei die Reihenfolge der Einträge oder die Anordnung auf dem Bildschirm keine Rolle spielen. Die zugrundeliegende Intuition wird durch die Wahl der englischen Langform von QBE angedeutet: Der Benutzer soll *Beispieleinträge* in Tabellen angeben, die seinen Anfragewünschen entsprechen. Diese Sichtweise wird anhand der folgenden Beispiele veranschaulicht.

QBE war die Sprache des QBE-Systems, eines bei der Firma IBM entwickelten Prototyps. Die Sprache QBE ist Vorläufer verschiedener tabellenbasierter Anfrageschnittstellen kommerzieller Systeme, etwa für QMF des Systems DB2. Aktuell sind vereinfachte Versionen von QBE für Datenbanksysteme auf PCs im Einsatz, etwa als DML des Paradox-Systems.

Die *Sprachelemente* von QBE sind *Tabellengerüste mit Einträgen* (im QBE-Jargon auch Tabellen*skelette* genannt). Spezielle Einträge sind die *Beispielelemente*, die als Platzhalter für Werte der Datenbank stehen, etwa _Müller für einen beliebigen Namen. Beispielelemente beginnen mit einem Unterstrich. Andere Einträge sind Konstanten (ohne den Unterstrich am Anfang) oder Vergleichswerte. Eine spezielle Rolle spielen die *Kontrolleinträge* wie **P.**, die etwa angeben, welche Werte in der Ausgabe erscheinen sollen (**P.** für *Print*).

Die *Bedeutung von Anfragen in QBE* kann durch äquivalente Anfragen in einem (eingeschränkten) Bereichskalkül mit expliziter Attributnamensgebung definiert werden. Die Beispieleinträge entsprechen hierbei den Bereichsvariablen. Wir präsentieren die Möglichkeiten, Anfragen in QBE zu formulieren, im Folgenden jeweils mit der Angabe des äquivalenten Ausdrucks im *Bereichskalkül*. Gleichzeitig werden die speziellen Sprachkonstrukte von QBE eingeführt.

11.2.1 Anfragen in QBE

Die Beispielanfragen in QBE beziehen sich auf die bekannten Beispielrelationen. Im Gegensatz zu textuellen Sprachen muss sich der Benutzer in interaktiven QBE-Systemen übrigens nicht um die korrekte Angabe der Attributliste für eine Relation kümmern: Das System „zeichnet" nach Angabe des Relationennamens ein korrektes Tabellenskelett auf den Bildschirm.

Wir beginnen mit einer einfachen Anfrage, die Selektion und Projektion auf einer einzelnen Datenbankrelation verwirklicht.

◀Beispiel 11-6▶ Gesucht sind alle angebotenen Rotweine vor 1965.

WEINE	WeinID	WeinName	Farbe	Jahrgang	Weingut
	P.	P.	Rot	< 1965	

□

Bei dieser ersten Beispielanfrage sind einige Erklärungen angebracht:

- Das Kontrollwort P. für *Print* markiert eine Ausgabespalte für die Ergebnisrelation. Alternativ können auch alle Attribute einer Relation ausgewählt werden, indem eine Ausgabezeile durch ein vorangestelltes P. markiert wird.

- Rot ist eine Konstante vom Datentyp **string**.

Der äquivalente Kalkülausdruck lautet wie folgt:

$$\{xy \mid \text{WEINE}(x, y, \text{'Rot'}, z, w) \land z < 1965\}$$

Die mit P. markierten Spalten der Relation definieren die Zielliste des Bereichskalkülausdrucks.

◀Beispiel 11-7▶ Die zweite Anfrage verwirklicht einen einfachen Verbund über zwei Relationen:

„*Welche roten Bordeaux-Weine von 2002 sind im Angebot?*"

Die QBE-Anfrage wird mittels zweier Tabellenskelette realisiert:

WEINE	WeinID	WeinName	Farbe	Jahrgang	Weingut
		P.	Rot	2002	_Helena

ERZEUGER	Weingut	Anbaugebiet	Region
	_Helena		Bordeaux

In dieser Anfrage werden Beispielelemente benötigt, um zu zeigen, dass in beiden Relationen dasselbe Weingut gemeint ist (das Verbundkriterium). _Helena bezeichnet ein Beispielelement und entspricht einer *Bereichsvariable* im Bereichskalkül. Um die Sicherheit der Anfragen zu gewährleisten, müssen Beispielelemente in mindestens einer (nicht negierten) Zeile einer Datenbankrelation gebunden werden.

Nach diesen Vorbemerkungen können wir den äquivalenten Kalkülausdruck angeben:

$$\{x \mid \text{WEINE}(\_,x,\text{'Rot'},2002,y) \land \text{ERZEUGER}(y,\_,\text{'Bordeaux'})\}$$

Die Variable y steht hier für das Beispielelement _Helena. Wie im Abschnitt 9.3.1 über den Bereichskalkül erläutert, stehen die _-Einträge für beliebige, jeweils *unterschiedliche* Bereichsvariablen.

◂**Beispiel 11-8**▸ Die nächste Anfrage erfordert die Formulierung einer disjunktiven Bedingung:

„*Welche Weine vom Weingut Bighorn sind Rot oder Rosé?*"

QBE ermöglicht die explizite Notation komplexer Suchbedingungen. Um die Oberfläche einheitlich zu gestalten, werden derartige Bedingungen ebenfalls in einer Tabellenform notiert:

WEINE	WeinID	WeinName	Farbe	Jahrgang	Weingut
		P.	_Farbe		Bighorn

CONDITIONS
_Farbe = Rot or _Farbe = Rosé

Die „Condition Box", die als Tabelle notiert wird, dient der expliziten Angabe von Bedingungen, die komplexer als einfache Attributeinschränkungen sind. Der äquivalente Kalkülausdruck lautet:

$$\{x \mid \exists f \; \text{WEINE}(\_,x,f,\_,\text{'Bighorn'}) \land (f = \text{'Rot'} \lor f = \text{'Rosé'})\}$$

Eine disjunktive Bedingung kann in QBE allerdings auch durch die Markierung mehrerer unterschiedlicher Bereichsvariablen als Ausgabeelemente *derselben* Spalten erfolgen:

◄**Beispiel 11-9**►

WEINE	WeinID	WeinName	Farbe	Jahrgang	Weingut
		P.	Rot		Bighorn
		P.	Rosé		Bighorn

□

Diese Anfrage ist äquivalent zur Anfrage aus Beispiel 11-8, kommt aber ohne die Condition Box aus. Diese Notation hat allerdings kein direktes Gegenstück im Bereichskalkül, da die Syntax der Zielliste dort mehrere Variablen für dieselbe Spalte der Ausgabetabelle nicht zulässt.

Auch ein Verbund einer Relation mit sich selbst lässt sich einfach formulieren.

◄**Beispiel 11-10**► Es soll folgende Anfrage formuliert werden:

„*Welche Weine von Bighorn werden sowohl vom Jahrgang 1999 als auch von 2007 angeboten?*"

Die entsprechende QBE-Anfrage lautet:

WEINE	WeinID	WeinName	Farbe	Jahrgang	Weingut
	P.	P. _Tropfen		1999	Bighorn
	P.	_Tropfen		2007	

□

Mehrfachzeilen einer Relation entsprechen einer konjunktiven Verknüpfung der jeweiligen Bedingung, wie die folgende Umsetzung dieser Anfrage in den Bereichskalkül zeigt:

$$\{xyz|\text{WEINE}(x,z,\_,1999,\text{'Bighorn'}) \land \text{WEINE}(y,z,\_,2007,\_)\}$$

QBE erlaubt es dem Benutzer, sich mittels temporärer Ausgabetabellen die Struktur der Ausgabetabelle (Spaltennamen, Anordnung der Spalten) selbst zu definieren.

◄**Beispiel 11-11**► Dies soll anhand der folgenden Anfrage demonstriert werden:

„*Gib alle Weine mit den Herkunftsangaben aus!*"

Die eigentliche Anfrage kann nun wie üblich, allerdings ohne Ausgabemarkierungen, formuliert werden:

WEINE	WeinID	WeinName	Farbe	Jahrgang	Weingut
		_Tropfen	_Rot		_Helena

ERZEUGER	Weingut	Anbaugebiet	Region
	_Helena	_Unstrut	_Bordeaux

In der Anfrage ist bisher keine Spalte mit **P.** markiert. Eine temporäre Ausgabetabelle wird jetzt wie folgt definiert:

INFO_WEINE	Name	Farbe	Anbaugebiet	Region
P.	_Tropfen	_Rot	_Unstrut	_Bordeaux

□

In der Ausgabetabelle ist das Attribut WeinName in Name umbenannt worden, und die Reihenfolge der Attribute wurde explizit festgelegt. Im Bereichskalkül wird ebenfalls jeweils die Reihenfolge in der Zielliste festgelegt:

$$\{xwyz \mid \text{WEINE}(\_,x,w,\_,m) \land \text{ERZEUGER}(m,y,z)\}$$

Die Umbenennung der Attribute ist allerdings nur in den erwähnten Erweiterungen des Kalküls möglich.

Im Original-QBE können – im Gegensatz zu späteren kommerziellen Versionen – Zeilen als *negiert* markiert werden.

◄**Beispiel 11-12**► Eine Anfrage, in der dies Sinn macht, ist die folgende:

„*Gib die Weine des ältesten Jahrgangs aus.*"

Ein Weinjahrgang ist natürlich dann der älteste, wenn kein anderer Jahrgang existiert, der einen echt kleineren Wert hat. Diese Anfrage kann wie folgt notiert werden:

WEINE	WeinID	WeinName	Farbe	Jahrgang	Weingut
P.				_alt	
¬				< _alt	

□

Bevor wir die Bedeutung negierter Zeilen diskutieren, geben wir den zugehörigen Ausdruck im Bereichskalkül an:

$$\{xyzvw \mid \text{WEINE}(x,y,z,v,w) \land \neg \exists x' \exists y' \exists z' \exists v' \exists w' (\text{WEINE}(x',y',z',v',w') \land v' < v)\}$$

Negierte Zeilen entsprechen somit **not exists**-Unteranfragen in SQL und sind mit der Gesamtanfrage konjunktiv verbunden. Die exakte Umsetzung werden wir nachfolgend bei der Diskussion der formalen Semantik von QBE-Anfragen sehen.

Um die Sicherheit von Anfragen zu gewährleisten, dürfen negierte Zeilen keine Ausgabeanforderung mittels P. enthalten.

Das Beispiel 11-12 zeigte den Einsatz der Negation von Zeilen in QBE. Aufgrund der nicht immer leicht nachvollziehbaren Semantik von Negationssymbolen in QBE-Anfragetabellen wurde dieses Sprachmittel in der Regel nicht in die kommerziellen Nachfolgeprodukte übernommen. Das jeweilige Ergebnis ist allerdings eine weniger ausdrucksfähige Sprachversion!

11.2.2 Funktionen, Sortierung und Aggregierung in QBE

Die bisherigen Sprachmittel entsprechen (bis auf die fehlende Schachtelung von Anfragen) in etwa dem SQL-Kern und könnten damit auch als „QBE-Kern" bezeichnet werden. Wie SQL bietet auch QBE Erweiterungen um arithmetische Funktionen, Sortierung und Aggregierung an, die über den reinen Bereichskalkül hinausgehen.

Einfache arithmetische Funktionen können direkt in Anfragen verwendet werden, etwa in Vergleichsausdrücken. In einer Anfrage an eine Tabelle mit Bestellungen könnten wir etwa einen Vergleich der Form > (_Einzelpreis * _Menge) verwenden. Hier unterscheidet sich QBE nicht von den in SQL möglichen Berechnungstermen.

In QBE wird eine gewünschte Sortierreihenfolge in der Ausgabe mit AO(n). (Ascending Order, aufsteigend) und DO(n). (Descending Order, absteigend) notiert. Mit dem Wert von n wird die Priorität der Sortierkriterien gesteuert. Die folgende Anfrage gibt die Weine sortiert nach Weingütern und für jedes Weingut aufsteigend nach Jahrgang aus.

WEINE	WeinID	WeinName	Farbe	Jahrgang	Weingut
P.				AO(2).	AO(1).

Auch Aggregatfunktionen können (analog zu SQL) in QBE notiert werden. Die Funktionen werden als SUM., AVG., MAX., MIN. und CNT. notiert. Die Angabe ALL. wird in Verbindung mit den Operatoren eingesetzt, um die (Multi-)Menge aller Attributwerte einer Spalte zu bezeichnen. Die zusätzliche Angabe von UN. (für *unique*) in der Form UN.ALL. eliminiert Duplikate.

◂**Beispiel 11-13**▸ Als Beispiel betrachten wir die folgende Anfrage, die die Gesamtzahl der Weine berechnet, die vom Weingut Helena angeboten werden.

WEINE	WeinID	WeinName	Farbe	Jahrgang	Weingut
		P.CNT.ALL._x			Helena

□

◀**Beispiel 11-14**▶ Die zweite Beispielanfrage gibt die Anzahl (unterschiedlicher) Jahrgänge in der Relation WEINE an. Hierbei müssen Duplikate eliminiert werden, um ein korrektes Ergebnis zu erhalten.

WEINE	WeinID	WeinName	Farbe	Jahrgang	Weingut
				P.CNT.UN.ALL._x	

□

11.2.3 Formale Semantik von QBE

Die formale Semantik von QBE-Anfragen des QBE-Kerns (also ohne Sortierung und Aggregatfunktionen) kann durch eine direkte Umwandlung in Bereichskalkülanfragen definiert werden. Die Umwandlung erfolgt in vier Schritten:

1. Die Beispielelemente von QBE entsprechen den Bereichsvariablen des Bereichskalküls.

2. Analog zum Unterstrich in Anfragen des Kalküls entsprechen leere Spalteneinträge paarweise verschiedenen Bereichsvariablen. Als leere Spalten zählen hier alle Positionen, an denen keine Bereichsvariable steht, also auch Positionen mit Vergleichsangaben wie <10.

3. Jede Zeile in einer Relation R entspricht einer Teilformel

$$R(u_1,\ldots,u_n) \wedge \varphi$$

wobei u_i die Terme in den entsprechenden Spalten sind (Konstanten oder Bereichsvariablen) und φ die Konjunktion der jeweiligen Zeilenbedingungen (siehe Beispiele).

4. Eine allgemeine QBE-Anfrage, bestehend aus positiven und negierten Zeilen sowie Einträgen in der Condition Box, entspricht dem folgendem Bereichskalkülausdruck:

$$\{x_1\ldots x_m \mid \quad \exists y_1\ldots \exists y_n \bigwedge_i \langle i\text{-te positive Zeile}\rangle$$
$$\wedge \quad \bigwedge_j \neg[\exists z_{j_1}\ldots \exists z_{j_p}\langle j\text{-te negierte Zeile}\rangle]$$
$$\wedge \quad \bigwedge_k \langle k\text{-te Bedingung in Condition Box}\rangle\}$$

Hierbei haben die einzelnen Teile die folgenden Bedeutungen:

- $x_1 \ldots x_m$ sind alle Variablen, die mit **P.** als Bestandteile der Ergebnisrelation markiert sind. Eine Ausnahme stellt die Angabe mehrerer Variablen für dieselbe Spalte dar (siehe unten).
- $y_1 \ldots y_n$ sind alle restlichen Variablen in positiven Zeilen.
- $z_{j_1} \ldots z_{j_p}$ sind die restlichen impliziten Variablen in der j-ten negierten Zeile.

Eine Sonderbehandlung bei der Umsetzung ist notwendig, falls mehrere Ausgabemarkierungen für dieselbe Spalte mit unterschiedlichen Bereichsvariablen angegeben sind. Hier ist eine Umwandlung in eine disjunktive Anfrage notwendig.

11.2.4 Ausdrucksfähigkeit von QBE

Nach den bisherigen Vorbemerkungen ist bereits klar, dass der QBE-Kern keine höhere Ausdrucksfähigkeit als der sichere Bereichskalkül haben kann. Interessant ist somit die umgekehrte Richtung – können alle (syntaktisch sicheren) Anfragen des Bereichskalküls auch in QBE formuliert werden? Da QBE keine Schachtelung mit expliziten Quantoren $\exists$ und $\forall$ unterstützt, liegt die Vermutung nahe, dass dies nicht der Fall ist.

Schauen wir uns die von QBE abgedeckte Teilmenge der möglichen Bereichskalkülanfragen einmal genauer an. Aufgrund der Semantik von QBE-Anfragen können diese nur Kalkülausdrücken der folgenden Form entsprechen:

$$\{\cdots \mid \exists \ldots (\wedge \ldots \neg (\exists \ldots \exists \ldots) \wedge \ldots)\}$$

Nach Umformung gemäß den Regeln der Prädikatenlogik (Äquivalenz von $\neg \exists \varphi$ zu $\forall \neg \varphi$) haben somit alle möglichen Anfragen die Form:

$$\{\cdots \mid \exists \ldots \forall \ldots \forall \ldots \langle \text{Rest ohne Quantoren} \rangle \}$$

Insbesondere kann nach dieser Umformung kein Existenzquantor innerhalb eines Allquantors auftauchen. Wir können daher folgende Behauptung aufstellen:

Der QBE-Kern ist nicht *streng relational vollständig.*

Allerdings kann jeder Operator der Relationenalgebra durch eine äquivalente QBE-Anfrage berechnet werden. Dies kann man daran erkennen, dass die Umsetzungen der relationalen Operatoren in den Bereichskalkül (die in Abschnitt 9.3.4 vorgestellt wurden) alle eine Form haben, die in QBE (mit Negation) darstellbar ist. Als Konsequenz kann jeder Term der relationalen Algebra durch eine *Folge* von QBE-Anfragen ausgedrückt werden:

Der QBE-Kern ist relational vollständig.

Es bleibt zu bemerken, dass eingeschränkte Versionen von QBE (z.B. ohne die Möglichkeit negierter Zeilen) weniger ausdrucksfähig sind als die vorgestellte volle QBE-Version.

Zur Ergänzung dieses naheliegenden Vergleichs mit der Ausdrucksfähigkeit der Relationenkalküle werden in Tabelle 11.1 einige Operationen der Relationenalgebra denjenigen Sprachmitteln von QBE entgegengestellt, die die entsprechende Funktionalität ausdrücken können.

Relationenalgebra	QBE
Projektion	mit P. markierte Spalten
Selektion	1. Vergleiche als Spalteneinträge
	2. Condition Box
Umbenennung	explizite Ausgabetabelle
Verbund	Verbindung zweier Tabellen mittels
	Beispielelementen (Bereichsvariablen)

Tabelle 11.1: Gegenüberstellung von Operatoren der Relationenalgebra und QBE

11.2.5 Änderungen in QBE

Wir verzichten auf eine Diskussion der Schemadefinition in QBE, da sie weitestgehend analog zur Schemadefinition etwa in SQL erfolgt. Stattdessen werden wir die Formulierung von *Datenbankänderungen* in QBE ausführlicher vorstellen.

Die Änderungsoperationen in QBE entsprechen natürlich in etwa den Möglichkeiten von SQL, werden allerdings graphisch notiert. Die Benutzerschnittstelle zur Formulierung von Änderungen entspricht der Anfrageschnittstelle, nur werden anstelle des Kontrollworts P. Kontrollworte für Änderungen benutzt.

Das Einfügen von Tupeln wird mit dem Kontrollwort I. (für *Insert*) notiert. Wie in SQL kann man das Einfügen von konstanten Tupeln und von aus der Datenbank berechneten Tupeln unterscheiden.

◀**Beispiel 11-15**▶ Mit dieser Anweisung soll ein konstantes Tupel in die Relation WEINE eingefügt werden.

WEINE	WeinID	WeinName	Farbe	Jahrgang	Weingut
I.	9119	Clear Riesling	Weiß	1999	Bighorn

□

Im folgenden zweiten Beispiel werden die einzufügenden Tupel aus einer anderen Relation berechnet.

◄**Beispiel 11-16**► Hierzu sollen alle Kritiker als potentielle Kunden in die Tabelle WEINKUNDE eingefügt werden.

WEINKUNDE	KundeName	KundeAdr	Konto
I.	_Müller	_Ort	0

KRITIKER	Name	Organisation	Adresse
	_Müller		_Ort

□

Das Beispiel zeigt, dass Beispielelemente und Konstanten gemeinsam zur Definition der einzufügenden Tupel benutzt werden können. Beispielelemente müssen in einer Relation an Werte gebunden sein, wenn sie in einer Einfügezeile auftauchen.

Das Löschen von Tupeln wird mit D. (für *Delete*) notiert.

◄**Beispiel 11-17**► Mit der folgenden Anweisung werden alle Weine aus den Jahrgängen vor 1995 gelöscht:

WEINE	WeinID	WeinName	Farbe	Jahrgang	Weingut
D.				<1995	

□

Das Ändern von Attributwerten wird mit U. (für *Update*) notiert.

◄**Beispiel 11-18**► Für die folgende Beispielanweisung beziehen wir wieder das Preis-Attribut in die Relation WEINE ein. Es soll der Preis der Weine aus den Jahrgängen vor 2000 um 10% erhöht werden.

WEINE	WeinID	WeinName	Farbe	Jahrgang	Weingut	Preis
				<2000		U. _Wert * 1.1

Dies ist bereits eine verkürzte Form der folgenden Änderung:

WEINE	WeinID	WeinName	Farbe	Jahrgang	Weingut	Preis
	_ID	_Name	_Farbe	<2000	_Gut	_Wert
U.	_ID	_Name	_Farbe	<2000	_Gut	_Wert * 1.1

□

Die Langversion der Änderung zeigt gut, wie hier vorgegangen wird: Die Variable _Wert wird an den alten Attributwert gebunden und kann dann zur

Berechnung des neuen Wertes benutzt werden. Noch deutlicher wird dies im folgenden Beispiel.

◄**Beispiel 11-19**► Diese Anweisung entspricht Beispiel 11-18, verwendet jedoch die Condition Box.

WEINE	WeinID	WeinName	Farbe	Jahrgang	Weingut	Preis
	_ID	_Name	_Farbe	<2000	_Gut	_AlterWert
U.	_ID	_Name	_Farbe	<2000	_Gut	_NeuerWert

CONDITIONS
_NeuerWert = _AlterWert * 1.1

□

Diese Möglichkeit der Formulierung wird allerdings von den meisten QBE-Systemen – wenn überhaupt – nur eingeschränkt unterstützt, da bei der Ausführung entschieden werden müsste, ob die Bedingung der Condition Box eindeutig einen Wert spezifiziert.

Als Resümee der Diskussion von Änderungen in QBE lässt sich feststellen, dass QBE dieselbe Ausdrucksfähigkeit wie SQL bei der Formulierung von Datenbankänderungen hat.

11.2.6 Anfragen in MS Access

Während QBE in Reinform nicht kommerziell verfügbar ist, verwirklichen PC-RDBMS wie Microsoft Access graphische Anfrageschnittstellen, die ähnlichen Konzepten folgen.

MS Access ist ein Datenbankprogramm unter Windows, in dem Basisrelationen (Tabellen) mit Schlüsseln definiert werden können. Fremdschlüssel werden über graphische Angaben von Beziehungen (1:1 und 1:n) deklariert. Anfragen in MS-Access werden graphisch definiert und in SQL übersetzt (leider kein Standard-SQL). Neben reinen Anfragen können auch Formulare und Berichte interaktiv definiert werden. Wir erläutern die Umsetzung von QBE in MS Access nun an einer Folge von Beispielen.

Eine Kombination von Projektion und Selektion wird in Abbildung 11.1 definiert. Die Projektions- und Selektionsattribute werden per Mausklick aus den Tabellenboxen geholt, die man im oberen Teil der Abbildung sieht. Möchte man dann einige Selektionsattribute ausblenden, so demarkiert man die Auswahlbox in der Zeile „Anzeigen", die normalerweise mit einem Haken markiert ist. Selektionen werden in der Zeile „Kriterien" mit Konstanten oder Vergleichssymbolen den zugehörigen Spalten zugeordnet (wie in QBE). Die verschiedenen Selektionsbedingungen einer Zeile werden mit **und** verknüpft.

Im Beispiel wird nach Rotweinen gesucht, die ab Jahrgang 2006 angeboten werden. Das Farbattribut wird im Ergebnis nicht angezeigt. Eine zusätzliche

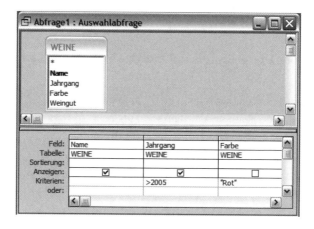

Abbildung 11.1: Projektion und Selektion in Access

Sortierung kann noch als eigener Operator in der Zeile „Sortierung" angewählt werden.

Komplexere Selektionsbedingungen werden in den Abbildungen 11.2 und 11.3 dargestellt. So können der **between**-Operator und der **like**-Operator von SQL mit **zwischen** und **wie** auch in MS Access ausgedrückt werden. Wie in QBE bedeutet die Aufnahme mehrerer Bedingungen in eine Zeile eine Konjunktion, die Einführung von Bedingungen über mehrere Zeilen jedoch eine Disjunktion.

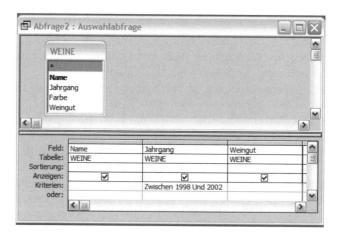

Abbildung 11.2: Komplexe Selektionsbedingungen in MS Access

Die Formulierungen einer Disjunktion sieht man in Abbildung 11.4.

Abbildung 11.3: Ungewissheitsselektion in MS Access

Eine Verbundoperation in Access wird in Abbildung 11.5 dargestellt. Im Gegensatz zu QBE werden hier keine gleichen Variablen in zwei Spalten eingetragen, sondern diese Spalten graphisch per Mausklick verbunden.

In Abbildung 11.6 wird gezeigt, wie wir mengenwertige Selektionen (Selektion nach allen Weingütern, die sowohl Weiß- als auch Rotwein im Angebot haben) in MS Access mit einem Selbstverbund unterstützen können.

Schließlich werden in Abbildung 11.7 eine Gruppierung, eine Bedingung an eine Gruppe und eine **count**-Funktion durchgeführt. Sowohl die Gruppierung als auch die Gruppenbedingung werden über eine Funktionskennung in der Zeile „Funktion" eingetragen. In der Anfrage werden alle Jahrgänge bestimmt, aus denen mindestens zwei Weine verfügbar sind. Die äquivalente SQL-Anfrage würde lauten:

```
select Jahrgang, count(*)
from WEINE
group by Jahrgang having count(*) ≥ 2
```

Während die Semantik ähnlich der von QBE ist und nur einige syntaktische Elemente wie Variablen und Befehle wie **P.** durch eine modernere graphische Nutzerführung unter der bekannten Windows-Philosophie ersetzt wurden, gibt es in MS Access leider auch einige Einschränkungen in der Mächtigkeit: So können komplexere Bedingungen nicht in eigenen *Condition Boxes* wie in QBE definiert werden.

Abbildung 11.4: Selektionen mit Disjunktionen in MS Access

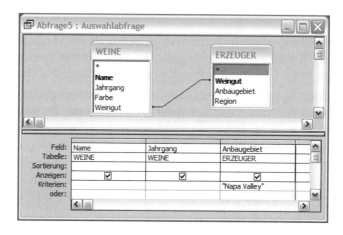

Abbildung 11.5: Verbund in Access

11.2.7 Andere graphische Anfragesprachen

Das System Paradox, wenn auch in anderer Hinsicht kein volles RDBMS, bietet als Anfrageschnittstelle einen QBE-Dialekt zum interaktiven Arbeiten mit Tabellen. Für die Anwendungsprogrammierung wird eine linearisierte Form von QBE zusammen mit Kontrollstrukturen imperativer Programmiersprachen eingesetzt.

Auch für andere Datenmodelle wurden graphische Anfragesprachen entwickelt, insbesondere für Datenmodelle mit graphischen Datenmodellierungs-

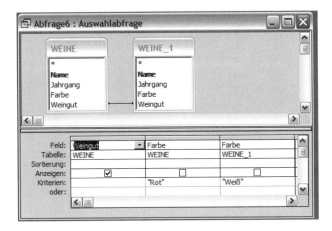

Abbildung 11.6: Mengenwertige Selektionen in MS Access

sprachen wie ER-Modelle. Die Konzepte können oft als Erweiterung von QBE auf die graphischen Darstellungsmittel dieser Modelle aufgefasst werden. Statt einer Markierung mittels **P.** kann etwa ein Attribut- oder Entity-Symbol graphisch nach Mausklick durch Schattierung hervorgehoben werden. Anfragen, die in der QBE-Darstellung mehrere Zeilen einer Tabelle benötigen würden, müssen mit Duplizieren der Entity- und Beziehungstyp-Symbole verwirklicht werden.

11.3 Datalog

Nachdem wir im letzten Kapitel erläutert haben, wie rekursive Anfragen ab SQL:1999 auch in einer klassischen Datenbankanfragesprache umgesetzt werden können, sollen hier nun alternative Sprachansätze skizziert werden, die eine sehr deskriptive Formulierung von rekursiven Anfragen in Form von rekursiven Regeln ermöglichen.

Das Verarbeitungsparadigma für wissensbasierte Systeme, Expertensysteme und KI-Programmiersprachen ist die *regelbasierte* Programmierung. Ein bekanntes Beispiel ist die Logikprogrammiersprache PROLOG (PROgramming in LOGic).

Im Datenbankbereich wurden mehrere Logiksprachen basierend auf Horn-Klauseln entwickelt, die im Gegensatz zu PROLOG auf einem *mengenbasierten* Ansatz beruhen. Ein Logikprogramm besteht hier also aus einer *Menge* von Fakten, und auch Regeln werden als Menge verarbeitet. Eine bekannte Sprache, die diesen Ansatz verfolgt, ist Datalog [CGT90].

Abbildung 11.7: Gruppierung und Aggregatfunktionen in Access

11.3.1 Grundbegriffe

Logikprogrammierung basiert auf einer speziellen Teilmenge der Prädikatenlogik erster Ordnung. Atome dieser Logik sind Prädikatsymbole angewendet auf Argumente (Konstanten, Variablen, Funktionssymbole wieder angewendet auf Argumente). Dies entspricht den Definitionen für Anfragekalküle aus Abschnitt 9.3.

Die Formeln der Logikprogrammierung sind allerdings eingeschränkt auf *Horn-Klauseln* der folgenden Form:

$$P_1 \wedge \ldots \wedge P_n \implies P$$

In der Sprache PROLOG werden derartige Klauseln syntaktisch wie folgt notiert:

$$P \coloneq P_1, \ldots, P_n.$$

Spezielle Klauseln sind die *Fakten*: Prädikatenatome mit ausschließlich Konstanten als Parameter, die ohne Bedingungsteil (Regelrumpf) notiert sind. Fakten entsprechen Tupeln einer Datenbank.

Allgemein kann ein logisches Programm als eine Menge von Horn-Klauseln aufgefasst werden. Ein PROLOG-Programm hingegen ist eine *Liste* von PROLOG-Regeln, ein Unterschied, der für Datenbankanwendungen eine wesentliche Rolle spielt.

Logikprogrammierung im Datenbankbereich kann leicht eingeführt werden, in dem Relationenprädikate wie im Bereichskalkül verwendet werden. Wir nehmen im Folgenden an, dass unsere Datenbank nur aus einer einzigen Basisrelation BUSLINIE besteht, die direkte Verbindungen zwischen zwei Städten in Weiunanbaugebieten enthält (unter den Attributen Von und Bis). Eine einfache Regel könnte dann wie folgt notiert werden:

$$\text{KURZTOUR}(V_1, B_2) :\!\!- \text{BUSLINIE}(V_1, Z), \text{BUSLINIE}(Z, B_2)$$

Diese Regel könnte umgangssprachlich so erklärt werden:

Wenn es eine Buslinie von V_1 nach Z und eine von Z nach B_2 gibt, dann gibt es eine Kurztour von V_1 nach B_2 mit einmaligem Umsteigen.

Da wir in der Definition unserer Relation BUSLINIE im letzten Kapitel noch ein weiteres Attribut Distanz definiert hatten, das in der obigen Berechnung der Verbindung nicht benötigt wird, würde die Regel für unser Beispiel genauer folgendermaßen lauten:

$$\text{KURZTOUR}(V_1, B_2) :\!\!- \text{BUSLINIE}(V_1, Z, D_1), \text{BUSLINIE}(Z, B_2, D_2)$$

In der Relationenalgebra könnte man diese Anfrage natürlich auch mit Umbenennung, natürlichem Verbund und Projektion formulieren. Insgesamt ist die Mächtigkeit logischer Programme jedoch viel größer:

- Logische Programme mit Funktionssymbolen sind äquivalent zu Turingmaschinen, also berechnungsuniversell.

- Logische Programme ohne Funktionssymbole sind äquivalent zur Relationenalgebra plus Rekursion. Sie sind nicht berechnungsuniversell, da keine neuen Werte eingeführt werden können (fehlende Funktionssymbole).

Für den Kontext einer Datenbankanfrage bedeutet das letztere:

- Wenn wir rekursive Regeln mit arithmetischen Funktionen und Aggregatfunktionen anreichern, so wird die Anfrage unsicher. Eine Anfrage muss also kein endliches Ergebnis mehr erzeugen.

- Wenn wir rekursive Regeln ohne arithmetische Funktionen und Aggregatfunktionen benutzen, so bleiben wir im Bereich einer sicheren Anfragesprache. Zu beachten ist dabei noch, dass wir innerhalb einer Rekursion auch keine Negation verwenden dürfen. Das entspricht in der Relationenalgebra einer Differenz.

11.3.2 Semantik rekursiver Regeln

Betrachten wir als Beispiel ein einfaches logisches Programm, formuliert über Datenbankrelationen:

$$\text{TOUR}(V, B) \quad :- \quad \text{BUSLINE}(V, B, D).$$
$$\text{TOUR}(V_1, B_2) \quad :- \quad \text{TOUR}(V_1, Z), \text{BUSLINE}(Z, B_2, D)$$

Dieses Programm berechnet die transitive Hülle TOUR der BUSLINIE-Relation und kann direkt aus der Definition der transitiven Hülle abgeleitet werden. Dabei realisieren wie im Bereichskalkül dieselben Variablen wie Z auf der rechten Seite der zweiten Regel die Verbundbedingung zwischen TOUR und BUSLINIE.

Im letzten Kapitel hatten wir diese Anfrage mit SQL:1999 ausgedrückt:

```
with recursive TOUR(Abfahrt, Ankunft) as (
   select Abfahrt, Ankunft
   from BUSLINIE
      union all
   select T.Abfahrt, B.Ankunft
   from TOUR T, BUSLINIE B
   where T.Ankunft = B.Abfahrt)
select distinct * from TOUR
```

Wir sehen dabei, dass in Datalog nur die beiden Regeln definiert werden, in SQL dagegen eine Abarbeitungsvorschrift mit einer rekursiven Vereinigung formuliert wird.

Die Semantik eines logischen Programms kann auf unterschiedliche Weise festgelegt werden, etwa beweistheoretisch, modelltheoretisch oder prozedural. Eine prozedurale Semantik ist für die Ausführbarkeit unerlässlich, muss aber zumindest für eine relevante Teilklasse der Programme mit den anderen Semantiken übereinstimmen. Auch sind die Fragestellungen, ob ein Ergebnis eindeutig ist bzw. ob es überhaupt existiert, nicht triviale Problemstellungen bei logischen Programmen.

PROLOG hat eine prozedurale Semantik, die abhängig von der Reihenfolge der Regeln und Prädikate ist. Insbesondere werden Fakten der Reihe nach abgearbeitet. Die prozedurale Semantik realisiert ein Backtracking nach der *Leftmost-depth-first*-Strategie. Allgemein werden nicht alle ableitbaren Fakten gefunden, so dass diese Semantik mit anderen Semantiken nicht übereinstimmt. Für den Datenbankbereich ergeben sich zusätzliche Schwierigkeiten, da Tupel einer Relation im Gegensatz zu PROLOG-Fakten reihenfolgeunabhängig verarbeitet werden.

11.3.3 Semantik und Auswertung von Datalog

Die prozedurale Semantik von Datalog basiert im Gegensatz zu der von PROLOG auf einer *Bottom-up*-Auswertung. Startend mit den Basisrelationen werden die Regeln dazu benutzt, schrittweise abgeleitete Fakten zu berechnen. Hierbei werden in einem Schritt jeweils Mengen von abgeleiteten Fakten berechnet – dieser Ansatz harmoniert somit sehr gut mit Datenbankkonzepten wie denen der relationalen Algebra.

Diese prozedurale Semantik kann als *Fixpunktsemantik* charakterisiert werden und entspricht den anderen Semantiken, falls keine Negation und keine Funktionssymbole auftreten. Jede rechte Seite einer Regel kann als relationenalgebraischer Ausdruck aufgefasst werden, und jede Regel entspricht einer Zuweisung an die abgeleiteten Relationen. Die Auswertung einer Menge von Regeln liefert dann den Fixpunkt dieses Gleichungssystems. Da in jedem Schritt nur neue Fakten berechnet werden können und ohne Funktionssymbole die abgeleiteten Relationen nicht unbeschränkt wachsen können, wird immer ein endliches Ergebnis garantiert.

◄**Beispiel 11-20**► Wir beschreiben nun die Berechnung der transitiven Hülle TOUR mit dem obigen Regelprogramm.

Zunächst wird als Relation TOUR die leere Relation auf der rechten Seite der Regeln eingesetzt. Wir berechnen dann das Ergebnis beider Regeln parallel:

- Mit der ersten Regel wird die BUSLINIE-Relation der direkten Verbindungen auf die TOUR-Relation kopiert.

- Mit der zweiten Regel wird auf der rechten Seite der Verbund zwischen BUSLINIE-Relation und der leeren Relation durchgeführt, was eine leere Relation ergibt.

Die beiden Teilergebnisse für die TOUR werden nun vereinigt. Dies entspricht auch der Vereinigung in der rekursiven SQL-Variante. Mit dieser neuen Relation TOUR startet nun die zweite Iteration der Auswertung:

- Mit der ersten Regel wird wiederum die BUSLINIE-Relation auf die Relation TOUR kopiert. Diese redundante Berechnung nennt man auch *naive Auswertung* der Regeln. Optimiert man diese redundanten Berechnungen, so kommt man zur sogenannten *semi-naiven* Auswertung.

- Mit der zweiten Regel wird nun die im letzten Schritt berechnete Verbindungsrelation mit der Originalrelation verknüpft, was der oben eingeführten Regel KURZTOUR entspricht.

Nach der Vereinigung der beiden Teilergebnisse haben wir also direkte Verbindungen und Verbindungen mit einmaligem Umsteigen berechnet. Führen wir dieses Verfahren so lange durch, bis keine neuen Tupel mehr entstehen, so haben wir die transitive Hülle mit Hilfe von relationalen Datenbankoperationen berechnet. □

Negation muss bei der Auswertung besonders behandelt werden, da die Abwesenheit eines abgeleiteten Fakts als dessen Negation gilt (Negation-by-failure), aber die berechnete Faktenmenge während des Ableitungsprozesses dynamisch wächst. Abhilfe bringt die *Stratifizierung* von Logikprogrammen, wobei Negation erst ausgewertet wird, wenn keine neuen Fakten derselben abgeleiteten Relation mehr entstehen können.

11.4 Tutorial D

Trotz der weiten Verbreitung und Akzeptanz von SQL gibt es eine ganze Reihe von Kritikpunkten. Hierzu zählen das Fehlen bestimmter Konstrukte bzw. Operatoren, die teilweise umständliche Syntax und insbesondere der Unterschied des SQL-Modells im Vergleich zum Codd'schen Relationenmodell, wie u.a. Relationen (Tabellen) als Multimengen und Nullwerte.

Date und Darwen haben daher in ihrem Manifesto [DD00] mit *Tutorial D* eine relationale Sprache (genau genommen: eine Menge von Anforderungen an relationale Sprachen) vorgeschlagen. Obwohl es abgesehen von einigen Lehrprojekten noch keine (kommerziell) ernstzunehmende Implementierung gibt, wollen wir in diesem Abschnitt Tutorial D kurz vorstellen, da die Sprache einige interessante Features bietet. Wir beziehen uns dabei auf die in [Dat05] behandelte Version.

11.4.1 Datentypen

Tutorial D umfasst Konstrukte zur Datendefinition und -manipulation, Anfrageoperatoren sowie imperative Elemente. Ein wichtiges Merkmal ist dabei die saubere Trennung von Relationen und Typen einerseits sowie Relationenwerten und Relationenvariablen andererseits. Während etwa in SQL der Begriff der Tabelle sowohl für die Relation (Menge der Tupel) als auch den Typ steht, wird dies in Tutorial D unterschieden. So gibt es einen Typkonstruktor **relation**, mit dessen Hilfe ein Relationentyp erzeugt werden kann. Genau wie die Basisdatentypen **integer** oder **char** kann dieser Relationentyp einen Wert haben: eben eine Relation. In gleicher Weise lassen sich Variablen einführen, die einen Typ haben und an die Werte gebunden werden können.

◄**Beispiel 11-21**▶ Wir definieren eine Variable WEINE mit einem Relationentyp, der unseren bisher verwendeten SQL-Tabellen entspricht:

>   **var** WEINE **base**

```
relation { WeinID integer,
    Name char,
    Farbe char,
    Jahrgang integer,
    Weingut char,
    Preis real }
key { WeinID }
foreign key { Weingut } references ERZEUGER ;
```

Die Variablendefinition wird hier durch **var** eingeleitet, **base** gibt an, dass es sich um eine Basisrelation (in Abgrenzung zu Sichten, die mit **view** definiert werden) handelt. Das Schlüsselwort **key** leitet die Schlüsseldefinition ein, **foreign key** entsprechend die Definition des Fremdschlüssels. □

Es sei angemerkt, dass WEINE nicht der Typname ist, sondern eine Variable: der Name des Relationentyps ist das Relationenschema!

Tutorial D ist nicht auf die üblichen Basistypen wie **integer**, **char** usw. beschränkt, sondern erlaubt auch benutzerdefinierte Typen. Darüber hinaus können Attribute auch relationenwertig sein, d.h. es werden geschachtelte Relationen unterstützt. Schließlich sind auch Tupeltypen möglich:

◄**Beispiel 11-22**► Wir führen eine Variable T eines Tupeltyps mit den Komponenten des obigen Relationentyps ein.

```
var T tuple { WeinID integer,
    Name char,
    Farbe char,
    Jahrgang integer,
    Weingut char,
    Preis real };
```

Über den Zuweisungsoperator := kann nun ein Tupelwert an diese Variable gebunden werden:

```
T := tuple { WeinID 3456, Name 'Zinfandel', Farbe 'Rot',
    Jahrgang 2004, Weingut 'Helena', Preis 5.99 };
```

Das Schlüsselwort **tuple** dient hier in Verbindung mit dem Typnamen als Tupelselektor. □

Mit Hilfe der Tupelselektoren kann nun auch eine Relation konstruiert werden:

◄**Beispiel 11-23**► Der Variable WEINE soll eine Relation mit mehreren Tupeln zugewiesen werden:

```
WEINE := relation {
```

```
tuple { WeinID 2168, Name 'Creek Shiraz', Farbe 'Rot',
    Jahrgang 2003, Weingut 'Creek', Preis 7.99 },
tuple { WeinID 3456, Name 'Zinfandel, Farbe 'Rot',
    Jahrgang 2004, Weingut 'Helena', Preis 5.99 },
...};
```

Zu beachten ist der Unterschied zwischen einem Tupel und einer Relation, die nur ein Tupel enthält: Letztere ist eine einelementige Menge und somit sind Tupel und Relation Instanzen von verschiedenen Typen.

11.4.2 Anfrageoperatoren

Die Operationen der Relationenalgebra werden in Tutorial D direkt unterstützt. So gibt es für Projektion und Selektion ebenso eigene Operatoren wie für den (natürlichen) Verbund.

Projektion. Die Projektion π wird durch den Restrict-Operator durchgeführt, bei dem die in der Ergebnisrelation gewünschten Attribute aufgeführt werden. Der Algebraausdruck

$$\pi_{Name,Weingut}(WEINE)$$

wird in Tutorial D wie folgt formuliert, wobei WEINE die oben eingeführte Relationenvariable ist:

```
WEINE { Name, Weingut }
```

Alternativ ist auch eine Angabe der zu unterdrückenden Attribute möglich:

```
WEINE { all but WeinID }
```

wobei alle Attribute mit Ausnahme von WeinID ausgegeben werden.

Selektion. Bei der Selektion ist wie üblich eine Bedingung anzugeben. Dementsprechend wird der Algebraausdruck

$$\sigma_{Farbe='Rot'}(WEINE)$$

in dieser Form dargestellt:

```
WEINE where Farbe = 'Rot'
```

Verbund. Für den natürlichen Verbund gibt es einen eigenen **join**-Operator, so dass der Algebraausdruck

$$\text{WEINE} \bowtie \text{ERZEUGER}$$

direkt als

    WEINE **join** ERZEUGER

notiert werden kann. ERZEUGER ist hier eine Relationenvariable mit einem Typ, der dem Relationenschema aus Abschnitt 4.1 entspricht. Neben dieser Infixnotation ist auch eine Präfixschreibweise möglich, die insbesondere bei Mehrwegeverbunden bequemer ist:

    join { WEINE, ERZEUGER }

Kombiniert werden diese Operatoren einfach durch Klammerung, wie das folgende Beispiel demonstriert.

◄**Beispiel 11-24**► Mit der Anfrage sollen die Namen aller kalifornischen Rotweine ermittelt werden:

```
((WEINE where Farbe = 'Rot')
   join
 (ERZEUGER where Region = 'Kalifornien')) { Name }
```

□

Weitere Projektionen. Auch eine Umbenennung einzelner Attribute über den **rename**-Operator sowie die Erweiterung der Relation um berechnete Attribute mit Hilfe des **extend**-Operators ist möglich. Dies steht im Gegensatz zu SQL, wo diese Operationen alle Teil der **select**-Klausel sind.

◄**Beispiel 11-25**► Dieses Beispiel soll die Notation in SQL und Tutorial D gegenüberstellen. Die SQL-Anfrage

```
select WeinID, Name, Farbe, 2007 - Jahrgang as Alter,
    Weingut as Hersteller, Preis
from WEINE
where 2007-Jahrgang > 2
```

wird in Tutorial D wie folgt umgesetzt:

```
(extend WEINE add (2007-Jahrgang as Alter))
   rename (Weingut as Hersteller) where Alter > 2
```

□

Mengenoperationen. In Tutorial D sind natürlich auch die Mengenoperationen **union**, **minus** und **intersect** verfügbar, die ebenfalls in Infixnotation eingesetzt werden.

◀**Beispiel 11-26**▶ Die Umsetzung von Beispiel 4-12 auf Seite 102 mit der Anfrage

$$\text{WEINLISTE} \cup \beta_{\text{Name} \to \text{Wein}} \text{EMPFEHLUNG}$$

in Tutorial D ist unter Verwendung von zwei Relationenvariablen einfach:

WEINLISTE **union** (EMPFEHLUNG **rename** (Wein **as** Name))

□

Gruppierung und Aggregation. Eine der Gruppierung und Aggregation ähnliche Operation ist mit dem **summarize**-Operator möglich, der folgende Syntax hat:

summarize *r* **per** (*s*) **add** (*summary* **as** *a*)

Hierbei sind *r* und *s* Relationen und der Typ von *s* ist eine Projektion von *r* – demzufolge kann auch gelten *r* = *s*. Dieser Operator liefert eine Relation, deren Typ dem Typ von *s*, erweitert um das Attribut *a*, entspricht. Diese Ergebnisrelation enthält alle Tupel *t* ∈ *s*, erweitert um die *a*-Werte, die durch Anwendung der *summary*-Funktion berechnet werden. Hierbei handelt es sich im Prinzip um die bekannten Aggregatfunktionen **count**, **min**, **max**, **sum**, **avg** etc. Diese existieren auch als Varianten mit Duplikateliminierung (**countd**, **sumd**, **avgd**). Betrachten wir hierzu ein Beispiel.

◀**Beispiel 11-27**▶ Wie in Beispiel 10-18 auf Seite 320 soll in der Relation WEINE die Anzahl der Rot- bzw. Weißweine ermittelt werden. Hierzu muss die **summarize**-Operation auf die Relation WEINE angewendet werden, wobei dies für die Projektion auf Farbe auszuführen ist (**per**-Klausel). Weiterhin muss das Attribut Anzahl hinzugefügt werden, das mit Hilfe der **count**-Funktion berechnet wird.

    summarize WEINE **per** (WEINE { Farbe })
      add (**count**() **as** Anzahl)

□

Neben den beim **summarize**-Operator verwendeten *summary*-Funktionen kennt Tutorial D noch echte Aggregatfunktionen, die die gleiche Bezeichnung haben, jedoch auch als skalare Ausdrücke eingesetzt werden können.

◀**Beispiel 11-28**▶ Betrachten wir hierzu eine Anwendung von **count** als Aggregatfunktion zur Bestimmung der Anzahl der Rotweine.

```
var num integer;
num := count(WEINE where Farbe = 'Rot');
```

□

Entschachtelung. Da Tutorial D grundsätzlich auch relationenwertige Attribute zulässt, werden entsprechende Operationen zum Entschachteln bzw. Schachteln benötigt. In Abschnitt 9.2.4 haben wir dazu die Operatoren μ und ν eingeführt, die in Tutorial D **ungroup** und **group** heißen.

◀**Beispiel 11-29**▶ Gegeben seien die beiden nachfolgend dargestellten Relationen:

W	Weingut	Wein
	Creek	Creek Shiraz
	Creek	Pinot Noir
	Helena	Zinfandel
	Helena	Pinot Noir
	Müller	Riesling
	Chateau La Rose	Grand Cru

E	Weingut	Weine
	Creek	Creek Shiraz
		Pinot Noir
	Helena	Zinfandel
		Pinot Noir
	Müller	Riesling
	Chateau La Rose	Grand Cru

Mit der Anfrage

```
W group ( { Wein } as { Weine } )
```

wird aus der Relation W die Relation E erzeugt. Mit der Anfrage

```
E ungroup ( Weine )
```

wird die Relation E entschachtelt und entspricht somit der Relation W. □

Mit diesen Beispielen haben wir nur einen kurzen Überblick zu den Anfrageoperatoren gegeben. Dennoch sollte die Nähe zur Relationenalgebra deutlich geworden sein.

11.4.3 Änderungsoperationen

Änderungen an Relationen sind aufgrund der Verfügbarkeit des relationalen Zuweisungsoperators := und der Relationenvariablen im Prinzip ohne zusätzliche Konzepte möglich. Wie in Abschnitt 4.3.2 vorgestellt, kann beispielsweise das Einfügen durch Vereinigung der Relation mit dem neuen Tupel erfolgen. Dennoch stehen in Tutorial D die üblichen **insert**-, **update**- und **delete**-Operationen zur Verfügung, die grundsätzlich auf Relationen arbeiten.

◀**Beispiel 11-30**▶ Als Beispiel betrachten wir das Einfügen eines neues Weingutes in die ERZEUGER-Relation zunächst mit Hilfe der Zuweisung:

```
ERZEUGER := ERZEUGER union ( relation {
    tuple { Weingut 'Chateau Lafitte',
        Anbaugebiet 'Medoc', Region 'Bordeaux' } } );
```

Die äquivalente **insert**-Anweisung lautet dann:

```
insert ERZEUGER (relation {
    tuple { Weingut 'Chateau Lafitte',
        Anbaugebiet 'Medoc', Region 'Bordeaux' } } );
```

Am Typkonstruktor **relation** ist ersichtlich, dass die Eingabe für **insert** immer eine Relation sein muss. □

Ähnliches gilt auch für die anderen Änderungsanweisungen. Daher betrachten wir nur noch ein Beispiel für die Anwendung von **delete** und **update** und verzichten auf die Darstellung der erweiterten Form mit dem Zuweisungsoperator.

◂**Beispiel 11-31**▸ Aus unserer Relation WEINE sollen alle Weißweine gelöscht werden:

```
delete WEINE where Farbe = 'Weiß';
```

Außerdem soll der Preis des Weines mit der WeinID geändert werden:

```
update WEINE where WeinID = 3456 (Preis := 7.99)
```

□

11.4.4 Constraints

Genau wie SQL erlaubt auch Tutorial D die Definition von Integritätsbedingungen. Neben den bereits vorgestellten Schlüssel- und Fremdschlüsselbedingungen sind dies Typ-Constraints und Datenbank (Relationen)-Constraints.

Typ-Constraints ermöglichen die Einschränkung des Wertebereichs und sind damit mit den Domain-Constraints vergleichbar.

◂**Beispiel 11-32**▸ Betrachten wir die Definition eines Datentyps Alter z.B. für das Alter eines Weines.

```
type Alter possrep {
    A integer constraint A ≥ 0 and A ≤ 20 }
```

Dieser Typ basiert auf **integer**-Werten im Wertebereich $0\ldots20$.

□

Das Schlüsselwort **possrep** steht hierbei für „possible representation" und gibt die für den Nutzer sichtbare Repräsentation des Typs (im obigen Beispiel integer). Diese kann sich durchaus von der internen (physischen) Repräsentation der Werte unterscheiden, ist jedoch für die Nutzung des Typs notwendig.

Datenbank-Constraints schränken die möglichen Zustände der Datenbank ein und sind mit den **assertion**-Bedingungen von SQL vergleichbar.

11.5 Zusammenfassung

Neben SQL wurden in der Vergangenheit noch eine Reihe weiterer Anfragesprachen entwickelt, die die Entwicklung im Datenbankbereich in der einen oder anderen Form beeinflusst haben. Neben QUEL als urprüngliche Konkurrenz zu SQL und QBE als graphische Alternative zählt hierzu mit Datalog auch eine Sprache, die neben dem Bereich der deduktiven Datenbanken insbesondere die Einführung rekursiver Anfragen in SQL geprägt hat. Einen Sprachentwurf, der einige der Schwächen von SQL vermeidet und sich dabei eng am Relationenmodell orientiert, haben wir mit Tutorial D vorgestellt.

Eine Übersicht über die in diesem Kapitel eingeführten Begriffe und deren Bedeutung geben wir in Tabelle 11.2.

Begriff	Informale Bedeutung
QUEL	relationale Anfragesprache des Ingres-Systems
QBE	Query by Example; graphische Anfragesprache
Datalog	Anfragen in Prädikatenlogik
Tutorial D	Anfragesprache basierend auf der Relationenalgebra

Tabelle 11.2: Wichtige Begriffe bei weiteren Sprachen

11.6 Vertiefende Literatur

Die Sprache QUEL wurde im Zusammenhang mit dem Ingres-System von Stonebraker eingeführt und beschrieben [Sto86]. QBE wurde von Zloof entwickelt und in [Zlo75, Zlo77] vorgestellt. Die drei Sprachen QBE, QUEL und SQL werden in den meisten einschlägigen Datenbanklehrbüchern beschrieben, so in [EN94, Vos94]. Das PC-System MS Access wird beispielsweise in [Bro99] dargestellt.

11.7 Übungsaufgaben

Übung 11-1 Formulieren Sie (sofern möglich) die Anfragen aus den Übungen 4-6 in QUEL und QBE. Sofern notwendig, verwenden Sie Zwischenrelationen und Änderungsoperationen auf diesen Zwischenrelationen. □

Übung 11-2 QBE und QUEL sind beide nicht streng relational vollständig.

- Geben Sie eine SQL-Anfrage an, die *nicht* mit *einer* QUEL-Anfrage umsetzbar ist. Geben Sie eine QUEL-Umsetzung mit einer Zwischenergebnisrelation an.

- Geben Sie eine SQL-Anfrage an, die *nicht* mit *einer* QBE-Anfrage umsetzbar ist. Geben Sie eine QBE-Umsetzung mit einer Zwischenergebnisrelation an.

Begründen Sie Ihre Antworten. □

Übung 11-3 Formulieren Sie die Anfrage

    select WName **from** WEIN
    where WeinID **in** (**select** WeinID **from** EMPFIEHLT)

in QBE und QUEL. □

Übung 11-4 Diskutieren Sie die Umsetzungen der rekursiven SQL-Anfragen aus Abschnitt 10.6.2 in Datalog. Was geht problemlos, was nicht? □

Übung 11-5 Setzen Sie die Anfrage aus Aufgabe 4-6 in Tutorial D um. □

12

Transaktionen, Integrität & Trigger

Die *Korrektheit* eines Datenbestandes ist in vielen Szenarien unabdingbar. Diese Korrektheit kann auf unterschiedlichste Art und Weise gefährdet sein; unbeabsichtigte oder beabsichtigte Fehleingaben oder technische Probleme. Dieser Abschnitt beschäftigt sich mit einigen Funktionalitäten von DBMS, die hier korrigierend eingreifen bzw. präventiv vorbeugen können.

Die Korrektheit eines Datenbestandes wird als dessen Integrität bezeichnet. Wir unterscheiden zwei Arten der Integrität:

- Die *semantische Integrität* besagt, dass ein korrekter (konsistenter) Datenbankzustand nach Ende der Transaktion vorliegt. Konsistenz bezieht sich dabei auf die Bedeutung (Semantik) der Daten: So ist eine negative Altersangabe einer Person eventuell syntaktisch korrekt, da es sich um ein Integerfeld handelt, widerspricht aber der Bedeutung der Angabe eines Alters.

- Unter *Ablaufintegrität* oder auch operationaler Integrität versteht man die Abwesenheit von Fehlern, die durch gleichzeitigen Zugriff mehrerer Benutzer auf dieselben Daten entstehen. So sollten zwei gleichzeitig abgearbeitete Abbuchungen von einem Konto nicht dadurch in Konflikt geraten, dass beide den alten Kontostand lesen und dadurch beim anschließenden Schreiben eine der Änderungen verloren geht.

Die zentrale Idee, um einen korrekten Ablauf im Mehrbenutzerbetrieb zu gewährleisten, ist das Konzept der *Transaktion*. Diesem Konzept ist der erste Abschnitt dieses Kapitels gewidmet. Transaktionen behandeln insbesondere technische Fehlersituationen. Die dann folgenden Abschnitte beschäftigen sich mit expliziten Integritätsbedingungen und Triggern, d.h. mit aus Benutzersicht spezifizierten Korrektheitsbedingungen, die explizit formuliert und überwacht werden müssen.

12.1 Grundlagen von Transaktionen

Unter einer *Transaktion* wird eine Folge von Datenbankoperationen verstanden, die insbesondere bezüglich der Integritätsüberwachung als Einheit (atomar) angesehen wird. Daraus folgt, dass die Datenbank nur vor und nach Transaktionen in zulässigen Zuständen sein muss – während der Bearbeitung der Transaktion dürfen Bedingungen temporär verletzt werden. Der Transaktionsbegriff ist, unabhängig vom Problem der Integritätssicherung, ein zentraler Begriff der Datenbanktechnik insbesondere im Mehrbenutzerbetrieb.

12.1.1 ACID-Prinzip

Bevor wir auf die Realisierung von Transaktionen genauer eingehen, betrachten wir zuerst die formalen Anforderungen, die sich aus der Datenhaltung in einer dauerhaft gespeicherten Datenbank ergeben. Transaktionen müssen die sogenannten *ACID-Eigenschaften* wie folgt erfüllen:

Atomicity *(Atomarität):* Eine Transaktion wird entweder ganz oder gar nicht ausgeführt. Transaktionen können keine Zwischenzustände nach einem Abbruch hinterlassen.

Consistency *(Konsistenz):* Transaktionen sind die *Einheiten der Integritätsüberwachung*: Nach einem erfolgreichen Ende einer Transaktion muss die Datenbank in einem zulässigen Zustand sein, die Effekte von Transaktionen (als Einheit betrachtet) müssen die transitionalen Bedingungen erfüllen.

Isolation*:* Transaktionen laufen im simulierten Einbenutzerbetrieb ab: Eventuell parallel ablaufende andere Transaktionen sind isoliert und können sich nicht gegenseitig beeinflussen.

Durability *(Dauerhaftigkeit):* Die Wirkung einer einmal erfolgreich beendeten Transaktion ist dauerhaft.

An dieser Stelle interessieren wir uns speziell für den Aspekt der *Konsistenzerhaltung*. Die anderen Aspekte des Transaktionsmanagements werden im zweiten Band [SHS05] dieses Buches behandelt. Das folgende Beispiel zeigt, dass wir tatsächlich Transaktionen und nicht etwa elementare Datenbankänderungen als Einheit der Integritätssicherung betrachten müssen.

◄**Beispiel 12-1**►Bei Übertragungen eines Betrages B von einem Haushaltsposten K1 auf einen anderen Posten K2 soll die Bedingung, dass die Summe der Kontostände der Haushaltsposten konstant ist, erhalten bleiben. Eine Transaktion, die eine Übertragung realisiert, könnte vereinfacht wie folgt notiert werden:

```
Transfer = < K1:=K1-B; K2:=K2+B >;
```

In Sprachen wie SQL muss eine derartige Transaktion immer als Sequenz zweier elementarer Änderungen realisiert werden, wobei die Bedingung zwischen den einzelnen Änderungsschritten nicht erfüllt ist. □

Sprachmittel zur Beschreibung von Transaktionen werden in Kapitel 13 diskutiert.

Im Folgenden werden wir einige kurze Begriffsbildungen für den Umgang mit Transaktionen vornehmen. Anschließend werden wir insbesondere die möglichen Probleme im Mehrbenutzerbetrieb diskutieren, da diese zu den Isolationsstufen im SQL-Standard führen, die ein Anwendungsprogrammierer kennen und verstehen sollte. Für tiefergehende technische Realisierungen verweisen wir auf [SHS05].

Kommandos einer Transaktionssprache

Die Eigenschaften von Transaktionen werden vom DBMS erzwungen, so dass wenig Benutzerinteraktion notwendig ist und durch explizite Sprachkonzepte gesteuert werden muss. Aus Benutzersicht beschränkt sich die Transaktionssteuerung daher auf folgende drei Kommandos:

- Der Beginn einer Transaktion wird mit dem *Begin-of-Transaction*-Kommando `BOT` angezeigt.

  Das `BOT`-Kommando ist eigentlich redundant, da in modernen DBMS keine Datenbankmanipulation außerhalb einer Transaktion stattfinden darf. Konsequenterweise ist dieses Kommando daher in SQL implizit – die erste Datenbankverbindung sowie jedes Ende einer Transaktion starten automatisch eine neue Transaktion.

  Da auch Transaktionen Parameter haben können (etwa die später eingeführten Isolationsstufen), ist seit SQL:1999 der Befehl `start transaction` in den Sprachstandard aufgenommen worden. Er ermöglicht das explizite Starten einer Transaktion.

- Das Kommando `commit` beauftragt das DBMS, die aktuelle Transaktion erfolgreich zu beenden. Erzwungen werden kann ein erfolgreiches Ende nicht

– werden ACID-Eigenschaften verletzt, etwa durch verletzte Integritätsbedingungen, muss die aktuelle Transaktion abgebrochen werden, auch wenn der Nutzer einen `commit`-Befehl gegeben hat.

- Das Kommando **abort** erzwingt den Abbruch der aktuellen Transaktion.
  In SQL wird der Abort-Befehl als `rollback` notiert.

Im interaktiven Betrieb sind kurze Transaktionen wünschenswert, da ja jede Transaktion noch bis zuletzt abgebrochen werden kann und in diesem Fall alle Manipulationen rückgängig gemacht werden müssen. Hier ist der Auto-Commit-Modus hilfreich: Ist dieser aktiviert, wird jede einzelne Datenbankmodifikation als separate Transaktion behandelt.

12.1.2 Probleme im Mehrbenutzerbetrieb

Besondere Bedeutung bei der Transaktionsverarbeitung haben Probleme, die durch den parallelen Zugriff mehrerer Transaktionen auf denselben Datenbestand entstehen. Bekannt sind diese Probleme jeweils unter folgenden Schlagworten:

- Inkonsistentes Lesen: *Nonrepeatable Read*
- Abhängigkeiten von nicht freigegebenen Daten: *Dirty Read*
- *Phantom-Problem*
- Verlorengegangenes Ändern: *Lost Update*

Wir werden diese Probleme kurz an einfachen Szenarien erläutern. Dazu nutzen wir ein vereinfachtes Modell für Transaktionsabläufe.

Vereinfachtes Modell für Transaktionsabläufe

Transaktionen arbeiten auf Daten im Hintergrundspeicher. Allerdings kann der Hintergrundspeicher nicht direkt manipuliert werden, die Daten müssen vor einer Bearbeitung erst in den Hauptspeicher gebracht werden. Für unsere Beispiele verwenden wir folgende vereinfachte Notation:

- Die Operation **read**(A,x) weist den Wert des DB-Objektes A (auf dem Hintergundspeicher) der Variablen x (im Hauptspeicher) zu.
- Die inverse Operation **write**(x, A) speichert den Wert der Variablen x im DB-Objekt A.

Eine Ausführung einer Transaktion T kann nun in diesem Modell in den folgenden sechs Schritten resultieren:

```
read(A, x); x := x - 200; write(x, A);
read(B, y); y := y + 100; write(y, B);
```

Allgemein gibt es nun mehrere Ausführungsvarianten für zwei Transaktionen T_1 und T_2. Wir unterscheiden folgende Fälle:

- Die *serielle* Ausführung, also T_1 vor T_2 oder T_1 nach T_2. Allgemein gibt es für n Transaktionen $n!$ mögliche serielle Ausführungsabläufe.

- Die gemischte Ausführung, also abwechselnd Schritte von T_1 und T_2 ausführend. Diese Variante bezeichnen wir als *verschränkte* Ausführung. Die Schritte der einzelnen Transaktionen bleiben in der richtigen Reihenfolge. Diese verschränkte Ausführung formalisiert das, was wir oben als quasi parallel bezeichnet haben.

Bei serieller Ausführung treten keine speziellen Probleme im Mehrbenutzerbetrieb auf. Die verschränkte Ausführung ist allerdings in der Regel vorzuziehen, da damit der Systemdurchsatz gesteigert werden kann. Hier treten die genannten Probleme auf.

Nonrepeatable Read

Das erste behandelte Problem ist das *Nonrepeatable Read*, übersetzbar als *nichtwiederholbares Lesen*. Im Deutschen hat sich hierfür die abweichende Bezeichnung *inkonsistentes Lesen* etabliert. Die hier betrachteten Effekte entstehen, wenn Daten gelesen werden, die gerade von einer anderen Transaktion bearbeitet werden, so dass ein wiederholtes Lesen der Daten zu anderen Ergebnissen führen könnte.

Für unser Beispiel in Abbildung 12.1 nehmen wir eine Zusicherung $x = A + B + C$ am Ende der Transaktion T_1 an. Diese lässt sich lokal aus dem Transaktionsablauf ableiten. x, y, z sowie x', y', z' seien lokale Variablen der Transaktionen T_i. Ferner gelte in der Datenbank die Integritätsbedingung $A + B + C = 0$, so dass nach Ablauf von T_1 die Variable x den Wert 0 haben sollte.

Starten wir nun einen Lauf mit den Werten $A = 2$, $B = 1$ und $C = -3$. Die Integritätsbedingung ist erfüllt. Durch die Änderungen der Transaktion T_2 erhalten wir $A = 1$, $B = 1$ und $C = -2$. Die Bedingung ist nach Abarbeitung von T_2 wieder erfüllt. Transaktion T_1 hat aber einen Wert $x = 1$ errechnet, der eine Verletzung der Bedingung bedeuten würde! Der Grund ist, dass T_1 einen Wert *vor* der Manipulation durch T_2 gelesen hat, die restlichen Werte aber danach. Gemäß der I-Regel von ACID hätte dieses aber nicht passieren dürfen.

Dirty Read

Dirty Read bedeutet wörtlich übersetzt *schmutziges Lesen* oder *Lesen von Schmutz*. Gemeint ist dabei, dass Daten gelesen werden, die von einer anderen

T_1	T_2
read(A,x);	
	read(A,y');
	y' := y'/2;
	write(y',A);
	read(C,z');
	z' := z'+y';
	write(z',C);
	commit;
read(B,y);	
x := x+y;	
read(C,z);	
x := x+z;	
commit;	

Abbildung 12.1: Nonrepeatable Read

T_1	T_2
read(A,x);	
x := x+100;	
write(x,A);	
	read(A,x);
	read(B,y);
	y := y+x;
	write(y,B);
	commit;
abort;	

Abbildung 12.2: Dirty Read

Transaktion noch nicht freigegeben wurden und die bei einem Abbruch dieser Transaktion ungültig werden würden. Laut ACID ist dieses aber verboten.

Abbildung 12.2 zeigt eine derartige Situation. Transaktion T_1 war eigentlich schon fertig, wurde aber noch nicht mittels Commit beendet. Durch expliziten **abort** der Transaktion oder aufgrund einer Integritätsverletzung bricht die Transaktion T_1 doch noch ab. Transaktion T_2 hatte aber die geänderten Daten von T_1 schon gelesen, verarbeitet und bereits Commit gemeldet. Nun ist ein nicht lösbarer Konflikt entstanden: T_1 darf keine Spuren in der Datenbank hinterlassen, also auch nicht indirekt über T_2. Das Commit von T_2 ist jedoch laut ACID nicht mehr rückgängig zu machen.

Das Phantom-Problem

Die bisherigen Situationen könnte man dadurch vermeiden, dass man explizite Sperren für Datenbankobjekte vergibt, und den Zugriff bis zum Commit- oder Abort-Zeitpunkt für andere Transaktionen blockiert. In relationalen Datenbanken bietet es sich an, derartige Sperren für Tupel in Tabellen zu verwenden. Das Phantom-Problem zeigt uns, dass dies im Zusammenspiel mit Anfragesprachen nicht ausreicht, um alle ungewollten Effekte auszuschließen.

T_1	T_2
select count (*) **into** X **from** KUNDE **where** Ort = 'Dagstuhl';	
	insert **into** KUNDE **values** ('Meier', 0, 'Dagstuhl', ...); **commit**;
update KUNDE **set** Bonus = Bonus $+ 1000/X$; **commit**;	

Abbildung 12.3: Phantom-Problem

Abbildung 12.3 zeigt einen Ablauf zur Verdeutlichung des Phantom-Problems. Geplant ist, allen Kunden in Dagstuhl einen Bonus auf das Kundenkonto zu überweisen. Insgesamt stehen 1000 Euro zur Verfügung, die in gleichen Teilen auf diese Kunden verteilt werden sollen. Bei zehn Kunden bekommt jeder daher 100 Euro zugewiesen. Nun wird aber ein neuer Kunde von T_2 eingefügt. Mit Sperren auf Tupeln kann dies nicht verhindert werden – der neue Kunde existiert ja noch nicht (er ist sozusagen noch ein Phantom, das eingefügt werden *könnte*). Statt der 1000 Euro werden nun plötzlich 1100 Euro verteilt, da ja nun 11 Kunden betroffen sind.

Das Phantom-Problem hat seinen Namen daher, dass man eigentlich Phantome sperren müsste, also Datensätze, die nicht existieren, aber eingefügt werden könnten.

Lost Update

Als letztes Problem betrachten wir den *Lost Update*, also die verlorengegangene Änderung. Problem ist dabei, dass eine Änderung überschrieben wird durch eine andere Transaktion, ohne dass diese Transaktion diese Änderung bemerkt hat.

T_1	T_2	A
read(A,x);		10
	read(A,x);	10
$x := x+1$;		10
	$x := x+1$;	10
write(x,A);		11
	write(x,A);	11

Abbildung 12.4: Lost Update

Abbildung 12.4 verdeutlicht diese Situation. Zwei Transaktionen sollen ein Inkrement des Zählers A durchführen. Da beide denselben Stand ($A = 10$) lesen, schreiben beide denselben erhöhten Wert 11. Eine Änderung ist also verlorengegangen. Der Unterschied zum inkonsistenten Lesen ist, dass beide Transaktionen einen konsistenten Datenbankzustand gelesen haben, allerdings beide denselben.

Serialisierbarkeit

Für das Verständnis der folgenden SQL-Konzepte ist ein weiterer Begriff wichtig, nämlich der Begriff der *Serialisierbarkeit*. Dieser Begriff ist dadurch motiviert, dass ein formales, mathematisch exakt beweisbares Korrektheitskriterium gesucht ist, das anzeigt, dass Probleme im Mehrbenutzerbetrieb ausgeschlossen sind. Hierzu wird folgende Festlegung getroffen:

Eine verschränkte Ausführung mehrerer Transaktionen heißt *serialisierbar*, wenn ihr Effekt identisch mit dem Effekt einer (beliebig gewählten) seriellen Ausführung dieser Transaktionen ist.

Serielle Ausführungen sind diejenigen, in denen ein verschränkter Mehrbenutzerbetrieb nicht auftritt, also Transaktionen immer am Stück ausgeführt werden. Es gibt verschiedene Varianten der Serialisierbarkeit, je nachdem, wie man den identischen Effekt formalisiert.

Testen auf Serialisierbarkeit ist im allgemeinen Fall aufwendig, da es ja für n Transaktionen jeweils $n!$ verschiedene serielle Ausführungsvarianten gibt. Jede dieser Varianten kann zu einem unterschiedlichen Datenbankzustand als Endergebnis kommen – Serialisierbarkeit ist daher allgemeiner (und bietet mehr Optimierungspotential) als die Aussage „identischer Effekt wie Ausführung in der Reihenfolge eindeutiger Transaktionsnnummern".

Es gibt eine ganze Reihe von Verfahren, die Serialisierbarkeit garantieren. Eines der bekanntesten ist die Vergabe von Sperren für Datenbankobjekte. Jedes Objekt muss gesperrt werden, bevor es gelesen oder manipuliert wird. Unterschieden werden Lese- und Schreibsperren: Mehrere Transaktionen können gleichzeitig Lesesperren auf demselben Objekt setzen, während Schreibsperren wirklich exklusiven Zuriff garantieren. Um Serialisierbarkeit zu erreichen, muss ein Sperrprotokoll eingehalten werden:

- Es werden nur gesperrte Daten gelesen oder geändert.
- Nach der Freigabe des ersten Datenobjektes kann keine neue Sperre mehr vergeben werden.

Es gibt also eine Sperr- und eine Freigabephase; wir sprechen vom Zwei-Phasen-Sperrprotokoll. Versucht eine Transaktion, auf ein von einer anderen Transaktion gesperrtes Datenobjekt zuzugreifen (also selbst eine Sperre zu setzen), muss sie auf die Freigabe warten. Da gegenseitiges Warten nicht ausgeschlossen ist, muss eine Deadlock-Erkennung und -Auflösung realisiert werden.

Um das Phantom-Problem in den Griff zu bekommen, müssen Sperren auf unterschiedlicher Granularitätsstufe realisiert und aufeinander abgestimmt werden. So muss eine Einfügeoperation die gesamte Relation fürs Lesen sperren, während ein Update nur die betroffenen Tupel sperren muss. Sperrverfahren werden im Detail in [SHS05] behandelt.

12.1.3 Transaktionssteuerung in SQL

SQL erlaubt es, die harten ACID-Kriterien aufzuweichen, um einen höheren Durchsatz an Transaktionen zu ermöglichen. Praktisch erspart man sich den Aufwand an Überprüfungen und weniger Transaktionen müssen wegen Konflikten abgebrochen oder verzögert werden. Diese Aufweichung von ACID in SQL ist als Prinzip der *Isolationsstufen* bekannt. Syntaktisch lautet der korrespondierende SQL-Befehl wie folgt:

```
set transaction
    [ { read only | read write }, ]
    [isolation level
        {  read uncommitted |
           read committed |
           repeatable read |
           serializable }, ]
    [ diagnostics size ...]
```

Die Standardeinstellung bei SQL-Systemen ist Folgende:

```
set transaction read write,
    isolation level serializable
```

Wir werden die einzelnen Isolationsstufen nun genauer betrachten.

Bedeutung der Isolationsstufen: **read uncommitted**

Die Isolationsstufe **read uncommitted** ist die schwächste Stufe. Sie erlaubt den Zugriff auf geschriebene, aber nicht mit Commit freigegebene Daten. Diese Stufe ist nur für **read only**-Transaktionen erlaubt.

Einsatzgebiete dieser schwächsten Stufe sind insbesondere statistische und ähnliche Transaktionen, bei denen ein ungefährer Überblick wichtig ist, aber es nicht auf vollständig korrekte Werte ankommt. Dieser Modus erfordert keine Sperren von Datenobjekten und ist damit effizient ausführbar, da keine anderen Transaktionen behindert werden.

Bedeutung der Isolationsstufen: **read committed**

Die zweitschwächste Stufe ist **read committed**. Diese Stufe erlaubt nur das Lesen endgültig geschriebener Werte. Trotzdem ist ein *Nonrepeatable Read* möglich, wie das Beispiel in Abbildung 12.5 zeigt.

	T_1	T_2

	set transaction
	    isolation level
	    read committed	

1	**select** Name **from** WEINE **where** WeinID = 1014 $\longrightarrow$ *Riesling*	
2		**update** WEINE **set** Name = 'Riesling Superiore' **where** WeinID = 1014
3	**select** Name **from** WEINE **where** WeinID = 1014 $\longrightarrow$ *Riesling*	
4		**commit**
5	**select** Name **from** WEINE **where** WeinID = 1014 $\longrightarrow$ *Riesling Superiore*	

Abbildung 12.5: Isolationsstufe **read committed**

In Abbildung 12.5 liest die Transaktion T_1 dreimal den Namen des Weines mit der Nummer 1014 aus. Nach dem ersten Lesen ändert die Transaktion T_2 den Namen. Beim zweiten Lesen ist der Name zwar schon verändert, aber T_2 hat noch kein Commit gegeben. Daher wird weiter der alte Namen gelesen. Das dritte Lesen liest nun den neuen Namen, da das Commit inzwischen erfolgt ist.

Neben dem inkonsistenten Lesen gibt es ein weiteres Problem mit der Stufe **read committed**. Die Stufe **read committed** verbietet nicht das Überschreiben noch nicht freigegebener Werte.

	T_1	T_2

	set transaction
	    isolation level
	    read committed	

1	select Name from WEINE where WeinID = 1014	
2		update WEINE set Name = 'Riesling Superiore' where WeinID = 1014
3	update WEINE set Name = 'Superior Riesling' where WeinID = 1014 ⟶ blockiert	
4		commit
5	commit	

Abbildung 12.6: Verletzung der Isolation unter read committed

Abbildung 12.6 zeigt diese Situation. T_1 liest den alten Wert des Weinnamens und will ihn überschreiben. Da T_2 in der Zwischenzeit den Namen geändert, aber noch kein Commit durchgeführt hat, wird T_1 verzögert, kann aber nach dem Commit von T_2 die Änderung ebenfalls mit Commit bestätigen. Damit wurde der von T_2 geschriebene Wert überschrieben, ohne dass T_1 vorher den neuen Wert gelesen hat. Bei einem Weinnamen ist das vielleicht noch zu verschmerzen, bei einem geänderten Bankkonto aber sicher ein unerwünschter Effekt.

Bedeutung der Isolationsstufen: repeatable write

Die folgende Stufe **repeatable read** verhindert nun das *Nonrepeatable Read*. Allerdings kann das Phantom-Problem noch auftreten, so dass diese Stufe noch nicht die völlige Isolation nebenläufiger Transaktionen garantiert.

Bedeutung der Isolationsstufen: serializable

Die stärkste Isolationsstufe ist die Stufe **serializable**. Wie der Name schon sagt, garantiert diese Stufe die Serialisierbarkeit und verhindert damit das Auftreten aller genannten Probleme des Mehrbenutzerbetriebs.

Abbildung 12.7 zeigt die Behandlung unseres bisherigen Beispiel unter dieser stärksten Stufe. Es gibt zwei mögliche serielle Ausführungen der beiden Transaktionen. Bei der Ausführung $T_1;T_2$ wäre das Ergebnis der Weinname Riesling Superiore, bei der Reihenfolge $T_2;T_1$ wäre das Ergebnis der Weinname Superior Riesling Superiore (auch wenn dieser Name unsinnig wäre). Wäre die verschränkte Ausführung in Abbildung 12.7 nicht abgebrochen worden, wäre

	T_1	T_2

	set transaction
	    isolation level
	    serializable	

1	select Name into N from WEINE where WeinID = 1014 $\longrightarrow$ N := *Riesling*	
2		update WEINE set Name = 'Riesling Superiore' where WeinID = 1014
4		commit
5	update WEINE set Name = 'Superior' || N where WeinID = 1014 $\longrightarrow$ Abbruch	

Abbildung 12.7: *Höchste Isolationsstufe* serializable

das Ergebnis aber der Name Superior Riesling gewesen – eine Verletzung der Serialisierbarkeitsbedingung.

Wie erwartet, wird die Transaktion T_1 daher zurückgewiesen und muss neu gestartet werden.

12.1.4 Transaktionen und Integritätssicherung

Auch wenn wir die Formulierung von Integritätsbedingungen noch nicht im Detail behandelt haben, sind hier einige Worte zum Zusammenspiel mit Transaktionen angebracht. Eine naheliegende Behandlung von Integritätsbedingungen ist, diese nach jeder einzelnen Datenbankmodifikation zu überprüfen, und bei einer Verletzung die betroffene Transaktion zurückzusetzen. Betrachten wir aber nun die folgenden beiden Bedingungen:

1. Jeder Wein muss einem Weingut zugeordnet sein.

2. Ein Weingut muss mindestens fünf Weine im Angebot haben.

Am Anfang des Betriebs ist unsere Datenbank sicher leer. In SQL (und anderen Datenbanksprachen) betrifft eine Datenbankänderung immer genau eine Relation. Fügen wir den ersten Wein ein, haben wir eine Verletzung der ersten Bedingung – die Tabelle ERZEUGER ist noch leer. Fügen wir dagegen zuerst ein Weingut in ERZEUGER ein, erhalten wir analog eine Rücksetzung aufgrund der zweiten Bedingung.

Die Lösung aus dem Dilemma ist, nicht die einzelnen Modifikationen, sondern die Transaktionen als Einheit der Integritätsüberwachung zu sehen. Während einer Transaktion werden alle Datenbankänderungen gesammelt, um effizient für diese geänderten Einträge (und nur für diese!) die Integritätsbedingungen am Ende der Transaktion zu überprüfen. Der Benutzerbefehl commit leitet diese Überprüfung ein.

In SQL kann man mittels des Befehls set constraints immediate bzw. set constraints deferred zwischen beiden Überprüfungsmodi wählen, sogar für einzelne Integritätsbedingungen unterschiedlich. Gerade bei langen Transaktionen kann es ärgerlich sein, wenn eine Integritätsverletzung erst am Ende der Transaktion bemerkt wird und alles zurückgesetzt werden muss.

12.2 Architekturen zur Integritätssicherung

In Abbildung 1.4 auf Seite 6 hatten wir die allgemeine Architektur einer Datenbankanwendung vereinfacht dargestellt. Das zentrale DBMS bildet die Schnittstelle zwischen den gespeicherten Daten der Datenbank und den Anwendungsprogrammen, auf die wiederum die Benutzer zugreifen.

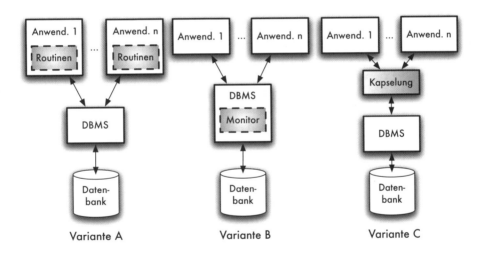

Abbildung 12.8: Architekturen zur Integritätssicherung

Die Erzwingung von Integritätsbedingungen kann an verschiedenen Stellen dieser Architektur erfolgen, zum Beispiel als Teil der Anwendungssoftware oder als Teil des DBMS. Wir werden im Folgenden drei Architekturvarianten vorstellen, die in Abbildung 12.8 skizziert sind. Diese Architekturen liegen natürlich oft nicht in der diskutierten Reinform, sondern in unterschiedlichen Mischformen vor.

12.2.1 Integritätssicherung durch Anwendung

Die erste Variante kann als die in der Vergangenheit aus systemtechnischen Gründen einzig realisierbare Architektur angesehen werden. Das DBMS stellt keine oder nicht hinreichende Dienste zur Integritätssicherung bereit, so dass die Integritätssicherung durch spezielle Anfragen in den Anwendungsprogrammen erfolgen muss (siehe Variante A in Abbildung 12.8).

Diese Architekturvariante ist Realität in vielen gegenwärtigen Datenbankanwendungen, insbesondere natürlich in den seit Jahrzehnten gewachsenen kommerziellen Anwendungen. Diese Architekturvariante lässt sich wie folgt kurz charakterisieren:

Prinzip: Spezielle Routinen des Anwendungsprogramms kontrollieren die Integritätsbedingungen. Die Formulierung der Bedingungen erfolgt operational in einer Programmiersprache.

Vorteile: Diese Architektur ist auch bei fehlender Unterstützung durch das DBMS realisierbar. Die Benutzung einer üblichen Programmiersprache erlaubt eine flexible und effiziente Reaktion auf Integritätsverletzungen.

Nachteile: Es ist keine zentrale Kontrolle der Integritätsbedingungen möglich. Die Erzwingung der Integrität wird redundant in mehreren Anwendungsprogrammen realisiert und führt zu den bekannten Problemen redundanter Programmteile (inbesondere zu Inkonsistenzen nach partiellen Änderungen). Ein weiteres Problem ist die oft fehlende Dokumentation der Integritätsbedingungen, die die Wartung der Anwendungen erschwert. Beim heutigen Stand der Softwaretechnik ist keine formale Verifikation der Korrektheit der Integritätsüberwachung möglich.

12.2.2 Integritätsmonitor als Komponente des DBMS

Die im vorigen Abschnitt geschilderten Nachteile legen es nahe, die Integrität durch eine Komponente des Datenbankmanagementsystems gewährleisten zu lassen. Eine derartige Komponente bezeichnen wir als *Integritätsmonitor*. Die resultierende Architektur zeigt Variante B in Abbildung 12.8.

Prinzip: Der Monitor als Komponente des Datenbankmanagementsystems überwacht die Integritätsbedingungen zur Laufzeit des Systems bei allen Änderungstransaktionen. Die Integritätsbedingungen werden implementierungsunabhängig in einer Teilsprache der Datendefinitions- bzw. Datenmanipulationssprache des Systems formuliert.

Vorteile: Die Angabe von Integritätsbedingungen auf abstrakter Ebene ermöglicht einen hohen Grad an Datenunabhängigkeit: Integritätsbedingungen werden unabhängig von der Realisierung ihrer Überprüfung formuliert, so dass nicht die Gefahr einer Abhängigkeit von Speicherstrukturen besteht. Die tatsächliche Überprüfung kann vom System selbst optimiert werden.

Die zentrale Kontrolle durch eine Systemkomponente verhindert redundante (und somit fehlerträchtige) mehrfache Realisierung der Integritätsüberwachung an verschiedenen Stellen von Anwendungsprogrammen. Der Nachweis der Korrektheit der Integritätsüberwachung muss nur einmal durch Validierung des Monitors erfolgen und nicht mehrfach für verschiedene Routinen.

Nachteile: Bis zum heutigen Tage sind effiziente Realisierungen eines Integritätsmonitors nur für stark eingeschränkte Bedingungen bekannt. In kommerziellen Systemen können nur eher einfache Bedingungen zentral überwacht werden, etwa die speziellen Bedingungen der SQL-DDL.

Trotz der eher pessimistischen Einschätzung der Nachteile dieses Vorschlags wiegen die Vorteile sehr schwer. Zukünftige Sprachvorschläge forcieren auch für kommerzielle Systeme deklarative Sprachen für Integritätsbedingungen – so sieht der SQL-Sprachvorschlag eine **assertion**-Klausel zur Angabe beliebiger Integritätsbedingungen vor. Realistisch muss allerdings gesagt werden, dass bis zur effizienten Überwachung beliebiger deklarativer Bedingungen noch viel Entwicklungsarbeit zu leisten ist.

Aktuelle Systeme setzen bereits heute ein Monitorkonzept zur Überwachung *operationaler* Bedingungen ein, sogenannter *Trigger*. Beliebige Integritätsbedingungen können weitestgehend automatisch in Trigger umgesetzt werden, so dass diese Architekturvariante die Vorteile des zentralen Monitorkonzepts mit der Effizienz operationaler Integritätsüberprüfung verbinden könnte. Das Trigger-Konzept wird in Abschnitt 12.5 ausführlicher behandelt.

12.2.3 Integritätssicherung durch Einkapselung

Da die Realisierung der Integritätsüberwachung durch Anwendungsroutinen einige gravierende Nachteile hat und Integritätsmonitore zur Zeit nicht die Einhaltung beliebiger Bedingungen gewährleisten können, werden seit einiger Zeit modifizierte Anwendungsarchitekturen vorgeschlagen, um trotz fehlender DBMS-Komponente eine zentrale Kontrolle der Integritätsbedingungen zu ermöglichen. In dieser modifizierten Architektur greifen die Anwendungen auf die Datenbank ausschließlich durch eine *Zwischenschicht* aus sicheren (d.h. integritätserhaltenden) Standardtransaktionen zu. Die Architektur ist in Variante C in Abbildung 12.8 skizziert.

Prinzip: Der Zugang zur Datenbank erfolgt ausschließlich durch eine Zwischenschicht aus vorgegebenen Transaktionen zwischen Anwender und DBMS. Diese *sicheren Transaktionen* sind bezüglich der Einhaltung der Integritätsbedingungen validiert.

Vorteile: Die sicheren Standardtransaktionen werden zentral verwaltet und verifiziert und vermeiden weitestgehend eine redundante Integritätsüberwachung. Dieser Ansatz ist bereits bei heutigen kommerziellen Systemen einsetzbar.

Nachteile: Bei diesem Ansatz sind prinzipiell keine interaktiven Ad-hoc-Änderungen etwa in SQL-DDL durch die Anwender erlaubt, da jeder Zugriff über die Zwischenschicht erfolgen muss. Die Zwischenschichtarchitektur ermöglicht keine flexible Reaktion auf neue oder geänderte Anforderungen, da in diesem Fall alle sicheren Transaktionen geändert und neu validiert werden müssen.

Eine Methode zum Entwurf sicherer Transaktionen basierend auf deklarativen Integritätsbedingungen wird von Lipeck in [Lip89] vorgestellt. Das Ergebnis sind Vor- und Nachbedingungen für zu realisierende sichere Transaktionen, gegen die die Implementierung zu verifizieren ist. Eine interessante Parallele findet dieser Ansatz in objektorientierten Ansätzen, in denen die innere Struktur eines Objekts durch Methoden gekapselt ist.

12.3 Integritätsbedingungen in SQL

Im SQL-Standard sind Sprachkonstrukte vorgesehen, die die Angabe von Integritätsbedingungen ermöglichen. Neben Erweiterungen der Tabellendefinition etwa um die **check**-Klausel gibt es die **assertion**-Klausel, die die explizite Angabe deskriptiver, tabellenübergreifender Bedingungen ermöglicht.

Wir geben eine kurze Zusammenfassung und Einordnung der in Abschnitt 7.1 vorgestellten Sprachkonstrukte zur Formulierung von Integritätsbedingungen in der SQL-DDL. Die **assertion**-Klausel aus SQL werden wir an dieser Stelle zusätzlich einführen.

12.3.1 Inhärente Integritätsbedingungen im Relationenmodell

Die Datendefinition in SQL unterstützt insbesondere die sogenannten *modellinhärenten* Integritätsbedingungen des Relationenmodells. Eine Integritätsbedingung heißt modellinhärent, wenn sie aus der Strukturbeschreibung des Datenbankmodells impliziert wird und nicht explizit notiert werden muss.

In der SQL-DDL sind dies insbesondere die folgenden drei Klassen von Bedingungen:

1. *Typintegrität*: SQL erlaubt die Angabe von Wertebereichen zu Attributen. In der DDL wird für Attribute angegeben, ob Nullwerte erlaubt oder verboten sind.

2. *Schlüsselintegrität*: Die SQL-DDL erlaubt die Angabe eines Schlüssels für eine Relation.

3. *Referentielle Integrität*: Seit der IEF-Stufe von SQL-89 ist die Angabe von Fremdschlüsseln möglich.

12.3.2   Weitere Bedingungen in der SQL-DDL

Der SQL-Standard baut die Möglichkeiten der Angabe von Integritätsbedingungen bei der Deklaration von Relationen weiter aus. Zur Wiederholung sind hier die betreffenden Schlüsselwörter und ihre Bedeutung noch einmal aufgelistet. Weitere Einzelheiten können in Abschnitt 7.1 nachgelesen werden.

- **not null**: Diese attributspezifische Bedingung besagt, dass Nullwerte in diesem Attribut verboten sind.

- **check (condition)**: Diese attributspezifische Bedingung ist in der Regel eine *Ein-Tupel-Integritätsbedingung*, aber auch komplexere Bedingungen können angegeben werden.

- **primary key**: Hier kann die Angabe eines Primärschlüssels erfolgen. Dies ist also eine relationenspezifische Bedingung.

- **foreign key (Attribut(e)) references Tabelle (Attribut(e))**: Hier erfolgt die Angabe der Fremdschlüssel als relationenübergreifende Bedingung.

Die Überprüfung der Fremdschlüsselbedingungen nach Datenbankänderungen erfolgt nach dem folgenden Muster: Gegeben sei die Bedingung $\pi_A(r_1) \subseteq \pi_K(r_2)$, etwa z.B. $\pi_{\text{Weingut}}(\text{WEINE}) \subseteq \pi_{\text{Weingut}}(\text{ERZEUGER})$. Wir unterscheiden zwei Situationen:

- Ein Tupel t wird eingefügt in r_1. Dann muss überprüft werden, ob $t' \in r_2$ existiert mit: $t'(K) = t(A)$, d.h. $t(A) \in \pi_K(r_2)$.

   Falls dies nicht gilt, erfolgt ein Abbruch der Transaktion.

- Das Tupel t' wird aus r_2 gelöscht. Es wird überprüft, ob $\sigma_{A=t'(K)}(r_1) = \{\}$, d.h. kein Tupel aus r_1 referenziert das gelöschte Tupel t'.

   Falls dies nicht gilt (die Menge also leer ist), wird die Transktion abgewiesen. Alternativ kann man *kaskadierend löschen*: alle Tupel aus r_1, die t' referenzieren, werden ebenfalls gelöscht. Das kaskadierende Löschen muss explizit aktiviert werden.

Neben diesen beiden wichtigsten Fällen müssen auch Update-Operationen auf den beteiligten Attributen überprüft werden (auf beiden Seiten der Fremdschlüsselbedingung).

Bereits die **check**-Klausel ermöglicht ein weites Spektrum an deskriptiv angegebenen Bedingungen, obwohl sie primär für lokal zu prüfende Ein-Tupel-Bedingungen eingesetzt werden sollte. Der SQL-Standard erweitert dieses Spektrum noch durch detailliertere Reaktionsregeln und die Art der Berücksichtigung von Nullwerten bei Fremdschlüsselüberprüfungen.

Tupel- und relationenübergreifende Bedingungen können mit der im folgenden Abschnitt erklärten **assertion**-Klausel spezifiziert werden.

12.3.3 Die **assertion**-Klausel

Die Anweisung **create assertion** ermöglicht die Spezifikation tabellenübergreifender Bedingungen. Die folgenden zwei Beispiele zeigen die Syntax dieses Sprachkonstrukts:

◂**Beispiel 12-2**▸ Das erste Beispiel formuliert eine Bedingung, die eine Aggregation über eine Relation beinhaltet:

```
create assertion Preise check
    ( ( select sum (Preis) from WEINE) < 10000 )
```

Hinter dem Schlüsselwort **check** kann eine beliebige boolesche Bedingung stehen. Durch Unteranfragen werden relationenübergreifende Bedingungen formulierbar.

Ein wichtiger Spezialfall ist die Formulierung von Existenzaussagen:

```
create assertion Preise2 check
    ( not exists ( select Preis from WEINE ) > 200 )
```

Mit **assertion** definierte Bedingungen werden mit einem eindeutigen Namen (hier Preise und Preise2) versehen und im Data Dictionary gespeichert. □

12.3.4 Verwaltung und Überprüfung von Bedingungen

Bei der Definition einer **assertion** wird ein eindeutiger Name angegeben, über den die Bedingung zugreifbar ist. Eine Bedingung kann über diesen Zugriff gelöscht oder geändert werden. Auch Bedingungen innerhalb einer **create table**-Anweisung können mittels **constraint** mit einem Namen versehen werden.

Weitere Angaben betreffen die Behandlung von Integritätsverletzungen. Wir werden diese verschiedenen *Überprüfungsmodi* später für allgemeine Integritätsbedingungen ausführlich diskutieren und sie darum hier nur kurz aufführen:

- on update | delete: Angabe eines Auslöseereignisses, das die Überprüfung der Bedingung anstößt.

- cascade | set null | set default | no action: Die Behandlung einiger Integritätsverletzungen pflanzt sich über mehrere Stufen fort, zum Beispiel Löschen als Reaktion auf Verletzung der referentiellen Integrität. Die angeführten Schlüsselwörter geben bei referentieller Integrität explizit an, wie im Fall einer Verletzung zu verfahren ist.

- Die Angaben **deferred** versus **immediate** legen den Überprüfungszeitpunkt für eine Bedingung fest. Im ersten Fall wird die Überprüfung an das Ende der Transaktion zurückgestellt; im zweiten Fall erfolgt die Prüfung sofort bei jeder relevanten Datenbankänderung.

  Ab SQL-92 können diese Angaben für einzelnen Integritätsbedingungen mit einem initialen Wert versehen werden, der zur Laufzeit geändert werden kann. Spezielle Klauseln steuern die Änderbarkeit dieser Angaben.

◄**Beispiel 12-3**► Die folgende DDL-Anweisung zeigt die Spezifikation der genannten Überprüfungsmodi bei einer Fremdschlüsselbedingung anhand der WEINE-Tabelle.

```
create table WEINE (
    WeinID int primary key,
    Name varchar(50) not null,
    Preis float not null,
    Jahr int not null,
    Weingut varchar(30),
    foreign key (Weingut) references ERZEUGER (Weingut)
        on delete cascade)
```

Wird ein Erzeuger aus der Datenbank entfernt, werden automatisch alle von ihm angebotenen Weine gelöscht. □

12.4 Klassifikation von Integritätsbedingungen

Als Beispielanwendung betrachten wir wieder unser Beispiel des Weinhandels, ergänzt um Tabellen zur Speicherung von Daten über Kunden, Weinhändler, Kontostände und Bestellungen. Es sollen folgende Bedingungen eingehalten werden:

1. *Kunden sind durch ihre Namen identifiziert, d.h. kein Kundenname darf mehrfach vorkommen.*

Diese Bedingung (die bereits bekannte Schlüsselbedingung) betrifft alle Paare von Tupeln einer Relation (oder, äquivalent, alle Tupel des Kreuzprodukts einer Relation mit sich selbst).

2. *Kein Kundenkonto darf unter -100 absinken.*

   Diese Bedingung betrifft *alle* Tupel einer Relation. Die Bedingung kann allerdings jeweils lokal für die einzelnen Tupel überprüft werden.

3. *Das Konto des Kunden Rothschild darf nicht überzogen werden.*

   Diese Bedingung betrifft genau ein einzelnes Tupel einer Relation.

4. *Der Durchschnittspreis für Tafelweine muss unter dem für Schaumweine liegen.*

   Diese Bedingung betrifft wiederum genau eine Relation, aber hier jeweils Paare von *Teilmengen* aller Tupel. Diese Teilmengen können beliebig groß werden. Die Bedingung erfordert ferner den Einsatz arithmetischer Funktionen.

5. *Nur solche Weine dürfen bestellt werden, für die es mindestens einen Lieferanten gibt.*

   Diese Bedingung ist ein Beispiel für eine *relationenübergreifende* Integritätsbedingung. Modelliert wird dabei eine referentielle Integritätsbedingung, nämlich dass das Attribut LieferantenName in der BESTELLUNG-Relation ein Fremdschlüssel ist.

6. *Der Preis des billigsten Tafelweines darf nicht erhöht werden.*

   Diese Bedingung betrifft, im Gegensatz zu allen vorher diskutierten Beispielen, *Zustandsübergänge* anstelle einzelner Datenbankzustände.

7. *Kunden dürfen nur gelöscht werden, wenn sie keine Weine mehr bestellt haben.*

   Auch diese Bedingung betrifft Zustandsübergänge, bezieht sich aber explizit auf die *Operation*, die den Übergang berechnet.

8. *Der Preis eines Tafelweines darf innerhalb von drei Jahren höchstens um 15% steigen.*

   Diese Bedingung ist eine langfristig zu überprüfende Bedingung, für die historische (also in der Vergangenheit aktuelle) Preisinformationen zusätzlich gespeichert werden müssen, um die Bedingung zu überprüfen.

9. *Kunden* müssen *gelöscht werden, wenn sie seit zwei Jahren keine Weine mehr bestellt haben.*

   Dieses Beispiel ist in unserem Sinne gar keine Integritäts*bedingung*, sondern eine Integritäts*regel*, die bei Änderungen der Datenbank Folgeaktionen auslösen muss.

In den Bemerkungen zu den einzelnen Beispielen wurden bereits Hinweise auf mögliche Klassifikationen von Integritätsbedingungen gegeben, die wir nun genauer betrachten.

Im Folgenden stellen wir einige mögliche Klassifikationen für Integritätsbedingungen vor. Einige Klassifikationen beziehen sich auf die Art der Bedingungen, während andere eher technische Aspekte der Überprüfung derartiger Bedingungen betreffen.

Granularität der Daten: Integritätsbedingungen können nach der von der Bedingung betroffenen Dateneinheit innerhalb einer Datenbank klassifiziert werden, zum Beispiel im relationalen Fall in die Klassen Ein-Tupel-Bedingung, Eine-Relation-Bedingung und Mehr-Relationen-Bedingung.

Ausdrucksfähigkeit der Sprache: Eine weitere Klassifizierung basiert auf der Ausdrucksfähigkeit der für die Formulierung benötigten Sprache. Während etwa die Bedingungen 1, 2, 3 und 5 in der relationalen Algebra formuliert werden können, benötigt man für die Bedingung 4 Gruppierung und arithmetische Funktionen (also etwa die Ausdrucksfähigkeit von SQL). Eine weitere allgemeinere Klasse könnte zum Beispiel Bedingungen über die transitive Hülle einer zweistelligen Relation erlauben.

Statische versus dynamische Bedingungen: Bedingungen können danach klassifiziert werden, ob sie einzelne Datenbankzustände (statische Integritätsbedingungen), Zustandsübergänge (transitionale Integritätsbedingungen, Bedingung 6) oder langfristige Abläufe betreffen (temporale Integritätsbedingungen, Bedingung 8). Transitionale und temporale Integritätsbedingungen werden zu *dynamischen* Integritätsbedingungen zusammengefasst.

Zeitpunkt der Überprüfung: Einfache Bedingungen für einzelne Tupel können (oder müssen) in der Regel nach jeder kritischen Operation, die die Bedingung verletzen könnte, überprüft werden. Dieser Überprüfungsmodus wird im Englischen mit *Immediate* klassifiziert. Bei Operationen, die Mengen von Tupeln betreffen, kann man zusätzlich unterscheiden, ob die Bedingung nach jeder Einzeländerung oder am Ende der Operation zu überprüfen ist.

Komplexe Bedingungen, insbesondere falls sie mehrere Datenbankobjekte betreffen, können oft erst nach Folgen von Operationen gewährleistet werden, da zwangsweise inkonsistente Zwischenzustände auftreten. Die Überprüfung muss in diesen Fällen bis zum Ende einer Transaktion zurückgestellt werden. Im Englischen wird dieser Überprüfungsmodus als *zurückgestellt* (engl. *Deferred*) bezeichnet.

Die Angaben **immediate** und **deferred** *koppeln* die Überprüfung einer Bedingung an das Ereignis, das die Bedingung verletzen könnte, auf unterschiedliche Art. Sie werden darum auch als *Kopplungsmodi* bezeichnet.

Art der Reaktion: Die übliche Reaktion auf eine Integritätsverletzung ist die Zurückweisung einer Operation bzw. der gesamten Transaktion (engl. *Reject*). Oft bietet es sich an, statt einer Zurückweisung korrigierende Maßnahmen durchzuführen (engl. *Repair*). Beispiele hierfür sind die verschiedenen Reaktionen, die in SQL als Reaktion bei Verletzungen der referentiellen Integrität spezifiziert werden können.

Die Klassifikationsmöglichkeiten werden in Tabelle 12.1 zusammengefasst.

Kriterium	Klassen
Granularität	Attribut
	Tupel
	Relation
	Datenbank
Ausdrucksfähigkeit	elementare Prädikate
	Relationenalgebra
	SQL
	SQL + transitive Hülle
	berechnungsvollständig
zeitlicher Kontext	statisch
	transitional
	temporal
Überprüfungszeitpunkt	Einzeländerung
	Operationsende
	Transaktionsende
Reaktion	Zurückweisung (reject)
	Korrektur (repair)

Tabelle 12.1: Mögliche Klassifikationen von Integritätsbedingungen

12.5 Trigger und aktive Datenbanken

Heutige Systeme unterstützen eine vereinfachte Version von zur Integritätsüberwachung einsetzbaren Regeln, die sogenannten *Trigger*. Trigger sind Regeln, deren Überprüfung bei bestimmten Datenbankaktionen „gefeuert" werden und die für verschiedene Zwecke eingesetzt werden können.

12.5.1 Grundprinzipien von Triggern

Ein Trigger besteht im Wesentlichen aus der Angabe eines Auslösers, der betroffenen Tabelle und der auszuführenden Folgeaktionen:

```
create trigger ...
   Auslöser on Tabelle : ( Anweisungen )
```

Dieses syntaktische Muster entspricht der SQL-Syntax von Triggern, die wir später noch genau vorstellen werden.

In SQL sieht das syntaktische Muster einer Triggerdefinition wie folgt aus:

```
create trigger Name
{ before | after }
{ insert | delete | update [ of Attributliste ]}
on Tabellenname
[ referencing Transitionsvariablen/-tabellen ]
[ for each { row | statement } ]
[ when (Prädikat) ]
Triggerrumpf
```

Trigger bestehen in SQL aus der Angabe

- der *Trigger-Aktivierungszeit* (**before** oder **after** einer Operation),

- der *Trigger-Granularität* (**for each row** für tupelweises Arbeiten oder **for each statement** für die gesamte SQL-Anweisung),

- der *Trigger-Bedingung* (mit **when** eingeleitete Bedingung analog zur **where**-Klausel) und

- der *Trigger-Aktion* (SQL-Anweisungen oder gespeicherte Prozeduren).

Mit Hilfe von *Transitionsvariablen* (**referencing new as**, **referencing old as**) und *Transitionsrelationen* (**referencing new table as**, **referencing old table as**) kann die Überprüfung transitionaler Bedingungen realisiert werden.

◂**Beispiel 12-4**▸ Als Beispiel für den Einsatz von Triggern betrachten wir die Realisierung eines berechneten Attributs durch zwei Trigger. Als weiteres Beispiel wird später in Abschnitt 12.6.1 der Einsatz von Triggern zum Zwecke der Integritätssicherung diskutiert. Das Beispiel basiert auf zwei Relationen, der Relation KUNDE mit dem Attribut AnzAufträge und einer zweiten Relation AUFTRAG. Der Wert des Attributs AnzAufträge soll vom System verwaltet werden. Hierzu definieren wir zwei Trigger wie folgt:

```
create trigger AuftragszählungPlus
  after insert on  AUFTRAG
  referencing new as A
  update KUNDE
  begin atomic
    set AnzAufträge = AnzAufträge + 1
    where KName = new A.KName
  end
```

Der erste Trigger behandelt das Einfügen von neuen Aufträgen. Der zweite Trigger ist analog aufgebaut für den Fall des Löschens von Aufträgen:

```
create trigger AuftragszählungMinus
  after deletion on  ...:
    update ... - 1 ...
```

□

Man erkennt an den bisherigen Beispielen, dass das Trigger-Konzept eine stark operationale Denkweise unterstützt, wie sie etwa von imperativen Programmiersprachen bekannt ist. Schauen wir uns unser Beispiel genauer an, bemerken wir mehrere Eigenschaften von Triggern:

- Beim gleichzeitigen Einfügen oder Löschen mehrerer Tupel muss der Trigger in unserem Beispiel für jedes Tupel *einzeln* gefeuert werden, um den gewünschten Effekt zu erzielen. In anderen Beispielen möchte man hingegen für jede *Operation* (also etwa dem Löschen einer Menge von Tupeln) genau einmal den Trigger aktivieren. Aktuelle Datenbankimplementierungen und der SQL-Standard erlauben hier die Auswahl eines der beiden Modi (**for each row** bzw. **for each statement**).

- Beim genaueren Betrachten der Regeln stellen wir fest, dass wir einige weitere Fälle noch nicht berücsichtigt haben: Ändern des Kundennamens in der Relation AUFTRAG, aber auch Ändern des Kundennamens in der Relation KUNDE oder gar Ändern des Attributs AnzAufträge. Allgemein erfordert der Entwurf von Triggern sorgfältige Analyse, Entwurf und Validierung der zu überwachenden Bedingungen.

- Eine einfache Bedingung – hier ein abgeleitetes Attribut, welches auch als einzelne Integritätsbedingung modelliert werden kann – muss gegebenfalls durch eine Vielzahl von Triggern überwacht werden. Hier zeigt sich eine Schwäche des Trigger-Konzepts, die durch geeignete Entwurfswerkzeuge und -methoden behoben werden muss.

Weitere kritische Eigenschaften von Triggern sind die Probleme der Terminierung (Trigger aktivieren weitere Trigger, terminiert diese Aktivierungskette?)

und die Frage der Konfluenz (Ist der Effekt von Triggern unabhängig von der Abarbeitungsreihenfolge parallel aktivierter Trigger?). Beide Fragen sind für beliebige Triggerdefinitionen unentscheidbar. Die letzte Frage wird in heutigen kommerziellen Systemen wie Oracle oft pragmatisch gelöst, indem eine gleichzeitige Aktivierung von Triggern nicht möglich ist bzw. eine eindeutige Abarbeitungsreihenfolge durch Vergabe von Prioritäten garantiert wird [Stü93].

Das Problem der Abarbeitungsreihenfolge tritt nicht nur bei unterschiedlichen Regeln auf, die gleichzeitig aktiviert sind. Eine Regel kann für eine Menge von Tupeln gleichzeitig aktiviert sein. In diesem Fall muss diese Tupelmenge als (bezüglich der Reihenfolge eindeutig bestimmte) Liste behandelt werden, um eine eindeutige Abarbeitungsfolge zu erzwingen.

12.5.2 Aktive Datenbanken und ECA-Regeln

Einige Ansätze erweitern das Trigger-Konzept um zusätzliche Aspekte. Die entstehenden Systeme sind unter dem Schlagwort *aktive Datenbanken* bekannt. Aktive Datenbanken benutzen sogenannte *ECA-Regeln*. Die Buchstaben E, C und A stehen für die drei Bestandteile einer ECA-Regel:

Event: Analog zu Triggern wird ein auslösendes *Ereignis* angegeben. In ECA-Regeln können dies neben Datenbankmodifikationen wie in Triggern aber auch sogenannte Zeitereignisse oder Anwendungsereignisse sein.

Zeitereignisse können explizite Zeitpunktangaben, periodische Zeitangaben (jede volle Stunde) oder relative Zeitangaben (drei Stunden nach Löschen des Tupels) sein. Anwendungsereignisse könnten zum Beispiel Aufrufe von Anwendungsmethoden oder Ereignisse der Benutzerschnittstelle sein. Weitere mögliche Ereignisse sind Ereignisse der Transaktionssteuerung (Beginn einer Transaktion, Ende einer Transaktion, Abbruch einer Transaktion).

Condition: Dies beschreibt eine *Bedingung*, die zum Ausführen der Regelaktion erfüllt sein muss. Neben Datenbankanfragen kann dies eine Bedingung über Parameter des feuernden Ereignisses sein.

Action: Dieser Teil gibt die auszuführende *Aktion* an, in der Regel eine Folge von Datenbankmodifikationen bzw. ein Abbruch der Transaktion.

Syntaktisch wird eine ECA-Regel vereinfacht in der folgenden Form notiert:

    on *Ereignis* **if** *Bedingung* **do** *Aktion*

Die Entwicklung von Datenbank-Triggern hin zu aktiven Datenbanken lässt sich als eine Entwicklung hin zu offenen Datenbanksystemen charakterisieren: Nicht allein Datenbankereignisse sind Auslöser von Regeln (oder werden durch Regeln angestoßen), sondern auch Ereignisse anderer Softwarekomponenten wie der Benutzeroberfläche oder der Uhr des Betriebssystems sind in das Regelsystem integriert.

Durch die angesprochenen Erweiterungen öffnen sich einige interessante Problemfelder, die aktuell in der Forschung und Entwicklung von Prototypen bearbeitet werden.

Entwurf von ECA-Regeln

ECA-Regel verführen genau wie Trigger zu einem unsauberen Programmierstil, da die Aktivierung von ansonsten unabhängigen Datenbankaktionen zu ähnlichen Effekten wie der Einsatz von goto-Anweisungen in einer imperativen Programmiersprache führen kann. Andererseits ermöglichen sie strukturiert eingesetzt einen sehr mächtigen regelbasierten Programmierstil zur Erzwingung von Integritätsbedingungen. Ihr Einsatz ist somit wünschenswert, und die im Ansatz inhärenten Gefahren müssen durch einen *sauberen Entwurf* und geeignete *Analyseverfahren* beherrscht werden. Leider ist bisher noch keine umfassende Entwurfs- und Analysemethodik entwickelt worden, wie sie beispielsweise im Datenbankstrukturbereich durch die Transformation von ER-Modellen in relationale Schemata und deren Normalisierung bekannt ist.

Spezielle Probleme, die von einer derartigen Methodik behandelt werden müssen, sind unter anderem:

- *Konfluenz*: Ein Regelsystem heißt *konfluent*, wenn der Effekt auf die Datenbank bei gleichzeitig aktivierten Regeln immer unabhängig von der Reihenfolge der Abarbeitung dieser Regeln ist.

- *Terminierung*: Ein Regelsystem terminiert bei einer gegebenen Ausgangsdatenbank, wenn ein Zustand erreicht wird, in dem keine weiteren Regeln aktiviert sind.

Insbesondere die Terminierung ist natürlich im Allgemeinen nicht entscheidbar, so dass geeignete Restriktionen beim Einsatz von ECA-Regeln beachtet werden müssen.

Zusammengesetzte Ereignisse

In vielen Anwendungen hängt die Aktivierung einer Regel nicht von einem einzelnen atomaren Ereignis ab, sondern vom Eintreten von sogenannten *zusammengesetzten Ereignissen* (engl. *Composite Events*). Zusammengesetzte Ereignisse können als Kombinationen von (atomaren oder selbst zusammengesetzten) Ereignissen definiert werden, etwa als „*Ereignis A gefolgt von Ereignis B*".

Typische Kombinatoren zur Konstruktion von komplexeren Ereignissen basierend auf anderen Ereignissen, sind etwa (angelehnt an den Vorschlag in [GD94, GD93, DG96]):

and: Die *Konjunktion* zweier Ereignisse tritt ein, wenn zwei Ereignisse A und B in beliebiger Reihenfolge auftreten:

$$A \text{ and } B$$

or: Die *Disjunktion* zweier Ereignisse A und B wird angezeigt, falls eins von beiden eintritt:
$$A \text{ or } B$$

then: Der **then**-Operator (oft auch als ; notiert) modelliert die *Sequenz* zweier Ereignisse, etwa A gefolgt von B:

$$A \text{ then } B$$

Mittels Sequenz und Disjunktion kann die Konjunktion wie folgt als abgeleiteter Operator definiert werden:

$$A \text{ and } B := (A \text{ then } B) \text{ or } (B \text{ then } A)$$

not _ in (_ , _): Die *Negation* eines Ereignisses kann nur bezüglich eines Intervalls definiert werden. Die folgende Bedingung wird wahr, falls im Intervall zwischen den Ereignissen B und C das Ereignis A nicht eingetreten ist:

$$\text{not } A \text{ in } (B,C)$$

_ times _ in (_ , _): Der **times**-Operator zählt das Eintreten von Ereignissen in einem Intervall, zum Beispiel ob das Ereignis A im Intervall von B bis C genau fünfmal eingetreten ist:

$$5 \text{ times } A \text{ in } (B,C)$$

Ein abgewandelter Operator erkennt ein Ereignis beim n-ten Eintreten eines Ereignisses nach einem Startereignis B:

$$n \text{ times } A \text{ after } B$$

all _ in (_ , _): Die bisherigen Operatoren reichen aus, um die Zeitpunkte des *Signalisierens* eines zusammengesetzten Ereignisses festzulegen. In der Regelverarbeitung wird aber oft auch auf die Parameter von Ereignissen zugegriffen. Der **all**-Operator sammelt alle Ereignisse inklusive ihrer Parameterwerte innerhalb eines Intervalls auf, so dass diese in der Regelaktion verarbeitet werden können.

Die angegebenen Operatoren definieren eine *Ereignisalgebra* zur Konstruktion zusammengesetzter Ereignisse. Sowohl für die Benennung als auch für die Auswahl der sinnvollen Konstruktoren ist noch keine allgemeine Übereinstimmung erzielt worden; aus diesem Grund haben wir hier einige naheliegende Konstruktoren in einer syntaktischen Notation verwendet, die an die englische Sprache angelehnt ist. Auf konkrete Sprachvorschläge wird in Abschnitt 12.8 dieses Kapitels verwiesen.

Zeitereignisse und Echtzeitanforderungen

Sowohl absolute (am Freitag um 12:00 Uhr) als auch relative (10 Minuten nach Änderung des Kontostands) Zeitereignisse sind im Datenbankbetrieb problematisch, da die Aktivierung außerhalb einer Transaktion erfolgen kann. Das Datenbankmanagementsystem muss in diesen Fällen selber Transaktionen starten, um die angestoßenen Aktionen auszuführen. Transaktionen können mehrfach zurückgesetzt und neu gestartet werden, wenn der Mehrbenutzerbetrieb und damit verbundene Zugriffskonflikte dies erfordern. Aus prinzipiellen Gründen können Zeitereignisse in einer derartigen Architektur darum nicht für Echtzeitanforderungen eingesetzt werden – insbesondere können ECA-Regeln, deren aktivierendes Ereignis ein Zeitereignis ist, unter diesen Umständen nicht im **immediate**- oder **deferred**-Modus behandelt werden.

Verschiedene Kopplungsmodi

Bereits in der Diskussion von Integritätsregeln wurden sogenannte *Kopplungsmodi* diskutiert. Mit der Kopplung bezeichnet man die zeitliche Beziehung zwischen einem Ereignis und der von ihm aktivierten Aktion. Die klassischen Kopplungsmodi sind **immediate** (unmittelbar nach Eintreten des Ereignisses) und **deferred** (bis zum Ende einer Transaktion verzögert). Da in aktiven Datenbanken auch Ereignisse auftreten können, die nicht dem Transaktionsprinzip der Datenbank unterliegen (etwa nicht zurückgesetzt werden können), werden hier auch weitere Kopplungsmodi diskutiert, beispielsweise die folgenden zusätzlichen Modi aus [Buc94]:

detached independent: Angestoßene Aktionen werden in einer *unabhängigen* Transaktion ausgeführt – das Zurücksetzen der ursprünglichen Transaktion beeinflusst die Aktionsausführung nicht.

detached but causally dependent: Die Aktion wird zu einer Transaktion gemacht, die in Abhängigkeit vom Ergebnis der triggernden Transaktion ausgeführt wird. Spezielle Abhängigkeiten wären **parallel** (Synchronisation beim erfolgreichen Ende der triggernden Transaktion), **sequential** (Start der Transaktion nach erfolgreichem Ende der triggernden Transaktion) und **exclusive** (Start nur nach dem *Abbruch* der triggernden Transaktion).

Die letzteren beiden Modi machen insbesondere Sinn in offenen Umgebungen, wo Ereignisse stattfinden und Aktionen ausgeführt werden können, die beim Abbruch der Haupttransaktion *nicht zurückgesetzt* werden können und somit eine Behandlung außerhalb des ACID-Transaktionskonzeptes erfordern.

12.6 Methoden der Integritätssicherung

Die Integritätssicherung ist ein wichtiger Teil der *Implementierung* von Datenbanksystemen. Sie wird in diesem Buch jedoch nicht behandelt zugunsten der in die Tiefe gehenden Beschreibung von Konzepten, Modellen und Sprachen von Datenbanksystemen. Trotzdem sollen hier kurz zwei Methoden der Integritätssicherung diskutiert werden, die auf der Sprachebene anzusiedeln sind und auch ohne tiefere Implementierungskenntnisse behandelt werden können:

- *Integritätssicherung durch Änderungstransformationen* (im Englischen auch als *Query Modification* bezeichnet) transformiert Änderungsanweisungen in einer Hochsprache wie SQL dahingehend, dass das Ergebnis der Transformation integritätsrespektierend ist. Integritätsbedingungen werden sozusagen in die Änderungen hineinkompiliert.

- Der zweite Ansatz ist die automatische *Generierung von Triggern* bzw. ECA-Regeln aus deskriptiven Integritätsbedingungen.

Wir werden beide Ansätze im Folgenden anhand einfacher Beispiele kurz präsentieren.

12.6.1 Integritätssicherung durch Trigger

Wir beginnen mit der Sicherung der Integrität durch den Einsatz von Triggern. Es wurde bereits erwähnt, dass Trigger eine operationale Art der Integritätssicherung darstellen können. Die Aufgabe ist nun, Trigger aus deskriptiven Bedingungen derart zu generieren, dass die generierten Trigger die Einhaltung der betreffenden Bedingung erzwingen.

Für eine gegebene Integritätsbedingung ϕ kann eine Integritätsüberwachung mit Triggern nach folgendem einfachen Schema realisiert werden:

1. Bestimme Objekt o_i, für das die Bedingung ϕ überwacht werden soll. In der Regel müssen mehrere o_i betrachtet werden, wenn die Bedingung relationsübergreifend ist. Kandidaten für o_i sind im relationalen Datenbankmodell Tupel der Relationsnamen, die in ϕ auftauchen.

2. Bestimme die elementaren Datenbankänderungen u_{ij} auf den Objekten o_i, die ϕ verletzen können. Auch hier gibt es naheliegende Regeln, welche Operationen betrachtet werden müssen – so müssen Existenzforderungen beim Löschen und Ändern geprüft werden, aber nicht beim Einfügen etc.

3. Bestimme je nach Anwendung die Reaktion r_i auf eine Integritätsverletzung, also zum Beispiel Zurücksetzen der Transaktion oder korrigierende Datenbankänderungen.

4. Formuliere folgende Trigger:

   trigger t-phi-ij **on** u_{ij} **of** o_i : **if** ¬ϕ **then** r_i

   Das Formulieren der negierten Bedingung kann in Sprachen wie SQL mit eingeschränkter Orthogonalität durchaus mit nicht trivialen Umformungen verbunden sein.

   Bei SQL-Triggern wird der **if**-Teil durch das **when**-Statement ersetzt.

5. Wenn möglich, vereinfache die entstandenen Trigger.

◀**Beispiel 12-5**▶ Betrachten wird die Bedingung *„Kein Kundenkonto darf unter 0 absinken"*. In Prädikatenlogik wäre die Bedingung wie folgt zu formulieren:

$$\forall (k : \text{KUNDE}) k \geq 0$$

Für die überprüfenden Trigger muss die Bedingung negiert werden. Verletzt werden kann die Bedingung durch eine Änderung des Kontostands, so dass man folgenden Trigger erhält:

```
create trigger bad_account
after update of Kto on KUNDE
referencing new as UDDATED
when (exists
    (select * from UPDATED where Kto < 0)
)
begin atomic
    rollback;
end
```

Ein ähnlicher Trigger muss für **insert** erzeugt werden. Für **delete** wird kein Trigger benötigt. □

◀**Beispiel 12-6**▶ Als zweite Bedingung betrachten wir *„Erzeuger müssen gelöscht werden, wenn sie keine Weine mehr anbieten"*. Rein logisch ist dieses natürlich keine reine Integritätsbedingung, da hier eine korrigierende Aktion gefordert ist. Die Methode lässt sich trotzdem anwenden.

Wieder negieren wir die Bedingung, und überlegen welche Modifikationen der Datenbank zu einer Verletzung führen können.

```
create trigger unnützes_Weingut
after delete on WEINE
referencing old as O
for each row
when (not exists
   (select * from WEINE W
    where W.Weingut = O.Weingut))
begin atomic
   delete from ERZEUGER where Weingut = O.Weingut;
end
```

Weitere Trigger benötigen wir für das Ändern des Weingutnamens (in beiden Tabellen) und das Einfügen von Erzeugern (hier sicher als **deferred**-Trigger zu realisieren). □

Wie man erkennt, ist die Vorgehensweise weitestgehend fest vorgegeben und kann somit größtenteils automatisiert werden. Es ist zu hoffen, dass Werkzeuge dieser Art demnächst auch von kommerziellen Datenbankherstellern als Teil ihrer Werkzeugpalette angeboten werden.

Der hier vorgestellte Algorithmus zur Generierung von Triggern aus deskriptiven Integritätsbedingungen ist natürlich nicht befriedigend, da er eine sehr direkte und unkritische Umsetzung vornimmt. Die Umsetzung kann zyklische Abhängigkeiten erzeugen, und zu nicht konfluenten oder nicht terminierenden Triggermengen führen. Methoden zur Generierung von Triggern und Analyse unter Wahrung der angesprochenen Eigenschaften sind Inhalt von Forschungsprojekten; zu nennen sind hier unter anderem die Arbeiten von Ceri und Widom [CW92], von Ceri, Fraternali et al. [CFPT92] sowie von Schewe, Stemple und Thalheim [ST94, SST94].

12.6.2 Integritätssicherung durch Anfragemodifikation

Eine völlig andere Art der Integritätssicherung kann durch eine sogenannte *Anfragemodifikation* (eigentlich besser als *Änderungsmodifikation* zu bezeichnen) erfolgen. Dieser Ansatz wurde beispielsweise in dem kommerziellen System Ingres realisiert [Dat87].

Wir betrachten zuerst die Syntax von Integritätsbedingungen in der Sprache *QUEL*, der DML/DDL des Ingres-Systems:

define integrity [constraint]
on *Relationenname*
is *Bedingung wie in der* **where***-Klausel bei* **retrieve***, jedoch nur eine (!) Variable bezüglich angegebener Relation*

Die syntaktische Form ist nach den Ausführungen über QUEL und der Darstellung von Sprachvorschlägen selbsterklärend. Zu bemerken ist hier insbesondere, dass nur *tupelbezogene statische Integritätsbedingungen* auf jeweils genau einer Relation erlaubt sind.

Die folgende Bedingung ist ein typisches Beispiel für derartige Integritätsbedingungen („*Der Kontostand des Kunden Rothschild darf nicht negativ werden.*"):

```
range of k is KUNDE
define integrity
on KUNDE
is k.KName ¬= 'Rothschild' or k.Kto >= 0;
```

Die Realisierung einer derartigen Bedingung in Ingres erfolgt durch eine sogenannte Anfragemodifikation, bei der QUEL-Änderungen so transformiert werden, dass sie diese Bedingungen automatisch einhalten. Betrachten wir als Beispiel die folgende Datenbankänderung:

```
replace k (Kto = k.Kto - 10)
where k.KName = 'Rothschild';
```

Diese Änderungsoperation wird nun vom Datenbankmanagementsystem dahingehend modifiziert, dass eine Verletzung der Integritätsbedingung unmöglich wird. In diesem Fall wird die Integritätsbedingung *abgewandelt auf den neuen Wert* als zusätzliche Qualifikation hinzugenommen. Hierzu wird der neue Wert (also der Wert nach der Änderung) in die ursprüngliche Bedingung eingesetzt, also hier k.Kto durch k.Kto - 10 ersetzt. Die resultierende Änderung sieht wie folgt aus:

```
replace k (Kto = k.Kto - 10)
where k.KName = 'Rothschild'
      and (k.KName ¬ = 'Rothschild' or k.Kto - 10 >= 0);
```

Man kann sich leicht vorstellen, dass die neue Änderungsoperation nicht mehr zu einer Integritätsverletzung führen kann. Eine weitere Umformung ersetzt die **where**-Klausel durch die folgende vereinfachte Bedingung, die durch Anwendung prädikatenlogischer Äquivalenzen aus der ursprünglichen Bedingung erzeugt werden kann:

```
where k.KName = 'Rothschild' and k.Kto >= 10;
```

Bei diesem Ansatz stellt sich das Problem, dass eine Integritätsverletzung durch eine (partiell) *nicht durchgeführte* Änderung vermieden wird. Dies widerspricht dem bisher verfolgten Ansatz, dass eine Integritätsverletzung in der

Regel einen Abbruch der Transaktion als Konsequenz hat. Hier wird im Regelfall also stattdessen eine Reparatur der Integritätsverletzung vorgenommen, und es stellt sich die Frage, ob dies immer der Intention des Datenbankanwenders entspricht.

Während sich diese Art der Integritätssicherung in relationalen Datenbanken nicht durchgesetzt hat, wurden sie etwa für deduktive Datenbanken intensiv untersucht. Hier entspricht eine Anfrage einem logischen Programm, und Integritätsbedingungen können sozusagen in das logische Programm hineinkompiliert werden, indem sie in Regelrümpfe als zusätzliche Prämisse aufgenommen werden.

12.7 Zusammenfassung

Die Wahrung der Integrität der in einer Datenbank verwalteten Daten gehört zu den zentralen Aufgaben von Datenbankmanagementsystemen. Zu diesem Zweck bieten DBMS eine Reihe von Mechanismen an, die sowohl die operationale Integrität durch das Transaktionskonzept als auch die semantische Integrität durch Integritätsbedingung bzw. Trigger unterstützen. Die entsprechenden Konzepte haben wir in diesem Kapitel eingeführt. Die wesentlichen Begriffe und deren Bedeutung sind noch einmal in Tabelle 12.2 angegeben.

Begriff	Informale Bedeutung
Transaktion	zu einer Einheit zusammengefasste Datenbankänderungsoperationen
ACID	Bedingungen für die korrekte Abarbeitung von Transaktionen: Atomarität, Konsistenzerhaltung, Isolation, Dauerhaftigkeit
Serialisierbarkeit	Formalisierung der Isolationsbedingung („äquivalent zur seriellen Ausführung")
Integritätsbedingung	deskriptive Bedingung, die ein Datenbestand erfüllen muss
Trigger	operationale Regel, die durch Datenbankmodifikation aktiviert wird
Anfragemodifikation	Integritätssicherung durch Transformation von Änderungsanweisungen

Tabelle 12.2: Wichtige Begriffe bei Transaktionen, Integrität und Triggern

12.8 Vertiefende Literatur

Eine ausführliche Behandung von Transaktionen kann in [SHS05] nachgelesen werden. Die aktuellen SQL-Befehle zur Kontrolle von Transaktionsablauf und Integritätsüberwachung können im Buch von Türker gefunden werden [Tür03].

Der Überblicksartikel [Lip92] von Lipeck im EMISA-Forum ist ein guter Einstieg in die Problematik der Integritätssicherung. Die Habilitation von Lipeck beschäftigt sich hauptsächlich mit dynamischen Integritätsbedingungen [Lip89].

Die Generierung von Triggern existierender relationaler Datenbanksysteme aus deskriptiven Integritätsbedingungen wird u.a. von Neumann in [Neu94] diskutiert. In [ABC$^+$76] ist das Trigger-Konzept und die **assert**-Anwendung für SEQUEL eingeführt worden.

Zu ECA-Regeln gibt es diverse Forschungsprojekte. Das Projekt HIPAC [DBB$^+$88] prägte viele Begriffe aktiver Datenbanken und ist bereits abgeschlossen. Das Samos-Projekt von Dittrich et al. zeichnet sich durch eine Event-Sprache für zusammengesetzte Ereignisse aus [GD92, GD93]. Das Projekt REACH wird in [BZBW95] beschrieben. Algorithmen zur Terminierung und Konfluenz von ECA-Regeln finden sich beispielsweise in [WH95, Wei97].

Die Integration von ECA-Regeln in objektorientierte Datenbanksysteme ist ein aktuelles Forschungsgebiet. Eine Übersicht wird von Buchmann in [Buc94] gegeben.

Die Dissertation von Türker [Tür99] behandelt speziell die Integration von Integritätsbedingungen im Rahmen der Datenbankföderation, enthält aber auch detailliertere Literaturaufarbeitungen zu andern Aspekten der Integritätsüberwachung. Ein ausführliches Buch zu Aspekten der Implementierung von Integritätsbedingungen in SQL stammt von Neumann [Neu99].

12.9 Übungsaufgaben

Übung 12-1 Mehrere Personen betreiben gemeinsam eine Datenbank für Weinempfehlungen zu Gerichten. Geben Sie jweils ein Beispiel für die verschiedenen Probleme im Mehrbenutzerbetrieb, die in diesem Szenario auftreten könnten. Geben Sie jeweils die schwächste Isolationsstufe an, die dieses Problem ausschließt. □

Übung 12-2 Gegeben seien folgende Relationen:

```
Polygon (Name, PunktNr, x, y);
PolyInfo (Name, Farbe, Liniendicke);
```

In der Relation Polygon werden die Punkte (durchnumeriert mit PunktNr) von durch Name identifizierten Polygonen abgespeichert. In der zweiten Relation werden weitere Daten über Polygone gespeichert.

Betrachten Sie folgende Bedingungen:

1. Name und PunktNr sind Schlüssel in Polygon.
2. Nur Farben von Polygonen sind gespeichert, für die es auch Stützpunkte gibt.
3. Ein Polygon hat mindestens drei Stützpunkte.
4. Stützpunkte sind fortlaufend numeriert (beginnend bei 1).
5. Keine zwei Polygone gleicher Farbe haben einen Stützpunkt gemeinsam.
6. Polygone sind geschlossene Linienzüge, d.h. Anfangs- und Endpunkt sind identisch.
7. Aufeinanderfolgende Stützpunkte sind mindestens zehn Einheiten voneinander entfernt.
8. Die grünen Polygone haben mehr Stützpunkte als die roten.
9. Polygone überschneiden sich nicht selber.
10. Polygone haben einen Flächeninhalt von mehr als 20 Quadrateinheiten.
11. Die umschreibenden Rechtecke der grünen Polygone überschneiden sich nicht.
12. Bei einer Änderung darf ein Stützpunkt maximal um je eine Einheit auf den beiden Achsen verschoben werden.

Bearbeiten Sie die folgenden Fragestellungen:

1. Klassifizieren Sie die Bedingungen anhand der Klassifikationsvarianten in Tabelle 12.1.
2. Welche Bedingungen können in der DDL angegeben werden?
3. Geben Sie **assertion**-Anweisungen für diejenigen Bedingungen an, für die dieses (ohne Einsatz von Stored Procedures) möglich ist. □

Übung 12-3 Generieren Sie Trigger nach dem angegebenen Verfahren für die Bedingung „*Kein Kontostand darf unter 100 Euro fallen*". □

Übung 12-4 Führen Sie eine Anfragemodifikation in QUEL anhand einer Änderungsoperation durch. Definieren Sie hierzu die Bedingung „*Kein Kontostand darf unter 100 Euro fallen*" in QUEL-Syntax, und betrachten Sie die Änderung „*Allen Kunden wird (etwa am Jahresende) eine Kontoführungsgebühr von 40 Euro abgezogen*". □

13

Datenbankanwendungsentwicklung

Die bisher vorgestellten Datenbanksprachen sind bezüglich der algorithmischen Mächtigkeit bzw. Berechenbarkeit eingeschränkt. So gibt es in der Anfragesprache SQL keine Möglichkeit, Schleifen auszudrücken. Diese Einschränkung wurde bewusst vorgenommen, um Eigenschaften wie Terminierung, Endlichkeit von Ergebnissen und Optimierbarkeit von Anfragen zu ermöglichen.

Für Datenbankanwendungen braucht man aber oft die vollständige Mächtigkeit von Programmiersprachen. Diese kann auf unterschiedliche Weise erreicht werden:

- Die erste Möglichkeit ist die Anbindung von SQL an eine konventionelle Programmiersprache, etwa durch Bereitstellung von Funktionen zum Aufruf von Datenbankoperationen oder durch die Einbettung von SQL-Anweisungen in den Programmtext. Kennzeichnend für diese Ansätze ist die Sichtbarkeit von SQL für den Entwickler. Dies bedeutet, dass bei der Anwendungsentwicklung SQL-Anweisungen vom Entwickler geschrieben werden müssen. Wir werden derartige Techniken in diesem Kapitel als Programmiersprachenanbindung behandeln und dabei SQL/CLI bzw. JDBC sowie Embedded SQL vorstellen.

- Eine Alternative ist das Verbergen von SQL durch eine Zwischenschicht (Middleware), welche die automatische Abbildung zwischen den Datenkonzepten der Programmiersprache (z.B. Klassen) und den Datenbankobjekten (z.B. den Relationen) vornimmt. Als Vertreter werden wir im weiteren Verlauf dieses Kapitels Hibernate als einen objekt-relationalen Mapping-Ansatz behandeln.

- Schließlich kann SQL noch um imperative Sprachkonzepte (z.B. Kontrollstrukturen) zu einem prozeduralen SQL erweitert werden, um die Berechnungsvollständigkeit zu ermöglichen. Ein verwandter Ansatz ist die Erweiterung einer konventionellen Programmiersprache derart, dass Variablen des Typsystems der Sprache als persistent in der Datenbank gespeichert deklariert werden können. So entsteht eine persistente Programmiersprache. Von diesen Ansätzen werden wir die prozeduralen SQL-Dialekte SQL/PSM und PL/SQL betrachten.

13.1 Grundprizipien

Das größte Problem der Kopplung einer Sprache wie SQL mit einer Programmiersprache sind die unterschiedlichen Datenstrukturkonzepte der beiden Ansätze: Imperative Programmiersprachen basieren auf der Datenstruktur Tupel als Basiskonstrukt, während SQL auf dem Konzept der Relation beruht, also Mengen von Tupeln als Einheiten verarbeitet. Dieser Gegensatz ist im englischen Sprachgebrauch als *Impedance Mismatch* bekannt.

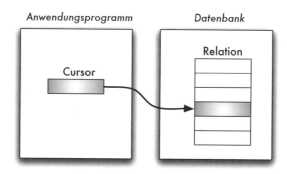

Abbildung 13.1: Prinzip des Zugriffs auf Relationen mit Cursor

In imperativen Sprachen können natürlich Mengen von Tupeln auf verschiedene Arten realisiert werden, indem etwa verzeigerte Listen benutzt und Mengenoperationen durch Iterieren über diese Listen implementiert werden. Das Konzept des *Cursors* bietet eine abstraktere Sichtweise auf eine Relation, realisiert als Liste, an: Ein Cursor ist ein Iterator über einer Liste von Tupeln, d.h. ein Zeiger, der vor- (und in einigen Realisierungen auch zurück-)gesetzt werden kann (siehe Abbildung 13.1). Ein Cursor wird in SQL mit der **declare cursor**-Anweisung deklariert.

◂**Beispiel 13-1**▸ Ein Cursor über das Ergebnis der Anfrage nach allen roten Bordeaux-Weinen kann wie folgt deklariert werden:

```
declare BordeauxWeineCurs cursor for
    select Name, Weingut, Jahrgang
    from WEINE natural join ERZEUGER
    where Farbe = 'Rot' and Region = 'Bordeaux';
```

Zu beachten ist, dass die Anfrage dabei noch nicht ausgeführt wird – dies erfolgt erst beim Öffnen des Cursors. □

Der SQL-Anfrage kann eine **order by**-Klausel angefügt werden, die die Reihenfolge, in der die Ergebnisrelation durchlaufen wird, angibt.

Sollen die Einträge im Anwendungsprogramm geändert werden, so muss dies explizit mit **for update of** gekennzeichnet werden.

◄**Beispiel 13-2**► Die folgende Cursor-Deklaration erlaubt das Ändern des Namens und des Jahrgangs von Rotweinen, aber nicht des Weinguts:

```
declare RotweinCurs cursor for
    select Name, Weingut, Jahrgang
    from WEINE
    where Farbe = 'Rot'
    for update of Name, Jahrgang;
```
□

Auf die einzelnen Tupel einer Relation kann nun durch die **fetch**-Anweisung des Cursors zugegriffen werden. **fetch** realisiert das Weitersetzen des Cursor-Zeigers und den Datentransfer in das Anwendungsprogramm. Wir werden auf **fetch** später genauer eingehen.

Moderne Call-Level-Schnittstellen erfordern jedoch nicht in jedem Fall die explizite Deklaration eines Cursors. So wird beispielsweise bei der Java-Datenbankschnittstelle JDBC der Cursor nur intern verwendet.

Erweiterungen des Cursor-Konzepts

In SQL-92 und in einigen Systemen wurde das vorgestellte Cursor-Konzept um zusätzliche Möglichkeiten erweitert. In der **declare cursor**-Anweisung können jetzt optional die Schlüsselwörter **insensitive** bzw. **scroll** eingefügt werden:

```
declare CursorName [insensitive] [scroll] cursor for ...
```

Die Angabe **scroll** ermöglicht *beliebiges Navigieren* in der **fetch**-Anweisung. Nach **fetch** sind jetzt zusätzlich die folgenden Angaben möglich:

- **next**: Gehe weiter zum nächsten Tupel (wie bisher).
- **prior**: Gehe zum vorherigen Tupel.
- **first** bzw. **last**: Gehe zum ersten bzw. letzten Tupel.

- **absolute** *n* **from**: Gehe zum *n*-ten Tupel des Cursors. Negative Werte werden relativ zum letzten Tupel rückwärts gewertet – **absolute** -1 ist also äquivalent zu **last**.

- **relative** *n* **from**: Gehe zum *n*-ten Tupel relativ zur aktuellen Cursor-Position.

Das Schlüsselwort **insensitive** steuert die *Sensitivität* eines Cursors betreffend Änderungen an Tupeln. Wird **insensitive** angegeben, verhält sich der Cursor, als ob er auf einer Kopie der ursprünglichen Daten arbeiten würde – wurden etwa in der Zwischenzeit Tupel mittels **delete** aus der Relation gelöscht, sind diese Tupel im Cursor trotzdem noch sichtbar (und werden bei der erweiterten Positionierung berücksichtigt).

Bisher haben wir nur die Deklaration eines Cursors behandelt. Im nächsten Abschnitt werden wir die Anweisungen vorstellen, die das Arbeiten mit einem deklarierten Cursor ermöglichen.

13.2 Programmiersprachenanbindung: Call-Level-Schnittstellen

Zur Implementierung von Anwendungen verfügen DBMS im Allgemeinen mindestens über eine prozedurale Programmierschnittstelle, die als eine Bibliothek von Datenstrukturen und Prozeduren bzw. Funktionen zur Verfügung gestellt wird. Die Prozeduren ermöglichen die Kommunikation mit dem Datenbanksystem, die Definition und Ausführung von Anfragen sowie die Verarbeitung von Ergebnissen. Im Normalfall werden für jede unterstützte Programmiersprache und jedes Datenbanksystem jeweils eigene Bibliotheken benötigt, die teilweise von System zu System auch deutliche Unterschiede aufweisen. So gibt es z.B. für die Programmiersprache C bzw. C++ von Oracle das Oracle Call Interface (OCI), von Sybase die CT-Bibliothek oder für IBM DB2 das Call Level Interface (DB2 CLI).

Glücklicherweise ist aber mit SQL/CLI von der X/Open-Group bzw. der ISO ein Standard für eine solche Programmierschnittstelle definiert, der zumindest auf Quelltextebene weitgehend portable Programme ermöglicht. Microsoft verfolgt mit ODBC auf der Windows-Plattform einen noch weitergehenden Ansatz, indem dort eine abstrakte Schnittstelle eingeführt wird, die die Anwendung von der spezifischen Datenbanksystemschnittstelle entkoppelt und so die Auswahl der Datenquelle zur Laufzeit ermöglicht. Auch für die Programmiersprache Java ist mit JDBC eine vergleichbare Lösung verfügbar. In den folgenden Abschnitten werden wir die einzelnen Schnittstellen genauer vorstellen.

13.2.1 SQL/CLI: Der Standard

Der SQL/CLI-Standard definiert eine prozedurale Datenbankschnittstelle für verschiedene Programmiersprachen wie C/C++, Ada, Fortran und Pascal. Wir wollen in diesem Abschnitt jedoch nur die C/C++-Schnittstelle betrachten, da diese die weitaus größte Bedeutung hat.

SQL/CLI definiert eine Reihe von C-Funktionen, die alle mit dem Präfix SQL bezeichnet sind und in der Header-Datei sqlcli1.h deklariert werden. Die Schnittstelle benötigt zur Kommunikation mit dem Datenbankserver eine Reihe globaler Datenstrukturen, die über spezielle Variablen – sogenannte *Handles* – referenziert werden. Diese Handles müssen explizit allokiert bzw. bei Programmende freigegeben und beim Aufruf der SQL/CLI-Funktionen als Parameter übergeben werden. SQL/CLI unterscheidet verschiedene Arten von Handles: *Environment Handles* zur Verwaltung des globalen Zustands der Applikation, *Connection Handles* mit den Verbindungsinformationen, *Statement Handles* mit Informationen zu einer SQL-Anweisung sowie *Descriptor Handles* mit Daten zu Ergebnisspalten oder Parametern.

Der Ablauf eines SQL/CLI-Programms kann wie folgt skizziert werden:

1. Zunächst sind die benötigten Handles zu allokieren.

2. Im nächsten Schritt wird die Verbindung zur Datenbank aufgebaut und implizit eine Transaktion gestartet.

3. Danach kann die eigentliche Datenbankarbeit erfolgen, indem SQL-Anweisungen ausgeführt und gegebenenfalls Ergebnisse verarbeitet werden.

4. Wenn notwendig, wird die Transaktion abgeschlossen und eine neue Transaktion implizit gestartet.

5. Die Datenbankverbindung wird beendet.

6. Die Handles werden freigegeben.

Die Handles werden mithilfe des vordefinierten Typs SQLHANDLE deklariert und durch Aufruf der Funktion SQLAllocHandle allokiert. Der erste Parameter dieser Funktion gibt jeweils an, um welche Art Handle es sich dabei handelt (Beispiel 13-3).

◀**Beispiel 13-3**▶ In diesem Programmausschnitt werden die notwendigen Initialisierungen für ein CLI-Programm vorgenommen:

```
SQLHANDLE henv;  /* Environment Handle */
SQLHANDLE hdbc;  /* Connection Handle */
SQLCHAR *server = "WeinDB";  /* Verbindungsdaten */
SQLCHAR *uid = "scott";
```

```
SQLCHAR *pwd = "tiger";
SQLAllocHandle (SQL_HANDLE_ENV, SQL_NULL_HANDLE, &henv);
if (SQLAllocHandle (SQL_HANDLE_DBC, henv, &hdbc)
        != SQL_SUCCESS)
   /* Fehlerbehandlung */

SQLConnect (hdbc, server, SQL_NTS, uid, SQL_NTS,
     pwd, SQL_NTS);
```

☐

Anschließend kann über die Funktion SQLConnect die Verbindung zur Datenbank aufgebaut werden. Hierzu werden mindestens der Name des Datenbankservers (server) und die Nutzername-Passwort-Kombination (uid/pwd) benötigt, die Details (z.B. die Belegung von Umgebungsvariablen) sind dabei jedoch vom jeweiligen DBMS abhängig.

Der Programmausschnitt in Beispiel 13-3 verdeutlicht gleichzeitig die Fehlerbehandlung mit SQL/CLI: Alle Funktionen liefern einen Rückgabewert, der im Erfolgsfall dem Wert der Konstanten SQL_SUCCESS entspricht. Andere Werte repräsentieren Fehlercodes, die interpretiert werden können. In den folgenden Beispielen werden wir aus Gründen der Lesbarkeit jeweils auf die Fehlerbehandlung verzichten.

Die Konstante SQL_NTS im obigen Beispiel wird beim Aufruf vieler SQL/CLI-Funktionen benötigt. Sie kennzeichnet die Zeichenkette im Parameter davor als nullterminierte Zeichenkette, wie sie in der Programmiersprache C typischerweise verwendet wird.

Im nächsten Schritt können nun SQL-Anweisungen über die geöffnete Datenbankverbindung ausgeführt werden. Hierfür ist zunächst ein Statement Handle zu allokieren. Die Art der Anweisung bestimmt dann, welche Funktionen anschließend aufzurufen sind. Im Folgenden wollen wir nur die einfachste Form betrachten: die direkte Ausführung von Anweisungen über die Funktion SQLExecDirect.

◂**Beispiel 13-4**▸ Nach der Initialisierung der Handles kann die Anfrage ausgeführt und das Ergebnis ausgegeben werden:

```
SQLHANDLE hstmt;  /* Statement Handle */
SQLCHAR *select = /* Anfragetext */
    "select Name, Jahrgang, Erzeuger from WEINE";
SQLINTEGER jahrgang;  /* Variablen für Anfrageergebnisse */
SQLCHAR name[21], erzeuger[21];

SQLAllocHandle (SQL_HANDLE_STMT, hdbc, &hstmt);
/* Anfrage ausführen */
SQLExecDirect (hstmt, select, SQL_NTS);
/* Variablen an die Ergebnisspalten binden */
```

```
SQLBindCol (hstmt, 1, SQL_C_CHAR, name, 21, NULL);
SQLBindCol (hstmt, 2, SQL_C_LONG,
    (SQLPOINTER) &jahrgang, 0, NULL);
SQLBindCol (hstmt, 3, SQL_C_CHAR, erzeuger, 21, NULL);
/* Ergebnistupel auslesen */
while (SQLFetch (hstmt) == SQL_SUCCESS)
    printf ("Wein = %s, %ld, %s\n",
        name, jahrgang, erzeuger);
```
□

Nach der Ausführung der Anfrage können die Ergebnisse ausgelesen werden. Dazu sind Variablen der Programmiersprache (genauer deren Adressen) an die einzelnen Spalten der Ergebnisrelation zu binden, wobei jeweils die Position der Spalte (beginnend bei 1), der Typ in Form vordefinierter Konstanten sowie gegebenenfalls die Größe des verfügbaren Speicherbereichs (z.B. für Zeichenketten) festzulegen sind.

Nun ist solange die Funktion SQLFetch aufzurufen, bis alle Ergebnistupel verarbeitet sind. Diese Funktion verwaltet intern einen Cursor, der bei jedem Aufruf auf das nächste Tupel weitergesetzt wird. Gleichzeitig werden die aktuellen Spaltenwerte in die zuvor gebundenen Variablen kopiert.

Wurden im Rahmen von SQL-Anweisungen Daten in der Datenbank verändert, so muss das erfolgreiche Ende bzw. der Abbruch der Transaktion vom Anwendungsprogramm mittels der Funktion SQLEndTrans signalisiert werden. Der dritte Parameter gibt dabei das gewünschte Ende (SQL_COMMIT bzw. SQL_ROLLBACK für Abbruch) an:

```
SQLEndTrans (SQL_HANDLE_DBC, hdbc, SQL_COMMIT);
```

Den Abschluss der Verarbeitung bildet das Freigeben aller belegten Ressourcen, d.h. der gebundenen Spalten, des Cursors und des Statement Handles. Gegebenenfalls werden noch die Verbindung zur Datenbank geschlossen und die restlichen Handles freigegeben.

◄Beispiel 13-5► Dieses Beispiel illustriert die Freigabe der Ressourcen:

```
SQLFreeStmt (hstmt, SQL_UNBIND);
SQLFreeStmt (hstmt, SQL_CLOSE);
SQLFreeHandle (SQL_HANDLE_STMT, hstmt);

/* Datenbankverbindung schließen */
SQLDisconnect (hdbc);
SQLFreeHandle (SQL_HANDLE_DBC, hdbc);
SQLFreeHandle (SQL_HANDLE_ENV, henv);
```
□

Neben den hier dargestellten Funktionen bietet SQL/CLI noch eine Vielzahl weiterer an, die beispielsweise das Vorkompilieren von SQL-Anweisungen erlauben. Dabei wird eine Anweisung zum Datenbanksystem gesendet und dort vorverarbeitet. Anschließend kann diese Anweisung mehrfach mit unterschiedlichen Parameterwerten ausgeführt werden, wodurch eine schnelle Verarbeitung möglich ist. Andere Funktionen unterstützen das Auslesen der Struktur von Anfrageergebnissen sowie des Schemakatalogs. Für eine detaillierte Beschreibung sei daher auf die entsprechende Literatur [Gei95] verwiesen.

13.2.2 ODBC

Die *Open Database Connectivity* (ODBC)-Schnittstelle ist Microsofts Implementierung von SQL/CLI. ODBC wird jedoch nicht nur für die Windows-Plattform angeboten, sondern es gibt auch Implementierungen für verschiedene Unix-Systeme. Als CLI-konforme Schnittstelle unterstützt ODBC alle im Abschnitt 13.2.1 vorgestellten Konzepte. ODBC ist gleichzeitig aber auch eine Softwarearchitektur, die den Zugriff auf verschiedene Datenbanken ermöglicht, ohne dass dazu eine Neuübersetzung der Anwendung notwendig wird. Hierzu umfasst ODBC einen *Treibermanager*, der die Anwendung von den systemspezifischen *Datenbanktreibern* entkoppelt.

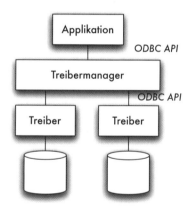

Abbildung 13.2: ODBC-Architektur

Sowohl die Schnittstelle zum Treibermanager als auch zu den einzelnen Treibern entspricht dabei der CLI-Spezifikation. Der Treibermanager ist für das Nachladen der konkreten Treiber zuständig und leitet alle Funktionsaufrufe an den jeweils aktiven Treiber weiter. Da eine Anwendung dadurch nicht mehr wissen muss, welches System die gewünschte Datenbank verwaltet, führt ODBC sogenannte *Datenquellen* ein. Eine solche Datenquelle wird zuvor vom Nutzer oder Administrator konfiguriert (unter Windows z.B. über die Systemsteuerung), indem der Name der Quelle sowie das Datenbanksystem inklusive der notwendigen Verbindungsinformationen wie Servername, Netzwerkadresse usw. festgelegt werden.

Beim Aufbau einer Verbindung zur Datenquelle über die Funktion SQLConnect sind neben Benutzername und Passwort nur noch der Name der Datenquelle anzugeben. ODBC wählt anhand der Konfigurationsinformationen den passenden Treiber aus, lädt diesen nach und baut die Verbindung zur Datenbank auf. Die weitere Arbeit entspricht der bereits beschriebenen Nutzung von SQL/CLI.

13.2.3 JDBC

Als Teil des Standard-API (API steht allgemein für *Application Programming Interface*) von Java ist JDBC *die* Standardschnittstelle für den Zugriff auf SQL-Datenbanken. Die Bezeichnung JDBC wird häufig als Abkürzung von „Java Database Connectivity" angegeben, obwohl JDBC kein Akronym, sondern ein geschützter Name ist.

Zwar nutzt JDBC die objektorientierten Eigenschaften von Java, ist jedoch im objektorientierten Sinne ein Low-Level-API, d.h. JDBC erfordert die direkte Nutzung von SQL-Anweisungen. Höherwertige Abstraktionskonzepte wie etwa die Abbildung zwischen Java-Klassen und Tabellen der Datenbank, werden dagegen nicht unterstützt. Durch die Bereitstellung einer abstrakten, datenbankneutralen Zugriffsschnittstelle kann JDBC aber die Basis für solche High-Level-Lösungen wie z.B. Embedded SQL oder Mapping-Werkzeuge bilden.

Das JDBC-API basiert auf dem SQL/CLI der X/Open und ist daher auch konzeptionell mit ODBC verwandt. Gegenüber ODBC zeichnet sich JDBC durch eine bessere Übersichtlichkeit und einfachere Benutzung aus. Die Gründe hierfür liegen in der Nutzung objektorientierter Mechanismen: So sind in JDBC die verschiedenen Konzepte wie Datenbankverbindung, SQL-Anweisung oder Anfrageergebnis in Klassen gekapselt und streng typisiert.

JDBC umfasst eine Menge von Klassen und Schnittstellen, die im Java-Package java.sql zusammengefasst sind. Die wichtigsten Klassen sind hierbei:

- java.sql.DriverManager bildet den Einstiegspunkt, da hier die Treiber geladen und Verbindungen zur Datenbank aufgebaut werden können.

- java.sql.Connection repräsentiert eine Datenbankverbindung.

- java.sql.Statement ermöglicht die Ausführung von SQL-Anweisungen über eine gegebene Verbindung.

- java.sql.ResultSet verwaltet die Ergebnisse einer Anfrage in Form einer Relation und unterstützt den Zugriff auf einzelne Spalten.

Im Folgenden wollen wir genauer auf die wesentlichen Aspekte der JDBC-Programmierung eingehen. Die Beispiele sollen die Anwendung der wichtigsten

Klassen demonstrieren und gleichzeitig illustrieren, wie einfach die Benutzung von JDBC ist.

Verbindungsaufbau

Der prinzipielle Ablauf einer JDBC-Datenbankanwendung umfasst die folgenden Schritte:

1. Aufbau einer Verbindung zur Datenbank,

2. Senden einer SQL-Anweisung,

3. Verarbeiten der Anfrageergebnisse.

Voraussetzung für den Aufbau einer Datenbankverbindung ist das Laden eines geeigneten Treibers. Hierzu werden in JDBC verschiedene Varianten unterstützt. Zum einen kann der Treiber (d.h. die Java-Klasse des Treibers) *explizit* im Programm geladen werden:

```
Class.forName("com.company.Driver");
```

Bei der zweiten Variante wird eine Liste von Treibern, jeweils getrennt durch Doppelpunkt, im Systemproperty `sql.drivers` festgelegt, die vom Treibermanager beim Start *automatisch* geladen werden. In beiden Fällen müssen sich die Treiber nach dem Laden selbständig beim Treibermanager registrieren.

Der nächste Schritt ist der Verbindungsaufbau. Hierfür stellt der Treibermanager, d.h. die Klasse `java.sql.DriverManager`, eine eigene Methode `getConnection` bereit. Als Argument dieser Methode muss eine URL angegeben werden, die den Verbindungsmechanismus und damit den zu verwendenden Treiber bezeichnet. Zusätzlich sind noch Benutzername und Passwort zu übergeben. Der Aufruf der Methode liefert im Erfolgsfall schließlich ein Connection-Objekt.

```
Connection con;
String url = "jdbc:subprotocol:datasource";
con = DriverManager.getConnection(url, "scott", "tiger");
```

Fehler werden in JDBC grundsätzlich als Ausnahmen (Exception) der Klasse `SQLException` signalisiert und sind daher in geeigneter Weise mit einem **try...catch**-Block abzufangen und zu behandeln. Details zu einem aufgetretenen Fehler können über die Methode `getMessage` ermittelt werden, die eine Zeichenkette mit der Beschreibung des Fehlers liefert.

Anfrageausführung

Mit dem Connection-Objekt kann nun eine SQL-Anweisung erzeugt werden. Wir wollen zunächst eine einfache Anfrage betrachten, die mit executeQuery ausgeführt wird.

◄**Beispiel 13-6**► Dieser Ausschnitt aus einem JDBC-Programm demonstriert die Anfrageausführung sowie das Auslesen der Ergebnisse:

```
String query = "select Name, Jahrgang from WEINE";

try {
   Statement stmt = con.createStatement();
   ResultSet rs = stmt.executeQuery(query);
   while (rs.next()) {
      String name = rs.getString(1);
      int jahrg = rs.getInt(2);
      System.out.println(name + " " + jahrg);
   }
   rs.close();
   stmt.close();
} catch (SQLException exc) {
   System.out.println("SQLException: " +
      exc.getMessage());
}
```

□

Die executeQuery-Methode liefert ein java.sql.ResultSet-Objekt, das die Ergebnisse der Anfrage verwaltet. Die Navigation über die Ergebnismenge erfolgt nach dem *Cursor-Prinzip* (siehe Abschnitt 13.2): Die Ergebnismenge kann als eine Tabelle angesehen werden, auf die zunächst zeilenweise und dann spaltenweise zugegriffen werden kann. In JDBC existiert jedoch kein expliziter Cursor, vielmehr wird die aktuelle Position in der Ergebnismenge vom ResultSet intern verwaltet. Zum Weitersetzen des Cursors wird die Methode next verwendet. Diese Methode liefert solange den Wert true, bis keine Zeilen (Tupel) mehr vorhanden sind. Außerdem ist zu beachten, dass der ResultSet-Cursor zu Beginn *vor* dem ersten Tupel positioniert ist, d.h., bevor ein Tupel gelesen werden kann, muss die Methode next aufgerufen werden.

Nachdem der Cursor positioniert ist, können die Spaltenwerte des aktuellen Tupels ausgelesen werden. Hierfür stehen eine Reihe von getXXX-Methoden für die verschiedenen Datentypen und die korrespondierenden Java-Typen zur Verfügung. So heißt die Methode zum Lesen einer Zeichenkette beispielsweise getString, wobei der Attributtyp der Relation hier **varchar**(n) und der Java-Typ des Ergebnisses java.lang.String ist. Der Zugriff auf eine konkrete Spalte der Ergebnisrelation mithilfe der getXXX-Methode erfolgt entweder über den Index der Spalte oder den Spaltennamen. Wichtig ist dabei, dass der Spaltenindex mit 1 beginnt, d.h. die erste Spalte wird durch 1 bezeichnet, die zweite mit 2 usw. Zum Abschluss werden die benutzten Ressourcen durch Aufruf der close-Methoden von ResultSet und Statement freigegeben. Allerdings ist dieser letzte Schritt optional, da die Ressourcen durch die automatische Speicherbereinigung von Java spätestens dann freigegeben werden, wenn die Objekte nicht mehr verwendet werden. Es ist ist jedoch ein guter Programmierstil, die close-Methoden aufzurufen, wenn die Objekte nicht mehr benötigt werden, weil damit auch Ressourcen des DBMS sofort freigegeben und Speicherplatzprobleme vermieden werden.

Änderungsanweisungen

Natürlich können mit JDBC neben SQL-Anfragen auch Einfüge- (**insert**), Änderungs- (**update**), Lösch- (**delete**) und DDL-Operationen (**create table**, **drop table**) ausgeführt werden. Da diese Operationen keine Ergebnisrelationen liefern, gibt es in der Klasse Statement eine eigene Methode executeUpdate. Diese Methode liefert als Ergebnis die Anzahl der betroffenen Tupel der Relation (für **insert**, **update** und **delete**) bzw. den Wert 0 für DDL-Anweisungen.

◄**Beispiel 13-7**► Eine Aktualisierung unserer Beispielrelation kann damit wie folgt implementiert werden:

```
Statement stmt = con.createStatement();
int rows = stmt.executeUpdate(
   "update WEINE set Preis = Preis * 1.1 " +
   "where Jahrgang < 2000");
```

□

Transaktionssteuerung

In JDBC erfolgt die Transaktionssteuerung über Methoden der Klasse java.sql.Connection. Mit commit werden die Änderungen dauerhaft in die Datenbank geschrieben, mit rollback lassen sich alle Änderungen seit Beginn der aktuellen Transaktion rückgängig machen. Der Beginn einer Transaktion wird implizit durch das Ende der vorangegangenen Transaktion (also durch ein Commit oder Rollback) festgelegt.

Wird eine neue Verbindung zur Datenbank hergestellt, so befindet sich diese im *Auto-Commit-Modus*, d.h. nach jeder Anweisung wird automatisch ein Commit ausgeführt und eine Transaktion umfasst jeweils nur eine Anweisung. Dieser Modus kann mit der Methode setAutoCommit aus- bzw. eingeschaltet werden. Durch das Abschalten des Auto-Commit-Modus lassen sich mehrere Anweisungen zu einer Transaktion zusammenfassen. Danach wird die Transaktion erst mit einem expliziten Commit bzw. Rollback abgeschlossen. Außerdem können so Änderungen bis zum Ende der Transaktion rückgängig gemacht werden.

◄**Beispiel 13-8**► Das folgende Beispiel zeigt die Nutzung von Transaktionen beim Einfügen mehrerer Datensätze, wobei beim Auftreten eines Fehlers alle Änderungen zurückgenommen werden:

```
try {
    con.setAutoCommit(false);
    // einige insert-Anweisungen
    con.commit();
} catch (SQLException exc) {
    con.rollback();
}
```
□

Vorkompilierte SQL-Anweisungen

Bisher haben wir nur einfache SQL-Anweisungen betrachtet, die bei jeder Ausführung vollständig als Zeichenkette an das DBMS übergeben werden und dort immer wieder neu übersetzt werden müssen. Wenn eine Anweisung mehrfach, jedoch mit verschiedenen Werten als Parameter ausgeführt werden soll, bietet sich die Verwendung eines PreparedStatement als effiziente Alternative an. Ein solches Objekt wird durch Aufruf der Methode prepareStatement der Klasse java.sql.Connection erzeugt. Hierbei wird die SQL-Anweisung sofort beim Erzeugen zum DBMS gesendet und dort vorübersetzt. Das PreparedStatement beinhaltet danach eine bereits kompilierte SQL-Anweisung, der bei der anschließenden Ausführung Parameterwerte zugewiesen werden können. Als Platzhalter für die Werte in der Anweisung wird ein Fragezeichen eingesetzt. Bevor die Anweisung ausgeführt werden kann, müssen für jeden Platzhalter die gewünschten Werte eingesetzt werden. Hierzu bietet die java.sql.PreparedStatement-Klasse entsprechende setXXX-Methoden für die verschiedenen Java-Typen. Die einzelnen Platzhalter werden wieder über die Position in der Anweisung, beginnend bei 1, identifiziert.

◄**Beispiel 13-9**► Mit diesem Programmausschnitt wird ein Tupel in die ERZEUGER-Relation eingefügt. Auf die Fehlerbehandlung wird dabei verzichtet.

```
String insStr =
    "insert into ERZEUGER values (?, ?, ?)";
PreparedStatement updStmt;
updStmt = con.prepareStatement(insStr);
updStmt.setString(1, "Chateau Lafitte");
updStmt.setString(2, "Medoc");
updStmt.setString(3, "Bordeaux");
updStmt.executeUpdate();
```
□

Schließlich kann die Anweisung ausgeführt werden, wobei hier in Abhängigkeit vom Typ der Anweisung (Anfrage oder Änderung) executeQuery bzw. executeUpdate aufzurufen sind.

Zur mehrmaligen Ausführung der vorkompilierten SQL-Anweisung sind die Werte jeweils zu belegen und anschließend die execute-Methoden aufzurufen. Darüber hinaus gibt es noch die Möglichkeit, *gespeicherte Prozeduren* mithilfe der Klasse java.sql.CallableStatement aufzurufen.

Weitere Konzepte

Neben den beschriebenen Mechanismen verfügt JDBC in der aktuellen Version über eine Reihe weiterer Konzepte. Hierzu gehören erweiterte Möglichkeiten zur Navigation in Ergebnismengen (frei positionierbare ResultSets), die Unterstützung von SQL:2003-Datentypen (siehe auch Abschnitt 17.4) sowie Konzepte, die auf die Performancesteigerung in komplexen mehrschichtigen Anwendungen wie z.B. Applikationsservern abzielen. Zu Letzteren gehören u.a. das Connection Pooling – d.h. die Abbildung einer größeren Anzahl logischer Datenbankverbindungen auf eine kleinere Menge von physischen Verbindungen durch deren Wiederverwendung in einem sogenannten *Connection Pool* – sowie verteilte Transaktionen. Eine ausführliche Beschreibung von JDBC und speziell auch der erweiterten Konzepte kann u.a. [SS03] entnommen werden.

13.2.4 Weitere Call-Level-Schnittstellen

Vergleichbare Schnittstellen sind auch nahezu in allen Skriptsprachen wie etwa PHP, Perl oder Ruby verfügbar, die gerade für die Entwicklung von Webanwendungen beliebt sind. Meist gibt es hier DBMS-spezifische Funktionen bzw. darauf aufbauende Bibliotheken. Stellvertretend sei an dieser Stelle nur die Anbindung von MySQL an PHP demonstriert. Zu diesem Zweck werden u.a. folgende Funktionen angeboten:

- mysql_connect(*host, user, passwd*) stellt die Verbindung zum Datenbankserver mithilfe der angegebenen Verbindungsinformationen her,

- mysql_select_db(*dbname*) wählt eine Datenbank mit dem angegebenen Namen zur weiteren Arbeit aus,

- mysql_query(*query*) führt die SQL-Anfrage *query* aus und liefert einen Cursor zurück,

- mysql_fetch_array(*result*) liefert das aktuelle Tupel zum Cursor *result* als ein assoziatives Feld von Werten und setzt den Cursor auf die nächste Position. Auf die einzelnen Feldelemente kann über die Spaltennamen zugegriffen werden.

◂**Beispiel 13-10**▸ Der folgende Codeausschnitt demonstriert die Ausführung einer SQL-Anweisung und das Auslesen der Ergebnistupel aus PHP heraus.

```php
<?php
   $query = "select Name, Weingut from WEINE";
   mysql_connect($host, $user, $passwd);
   mysql_select_db("WeinDB");
   $res = mysql_query($query);
   while ($row = mysql_fetch_array($res)) {
      printf("%s, %s\n", $row["Name"], $row["Erzeuger"]);
   }
   mysql_free_result($res);
?>
```

□

Nähere Informationen können den jeweiligen Sprach- und Bibliotheksbeschreibungen entnommen werden.

13.3 Eingebettetes SQL

Call-Level-Schnittstellen unterstützen *dynamisches SQL*, d.h. SQL-Anweisungen werden zur Laufzeit zusammengestellt und als Zeichenkette zum Datenbankserver gesendet. Diese Flexibilität bringt jedoch nicht nur Vorteile: Fehlerhafte Anweisungen oder Typkonflikte können auch erst zur Ausführungszeit erkannt werden. Eine Alternative ist die Technik der Einbettung von SQL-Anweisungen in den Quelltext einer imperativen Programmiersprache. Diese *statischen* SQL-Anweisungen können bereits zur Übersetzungszeit überprüft werden und reduzieren damit die Fehleranfälligkeit. Die beiden möglichen Formen der statischen und dynamischen Einbettung sowie die Java-Variante der Einbettung werden wir in den nächsten Abschnitten vorstellen.

13.3.1 Statische Einbettung: Embedded SQL

Diese Technik basiert auf dem Konzept eines Vorübersetzers, der in den Programmtext eines Anwendungsprogramms eingestreute SQL-Anweisungen analysiert und in Prozeduraufrufe bezüglich einer Bibliothek von Datenbankprozeduren umsetzt. Diese Einbettungstechnik wird als *statische Einbettung* bezeichnet. Abbildung 13.3 illustriert dieses Verarbeitungsprinzip.

Die wesentlichen Komponenten sind:

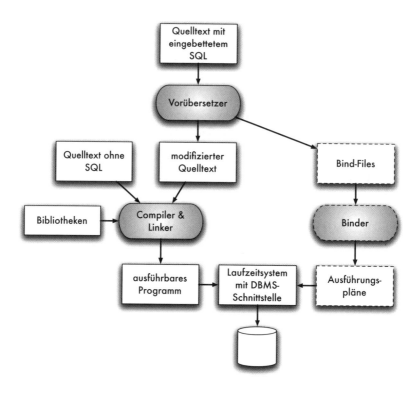

Abbildung 13.3: Vorübersetzerprinzip bei Embedded SQL

Vorübersetzer (Precompiler): Aufgabe des programmiersprachenspezifischen Vorübersetzer ist es, den mit SQL angereicherten Quelltext in folgender Weise zu verarbeiten:

- Die SQL-Anweisungen werden syntaktisch und gegebenenfalls auch semantisch überprüft. Letzteres bedeutet die Prüfung gegen die Datenbank, also etwa ob die Tabellen und Spalten existieren, die Zugriffsrechte vorhanden sind und keine Typkonflikte auftreten.

- Anschließend werden SQL-Anweisungen durch Funktions- bzw. Prozeduraufrufe ersetzt, beispielsweise unter Verwendung von SQL/CLI. Dadurch entsteht ein Quelltextmodul, das auch von einem normalen Programmiersprachen-Compiler (C oder Java) weiterverarbeitet werden kann, um ein ausführbares Programm zu erzeugen.

- Optional werden ein sogenanntes Bind-File oder ein Datenbank-Package generiert, die Informationen über die auszuführenden SQL-Anweisungen enthalten.

Laufzeitsystem: Das Laufzeitsystem überwacht die Ausführung des Anwendungsprogramms, lädt die benötigten Ausführungspläne nach, reagiert auf Fehler und kommuniziert dazu mit dem DBMS.

Binder: Der Binder erlaubt das Vorkompilieren von statischen SQL-Anweisungen, indem diese in Ausführungspläne übersetzt werden. Dadurch kann die unter Umständen aufwendige Optimierung der Anfragen zur Laufzeit der Anwendung entfallen.

Hierbei sind die gestrichelt dargestellten Teile (Binder) optional – nicht alle Systeme untersützen diesen Ansatz.

Im Quelltext müssen alle eingestreuten SQL-Anweisungen mit dem Schlüsselwort **exec sql** beginnen, um vom Vorübersetzer erkannt zu werden.

◄**Beispiel 13-11**► Die bereits angeführte Cursor-Deklaration würde im Programmtext also wie folgt lauten:

```
exec sql declare RotweinCurs cursor for
    select Name, Weingut, Jahrgang
    from WEINE
    where Farbe = 'Rot'
    for update of Name, Jahrgang;
```
□

Bei Änderungen und Löschungen über Cursor gelten dieselben Einschränkungen für die SQL-Anfragen, die einen Cursor definieren, wie bei Änderungen über Sichten.

Öffnen und Schließen einer Datenbank

Bevor mit einer Datenbank gearbeitet werden kann, muss die Verbindung mittels der **connect**-Anweisung hergestellt werden.

◄**Beispiel 13-12**► In einem konkreten System könnte so die Datenbank WeinDB wie folgt im Anwendungsprogramm geöffnet werden:

```
exec sql connect WeinDB;
```
□

Die Syntax der Parameter der **connect**-Anweisung differiert zwischen den verschiedenen Systemen; so wird in einigen Systemen zusätzlich zum Datenbanknamen auch ein Passwort abgefragt. Die Verbindung zwischen Anwendungsprogramm und Datenbank wird mittels **disconnect** wieder gelöst.

Deklaration benutzter Datenbankrelationen

Prinzipiell kann der Vorübersetzer auf den Datenbankkatalog zugreifen, um in der Analysephase die Korrektheit der SQL-Anweisungen bezüglich der Relationendefinitionen zu überprüfen. Diese Technik behindert allerdings die separate

Entwicklung von Datenbankanwendungsprogrammen, da bei jedem Übersetzungsvorgang die Datenbank angesprochen werden muss. Alternativ könnte man ganz auf die Analysephase verzichten, was allerdings Prinzipien des Softwareentwurfs zuwiderläuft.

Aus diesem Grund werden die Definitionen der Datenbankrelationen im Anwendungsprogramm explizit bekanntgegeben. Hierzu dient die Anweisung **declare table**, die analog zu einer Tabellendefinition in der SQL-DDL aufgebaut ist. Es handelt sich allerdings nur um die Bekanntgabe einer existierenden Relation – die Anweisung hat also nicht den Effekt einer **create table**-Anweisung.

◄**Beispiel 13-13**► In einem Anwendungsprogramm, das auf die Relation WEINE zugreifen möchte, kann diese Relation wie folgt deklariert werden:

```
exec sql declare table WEINE (
   WeinID int not null,
   Name varchar(20) not null,
   Farbe varchar(10),
   Jahrgang int,
   Weingut varchar(20),
   Preis decimal(5,2));
```

□

Diese Anweisung wird nicht von allen realisierten Systemen unterstützt, da sie „nur" der Typsicherheit in Anwendungsprogrammen dient.

Deklaration gemeinsamer Variablen

Da SQL-Anweisungen getrennt von Anweisungen der Programmiersprache übersetzt werden, müssen Programmvariablen, die sowohl in SQL-Anweisungen als auch außerhalb benutzt werden, gesondert definiert und in SQL-Anweisungen syntaktisch hervorgehoben werden.

Die Deklaration derartiger Variablen erfolgt ebenfalls in einem separaten **declare section**-Block.

◄**Beispiel 13-14**► Mit dem folgenden Block werden zwei Variablen deklariert, die in SQL-Anfragen eingesetzt werden können.

```
exec sql begin declare section;
      jahrgang integer;
      neuerPreis real;
exec sql end declare section;
```

□

In diesen Anweisungen wurde das SQL-Typsystem für die Variablen benutzt. Je nach System und verwendeter Programmiersprache kann die Variablendeklaration in einzelnen Systemen unterschiedlich aussehen. Wenn das

SQL-Typsystem verwendet wird, muss der Vorübersetzer aus den Variablendeklarationen die entsprechenden Typangaben der verwendeten Programmiersprache generieren.

Die den SQL-Datentypen entsprechenden Programmiersprachendatentypen hängen von der gewählten Wirtssprache ab. Oft wird jedoch das Typsystem der Programmiersprache auch innerhalb der eingestreuten SQL-Deklarationen verwendet, also etwa der C-Typ **char** * anstelle von **char**(n). Der Anwendungsprogrammierer muss sich in diesem Fall bezüglich der korrespondierenden SQL-Datentypen kundig machen.

Derartig deklarierte Variablen, die auch als *Hostvariablen* bezeichnet werden, können nun in SQL-Anweisungen direkt wie Konstanten benutzt werden. Sie werden dabei durch einen vorangestellten Doppelpunkt gekennzeichnet. Die explizite Kennzeichnung der Variablen erlaubt es, dass Variablen die gleichen Namen wie Attribute der Relation haben können.

◄**Beispiel 13-15**► Betrachten wir die Aktualisierung der Weinpreise, wobei der Jahrgang beispielsweise aus einer Nutzereingabe stammen kann:

```
jahrgang = 2000;
exec sql update WEINE
        set Preis = Preis * 1.10
        where Jahrgang < :jahrgang;
```

Mit dieser Methode können natürlich auch Tupel in die Datenbank eingefügt werden:

```
strcpy(weingut, 'Chateau Lafitte');
exec sql insert into ERZEUGER
        values (:weingut, 'Medoc', 'Bordeaux');
```

□

Diese Beispiele zeigen einen Transfer von Daten vom Anwendungsprogramm zur Datenbanksprache. Der umgekehrte Weg ist etwas komplexer, da im Anwendungsprogramm in der Regel keine Variablen vom Typ Relation benutzt werden können und auch die Existenz von Nullwerten berücksichtigt werden muss.

Datentransfer zwischen Datenbank und Programm

Im Fall einer Anfrage, die genau ein Tupel liefert, können wir die **into**-Klausel benutzen, um ein Tupel in eine Reihe von externen Hostvariablen zu übertragen. Praktisch kann diese Methode nur beim Zugriff über die Schlüsselattribute einer Relation erfolgen (bzw. beim Einsatz von Aggregatfunktionen).

◄**Beispiel 13-16**► In unserem Beispiel sollen die Informationen zum Wein mit dem Schlüssel 4711 ausgelesen und in die Hostvariablen kopiert werden:

```
exec sql select Name, Weingut, Jahrgang
        into :name, :weingut, :jahrgang
        from WEINE
        where WeinID = 4711;
printf("Wein = %s, %s, %ld\n", name, weingut, jahrgang);
```

□

Das Typsystem der Wirtssprachen bei der Einbettung unterstützt in der Regel nicht das Konzept der *Nullwerte* von SQL. Während bei Zeigertypen wie **char** * in C/C++ oder Referenzdatentypen wie in Java Nullwerte durch Nullpointer dargestellt werden können, funktioniert dies bei Basisdatentypen wie **int** oder **double** nicht: Mit dem numerischen Wert 0 kann nicht zwischen dem numerischen Wert und dem Datenbanknullwert unterschieden werden.

Zur Behandlung von Nullwerten werden daher sogenannte *Indikatorvariablen* eingeführt. Wird ein Attributwert mittels der **into**-Anweisung in eine Variable transferiert, kann zusätzlich eine Indikatorvariable mit angegeben werden, die anzeigt, ob ein Nullwert auftrat. Da die aktuellen SQL-Versionen keinen Datentyp **bool** kennen, sind Indikatorvariablen vom Typ **integer**, wobei ein negativer Wert einen Nullwert anzeigt.

◄**Beispiel 13-17**► Nehmen wir an, dass der Jahrgang in unserer WEINE-Relation optional ist. Zur Erkennung eines Nullwertes muss demzufolge eine Indikatorvariable jahrInd verwendet werden:

```
exec sql select Name, Weingut, Jahrgang
        into :name, :weingut, :jahrgang:jahrInd
        from WEINE
        where WeinID = 4711;
```

□

Einsatz der Cursor-Technik

Wir haben bereits die Deklaration eines Cursors vorgestellt. Um mit einem Cursor arbeiten zu können, werden drei Anweisungen angeboten: Ein Cursor kann geöffnet werden, ein aktuelles Tupel kann von der Datenbank in das Anwendungsprogramm transferiert werden (inklusive Weitersetzen des Cursors) und er kann wieder geschlossen werden.

Das Öffnen eines Cursors erfolgt mit der **open**-Anweisung. Hierbei wird auch die Anfrage ausgeführt. Anschließend können mit Hilfe der **fetch**-Anweisung die Tupel in die Variablen des Anwendungsprogramms übertragen werden, wobei der Cursor bei jedem **fetch**-Aufruf auf das nächste Tupel weitergesetzt wird. Auch hier müssen bei Bedarf Indikatorvariablen eingesetzt werden.

Die **close**-Anweisung beschließt schließlich den Transfer zwischen DBMS und Anwendungsprogramm.

◄**Beispiel 13-18**► Der Ablauf soll wiederum an einem kleinen Programmausschnitt demonstriert werden. Da die Anfrage des Cursors mehrere Tupel liefern kann, werden diese in einer **while**-Schleife ausgelesen. In unserem Beispiel ist diese als Endlosschleife realisiert, die beendet wird, wenn keine weiteren Tupel gefunden werden. Diese Fehlerbehandlung werden wir im nächsten Abschnitt vorstellen.

```
exec sql open RotweinCurs;
exec sql whenever not found do break;
while (1) {
   exec sql fetch RotweinCurs
      into :name, :weingut, :jahrgang:jahrInd;
   /* Verarbeitung der Ergebnisse */
}
exec sql close RotweinCurs;
```
□

Wir hatten bereits erwähnt, dass ein Cursor mittels **for update of** explizit derart deklariert werden kann, dass er Änderungen von Tupeln ermöglicht. In den SQL-Anweisungen **delete** und **update** kann über **current of** auf das jeweils aktuelle Tupel des Cursors zugegriffen werden.

◄**Beispiel 13-19**► Beispielsweise löscht die folgende Anweisung das zuletzt mittels **fetch** gelesene Tupel:

```
exec sql delete
      from WEINE
      where current of RotweinCurs;
```
□

Fehler- und Ausnahmebehandlung

Bisher haben wir noch nicht diskutiert, wie das Anwendungsprogramm auf Fehler- und Ausnahmesituationen reagieren kann. Der wichtigste Fall ist sicherlich der in Beispiel 13-18, dass beim Einsatz der **fetch**-Anweisung das Ende einer Relation erreicht wird, also kein Tupel mehr in das Anwendungsprogramm transferiert wurde.

Um derartige Situationen erkennen zu können, wird eine sogenannte *SQL Communication Area*, kurz SQLCA, in das Anwendungsprogramm eingebunden:

```
exec sql include sqlca;
```

In der SQLCA ist die Variable **sqlcode** vom Typ **integer** definiert, die nach jeder Anweisung einen Wert annimmt, der den Status der Befehlsausführung anzeigt, etwa bedeutet der Wert 0 eine erfolgreiche Ausführung, ein negativer Wert einen Fehler und ein positiver Wert eine Warnung (in einigen Systemen bedeutet der Wert +100 „kein Tupel gefunden"). Diese Variable wird oft nicht direkt zur Programmsteuerung benutzt, sondern indirekt mittels der **whenever**-Anweisung. Die SQLCA und die Bedeutung der Werte, die die Variablen in ihr annehmen können, sind nicht Bestandteil der SQL-Norm.

Die **whenever**-Anweisung ermöglicht die flexible Reaktion auf Fehler und Ausnahmesituationen. Sie hat die folgende Form:

    exec sql whenever Bedingung Aktion;

Die Bedingung *Bedingung* ist eine boolesche Anfrage, die auf den Werten der Variable **sqlcode** basiert. Es sind die folgenden Bedingungen definiert:

- **not found**: Kein Tupel wurde gefunden, definiert etwa als **sqlcode** = 100.
- **sqlwarning**: Warnung, entspricht **sqlcode** $> 0 \land$ **sqlcode** $\neq 100$.
- **sqlerror**: Fehler, also **sqlcode** < 0.

Die Folgeaktion *Aktion* kann entweder **continue** oder ein **goto**-Label sein. Einige Systeme erlauben zusätzlich die Angabe **stop** für Abbruch des Anwendungsprogramms, **break** für das Verlassen einer Schleife bzw. anstelle eines **goto** auch einen Prozeduraufruf mittels **call**.

Nach der Formulierung einer **whenever**-Anweisung wird der Vorübersetzer im zweiten Fall bei jeder SQL-Anweisung einen Test auf den **sqlcode** in Form eines bedingten Sprungs einbauen. Eine erneute[1] **whenever**-Anweisung überschreibt diese Compiler-Direktive. Die Angabe **continue** erfordert eine explizite Behandlung der Situation durch den Anwendungsprogrammierer.

Transaktionssteuerung

Das erfolgreiche Ende einer Transaktion (engl. *Commit*) kann vom Ersteller des Anwendungsprogramms mittels des folgenden Befehls signalisiert werden:

    exec sql commit work;

Der Abbruch einer Transaktion kann auf verschiedene Arten eingeleitet werden: Ein Systemfehler tritt ein, ein nicht aufgefangener Programmfehler erzwingt den Abbruch (z.B. Division durch 0) oder eine Datenbankänderung verletzt die Integritätsbedingungen. Der Abbruch kann aber auch durch folgenden Befehl explizit herbeigeführt werden:

---

[1] Erneut heißt hier textuell als Nächstes folgend im Programmtext – der Vorübersetzer hält sich in der Regel nicht an den Kontrollfluss oder an Blockkonzepte der Wirtssprache!

```
exec sql rollback work;
```

Die Wahl des englischen Schüsselwortes **rollback** soll andeuten, dass alle bisher in der Datenbank hervorgerufenen Effekte nun rückgängig gemacht werden müssen.

13.3.2 Dynamische Einbettung: Dynamic SQL

Bei der statischen Einbettung müssen alle SQL-Anweisungen bereits ausformuliert sein – die einzige Laufzeitmodifikation ist die Belegung von Variablen der Wirtssprache mit Werten. Es ist somit unmöglich, die Bedingung im **where**-Teil einer SQL-Anfrage beliebig zur Laufzeit zu bestimmen (etwa vom Anwender interaktiv zusammenstellen zu lassen).

Um derartige Modifikationen *zur Laufzeit* einer Anwendung zu ermöglichen, wurde die *dynamische Einbettung* unter dem Namen *Dynamic SQL* entwickelt. In Dynamic SQL werden SQL-Anfragen als Zeichenketten in Variablen der Wirtssprache abgelegt. Spezielle SQL-Variablen (vom Datentyp) enthalten die übersetzte und optimierte Anfrage. Folgerichtig benötigen wir zwei Anweisungen zum Arbeiten mit Dynamic SQL: Die Anweisung **prepare** erzeugt einen internen optimierten Anfrageplan aus einer Zeichenkette, und **execute** führt die umgesetzte Anfrage dann aus.

◂**Beispiel 13-20**▸ In einem konkreten Beispiel kann das wie folgt aussehen:

```
exec sql begin declare section;
        AnfrageString char(256) varying;
exec sql end declare section;
exec sql declare AnfrageObjekt statement;
AnfrageString =
        'delete from WEINE where WeinID = 4711';
...
exec sql prepare AnfrageObjekt from :AnfrageString;
exec sql execute AnfrageObjekt;
```

In der Anfrage haben wir bewusst die Schlüsselwörter der Löschanweisung nicht hervorgehoben, um deutlich zu machen, dass es sich hier tatsächlich nur um eine Zeichenkette handelt. □

Die beiden aufeinanderfolgenden Anweisungen **prepare** und **execute** können auch zu einem **execute immediate** zusammengefasst werden.

Sollen Variablen der Wirtssprache als Parameter der SQL-Anfrage genutzt werden, wie es in der statischen Einbettung üblich ist, müssen in der SQL-Anfrage Platzhalter (Fragezeichen) eingesetzt und die aktuellen Werte bei der Ausführung mittels der Angabe **using** übergeben werden.

◂**Beispiel 13-21**▸ Das Prinzip zeigt der folgende Programmabschnitt:

```
AnfrageString =
    'delete from WEINE where WeinID = ?';
exec sql prepare AnfrageObjekt from :AnfrageString;
exec sql execute AnfrageObjekt using :loeschID;
```

□

13.3.3 SQLJ: Embedded SQL für Java

Führende Datenbankhersteller wie IBM, Oracle und Sybase haben mit SQLJ einen eigenen Standard für die Kopplung von SQL mit der Programmiersprache Java entwickelt. Die SQLJ-Spezifikation besteht aus drei Teilen: Embedded SQL für Java (Part 0), Java Stored Procedures (Part 1) und Java-Klassen für benutzerdefinierte SQL-Datentypen (Part 2).

Mit der Definition des Embedded SQL für Java ist der Part 0 der SQLJ-Spezifikation für Anwendungsentwickler der wichtigste Teil. Dies wird auch dadurch deutlich, dass dieser Teil als ISO-Standard ISO/IEC 9075-10:2000 *Information technology – Database languages – SQL – Part 10:SQL/OLB* [ANS03d] verabschiedet ist und Implementierungen von verschiedenen Herstellern vorliegen. Auch Part 1 und 2 sind inzwischen von der ISO als SQL/JRT [ANS03b] verabschiedet.

Einbettung

Eingebettete SQL-Anweisungen werden im Java-Quelltext durch Voranstellen des Schlüsselwortes **#sql** gekennzeichnet. Die Anweisung selbst steht in geschweiften Klammern und wird nach dem folgenden Muster notiert:

```
{ SQL-Anweisung };
```

SQLJ-Quelltexte besitzen per Konvention die Dateinamenendung .sqlj. Da diese Quelltexte für den Java-Compiler nicht verständlich sind, müssen sie zuvor von einem Vorübersetzer – im SQLJ-Sprachgebrauch *SQLJ-Translator* – in echten Java-Code übersetzt werden. Dieser Translator übernimmt gleichzeitig noch die Aufgabe einer Syntax- und Semantikprüfung der eingebetteten SQL-Anweisungen, die optional auch online (d.h. mit Datenbankzugriff) erfolgen kann.

Zur Kommunikation mit dem Datenbanksystem werden die bereits in Abschnitt 13.2.3 vorgestellten Mechanismen verwendet. Dies bedeutet, dass zunächst ein JDBC-Treiber zu laden und anschließend unter Angabe einer JDBC-URL eine Verbindung zur Datenbank aufzubauen ist. Diese Verbindung (ein

Objekt der Klasse Connection) wird danach als Defaultverbindung für alle folgenden SQL-Anweisungen genutzt.

◄**Beispiel 13-22**► Das Prinzip ist im folgenden Programmausschnitt verdeutlicht. Die Verbindung wird wie in JDBC erzeugt, anschließend wird der Defaultkontext entsprechend belegt.

```
Connection con = DriverManager.getConnection(...);
DefaultContext ctx = new DefaultContext(con);
DefaultContext.setDefaultContext(ctx);
```
□

Hostvariablen

Die Übergabe von Parametern und Anfrageergebnissen erfolgt wie in Abschnitt 13.3.1 beschrieben durch Hostvariablen, wobei SQLJ mit den Hostausdrücken einen erweiterten Mechanismus anbietet. So lassen sich etwa aktuelle Parameterwerte auch im Rahmen einer SQL-Anweisung berechnen. Hostvariablen und -ausdrücke werden wie üblich durch einen vorangestellten Doppelpunkt gekennzeichnet. Eine Besonderheit von SQLJ ist, dass diese Variablen normale Java-Variablen sind und als solche nicht speziell in einem **declare section**-Block deklariert werden müssen.

◄**Beispiel 13-23**► In unserem Beispiel wird der Name des Weins mit der ID 4711 ermittelt, in die Variable name übernommen und anschließend ausgegeben.

```
String name;
#sql { select Name into :name from WEINE where WeinID = 4711 };
System.out.println("Wein = " + name);
```
□

Iteratoren

Auch die Unterstützung des Cursor-Konzeptes ist gegenüber den klassischen Einbettungstechniken in SQLJ deutlich einfacher und eleganter gelöst. So ist der Zugriff auf Ergebnisrelationen über Iteratoren realisiert, die in zwei Arten angeboten werden. *Benannte Iteratoren* ermöglichen den Zugriff auf Tupelwerte über den Namen der Spalte, während mit *Positionsiteratoren* die Spaltenwerte über Hostvariablen ausgelesen werden. Iteratoren müssen vor der Nutzung deklariert werden, wobei für benannte Iteratoren jeweils Typ und Bezeichnung der Ergebnisspalten festzulegen sind.

◄**Beispiel 13-24**► Mit der folgenden Deklaration wird ein Iterator eingeführt, mit dem über eine Ergebnisrelation mit den drei Spalten Name, Weingut, Jahrgang navigiert werden kann:

```
#sql public iterator WeinIter (String Name, String Weingut,
    int Jahrgang);
```

                                                                                                         □

Von diesem Iterator kann eine Variable definiert werden, der das Ergebnis einer Anfrage zugewiesen wird. Schließlich kann ähnlich den JDBC-ResultSets mithilfe der next-Methode über die Ergebnismenge iteriert werden. Die einzelnen Spaltenwerte werden jeweils durch Aufruf der Iterator-Methoden, die den zuvor festgelegten Spaltenbezeichnungen entsprechen, ausgelesen.

◂**Beispiel 13-25**▸ Der Iterator aus Beispiel 13-24 soll nun für die Auswertung einer Anfrage auf der WEINE-Relation genutzt werden.

```
WeinIter iter;
#sql iter = { select Name, Weingut, Jahrgang from WEINE };

while (iter.next()) {
   System.out.println(iter.Name() + " "+
       iter.Weingut() + " "+ iter.Jahrgang());
}
```

Neben der statischen Einbettungstechnik, die den Vorteil der Überprüfung der SQL-Anweisungen zur Übersetzungszeit besitzt, erlaubt SQLJ aber auch die Nutzung von dynamischem SQL. Hierzu ist die Interoperabilität mit JDBC möglich: So lassen sich JDBC-Verbindungen nutzen, um zur Laufzeit SQL-Anweisungen zusammenzustellen und zum Datenbanksystem zu senden. Weiterhin können auch Iteratoren in ResultSet-Objekte umgewandelt werden, die einen generischen Zugriff auf die Anfrageergebnisse gestatten.

13.4 High-Level-Schnittstellen

Die im vorigen Abschnitt vorgestellten Schnittstellen erlauben zwar den Zugriff auf SQL-Datenbanken aus Anwendungsprogrammen heraus, überlassen es aber dem Entwickler, für die Transformation der Tupel bzw. Relationen in die Objekte der jeweiligen Programmiersprache zu sorgen. Daher wurden speziell für objektorientierte Programmiersprachen wie Java oder C# Techniken entwickelt, die diese oft als *objekt-relationales Mapping* bezeichnete Abbildung übernehmen. Wesentliches Merkmal einer solchen Schnittstelle ist das (weitgehende) Verbergen von SQL und damit das Überwinden des Impedance Mismatch.

Grundsätzlich ergeben sich hierbei zwei Aufgaben: Zum einen der konzeptionelle Aspekt der Zuordnung von Klassen und Attributen zu Tabellen und Spalten sowie der Laufzeitaspekt der Ableitung von SQL-Anweisungen bzw.

der Transformation der Tupel in Objekte. In Abbildung 13.4 ist das Prinzip dargestellt: Eine Abbildungsvorschrift definiert die Zuordnung, die durch ein Laufzeitsystem in Form der Transformation von Anfragen bzw. Ergebnisdaten realisiert wird.

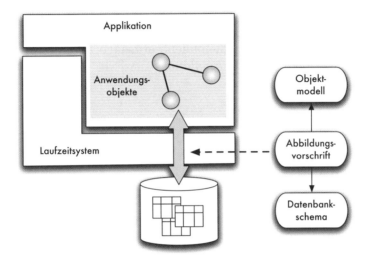

Abbildung 13.4: Prinzip der objekt-relationalen Abbildung

In den folgenden Abschnitten werden wir zunächst die Grundlagen der Abbildung vorstellen und anschließend mit Hibernate einen konkreten Ansatz beschreiben.

13.4.1 Grundlagen der Abbildung

Die Grundidee der Abbildung zwischen dem Relationenmodell und objektorientierten Konzepten erscheint offensichtlich: Klassen entsprechen den Relationen, Attribute den Spalten und Objekte werden als Tupel gespeichert. Tatsächlich ergeben sich aber einige Herausforderungen, die sich aus der fehlenden Unterstützung semantisch reicher Modellierungskonzepte, wie z.B. Spezialisierung, Aggregation und Assoziation, durch das Relationenmodell ergeben. So ist etwa festzulegen, wie Vererbungsbeziehungen oder mengenwertige Attribute abzubilden sind bzw. wie Beziehungen zwischen Objekten realisiert werden. Nachfolgend wollen wir die wichtigsten dieser Abbildungsregeln kurz vorstellen.

Klassen und Tabellen

In einem objektorientierten Modell definiert eine Klasse die Eigenschaften von Objekten und umfasst als Extension die Menge aller Objekte (Instanzen). In gleicher Weise legt das Relationenschema einer Tabelle die Struktur fest und die Relation besteht aus einer Menge von Tupeln. Die einfachste Form einer Abbildung ist daher eine 1:1-Abbildung: Eine Klasse entspricht einer Tabelle. Allerdings werden im Rahmen des relationalen Entwurfs Normalformen gebildet, die Datenredundanz und Anomalien vermeiden sollen (siehe Kapitel 6). Daher sind prinzipiell folgende Abbildungen zwischen Klassen und Tabellen möglich:

- eine Klasse auf eine Tabelle,
- eine Klasse auf mehrere Tabellen,
- mehrere Klassen auf eine Tabelle.

Ein Beispiel für die Abbildung einer Klasse auf eine Tabelle ist in Abbildung 13.5 angegeben. Die Klasse Wein wird in der Datenbank durch die Relation WEINE repräsentiert, die Attribute werden auf die Spalten abgebildet.

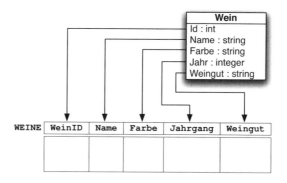

Abbildung 13.5: Abbildung von Klassen

Attribute

Die Abbildung von Attributen auf Spalten ist abhängig vom Typ des jeweiligen Attributs:

- Attribute mit einem primitiven, vom DBMS unterstützten Typ korrespondieren direkt zu einer Spalte der Tabelle.

- Für mengenwertige Attribute mit einem Kollektionstyp ist entsprechend der 1NF eine eigene Tabelle zur Realisierung einer 1:n-Beziehung einzuführen. Diese Tabelle muss mindestens eine Spalte für den Identifikator des Objektes und eine Spalte für den Wert des Elementes des Kollektionsattributs besitzen.

- Attribute eines anderen Typs sind über einen Fremdschlüssel abzubilden, d.h., es ist in der Tabelle der Klasse eine Spalte mit dem Typ des Attributidentifikators vorzusehen.

Abbildung 13.6 zeigt ein Beispiel für die Abbildung eines mengenwertigen Attributs. Die Klasse Erzeuger soll ein Attribut Winzer mit der Liste der Winzer dieses Weingutes enthalten. Diese Werte werden getrennt von den Weinen in einer Tabelle WINZER gespeichert, wobei jeder Winzer durch ein eigenes Tupel aus dem Winzernamen und dem Weingut als Schlüssel in ERZEUGER repräsentiert wird.

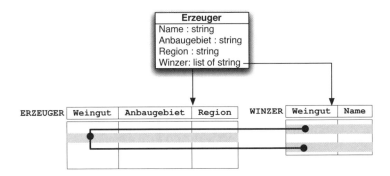

Abbildung 13.6: Abbildung mengenwertiger Attribute

Beziehungen

Beziehungen zwischen Objekten werden im Relationenmodell auf Fremdschlüsselbeziehungen abgebildet. Grundsätzlich gibt es dafür drei Alternativen:

- Es werden eingebettete Fremdschlüssel in der Relation der Klasse verwendet, d.h. der Identifikator des assoziierten Objektes wird als Fremdschlüssel in zusätzlichen Spalten gespeichert.

- Fremdschlüsseltabellen werden eingeführt, wodurch die Beziehungsinstanz als ein Tupel mit den Schlüsseln der beteiligten Objekte repräsentiert wird.

- Die in Beziehung stehenden Klassen werden auf eine einzelne Tabelle abgebildet, wobei jedoch die Normalformen verletzt werden und bei optionalen Beziehungen Nullwertprobleme auftreten können.

Bei der Auswahl einer dieser Möglichkeiten sind Stelligkeit und Kardinalität zu berücksichtigen. So können beispielsweise m:n-Beziehungen im Allgemeinen nur durch Fremdschlüsseltabellen realisiert werden. Es lassen sich daher folgende Abbildungsregeln angeben:

- 1:1-Beziehungen lassen sich mit Hilfe aller drei Varianten abbilden. Jedoch sind eingebettete Fremdschlüssel hier die effizienteste Lösung.

- 1:n-Beziehungen werden entweder durch eingebettete Fremdschlüssel oder durch Fremdschlüsseltabellen abgebildet, wobei die Variante mit den eingebetteten Fremdschlüsseln der Normalfall ist. Im ersten Fall wird der Fremdschlüssel in der Tabelle der Klasse eingebettet, die die Rolle mit der Kardinalität n repräsentiert. Im zweiten Fall sind Spalten für die Identifikatoren der beteiligten Objekte vorzusehen.

- Beziehungen mit Attributen sind im Allgemeinen durch Fremdschlüsseltabellen abzubilden. Die Tabelle muss dabei Spalten für die Attribute sowie die Fremdschlüssel der beteiligten Objekte besitzen. Bei 1:n-Beziehungen können die Attribute jedoch auch gemeinsam mit den Fremdschlüsseln eingebettet werden, so dass keine zusätzliche Tabelle benötigt wird.

- m:n-Beziehungen werden auf Fremdschlüsseltabellen abgebildet, wobei für jede beteiligte Klasse eine Spalte für den Fremdschlüssel vorzusehen ist.

- Drei- und mehrstellige Beziehungen sind ebenfalls in der Regel durch Fremdschlüsseltabellen zu realisieren. Eine Ausnahme bilden hier Spezialfälle wie 1:1:1-Beziehungen.

Das Beispiel aus Abbildung 13.7 demonstriert die Abbildung einer 1:n-Beziehung. Die Klassen Wein und Erzeuger sind über die Beziehung produziert verbunden. Auf Datenbankebene wird daher ein eingebetteter Fremdschlüssel eingeführt, indem der Schlüssel Weingut der Relation ERZEUGER in die Relation WEINE aufgenommen wird.

13.4.2 Hibernate

Hibernate ist ein Java-basiertes Framework für objekt-relationales Mapping. Es erlaubt auf einfache und dennoch flexible Weise, Java-Objekte in einer rela-

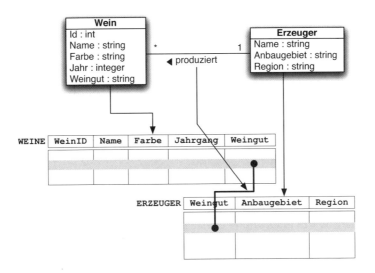

Abbildung 13.7: Abbildung von Beziehungen

tionalen Datenbank persistent zu verwalten. Nachfolgend wollen wir an einem einfachen Beispiel die Anwendung von Hibernate illustrieren[2].

◄**Beispiel 13-26**► Hierzu gehen wir von einer Java-Klasse Wein aus, deren Objekte in der bekannten WEINE-Relation gespeichert werden sollen.

```
public class Wein {
    private int id;
    private String name;
    private String farbe;
    private int jahr;
    private String weingut;

    public void setName(String n) { name = n; }
    public String getName() { return name; }
    public void setFarbe(String f) { farbe = f; }
    public String getFarbe() { return farbe; }
    public void setJahr(int j) { jahr = j; }
    public int getJahr() { return jahr; }
    ...
}
```

---

[2]In allen Beispielen verzichten wir im Interesse der Lesbarkeit auf die Angabe der Java-Packages org.hibernate.*

Die Attribute sind als privat deklariert, daher werden entsprechend den Java-Konventionen set/get-Methoden für jedes Attribut definiert, die auch von Hibernate so erwartet werden. □

Zur Abbildung einer Klasse auf eine Relation ist eine Mapping-Datei erforderlich, die in XML notiert wird. XML werden wir in Kapitel 18 genauer behandeln – an dieser Stelle sollte das Grundprinzip jedoch auch ohne XML-Kenntnisse verständlich sein. In der Mapping-Datei werden der Name der Klasse sowie die in der Relation zu speichernden Attribute angegebenen. Zu jedem Attribut kann gegebenenfalls noch die Zielspalte festgelegt werden, sofern der Name nicht dem Attributnamen der Klasse entspricht.

◄**Beispiel 13-27**► Die Wein-Klasse soll nun auf die Relation WEINE abgebildet werden. Hierzu wird pro Klasse ein class-Element angegeben, das den Klassennamen sowie die Zieltabelle festlegt. Für jedes persistente Attribut wird weiterhin ein property-Element eingeführt. Das id-Element legt fest, wie die Primärschlüsselwerte behandelt werden sollen. In unserem Beispiel wird einfach der datenbanksystemeigene Mechanismus genutzt.

```
<hibernate-mapping>
   <class name="Wein" table="WEINE">
     <id name="id">
        <generator class="native" />
     </id>
     <property name="name" />
     <property name="farbe" />
     <property name="jahr" column="jahrgang"/>
     <property name="weingut" />
   </class>
</hibernate-mapping>
```

Da das Java-Attribut jahr nicht mit dem korrespondierenden Spaltennamen übereinstimmt, wird hier die Zielspalte explizit fesgelegt. Alle anderen Attribute werden auf die gleichnamigen Spalten abgebildet. □

Die Java-Klasse sowie die Mapping-Datei können nun gemeinsam mit dem Hibernate-Laufzeitsystem (eine Reihe von Java-Klassen) in einer Anwendung genutzt werden. Hierzu wird weiterhin eine XML-Konfigurationsdatei benötigt, die u.a. den verwendeten Treiber für das Datenbanksystem, die Verbindungsinformationen sowie die Mapping-Datei(en) definiert. Details hierzu sind der Hibernate-Dokumentation zu entnehmen.

Der erste Schritt in einer Hibernate-Anwendung ist die Initialisierung des Laufzeitsystems und die Erzeugung einer *SessionFactory*, über die nachfolgend Sitzungen erzeugt werden können.

```
Configuration config = new Configuration().configure();
```

```
SessionFactory sessFactory = config.buildSessionFactory();
Session session = sessFactory.openSession();
```

Mit diesen Objekten kann nun ein Objekt angelegt und in der Datenbank eingetragen werden.

◄**Beispiel 13-28**► Wir erzeugen zunächst ein normales Java-Objekt der Klasse Wein und belegen die Attribute mit Werten. Anschließend wird über das Session-Objekt eine Transaktion gestartet (im Gegensatz zu SQL muss dies hier explizit erfolgen!) und dann das Objekt über die save-Methode der Sitzung in der Datenbank eingefügt. Der letzte Schritt ist das Commit der Transaktion.

```
Transaction tx = null;

Wein wein = new Wein();
wein.setName("Pinot Noir");
wein.setFarbe("Rot");
wein.setJahr(1999);
wein.setWeingut("Helena");

try {
   tx = session.beginTransaction();
   session.save(wein);
   tx.commit();
} catch (HibernateException exc) {
   if (tx != null) tx.rollback();
}
```

□

Objekte können auf verschiedene Weise aus der Datenbank geladen werden. Neben dem Zugriff über den Primärschlüssel bietet sich hierbei insbesondere natürlich eine Anfrage an. Diese können sowohl in SQL und in einer Hibernate-eigenen Erweiterung HQL formuliert als auch durch verschiedene Methodenaufrufe konstruiert werden. Letzteres wird als *Query by Criteria (QBC)* bzw. *Query by Example (QBE)* bezeichnet.

Die Verwendung von HQL hat den Vorteil, dass Anfragen auf dem konzeptuellen Schema (den Java-Klassen) formuliert werden und so die Namen der Datenbanktabellen und -spalten nicht benötigt werden. Außerdem kann die **select**-Klausel entfallen, wenn das Ergebnis eine Objektmenge der angefragten Klasse sein soll. Wie bei allen anderen in diesem Kapitel betrachteten Techniken wird auch hier ein Cursor bzw. Iterator benötigt, um über die Ergebnismenge zu navigieren. Allerdings übernimmt Hibernate die Transformation der Tupel in Objekte, so dass nur noch eine Typkonvertierung (engl. *Cast*) notwendig ist.

◄**Beispiel 13-29**► Mit einer Anfrage sollen alle Rotweine ermittelt und die entsprechenden Java-Objekte der Wein-Klasse initialisiert werden:

```
Query query =
   session.createQuery("from Wein where Farbe = 'Rot'");
Iterator iter = query.iterate();
while (iter.hasNext()) {
   Wein wein = (Wein) iter.next();
   ...
}
```

Nachdem ein Objekt über iter.next() aktiviert wurde, kann es über die normalen Methodenaufrufe manipuliert werden. □

Eine weitere Möglichkeit, Anfragen zu formulieren, ist *Query by Criteria* (QBC). Hierbei wird die Anfrage nicht als String angegeben, sondern durch Methodenaufrufe zusammengebaut. Derartige Anfragen gehen immer von einer der Klassen aus, die als Parameter der createCriteria-Methode anzugeben ist. Zusätzliche Bedingungen werden durch Hinzufügen von Instanzen der Restrictions-Klasse definiert.

◄**Beispiel 13-30**► Die obige Anfrage kann als QBC-Anfrage wie folgt formuliert werden:

```
List res = session.createCriteria(Wein.class)
   .add(Restrictions.eq("farbe", "Rot"))
   .list();
```

Auf die Ergebnisliste kann dann wiederum über einen Iterator zugegriffen werden. □

Das QBE-Prinzip in Hibernate funktioniert in ähnlicher Weise. Hier muss zunächst ein Beispielobjekt (in unserem Fall eine Instanz der Klasse Wein) erzeugt werden, das dann mit Hilfe einer Example-Instanz in eine QBC-Anfrage eingesetzt wird.

◄**Beispiel 13-31**► Unsere Anfrage nach Rotweinen kann demnach wie folgt umgesetzt werden:

```
Wein wein = new Wein();
Wein.setFarbe("Rot");
List res = session.createCriteria(Wein.class)
   .add(Example.create(wein))
   .list();
```

□

Die Manipulation von Objekten weist – bis auf die Ausführung im Rahmen einer Transaktion – keine Besonderheit auf, insbesondere sind hier keine **update**-Anweisungen notwendig.

◀**Beispiel 13-32**▶ Die Aktualisierung eines der in Beispiel 13-29 aktivierten Objekte kann auf folgende Weise erfolgen:

```
Wein wein = ...
Transaction tx = session.beginTransaction();
wein.setJahr(2004);
tx.commit();
```
□

In ähnlicher Weise ist auch das Löschen von Objekten in der Datenbank möglich. Hierzu kann die Methode session.delete(*obj*) verwendet werden.

Bisher haben wir nur die Abbildung von einfachen Klassen mit atomaren Attributen beschrieben. Hibernate erlaubt aber auch die Repräsentation von Beziehungen und das Navigieren entlang dieser Beziehungen. Betrachten wir hierzu die Fremdschlüsselbeziehung zwischen den Relationen WEINE und ERZEUGER. Bei einer objektorientierten Modellierung würde man dies über eine Assoziation darstellen. Für die Umsetzung in einer Programmiersprache wie Java besteht allerdings das Problem, dass es dort keine bidirektionalen Beziehungen gibt, sondern dass diese über ein Referenzattribut (Wein → Erzeuger) bzw. eine Kollektion von Referenzen (Erzeuger → Wein) implementiert werden müssen.

◀**Beispiel 13-33**▶ Erweitern wir unser Beispiel um eine Klasse Erzeuger:

```
public class Erzeuger {
   private String name;
   private List<Wein> weine;
   ...
   public void setWeine(List<Wein> w) { weine = w; }
   public List<Wein> getWeine() { return weine; }
}
```

Die Weine eines Erzeugers werden hierbei in einer Liste verwaltet. Demzufolge müsste die Wein-Klasse ebenfalls ergänzt werden:

```
public class Wein {
   ...
   private Erzeuger weingut;

   public void setErzeuger(Erzeuger w) { weingut = w; }
   public Erzeuger getErzeuger() { return weingut; }
}
```
□

Damit diese Beziehung auch in der Datenbank als Fremdschlüsselbeziehung repräsentiert werden kann, muss das Mapping erweitert werden. Betrachten wir zunächst die n-Seite der Beziehung. Hierfür wird ein many-to-one-Element benötigt, das die Spalte in der Datenbankrelation identifiziert.

◄**Beispiel 13-34**► Die Mapping-Datei zur Wein-Klasse muss wie folgt erweitert werden:

```
<hibernate-mapping>
   <class name="Wein" table="WEINE">
      ...
      <many-to-one name="weingut" />
   </class>
</hibernate-mapping>
```

□

Das Verfolgen dieser Beziehung aus Java heraus ist wieder denkbar einfach – auch hier ist keine explizite Datenbankanfrage nötig. Hibernate erkennt selbst, ob das entsprechende Erzeuger-Objekt schon geladen wurde oder nicht. Im letzteren Fall wird automatisch die notwendige SQL-Anfrage ausgeführt.

◄**Beispiel 13-35**► Zu einem bereits geladenen Wein-Objekt soll der Erzeuger ermittelt werden:

```
Wein wein = ...
Erzeuger erz = wein.getErzeuger();
```

Eine Änderung der Zuordnung zwischen Wein und Erzeuger ist in gleicher Weise über den Aufruf von setErzeuger möglich. □

Für die andere Seite der Beziehung ist in der Mapping-Datei ein Kollektionselement wie list oder set einzufügen, das die Zieltabelle und die für die Zuordnung notwendigen Tabellenspalten festlegt. Hierzu werden zwei Subelemente key und many-to-many verwendet. Weiterhin muss bei einer bidirektionalen Beziehung eine Seite des Mappings mit inverse="true" gekennzeichnet sein.

◄**Beispiel 13-36**► Für die oben eingeführte Java-Klasse Erzeuger müsste das Mapping daher wie folgt definiert werden:

```
<hibernate-mapping>
   <class name="Erzeuger" table="ERZEUGER">
      <id name="weingut">
         <generator class="assigned" />
      </id>
      <property name="name" />
      <set name="weine" table="WEINE" inverse="true">
```

```
            <key column="weingut">
            <many-to-many column="weingut" class="Wein"/>
        </set>
    </class>
    ...
</hibernate-mapping>
```

In diesem Beispiel wurde ein anderer Weg für die Generierung der Primärschlüssel verwendet: assigned bedeutet, dass hier ein eindeutiger Wert von der Anwendung zugewiesen wird (in unserem Fall einfach der Name des Weinguts). Das set-Element betrifft das mengenwertige Attribut weine, das auf die Tabelle WEINE und die Zielklasse Wein verweist. Da es sich hier um die 1-Seite der Beziehung handelt, kommt das many-to-many-Element zum Einsatz. □

Allerdings ist diese Repräsentation in Form bidirektionaler Beziehungen nicht unbedingt immer der beste Weg. Wenn beispielsweise ein Weingut sehr viele Weine anbietet, müssen alle diese Objekte aus der Datenbank geladen werden. In diesem Fall wäre eine Anfrage besser.

◄**Beispiel 13-37**► Als Beispiel betrachten wir wiederum die Ermittlung der Weine eines Weingutes, das in Form eines Erzeuger-Objektes vorliegt:

```
Erzeuger erzeuger = ...
Query query =
    session.createQuery("from Wein where weingut=?");
query.setEntity(0, erzeuger);
Iterator iter = query.iterate();
while (iter.hasNext()) {
    Wein wein = (Wein) iter.next();
    ...
}
```
□

In diesem Beispiel wird ein bereits existierendes Java-Objekt (erzeuger) als Parameter für den ?-Platzhalter in der Anfrage eingesetzt. Dies erfolgt über die setEntity-Methode, wobei zu beachten ist, dass die Numerierung in Hibernate bei 0 beginnt. Alternativ sind auch benannte Platzhalter der Form :*param* möglich.

Das Verfolgen von Beziehungen ist auch innerhalb von Anfragen möglich. So kann beispielsweise bei QBC-Anfragen die referenzierte Klasse über einen zusätzlichen Aufruf von createCriteria eingefügt werden. Mit diesen Ausführungen wollen wir die Vorstellung von Hibernate abschließen. Für eine vollständige Darstellung aller Möglichkeiten sei auf die Onlinedokumentation bzw. spezielle Literatur verwiesen.

13.4.3 Weitere Technologien

Hibernate ist nicht die einzige Lösung für höherwertige Datenbankschnittstellen bzw. objekt-relationale Abbildung. Aus der Java-Community kommt der Standardisierungsvorschlag einer *Java Persistence API* für *Java Enterprise Beans*, an die Hibernate deutlich angelehnt ist. Eine weitere Java-Technologie ist JDO, die einen ähnlichen Ansatz verfolgt, dabei aber nicht auf relationale Datenbanken beschränkt ist.

Für die Microsoft-Plattform gibt es ebenfalls eine Reihe entsprechender Produkte. Auf unterster Ebene zählt hierzu ADO.NET, das zunächst mit JDBC vergleichbar ist, jedoch das NET-Framework mit Sprachen wie C# oder Visual Basic adressiert. Für die kommende NET-Version ist außerdem das *ADO.NET Entity Framework* vorgesehen, das ebenfalls ein objekt-relationales Mapping beinhaltet. Damit verbunden ist *LINQ (Language Integrated Query)* als Anfragesprache, bei der Anfragen über entsprechende (C#-)Sprachkonstrukte konstruiert werden können. Dies ist zunächst mit den QBC-Anfragen von Hibernate vergleichbar, allerdings gibt es in LINQ Methoden, die den SQL-Klauseln entsprechen.

◂**Beispiel 13-38**▸ Das folgende C#-Beispiel zeigt die Umsetzung der Anfrage nach Rotweinen mit einer **where**- und einer **select**-Klausel. Die Parameter dieser Methoden sind sogenannte Lambda-Ausdrücke, die es erlauben, Funktionen (in diesem Fall das Prädikat Farbe = "Rot") als Parameter zu übergeben.

```
IEnumerable<string> res = weine
   .Where(w => w.Farbe = "Rot")
   .Select(w => new { w.Name });
```

Das Ergebnis der Anfrage ist hier ein Objekt vom Typ IEnumerable<string>, d.h. ein Iterator bzw. in NET-Sprachgebrauch Enumerator zum Navigieren über eine Kollektion. □

Die mit C# 3.0 eingeführten neuen Sprachkonstrukte erlauben auch eine direkte Notation der Anfrageausdrücke, die intern in entsprechende Methodenaufrufe wie in Beispiel 13-38 umgesetzt werden.

◂**Beispiel 13-39**▸ Dementsprechend kann die obige Anfrage wie folgt formuliert werden:

```
IEnumerable<op> res = from w in weine
   where w.Farbe = "Rot"
   select new { w.Name };
```
□

Eine Besonderheit von LINQ ist es, dass die Anfragen nicht auf SQL-Datenbanken beschränkt sind. So können auch Programmiersprachenobjekte wie Felder oder Listen und XML-Daten mit LINQ-Ausdrücken angefragt werden.

Sowohl ADO.NET mit LINQ als auch Hibernate bieten darüber hinaus auch die Möglichkeit, die Abbildungsvorschrift durch sogenannte Annotationen im Quelltext von C# bzw. Java zu definieren, so dass die zusätzliche Definition von XML-Konfigurationsdateien entfallen kann.

Alle diese Werkzeuge zur objekt-relationalen Abbildung können die Entwicklung von Datenbankanwendungen deutlich vereinfachen, indem Transformation und Anfrageformulierung automatisiert werden und so die Komplexität von SQL verborgen wird. Damit sind derartige Techniken für Anwendungen geeignet, die im Wesentlichen Objekte und Objektbeziehungen manipulieren. Für Applikationen, die komplexe Anfragen zur Datenauswertung oder zum Reporting erfordern, bildet der direkte SQL-Zugriff dagegen oft die bessere Alternative.

13.5 Prozedurale SQL-Erweiterungen und Datenbanksprachen

SQL ist als eine interaktive Sprache entworfen worden, bei der jede Anweisung eine Einheit bildet, die sofort ausgeführt wird – eine über derartige Blöcke hinausgehende Ablaufkontrolle wurde vom DBMS nicht unterstützt. Für Anwendungsprogramme etwa in Embedded SQL hat das zur Folge, dass jeweils die Abarbeitungskontrolle zwischen Anwendungsprogramm und DBMS auf sehr kleinen Granularitäten hin- und hergeschaltet werden muss. Auch ist keine DBMS-Optimierung möglich, die über den Bereich einer einzelnen Anweisung hinweg erfolgt – das DBMS kennt ja die darüber hinausgehende Ablaufstruktur einer Anwendung gar nicht.

Eine naheliegende Abhilfe aus dieser Situation ist es, SQL um Ablaufkonstrukte zu erweitern, die man aus imperativen Sprachen kennt, etwa Sequenz, bedingte Ausführung und Schleifen. Werden außerdem noch Sprachelemente zur Definition von Prozeduren und Funktionen bereitgestellt, so lassen sich *gespeicherte Prozeduren* realisieren, die vom Datenbankserver verwaltet und dort auch ausgeführt werde,n und damit lokalen Zugriff auf die Daten haben. Kommerzielle Systeme bieten derartige Sprachen an, etwa Oracle mit PL/SQL oder Sybase und Microsoft mit Transact-SQL. Im aktuellen SQL-Standard ist eine solche prozedurale SQL-Spracherweiterung unter dem Namen SQL/PSM ebenfalls vorgesehen.

Neben prozeduralen SQL-Erweiterungen können in einigen modernen DBMS aber auch normale Programmiersprachen zur Implementierung von gespeicherten Prozeduren genutzt werden. Diese *externen Routinen* können selbst wieder SQL-Anweisungen für die Verarbeitung der Daten aus der Datenbank beinhalten. Allerdings stellt die Ausführung dieser Routinen besondere Anforderungen, so bezüglich der Bereitstellung einer sicheren Umgebung, um bei Programmfehlern nicht den Ausfall des gesamten DBMS zu riskieren. Besonders geeignet sind daher Sprachen wie Java, die neben der Plattformunabhängigkeit und einem sicheren Sprachkonzept (Verzicht auf Zeiger, automatische Speicherbereinigung) eine solche sichere Ausführungsumgebung (*Sandbox*) ermöglichen.

13.5.1 Vorteile von gespeicherten Prozeduren

Gespeicherte Prozeduren und ihre Verwaltung in der Datenbank selber sind ein wesentliches neues Konzept der Datenbanktechnik. Mit diesem Konzept kann neben Datendefinitionen auch *Funktionalität* der modellierten Anwendung redundanzfrei im DBMS kontrolliert verwaltet werden. Die wichtigsten Vorteile dieses Ansatzes sind die Folgenden:

- Wie in Programmiersprachen auch sind Funktionen, Prozeduren und Pakete ein bewährtes Strukturierungsmittel für größere Anwendungen.

- Die Angabe der Funktionen und Prozeduren erfolgt in der Datenbanksprache selbst und nicht in irgendeiner ansonsten verwendeten Programmiersprache. Derartige Prozeduren sind also nur vom DBMS abhängig und nicht von externen Programmiersprachen oder Betriebssystemumgebungen.

- Da dem DBMS die Sprache der Prozeduren bekannt ist (außer bei externen Routinen), kann das System eine weitgehende *Optimierung* der Prozeduren vornehmen.

- Die Ausführung der Prozeduren erfolgt vollständig unter Kontrolle des DBMS (und nicht eines Laufzeitsystems einer Programmiersprache). Dies bringt insbesondere Vorteile in Client-Server-Architekturen: Die Prozedur kann im Server ausgeführt werden, ohne dass Daten oder Prozedurcode über das Netz geschickt werden müssen.

- Die zentrale Kontrolle der Prozeduren ermöglicht eine redundanzfreie Darstellung relevanter Aspekte der Anwendungsfunktionalität durch das Datenbankmanagementsystem selbst.

- Konzepte und Mechanismen der Rechtevergabe etc. des DBMS können auf Prozeduren erweitert werden (vgl. Abschnitt 15.2).

- Prozeduren können in der Integritätssicherung verwendet werden, etwa als Aktionsteil von Triggern (vgl. Abschnitt 12.5).

Allerdings seien auch einige Nachteile nicht verschwiegen. So ist die Fehlersuche in gespeicherten Prozeduren deutlich aufwendiger, auch wenn inzwischen spezielle Entwicklungswerkzeuge verfügbar sind. Für die prozeduralen SQL-Varianten stehen auch nicht die bei anderen Programmiersprachen oft existierenden leistungsfähigen Programmierbibliotheken zur Verfügung, z.B. mit mathematischen oder statistischen Operationen, so dass diese dann entweder neu implementiert oder als externe Routinen eingebunden werden müssen. Schließlich sind Prozeduren, die eine Benutzerinteraktion erfordern, oft nicht sinnvoll als gespeicherte Prozedur realisierbar.

13.5.2 SQL/PSM: Der Standard

Seit Mitte der 90er Jahre sind prozedurale SQL-Erweiterungen auch Inhalt der SQL-Standardisierung. Der Standard SQL/PSM wurde in einer ersten Version 1996 veröffentlicht und dann im Zusammenhang mit SQL3 und SQL:1999 überarbeitet. PSM steht hierbei für Persistent Stored Modules. Der Standard behandelt unter anderem die folgenden Aspekte:

- Es gibt gespeicherte Module, die gespeicherte Prozeduren und Funktionen (zusammengefasst als Routinen bezeichnet) beinhalten. Module können mittels **create module** und **drop module** erzeugt und gelöscht werden.

- Routinen können auch einzeln in der Datenbank gespeichert werden.

- Neben reinen SQL-Routinen können auch externe Routinen in Sprachen wie Ada, C, COBOL, Fortran, Java, MUMPS, Pascal oder PL/I gespeichert werden.

- Die Syntax für Parameter, eine **call**-Anweisung für Prozeduren, Benutzerrechte für Routinen, Ausnahmebehandlung etc. werden festgelegt.

- Es werden syntaktische Konstrukte für Schleifen und andere operationale Konstrukte eingeführt.

Alle großen DBMS-Hersteller unterstützen in ihren aktuellen Systemen gespeicherte Prozeduren, allerdings nicht vollständig konform zum PSM-Standard. Dies ist vor allem dadurch bedingt, dass die herstellerspezifischen Lösungen schon verfügbar waren, bevor der Standard definiert wurde. Wir werden daher im Folgenden zunächst kurz auf SQL/PSM und anschließend auf Besonderheiten der Oracle-Lösung PL/SQL eingehen. Eine ausführliche Beschreibung weiterer Systeme (Informix, IBM, Sybase und Microsoft) ist in [Mel98] zu finden.

Variablendeklaration

Variablen müssen vor dem Gebrauch deklariert werden. Hierzu dient das Schlüsselwort **declare**, gefolgt vom Bezeichner und Datentyp:

```
declare Preis float;
declare Name varchar(50);
declare Menge int default 0;
```

Wie im letzten Beispiel angegeben, kann ein Initialwert festgelegt werden. Bezüglich der Gültigkeit und Sichtbarkeit gelten die üblichen Regeln von Programmiersprachen: Eine Variable ist nur in dem Block sichtbar, in dem sie deklariert wurde.

Ablaufkontrolle

SQL/PSM umfasst eine Reihe von Sprachkonstrukten, wie sie in gleicher oder ähnlicher Form auch in anderen imperativen Sprachen zu finden sind. So können Blöcke durch **begin** und **end** definiert werden, wobei mehrere Anweisungen durch ein Semikolon getrennt werden. Soll bei der Ausführung eines Blocks die Atomarität gewährleistet sein, d.h. im Fall des Abbruchs einer Anweisung wird die Wirkung des gesamten Blocks rückgängig gemacht, muss dieser Block mit **begin atomic** eingeleitet werden.

Zuweisungen werden durch die **set**-Anweisung notiert:

```
set Var = 42;
```

Für bedingte Verzweigungen steht eine **if**-Anweisung mit einem optionalen **else**-Teil zur Verfügung:

```
if Bedingung then
    Anweisungen
[ else
    Anweisungen ]
end if;
```

Schleifen lassen sich mithilfe der **loop**-, **while**- und **repeat**-Anweisungen formulieren:

```
loop Anweisungen end loop
while Bedingung do Anweisungen end while
repeat Anweisungen until Bedingung end repeat
```

Dabei ist zu beachten, dass die **loop**-Anweisung eine Endlosschleife definiert, sodass ein expliziter Abbruch bzw. ein Verlassen der Schleife mittels der **leave**-Anweisung erfolgen muss. Hierzu ist die Schleife mit einer Marke zu versehen, die bei der **leave**-Anweisung anzugeben ist. Beim Ausführen von **leave** wird dann zu der Anweisung gesprungen, die der Anweisung mit der gegebenen Marke folgt:

```
set i = 0;
schleife_1: loop
   ...
   if i = 10 then leave schleife_1;
end loop;
...
```

Eine spezielle Form einer Schleife ist die **for**-Anweisung, die einen Cursor verarbeitet und damit der Besonderheit der Arbeit mit Datenbankrelationen Rechnung trägt. Die Notation ist wie folgt:

```
for SchleifenVariable as CursorName cursor for
   CursorDeklaration
do
   Anweisungen
end for;
```

Hierbei ist für *CursorDeklaration* eine SQL-Anfrage anzugeben. Die Schleife wird solange durchlaufen, bis alle Tupel der Ergebnisrelation verarbeitet sind. Für jede Ergebnisspalte wird implizit eine Variable definiert, die jeweils den Wert des aktuellen Tupelattributs enthält.

◄**Beispiel 13-40**► Der folgende Programmausschnitt demonstriert die Verwendung einer **for**-Schleife anhand der Generierung einer kommaseparierten Liste von Weinnamen zu einem gegebenen Weingut:

```
declare wliste varchar(500) default ' ';
declare pos integer default 0;

for w as WeinCurs cursor for
   select Name from WEINE where Weingut = 'Helena'
do
   if pos > 0 then
      set wliste = wliste || ',' || w.Name;
   else
      set wliste = w.Name;
   end if;
   set pos = pos + 1;
end for;
```
□

Prozeduren und Funktionen

SQL/PSM unterstützt zwei Formen von Routinen: Prozeduren und Funktionen. Beiden Formen ist gemein, dass sie nur aus SQL-Anweisungen heraus und nicht direkt aus einer Programmiersprache aufgerufen werden können. Eine Prozedur wird dabei immer über die **call**-Anweisung von SQL aufgerufen und kann nicht direkt in einer Anfrage angegeben werden. Demgegenüber werden Funktionsaufrufe als Ausdrücke interpretiert und dürfen damit auch in Anfragen eingesetzt werden. Wie auch in Programmiersprachen üblich, liefern Funktionen einen Wert zurück, dürfen darüber hinaus aber nur Eingabeparameter haben. Für Prozeduren sind dagegen sowohl Eingabe- als auch Ausgabeparameter zulässig.

Die Definition einer Funktion wird durch eine **create function**-Anweisung eingeleitet und muss neben dem Funktionsbezeichner auch die Datentypen der Eingabeparameter und des Ergebnisses spezifizieren.

◀**Beispiel 13-41**▶ Betrachten wir als Beispiel die Definition einer einfachen, vollständig in SQL implementierten Funktion die anhand des Restzuckergehaltes eines Weines den Geschmack (trocken, halbtrocken, lieblich, süß) liefert.

```
create function geschmack (rz int)
    returns varchar(20)
begin
  return case
      when rz <= 9 then 'Trocken'
      when rz > 9 and rz <= 18 then 'Halbtrocken'
      when rz > 18 and rz <= 45 then 'Lieblich'
      else 'Süß'
    end
end
```

Wenn wir unsere WEINE-Relation nun um das Attribut Restzucker erweitern, kann eine Anfrage nach trockenen Rotweinen wie folgt formuliert werden.

```
select Name, Weingut, geschmack(Restzucker)
from WEINE
where Farbe = 'Rot' and geschmack(Restzucker) = 'Trocken'
```

Eine Nutzung der Funktion außerhalb einer Anfrage ist nur über den Umweg einer Variablenzuweisung möglich:

```
set wein_geschmack = geschmack (12);
```
□

In ähnlicher Weise werden Prozeduren mithilfe der **create procedure**-Anweisung definiert. Es entfällt dabei die Angabe des Ergebnistyps. Außerdem kann für jeden Parameter die Übergaberichtung (**in**, **out**, **inout**) angegeben werden, wobei als Defaultmodus **in** angenommen wird.

◀**Beispiel 13-42**▶ Die folgende Definition einer Prozedur nutzt den in Beispiel 13-40 eingeführten Programmausschnitt:

```
create procedure weinliste (in erz varchar(30),
    out wliste varchar(500))
begin
   declare pos integer default 0;

   for w as WeinCurs cursor for
       select Name from WEINE where Weingut = erz
   do
       -- siehe Beispiel 13-40
   end for;
end;
```

Ein Aufruf dieser Prozedur ist – wie bereits erwähnt – nur über die **call**-Anweisung möglich, wobei für den **out**-Parameter eine entsprechende Variable zu definieren ist:

```
declare wliste varchar(500);
call weinliste ('Helena', wliste);
```

□

Call-Level-Schnittstellen wie ODBC oder JDBC (siehe Abschnitt 13.2.3) stellen für den Aufruf von gespeicherten Prozeduren spezielle Mechanismen bereit, die auch die Übergabe von **in**- und **out**-Parametern einschließen.

SQL/PSM erlaubt eine detailliertere Angabe des Verhaltens und der Charakteristik des Zugriffs der Prozedur bzw. Funktion auf die Datenbank. Ersteres bezieht sich darauf, ob die Routine für gleiche Eingabewerte immer gleiche Ergebnisse liefert. In diesem Fall kann das Datenbanksystem die einmal berechneten Werte zwischenspeichern und weitere Aufrufe der Routine für gleiche Parameter vermeiden. Dieses deterministische Verhalten kann dem System durch Angabe des Schlüsselwortes **deterministic** im Anschluss an die Parameterliste bekannt gemacht werden. Die Standardeinstellung ist jedoch **not deterministic**, dies kann auch explizit angegeben werden. Für die Beschreibung der Zugriffscharakteristik sind vier Möglichkeiten vorgesehen:

- **no sql** bedeutet, dass die Routine keine SQL-Anweisungen enthält. Diese Angabe ist daher nur für externe Routinen erlaubt.

- **contains sql** bezeichnet Routinen, die SQL-Anweisungen enthalten (Standard für SQL-Routinen).

- **reads sql data** gibt an, dass die Routine SQL-Anfragen (**select**-Anweisungen) ausführt.

- **modifies sql data** bezeichnet schließlich Routinen, die DML-Anweisungen (**insert**, **update**, **delete**) enthalten.

Die obige SQL-Prozedur kann demnach wie folgt definiert werden:

```
create procedure weinliste (in erz varchar(30),
    out wliste varchar(500))
  not deterministic
  reads sql data
  ...
```

Die Angaben zum Verhalten und zur Zugriffsart liefern dem Datenbanksystem Hinweise für die Optimierung und Ausführung von SQL-Anweisungen, die die betreffende Routine enthalten.

Da SQL/PSM-Routinen in der Datenbank gespeichert sind, müssen sie explizit gelöscht werden, wenn sie nicht mehr benötigt werden. Hierzu sind die **drop function/procedure**-Anweisungen zu verwenden:

```
drop procedure weinliste
drop function geschmack
```

Tabellenfunktionen

Seit der Version SQL:2003 des Standards sowie in den aktuellen Versionen von Oracle und DB2 können Funktionen auch tabellenwertige Ergebnisse liefern. Als Rückgabetyp muss dazu

table (*schema-definition*)

angegeben werden. In einer solchen Tabellenfunktion wird eine Relation berechnet (typischerweise mit Hilfe einer Anfrage), deren Schema der *schema-definition* des Rückgabetyps entspricht.

◀**Beispiel 13-43**▶ Als Beispiel betrachten wir eine Funktion, die in Anlehnung an die Anfrage aus Beispiel 10-23 auf Seite 323 die k teuersten Weine eines Weingutes liefert. Der Name des Weinguts sowie die Anzahl k der gewünschten Weine werden als Parameter übergeben, die Ergebnistabelle umfasst eine Spalte für den Wein und eine für den Rang.

```
create function top-k-weine(Weingut varchar(30), k int)
  returns table (Name varchar(30), Rang int)
return (
  select w1.Name as Name, count(*) as Rang
  from WEINE w1, WEINE w2
  where w1.Weingut = Weingut and w2.Weingut = Weingut
  and w1.Preis >= w2.Preis
  group by w1.Name
  having count(*) <= k
  order by Rang
)
```

◻

Derartige Funktionen können nun in Anfragen an den Stellen eingesetzt werden, an denen eine Tabelle erwartet wird, z.B. also in der **from**-Klausel.

◀**Beispiel 13-44**▶ Mit der oben eingeführten Funktion kann etwa zu jedem Weingut auf einfache Weise die Top-3-Liste der teuersten Weine erstellt werden:

```
select e.Weingut, w.Name, w.Rang
from ERZEUGER e, top-k-weine(e.Weingut, 3)
order by e.Weingut, w.Rang
```

□

Ausnahmebehandlung

Zur Behandlung von Fehlersituationen verfügt SQL/PSM über einen Ausnahmemechanismus, der mit den Exceptions von C++ oder Java vergleichbar ist. Eine Ausnahme oder – im SQL/PSM-Sprachgebrauch – *Condition* kann entweder implizit bei der fehlerhaften Ausführung von SQL-Anweisungen (z.B. die Verletzung von Integritätsbedingungen oder Division durch 0) oder explizit durch die Anweisung

```
signal ConditionName;
```

ausgelöst werden. Ausnahmen, die in geeigneter Weise behandelt werden sollen, müssen zuvor deklariert werden. Für SQL-Fehler ist dafür der entsprechende Fehlercode für **sqlstate**, **sqlexception** bzw. **sqlwarning** anzugeben, für selbst definierte Ausnahmen entfällt diese Angabe:

```
declare fehlendes_weingut condition;
declare ungueltige_region condition for sqlstate value '40123';
```

Der Fehlercode ist eine Zeichenkette aus fünf Zeichen, wobei die ersten beiden die Fehlerklasse beschreiben (00: erfolgreich, 01: Warnung, 02: nicht gefunden, alle anderen: Ausnahme).

Für die definierten Ausnahmen kann nun ein Aktionsblock von SQL/PSM-Anweisungen angegeben werden, der beim Auslösen ausgeführt wird. Ein solcher *Condition Handler* wird einem SQL/PSM-Block zugeordnet, wobei drei Typen von Aktionen unterschieden werden:

- Bei einem **continue**-Handler wird der Kontrollfluss nach Ausführung des Aktionsblocks nach der die Ausnahme auslösenden Anweisung fortgesetzt. Die Ergebnisse der zuvor ausgeführten Anweisungen bleiben erhalten.

- Bei einem **exit**-Handler wird nach der Behandlung an das Ende des Blocks gesprungen. Auch hier bleiben die Ergebnisse erhalten.

- Ein **undo**-Handler macht dagegen alle Änderungen des Anweisungsblocks rückgängig. Der Kontrollfluss wird hier ebenfalls nach Ende des Blocks fortgesetzt.

Zur Deklaration einer Ausnahmebehandlung ist die folgende Notation zu verwenden:

begin
   declare exit handler for *ConditionName*
   begin
      -- *Anweisungen zur Ausnahmebehandlung*
   end
   -- *Anweisungen, die Ausnahmen auslösen können*
end

Anstelle von **exit** sind bei Bedarf entsprechend die Schlüsselworte **continue** bzw. **undo** anzugeben.

Neben den bisher vorgestellten Konzepten bietet SQL/PSM noch die Möglichkeit, mehrere Prozeduren und/oder Funktionen zu Modulen zusammenzufassen. Ein Modul kann darüber hinaus noch Typ-, Variablen-, Cursor- oder Ausnahmedeklarationen beinhalten, die von allen Routinen des Moduls gemeinsam genutzt werden können.

13.5.3 PL/SQL von Oracle

Wie bereits im vorigen Abschnitt dargestellt, bieten die führenden Hersteller zum Teil schon seit längerem eigene prozedurale SQL-Erweiterungen an. So verfügt Oracle mit PL/SQL über eine Lösung, die nicht nur serverseitig, sondern auch zur Implementierung von Clientanwendungen genutzt werden kann. Sybase und Microsoft mit Transact-SQL sowie Informix mit SPL bieten ebenfalls eine eigene SQL-Variante für gespeicherte Routinen an. Auch mit IBM DB2 ist seit Version 7 die Implementierung von gespeicherten Routinen in einem prozeduralen SQL/PSM-Dialekt möglich. Da eine Beschreibung aller Systeme an dieser Stelle aus Platzgründen allerdings nicht möglich ist, wollen wir uns im Folgenden nur auf die Besonderheiten von Oracles PL/SQL beschränken.

PL/SQL bietet grundsätzlich die gleichen Möglichkeiten wie SQL/PSM, weist allerdings einige syntaktische Unterschiede auf, die aus der Anlehnung an die Programmiersprache Ada herrühren. So werden Zuweisungen nicht über die **set**-Anweisung, sondern mithilfe des :=-Operators notiert. Auch ist die Definition von Funktionen und Prozeduren etwas abgewandelt:

create function *FunktionsName*
  (*Param1 ParamTyp1, ..., ParamN ParamTypN*)

```
    return ErgebnisTyp
    is
      /* PL/SQL-Block mit return-Anweisung */

    create procedure ProzedurName
      ( Param1 in ParamTyp1,
      ( Param2 out ParamTyp2,
      ( Param3 in out ParamTyp3,
        ...)
    is
      /* PL/SQL-Block mit Zuweisungen an out-Parameter */
```

Die Umsetzung der in Abschnitt 13.5.2 vorgestellten Funktionen und Prozeduren ist damit problemlos möglich.

Anstelle des Modulkonzeptes verfügt PL/SQL über sogenannte Pakete (engl. *packages*), auch hier werden neben Funktions- und Prozedurdefinitionen Typ-, Variablen-, Cursor- und Ausnahmedeklarationen zu einer Einheit gruppiert.

Das Typkonzept ist gegenüber SQL/PSM erweitert. So gibt es einen **record**-Konstruktor zur Definition komplexer Datentypen:

```
declare
  type WeinRecordType is record (
       Name varchar(30),
       Weingut varchar(30),
       Jahrgang integer,
       Farbe varchar(10));
  Wein WeinRecordType;
```

Das Cursor-Konzept wird ebenfalls unterstützt, jedoch in einer abgewandelten syntaktischen Notation:

```
cursor RotweinCurs is
  select Name, Weingut, Jahrgang
  from WEINE where Farbe = 'Rot';
```

Die Definition von Variablen und von Tupelvariablen vereinfacht sich, da mittels **%type** bzw. **%rowtype** auf die Typen von anderen Variablen, Tupelattributen und Tupeldefinitionen von Cursorn zugegriffen werden kann. Erlaubt sind somit zum Beispiel die folgenden Deklarationen, basierend auf den obigen Deklarationen:

```
WeinName Wein.Name%type;
WeinTupel RotweinCurs%rowtype;
```

Die Kontrollstrukturen entsprechen den SQL/PSM-Varianten. Allerdings wird die **for**-Schleife zur Cursor-Verarbeitung anders notiert:

```
for WeinTupel in RotweinCurs
loop
   ...
end loop;
```

Abschließend wollen wir an einem einfachen Beispiel die Anwendung der Konstrukte von PL/SQL illustrieren.

◄**Beispiel 13-45**► Es soll die Prozedur weinliste in PL/SQL implementiert werden:

```
create procedure weinliste (erz in varchar, wliste out varchar)
is
   pos integer := 0;
   cursor WeinCurs is select Name from WEINE where Weingut = erz;
   wrec WeinCurs%rowtype;
begin
   for wrec in WeinCurs
   loop
      if pos > 0 then
         wliste := wliste || ',' || wrec.Name;
      else
         wliste := wrec.Name;
      end if;
      pos := pos + 1;
   end loop;
end weinliste;
```

□

Schließlich unterscheidet sich auch noch die Ausnahmebehandlung in PL/SQL von der SQL/PSM-Notation. Details hierzu sind der Oracle-Dokumentation oder [FP05] zu entnehmen.

13.5.4 Gespeicherte Prozeduren in Java

Eine Alternative zur Implementierung gespeicherter Routinen in einer prozeduralen SQL-Spracherweiterung ist die Nutzung existierender Programmiersprachen. Grundsätzlich sind dafür beliebige Programmiersprachen geeignet, wobei in der Praxis jedoch C, Java und speziell im MS SQL Server die .NET-Sprachen verwendet werden. Wir werden daher in diesem Abschnitt die Implementierung von externen gespeicherten Routinen am Beispiel von Java vorstellen.

Implementierung und Aufruf

Unabhängig von der jeweiligen Sprache und dem eingesetzten DBMS ist der Ablauf bei der Entwicklung externer Routinen wie folgt:

1. *Implementierung der Routine*
   Die Prozedur bzw. Funktion muss in der jeweiligen Sprache definiert und übersetzt werden. Sofern ein Datenbankzugriff notwendig ist, müssen entsprechende Kopplungstechniken eingesetzt werden, für Java z.B. JDBC oder Embedded SQL.

2. *Installation im DBMS-Server*
   Der übersetzte Code ist zum Server zu übertragen und dort verfügbar zu machen.

3. *Registrierung*
   Die Routine muss dem SQL-System bekannt gemacht werden. Hierfür stehen die SQL-Anweisungen **create procedure** bzw. **create function** in einer modifizierten Form zur Verfügung.

4. *Aufruf*
   Schließlich kann die Routine aus einer Clientanwendung heraus bzw. im Rahmen einer SQL-Anfrage aufgerufen werden.

Betrachten wir zunächst die Implementierung einer Routine in Java. Hier gibt es im Vergleich zu normalen Java-Methoden im Wesentlichen zwei Besonderheiten:

- Prozeduren und Funktionen sind als Klassenmethoden (**static**-Methoden) zu implementieren.
- Es besteht eine Defaultverbindung zur Datenbank.

Wie schon bei den SQL/PSM-Routinen beschrieben, sind verschiedene Arten des Zugriffs bzw. der Nutzung von SQL möglich. Für einfache **no sql**-Routinen wird kein Datenbankzugriff benötigt.

◀**Beispiel 13-46**▶ Zur Illustration betrachten wir die Implementierung der Funktion aus Beispiel 13-41 in Java.

```
public class Routines {
    public static String geschmack (int rz) {
        if (rz <= 9) return "Trocken";
        else if (rz > 9 && rz <= 18) return "Halbtrocken";
        else if (rz > 18 && rz <= 45) return "Lieblich";
        else return "Süß";
    }
}
```

□

Routinen mit Datenbankzugriff können entweder JDBC oder Embedded SQL (SQLJ) nutzen. Im Fall von JDBC wird die Datenbankverbindung über eine spezielle URL jdbc:default:connection aufgebaut, für SQLJ-Routinen ist die Verbindung bereits implizit vorhanden.

◄**Beispiel 13-47**► Die zuvor in SQL/PSM implementierte Prozedur zur Generierung einer Weinliste soll nun in Java unter Verwendung von JDBC umgesetzt werden.

```
public class Routines {
    public static void weinliste (String weingut, String[] weine)
            throws SQLException {
        Connection con = DriverManager.getConnection(
            "jdbc:default:connection");
        PreparedStatement stmt = con.prepareStatement(
            "select Name from WEINE where Weingut = ?");
        stmt.setString(1, weingut);
        ResultSet rs = stmt.executeQuery();
        String w = null;
        while (rs.next ()) {
            if (w == null) w = rs.getString(1);
            else w = w + "," + rs.getString(1);
        }
        weine[0] = w;
    }
}
```

□

Installation

Bevor eine Java-Methode als gespeicherte Routine genutzt werden kann, muss zunächst die die Methode umfassende Klasse kompiliert und im Datenbankserver installiert werden. Die Kompilierung erfolgt wie üblich mit dem Java-Compiler bzw. bei SQLJ unter Verwendung des SQLJ-Translators. Anschließend muss der Bytecode in einem speziellen Archiv mithilfe des jar-Werkzeuges abgelegt werden, da unter Umständen mehrere Klassendateien als Ergebnis der Kompilierung erzeugt werden können. Schließlich wird dieses JAR-Archiv zum Datenbankserver kopiert. Dieser Schritt ist bei den einzelnen Systemen nicht ganz einheitlich, im SQLJ-Standard ist dafür eine spezielle SQL-Anweisung **sqlj.install_jar** vorgesehen.

Registrierung

Die Registrierung der einzelnen Prozeduren und Funktionen eines installierten Archivs bildet den letzten Schritt. Hierbei werden der SQL-Name der Routine, die SQL-Typen der Parameter und die Zuordnung zu den Java-Methoden festgelegt. Konkret erfolgt dies mit einer speziellen Form der **create procedure**- bzw. **create function**-Anweisung, wobei auch hier – wie bei SQL/PSM bereits beschrieben – die Möglichkeit der Angabe der Zugriffscharakteristik und des deterministischen Verhaltens besteht. Der wesentliche Unterschied besteht in der Angabe der Implementierungssprache sowie des externen Namens der Java-Methode, der sich aus dem Archivnamen, dem Namen der Klasse und dem Methodennamen zusammensetzt, wie das folgende Beispiel verdeutlicht.

◄**Beispiel 13-48**► Dieses Beispiel zeigt die Registrierung der in Java implementierten Prozedur weinliste. Nach der Registrierung kann diese Prozedur aus SQL heraus wie in Beispiel 13-42 gezeigt verwendet werden.

```
create procedure weinliste (in erz varchar(30),
    out wliste varchar(500))
  not deterministic
  reads sql data
  external name 'routines_jar:Routines.weinliste'
  language java parameter style java;
```
□

Zur Fehlermeldung und -behandlung im Rahmen gespeicherter Java-Methoden wird der Java-eigene Ausnahmemechanismus verwendet. Dies bedeutet, dass einerseits Datenbankfehler über Ausnahmen der Klasse SQLException signalisiert und entsprechend abgefangen bzw. behandelt werden können, andererseits eine Java-Methode durch das Auslösen einer Ausnahme selbst Fehler an das aufrufende Programm melden kann.

In SQLJ Part I stehen noch eine ganze Reihe weiterer Möglichkeiten zur Implementierung zur Verfügung, auf die wir an dieser Stelle nicht eingehen können. Hierzu gehören beispielsweise die Rückgabe von Cursor-Objekten auf Anfrageergebnisse, die vom aufrufenden Programm verarbeitet werden können sowie die Möglichkeit der automatischen Registrierung der Routinen eines Archivs über so genannte *Deployment Descriptors*. Näheres hierzu kann u.a. [SS03] entnommen werden.

13.6 Zusammenfassung

Die Entwicklung von Datenbankanwendungen erfordert üblicherweise Konzepte, die über die Möglichkeiten von Anfragesprachen wie SQL hinausgehen. Daher wird eine Verbindung von Programmiersprachen mit SQL benötigt, zu der wir in diesem Kapitel verschiedene Techniken vorgestellt haben. Der klassische Zugang zu SQL erfolgt über Programmierschnittstellen wie SQL/CLI und Embedded SQL, die es für eine ganze Reihe von Progammiersprachen gibt.

Darauf aufbauend können Schnittstellen auf höheren Abstraktionsebenen realisiert werden, beispielsweise eine transparente Abbildung zwischen Objekten einer Programmiersprache und Tupeln der Datenbankrelation. Als Beispiel haben wir Hibernate vorgestellt. Schließlich sind im SQL-Standard mit SQL/PSM auch prozedurale Erweiterungen von SQL vorgesehen, mit denen etwa gespeicherte Prozeduren und Funktionen implementiert werden können, die ein hilfreiches Mittel zur Strukturierung und verbesserten Wartbarkeit von Anwendungen darstellen.

Begriff	**Informale Bedeutung**
Cursor-Konzept	Kontrollstruktur zum Navigieren über die Tupel einer Ergebnismenge
CLI	Call Level Interface; Programmierschnittstelle für den Zugriff auf SQL aus Programmiersprachen
Embedded SQL	Einbettung von SQL-Anweisungen in Programmtext einer Programmiersprache (Wirtssprache); erfordert Vorübersetzer
Dynamic SQL	Konstruktion von SQL-Anfragen aus Zeichenketten der Wirtssprache zur Laufzeit
Hostvariable	Variable der Wirtssprache zum Datenaustausch mit SQL-Anweisungen
objekt-relationale Abbildung	Abbildung zwischen Objekten einer Programmiersprache und Tupeln einer Datenbankrelation
SQL/PSM	SQL-Bestandteil für prozedurale Erweiterungen
gespeicherte Prozedur	Programmeinheit, die in der Datenbank gespeichert und dort auch ausgeführt wird
Tabellenfunktion	gespeicherte Funktion, die als Ergebnis eine Relation liefert

Tabelle 13.1: Wichtige Begriffe zur Anwendungsentwicklung

Wie üblich sind die wesentlichen Begriffe dieses Kapitels in Tabelle 13.1 noch einmal zusammengefasst.

13.7 Vertiefende Literatur

Das Cursor-Konzept ist in der Standardliteratur zu SQL-Datenbanken ausführlich beschrieben. Bereits in [ABC+76] ist das Cursor-Konzept für eine **call**-Schnittstelle auf Basis von SEQUEL eingeführt worden. Erweiterte Cursor-Konzepte für geschachtelte Relationen sind für das am Wissenschaftlichen Zentrum der IBM in Heidelberg (WZH) entwickelte AIM-P-System in [ES88] und [Wal94] beschrieben. Die erwähnten alternativen Ansätze für Cursor in hierarchischen Strukturen sind für DASDBS in [SPSW90] und für ESCHER in [Weg91] beschrieben.

Die Darstellung von PL/SQL ist an die Darstellung im Buch von Stürner angelehnt [Stü93, Stü95]. Der Standard SQL/PSM wird von Melton in [Mel98] detailliert behandelt. Ein Lehrbuch zu PL/SQL gibt es von Türscher [Tü98].

Die Präsentation von JDBC ist an das Buch von Saake und Sattler [SS03] angelehnt. Dort werden auch weitere Ansätze zur Kopplung von Java mit Datenbanken behandelt, etwa eine detaillierte Beschreibung von SQLJ.

13.8 Übungsaufgaben

Übung 13-1 Setzen Sie die rekursiven Beispielanfragen aus Abschnitt 10.6.2 ohne Verwendung rekursiver SQL-Konstrukte in Programme sowohl in eingebettetem SQL als auch in SQL/PSM um. □

Übung 13-2 Modellieren Sie einen einfache Musikdatenbank (Musiker, Alben, Stücke) mittels UML und setzen Sie diese wie diskutiert in Relationen um. □

Übung 13-3 Schreiben Sie in Dynamic SQL ein Programm, das folgende Aufgabe löst:

Bestimmen Sie alle Relationen, in denen ein Attribut Name (vom Typ string) zusammen mit einem Attribut vom Datentyp **date** auftritt. Benutzen Sie hierzu eine Katalog-Relation SysTables wie folgt:

    SysTables (RelName, AttrName, AttrType)

Für diesen ersten Teil können Sie auch Cursor aus Embedded SQL benutzen.

Geben Sie nun alle Werte von Name aus, die mit dem Datum 11.11.94 in einem Tupel in Zusammenhang gebracht wurden. Geben Sie jeweils den Relationennamen und den Namen des Attributs mit aus. Um den (in diesem Buch nicht erläuterten) Transfer von Ergebnissen in das Anwendungsprogramm mittels der **sqlda** von Dynamic SQL zu vermeiden, benutzen Sie eine Hilfsrelation zum Speichern der Ausgaben. □

14

Sichten

Inhalt dieses Kapitels sind Konzepte zur Strukturierung von Datenbanken. *Sichten* erlauben die Strukturierung und Präsentation einer Datenbank, angepasst an bestimmte Anwendungen.

Das Konzept der *Sicht* folgt direkt aus der bereits besprochenen Drei-Ebenen-Architektur für Datenbanksysteme: Die externe Ebene besteht aus an Anwendungsbedürfnisse angepassten virtuellen Datenbeständen, die aufgrund einer Sichtdefinition aus der konzeptionellen Gesamtsicht abgeleitet werden.

Möglichkeiten zur Definition und Nutzung verschiedener Sichten auf eine zentrale Datenbank sind eines der entscheidenden Merkmale von Datenbanksystemen. Große Informationssysteme, die nicht über ein Sichtenkonzept verfügen, fallen gerade durch ihre starre Informationsstruktur auf: Die Nutzer passen sich an die Darstellung und die Struktur der Informationen im System an, nicht umgekehrt.

Im folgenden Kapitel wird noch ein weiterer Aspekt hinzukommen: Sichten sind ein gutes Mittel, um bestimmten Nutzern nur bestimmte Teile einer Datenbank zu präsentieren. Mit Sichten können Zugriffskontrollmechanismen also hevorragend umgesetzt werden – im Gegensatz zu den eher grobschlächtigen, dateibasierten Techniken von Betriebssystemen.

Dieses Kapitel ist folgendermaßen aufgebaut:

- In Abschnitt 14.1 erläutern wir die Definition und die Verwendbarkeit von Sichten. Dabei wird sich herausstellen, dass Änderungsoperationen auf Sichten Probleme in ihrer Umsetzung auf die zugrundeliegende Datenbank bereiten werden.

- Der Abschnitt 14.2 greift diese Probleme auf und klassifiziert sie. Dabei werden die Sichten nach den sie definierenden Anfrageoperationen unterschieden.

- Abschnitt 14.3 beschreibt die Umsetzung des Sichtkonzepts auf SQL und hier insbesondere die Umsetzung von Anfrage- und Änderungsoperationen auf Sichten. Dabei berücksichtigen wir die Möglichkeiten verschiedener SQL-Standards.

- Anschließend behandeln wir einige Spezialthemen zu Änderungsoperationen auf Sichten: Theoretische Untersuchungen zu Sichten, auf denen Änderungsoperationen prinzipiell automatisch auf die Datenbank transformierbar sind, skizziert Abschnitt 14.4. Da derzeitige Datenbanksysteme so weitreichende Techniken nicht bieten, wird in Abschnitt 14.5 eine Realisierung von Änderungsoperationen über Trigger gezeigt.

14.1 Motivation und Begriffsbildung

Als *Sicht* (engl. *View*) bezeichnen wir einen abgeleiteten Ausschnitt einer Datenbank, also sozusagen eine virtuelle oder berechnete Datenbank im Gegensatz zu einer tatsächlich gespeicherten Datenbank. Eine Sicht wird aus einer tatsächlich gespeicherten Datenbank über eine feste Berechnungsvorschrift abgeleitet, sie kann also nicht mehr Daten als diese enthalten. Sichten werden demzufolge eingesetzt, um Daten auszublenden (aus Gründen der Zugriffskontrolle oder zur übersichtlicheren Darstellung) oder Daten in einer neuen Form zu präsentieren. Wir bezeichnen nicht nur eine ganze virtuelle Datenbank als Sicht, sondern benutzen diesen Ausdruck auch für einzelne abgeleitete Datenbankelemente.

Im Relationenmodell entspricht eine virtuelle Datenbank allgemein einer *Menge von virtuellen Relationen*. Die Sprachvorschläge für das Relationenmodell beschränken Sichten sogar auf die Definition jeweils genau *einer* einzelnen virtuellen Relation. In anderen Datenmodellen sind Sichten allgemeine virtuelle Datenbankobjekte entsprechend den Konzepten des konkreten Datenbankmodells. Im erweiterten ER-Modell (Abschnitt 8.2) korrespondieren Sichten zu den abgeleiteten Konzepten, z.B. abgeleiteten Beziehungen, die dort in der graphischen Darstellung gepunktet notiert werden und deren Ausprägungen durch eine Anfrage definiert sind.

Wir beschränken uns in der folgenden Darstellung auf relationale Sichten. Die Probleme mit Sichten sind unabhängig von dem konkreten Datenbankmodell; darum ist es sinnvoll, ein möglichst einfaches Datenbankmodell zu betrachten. Für viele Datenbankmodelle, insbesondere neuere (etwa objektorientierte Modelle), gibt es zudem noch keine allgemein akzeptierten Sprachvorschläge; hingegen sind Sichten im relationalen Datenbankmodell Teil der genormten Datenbanksprache SQL.

14.1.1 Sichten und externe Schemata

Der Begriff einer virtuellen Datenbank ist uns bereits bei der Diskussion der Architektur von Datenbanksystemen begegnet: Sichten entsprechen externen Datenbankschemata in der bekannten Drei-Ebenen-Schemaarchitektur, die in Abbildung 14.1 noch einmal dargestellt ist.

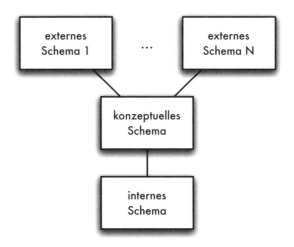

Abbildung 14.1: Drei-Ebenen-Schemaarchitektur für Datenbankbeschreibungen

Sichten sind also ein Mittel zum Erreichen der *logischen Datenunabhängigkeit*, die eine weitgehende Stabilität des konzeptionellen Gesamtschemas gegen Änderungen der Anwendungen (und umgekehrt) ermöglicht.

14.1.2 Definition von Sichten

Die Definition einer Sicht besteht prinzipiell aus zwei Teilen, der Definition des *Schemas* der Sicht und einer *Berechnungsvorschrift*, die die Ausprägung der Sicht für einen gegebenen aktuellen Datenbankzustand festlegt. Im relationalen Datenbankmodell benötigen wir also zur Definition einer Sicht

- ein *Relationenschema*, das explizit angegeben werden kann oder auch implizit aus dem Ergebnistyp der Berechnungsanfrage folgt, sowie

- eine *Berechnungsvorschrift* für die virtuelle Relation, also etwa eine Anfrage in SQL.

Zusätzlich muss natürlich ein Name für die virtuelle Relation vergeben werden. Eine Sichtdefinition in einer Datenbanksprache erfordert also nur wenige sprachliche Konzepte zusätzlich zu der Möglichkeit, Anfragen zu formulieren. Die konkreten Sprachmittel in SQL werden im folgenden kurz skizziert. Anschließend wird der SQL-Vorschlag für die Sichtdefinition anhand von Beispielen noch ausführlicher behandelt.

14.1.3 Definition von Sichten in SQL

In SQL wird die Sichtdefinition durch die Schlüsselwörter **create view**, gefolgt vom Namen der Sicht, eingeleitet. Nach dem Sichtnamen steht im einfachsten Fall das Schlüsselwort **as** und eine SQL-Anfrage, die die Sicht definiert (optionale Teile sind in eckige Klammern gesetzt):

> **create view** *SichtName* [*SchemaDeklaration*]
> **as** *SQL-Anfrage*
> [**with check option**]

Das Relationenschema der Sicht, also Name und Datentyp der einzelnen Spalten, wird aus der Anfrage abgeleitet und muss nicht explizit angegeben werden. Der ursprüngliche Standard von SQL erlaubte allerdings keine Vergabe von Attributnamen für berechnete Spalten in Ergebnisrelationen. In diesen Fällen kann optional eine *SchemaDeklaration* hinter dem Sichtnamen eingefügt werden, in der die Namen der Spalten festgelegt werden können. Dieses Sprachkonstrukt erlaubt auch die Umbenennung von Spalten. Obwohl in SQL-92 die Umbenennung von Spalten in Anfragen möglich ist [DD97b], wurde die Klausel in der Sichtdeklaration dort aus Kompatibilitätsgründen beibehalten.

Ein weiterer optionaler Teil einer Sichtdeklaration ist die Angabe der Schlüsselwörter **with check option** am Ende der Sichtdefinition. Diese Angabe legt fest, ob Änderungen der Sicht, die den in ihr nicht sichtbaren Teil der Datenbank beeinflussen, in einem Test erkannt und abgewiesen werden sollen. Ein Beispiel hierfür folgt im nächsten Abschnitt.

Diese Option nutzt damit die **where**-Klausel der Sichtdefinition als Integritätsbedingung für die Sicht. Da die SQL-Anfrage innerhalb der Sichtdefinition in ihrer **from**-Klausel selbst wieder Sichten enthalten kann, ist nun die Frage, ob die **where**-Klauseln dieser inneren Sichten auch geprüft werden sollen. In SQL:2003 kann daher die Klausel **with check option** um die Angaben **local** oder **cascaded** erweitert werden.

Die Klausel **with local check option** bedeutet dann, dass nur die **where**-Klausel der direkten Sichtdefinition als Integritätsbedingung geprüft wird. Verwendet man die Klausel **with cascaded check option**, so werden darüber hinausgehend auch die **where**-Klauseln aller Sichten geprüft, auf denen die betroffene Sicht direkt oder indirekt basiert. Die alte Klausel **with check option** ist dabei gleichbedeutend mit **with cascaded check option**, der Zusatz **cascaded** ist somit der Defaultwert.

Neben der **create view**-Anweisung zum Einrichten von Sichten steht dem Datenbankbenutzer in SQL natürlich auch eine **drop view**-Anweisung zum Entfernen von Sichten zur Verfügung.

14.1.4 Vorteile von Sichten

Bevor wir zu den zum Teil schwerwiegenden Problemen mit Sichten kommen, wollen wir kurz die *Vorteile* eines Sichtkonzepts zusammenfassen:

- Sichten können zur wesentlichen *Vereinfachung von Anfragen* für den Benutzer der Datenbank führen, etwa indem oft benötigte Teilanfragen als Sicht realisiert werden.

- Datenbankschemata für komplexe Anwendungen, etwa das Gesamtschema der Datenhaltung eines Betriebes, können sehr groß und unhandlich werden. Sichten bieten die Möglichkeit der *Strukturierung der Datenbankbeschreibung*, zugeschnitten auf Benutzerklassen.

- Die bereits erwähnte *logische Datenunabhängigkeit* ermöglicht es, dass die Schnittstelle für Anwendungen stabil bleibt gegenüber Änderungen der Datenbankstruktur (entsprechend in umgekehrter Richtung).

- Vielleicht der wichtigste Aspekt ist aber die Beschränkung von Zugriffen auf eine Datenbank im Zusammenhang mit der *Zugriffskontrolle*. Hierbei ist der Einsatz von Sichten unverzichtbar. Dieser Aspekt wird in Abschnitt 15.2 ausführlich behandelt.

◄**Beispiel 14-1**▶ Als Beispiel für den Einsatz von Sichten für die Strukturierung des Datenzugriffs und Datenschutzprobleme betrachten wir (abweichend von unserem sonstigen laufenden Beispiel) eine Relation mit Prüfungsdaten:

    Prüf(Studienfach, Fach, Student, Prüfer, Datum, Note)

Relevante Sichten könnten hier sein:

1. Die Fakultät für Informatik sieht nur die Daten der Informatikstudenten.
2. Das Prüfungsamt sieht alle Daten.
3. Jeder Student darf seine eigenen Daten sehen (aber nicht ändern).
4. Die Kommission für die Vergabe von Promotionsstipendien darf von Studenten die Durchschnittsnote sehen.

5. Der Dekan darf statistische Daten über die Absolventen des letzten Jahrgangs lesen.

6. Die Sekretariate dürfen die Prüfungsdaten der zugehörigen Professoren einsehen.

Was passiert nun aber, wenn die den Studenten, Prüfungsämtern und Dekanen zugeordneten Sichten teilweise auch von ihnen geändert werden sollen? Natürlich haben die verschiedenen Nutzergruppen keinen Zugriff auf die zugrundeliegenden Basisrelationen. Daher müssten auch alle Änderungen an den Datenbeständen über die Sichten durchgeführt werden. In diesem Fall wird sich aber nun herausstellen, dass dies nur in sehr eingeschränkten Fällen möglich ist.

□

Während Sichten als Strukturierungselement und für Datenschutzaspekte wertvolle Hilfen leisten, falls sie für Anfragen benutzt werden, ergeben sich also Probleme bei der Nutzung von Sichten für Änderungsoperationen auf dem zugrundeliegenden Datenbestand. Wir werden diese Probleme in den folgenden Abschnitten nun näher erläutern. Dazu werden wir zunächst die Probleme allgemein für relationale Datenbanksysteme einführen, bevor wir die Lösungen des SQL-Standards präsentieren.

14.2 Probleme mit Sichten

Wie schon angedeutet, bringen Sichten erhebliche technische Probleme mit sich. Ziel der Drei-Ebenen-Architektur ist es, den Anwender von der tatsächlichen Datenbankrealisierung abzukoppeln, um die logische Datenunabhängigkeit zu erhalten. Der Anwender *darf* die Realisierung oft gar nicht kennen, um nicht in Versuchung zu kommen, dieses Wissen in einer Form einzusetzen, die die Vorteile der Datenunabhängigkeit zunichte macht. Als Konsequenz muss die Umsetzung der Sicht auf die tatsächliche Datenbank *vom DBMS vorgenommen werden* – zumindest im interaktiven Betrieb des Systems. Anders ausgedrückt: Anfragen und Änderungen müssen *automatisch* umgesetzt werden.

- Die *automatische Anfragentransformation* sollte eigentlich keine Probleme bereiten: Die Namen der berechneten Relationen können syntaktisch durch die Anfrage ersetzt werden, die die Sicht definiert. Dieses funktioniert allerdings nur in *orthogonalen* Sprachvorschlägen, in denen an jeder Stelle, an der ein Basisrelationsname stehen darf, auch eine Anfrage stehen kann. Dies gilt zum Beispiel für die relationale Algebra.

SQL ist insbesondere in den frühen Versionen diesbezüglich *nicht orthogonal* – in der `from`-Klausel durfte in SQL-89 keine Anfrage stehen. Die Anfragentransformation ist somit in SQL komplexer. Auch in neueren Versionen von SQL ist eine direkte Transformation zum Teil nicht möglich: In SQL sind zum Beispiel keine geschachtelten Aggregatfunktionen (maximaler Durchschnittspreis) möglich. Mehr zu dieser Problematik findet sich in Abschnitt 10.2.

- Die *Durchführung von Änderungen auf Sichten* hingegen bereitet unabhängig von der gewählten Sprache allgemein Schwierigkeiten. Der Grund ist offensichtlich: Änderungen auf beliebig berechneten Datenbankobjekten können nicht immer auf vernünftige Änderungen der Basisdatenbank umgesetzt werden, da bei der Berechnung der Sicht Informationen verloren gehen. Dieser Fragenkomplex wird im Folgenden ausführlich diskutiert.

14.2.1 Kriterien für Änderungen auf Sichten

Änderungen von Sichten sind ein wichtiges Problemfeld, da, der Idee der Drei-Ebenen-Architektur folgend, die Anwender *ausschließlich* auf die Sichten der externen Ebene zugreifen sollten und die Basisrelationen nicht direkt manipulieren dürften. Als Konsequenz müssten alle Modifikationen des Datenbankinhalts durch Änderungen auf Sichten erfolgen.

Soll eine Änderung auf einer Sicht in Änderungen auf der Basisdatenbank umgesetzt werden, müssen eine Reihe von notwendigen oder wünschenswerten Kriterien eingehalten werden. Wir listen diese Kriterien kurz auf und erläutern die daraus folgenden Probleme danach anhand der folgenden Beispiele.

Effektkonformität: Der Benutzer, der die Änderung auf der Sicht formuliert, soll nach der ausgeführten Änderung auf der Basisdatenbank im nächsten Zustand eine Ausprägung der Sicht erhalten, die dem Effekt entspricht, *als wäre die Änderung auf der Sichtrelation direkt ausgeführt worden*. Dieses Kriterium fordert in gewissem Sinne die Korrektheit der Transformation.

Auf Effektkonformität und Ansätze einer theoretischen Untersuchung von Änderungsoperationen auf Sichten gehen wir in Abschnitt 14.4 noch genauer ein.

Minimalität: Die Basisdatenbank sollte nur *minimal geändert werden*, um den erwähnten Effekt zu erhalten.

Konsistenzerhaltung: Die Änderung einer Sicht darf zu *keinen Integritätsverletzungen* der Basisdatenbank führen.

Respektierung der Zugriffskontrolle: Wird die Sicht aus Gründen der Zugriffskontrolle eingeführt, *darf der bewusst ausgeblendete Teil der Basisdatenbank von Änderungen der Sicht nicht betroffen werden*.

WEINE	WeinID	Name	Farbe	Jahrgang	Weingut
	1042	La Rose Grand Cru	Rot	1998	Château La Rose
	2168	Creek Shiraz	Rot	2003	Creek
	3456	Zinfandel	Rot	2004	Helena
	2171	Pinot Noir	Rot	2001	Creek
	3478	Pinot Noir	Rot	1999	Helena
	4711	Riesling Reserve	Weiß	1999	Müller
	4961	Chardonnay	Weiß	2002	Bighorn

ERZEUGER	Weingut	Anbaugebiet	Region
	Creek	Barossa Valley	South Australia
	Helena	Napa Valley	Kalifornien
	Château La Rose	Saint-Emilion	Bordeaux
	Château La Pointe	Pomerol	Bordeaux
	Müller	Rheingau	Hessen
	Bighorn	Napa Valley	Kalifornien

Abbildung 14.2: Zwei Relationen der Weindatenbank

Beispielszenario im Relationenmodell

Um die allgemeinen Probleme bei der Behandlung von Sichtänderungen in Datenbanksystemen eingehender erläutern zu können, behandeln wir zuerst einige typische Sichtdefinitionen in einer relationalen Datenbank. Eine Sicht wird durch die Angabe einer Anfrage bestimmt; wir klassifizieren die betrachteten Anfragen anhand typischer relationaler Operationen und behandeln nacheinander die Fälle von *Projektionssichten*, *Selektionssichten*, *Verbundsichten* und *Aggregierungssichten*.

Zur Erläuterung verwenden wir unser kleines relationales Beispielschema mit den zwei Relationen über Weine und ihre Erzeuger, das in Abbildung 14.2 noch einmal dargestellt ist.

14.2.2 Projektionssichten

Wir beginnen mit dem Fall, dass in einer Sicht Informationen einzelner Datenbankelemente ausgeblendet werden sollen. In einer relationalen Datenbank entspricht dies einer *Projektion* auf eine Teilmenge der Attribute einer Relation. Die Sicht ING blendet die Farbe und den Jahrgang aus der WEINE-Relation aus und sei in der relationalen Algebra wie folgt definiert:

$$\text{ING} := \pi_{\text{WeinID,Name,Weingut}}(\text{WEINE})$$

In SQL kann ING syntaktisch mit der **create view**-Anweisung als Sicht definiert werden:

```
create view ING as
```

```
select WeinID, Name, Weingut
from WEINE
```

Eine Änderung auf einer Sicht muss in eine Änderung auf der zugrundeliegenden Basisrelation transformiert werden. Beim Löschen von Tupeln haben wir bei einer Projektionssicht keine Probleme, aber beim *Einfügen* von Tupeln müssen wir eine Lösung zur Behandlung der ausgeblendeten Attribute finden. Eine Lösung des Problems ist das Einfügen von *Nullwerten* (undefinierte Attributwerte) an die Stelle des ausgeblendeten Attributs.

◄**Beispiel 14-2**► Eine Änderungsanweisung für die Sicht ING der Form

```
insert into ING(WeinID, Name, Weingut)
values (3333, 'Dornfelder', 'Müller')
```

muss in die folgende Anweisung auf der Basisrelation WEINE umgeformt werden:

```
insert into WEINE
values (3333, 'Dornfelder', null, null, 'Müller')
```

□

Bei diesem Beispiel tritt das Problem der *Konsistenzerhaltung* auf der Basisrelation auf. Die Integrität der Relation WEINE wäre verletzt, wenn das Attribut Farbe oder Jahrgang als nicht optional deklariert wäre, also den Wert **null** nicht annehmen dürfte. Allgemein ist das Einfügen auf Projektionssichten nur erlaubt, wenn keine mit **not null** deklarierten Attribute auf **null** gesetzt werden müssten.

Eine alternative Lösung für diesen speziellen Fall wäre es, statt des Wertes **null** einen Defaultwert einzusetzen, der für dieses Attribut in der Datenbankdefinition spezifiziert wurde. Derartige Defaultwerte sind im Sprachvorschlag für SQL-92 vorgesehen (siehe Abschnitt 7.1.1).

Allgemein lassen sich für viele Arten von Integritätsbedingungen Sichtänderungen angeben, die diese Bedingungen verletzen können, ohne dass dem externen Anwender dieses bekannt sein kann – der externe Benutzer kennt diese Bedingungen ja nicht, da er die zugrundeliegenden Daten nicht sieht. Integritätsverletzende Sichtänderungen müssen natürlich zurückgewiesen werden, wobei jetzt das Problem auftritt, geeignete sinnvolle Meldungen für den externen Benutzer zu generieren.

Ein weiterer bei Projektionssichten auftretender, oft unerwünschter Effekt ist, dass die Zeilen der Sichtrelation mehreren Zeilen der Basisrelation zugeordnet sein können – dies tritt ein, falls Schlüsselattribute herausprojiziert werden. Falls etwa in einer Sicht FJ nur Farbe und Jahrgang von Weinen sichtbar sind, würden alle Weine mit gleicher Farbe und gleichem Jahrgang auf ein einziges Tupel der Sicht abgebildet werden. Eine Änderung eines einzigen Sichttupels betrifft in diesem Fall gleich mehrere Tupel in der Basisrelation.

14.2.3 Selektionssichten

Während Projektionssichten Spalten einer Relation ausblenden, werden in *Selektionssichten* Zeilen herausgefiltert. Das folgende Beispiel selektiert die jüngeren Weine nach Jahrgang 2000. Wie in vielen praktischen Fällen ist in dieser Selektionssicht eine Projektion integriert:

$$IJ := \sigma_{Jahrgang>2000}(\pi_{WeinID,Jahrgang}(WEINE))$$

Die Relation IJ kann in SQL wie folgt definiert werden:

```
create view IJ as
select WeinID, Jahrgang
from WEINE
where Jahrgang > 2000
```

Bei Selektionssichten tritt nun das Problem auf, dass das Ändern der Sicht ein Tupel der Sicht in den nicht selektierten Teil der Sicht verschieben kann. Wir bezeichnen dieses Phänomen auch als *Tupelmigration* zwischen verschiedenen Sichten.

◄**Beispiel 14-3**► Die folgende Änderung kann ein Tupel

$$WEINE(3456, 'Zinfandel', 'Rot', 2004, 'Helena'),$$

das in der Sicht sichtbar ist, in den nicht selektierten Teil der Datenbank bewegen:

```
update WEINE
set Jahrgang = 1998
where WeinID = 3456
```

Die automatische Transformation würde die folgende Änderung auf der Relation WEINE erzeugen:

```
update WEINE
set Jahrgang = 1998
where WeinID = 3456 and Jahrgang > 2000
```

Bei der Transformation muss die Selektionsbedingung um die Selektion der Sichtdefinition erweitert werden, da ansonsten auch ein mögliches anderes Tupel

$$WEINE(3456, 'Zinfandel', 'Rot', 1995, 'Helena')$$

geändert werden könnte, das nicht in der Sicht enthalten ist. □

Die Änderung in Beispiel 14-3 würde zur Löschung aus der Sicht führen und somit zum Einfügen in den Rest der Relation! Hier wird nun die Forderung der *Respektierung der Zugriffskontrolle* relevant: Wurde die Selektion aus Gründen der Zugriffskontrolle vorgenommen, sollte die Änderung zurückgewiesen werden. Nicht alle Selektionssichten werden aber aus diesen Gründen eingerichtet, wie das folgende Beispiel zeigt:

◄**Beispiel 14-4**► Ein Weinvertrieb nutzt die Relation WEINE und ergänzt das Relationenschema um ein Attribut Preis. Um die Arbeit eines Weinvertriebs zu strukturieren, werden mehrere Sichten eingerichtet, die jeweils eine Preisgruppe einem Sachbearbeiter zuordnen. Wäre Tupelmigration allgemein verboten, könnten die Sachbearbeiter keine Preise ändern, sofern die resultierende Preisgruppe von einem anderen Sachbearbeiter bearbeitet wird. □

Im SQL-Standard kann ein Test auf Tupelmigration explizit in der Sichtdefinition gefordert werden, indem die Angabe **with check option** an die Sichtdeklaration angefügt wird:

```
create view IJ as
select WeinID, Jahrgang
from WEINE
where Jahrgang > 2000
with check option
```

Dieses Sprachkonstrukt erlaubt es etwa dem Datenbankadministrator, bei Sichtdefinitionen flexibel darauf zu reagieren, welche Intention bei Selektionssichten zugrunde liegt. So kann bei Sichten zur Zugriffskontrolle die Tupelmigration verboten werden (mit der Klausel **with check option**), hingegen bei aus Strukturierungsgründen eingefügten Sichten ein kooperierendes Arbeiten durch Verschieben von Daten eingeschränkt erlaubt werden (ohne die Klausel **with check option**).

14.2.4 Verbundsichten

Änderungen auf Sichten über mehrere Relationen sind naturgemäß besonders schwierig zu behandeln. Ein typisches Beispiel ist eine sogenannte *Verbundsicht*, also eine Sicht, die durch die Verbundbildung über mehrere Relationen definiert ist. Als Beispiel betrachten wir den natürlichen Verbund über die Relationen WEINE und ERZEUGER:

$$WE := WEINE \bowtie ERZEUGER$$

In SQL kann diese Sicht wie folgt deklariert werden:

14.2 Probleme mit Sichten

```
create view WE as
select WeinID, Name, Farbe, Jahrgang, WEINE.Weingut,
    Anbaugebiet, Region
from WEINE, ERZEUGER
where WEINE.Weingut = ERZEUGER.Weingut
```

Das Problem bei Verbundsichten ist, dass Änderungsoperationen in der Regel nicht eindeutig übersetzt werden können. Auch eine *minimale erforderliche Änderung* kann nicht in allen Fällen eindeutig bestimmt werden.

◂**Beispiel 14-5**▸ Die folgende Anweisung soll den Wein Dornfelder vom Weingut Helena im Anbaugebiet Barossa Valley einfügen:

```
insert into WE
values (3333, 'Dornfelder', 'Rot', 2002, 'Helena',
    'Barossa Valley', 'South Australia')
```

Um diese Anweisung in Änderungen der Basisrelationen umzusetzen, benötigen wir Änderungsanweisungen auf beiden Basisrelationen. Für die Relation WEINE erhalten wir direkt die folgende Änderungsanweisung:

```
insert into WEINE
values (3333, 'Dornfelder', 'Rot', 2002, 'Helena')
```

Zusätzlich müssen wir noch die Relation ERZEUGER ändern – vorausgesetzt, die Information, dass Helena ein Weingut in Barossa Valley in Südaustralien ist, ist nicht bereits abgespeichert! Für diese Änderung haben wir mehrere Möglichkeiten:

1. Die direkte Methode ist eine Einfügeanweisung auf ERZEUGER:

    ```
    insert into ERZEUGER
    values ('Helena', 'Barossa Valley', 'South Australia')
    ```

    Diese Möglichkeit eröffnet sich aber nur, falls sich noch kein Weingut mit Namen Helena in der Datenbank befindet. In unserem Fall würde dieses Einfügen scheitern, da Helena bereits ein Weingut im Napa Valley ist und der Name des Weinguts ein Schlüssel für die Relation ERZEUGER ist.

2. Falls das Weingut Helena also bereits existiert, so wäre allerdings auch die folgende Anweisung möglich:

    ```
    update ERZEUGER
    set Anbaugebiet = 'Barossa Valley', Region = 'South Australia'
    where Weingut = 'Helena'
    ```

Diese zweite Variante verändert die Basisdatenbank weniger als die erste Variante und wäre somit gemäß der *Minimalitätsforderung* vorzuziehen. Als Nebeneffekt dieser Variante würden aber alle anderen Weine des Weinguts Helena in der Verbundsicht diese anderen Angaben (Anbaugebiet und Region) zugeordnet bekommen – dies widerspricht der Forderung der *Effektkonformität!* Außerdem erscheint es in dem Anwendungsbeispiel als unwahrscheinlich, dass ein Weingut umzieht und das Anbaugebiet und die Region wechselt.

Noch deutlicher wird die Mehrdeutigkeit der Umsetzung am Beispiel der Löschanweisung. Das Löschen eines Tupels

> WE(3333, 'Dornfelder', 'Rot', 2002, 'Helena', 'Napa Valley', 'Kalifornien')

kann entweder durch eine Löschung in der Relation WEINE oder in der Relation ERZEUGER erreicht werden – oder durch simultanes Löschen in beiden Relationen! Natürlich kann man auch den Namen des Weinguts in einer der beiden Relationen verändern und das gewünschte Tupel verschwindet aus der Sicht – mit negativen Auswirkungen auf die Effektkonformität. □

Zusammengefasst lässt sich sagen, dass sich bei Verbundsichten Änderungen im allgemeinen nicht eindeutig übersetzen lassen – aus welcher der beiden Relationen soll etwa gelöscht werden, wenn in der Verbundsicht gelöscht wird? Als Lösungsmöglichkeit könnte entweder die Mehrdeutigkeit in der Sichtdefinition durch explizite Regeln beseitigt oder – so in SQL-92 realisiert – Änderungen auf Verbundsichten prinzipiell verboten werden. In SQL:2003 werden die Sichtänderungen bei Verbundsichten dagegen auf die Typen von Änderungen und Verbunden beschränkt, bei der eine eindeutige Zuordnung von Tupeln in den Basisrelationen und in der Sicht ereicht werden kann.

Ähnliche Probleme ergeben sich bei Sichten, die durch die Vereinigung oder den Schnitt von Relationen definiert sind.

14.2.5 Aggregierungssichten

Unter einer *Aggregierungssicht* verstehen wir eine Sichtrelation, deren Zeilen aus mehreren Zeilen einer Basisrelation durch Gruppierung und Aggregierung berechnet wurden. Sie sind ein Spezialfall der sogenannten *berechneten Sichten*, also von Sichten, bei denen arithmetische Operationen zur Berechnung von Spalten eingesetzt werden.

Als Beispiel betrachten wir eine Sicht FM, in der für jede Farbe der Weine der älteste Jahrgang angezeigt wird:

```
create view FM (Farbe, MinJahrgang) as
   select Farbe, min(Jahrgang)
```

```
from WEINE
group by Farbe
```

In dieser Sichtdefinition wird die explizite Schemaangabe verwendet, die notwendig ist, wenn der entsprechende SQL-Dialekt keine Attributnamen für berechnete Ergebnisspalten unterstützt.

Bei Aggregierungssichten tritt allgemein das Problem auf, dass Änderungen der aggregierten Werte nicht sinnvoll übersetzt werden können.

◄**Beispiel 14-6**► Ein Sachbearbeiter entdeckt als ältesten Jahrgang eines Rotweines das Jahr 1993. Da er sieht, dass die Sicht FM falsch ist, möchte er sie ändern:

```
update FM
set Jahrgang = 1993
where Farbe = 'Rot'
```

Eine sinnvolle Transformation ist bei dieser Änderung nicht möglich, da das Datenbanksystem die Angaben über den entsprechenden Wein zur Eintragung in die Basisrelationen nicht erraten kann. □

Änderungen auf mit Aggregatfunktionen berechneten Sichten können allgemein nicht sinnvoll umgesetzt werden und sind darum etwa in SQL generell verboten.

14.2.6 Klassifikation der Problembereiche

Die behandelten Sichtbeispiele scheinen sehr spezifisch für das relationale Datenmodell zu sein. Sichtdefinitionen und Änderungen auf Sichten sollten allerdings aufgrund der Drei-Ebenen-Architektur von allen Datenbankmodellen unterstützt werden. Was ist nun die Essenz der behandelten Sichtklassen und der auftretenden Probleme bei Änderungen, die auf beliebige Datenbankmodelle übertragen werden kann?

Wir können mehrere Problembereiche unabhängig vom eingesetzten Datenbankmodell und dem benutzten Anfrageformalismus identifizieren, die bei Änderungen von Sichten auftreten:

1. Der erste Problembereich betrifft Verletzung der Schemadefinition, z.B. durch Einfügen von Nullwerten bei Projektionssichten. Allgemein betrifft er die Vermeidung von *Integritätsverletzungen*.

2. Ein zweiter Bereich ist die Notwendigkeit, aus *Zugriffsschutzgründen* Seiteneffekte auf dem nicht sichtbaren Teil der Datenbank zu vermeiden, etwa Tupelmigration bei Selektionssichten.

3. Die Minimalitätsforderung ist nicht immer ausreichend, um eine eindeutige Transformation einer Sichtänderung automatisch zu bestimmen. Bei *mehreren Transformationsmöglichkeiten* muss das Auswahlproblem gelöst werden.

4. In vielen Fällen, z.B. Aggregierungssichten, ist *keine sinnvolle Transformation* möglich.

5. Oft wird gefordert, dass eine elementare Änderung auf der Sicht ebenfalls genau einer atomaren Änderung auf der Basisrelation entspricht. Diese Einschränkung erfordert im Relationenmodell eine *1:1-Beziehung zwischen Sichttupeln und Tupeln der Basisrelation*. Diese Bedingung ist zum Beispiel beim Herausprojizieren von Schlüsseln nicht gegeben.

In implementierten Systemen werden diese Problembereiche oft sehr restriktiv behandelt, wie wir im Folgenden anhand des SQL-Standards sehen werden. Diese restriktive Behandlung erschwert die konsequente Realisierung einer Drei-Ebenen-Architektur für Datenbankanwendungen sehr.

14.3 Behandlung von Sichten in SQL

SQL-Datenbanksysteme weisen in Bezug auf Sichten einige Einschränkungen und Besonderheiten auf, die in diesem Abschnitt erläutert werden sollen. Dabei beziehen wir uns zunächst auf SQL-92, insbesondere in der Darstellung von Date und Darwen in [DD97b, Kapitel 13]. Im letzten Unterabschnitt werden wir die Neuerungen in SQL:2003 zusammenstellen.

Allgemein gelten in SQL folgende Konventionen:

- *Integritätsverletzende Sichtänderungen* werden zurückgewiesen.

- Die Behandlung von *sicherheitsverletzenden Sichtänderungen* unterliegt der Administratorkontrolle (die `with check option`-Klausel).

- Sichten, die zu nicht eindeutigen Transformationen bei Änderungen führen können, werden als *nicht änderbar* klassifiziert. Auf diesen Sichten sind keinerlei Änderungsoperationen erlaubt.

  Hier ist SQL-92 restriktiver als notwendig, da nicht nach verschiedenen Änderungsarten unterschieden wird. SQL:2003 wird hier einige Verbesserungen erzielen, erreicht aber immer noch nicht die möglichen änderbaren Sichten, wie sie bereits in der eher theoretischen Datenbankliteratur identifiziert wurden (siehe Abschnitt 14.4).

- Elementare Änderungen auf der Sichtebene müssen auf elementare Änderungen der Basisrelation abgebildet werden. Dies entspricht in etwa dem bereits diskutierten Problem, das beim Herausprojizieren von Schlüsseln auftritt. Da SQL aber Multirelationen und nicht echte Relationen als zugrundeliegendes Datenmodell hat, tritt dieses Problem in SQL nur bei Einsatz des Schlüsselwortes **distinct** in Sichtdeklarationen auf.

14.3.1 Auswertung von Anfragen an Sichten in SQL

Der SQL-Standard definiert die Bedeutung einer Anfrage an eine Sichtrelation durch syntaktisches Mischen der Anfrage mit der Sichtdefinition bzw. sofern möglich durch Ersetzen der Sichtnamen durch die die Sicht definierende Anfrage. In SQL-92 [DD97b] kann die Sichtdefinition direkt im **from**-Teil der Anfrage durch Expansion des Sichtnamens eingesetzt werden, und wir erhalten als Ergebnis eine korrekte SQL-Anfrage. Viele implementierte SQL-Dialekte halten sich allerdings an die Vorgaben der ursprünglichen SQL-Norm, in denen dieses nicht möglich war, so dass wir die in diesem Fall auftretenden Probleme an einem Beispiel erläutern wollen.

Eine Auswertung einer Sichtanfrage mittels Mischen könnte durch die folgenden Schritte erfolgen:

- In der **select**-Liste werden die Sichtattribute wenn nötig umbenannt bzw. durch ihren Berechnungsterm ersetzt.

- Im **from**-Teil werden die Namen der Originalrelationen aufgeführt.

- Nach eventuellen Umsetzungen wie im **select**-Teil erfolgt eine konjunktive Verknüpfung der **where**-Klauseln von Sichtdefinition und Anfrage.

Für den Sichtbenutzer bedeutet diese Vorgehensweise unerwartete Probleme bei Anfragen an Sichten, die z.B. Gruppierung, Aggregierung oder Arithmetik in der Sichtdefinition enthalten. Wir diskutieren die Probleme anhand zweier Beispiele.

◄**Beispiel 14-7**► Als Beispiel betrachten wir die folgende Sichtdefinition, die eine Aggregierungssicht darstellt:

```
create view FM (Farbe, MinJahrgang) as
select Farbe, min(Jahrgang)
from WEINE
group by Farbe
```

Als erste Anfrage an die Sichtrelation betrachten wir die folgende SQL-Anfrage, die die Farben mit alten Jahrgängen bestimmen soll:

```
select Farbe
from FM
where MinJahrgang < 1995
```

Eine syntaktische Transformation nach obigen Regeln führt zu folgendem Anfrageterm:

```
select Farbe
from WEINE
where min(Jahrgang) < 1995
group by Farbe
```

Dieser Anfrageterm ist keine syntaktisch korrekte SQL-Anfrage, da in SQL im where-Teil keine Aggregatfunktionen auftreten dürfen! Derartige Anfragen waren im ursprünglichen SQL-Standard und in vielen realisierten SQL-Dialekten darum verboten – obwohl die folgende Anfrage eine korrekte Transformation wäre:

```
select Farbe
from WEINE
group by Farbe
having min(Jahrgang) < 1995
```

Während obiges Beispiel übersetzbar wäre, zeigt folgende Anfrage ein prinzipielles Problem: Aggregierung über Aggregierungssichten ist im ursprünglichen SQL-Standard nicht ausdrückbar! Die folgende Anfrage soll den jüngsten Wein der Jahrgangsältesten bestimmen:

```
select max (MinJahrgang)
from FM
```

Diese Anfrage müsste wie folgt transformiert werden:

```
select max(min (Jahrgang))
from WEINE
group by Farbe
```

Geschachtelte Aggregatfunktionen sind in SQL nicht erlaubt. Wie in [DD97b] gezeigt, kann eine solche Anfrage nur in SQL-Dialekten ausgedrückt werden, die Unteranfragen im from-Teil zulassen. Dies ist also erst ab SQL-92 möglich.
□

14.3 *Behandlung von Sichten in SQL*

14.3.2 Sichtänderungen in SQL-92

Aufgrund der Benutzung des syntaktischen Ansatzes ist SQL-92 sehr restriktiv bei Änderungen von Sichten. Änderungen sind nur erlaubt, falls Folgendes für die Sichtdefinition gilt (aus [DD97b]):

- Die Anfrage ist eine reine Selektionsanfrage; mit anderen Worten, Verbundbildung, Vereinigung und Schnittbildung von Relationen sind verboten.

- Um eine 1:1-Zuordnung von Sichttupeln zu Basistupeln zu erreichen, darf die Anfrage kein **distinct** enthalten.

- Arithmetik und Aggregatfunktionen im **select**-Teil sind verboten.

- Es ist nur genau eine Referenz auf einen Relationsnamen im **from**-Teil erlaubt. Es besteht somit keine Möglichkeit, Verbundsichten auszudrücken.

- In SQL-92 sind keine Unteranfragen mit Selbstbezug im **where**-Teil erlaubt. Selbstbezug bedeutet, dass der Relationenname im obersten SFW-Block nicht in **from**-Teilen von Unteranfragen verwendet wird.

- Gruppierung ist allgemein verboten, **group by** und **having** dürfen nicht auftauchen.

Sichtdefinitionen, die obigen Kriterien genügen, werden in SQL-92 als änderbar (engl. *updatable*) bezeichnet. Frühere SQL-Dialekte waren hierbei noch restriktiver als diese Aufzählung und Unteranfragen waren beispielsweise generell verboten. In SQL-92 erfolgt keine Differenzierung für verschiedene Klassen von Änderungen, obwohl einige Sichten, bei denen etwa Einfügen Probleme bereitet, durchaus beim Löschen problemlos wären.

14.3.3 Sichtänderungen in SQL:2003

In SQL:2003 sind einige dieser Einschränkungen aufgehoben worden. So ist es nun erstmals möglich, Änderungsoperationen über Sichten durchzuführen, die mit **union** oder **join** gebildet wurden. Dabei sind natürlich spezielle Voraussetzungen zu beachten, die die Art der Änderungsoperation und den genauen Aufbau der Sicht betreffen. Insbesondere sind folgende drei Fälle zulässig:

- **update** auf **union**-Sichten: Ist eine Sicht mit **union all** gebildet worden, wurde also auf die Duplikateliminierung verzichtet und eine Multimenge als Ergebnis aufgebaut, so ist eine Modifikation der Tupel in der Sicht möglich. Durch den Verzicht auf die Duplikateliminierung können alle Tupelmodifikationen eindeutig auf Tupelmodifikationen in den Basisrelationen zurückgeführt werden.

- **update** auf **join**-Sichten: Wurde in Embedded SQL ein Cursor auf ein Tupel aus einer Verbundsicht positioniert, die zwei Relationen über einen Primärschlüssel-Fremdschlüssel-Verbund verknüpft, so ist das auf dem Cursor befindliche Tupel ebenfalls modifizierbar. Auch hier sind die Änderungen eindeutig in Tupelmodifikationen auf den beiden beteiligten Basisrelationen transformierbar. Leider ist die Operation nicht effektkonform, da andere Tupel der Sicht durch eine Modifikation betroffen sein können.

- **insert** in **join**-Sichten: Ist eine Sicht mit **join** als Primärschlüssel-Fremdschlüssel-Verbund definiert, so können unter Einschränkungen, die im SQL:2003-Standard ausführlich beschrieben sind, Einfügungen neuer Tupel in die Sicht wiederum eindeutig auf die beiden beteiligten Basisrelationen propagiert werden.

Wie sich in Abschnitt 14.4 noch herausstellen wird, sind diese Fälle noch nicht ausreichend, um die möglichen Änderungsoperationen auf Sichten auch tatsächlich durchführen zu können. Immerhin werden einige einfach realisierbare Fälle auf Sichten mit mehr als einer beteiligten Basisrelation nun erstmals unterstützt.

14.4 Theorie änderbarer Sichten

In vorhergehenden Abschnitten hatten wir unter anderem das Problem der Nutzbarkeit von Sichten angesprochen. Während Anfragen an Sichten problemlos umgesetzt werden können, sind Änderungsoperationen auf Sichten in vielen Fällen nicht sinnvoll oder nur mehrdeutig auf Basisrelationen umsetzbar.

Während in SQL syntaktische Einschränkungen an Sichtdefinitionen eingeführt werden, für die Änderungsoperationen erlaubt werden können, haben sich in der Forschung viele Ansätze mit der Ausweitung der in SQL extrem engen Kriterien beschäftigt.

Ein allgemeines Ziel für diese Untersuchungen ist die Effektkonformität. In Abbildung 14.3 haben wir das Problem in Form eines kommutativen Diagramms noch einmal dargestellt. Der Nutzer möchte auf der ihm bekannten Sicht 1 ein Update u durchführen. Er erwartet, dass das Update u exakt auf der virtuellen Relation Sicht 1 ausgeführt wird und Sicht 2 ergibt. Aufgabe des Datenbanksystems ist es nun, die folgende Umsetzung der Sichtmodifikation so zu gestalten, dass folgende zwei Operationsfolgen das gleiche Ergebnis liefern:

- Geht man von der gespeicherten Datenbank 1 aus, berechnet zunächst die Sicht mittels Sichtdefinition s und wendet danach das vom Nutzer ge-

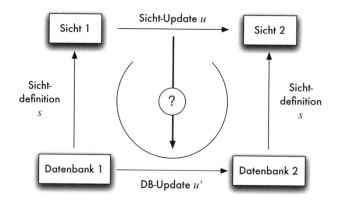

Abbildung 14.3: Kommutatives Diagramm der Sicht-Update-Transformation

wünschte Update u auf der Sichtrelation an, so entsteht die Sichtrelation Sicht 2.

- Geht man von der gespeicherten Datenbank 1 aus und wendet zunächst ein noch zu bestimmendes Update u' auf der Datenbank an, so erhält mit diesem eine Datenbank 2. Berechnet man nun mithilfe der Sichtdefinition s wieder die Sichtrelation aus der Datenbank 2, so erhält man ebenfalls Sicht 2.

Aufgabe für das Datenbanksystem ist es nun, eine möglichst eindeutige Sicht-Update-Transformation von u nach u' vorzunehmen, so dass Folgendes gilt:

$$u(s(db_1)) = s(u'(db_1))$$

Die Verfahren sind zwar bereits in den 80er Jahren entstanden, sind aber immer noch nicht in SQL umgesetzt worden. Selbst der neueste SQL:2003-Standard kann nur bestimmte erlaubte Sichten bearbeiten. Die erste Generation der Verfahren wie Bancilhon/Spyratos (1981) [BS81] und Dayal/Bernstein (1982) [DB82] sowie die zweite Generation der Verfahren wie Date (1986) [Dat86b] und Keller (1985) [Kel85b, Kel85a] haben jeweils folgende Eigenschaften:

- Erste Generation: Hier sollen möglichst viele Sichtdefinitionen zugelassen werden. Das Problem dieser Verfahren ist, dass viele Sichten bei diesen Verfahren dann als nicht eindeutig aktualisierbar erkannt werden.

- Zweite Generation: Hier werden mehr Sichtdefinitionen ausgeschlossen (aber immer noch weitaus mehr als in SQL zugelassen). Der Vorteil ist, dass innerhalb der erlaubten Sichtdefinitionen weitaus mehr Sichten als aktualisierbar erkannt werden.

Am Beispiel des Verfahrens von Keller wollen wir nun die Grundidee erläutern:

- Es sind in diesem Verfahren nur die Operationen $\pi, \sigma, \bowtie$ erlaubt.
- Die Projektion π darf nur schlüsselerhaltend angewendet werden.
- Es sind in Sichten nur spezielle Verbunde (Schlüssel-Fremdschlüssel-Verbunde) erlaubt.

In der Relation WEINE $:=$ (WeinID, Name, Farbe, Jahrgang, Weingut) ist Weingut Fremdschlüssel. Folgende Inklusionsabhängigkeit (IND) gilt aufgrund der Fremdschlüsselbedingung:

$$\pi_{\text{Weingut}}(\text{WEINE}) \subseteq \pi_{\text{Weingut}}(\text{ERZEUGER})$$

Folgende Sicht WEINKENNER ist demnach ausgeschlossen von Änderungsoperationen, da die Projektion nicht schlüsselerhaltend ist:

WEINKENNER:=
 $\pi_{\text{Name,Anbaugebiet}}(r(\text{WEINE}) \bowtie r(\text{ERZEUGER}))$

Falls auch Name ein Schlüssel wäre, dann wäre folgende Löschung durchführbar:

delete from WEINKENNER
where Name ="La Rose Grand Cru"

Diese Löschung *muss* (aufgrund der IND) eindeutig in eine Löschung auf WeinID übersetzt werden: Der Name ist durch die Schlüsseleigenschaft eindeutig einer WeinID zuzuordnen. In diesem Fall wird je genau ein Tupel der beteiligten Relationen WEINE und ERZEUGER angesprochen. Da eine Löschung von Erzeugern (Weingütern) nicht effektkonform wäre (ein Weingut kann noch mehr Weine anbauen, die dann aus der Sicht verschwinden würden), wird nur das eine Tupel in der WEINE-Tabelle gelöscht. Diese Löschung erfüllt die vorgegebenen Kriterien wie Effektkonformität und Minimalität.

14.5 Instead-of-Trigger für Sichtänderungen

Sind Änderungsoperationen auf Sichten entweder nach SQL-Standard nicht erlaubt oder findet sich keine automatische Transformation der Sicht-Updates auf Datenbank-Updates, so kann man für konkrete Anwendungen die gewünschten Transformationen mit Hilfe von Triggern beschreiben. Wir demonstrieren das am Beispiel der Instead-of-Trigger, die für die Transformation

von Objektsichten auf relationale Basisrelationen in Oracle benutzt werden.
Instead-of-Trigger[1] wurden zuerst im Oracle8-System eingesetzt, um *Objektsichten* auf normale relationale Tabellen zu unterstützen [CHRS98]. Hierbei werden aus flachen Tabellen strukturierte Objektklassen zusammengesetzt. Sollen derartige Objektsichten als Übergang zu objektorientierter Softwarestrukturierung eingesetzt werden, treten insbesondere zwei Probleme auf:

- Methoden sind für den *Objekttyp* definiert, *nicht* für die *Objektsicht*. Eine Methodenimplementierung sollte unabhängig von der Sichtdefinition sein, um den Typ wiederverwendbar zu halten.

- Wenn die Objektsichten als alleinige Schnittstelle genutzt werden sollen, müssen auf ihnen Einfügungen, Änderungen und Löschoperationen möglich sein. Die Methoden des Objekttyps können in einer relationalen Datenbank nur als Ersatz für die SQL-Statements **insert**, **update** und **delete** dienen, wenn diese intern wiederum auf derartige Anweisungen auf den Basisrelationen zugreifen können.

Fazit dieser beiden Punkte ist, dass die generischen SQL-Statements **insert**, **update** und **delete** auch für Objektsichten möglich sein sollten. Dieses sollte auch nicht durch Methoden des zugehörigen Objekttyps umgangen werden.

Oracle ermöglicht dies durch die in Release 8 neu eingeführten **instead of**-Trigger [CHRS98]. Instead-of-Trigger erlauben es, zum Beispiel bei einer **insert**-Anweisung statt der generischen Operation – die auf komplexen Objektstrukturen nicht direkt definiert sein muss – eine Folge von Anweisungen auszuführen, die eine spezifische **new**-Methode realisiert.

Für die Realisierung von **instead of**-Triggern sollte man folgende Besonderheiten beachten:

- **instead of**-Trigger arbeiten datensatzorientiert (d.h. für Objektsichten einzelobjektorientiert).

- Auf die Parameter eines mit **insert** eingefügten Objekts wird mittels **:new**-Präfix zugegriffen; Analoges gilt beim Ändern für **:new** und **:old** und beim Löschen für **:old**.

Besonderheiten von Instead-of-Trigger

Instead-of-Trigger passen nicht unbedingt in das Raster der bisher behandelten Trigger. Der Grund ist, dass sie üblicherweise nicht auf Tabellen, sondern auf Sichten definiert werden. Die Leistung eines Instead-of-Triggers ist es, das **update**-, **insert**- oder **delete**-Verhalten einer Sicht anstelle des voreingestellten Verhaltens zu regeln. Instead-of-Trigger sind per Default Row-Level-Trigger, also datensatzorientiert.

---

[1] *instead of*, dt. anstelle von.

Das Verhalten dieser Trigger soll nun anhand eines einfachen Beispiels illustriert werden.

◄**Beispiel 14-8**► Zunächst wird die Sicht V_WEINE angelegt, die genau wie die Tabelle WEINE definiert ist.

```
create view V_WEINE as
    select * from WEINE;
```

Dann wird auf dieser Sicht folgender Trigger definiert:

```
create trigger V_WEINE_Insert
    instead of insert on W_WEINE
for each row
when user = 'Andreas'
begin
   null
end;
```

Versucht der Benutzer Andreas nun einen Datensatz neu einzufügen, erhält er zwar die Meldung 1 row created, aber der Datensatz wird nicht eingefügt, da statt des Inserts nur **null** (also nichts) ausgeführt wird. □

Instead-of-Trigger können aber auch für andere Zwecke als solche Tricks, die eine primitive Form des Zugriffsschutzes darstellen, eingesetzt werden. Interessant ist, dass der Trigger aus Beispiel 14-8, der sich auf ein **insert**-Ereignis bezieht, auch einen **delete**- oder **update**-Befehl enthalten kann. Das DBMS täuscht dann etwas anderes vor, als das, was tatsächlich geschieht. Eine saubere Ausnahmebehandlung ist daher bei Instead-of-Triggern unbedingt erforderlich.

Im zweiten Beispiel soll eine etwas sinnvollere Anwendung von Instead-of-Triggern in Zusammenhang mit Sichten demonstriert werden.

◄**Beispiel 14-9**► Wir gehen von einer Verbundsicht zwischen WEINE und ERZEUGER aus:

```
create view V_WEINERZEUGER as
    select * from WEINE natural join ERZEUGER;
```

Mithilfe eines Triggers können wir nun dafür sorgen, dass eine **insert**-Operation wie in Beispiel 14-5 auf dieser Sicht in der gewünschten Weise, also etwa nur auf der WEINE-Relation, durchgeführt wird:

```
create trigger V_WEINERZEUGER_Insert
    instead of insert on V_WEINERZEUGER
referencing new as N
for each row
```

```
begin
    insert into WEINE
        values (:N.WeinID, :N.Name, :N.Farbe, :N.Jahrgang, :N.Weingut);
end;
```

Hier hilft auch die Integritätssicherung des DBMS, da das Einfügen eines Weines ohne ein entsprechendes Weingut in ERZEUGER aufgrund der Verletzung der Fremdschlüsselbedingung fehlschlägt. Allerdings könnte der Trigger noch so erweitert werden, dass in diesem Fall auch ein neuer Erzeuger eingefügt wird.
□

Insgesamt können Instead-of-Trigger unter anderem in folgenden Fällen sinnvoll eingesetzt werden:

- Sichten für den Zugriffsschutz.

- Ergänzung von **not null**-Spalten, die in der Sicht fehlen.

- Einschränkung der Datenmanipulation, wenn z.B. bestimmte Benutzer bestimmte Werte nur innerhalb vorgegebener Grenzen verändern dürfen.

- Transparenz von Schemaänderungen, d.h. eine Änderung in der Tabellenstruktur kann mit einer Sicht und darauf definiertem Instead-of-Trigger verborgen bzw. gekapselt werden.

- Die erwähnten Objektsichten können ausschließlich über Instead-of-Trigger manipuliert werden.

14.6 Zusammenfassung

Sichten sind virtuelle Relationen, die mit Hilfe von gespeicherten Anfragen aus den Basisrelationen abgeleitet werden. Sichten realisieren die logische Datenunabhängigkeit in der Drei-Ebenen-Architektur relationaler Datenbanksysteme. Mit Einschränkungen können Sichten wie Basisrelationen verwendet werden: Während Anfragen auf Sichten uneingeschränkt anwendbar sind, gibt es bei Änderungen auf Sichtrelationen erhebliche Einschränkungen. Während in SQL-92 nur Projektions- und Selektionssichten mit Einschränkungen änderbar waren, kann man in SQL:2003 nun auch Verbundsichten unter Einschränkungen ändern. Die Theorie änderbarer Sichten würde dagegen noch weitere Änderungen erlauben, die in den SQL-Standards noch nicht umgesetzt wurden. Tabelle 14.1 fasst die wichtigsten Begriffe noch einmal zusammen.

Begriff	Informale Bedeutung
Sicht	virtuelle Relation, die aus den gespeicherten Basisrelationen der Datenbank mit einer Anfrage berechnet wird
logische Datenunabhängigkeit	Stabilität der auf Sichten arbeitenden Anwendungsprogramme gegen Änderungen an der Datenbankstruktur
Sichtdefinition	Definition des Relationenschemas der virtuellen Relation und Definition der Anfrage als Berechnungsvorschrift für die virtuelle Relation
Projektionssicht	Sicht, die mithilfe einer Projektion berechnet wird; sie ist mit Einschränkungen änderbar
Selektionssicht	Sicht, die mithilfe einer Selektion berechnet wird; sie ist mit Einschränkungen änderbar
with check option	Auffassen der Selektionssicht als Integritätsbedingung an die Sicht, etwa aus Datenschutzgründen: Geänderte Tupel dürfen die Sicht nicht verlassen
Verbundsicht	Sicht, die mithilfe eines Verbundes berechnet wird; sie ist in SQL-92 nicht änderbar, in SQL:2003 mit Einschränkungen änderbar
Aggregierungssicht	Sicht, die mithilfe von Aggregatfunktionen berechnet wird; sie ist nicht änderbar
Effektkonformität	Änderung auf der Sicht wirkt so, als sei sie direkt auf der virtuellen Relation realisiert worden
Minimalität	Änderung auf der Sicht, so dass die Basisrelationen nur minimal verändert werden
Konsistenzerhaltung	Änderung auf der Sicht, so dass keine Integritätsbedingungen verletzt werden
Sichtänderungen	Erlaubte Änderungen auf Sichten in den verschiedenen SQL-Standards
Theorie änderbarer Sichten	Sichten, die nach formalen Kriterien änderbar sind (über die im SQL-Standard fixierten Einschränkungen hinausgehend)
Instead-of-Trigger	realisiert Änderungen auf Sichten mithilfe einer Trigger-Definition; **instead of** beschreibt dabei die Realisierung eines Triggers auf einer Sicht durch Operationen auf den Basisrelationen

Tabelle 14.1: Wichtige Begriffe zu Sichten

14.7 Vertiefende Literatur

Das Sichtkonzept in SQL ist Inhalt der entsprechenden SQL-Normen und diverser Lehrbücher zum SQL-Standard (etwa für SQL-92 das Lehrbuch [DD97b] und die deutschsprachige Version [DD98], als Standard [Int92] und für SQL-99 [ISO99a] und [ISO99b]).

Die Sichtproblematik betreffend Änderbarkeit von Sichten wird in den einschlägigen Lehrbüchern über das relationale Datenbankmodell und die diesem zugrundeliegenden theoretischen Konzepten behandelt. Die Originalartikel der zwei Generationen von Verfahren sind: für die erste Generation [BS81] und [DB82] sowie für die zweite Generation [Dat86b] und [Kel85b, Kel85a].

Sichten in Oracle8 und die Verbindung mit Instead-Of-Trigger für Sichtänderungen werden in [CHRS98] diskutiert.

Einen Überblick über die Anforderungen und Mechanismen von Sichtmodellen für Objektdatenbanken gibt Motschnig-Pitrik in [Mot96]. Insbesondere werden dort verschiedene existierende Sichtmodelle miteinander verglichen. [SST97] enthält ebenfalls einen Abschnitt über Sichtmodelle für Objektdatenbanken.

Verfahren für Sicht-Updates werden von Bancilhon und Spyratos [BS81], Dayal und Bernstein [DB82] sowie von Date [Dat86b] und Keller [Kel85b, Kel85a] beschrieben.

Die ersten Ansätze zur Propagierung von Änderungsoperationen bei materialisierten Sichten stammen von Blakeley und Koautoren [BLT86], spätere Verallgemeinerungen von Griffin und Libkin [GL95]. Die Problematik der Sichtmaterialisierung wird von Kuno und Rundensteiner unter anderem in [KR95, KR96, RR95] diskutiert.

14.8 Übungsaufgaben

Übung 14-1 Geben Sie die Sichtdefinitionen der in Beispiel 14-1 auf Seite 473 angeführten Sichten in SQL-Syntax an. □

Übung 14-2 Definieren Sie die in Abschnitt 14.4 angegebene Sicht WEINKENNER in SQL-Syntax.

Realisieren Sie eine sinnvolle Löschoperation mittels eines Instead-of-Triggers. Können Sie auch eine sinnvolle Einfügeoperation auf der Sicht mit dieser Methode realisieren? □

15

Zugriffskontrolle & Privacy

Inhalt dieses Kapitels sind Konzepte zum Schutz der Datenbanken vor beabsichtigtem und unbeabsichtigtem Missbrauch. Die Frage der *Zugriffskontrolle* betrifft den Schutz vor unberechtigtem Zugriff und Manipulation der Datenbank. Da mit Sichten gewisse Ausschnitte aus der Datenbank definiert werden können, sind Sichten ein Hilfsmittel zur Realisierung der Zugriffskontrolle.

Der berechtigte Zugriff eines Nutzers oder einer Nutzergruppe auf Teile der Datenbank wird mithilfe der *Rechtevergabe* geregelt. Ein Datenbanksystem erlaubt es, bestimmte Rechte (wie lesende oder schreibende Aktionen) auf bestimmten Teilen der Datenbank (Basisrelationen oder Sichten) für bestimmte Nutzer oder Nutzergruppen zu definieren. Rechte können von diesen Nutzern dann in einigen Fällen auch weitergegeben werden.

In Datenbanksystemen werden in vielen Fällen Daten verwaltet, deren Sicherheit für den Betreiber von großer Bedeutung sind – seien es firmeninterne Daten eines Unternehmens oder personenbezogene Daten in Verwaltungen. Der Schutz dieser Daten vor unberechtigtem Zugriff und Manipulation muss somit ein zentraler Aspekt von Datenbankmanagementsystemen sein. Leider sind die beiden in diesem Zusammenhang verwendeten Begriffe *Datensicherheit* und *Datenschutz* nicht einheitlich verwendet worden. Deshalb starten wir nach der Kapitelübersicht zunächst mit der Klärung dieser und weiterer Begriffe im Zusammenhang mit der Datenbanktechnik und im Kontext der Datensicherheit.

- In Abschnitt 15.1 werden verschiedene Sicherheitsmodelle vorgestellt, die im Bereich der Informationssysteme gebräuchlich sind.

- Besonders ausgeprägt sind in Datenbanksystemen die Mechanismen zur Rechtevergabe. Diese werden in Abschnitt 15.2 ausführlich (auch im Kontext des SQL-Standards) vorgestellt.

- In sicherheitskritischen Anwendungen ist oft nicht nur eine Beschränkung der Zugriffsrechte notwendig, sondern es wird auch eine Überwachung und Protokollierung der erlaubten Zugriffe gewünscht. Hierzu verfügen Datenbanksysteme über spezielle Auditing-Techniken, die in Abschnitt 15.2.5 beschrieben werden.

- Anwendungen wie die Auswertung von Umfragen oder medizinischen Studien erfordern die (statistische) Auswertung personenbezogener Daten. Eine Zugriffsbeschränkung durch Rechtevergabe ist hier oft nicht ausreichend: So muss sichergestellt werden, dass ein Nutzer nicht durch eine geschickte Kombination statistischer Anfragen oder auch durch Verknüpfung mit anderen Daten auf konkrete vertrauliche Einzelinformationen zurückschließen kann. Die damit verbundene Problematik der Privatheit (Privacy) von Daten werden wir in Abschnitt 15.3 diskutieren.

Datensicherheit, Datenschutz, Integrität und Zugriffskontrolle

Leider werden im Bereich der Datenbanktechnik und im Bereich der sicheren und verlässlichen Informations- und Kommunikationssysteme Begriffe aus diesem Bereich sehr unterschiedlich verwendet:

- Im Bereich der Datenbanktechnik wird mit *Integrität* der Schutz der Konsistenz der Daten vor unbeabsichtigten Eingabefehlern bezeichnet. Unter *Datensicherheit* werden Maßnahmen zum Schutz vor systembedingten Fehlern wie Stromausfällen, Systemabstürzen oder Softwarefehlern zusammengefasst (siehe auch Band II dieses Buches [SHS05]). Mit *Datenschutz* wird im Datenbankbereich der Schutz der Daten vor unerlaubter Nutzung oder böswilliger Manipulation (bis hin zur Löschung wichtiger Daten) bezeichnet. Eine technische Maßnahme für diesen Schutz ist die *Zugriffskontrolle*.

- Im Bereich der sicheren und verlässlichen Systeme ist dagegen *Datensicherheit* der Oberbegriff für den Schutz des Systems vor unbeabsichtigter oder bösartiger Nutzung (*Vertraulichkeit*) oder Manipulation (*Integrität*) von Daten. Verschiedene Maßnahmen zur Erreichung von Datensicherheit sind beispielsweise die *Zugriffskontrolle*, das Sichtenkonzept oder die Überwachung und Protokollierung (*Auditing*) von Aktionen auf der Datenbank. Der *Datenschutz* ist nun sehr speziell der Schutz personenbezogener Daten in solchen Datenbeständen.

Wir verwenden im Folgenden den Begriff *Zugriffskontrolle* als technische Maßnahme zum Schutz der Daten vor Missbrauch. Falls der Begriff *Datenschutz* an einigen Stellen aus formulierungstechnischen Gründen noch auftaucht, ist hier immer der Schutz von Daten gemeint und nicht speziell der Schutz von personenbezogenen Daten.

15.1 Sicherheitsmodelle

Sicherheitsmodelle (engl. *Security Models*) beschreiben die funktionalen und strukturellen Eigenschaften eines Sicherheitssystems. Insbesondere legen sie die Mechanismen zur Wahrung des Schutzes von Daten fest. Ein solches Modell muss die Konzepte des Datenbankmodells berücksichtigen. Für objektorientierte Datenbanken bedeutet dies zum Beispiel, dass die Konzepte Spezialisierung und komplexe Objekte auch vom Sicherheitsmodell erfasst werden.

In der Literatur wird zwischen diskreten und verbindlichen Sicherheitsmodellen unterschieden. Diese sollen nun kurz skizziert werden.

15.1.1 Diskrete Sicherheitsmodelle

Diskrete Sicherheitsmodelle (engl. *Discretionary Access Control*) regeln den Zugriff auf Objekte auf der Basis der Identität der Nutzer und Zugriffsrechten, die für jeden Nutzer festlegen, auf welche Objekte er in welchem Modus zugreifen darf. Die Anzahl der Zugriffsrechte pro Nutzer ist bei diesem Ansatz variabel; es können zusätzliche Rechte hinzukommen, aber auch vorhandene Rechte zurückgenommen werden.

Durch die individuelle Vergabe von Rechten ist dieses Modell sehr flexibel, es lässt jedoch keine Informationsflusskontrolle zu.

15.1.2 Verbindliche Sicherheitsmodelle

In *verbindlichen* (engl. *Mandatory Access Control*) Sicherheitsmodellen werden Subjekte und Objekte sogenannten *Sicherheitsklassen* zugeordnet. Diese Modelle wurden ursprünglich für den militärischen Bereich entwickelt, in dem geheime Dokumente klassifiziert und vor dem Zugriff Unbefugter geschützt werden müssen. Es wird bestimmten Nutzerklassen ein Zugriff auf klassifizierte Informationen gewährt. Daher wird dieser Ansatz oft auch als *Sicherheitsklassenansatz* bezeichnet. Mögliche Sicherheitsklassen sind hier etwa:

$$\textit{öffentlich} < \textit{vertraulich} < \textit{geheim} < \textit{streng geheim}$$

Die Sicherheitsklassen sind in diesem Fall der militärischen Praxis folgend linear geordnet.

Die Zugriffsrechte werden beim Sicherheitsklassenansatz mithilfe der folgenden verbindlichen Regeln festgelegt:

- Ein Nutzer *s* darf ein Objekt *o* lesen, wenn die Sicherheitsklasse des Nutzers gleich oder höher priorisiert ist als die des Objektes.

- Das Schreiben eines Objektes *o* ist für den Nutzer *s* erlaubt, wenn die Sicherheitsklasse des Nutzers gleich oder höher priorisiert ist als die des Objektes.

Die verbindlichen Modelle sind leider sehr starr, was ihre Brauchbarkeit im Wesentlichen auf den militärischen Bereich einschränkt.

Zum Abschluss sei angemerkt, dass diskrete und verbindliche Sicherheitsmodelle auch kombiniert auftreten können. Eine gebräuchliche Ausprägung der hybriden Modelle sind die *Rollenmodelle*: Die Vergabe von Rechten wird hier nicht pro Nutzer, sondern pro Rolle vorgenommen. Rollen können dann in verschiedenen Beziehungen zueinander stehen. Wir werden auf diese Modelle weiter unten noch zurückkommen.

15.2 Rechtevergabe in SQL

Die Vergabe von Rechten für den Zugriff auf gespeicherte Datenbestände ist einer der technischen Aspekte der *Vertraulichkeit* von Daten. Wir betrachten an dieser Stelle nur diese technischen Aspekte. Für eine weitergehende Behandlung des Schutzes von Daten, insbesondere unter Einbeziehung der rechtlichen Aspekte (Stichwort informationelle Selbstbestimmung des Bürgers), sei auf die Literatur zu diesen Themengebieten verwiesen [CFMS95, Bis91].

Wir betrachten im Folgenden eine einfache Modellierung von *Zugriffsrechten* auf Datenbestände. In dieser Modellierung haben Zugriffsrechte den Aufbau *(Subjekt, Objekt, Aktion)*:

```
(AutorisierungsID, DB-Ausschnitt, Operation)
```

- Der *Autorisierungsidentifikator* (kurz *AutorisierungsID*) ist eine interne Kennung eines Datenbankbenutzers. Ein typischer AutorisierungsID kann die Benutzerkennung des Betriebssystems sein. Andere Beispiele wären Kennungen von zugreifenden Softwaresystemen oder auch Kennungen von Benutzergruppen.

- Datenbankausschnitte sind im Relationenmodell gespeicherte Relationen und Sichten, aber auch ganze Datenbanken oder Schemainformationen.

- Unter den Operationen sind insbesondere die klassischen Operationen des Lesens, Einfügens, Änderns und Löschens von Datensätzen zu verstehen. Je nach verwendetem Datenmodell und konkret realisiertem System kommen weitere Operationen beispielsweise zur Verwaltung von Systeminformationen (etwa der Datenverteilung) hinzu.

Die Verwaltung und Überwachung von Zugriffsrechten erfolgt ausschließlich durch das Datenbankmanagementsystem.

15.2.1 Benutzer und Schemata

In jedem Datenbanksystem gibt es typischerweise einen *Datenbankadministrator* (kurz DBA), der mit speziellen Rechten ausgestattet ist und so die Systemverwaltungsaufgaben übernehmen kann. Ein DBA ist mit dem Systemverwalter aus den Unix-Betriebssystemen (dort mit der Benutzerkennung root) vergleichbar, jedoch auf das Datenbanksystem beschränkt. Die DBA-Benutzerkennung ist abhängig vom DBMS und heißt etwa sysadm.

Die weitreichenden Rechte eines DBA sind natürlich ein Risiko für die Datenbanksicherheit. Ein DBA sollte daher eine besonders vertrauenswürdige und verantwortungsbewusste Person sein. Allerdings gibt es auch Modelle, die die Möglichkeiten eines DBA zur Manipulation der Datenbank einschränken, ohne die eigentliche Systemadministration zu behindern.

Eine der Aufgaben eines DBA ist auch das Verwalten von Benutzern durch Anlegen einer Benutzerkennung (AutorisierungsID) und dem Zuweisen eines Passwortes. Der SQL-Standard macht jedoch keine Vorgaben zum Anlegen von Benutzern. Dies erfolgt somit entweder über proprietäre SQL-Anweisungen wie

> **create user** gunter **identified by** 'my-secret-password'

oder auf Betriebssystemebene, indem der DBA einem Betriebssystemnutzer entsprechende Rechte zum Zugriff auf eine Datenbank gibt.

Tabellen, Wertebereichsdefinitionen, Integritätsbedingungen aber auch Sichten, Prozeduren und Trigger sind in SQL Schemaobjekte, die angelegt, gelöscht und sogar mit Zugriffsberechtigungen versehen werden können. Zur besseren Verwaltung werden diese Objekte in SQL daher zu einem *Schema* zusammengefasst. Ein Schema ist durch einen Namen gekennzeichnet und wird durch die Anweisung

> **create schema** *Schemname* [**authorization** *Benutzer*]

angelegt. Mit der optionalen **authorization**-Klausel kann das Schema direkt einem Nutzer zugewiesen werden, der dann Eigentümer wird.

15.2.2 Rechtevergabe in SQL

Im SQL-Standard werden Rechte mittels der **grant**-Anweisung vergeben, die nach folgendem Muster notiert wird:

> **grant** *Rechte*
> **on** *Tabelle*

```
to BenutzerListe
[with grant option]
```

Die Erklärung der einzelnen syntaktischen Konstrukte kann wie folgt gegeben werden:

- In der *Rechte*-Liste kann entweder die Angabe **all** bzw. als Langform **all privileges** für alle zu vergebenden Rechte stehen oder eine Liste aus den Schlüsselwörtern **select** (Leserecht), **insert**, **update** (gefolgt von optionaler Angabe eines Attributnamens in Klammern) oder **delete** angegeben werden. Wie erwähnt, erlauben SQL-Dialekte hier weitere Operationsangaben.

- Hinter **on** steht ein Relationen- oder Sichtname, für den das Recht vergeben werden soll.

- Hinter dem Schlüsselwort **to** steht eine Liste von Autorisierungsidentifikatoren, also in der Regel Benutzerkennungen der Anwender. Der SQL-Standard lässt hier offen, welche Arten von Autorisierungsidentifikatoren von einem konkreten System unterstützt werden, insbesondere, ob und in welcher Form Benutzergruppen – wie in Mehrbenutzerbetriebssystemen üblich – verwaltet werden können.

- Ein spezielles Recht ist das *Recht auf die Weitergabe von Rechten*. Dieses Recht kann durch die Angabe der Schlüsselwörter **with grant option** weitergegeben werden. Eigentümer eines Datenbankobjektes besitzen in der Regel das **grant**-Recht für dieses Objekt.

Ein Spezialfall der Angabe eines Autorisierungsidentifikators ist die Angabe **public** (dt. öffentlich). Zusammen mit der Benutzung des reservierten Wortes **user** in Sichtdefinitionen ermöglicht die Angabe **public** benutzerspezifische Sichten.

◄**Beispiel 15-1**► Wir führen eine benutzerspezifische Sicht MeineAufträge ein, die alle Aufträge des jeweiligen Nutzers enthält. Anschließend wird der Zugriff darauf auf Lese- und Einfügeoperationen beschränkt.

```
create view MeineAufträge as
select *
from AUFTRAG
where KName = user;

grant select, insert
on MeineAufträge
to public;
```

Die Bedeutung dieser Anweisungsfolge kann in natürlicher Sprache wie folgt charakterisiert werden:

Jeder Benutzer kann seine Aufträge sehen und neue Aufträge einfügen (aber nicht löschen und ändern!).

□

15.2.3 Zurücknahme von Rechten

Neben der **grant**-Anweisung zur Vergabe von Rechten gibt es als entsprechende Anweisung zum *Zurücknehmen* in der Vergangenheit vergebener Rechte die **revoke**-Anweisung. Die syntaktische Form ist zum großen Teil selbsterklärend:

```
revoke Rechte
on Tabelle
from BenutzerListe
[restrict | cascade ]
```

Die beiden Angaben **restrict** und **cascade** betreffen die Reaktion bei weitergegebenen Rechten und haben die folgende Bedeutung:

- **restrict**: Falls das Recht von dem Benutzer, dem es entzogen werden soll, bereits an Dritte weitergegeben wurde, erfolgt ein Abbruch der **revoke**-Anweisung.

- **cascade**: Bei dieser Angabe wird die Rücknahme des Rechts r mittels **revoke** an alle Benutzer propagiert, die das Recht r von diesem Benutzer mittels der **grant**-Anweisung erhalten haben.

In SQL gilt bei weitergegebenen Rechten die Regel, dass nach der erfolgreichen Ausführung einer **revoke**-Anweisung der Zustand erreicht werden soll, *als ob das Recht niemals vergeben worden wäre.* Die Überprüfung dieser Forderung ist schwer zu kontrollieren, da ein Recht an einen bestimmten Benutzer von mehreren Seiten gewährt worden sein kann.

Die Problematik dieser Festlegung kann man sich anhand des folgenden Beispielablaufs verdeutlichen:

◄**Beispiel 15-2**► Zwei Benutzer B_1 und B_2 besitzen beide das Recht r. Beide geben dieses Recht zu unterschiedlichen Zeiten an B_3 weiter (mit **grant option**). Zwischen den beiden Rechteweitergaben gibt B_3 das Recht an B_4 weiter. Zieht nun B_1 das Recht r zurück, muss die Weitergabe an B_4 nur dann rückgängig gemacht werden, wenn die Weitergabe durch B_1 vor der von B_2 erfolgte (da B_3

das Recht zum Zeitpunkt der Weitergabe an B_4 nur von B_1, aber noch nicht von B_2 erhalten hatte). □

Um diese Festlegung des Standards zu erfüllen, muss also für Benutzer nicht nur gespeichert werden, von welchen Benutzern Rechte erhalten wurden, sondern auch der zeitliche Ablauf der Rechtevergabe.

15.2.4 Rollenmodell in SQL:2003

Statt Rechte nur an konkrete Benutzer oder Benutzergruppen zu vergeben, können seit SQL:1999 nun auch Rollen definiert und Rechte an Rollen weitergegeben werden. So ist dann nicht ein spezieller Nutzer der Empfänger eines Rechts, sondern die Rolle, die er einnimmt. Dies erleichtert die Verwaltung von Rechten beim Wechsel von Personen in einem Unternehmen. Verlässt beispielsweise der Besitzer von einigen Tabellen in der Unternehmensdatenbank die Firma, so ist es ohne Rollen relativ schwer, die Administratorrechte zur Manipulation der Tabellen an seinen Nachfolger zu übergeben. In SQL:2003 wird mit der Klausel

create role weindb_admin_role

eine neue Rolle festgelegt, die mit **grant** anschließend auch an bestimmte Nutzer gebunden werden kann:

grant weindb_admin_role **to** gunter

Eine Rolle bekommt dann eine Menge von Rechten unabhängig von der Person, die diese Rolle gerade einnimmt. Im Normalfall ist die Menge von Rechten, die diese Person dann besitzt, eine Vereinigung der Rechte in seiner Rolle und der Rechte als Person. Wurden der Person mehrere Rollen zugewiesen, so vereinigen sich alle Mengen von Rechten. Letzteres ist oft nicht unbedingt gewünscht: Ist eine Person gleichzeitig Aufsichtsratsmitglied eines Unternehmens und als Privatmann Aktienbesitzer, so darf er die Rechte aus beiden Rollen nicht miteinander vermischen und somit keine Insidergeschäfte tätigen.

15.2.5 Auditing

Neben der Vergabe geeigneter Zugriffsberechtigungen ist die Überwachung von Zugriffen bzw. Änderungen eine weitere wichtige Maßnahme zum Datenschutz. Das hierfür notwendige Protokollieren von Zugriffen wird als *Auditing* bezeichnet. In einem Datenbanksystem betrifft dies insbesondere Aktionen wie das Anlegen von Nutzern, die Vergabe von Rechten, Schemaänderungen bis hin zur Manipulation der Daten. Da hierbei durchaus eine große Menge an Protokolldaten anfallen kann, muss der Grad der Protokollierung sorgfältig gewählt werden, d.h. auf sicherheitsrelevante Daten beschränkt sein.

Neben Zusatzprodukten gibt es in einem Datenbanksystem mehrere geeignete Techniken: Logdateien, Trigger und spezielle Auditingtechniken.

Systemlogdateien werden vom DBMS selbst angelegt und viele Aktionen auf Systemebene (Start und Stopp der Datenbank, Wiederherstellung, Fehler etc.) werden dort protokolliert. Allerdings werden SQL-Operationen ohne spezielle Maßnahmen nicht erfasst.

Trigger (siehe auch Abschnitt 12.5) bieten eine einfache Möglichkeit zum Auditing auf SQL-Ebene. Auf den zu überwachenden Tabellen werden Trigger für Änderungsoperationen definiert, die den Zugriff in Form eines Eintrags in einer speziellen Auditing-Tabelle protokollieren und dabei gegebenenfalls die alten und neuen Werte sichern.

◄**Beispiel 15-3**► Als Beispiel betrachten wir einen Trigger, der Löschoperationen auf der WEINE-Tabelle protokolliert. Jede Löschaktion wird mit Informationen zum Nutzer, zur Ausführungszeit sowie dem Namen des gelöschten Weines in eine Tabelle AUDIT_WEINE geschrieben.

Entsprechende Trigger werden auch für **insert** und **update** benötigt, wobei die Protokollierung in der gleichen Tabelle erfolgen kann.

```
create trigger audit_weine
after delete on WEINE
referencing old as O
for each row
begin atomic
    insert into AUDIT_WEINE (nutzer, zeit, operation, wein)
    values (current_user, current_time, 'delete', O.Name)
end
```

□

Trigger erlauben ein sehr feingranulares Auditing, sind jedoch resourcenintensiv, da bei einer Änderung unter Umständen mehrere Tupel geschrieben werden müssen. Darüber hinaus sind Trigger auf Änderungsoperationen beschränkt – Leseoperationen (Anfragen) lassen sich damit nicht protokollieren.

Kommerzielle DBMS verfügen meist über spezielle *Auditing-Techniken*. So werden bei Oracle beispielsweise alle Aktionen von Nutzern mit Systemprivilegien (etwa der Nutzer sys) in einer Logdatei protokolliert. Darüber hinaus kann ein feingranulares Auditing für einzelne Nutzer und Anweisungen durchgeführt werden.

◄**Beispiel 15-4**► Mit der folgenden Oracle-Anweisung werden alle Anweisungen des Nutzers gunter protokolliert:

```
audit all by gunter by access;
```

Dagegen schaltet die folgende Anweisung das Auditing für Zugriffe auf die Tabelle WEINE ein:

```
audit select on WEINE;
```

Die Aktionen werden in speziellen Tabellen protokolliert, die vom DBA kontrolliert werden können. Auf diese Weise ist ein detailliertes Nachvollziehen der Zugriffe auf die Datenbank sowohl für Änderungsoperationen als auch für Anfragen möglich.

15.2.6 Authentifikation und Autorisierung

Mit der Rechtevergabe in SQL können Benutzer *autorisiert* werden, bestimmte Dinge in der Datenbank tun zu dürfen. Mit der *Authentifikation*, einem grundlegenden Problem der technischen Zugriffskontrolle, soll überprüft werden, ob ein Benutzer eines Systems wirklich derjenige ist, für den er sich ausgibt, also seine *Benutzeridentifikation*.

Die Identität von Benutzern kann technisch mit drei Arten von Merkmalen geprüft werden:

- *Was der Benutzer weiß:* Passwörter, PINs, Geburtsdatum der Mutter etc.
- *Was der Benutzer besitzt:* Scheckkarte, Schlüssel etc.
- *Was der Benutzer selbst hat:* Fingerabdrücke, Stimme etc.

Eine Kombination aller drei Arten von Merkmalen ist wünschenswert, eine Kombination von zwei Merkmalen bei vielen Systemen üblich (etwa Scheckkarte und PIN).

Einen Überblick über verschiedene Ansätze zur Gewährleistung des Schutzes von Daten beinhaltet das Buch über *Database Security* von Castano u.a. [CFMS95]. Ein spezielles Problem, das durch die Aggregatfunktionen in Datenbanken häufig auftritt, ist der Schutz in statistischen Datenbanken, auf den wir im nächsten Abschnitt noch eingehen wollen.

15.3 Privacy-Aspekte in Datenbanken

Die heutigen technischen Möglichkeiten der Erfassung bzw. Verwaltung von großen Datenmengen und insbesondere der Verknüpfung verschiedener Datenquellen bergen aber auch die Gefahr des Missbrauchs. Dies betrifft nicht nur das Ausspähen von Kreditkarteninformationen im Internet, sondern auch die Verletzung der Privatsphäre durch Unternehmen oder Organisationen, die neben der Wohnung auch persönliche Daten einschließt. Hierfür hat sich der Begriff *Privacy* (auch Privatsphäre) etabliert, der das Recht jedes Einzelnen auf einen geschützten privaten Raum, der von anderen nur in definierten Ausnahmefällen verletzt werden darf [BF04], bezeichnet.

Beispiele für Anwendungen, die Privacy-Aspekte berühren, sind u.a.

- elektronische Autobahn-Mautsysteme, die eine Überwachung von Fahrzeugen ermöglichen,
- Kreditkartenaktivitäten und diverse Payback- bzw. Rabattkarten, mit denen das Kaufverhalten von Kunden ausgewertet werden kann,
- Mobilfunksysteme, die es prinzipiell erlauben, (grobe) Bewegungsprofile der Nutzer zu erstellen,
- die RFID-Technologie im Einzelhandel, mit deren Hilfe es möglich ist, auf den Produkten angebrachte Funketiketten auszulesen.

Diese Liste gibt nur einen Auszug der Möglichkeiten und soll vor allem die Notwendigkeit von Privacy-Maßnahmen hervorheben. In den folgenden Abschnitten werden wir einige ausgewählte datenbankspezifische Aspekte dazu vorstellen.

15.3.1 Statistische Datenbanken

Statistische Datenbanken sind Datenbanken, in denen die Einzeleinträge dem Datenschutz unterliegen, aber statistische Informationen allen Benutzern zugänglich sind. Ein einzelner Benutzer hat somit nur das einzige Recht, statistische Information abzufragen. Unter statistischen Informationen sind hierbei aggregierte Werte zu verstehen, zum Beispiel das Durchschnittseinkommen in einer Region.

Die Schwierigkeit der Zugriffsüberwachung besteht nun darin, dass ein Benutzer auch indirekt Daten über Einzeleinträge gewinnen kann. Dies kann insbesondere dadurch geschehen, dass ein Benutzer die Kriterien für eine zu betrachtende Personengruppe derart einschränkt, dass tatsächlich nur ein Einzeleintrag betrachtet wird.

◂**Beispiel 15-5**▸ Wir betrachten ein Beispiel aus dem Bankbereich, in dem ein Benutzer X Daten über Kontoinhaber sowie statistische Daten wie Kontosummen abfragen darf, aber keine einzelnen Kontostände erfahren soll.

In einer ersten Anfrage wird das Suchkriterium derart verfeinert, dass nur ein Kunde selektiert wird (z.B. durch Einschränkung des Adressenbereichs in Kombination mit dem Alter).

```
select count (*)
from KONTO
where Ort = 'Teterow' and ...
```

Ist der Bereich auf einen Treffer eingeschränkt, kann der Name des Kontoinhabers bestimmt werden.

```
select Name
from KONTO
where Ort = 'Teterow' and ...
```

Als letzter Schritt wird eine statistische Anfrage formuliert, die tatsächlich aber einen Einzeleintrag als Ergebnis liefert.

```
select sum(Kontostand)
from KONTO
where Ort = 'Teterow' and ...
```

□

Das Beispiel zeigt, dass statistische Anfragen im Zusammenhang mit der Bestimmung von Ergebnisgrößen eine Verletzung des Schutzes für Einzeleinträge ermöglichen. Daher sollten statistische Anfragen nicht erlaubt werden, wenn weniger als vorgegebene n Tupel im Ergebnis der Selektion liegen.

Diese Einschränkung allein reicht aber nicht aus, um die Vertraulichkeit zu gewährleisten, wie das folgende Beispiel zeigt.

◄**Beispiel 15-6**► Ein Benutzer X will den Kontostand von einer Person Y herausfinden. X weiss, dass Y nicht in Magdeburg lebt. Er hat abgefragt, dass in Magdeburg mehr als n Kontoinhaber leben, so dass er eine statistische Anfrage mit dem Ort als Selektionsprädikat formulieren darf. X stellt nun folgende zwei Anfragen:

```
select sum(Kontostand)
from KONTO
where Ort = 'Magdeburg'

select sum(Kontostand)
from KONTO
where Name = :Y or Ort = 'Magdeburg'
```

Zieht X nun das Ergebnis der ersten Anfrage von dem der zweiten ab, so erhält X den Kontostand von Y als Ergebnis. □

Als Konsequenz dieses Beispiels sollten statistische Anfragen nicht erlaubt werden, die paarweise einen Durchschnitt von mehr als m vorgegebenen Tupeln betreffen. Die Ergebnisgröße n und die Größe der Überlappung der Ergebnismengen m sind also kritische Parameter bei statistischen Anfragen. Es gilt hierbei der folgende Satz [Ull88]:

Sind nur Ergebnisse von Aggregatfunktionen erlaubt, dann benötigt eine Person $1 + (n-2)/m$ Anfragen, um einen einzelnen Attributwert zu ermitteln.

15.3.2 k-Anonymität

Verwandt mit dem Problem der Zugriffskontrolle in statistischen Datenbanken ist das Problem der *k*-Anonymität. Ausgangspunkt ist hierbei die Situation, dass für viele Studien oder Umfragen etwa im medizinischen Bereich oder im Marketing neben statistischen Daten (den sogenannten Makrodaten) auch Detaildaten etwa zu Personen (Mikrodaten) benötigt werden. Im Interesse der Privatheit der Daten werden diese typischerweise anonymisiert, z.B. durch Weglassen identifizierender Attribute wie Namen oder Personalnummern. Dennoch bleibt, ähnlich wie im vorigen Abschnitt gezeigt, das Problem, dass eine Identifizierung immer noch möglich ist.

◄**Beispiel 15-7**► Das folgende Beispiel illustriert die Gefahr der Identifizierung. Gegeben sei eine Relation mit personenbezogenen Daten zu Krankheiten, wobei zur Anonymisierung die Werte der Spalte Name ausgeblendet ist:

MEDIZINSTUDIE	Name	Alter	PLZ	Geschlecht	FamStand	Krankheit
	*****	38	98693	männl.	verh.	Schnupfen
	*****	29	39114	weibl.	ledig	Fieber
	*****	29	39114	weibl.	ledig	Anämie
	*****	34	98693	männl.	verh.	Husten
	*****	34	98693	männl.	verh.	Knochenbruch
	*****	27	18055	weibl.	ledig	Fieber
	*****	27	18055	weibl.	ledig	Schnupfen

Ist nun aber beispielsweise von einer Person aus dieser Relation bekannt, dass sie männlich, 38 Jahre alt, verheiratet ist und in 98693 Ilmenau wohnt, kann das zugehörige Tupel identifiziert und die Krankheit (hier: Schnupfen) erkannt werden. Die Zuordnung zum Namen oder weiteren Attributen kann dabei zum Beispiel durch einen Verbund mit anderen Daten erfolgen. □

Das im Beispiel demonstrierte Problem kann auf verschiedene Weise gelöst werden. Eine einfache Möglichkeit ist das *Data Swapping*, wobei einfach Attributwerte verschiedener Tupel vertauscht werden. Allerdings gehen hierbei die Zusammenhänge zwischen den Attributen verloren, was eventuell die Analyse der Daten unmöglich macht.

Ein zweiter Ansatz basiert darauf, die Daten so zu manipulieren, dass ein bestimmter Sachverhalt nicht mehr zwischen einer vorgegebenen Anzahl k von Tupeln unterschieden werden kann. Für das obige Beispiel bedeutet dies, dass eine Anfrage nach einer beliebigen Kombination von Alter, Geschlecht, Familienstand und Postleitzahl entweder eine leere Relation oder mindestens k Tupel liefert und somit eine Identifizierung nicht mehr möglich ist. Dies wird als *k-Anonymität* bezeichnet und kann durch verschiedene Techniken erreicht werden [Swe02]:

- Bei der *Generalisierung* werden Attributwerte durch allgemeinere Werte ersetzt, die etwa einer Generalisierungshierarchie entnommen werden können. Beispiele hierfür sind die Verallgemeinerung des Alters einer Person zu Altersklassen ({35, 39} wird zu 30-40) oder das Weglassen von Stellen bei Postleitzahlen ({ 39106, 39114 } wird zu 39***).

- Beim *Unterdrücken von Tupeln* werden Tupel, welche die k-Anonymität verletzen und damit identifizierbar sind, in der veröffentlichten Relation gelöscht.

Bezogen auf die Relation aus Beispiel 15-7 würde eine Generalisierung der Spalte Alter zu Altersklassen (20-30, 30-40) die Forderung nach k-Anonymität für $k = 2$ erfüllen, da nun sogar 3 verheiratete, männliche Personen dieser Altersklasse in Ilmenau gefunden und nicht mehr unterschieden werden können. Entsprechende Algorithmen zur Bestimmung der notwendigen Generalisierungen sind u.a. in [Swe02] angegeben.

Diese Beispiele zeigen, dass die Gewährleistung des Datenschutzes in statistischen Datenbanken ein Gebiet ist, das sehr komplex ist und das wir in dem Rahmen dieses Buchs nicht vollständig behandeln können. Stattdessen hoffen wir, mit den kurzen Beispielen zumindest die Problematik dieses Gebietes deutlich gemacht zu haben.

15.4 Zusammenfassung

Der Schutz der Daten vor unberechtigtem Zugriff und Manipulation ist eine wichtige Aufgabe von Datenbanksystemen. In diesem Kapitel haben wir dazu die wesentlichen Techniken der Zugriffskontrolle vorgestellt. Es ist dabei jedoch immer zu beachten, dass die Vergabe von Rechten nur ein Aspekt einer ganzen Reihe notwendiger Maßnahmen darstellt. Zu einer umfassenden Sicherheitspolitik gehören genauso die Auswahl geeigneter (d.h. schwer zu erratender) Passwörter wie das Auditing und Sicherheitsmaßnahmen auf Betriebssystem- sowie Organisationsebene.

Immer dann, wenn personenbezogene oder vertrauliche Daten im Spiel sind, muss sichergestellt werden, dass trotz einschränkender Maßnahmen wie Verdichtung in Statistiken oder Anonymisierung nicht dennoch Zugriffe durch Analyse oder Verknüpfung der veröffentlichen Daten möglich sind. Einen Einblick in diesen Problembereich von Privacy-Techniken haben wir ebenfalls gegeben.

Tabelle 15.1 fasst noch einmal die wichtigsten Begriffe dieses Kapitels zusammen.

Begriff	Informale Bedeutung
Zugriffskontrolle	technische Maßnahme zum Schutz der Daten vor Missbrauch
Sicherheitsmodell	Beschreibung der Eigenschaften eines Sicherheitssystems
Zugriffsrecht	Regel für das Erlauben von Zugriffen auf Daten
Rolle	Menge von Rechten
Auditing	Protokollierung der Zugriffe auf sensible Daten zum Zweck der Überwachung
Privacy	Privatsphäre; Recht auf den Schutz privater Daten

Tabelle 15.1: Wichtige Begriffe zur Zugriffskontrolle

15.5 Vertiefende Literatur

Die Rechtevergabe in SQL wurde bereits in [ABC$^+$76] beschrieben und ist Inhalt der SQL-Standards und aller Lehrbücher zum Thema SQL und relationale Datenbanken.

Biskup beschreibt in [Bis91] weitere Aspekte des Datenschutzes in Datenbanksystemen. Ein Lehrbuch über Informationssysteme, das solche Aspekte berücksichtigt, ist [Bis95]. Castano et al. [CFMS95] behandelt ausführlich die alternativen Ansätze zur Datenschutzproblematik, die in diesem Buch nur kurz angerissen werden konnten. Eine Einführung in verschiedene Sicherheitsbegriffe im Datenbankbereich bietet Gerhardt [Ger93].

Jonscher beschreibt in [Jon98] Sicherheitsmodelle für objektorientierte, föderative Datenbanksysteme. Techniken zur Erkennung von Angriffen gegen die Datensicherheit sind Gegenstand von [Sob99].

15.6 Übungsaufgaben

Übung 15-1 Geben Sie für die Sichtdefinitionen aus Aufgabe 14.8 eine entsprechende Vergabe von Rechten an. Studenten werden hierbei durch ihre Autorisierungsidentifikatoren (Benutzernummern) gekennzeichnet; für die anderen Anwender werden spezielle Autorisierungsidentifikatoren (etwa Dekan) vergeben. □

Übung 15-2 Geben Sie eine Beispielausprägung der vergebenen Rechte in Form einer Tabelle an. □

Teil III
Weitere Datenbankmodelle

16

Historische Modelle

Das Netzwerkmodell und das hierarchische Datenmodell werden auch als Datenbankmodelle der ersten Generation bezeichnet. Sie sind echte Datenbankmodelle im Sinne unserer Begriffsbildung und sind weitgehend unabhängig vom Typsystem einer bestimmten Programmiersprache. Im Vergleich zu modernen Datenbankmodellen wie dem relationalen haben sie allerdings erhebliche Schwächen im Bereich der Datenunabhängigkeit und der Abstraktion von konkreten Speicherstrukturen.

Wir werden im Folgenden kurz beide Modelle beschreiben, um danach auf den Entwurf von Datenbeschreibungen in diesen Modellen ausgehend vom ER-Modell einzugehen. Abschließend skizzieren wir die Anwendungsprogrammierung in derartigen Modellen.

16.1 Das Netzwerkmodell

Das *Netzwerkmodell* wurde 1971 von dem Normungsausschuss CODASYL-DBTG festgelegt und ist auch als CODASYL-Datenbankmodell bekannt. Vereinfacht ausgedrückt entspricht das Netzwerkmodell dem ER-Modell mit einigen Einschränkungen: Beziehungstypen sind ausschließlich zweistellig und funktional („binär und 1:n"), und Beziehungstypen haben keine Attribute. Diese Einschränkungen waren unter anderem motiviert durch eine günstigere Implementierung. Genauer betrachtet weicht die Semantik insofern vom ER-Modell ab, dass im Netzwerkmodell durchgängig eine *Listensemantik* anstelle einer Mengensemantik verwendet wird.

Tabelle 16.1 stellt die Konzepte und Begriffe des ER-Modells den Entsprechungen im Netzwerkmodell gegenüber. Sofern zutreffend, werden auch die entsprechenden Konzepte des Relationenmodells den neuen Begriffen gegenübergestellt.

ER-Modell	Relationenmodell	Netzwerkmodell
Entity	Tupel	Logical Record
Entity-Typ	Relationenschema	Record-Typ
Attribut	Attribut	Feld
binärer 1:n-Beziehungstyp	Relationenschema oder Fremdschlüsselattribut	Link oder auch *Set-Typ*

Tabelle 16.1: Begriffe des Netzwerkmodells

16.1.1 Netzwerkschema

Ein *Netzwerkschema* ist ein gerichteter Graph mit der Menge der Record-Typen als Knoten und den Set-Typen als Kanten. Die Kantenmenge wird dadurch bestimmt, dass (E_1, E_2) eine Kante im Netzwerkschema definiert, falls E_1 und E_2 in einer n:1-Beziehung stehen. Die gerichtete Kante geht in Richtung der Funktion der funktionalen Beziehung: Am Pfeilende steht der Record aus E_1, der mit mehreren anderen aus E_2 in Beziehung steht. *Vorsicht:* Die Pfeilrichtung wird von verschiedenen Autoren unterschiedlich gehandhabt!

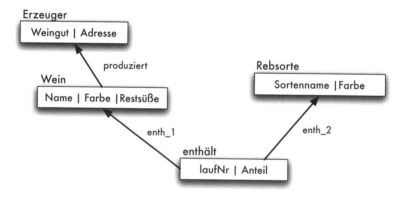

Abbildung 16.1: Beispielschema im Netzwerkmodell

Abbildung 16.1 zeigt eine kleine Beispielmodellierung im Netzwerkmodell. Das Beispiel zeigt, dass eine n:m-Beziehung des ER-Modells, hier die Beziehung enthält zwischen Wein und Rebsorte, in einen neuen Record-Typ plus zwei Set-Typen enth_1 und enth_2 aufgelöst werden muss. Die funktionale Beziehung produziert hingegen kann direkt übernommen werden.

Abbildung 16.2 zeigt eine Datenausprägung zu dem Beispielschema in Abbildung 16.1. Gezeigt werden zwei Erzeuger, drei Weine sowie drei Rebsorten. Die enthält-Beziehung ist durch drei Records dargestellt. Die verschiedenen Set-Typen sind durch unterschiedliche Pfeiltypen (durchgezogen, gestrichelt, gepunktet) unterschieden. Beispielsweise sind für das Weingut Helena zwei Weine gespeichert (ringförmige Verkettung mit durchgezogener Linie), und einer dieser Weine (Red Dream) enthält zwei Rebensorten (gestrichelte Linie). Nicht alle Set-Ausprägungen sind dargestellt, um das Bild übersichtlich zu halten.

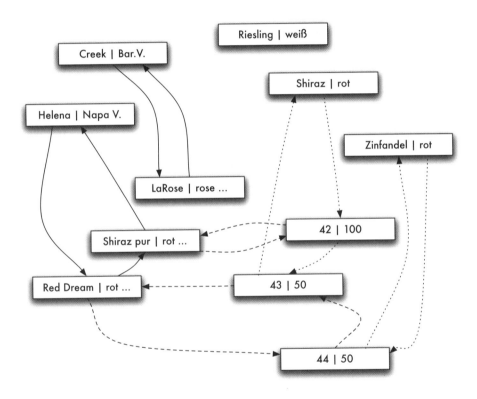

Abbildung 16.2: Netzwerk von Datensätzen als Beispielausprägung im Netzwerkmodell

Für eine konkrete Set-Ausprägung spricht man von dem *Besitzer*, engl. *Owner*, und den *Teilnehmern*, engl. *Members*. Da es sich um eine funktionale Beziehung handelt, gibt es jeweils genau einen Owner und beliebig viele (hier ist auch die Anzahl 0 enthalten!) Members für eine konkrete Set-Ausprägung.

16.1 Das Netzwerkmodell

Um über alle Datensätze eines Record-Typs iterieren zu können, wird für jeden Record-Typ eine spezielle Set-Ausprägung angelegt, bei der der Owner als System bezeichnet wird, und in der alle Datensätze als Members fungieren.

Dem Konzept der Set-Ausprägung liegt eine stark implementierungsnahe Betrachtungsweise zugrunde. Im Prinzip wird physisch für jeden Record ein Zeigerfeld für die Verkettung mit dem Owner System vorgesehen sowie ein weiteres Feld für jeden Set-Typ, an dem der Record-Typ beteiligt ist. Eine Set-Ausprägung wird durch eine ringförmig verkettete Liste über diese Felder realisiert.

16.1.2 Simulation einer allgemeinen Beziehung

Das Netzwerkmodell kennt nur zweistellige funktionale Beziehungen. Wird eine Datenbank mittels des ER-Modells entworfen, stellt sich nun die Frage, wie beliebige k-stellige Beziehungen des ER-Modells auf derartige funktionale Beziehungen abgebildet werden können.

Eine k-stellige Beziehung kann wie folgt aufgelöst werden: Gegeben sei eine Relationship R zwischen den Entity-Typen $E_1, \ldots, E_k$. Zusätzlich zu den Record-Typen $T_1, \ldots, T_k$ wird ein neuer Record-Typ TR mit nur einem Attribut erzeugt. Dieser neue Record-Typ wird auch als *Kett-Record-Typ* bezeichnet. Falls R selber Attribute hatte, werden diese ebenfalls T zugeordnet. Danach erzeuge man Links $L_1, \ldots, L_k$ jeweils von TR nach $T_1, \ldots, T_k$. Abbildung 16.3 verdeutlicht diese Vorgehensweise.

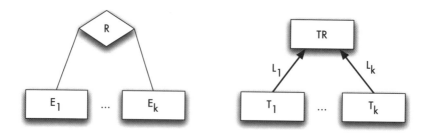

Abbildung 16.3: Abbildung einer k-stelligen Beziehung des ER-Modells im Netzwerkmodell

16.2 Das hierarchische Modell

Das *hierarchische Datenbankmodell* wurde von IBM 1969 mit dem System IMS eingeführt und ist das kommerziell erfolgreichste Datenbankmodell der ersten Generation. Noch auf Jahrzehnte hinaus werden große Datenbestände, deren Fundamente in den 70er Jahren gelegt wurden, hierarchisch organisiert sein.

Eine *Hierarchie* ist ein Netzwerkschema, das ein Wald ist („Menge von Bäumen"). Die Links zeigen jeweils vom Nachfolger zum Vorgänger. Eine Hierarchie kann natürlich keine allgemeinen Beziehungen darstellen, so dass sogenannte „Virtual Records" (Zeiger) eingeführt werden müssen, um die Baumstruktur zu durchbrechen. Abbildung 16.4 zeigt die Umsetzung des Netzwerkschemas aus Abb. 16.1 in ein derartiges hierarchisches Schema.

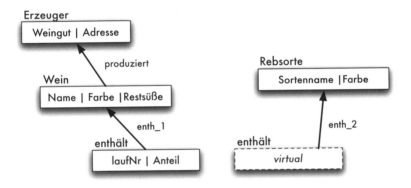

Abbildung 16.4: Umsetzung des Beispielschemas in das hierarchische Datenmodell

Die Datenbankausprägungen im hierarchischen Datenmodell können als hierarchisch aufgebaute Dateien aufgefasst werden oder alternativ als Bäume, in denen die Söhne jeweils sequentiell verzeigert sind. Abbildung 16.5 zeigt im Überblick eine derartige Speicherstruktur. Die oberste Ebene wird wie im Netzwerkmodell sequentiell verkettet. Im Beispiel hat die oberste Ebene zwei Unterhierarchien, wobei die zweite wiederum unterstrukturiert ist.

Für die Darstellung in Abbildung 16.5 wurde eine Verkettung analog zum Netzwerkmodell gewählt. Die interne Realisierung folgt nicht unbedingt dieser Darstellung, sondern kann auch auf sequentieller Abspeicherung in einer Datei beruhen.

Die Operationen in Hierarchien sind noch einfacher als im Netzwerkmodell: Die wesentliche Operation ist der Durchlauf durch einen Baum *ausschließlich* von oben nach unten bzw. bei Söhnen oder Töchtern einer Ebene von links nach rechts. Diese Operationen lassen sich sehr effizient implementieren.

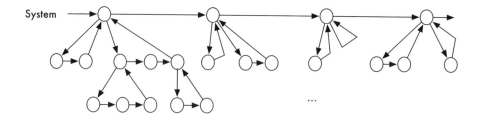

Abbildung 16.5: Skizzierung der Speicherstrukturen im hierarchischen Datenmodell

16.3 ER-Abbildung auf das Netzwerkmodell

Ein Entity-Typ wird auf einen Record-Typ mit allen Attributen als Feldern abgebildet. Ein Beziehungstyp kann auf einen Link oder Set-Typ des Netzwerkmodells nur in folgendem Spezialfall abgebildet werden:

- die Beziehung ist eine 1:n-Beziehung,
- die Beziehung ist binär,
- die Beziehung hat keine eigenen Attribute.

Ist die Beziehung eine m:n-Beziehung oder ist sie nicht binär, so ist ein Ausweg über die bereits eingeführten Kett-Record-Typen möglich. 1:1-Beziehungen kann man wie 1:n-Beziehungen auf einen Set-Typ abbilden, muss jedoch die Zusatzbedingung im Datenbankanwendungsprogramm überwachen.

IST-Beziehungen werden ebenfalls wie 1:n-Beziehungen behandelt, die zwei Zusatzbedingungen (es sind eigentlich gleiche Entities gemeint, die Beziehung ist eigentlich 1:1) müssen ebenfalls im Programm überwacht werden.

Hat eine Beziehung Attribute, so gibt es zu ihrer Darstellung folgende Möglichkeiten:

- Im Fall einer m:n-Beziehung können die Attribute dem neu eingeführten Kett-Record-Typ zugeordnet werden.

- Bei einer 1:n-Beziehung (also einer Owner-Member-Beziehung) kann das Attribut der Beziehung beim Record-Typ der Member-Seite zusätzlich aufgenommen werden. Bei optionalen Beziehungen hat dies den Nachteil, dass das Attribut nicht sinnvoll belegt werden kann.

Nehmen wir beispielsweise das zusätzliche Attribut Produktionsbeginn in die produziert-Beziehung des Beispiels mit auf, so kann dieses im Netzwerkmodell im Record-Typ des zugehörigen Member-Typs, dem Wein, aufgenommen werden.

ER-Konzept	wird abgebildet auf Netzwerkkonzept
Entity-Typ E_i	Record-Typ R_i
Attribute von E_i	Felder von R_i
Beziehungstyp	Set-Typ
dessen Attribute	–; evtl. Kett-Record-Typ oder bei Original-Record-Typ
1:n	Standard-Set-Typ
1:1	Standard-Set-Typ; Zusatzbedingung nicht darstellbar
m:n	Kett-Record-Typ
IST-Beziehung	Standard-Set-Typ; Zusatzbedingung nicht darstellbar

Bezeichnungen:
E_1, E_2: an Beziehung beteiligte Entity-Typen

Tabelle 16.2: Abbildung eines ER-Schemas auf ein Netzwerkschema

Eine Übersicht über die Abbildungen gibt Tabelle 16.2.

Als Beispiel für die Umsetzung einer mehrstelligen Beziehung mit einem Kett-Record-Typ betrachten wir die mehrstellige Beziehung Empfiehlt. Das Netzwerkschema dazu ist in Abbildung 16.6 abgebildet.

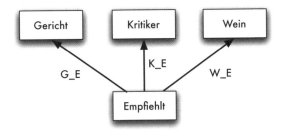

Abbildung 16.6: Die dreistellige Empfiehlt*-Beziehung als Netzwerkschema*

16.4 ER-Abbildung auf das hierarchische Modell

Da das hierarchische Modell eine Einschränkung des Netzwerkmodells ist, können wir hierarchische Schemata am besten aus einem Netzwerkschema heraus entwickeln. Aus dem Netzwerk müssen wir also eine Menge von Bäumen ableiten.

Die Links im Netzwerkmodell zeigen von den Nachfolgern (den Member-Typen) zu den Vorgängern (den Owner-Typen). Als Wurzel eines Schemabaumes im hierarchischen Modell eignen sich nun die Knoten im Netzwerk, die nicht mehr Member eines anderen Owner-Typs sind, also die Knoten, die keine auslaufenden Kanten mehr haben. Diese Knoten werden jeweils Wurzeln der Schemabäume, die Nachfolger bleiben die Nachfolger im Netzwerkschema.

◄**Beispiel 16-1**► Wir starten beim Netzwerkschema für eine m:n-Beziehung WirdAngebaut zwischen Rebsorten und Anbaugebieten mit einer Abbildung in das Netzwerkmodell. Wurzeln der Schemabäume werden die Knoten ohne auslaufende Kanten, also Rebsorte und Anbaugebiet. Das vorläufige Schema ist in Abbildung 16.7 aufgeführt. □

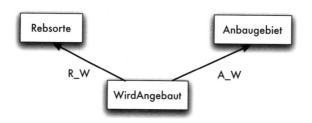

Abbildung 16.7: Vorläufiges Schema für die Transformation in das hierarchische Modell

Dieser vorläufige Entwurf muss nun in zwei Punkten noch verbessert werden:

- Knoten mit mehr als einer auslaufenden Kante müssen derzeit mehreren Bäumen zugeordnet werden und zerstören deshalb die Baumstruktur. Sie werden durch virtuelle Record-Typen getrennt, um die Baumstruktur zu erreichen.

- Gerade m:n-Beziehungen können nun nachträglich noch nachgebessert und optimiert werden, indem zwei wechselseitige virtuelle Record-Typen eingeführt werden.

◄**Beispiel 16-2**► Beim vorläufigen Schema aus Abbildung 16.7 muss nun ein virtueller WirdAngebaut-Knoten eingeführt werden. Hinter diesem virtuellen Record-Typ verbergen sich Zeiger auf den WirdAngebaut-Record-Typ. Das resultierende Schema aus Abbildung 16.8 ist nun ein echtes hierarchisches Schema.

Der Zugriff ist nun aber nicht symmetrisch. Daher wird bei einer m:n-Beziehung besser beiden Seiten als Nachfolger ein virtueller Record-Typ zugeordnet, der jeweils auf die Wurzel der anderen Seite dieser m:n-Beziehung zeigt. Die optimierte hierarchische Darstellung ist in Abbildung 16.9 enthalten. □

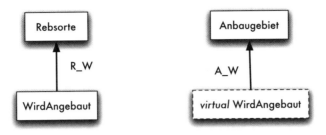

Abbildung 16.8: Hierarchisches Schema durch Einführung virtueller Record-Typen

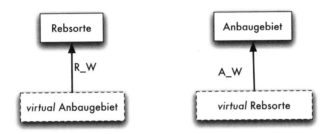

Abbildung 16.9: Für m:n-Beziehungen optimiertes hierarchisches Schema

16.5 Anwendungsprogrammierung in den historischen Modellen

Als Vertreter der navigierenden Ansätze betrachten wir die DML des Netzwerkmodells, die im CODASYL-Normungsvorschlag festgelegt worden ist, sowie die entsprechenden Sprachkonstrukte für das hierarchische Datenmodell. Auch für andere Datenmodelle wurden verwandte Sprachvorschläge gemacht, die sich in den prinzipiellen Konstrukten nicht wesentlich unterscheiden.

16.5.1 Datenmanipulation im Netzwerkmodell

Das Netzwerkmodell bietet im Gegensatz zum Relationenmodell keine separate Sprache wie SQL an, die bei der Anwendungsprogrammierung mit einer Programmiersprache verbunden werden müsste. Stattdessen werden alle Programme in einer sogenannten Wirtssprache, auch Host-Sprache, geschrieben (im CODASYL-Vorschlag die Sprache COBOL), die um spezielle DML-Kommandos erweitert wird. Es handelt sich insbesondere um die Kommandos **find** zum Suchen und Positionieren, **get** zum Transfer eines Datensatzes in das Anwendungsprogramm und **store** für den umgekehrten Transfer.

Zu jedem Anwendungsprogramm gehört eine sogenannte *User Working Area*, kurz UWA, die unter anderem Positionszeiger auf Datensätze im Datennetzwerk beinhaltet. Die UWA ist in Abbildung 16.10 skizziert.

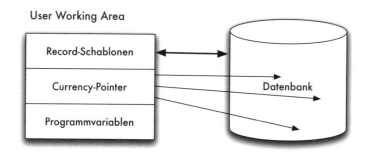

Abbildung 16.10: User Working Area (UWA) im Netzwerkmodell

In der UWA sind neben den Positionszeigern vor allem die sogenannten Record-Schablonen definiert, die den Datenaustauschbereich bei **store**- und **get**-Kommandos bilden. Die erwähnten Positionszeiger werden als *Currency Pointer* bezeichnet und sind Zeiger auf Records im Datennetzwerk, die vom DBS automatisch verwaltet werden. Definiert sind jeweils die folgenden Zeiger:

- *Current of run-unit:* Letzter Record, auf den im Programm zugegriffen wurde.

- *Current of record type:* Für jeden Record-Typ T wird auf den zuletzt zugegriffenen Record mit **current of** T verwiesen.

- *Current of set type:* Für jeden Set-Typ S wird auf den zuletzt zugegriffenen Record (Owner oder Member) mit **current of** S verwiesen.

Navigation in der Datenbank

Das Lesen eines Records aus der Datenbank in die Record-Schablone erfolgt in zwei Stufen: Mittels des **find**-Befehls wird der gesuchte Record lokalisiert und zum **current of run-unit**. Das **get**-Kommando kopiert den unter **current of run-unit** stehenden Record in die passende Record-Schablone der UWA, von wo die Daten durch das Anwendungsprogramm gelesen werden können.

Der Zugriff kann dabei über einen sogenannten Datenbankschlüssel, der tatsächlich die physische Adresse eines Records in der Datenbank ist, oder über einen berechneten Schlüssel, den **calc**-Schlüssel, erfolgen. Dieser wiederum definiert einen Hashwert eines Records über ein beliebiges Feld (oder auch mehrere Felder).

In den Suchanweisungen werden konzeptuelle Zugriffe mit den Zugriffen über interne Datenstrukturen vermischt, wie auch im gesamten Netzwerkmodell die Trennung der Ebenen nicht sehr ausgeprägt ist. Folgerichtig gibt es eine ganze Reihe unterschiedlicher Formen der **find**-Anweisung. Wir präsentieren hier nicht alle in der Netzwerk-DDL angebotenen Sprachkonstrukte, sondern beschränken uns auf ausgewählte Konstrukte, um einen Eindruck von der Sprache zu geben.

1. Für einen gegebenen Datenbankschlüssel kann der zugehörige Record direkt mit der folgenden Anweisung gefunden werden:

    find x **record by database key** y

2. Eine analoge Anweisung existiert für einen vorgegebenen **calc**-Schlüssel, etwa einen aus mehreren Attributwerten berechneten Hashwert. Der Hashwert wird aus den entsprechenden Feldern der Record-Schablone berechnet, die vorher geeignet mit Daten besetzt werden müssen:

    find x **record by calc-key**

3. Die vorige Anweisung findet genau einen (abhängig von der Speicherreihenfolge) Eintrag für den gegebenen berechneten Schlüssel. Die folgende Anweisung bestimmt für einen gegebenen **calc**-Schlüssel alle Records dazu nacheinander in der durch die Speicherung vorgegebenen Reihenfolge.

    find duplicate x **record by calc-key**

4. Mit den folgenden Anweisungen ist es möglich, alle Elemente (Members) einer Set Occurrence zu durchlaufen:

    find owner of current x **set**;
    find next y **record in current** x **set**

    Mittels der Angabe **owner is system** in der Datendefinition ist ein sequentieller Durchlauf über alle Elemente eines Record-Typs möglich.

5. In einer Set-Ausprägung können alle Members gefunden werden, die spezielle Werte in bestimmten Feldern aufweisen.

6. Ferner ist es möglich, den Owner eines Records bezüglich eines gegebenen Sets zu finden.

7. Weiterhin ist es möglich, den **current of** *T* für einen Record-Typ *T* (ebenfalls für Set-Typ *S*) zu bestimmen und ihn zum **current of run-unit** zu machen.

Diese Suchoperationen bilden ebenfalls die Grundlage für die Datenmanipulation, indem sie die *Currency Pointer* setzen.

Datenmanipulation

Entsprechend den Basisoperationen der Datenmanipulation im Relationenmodell werden auch im Netzwerkmodell Operationen zum Einfügen, Löschen und Modifizieren von Datenbankelementen angeboten. Im Gegensatz zum Relationenmodell ist im Netzwerkmodell die Reihenfolge der Speicherung relevant; den Operationen müssen somit entsprechende Parameterangaben mitgegeben werden.

Die erwähnten drei Basisoperationen zur Datenbankmodifikation werden im Netzwerkmodell wie folgt bezeichnet:

- Das Einfügen wird als **store** bezeichnet. Die **store**-Operation gibt es für Record-Typen wie auch für Set-Ausprägungen. Ein **store** für einen Record-Typ ist ein Transfer der Wertebelegung der entsprechenden Record-Schablone vom Anwendungsprogramm in das Datenbanknetzwerk.

- Das Löschen wird für Record-Typen als **delete** bezeichnet. Das Herausnehmen aus einer Set-Ausprägung wird als **remove** bezeichnet.

- Das Ändern von Attributen erfolgt mittels **modify**.

All diese Operationen werden jeweils bezüglich des aktuellen *current of run-unit* ausgeführt. Bei expliziter Forderung kontrolliert das Datenbankmanagementsystem auch Existenzbedingungen, die den Fremdschlüsselbedingungen des Relationenmodells entsprechen.

Beim Einfügen in eine Set-Ausprägung wird die zu wählende Set-Ausprägung des neuen Elements wie folgt bestimmt; wurde in der Set-Deklaration die Angabe **insertion is automatic** angegeben, bestehen zwei Möglichkeiten:

- Das Einfügen erfolgt an der Position des aktuellen *Currency Pointers* des Set-Typs:

    set selection is thru current of *x* **set**

- Der Owner der Set-Ausprägung wird anhand eines berechneten **calc**-Schlüssels bestimmt:

    set selection is thru owner
        using *Feldliste* für **calc**-*Schlüssel*

16 Historische Modelle

Erfolgte hingegen die Angabe `insertion is manual`, muss die Einfügeposition wie folgt durch die *Currency Pointer* explizit bestimmt werden:

`insert` x `into` y

Hierbei ist x ein Record-Typ und y ein Set-Typ.

Beim Löschen eines Records mittels der `delete`-Operation müssen die von dem betreffenden Record abhängigen Set-Ausprägungen berücksichtigt werden, falls der betreffende Record Owner von nicht-leeren Set-Ausprägungen ist. Bei der Angabe

`delete` x

wird die Löschung verweigert, falls x eine nicht-leere Set-Ausprägung besitzt. Die Angabe

`delete` x `all`

hingegen führt zur Löschung aller Set-Ausprägungen (auch rekursiv). Dies entspricht dem kaskadierenden Löschen bei referentieller Integrität in relationalen Datenbanken.

16.5.2 Datenmanipulation im hierarchischen Modell

Konzeptionell ist die Anwendungsprogrammierung im hierarchischen Datenmodell sehr ähnlich zum Vorgehen im Netzwerkmodell, nur dass die Navigation in der Datenbank eng an die hierarchische Baumstruktur gekoppelt ist.

Die am weitesten verbreitete Manipulationssprache für das hierarchische Datenmodell ist die Sprache *DL/I* des IMS-Systems. Wie beim CODASYL-Ansatz für das Netzwerkmodell gibt es in DL/I die Konzepte der *User Working Area*, *Record-Schablonen*, *Current Record* für jeden Record-Typ sowie einen *Current Parent* für Records innerhalb der Baumstruktur. Wir stellen nicht die Original-DL/I-Syntax vor, die auf Prozeduraufrufen mit Parametern zur Operationskennung basiert, sondern präsentieren eine an den CODASYL-Vorschlag angelehnte Notation.

Das `get`-Kommando ermöglicht das Navigieren innerhalb der hierarchisch angeordneten Datensätze. Die folgenden Notationen erlauben den Durchlauf durch die Hierarchieebenen:

(1) `get unique` x `[ where` *Bedingungen* `];`
(2) `get next` x `[ where` *Bedingungen* `];`
(3) `get next within parent;`

Die Variante (1) greift direkt auf einen Datensatz zu, indem ein eindeutiger Pfad von der Wurzel bis zum Datensatz angegeben wird. Die Auswahl auf einer

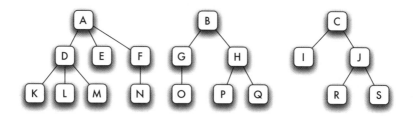

Abbildung 16.11: Baumstruktur im hierarchischen Datenmodell

Ebene kann etwa durch ein identifizierendes Attribut erfolgen. Die Variante (2) navigiert durch die Hierarchie der Baumstruktur folgend von links nach rechts. Abbildung 16.11 zeigt eine Hierarchie von Datensätzen.

Die Abarbeitungsreihenfolge mit **get next** für die Hierarchie in Abbildung 16.11 ist in Abbildung 16.12 angegeben.

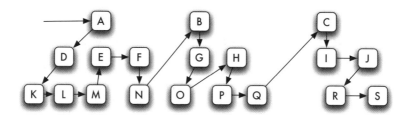

Abbildung 16.12: Entsprechende Abarbeitungsreihenfolge mit dem **get next**-*Kommando*

Diese Variante (2) ist nicht auf eine Hierarchieebene beschränkt; das Erreichen des jeweils letzten Sohnes eines Knotens kann allerdings explizit abgefragt werden. Die Variante (3) kürzt dies ab, indem das Weitersetzen auf die Söhne eines Knotens beschränkt bleibt.

Beim Einfügen mittels **insert** x wird der Inhalt der Record-Schablone zum Typ x Nachfolger des *Current Records*, der vom passenden Parent-Typ sein muss. Die Einfügereihenfolge wird durch die Optionen **leftmost**, **rightmost** bzw. **order by** festgelegt. Der jeweilige *Current Record* kann über eine **where**-Klausel spezifiziert werden.

Für das Löschen und Ändern mittels **delete** und **replace** wird zunächst mit **get hold** (anstelle eines normalen **get** im obigen Sinne) der aktuelle *Current Record* bestimmt und für die Änderung gesperrt. Das Sperren von Datenbankelementen verhindert Probleme beim synchronen Ändern im Mehrbenutzerbetrieb. Für Einzelheiten verweisen wir auf die entsprechenden Kapitel von [SHS05]. Ansonsten entsprechen die Operationen den korrespondierenden Anweisungen im Netzwerkmodell.

16.6 Zusammenfassung

Vor dem Siegeszug der relationalen Datenbanken waren Datenbankmodelle verbreitet, die stark an Speicherungstechniken angelehnt waren und somit die Datenunabhängigkeit wenig unterstützten. Das Netzwerkmodell speichert Daten als (ringförmige) verkettete Datensätze, während das hierarchische Datenmodell an hierarchisch aufgebauten Dateiformaten angelehnt ist. Beschreibungen in diesen Datenmodellen können aus ER-Schemata abgeleitet werden. Die Nutzung derartiger Datenbanken kennt keine deskriptiven Anfragesprachen sondern nutzt stattdessen operationale Programmierung (Verfolgung von Zeigern bzw. Iterieren mit hierarchischem Cursor).

Eine Übersicht über die in diesem Kapitel eingeführten Begriffe und deren Bedeutung geben wir in Tabelle 16.3.

Begriff	Informale Bedeutung
Netzwerkdatenmodell	Datenbank als verzeigerte Daten-Records; nur funktionale Beziehungstypen
Kett-Record	künstlicher Record-Typ zur Realisierung von beliebigen Beziehungstypen
hierarchisches Datenmodell	Datenbank als Menge hierarchisch aufgebauter Dateien

Tabelle 16.3: Wichtige Begriffe bei historischen Datenmodellen

16.7 Vertiefende Literatur

Die navigierenden DMLs des hierarchischen und Netzwerkmodells werden in älteren Datenbankbüchern, etwa in [Dat90], noch ausführlich beschrieben.

16.8 Übungsaufgaben

Übung 16-1 Modellieren Sie die Wein-Anwendung im Netzwerk- und im hierarchischen Modell. □

Übung 16-2 Gesucht sind alle Rosé-Weine im Anbaugebiet Hessen aus maximal zwei Rebsorten. Skizzieren Sie ein CODASYL-Programm in Pseudocode, das diese Anfrage beantwortet. □

Übung 16-3 Löschen Sie den Wein Red Dream aus der Netzwerkdatenbank. □

17

Objektrelationale Modelle & SQL:2003

Noch vor wenigen Jahren war ein großer Teil jedes Datenbanklehrbuchs dem Thema *objektorientierte Datenbanksysteme* (kurz ODBS) gewidmet. Nun ist es still um die reinen ODBS geworden, auch wenn einige Produkte weiterhin existieren. Viele der guten Neuerungen der ODBS-Welle sind inzwischen unter dem Stichwort *objekrelational* in die SQL-Welt eingeflossen. Auch wir werden die reinen ODBS nur kurz beschreiben, und uns dann intensiver mit den objektrelationalen Konzepten beschäftigen.

17.1 Exkurs: Objektorientierte Datenbankmodelle

Ende der 80er Jahre des letzten Jahrhunderts kamen die ersten objektorientierten Datenbanksysteme auf den Markt. Ein Objektdatenbankmanagementsystem (kurz ODBMS) ist ein DBMS, das ein Objektdatenbankmodell unterstützt. Ein Objektdatenbankmodell wiederum ist ein Objektmodell (angelehnt an objektorientierte Programmiersprachen) mit datenbankspezifischen Eigenschaften wie Persistenz und Transaktionen.

Nach der Begeisterung über die neuen Systeme kam die bei Informatik-Innovationen verbreitete Ernüchterung, als sich zeigte, dass die neuen Vorteile nicht umsonst zu haben waren und einige bekannte DBMS-Vorteile nur schwer mit der Objektorientierung zu vereinbaren waren. Aktuell spielen ODBMS im Datenbankmarkt nur eine bescheidene Rolle. Die Zukunft wird zeigen, ob die Konzepte reiner ODBMS so tragfähig sind, dass eine Renaissance der Objektdatenbanken entsteht.

17.1.1 Objektorientierte Datenbanken

Wie bereits erwähnt entstanden die ersten ODBMS in den 80er Jahren des letzten Jahrhunderts. Motivation war damals der sogenannte *Impedance Mismatch*: Gerade technische Anwendungen wurden vermehrt in objektorientierten Programmiersprachen wie Smalltalk, CLOS, C++ und später Java programmiert. Objekte in derartigen Sprachen hatten Attribute, genau wie klassische Datenbanktupel, besaßen aber auch eine systemkontrollierte Identität, waren in Vererbungshierarchien eingeordnet und zu komplexen Objekten zusammengesetzt. All dies stand in Konflikt zu den relationalen Datenbanksystemen: Tupel sind dort durch nutzervergebene Schlüssel identifiziert, waren flach (erste Normalform), und Vererbungshierarchien gab es nur in Entwurfsdatenmodellen.

Die ersten ODBMS waren stark an Programmiersprachen, insbesondere C++ oder Smalltalk, angelehnt, und erweiterten diese durch eingeschränkte Datenbankfunktionaliät. Ein sie vereinendes einfaches Datenbankmodell wie zwanzig Jahre davor das relationale Datenmodell existierte nicht. Dementsprechend heterogen waren die Systeme. Nach diesen ersten Systemen kam eine Phase der Vereinheitlichung: Verschiedene Gruppen veröffentlichten Anforderungslisten an ODBMS, und der ODMG-Standard zur Vereinheitlichung der Syntax entstand.

ODBMS-Manifesto

Die bekannteste Anforderungsliste dieser Zeit war zweifelsohne das ODBMS-Manifesto [ABD+89]. Es legte eine Reihe von Konzepten fest, die ein objektorientiertes Datenbanksystem und die mit ihm verbundenen Sprachen auf jeden Fall unterstützen mussten. Diese sogenannten *Golden Rules* waren die folgenden:

- Komplexe Objekte
- Objektidentität
- Kapselung
- Typen und Klassen
- Klassen- oder Typhierarchie
- Overriding, Overloading, Late Binding
- Berechnungsvollständige DB-Programmiersprache

Zu den Golden Rules gehörten außerdem die folgenden Punkte, die für DBMS eigentlich selbstverständlich sind: Erweiterbarkeit, Persistenz, Sekundärspeicherverwaltung, Synchronisation und Recovery von Transaktionen sowie Anfragesprachen.

Neben den Golden Rules nennt das ODBMS-Manifesto noch die sogenannten Goodies, also Funktionaliät, die wünschenswert ist, aber nicht in allen ODBMS verwirklicht sein müsste: Mehrfachvererbung, statische Typisierung und Typinferenz als Eigenschaften objektorientierter Programmiersprachen und Verteilung, Entwurfstransaktionen und Versionen als DBMS-Funktionalitäten.

Interessanterweise gibt es eine Reihe unberücksichtigter DBMS-Eigenschaften in diesem Manifesto, so Integrität, Sichten, Schemaevolution und Zugriffskontrolle.

Die genannten Vereinheitlichungsbestrebungen mündeten schließlich in dem ODMG-Standard, den wir im folgenden Abschnitt behandeln werden.

17.1.2 Der ODMG-Standard

Der ODMG-Standard geht auf die Gründung der Object Database Management Group (ODMG) als Untergruppe der OMG zurück. Mitglieder waren primär die damaligen Hersteller von ODBMS, es handelte sich um kein offizielles Standardisierungskomitee, sondern um einen Industriestandard. Die beteiligten Hersteller deckten einen Großteil des ODBMS-Marktes ab. 1993 erschien der erste ODMG-Industriestandard, das Jahr 2000 sah mit ODMG 3.0 [CB00] den bisher letzten Stand.

Der Standard bildet ein Art Kompromiss zwischen den damals existierenden ODBMS, OOPL wie C++ und Smalltalk sowie Konzepten von Forschungsprototypen. Festgelegt wurden

- ein Objektmodell inkl. DB-Konzepte (Persistenz, Transaktions- und Datenbankverwaltung),

- die Objektdefinitionssprache ODL (Erweiterung der OMG-IDL),

- die Objektanfragesprache OQL als Anpassung/Erweiterung von SQL,

- die Programmiersprachenanbindung (Binding): C++, Smalltalk, Java und

- ein Objektaustauschformat OIF.

Im Objektmodell wird zwischen Typen und Klassen unterschieden. Eine Typspezifikationen (ODL) legt mit der Schnittstellendefinition ausschließlich das abstrakte Verhalten fest. Klassendefinitionen hingegen spezifizieren sowohl das abstrakte Verhalten als auch einen abstrakten Zustand. Mit **interface** werden dabei abstrakte, nicht instantiierbare Typen spezifiziert, während mit **class** Klassen deklariert werden, von denen Instanzen erzeugt werden können.

Bei der Definition von Klassen wird in der ODL die Schnittstellenbeschreibung (Attribute, Beziehungen, Methodensignaturen) festgelegt. Die Implementierung von Klassen hingegen erfolgt ausschließlich in der Programmiersprachenanbindung. Das optionale Schlüsselwort **extent** legt eine persistente Extension fest, also einen Container für in der Datenbank zu speichernde Instanzen. Bei Instantiierung wird dann ein Objekt automatisch in die Extension eingetragen. Die Extensionen sind wichtig für datenbanktypische Funktionen wie Anfragen, Schlüsselbedingungen oder Indexverwaltung zur Unterstützung einer effizienten Suche.

◄**Beispiel 17-1**► Das folgende Beispiel zeigt eine einfache Klassendeklaration in der ODL:

```
class Wein (
      extent WeinExtension) {
   attribute long weinID;
   attribute string Name;
   attribute int Jahrgang;
   enum { Rot, Weiß, Rose } Farbe;
   attribute date Geburtstag;
   attribute list⟨string⟩ Rebsorte;
   ...
};
```

□

Anhand dieses Beispiels kann gezeigt werden, wozu Extensionen genutzt werden können. Die Extension ermöglicht die Angabe von Schlüsselbedingungen wie im folgenden Beispiel.

◄**Beispiel 17-2**► Wir erweitern hierzu unser obiges Beispiel um die Schlüsselbedingung:

```
class Wein (
      extent WeinExtension,
      keys weinID, (Name, Jahrgang)) {
   attribute long weinID;
   attribute string Name;
   attribute int Jahrgang;
   enum { Rot, Weiß, Rose } Farbe;
   attribute date Geburtstag;
   attribute list⟨string⟩ Rebsorte;
   ...
};
```

□

Das Extensionskonzept ist notwendig, da das Klassenkonzept an Programmiersprachen angelehnt ist, die üblicherweise keine globalen Prüfungen auf Extensionen ermöglichen.

In der objektorientierten Welt sind die sogenannten *Klassenbeziehungen* das Gegenstück zu den Relationship-Typen des ER-Modells. Im Gegensatz zu UML beschreibt der ODMG-Standard ein Implementierungsmodell angelehnt an objektorientierte Programmiersprachen. Beziehungen zwischen Objekten werden daher über *Referenzattribute* realisiert. Das Schlüsselwort **relationship** deklariert derartige Beziehungen. Möglich sind nur binäre Beziehungen ohne Beziehungsattribute. ODMG kennt im Gegensatz zur objektorientierten Modellierung keine Aggregationsbeziehungen – existentielle Abhängigkeiten und Propagierung von Löschoperationen müssen daher explizit operational definiert werden.

ODMG kennt uni- und bidirektionale Beziehungen. Das Schlüsselwort **inverse** definiert die Rückrichtung einer bidirektionalen Beziehung. Referentielle Integrität wird dabei garantiert. Kardinalitäten werden nicht explizit spezifiziert, können aber über die bei mengen- oder listenwertigen Beziehungen eingesetzten Kollektionstypen realisiert werden.

◄**Beispiel 17-3**► Der folgende ODL-Ausschnitt zeigt die Deklaration einer inversen Beziehung. Durch die Wahl des Datentypkonstruktors **list** wird eine Ordnung auf der mehrwertigen Seite festgelegt.

```
class Wein {
   ...
   relationship Erzeuger produziertVon
       inverse Erzeuger::produziert;
};

class Erzeuger {
   ...
   relationship list⟨Wein⟩ produziert
       inverse Wein::produziertVon;
};
```

□

Ein objektorientiertes Modell muss auch die Spezialisierung unterstützen. ODMG spezifiziert sowohl den intensionalen als auch den extensionalen Aspekt (Letzteres über Extents) in einer kombinierten Spezialisierungshierarchie. Auf der intensionalen Seite wird eine Spezialisierung von Subtypen über Tupelerweiterung bzw. Redefinition von Operationen (erfordert dynamisches Binden) realisiert.

Für Schnittstellen kann wie gewohnt eine Typhierarchie aufgebaut werden, mit der die ISA-Beziehung nachgebildet werden kann. Mehrfachvererbung ist möglich.

```
interface Erzeuger { ... };
interface Händler : Erzeuger { ... };
```

Klassen können mehrere Schnittstellen haben. Aufgrund des extensionalen Aspekts ist nur eine Einfachvererbung zwischen Klassen erlaubt. Die **extends**-Beziehung realisiert dies.

```
class Erzeuger { ... };
class PrivatErzeuger extends Erzeuger { ... };
```

Da in ODBMS Objekte der Programmiersprache in die Datenbank bewegt werden sollen, ist die Frage der *Persistenz* von Objekten zu klären. In einer Anwendung gibt es sowohl *transiente* als auch *persistente* Objekte. Persistente Objekte überleben eine Anwendungssitzung in der Datenbank, transiente Objekte sind reine Laufzeitobjekte im Hauptspeicher.

Persistenzfähige Klassen können dabei prinzipiell sowohl transiente als auch persistente Objekte enthalten. Das DBMS muss daher durch Sprachmittel informiert werden, welche Objekte tatsächlich persistent sind. Die konkrete Realisierung ist dabei abhängig von System und Sprachanbindung. Beispielsweise gibt es in C++ eine persistente Wurzelklasse d_Object (typabhängige Persistenz), während in Java eine Verarbeitung durch einen Prozessor erfolgt (typorthogonale Persistenz).

17.1.3 OQL

Teil des ODMG-Standards ist die Anfragesprache OQL. OQL ist als objektorientierte, deklarative Anfragesprache konzipiert und basiert auf der Anfragesprache O_2SQL des O_2-Systems. OQL bietet eine Teilmenge der SQL-Konstrukte plus einer Reihe von ODBMS-spezifischen Erweiterungen:

- OQL ermöglicht die Nutzung von Objektidentitäten, Pfadausdrücken, Methoden und komplex strukturierten Werten.

- Anfragen können auf Mengen (z.B. Extensionen) und beliebigen Kollektionen ausgeführt werden.

Die Bedeutung einer Anfrage kann mittels relationaler, objekterhaltender und objektgenerierender Semantik festgelegt werden: Anfrageergebnisse können somit übliche SQL-Tabellen, Kollektionen aus der Datenbank extrahierter Objekte oder auch neu generierte Objekte sein.

Einen vollständige Beschreibung von OQL würde den Rahmen dieses Buches sprengen. Wir diskutieren daher nur einige ausgewählte Aspekte.

OQL nutzt den von SQL her bekannten SFW-Block. Im **select**-Teil ist der Aufruf von Methoden und Unterfragen und die Konstruktion komplexer Ergebnistypen möglich. Mittels **distinct** wird Mengensemantik erzwungen.

◄**Beispiel 17-4**► Ein Beispiel ist die folgende Anfrage, die zu jedem Weingut die Multimenge der produzierten Weine liefert:

```
select distinct struct (e.Weingut, Weine:(
   select w.Name
   from e.produziert w))
from Erzeuger e
```

Der Ergebnistyp dieser Anfrage lautet:

$\bf set\langle struct\langle Weingut: string, Weine: bag\langle string\rangle\rangle\rangle$

☐

Im **from**-Teil kann die Angabe einer Objekt- oder Wertekollektion als Klassenextension, ein mengenwertiges Referenzattribut, komplexes Attribut, Ergebnis eines Methodenaufrufs oder Unterabfrage stehen. Um die SQL-Semantik zu erreichen, erfolgt eine automatische Umwandlung von **list** und **array** nach **bag**.

◄**Beispiel 17-5**► Auch hier wieder ein kurzes Beispiel:

```
select w.Name
from (select e.produziert
   from Erzeuger e
   where e.Weingut = 'Château La Rose') w
```

☐

Der **where**-Teil entspricht den SQL-Konventionen.

In objektorientierten Programmiersprachen spielen *Pfadausdrücke* eine besondere Rolle. Das Navigieren entlang Pfaden ersetzt den Verbund relationaler Anfragen. Eine OQL-Anfrage kann (beliebig lange) Pfadausdrücke beinhalten, etwa als Beispiel wie folgt (ausgehend von einem benannten Objekt einWein):

```
einWein.produziertVon.Weingut
```

Hierbei handelt es sich übrigens um eine vollständige Anfrage – eine OQL-Anfrage muss nicht unbedingt einen SFW-Block enthalten. In OQL gilt die Einschränkung, dass Zwischenelemente des Pfads einelementige Referenzen sein müssen. Daher wäre Folgendes nicht erlaubt:

```
einErzeuger.produziert.Jahrgang
```

Stattdessen würde man in OQL wie folgt formulieren:

```
select w.Jahrgang
from Erzeuger e, e.produziert w
```

Trotz interessanter Konzepte hat OQL kaum Verbreitung gefunden. Nur das
O₂-System bot eine weitgehende Unterstützung von OQL, während andere
ODBS nur rudimentäre Umsetzung enthielten oder sogar vollständig auf eine deklarative Anfragesprache verzichteten. Einige der mit OQL eingeführten
Ideen finden aber eine Renaissance in den Anfragesprachen der objektrelationalen Mapper und JDO (siehe Abschnitt 13.4.2) und auch XQuery (siehe Abschnitt 18.4).

17.2 Abbildung von Objekten auf Relationen

Die Entwicklung objektrelationaler Datenmodelle verfolgt zwei Ziele:

- die Integration objektorientierter Konzepte in das erfolgreiche Relationenmodell sowie

- die Nutzung stabiler relationaler Datenbanktechnologie für objektorientierte Anwendungen.

Der letztere Punkt erfordert die Abbildung von Objekten und Klassen auf Relationen. Wir werden Aspekte dieser Abbildung in diesem Abschnitt diskutieren. Die tatsächliche Abbildung kann explizit (sogenanntes OR-Mapping, siehe auch Abschnitt 13.4) oder implizit durch ein DBMS intern erfolgen. In jedem Fall erfordert eine solche Abbildung die Berücksichtigung folgender Modellierungskonstrukte:

- die Standardkonstrukte wie Klasse oder Beziehung, die auch im ER-Modell vorhanden sind und deren Abbildung wir bereits in Abschnitt 13.4 behandelt haben,

- die Typkonstruktoren wie **list**, **set** oder **array**,

- Spezialisierungshierarchien.

Die folgenden Abschnitte behandeln nun die zwei letzteren Konzepte von Objektmodellen.

17.2.1 Typkonstruktoren

Typkonstruktoren werden im Detail noch später in diesem Kapitel behandelt, doch die folgenden Ausführungen erfordern noch keine tiefere Beschäftigung mit ihren Konzepten. Die wichtigsten Typkonstruktoren konstruieren Listen mittels **list**, Mengen mittels **set**, Multimengen mittels **bag** und Arrays mittels **array**. Zum Einsatz kommen sie sowohl bei „normalen" Attributen wie auch bei

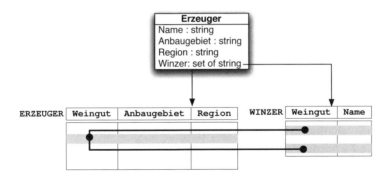

Abbildung 17.1: Abbildung eines mengenwertigen Attributs

Referenzattributen zur Realisierung von Beziehungen. Sie können geschachtelt auftreten.

Abbildung 17.1 zeigt die Abbildung eines mengenwertigen Attributes. Hier wird eine separate Tabelle erzeugt, die die einzelnen Werte enthält. Fremdschlüsselbeziehungen garantieren die Zusammensetzbarkeit der Originaltabelle. Bei den verschiedenen Konstruktoren sind deren Eigenheiten zu beachten:

- Bei Listen muss ein weiteres Attribut die Listenposition aufnehmen, sofern die Reihenfolge von Bedeutung ist.

- Bei Multimengen gilt analoges für die Multiplizität des Wertes.

- Bei Arrays fester Länge kann man alternativ überlegen, bei einer Länge n das Attribut $n-1$-mal zu kopieren. So erhält man dann beispielsweise für den Fall in Abbildung 17.1 Attribute Winzer1 bis Winzer4 (bei $n = 4$).

Eine ganz anders geartete Abbildung ist, die komplexen Attributwerte einfach binär oder als String serialisiert in ein Attribut abzulegen. Dies kann unter Umständen Performanzgewinne bedeuten, aber bereitet natürlich zusätzlichen Aufwand bei der Anfragebearbeitung, wenn dieses Attribut angefragt sein sollte.

17.2.2 Abbildung der Spezialisierungshierarchie

Bei der Abbildung der Spezialisierungshierarchie muss sowohl der extensionale als auch der intensionale Aspekt berücksichtigt werden. Es gibt drei Standardvarianten der Abbildung, von denen auch Mischformen auftreten können:

- Die horizontale Partitionierung wird insbesondere eingesetzt, wenn nur die Blätter einer Hierarchie Instanzen haben. Hierbei werden alle Attribute der Superklassen in die Tabellen der Blätter aufgenommen.

- Bei der vertikalen Partitionierung wird jeder Klasse der Hierarchie eine Tabelle zugeordnet, die jeweils nur die lokalen Attribute hat.

- Die typisierte Partitionierung fasst alle Klassen der Hierarchie in einer einzigen Tabelle mit einem Attribut als Typdiskriminator (und Nullwerten in den jeweils nichtzutreffenden Attributen bei Instanzen) zusammen.

Wir werden diese drei Varianten jeweils kurz anhand eines Beispiels erläutern.

Horizontale Partitionierung

Die horizontale Partitionierung erzeugt für jede Klasse eine Tabelle mit allen (originären und ererbten) Attributen. Horizontal bezieht sich darauf, dass Instanzen als Ganze verteilt werden (analog zum Verteilungsentwurf). Eine Instanz wird in derjenigen Tabelle gespeichert, die der speziellsten Klasse entspricht, der sie angehört. Faktisch wird dieser Ansatz dann eingesetzt, wenn nur Instanzen in den Blättern existieren, und daher keine Tabellen für innere Klassen der Hierarchie benötigt werden.

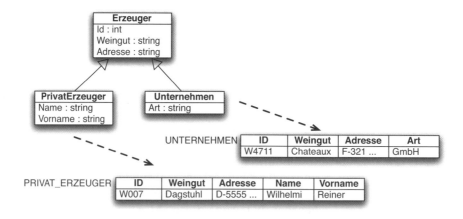

Abbildung 17.2: Abbildung von Spezialisierungen: Horizontale Partitionierung

Abbildung 17.2 zeigt ein Beispiel für die horizontale Partitionierung. Hier werden nur die Blätter der Vererbungshierarchie als Tabellen repräsentiert. Jede Tabelle enthält die Attribute der korrespondierenden Klasse und alle Attribute der Superklasse (bzw. Superklassen).

Dieser Ansatz ist vorteilhaft bei abstrakten Superklassen bzw. vollständigen Partitionierungen einer Klasse in Subklassen. Allerdings ist bei Anfragen über Superklassen der Zugriff auf mehrere Tabellen notwendig.

Vertikale Partitionierung

Die vertikale Partitionierung erzeugt für jede Klasse eine Tabelle, die nur die jeweils lokal definierten Attribute aufweist. Instanzen müssen nun auf mehrere Tabellen aufgeteilt werden.

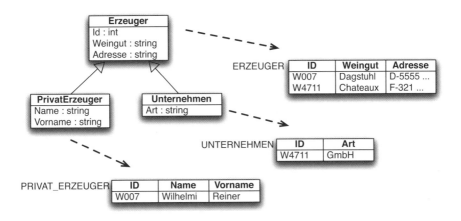

Abbildung 17.3: Abbildung von Spezialisierungen: Vertikale Partitionierung

Abbildung 17.3 zeigt ein Beispiel. Jeder Klasse der Vererbungshierarchie wird eine eigene Tabelle wie folgt zugeordnet: die Tabellen der abgeleiteten Klassen umfassen die speziellen Attribute der korrespondierenden Klasse sowie den Primärschlüssel. Ein Objekt wird aus mehreren Tupeln entlang der Vererbungshierarchie zusammengesetzt.

Dieser Ansatz ermöglicht effiziente Anfragen auf Attributen der Superklassen bzw. auf speziellen Attributen der abgeleiteten Klassen. Der Zugriff auf vollständige Objekte hingegen ist ineffizient.

Typisierte Partitionierung

Die typisierte Partitionierung ist eigentlich gar keine Partitionierung: alle Instanzen der Hierarchie werden in einer einzigen Tabelle gespeichert. Die Zuordnung zur Klasse erfolgt durch ein Typisierungsattribut.

Abbildung 17.4 zeigt eine typisierte Partitionierung. Dieser Ansatz erlaubt effiziente Anfragen, speichert aber ggf. viele Nullwerte ab.

17.2 Abbildung von Objekten auf Relationen

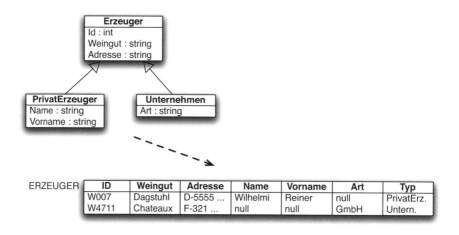

Abbildung 17.4: Abbildung von Spezialisierungen: Typisierte Partitionierung

Tabelle 17.1 fasst die Eigenschaften der drei Partitionierungsarten im Vergleich zusammen.

Partitionierung	Anfragen auf Superklassen	Anfragen auf Subklassen
horizontal	ineffizient	effizient
vertikal	effizient	ineffizient
typisiert	effizient, aber unflexibel	effizient, aber unflexibel

Tabelle 17.1: OR-Mapping von Hierarchien: Vergleich der Partitionierungsarten

17.3 Objektrelationale Erweiterungen

Das objektrelationale Datenmodell ist nicht so einheitlich entstanden wie das relationale. Verschiedene Hersteller von RDBMS haben unterschiedliche Erweiterungen eingebaut, die Konzepten von ODBMS entsprechen. Der aktuelle SQL-Standard kann als Referenz dienen, lässt aber noch einige Punkte offen (etwa im Bereich Kollektionsdatentypen). Wir werden in diesem Abschnitt die Konzepte vorstellen, die allgemein unter „objektrelational" subsumiert werden, und uns dann anschließend dem SQL-Standard als konkrete Ausprägung zuwenden.

17.3.1 Large Objects: BLOB und CLOB

Im Rahmen der Entwicklung von objektrelationalen Konzepten wurde das bisher eher eingeschränkte Typkonzept von SQL erweitert. Neben nutzerdefinierten Datentypen, Datentypen für Objektreferenzen und Datentypkonstruktoren werden auch die sogenannten Large Objects zu den Erweiterungen gezählt, auch wenn diese Konzepte trotz ihres Namens nicht direkt aus objektorientierten Modellen (und nur diesen) abgeleitet sind.

Large Objects (kurz LOB) treten als Binary LOB, kurz BLOB, und Character LOB, kurz CLOB auf. Ein LOB ist ein langer Bit- oder Character-String mit speziellen Operationen. Einsatzgebiete für BLOBs sind Daten im Binärformat wie Bilder oder Tondokumente, während CLOBs für die Dokumentverwaltung eingesetzt werden.

Bei LOB ist die Angabe der maximalen Größe erforderlich, wobei die Grenzen systemspezifisch sind. Im folgenden SQL-Code wird die WEINE-Tabelle um ein Foto-Attribut erweitert.

```
create table WEINE (
   ...
   Foto blob(100K))
```

17.3.2 Typkonstruktoren

Eine wichtige objektrelationale Erweiterung ist der Einsatz von Typkonstruktoren. Sie werden auch als Kollektionsdatentypen bezeichnet, weil sie Kollektionen von gleichartigen Daten modellieren, die analog zu Tabellen als Ganzes angefragt und manipuliert werden können.

Parametrisierbare Datentypen

Aus dem Gebiet der abstrakten Datentypen kennt man die parametrisierbaren Datentypen. Im Datenbankbereich sind insbesondere die folgenden parametrisierbaren Datentypen von Interesse:

- der Tupel-Typkonstruktor,

- der Set-Typkonstruktor für Mengen,

- der Bag-Typkonstruktor für Multimengen,

- der List-Typkonstruktor,

- der Array-Typkonstruktor.

Diese parametrisierten Datentypen heißen auch *Typkonstruktoren* und erlauben eine Typkonstruktion auf Basis vorhandener Datentypen (den Eingangsdatentypen). Prinzipiell ist die Orthogonalität der Anwendung der Typkonstruktoren gegeben: Listen von Mengen sind so konstruierbar. Die Array-, List-, Bag- und Set-Typkonstruktoren werden auch *Kollektionsdatentypen* genannt, da sie eine Kollektion gleichartiger Elemente beschreiben, über die ein Iterator – oder ein SFW-Block – definiert werden kann. Wir werden nun diese Typkonstruktoren der Reihe nach vorstellen.

Tupel-Typkonstruktor

Der Tupelkonstruktor[1] ist aus Programmiersprachen bekannt. Er setzt einen Datenwert aus möglicherweise heterogenen Einzelwerten zusammen. Der Zugriff auf die Komponenten erfolgt über symbolische Namen. Ein so konstruiertes Tupel entspricht so einer Zeile einer relationalen Tabelle. Daher wird der Tupelkonstruktor statt als **tuple** auch als **row** bezeichnet.

Der *Tupel-Typkonstruktor* **tuple** kombiniert eine feste Anzahl typisierter Datenkomponenten zu einem komplexen Wert. Mathematisch entspricht dies der Idee des kartesischen Produktes. Die Identifizierung der einzelnen Komponenten erfolgt durch Feldnamen.

Die Operationen beschränken sich auf Operationen zum Erzeugen (ebenfalls notiert als **tuple**) von Tupeln und den aus Progarmmiersprachen bekannten Komponentenzugriffen mit der Punktnotation (Operator .). **tuple** entspricht dem **record** oder **struct** in Programmiersprachen. In den meisten Datenmodellen gibt es vordefinierte Tupel-Datentypen, so Datum und Zeit.

◄**Beispiel 17-6**► Der Standarddatentyp Datum kann wie folgt als Tupel-Typ definiert werden:

    Datum: tuple(Tag: integer,
                 Monat: integer,
                 Jahr: integer)

□

Set-Typkonstruktor

Der Mengenkonstruktor ist in Datenmodellen sicher der bekannteste Konstruktor, da er dem relationalen Datenmodell zugrundeliegt. Eine *Menge*, engl. *Set*, ist eine homogene Kollektion ohne Duplikate. Der *Set-Typkonstruktor* **set** spezifiziert endliche, homogene Mengen aus Werten eines Eingangsdatentyps. Er realisiert also die Zusammenfassung gleichartigen Elemente zur ungeordneten Menge (ohne Duplikate).

---

[1] Die korrekte Bezeichnung Tupel-Typkonstruktor wird in der Regel – analog auch bei den folgenden Konstruktoren – verkürzt zu Tupelkonstruktor, auch wenn der *Typ* konstruiert wird.

Mathematisch entspricht der Wertebereich eines so konstruierten Mengentyps der Potenzmenge über den Wertebereich des Eingangsdatentyps.

◄**Beispiel 17-7**► Typisches Beispiel für einen Einsatz des **set**-Konstruktors ist die Deklaration eines Datentyps für ein Attribut, das eine Menge von Telefonnummern verwalten soll.

```
Telefone: set(string)
```

□

Auf den mit diesem Konstruktor konstruierten Mengen sind eine Reihe von Operationen definiert:

- Erzeugen (**set**) einer Menge,
- Einfügen (**insert**) von Elementen,
- Entfernen (**remove**) von Elementen,
- Elementetest (**in**),
- Vereinigung (**union**) zweier Mengen,
- Durchschnitt (**intersection**) zweier Mengen,
- Differenz (**difference**) zweier Mengen sowie die
- Bestimmung der Anzahl der Elemente (**count**) einer Menge.

Eine Sonderrolle spielt der Durchlauf der Elemente mit Befehlsausführung auf jedem Element mit dem **foreach**-Konstrukt, da es sich nicht um eine klassiche Operation eines abstrakten Datentyps handelt, sondern um ein höheres Sprachmittel aus funktionalen Programmiersprachen (der Parameter ist eine Funktion, kein Datenwert).

◄**Beispiel 17-8**► Die Kombination von Set und Tupel wird oft zur Defintion von komplexen Werten genutzt:

```
Weinkollektion: set(tuple(Weinname: string,
                         Preis: decimal(5,2)))
```

Diese Konstruktion entspricht der Definition einer klassischen Relation.   □

Bag-Typkonstruktor

Mengen mit Duplikaten werden als *Multimengen*, engl. *Bag* oder *Multiset*, bezeichnet. Der *Bag-Typkonstruktor* **bag** beschreibt endliche, homogene Multimengen. Im Gegensatz zu **set** sind Duplikate also möglich. Man kann ihn als

Verallgemeinerung des Set-Typkonstruktors auffassen und ähnliche Operationen wie für den Set-Typkonstruktor festlegen. Beim Einfügen und Entfernen von Elementen werden Duplikate berücksichtigt, und der Elementetest **in** liefert die Anzahl des Auftretens des angefragten Elements zurück.

Für den Elementedurchlauf sind zwei Versionen möglich: Durchlauf unter Verwendung der Mengen- oder der Multimengensemantik. Die Vereinigung von Bags erfolgt natürlich ohne Duplikateleminierung, und der Durchschnitt ermittelt die minimale Elementeanzahl je Element. Typisches Beispiel für eine Multimenge von Werten sind die Geburtstage einer Gruppe von Menschen: Hier sollten doppelte Einträge nicht verloren gehen.

List-Typkonstruktor

Listen sind ebenfalls homogene Kollektionen, die Duplikate erlauben. Der *List-Typkonstruktor* **list** beschreibt daher endliche geordnete Folgen von Werten. Wie bei Mengen gibt es Operationen zum Erzeugen (**list**) und zum Elementetest (**in**). Listenspezifisch ist das Einfügen an verschiedenen Stellen (**insert**) der Liste und das Aneinanderhängen (**append**) von Listen. Der Elementedurchlauf erfolgt mittels eines Iterators. Der Elementezugriff ist auch über eine Positionsangabe (**[]**) möglich.

◄**Beispiel 17-9**► Der List-Typkonstruktor kann zum Beispiel einen Datentyp festlegen, mit dem mehrere Winzer eines Weingutes festgelegt werden:

```
Winzer: list(tuple(Vorname: string,
                   Nachname: string))
```

□

Array-Typkonstruktor

Arrays sind aus Programmiersprachen wohlbekannt. Der *Array-Typkonstruktor* **array** kombiniert eine feste Anzahl von Werten eines vorgegebenen Datentyps. Es handelt sich also um eine homogene Kollektion. Die Elemente sind über den Index zugreifbar, Duplikate sind erlaubt. Im Gegensatz zu Programmiersprachen erlaubt er nur eindimensionale Arrays, mehrdimensionale Arrays müssen über Schachtelung realisiert werden. Als Operationen definiert er Operatoren zum Erzeugen (**array**) sowie zum Lesen und Schreiben eines Elementes an Indexstelle.

◄**Beispiel 17-10**► Als Beispiel für den Array-Typkonstruktor betrachten wir wieder die Möglichkeit mehrerer Telefonnummern. Jedes Weingut kann nun maximal vier Telefone haben, die in fester Reihenfolge angegeben werden:

```
Telefone: array [1..4] of string
```

□

Der Array-Konstruktor spielt in den bekannten Entwurfsmodellen und Objektmodellen keine besondere Rolle, auch wenn er oft aus Programmiersprachen übernommen wurde. Wir werden sehen, dass er in SQL hingegen eine große Rolle spielt: Im Gegensatz zu den bekannteren Konstruktoren wurde er früh in den Standard aufgenommen, wohl aufgrund der leichteren Implementierbarkeit.

Eigenschaften der Typkonstruktoren

Die Eigenschaften der Typkonstruktoren fassen wir in Tabelle 17.2 zusammen.

Typ	Duplikate	Elementanzahl	Ordnung	Elementzugriff	Heterogenität
tuple	√	konstant	√	Namen	√
array	√	konstant	√	Index	—
list	√	variabel	√	Iterator/Pos.	—
bag	√	variabel	—	Iterator	—
set	—	variabel	—	Iterator	—

Tabelle 17.2: Eigenschaften der Typkonstruktoren

Die homogenen Typkonstruktoren werden auch als Kollektionskonstruktoren bezeichnet. Kollektionen sind homogen, und man kann über die Elemente iterieren (auch über Arrays, indem man in eine Liste umwandelt). Im SQL-Umfeld bedeutet iterieren, dass man im from-Teil eine Tupelvariable an die Kollektion binden kann.

Neben den genannten Operationen gibt es noch Operationen zur Umwandlung von Kollektionen: Arrays können in alle anderen Kollektionstypen, Listen in Multimengen und Mengen, und Multimengen in Mengen umgewandelt werden. Als Operatorname dient jeweils der Name des Zieltyps.

17.3.3 Identitäten, Referenzen und Pfadausdrücke

Objekte haben in Objektmodellen eine unveränderliche Identität, über die sie identifizierbar sind, den sogenannten *Objektidentifikator* oder kurz *OID*. Unveränderbar bedeutet hierbei, dass der OID stabil bleibt, auch wenn alle Eigenschaften des Objektes sich ändern sollten. Identifizierbar heißt dass eine OID nicht mehrfach vergeben werden darf. In objektorientierten Programmiersprachen sind OID systemvergeben und nicht interpretierbar.

In RDBMS übernehmen Schlüsselattribute die Rolle der Identifizierung, die allerdings die genannten Eigenschaften nicht erfüllen. Wird beispielsweise der Name des Weinguts zur Identifizierung der Erzeuger genutzt, kann eine Umbenennung aufgrund eines Besitzerwechsels die referentielle Integrität verletzen, da die Einträge dieses Erzeugers in der WEINE-Relation nun ins Leere zeigen.

Objektrelationale Modelle nehmen daher Objektidentitäten explizit als neues Konzept hinzu. Im Gegensatz zu Programmiersprachen kennen ORM jedoch mehrere Arten der Generierung von OID, auf die wir bei der Behandlung des SQL:2003-Standards eingehen werden.

Nicht alle Tupel in ORDBMS sind mit OID identifizierbar, nur diejenigen, die zu einem Objekttyp deklariert werden (siehe SQL:2003). Wir reden in diesen Situationen im Folgenden über *Objektrelation* und *Objekttupel*.

Für OID wird ein spezieller Datentyp eingeführt, dessen Werte als *Referenzen* auf Objekttupel genutzt werden können. Durch eine automatische Dereferenzierung sind dann auch *Pfadausdrücke* möglich.

Implementierungstechnisch sind OID mit den Tupelidentifikatoren verwandt, die RDBMS intern zur Adressierung verwenden. Diese sind aber auf der SQL-Ebene nicht nutzbar.

17.3.4 Hierarchien und Vererbung

Objektrelationale Datenbankmodelle übernehmen die Idee der Spezialisierung aus Entwurfsmodellen. Im Gegensatz zu objektorientierten Programmiersprachen gibt es also neben der Typhierarchie eine Spezialisierungshierarchie auf den Klassenextensionen. In ORDB sind daher zwei Hierarchien zu betrachten:

- Die *intensionale* Hierarchie ist eine klassische Typhierarchie auf Objekttypen. Ein Objekttyp ist mit dem Tupelkonstruktor konstruiert. Die Subtypbildung erlaubt die Hinzunahme von Attributen.

- Die *extensionale* Hierarchie ist auf Objekttabellen definiert. Es handelt sich um eine Untermengenbeziehung auf den Instanzenmengen, repräsentiert durch die Mengen der OID der Instanzen. Sie entspricht somit der IsA-Beziehung aus ER-Modellen.

Beide Hierarchien sind gekoppelt: Der Typ t_U einer Untertabelle U zur Tabelle T muss ein (direkter oder indirekter) Untertyp von deren Typ t_T sein.

Abbildung 17.5 zeigt diesen extensionalen und intensionalen Aspekt von Hierarchien auf Tabellen. Mit **under** wird in ORDBMS die Subtyp- bzw. Untertabellenbeziehung bezeichnet, während **of** die Typ-Instanz-Beziehung festlegt.

Objekttabellen werden in SQL:2003 als *typisierte Tabellen* bezeichnet und haben folgende Eigenschaften:

- Typisierte Tabellen sind Objekttabellen, deren Typ durch einen „strukturierten Typ" (Struktur: Tupel mit Attributen) festgelegt wird. Faktisch werden strukturierte Typen durch den Einsatz des Tupelkonstruktors definiert.

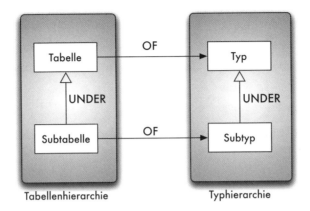

Abbildung 17.5: Extensionale und intensionale Hierarchien bei Tabellen

- Die Zeilen einer typisierten Tabelle sind über eine *OID-Spalte* referenzierbar.
- Auf den Zeilen einer typisierten Tabelle sind *Methoden* aufrufbar.
- Eine typisierte Tabelle kann unter bestimmten Voraussetzungen als *Subtabelle* einer anderen typisierten Tabelle definiert werden.

17.3.5 Methoden

Methoden in Objektmodellen entsprechen den gespeicherten Prozeduren aus SQL. In ORDBMS muss somit im Wesentlichen nur Folgendes geklärt werden:

1. Methoden sind gespeicherte Prozeduren (siehe Abschnitt 13.5), die an Objekttypen gebunden sind. Programmiert werden können Methoden in SQL oder extern in einer beliebigen unterstützten Programmiersprache.

2. Methoden werden entlang der Typhierarchie vererbt.

3. Polymorphismus erlaubt das Überladen von Methodennamen und das Überschreiben von Methoden entlang der Vererbungshierarchie.

Die folgenden Arten von Methoden werden unterschieden:

- *Instanzmethoden* entsprechen den klassischen Methoden von Objekten. Sie lesen und ändern potentiell den Objektzustand. Sie werden für eine konkrete Instanz aufgerufen.

- *Statische Methoden* entsprechen den Klassenmethoden der objektorientierten Programmierung. Sie werden unabhängig von konkreten Instanzen aufgerufen.

- *Konstruktormethoden* dienen zur Erzeugung von Instanzen. Aufgerufen werden Sie mit

    new Typname (Parameterliste).

    Eine Konstruktormethode trägt den Namen des zugrundeliegenden strukturierten Typs.

17.4 Objektrelationale Konzepte in SQL:2003

SQL:2003 bietet u.a. einen Sammlung von Sprachmitteln zur Unterstützung objektrelationaler Konzepte. Insbesondere wurden nutzerdefinierte Datentypen inklusive Kollektionsdatentypen, Objektidentifikatoren/Referenzen, Vererbung/Spezialisierung und Methoden in den Standard aufgenommen.

Der Standard wird von den aktuellen Systemen bisher nur teilweise umgesetzt: IBM DB2, Oracle und PostgreSQL bieten jeweils eine teilweise Realisierung gemischt mit proprietären objektrelationalen Erweiterungen. Ein umfassendes Buch zu diesem Thema ist das Buch von Türker und Saake [TS05], in dem die Systeme einzeln dem Standard gegenübergestellt werden.

Im Einzelnen bietet der Standard eine Erweiterung um folgende Konzepte:

- Objektidentitäten und Referenzen sind den objektorientierten Modellen entnommen.

- Ein explizites Typkonzept („Objekttyp") erweitert das implizite Tupelkonzept von SQL.

- Kollektionstypen werden eingeführt (geschachtelte Relationen).

- Eine Vererbungshierarchie definiert Subtabellen und Subtypen.

Wir werden diese Erweiterungen nun im Einzelnen anhand von Beispielen exemplarisch durchgehen. Eine vollständige Syntaxbeschreibung würde den Rahmen dieses Kapitels sprengen.

17.4.1 Typsystem und DDL

Die umfangreichsten Änderungen erfolgten im Typsystem von SQL. Neben der Korrektur einiger Versäumnisse der Vergangenheit (es gibt jetzt einen Datentyp **boolean**) wurde ein Typsystem etabliert, das nutzerdefinierte Typen erlaubt und spezielle Objekttypen kennt.

Typsystem in SQL:2003

Abbildung 17.6 gibt einen Überblick über das Typsystem von SQL:2003. Die Tupelkonstruktion kann in SQL durch eine (anonyme) **row**-Konstruktion oder durch Definition eines strukturierten Typs erfolgen.

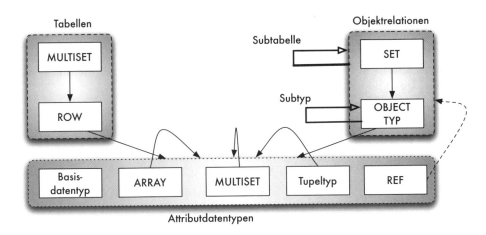

Abbildung 17.6: Typsystem von SQL:2003 im Überblick

Die Graphik macht sehr gut deutlich, dass die Kombination eines Objekttypsystems mit dem klassischen relationalen Typsystem zu einem komplexen Gebilde geführt hat, auf das wir im Folgenden im Detail eingehen werden.

SQL:2003: Neue Datentypen

Wir beginnen mit einer kurzen Auflistung der neuen Datentypen und Typkonstruktoren, die in SQL:2003 eingeführt wurden.

- Mit **blob** und **clob** werden die bereits erläuterten Datentypen für große Binär-/Zeichenkettenobjekte (*Binary / Character Large Objects*) eingeführt.

- Der Typ **boolean** beschreibt die booleschen Werte **true**, **false** sowie (SQL-spezifisch) **unknown**.

- Der Typkonstruktor **array** wird als Kollektionstyp für mehrwertige Attribute eingesetzt.

- Der Typkonstruktor **multiset** ist der Kollektionstyp für ungeordnete Multimengen (mit Duplikaten).

- Die **ref**-Typen beschreiben Werte zur eindeutigen Identifikation von Tupeln (mittels OID). Sie werden zur Navigation über Pfadausdrücke genutzt.

- Die **row**-Typen entsprechen dem Typkonstruktor **tuple** für strukturierte Attribute.

- Nutzerdefinierte Datentypen erlauben die Konstruktion neuer Typen.

- Sequenzen und Identitätsspalten haben wir bereits in Abschnitt 10.5 vorgestellt.

SQL:2003: Kollektionsdatentypen

SQL:2003 unterstützt nur eine Teilmenge der im letzten Abschnitt vorgestellten Kollektionsdatentypen: die Typen **array** und **multiset**.

◄**Beispiel 17-11**► Die folgende Tabellendefinition zeigt den Einsatz des **array**-Konstruktors (und gleichzeitig auch die Definition eines Large Objects).

```
create table WEINE (
   Name varchar(20),
   Farbe varchar(10),
   Jahrgang int,
   ...
   Foto lob(100K),
   Rebsorten varchar(20) array[7]
);
```

Als Operationen auf **array**-Typen werden Erzeugung und Zugriff angeboten. Die Erzeugung von **array**-Werten über den Arraykonstruktor zeigt die folgende Anweisung:

```
insert into WEINE (Name, Farbe, Jahrgang, Rebsorten)
   values ('La Rose Grand Cru', 'Rot', 1998,
      array['Merlot', 'Cabernet Sauvignon'])
```

Der Zugriff, hier ein lesender Zugriff und ein Überschreiben von **array**-Werten, erfolgt wie in Programmiersprachen gewohnt:

```
update WEINE
set Rebsorten = array['Merlot', 'Cabernet Sauvignon', 'Cabernet Franc']
where Rebsorten[1] = 'Merlot' and Jahrgang = 1998
```

□

SQL:2003 unterstützt den Bag-Konstruktor zur Deklaration von Multimengen. Multimengen als ungeordnete Kollektionen mit Duplikaten wurden mit SQL:2003 eingeführt. Notiert wird die Deklaration des Typs wie folgt:

datentyp **multiset**

◄**Beispiel 17-12**► Als Beispiel für Multimengen bauen wir unser Beispiel weiter aus.

```
create table WEINE (
   Name varchar(20),
   Farbe varchar(10),
   Jahrgang int,
   ...
   Rebsorten row (Name varchar(20),
                  Anteil decimal(5,2)) multiset)
```

Weine haben nun eine Multimenge von Rebsorten mit den jeweiligen prozentualen Anteilen (mit Duplikaten – den Konstruktor **set** gibt es in SQL:2003 nicht!). Das Beispiel verwendet auch den **row**-Konstruktor zur Tupelkonstruktion.

Die Konstruktion von **multiset**-Werten erfolgt so: Der leere Konstruktor wird als

```
multiset()
```

notiert. Ein Konstruktor mit einer Werteliste wird wie folgt aufgerufen:

```
multiset(row('Merlot', 85.0), row('Cabernet Sauvignon', 12.0),
   row('Cabernet Franc', 3.0))
```

Der Konstruktor kann ebenfalls mit einer Unteranfrage aufgerufen werden:

```
multiset(select Rebsorte as Name, Anteil
         from HERGESTELLT_AUS
         where Weinname = 'La Rose Grand Cru')
```

□

Strukturierte Typen

Nutzerdefinierte Datentypen (kurz UDT für User-defined Data Types) ist der SQL-spezifische Begriff für die Definition abstrakter Datentypen. In SQL:2003 erfolgt eine Unterscheidung in zwei Arten von UDT:

- Die sogenannten *Distinct-Typen* ermöglichen die Definition eines Datentyps direkt als „Umbenennung" eines Basisdatentyps. Dies erhöht die Typsicherheit in Anwendungen, da nun beispielsweise keine Euro-Beträge mehr aus Versehen zu Dollar-Beträgen addiert werden können. Da es zur Mächtigkeit des Datenmodells nicht beiträgt, gehen wir nicht näher auf dieses Konzept ein.

- Die *strukturierten Typen* bieten einen Typkonstruktor für benannte strukturierte Datentypen. Gleichzeitig bilden sie die Grundlage für Objektttabellen.

Der Typkonstruktor zur Definition abstrakter Datentyp basiert auf der Definition von Tupeltypen und ist verwendbar für Attribute, Parameter, Variablen und Tabellendeklarationen.

◄**Beispiel 17-13**► Wir definieren einen strukturierten Typ zur Repräsentation von Adressen:

```
create type AdressTyp as (
  Strasse varchar(30),
  Plz char(5),
  Ort varchar(30)
) not final
```

Dieser Datentyp wird nun in unserer ERZEUGER-Tabelle genutzt:

```
create table ERZEUGER (
  Weingut varchar(20),
  ...
  Adresse AdressTyp)
```

□

Die Erzeugung von Instanzen erfolgt durch die Nutzung des Default-Konstruktors *Typname()*. Das folgende SQL-Fragment zeigt die Definition und Nutzung eines überladenen Konstruktors:

```
insert into ERZEUGER (Weingut, Adresse)
  values ('Müller',
    AdressTyp('Am Weinberg 27', '65391', 'Lorch'))
```

Subtyping

SQL:2003 erlaubt die Definition von Untertypen als Erweiterung existierender Datentypen (UDTs). Notiert wird dies wie folgt:

```
untertyp under supertyp
```

Mehrfachvererbung ist nicht zulässig. Bei der Typdefinition wird die weitere Nutzung des Datentyps wie folgt festgelegt:

- Bei der Angabe **not final** ist weiteres Subtyping zulässig.

- Die Angabe **final** verbietet die Bildung von Untertypen.

Die Untertypbildung kann nun einfach wie folgt erfolgen:

    create type ErzeugerTyp as (...) not final
    create type PrivatErzeugerTyp under ErzeugerTyp as (...) not final

Strukturierte Datentypen und die auf ihnen definierte Subtyphierarchie bilden die Grundlage für Objekttabellen und der Spezialisierungshierarchie auf derartigen Tabellen.

Objektidentifikatoren und Referenzen

Werden strukturierte Typen für Tabellen eingesetzt, werden sie implizit zu echten Objekttypen, da die Einträge in diesen Objekttabellen nun einen Objektidentifikator erhalten und referenziert werden können. Die Definition von Tabellen auf Basis strukturierter Typen führt direkt zu einer Objektrelation, in der die Attribute des Typs Spalten werden und eine zusätzliche Spalte für OID erzeugt wird. Diese zusätzliche Spalte wird benötigt für die Unterstützung der **ref**-Typen, die wir anschließend behandeln werden.

◄**Beispiel 17-14**► Das folgende Beispiel verdeutlicht den Einsatz von strukturierten Typen basierend auf dem Beispiel 17-13:

    create typ ErzeugerTyp as (
       Weingut varchar(20),
       Anbaugebiet varchar(20),
       Region varchar(20),
       Adresse AdressTyp
) not final

    create table ERZEUGER of ErzeugerTyp (
       ref is oid user generated)

- ErzeugerTyp ist hierbei ein Tabellentyp, Instanzen können referenziert werden.

- AdressTyp ist ein Spaltentyp; Instanzen haben keine Identität und können nicht referenziert werden.

□

Das Beispiel enthält Angaben über die Bildung von Objektidentifikatoren. In objektorientierten Programmiersprachen ist keine derartige Aussage notwendig, da OID dort immer systemgeneriert sind. In SQL:2003 ist die Bildung von Objektidentifikatoren für Tupel in Objektrelationen flexibler. Geblieben ist die Tatsache, dass es um die Definition unveränderlicher Identifikatoren geht. Möglich sind jedoch folgende drei Angaben:

- Mit **ref is ...user generated** ermöglicht SQL:2003 die Nutzung nutzerdefinierter und nutzervergebener OIDs.

- Die Angabe **ref is ...system generated** legt systemgenerierte OID fest, und entspricht somit der Vorgehensweise in Programmiersprachen.

- Bei der Angabe **ref from** (*Attributliste*) wird eine OID abgeleitet von anderen Attributen (z.B. vom Primärschlüssel).

Die Nutzung der OID erfolgt über die sogenannten **ref**-Typen. Ein Referenztyp ist ein Typ für Referenzen auf Instanzen eines strukturierten Datentyps, also auf Tupel einer Objektrelation. Genutzt werden können Referenztypen für die Repräsentation von 1:1- oder n:1-Beziehungen. Syntaktisch werden sie wie folgt deklariert:

ref(*strukturierter-typ*) [**scope** *gültigkeitsbereich*]

Der Gültigkeitsbereich kann insbesondere eine vorgegebene Tabelle oder alle Tabellen zum betreffenden Typ sein.

◂**Beispiel 17-15**▸ Wir zeigen ein Beispiel, das die Varianten des Einsatzes von **ref**-Typen und **scope**-Anweisungen zeigt. Der oben definierte Typ ErzeugerTyp wird zur Erzeugung der Tabellen für ERZEUGER und HAENDLER genutzt:

```
create table ERZEUGER of ErzeugerTyp ( ... )
```

```
create table HAENDLER of ErzeugerTyp ( ... )
```

Schließlich wird die WEINE-Tabelle um eine Referenzspalte auf Objekte vom Typ ErzeugerTyp erweitert, der Fremdschlüssel kann dadurch entfallen:

```
create table WEINE (
   WeinID int,
   Name varchar(20),
   ...
   Weingut ref(ErzeugerTyp) scope(ERZEUGER)
)
```

Die Angabe des Gültigkeitsbereiches verhindert, dass ein Händler (Objekt aus der Tabelle HAENDLER) als erzeugendes Weingut auftritt. □

Als Operation auf Referenztypen wird insbesondere die Belegung von Referenzattributen über Anfragen wie im folgenden SQL-Fragment genutzt.

```
update WEINE
set Weingut = (select oid
               from ERZEUGER
               where Weingut = 'Helena')
where WeinID = 3478
```

Tabellenhierarchien

In SQL:2003 wird die Rolle der Klassen von den Objekttabellen übernommen. Die Subklassen werden daher durch Subtabellen abgebildet. Eine *Subtabelle* ist somit eine Tabelle, die von einer anderen Tabelle abgeleitet ist. Eine Subtabelle erbt die OID-Spalte und alle Spaltenoptionen und kann eigene Spalten hinzufügen. In SQL:2003 gelten die folgenden Einschränkungen:

- Es gibt genau eine direkte Supertabelle, also keine Mehrfachvererbung.
- Der Typ der Subtabelle muss *direkter* Subtyp der Supertabelle sein.

Die syntaktische Notation ist wie folgt:

create table *subtabellenname* **of** *typname*
    under *supertabellenname* [(*spalten-optionen*)]

Die Tabellen- und Typhierarchie wird in Abbildung 17.7 noch einmal verdeutlicht.

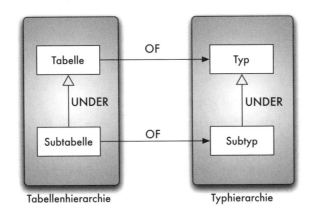

Abbildung 17.7: Tabellen und Typhierarchie in SQL:2003

In SQL:2003 werden *tiefe* und *flache Extensionen* unterschieden:

- Die *tiefe Extension* enthält alle Tupel (Objekte) einer Tabelle einschließlich der Tupel der Subtabellen (projiziert auf die originären Attribute der Tabelle).
- Die *flache Extension* ist ohne die Tupel der Subtabellen definiert. Der Zugriff auf flache Extension erfolgt mittels **only**(*tabelle*).

Abbildung 17.8 verdeutlicht diese Konzepte anhand eines einfachen Beispiels.

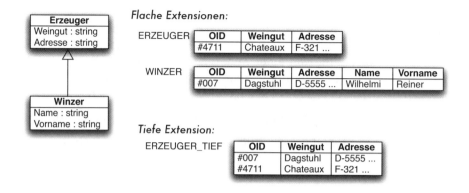

Abbildung 17.8: Tiefe und flache Extensionen in SQL:2003

17.4.2 Anfragen

SQL:2003 realisiert einen Reihe von Erweiterungen der Anfragemöglichkeiten im Zusammenhang mit den besprochenen DDL-Erweiterungen. Aus Platzgründen greifen wir nur einige Erweiterungen exemplarisch heraus.

*Operationen auf **array**-Typen*

Arrays waren die ersten Schachtelungskonstrukte, die in SQL übernommen wurden. Zur Entschachtelung wurde der **unnest**-Operator aus der NF^2-Algebra als neues Sprachkonstrukt übernommen. Die Entschachtelung wandelt eine Kollektion in eine Tabelle um. Wir betrachten hierfür ein einfaches Beispiel.

◄**Beispiel 17-16**► Wir gehen von einer **array**-Speicherung der Rebsorten eines Weines wie in Beispiel 17-11 eingeführt aus, wobei wir uns auf die für dieses Beispiel relevanten Spalten beschränken.

WEINE	Name	Rebsorten
	La Rose Crand Cru	**array**[Merlot, Cabernet Sauvignon]
	Shiraz	**null**
	Zinfandel	**array**[Zinfandel]

Die folgende Anfrage entschachtelt das Array:

    select *
    from WEINE, unnest(Rebsorten) Rebsorte

Man beachte, dass die mit **unnest** entschachtelten Tabellen hier implizit mit den Originaltupeln verbunden werden, obwohl die Syntax eher ein Kreuzprodukt erwarten lässt.

Name	Rebsorten	Rebsorte
La Rose Crand Cru	**array**[Merlot, Cabernet Sauvignon]	Merlot
La Rose Crand Cru	**array**[Merlot, Cabernet Sauvignon]	Cabernet Sauvignon
Zinfandel	**array**[Zinfandel]	Zinfandel

Der Eintrag Shiraz, zu dem die verarbeiteten Rebsorten in diesem Beispiel als nicht bekannt angenommen wurden, wird wie bei einem normalen Verbund als Dangling Tuple entfernt. Als Erweiterung kann mittels der Angabe **with ordinality** die ursprüngliche Position als zusätzliche Spalte ausgegeben werden.

```
select *
from WEINE, unnest(Rebsorten) Rebsorte (RName, Pos)
    with ordinality
```

Das Ergebnis mit der Positionsangabe im Attribut Pos lautet dann:

Name	Rebsorten	RName	Pos
La Rose Crand Cru	**array**[Merlot, Cabernet Sauvignon]	Merlot	1
La Rose Crand Cru	**array**[Merlot, Cabernet Sauvignon]	Cabernet Sauvignon	2
Zinfandel	**array**[Zinfandel]	Zinfandel	1

□

Weitere Operationen der NF^2-Algebra

Die Entschachtelung lässt sich auch in Anfragen auf Multimengen einsetzen. Der Konstruktor **multiset** erlaubt in SQL:2003 nun auch geschachtelte Kollektionen, wie sie aus dem NF^2-Modell bekannt sind. In Anfragen werden **multiset**-Spalten grundsätzlich als eigene Relationen mittels **unnest** behandelt. In Verbindung mit dem **multiset**-Typkonstruktor lässt sich auf diese Weise auch die orthogonale Schachtelung von Projektion und Selektion der NF^2-Algebra (siehe Abschnitt 9.2.4) formulieren. Die vier Grundkombinationen lassen sich durch folgende Anfragemuster [Tür03] darstellen:

Die Kombination *Selektion mit Selektion* wird durch die bereits bekannte Anwendung des **unnest**-Operators ausgedrückt, wodurch auch auf der inneren Tabelle eine Selektion ausgeführt werden kann:

```
select * from ÄußereTabelle
where exists (select *
    from unnest(InnereTabelle)
    where Bedingung)
```

◄**Beispiel 17-17**► Für diese und die folgenden Beispielanfragen gehen wir von der erweiterten Definition der WEINE-Relation aus Beispiel 17-12 mit den Rebsorten als **multiset** über dem **row**-Typkonstruktor aus. Ein Beispiel einer orthogonal geschachtelten Selektion ist dann die Auswahl aller Weine mit mehr als 20% Merlot-Anteil:

```
select * from WEINE
where exists (select *
    from unnest(Rebsorten) r
    where r.Name = 'Merlot' and r.Anteil > 20)
```

◻

Auf die gleiche Weise kann auch die Kombination *Selektion mit Projektion* formuliert werden. Hierbei wird das Prädikat auf der inneren Tabelle mittels **in** nur auf einer Teilmenge der Attribute angewendet:

```
select * from ÄußereTabelle
where Wertausdruck in (
    select Projektionsliste
    from unnest(InnereTabelle))
```

◄**Beispiel 17-18**► Ein konkretes Beispiel ist die Ausgabe der Weine, die u.a. aus Cabernet Sauvignon produziert werden:

```
select * from WEINE
where 'Cabernet Sauvignon' in (
    select r.Name
    from unnest(Rebsorten) r)
```

◻

Für die Umsetzung der Kombination *Projektion mit Projektion* kann der **multiset**-Konstruktor mit Unteranfrage nach folgendem Muster eingesetzt werden. In der Unteranfrage ist somit auch die Projektion auf der inneren Tabelle möglich:

```
select multiset(select Projektionsliste
    from unnest(InnereTabelle))
from ÄußereTabelle
```

◄**Beispiel 17-19**► Als Beispiel betrachten wir eine Anfrage zur Bestimmung der Rebsorten aller Weine:

```
select Name, multiset(select r.Name
    from unnest(Rebsorten) r) as Rebsorte
from WEINE
```

◻

Das gleiche Prinzip kann auch genutzt werden, um die Kombination *Projektion mit Selektion* auszudrücken, indem die Unteranfrage noch um eine Selektion ergänzt wird:

```
select multiset(select Projektionsliste
     from unnest(InnereTabelle)
     where Bedingung)
from ÄußereTabelle
```

◂**Beispiel 17-20**▸ Die Anfrage aus Beispiel 17-19 kann hierzu leicht um die Beschränkung auf die Rebsorten mit Anteilen über 10 % erweitert werden:

```
select Name, multiset(select *
     from unnest(Rebsorten) r
     where r.Anteil > 10) as Rebsorte
from WEINE
```

□

Nutzerdefinierte Datentypen (UDT)

Wird eine Tupelkonstruktion mittels eines UDT eingesetzt, kann der Zugriff auf Attribute (den Komponenten) auf unterschiedliche Art erfolgen. Die erste Variante nutzt Funktionsaufrufe, bei denen der Komponentenname als Funktion genutzt wird. Notiert wird dies als *attribut(obj)*.

Im Beispiel nutzen wir einen UDT AdressTyp mit einer Komponente Plz.

```
select * from ERZEUGER
where Plz(Adresse) = '65391'
```

Neben der Funktionsnotation kann auch die vetraute Punktnotation, notiert als *obj.attribut*, genutzt werden.

```
select * from ERZEUGER
where Adresse.Plz = '65391'
```

Methodenaufrufe auf Objekten werden entsprechend Wertausdrücken notiert:

Objektwertausdruck.Methodenname [(Parameter)]

Für Referenzen wird eine Pfeilnotation zur Dereferenzierung genutzt.

Referenzwert->Methodenname [(Parameter)]

Natürlich kann man auch mittels eines expliziten **deref** eine Objektinstanz erzeugen, und dann die Punktnotation nutzen.

Man beachte, dass Korrelationsvariablen (Tupelvariablen) einer typisierten Tabelle *nicht* die Instanz repräsentieren! Daher ist folgende Notation unzulässig (basierend auf der Objekttabelle aus Beispiel 17-14):

```
select e.berechne_anbaufläche
from ERZEUGER e
```

Korrekt kann diese Anfrage wir folgt formuliert werden:

```
select deref(oid).berechne_anbaufläche
from ERZEUGER
```

Als Operation auf Referenztypen ist die Dereferenzierung (Verfolgen von **ref**-Verweisen) somit in zwei Notationen möglich:

- Der **deref**-Operator liefert alle Attributwerte des referenzierten Objektes.

    ```
    select deref(Weingut)
    from WEINE
    ```

- Der Pfeiloperator erlaubt den Zugriff auf spezielle Komponenten:

    ```
    select Name, Weingut->Anbaugebiet
    from WEINE
    ```

Umgang mit Tabellenhierarchien

Beim Umgang mit Tabellenhierarchien ist die Behandlung tiefer versus flacher Extensionen eine Besonderheit. Wir betrachten wieder unser Erzeuger-Beispiel. Die Definition der Tabellenhierarchie ist wie folgt:

```
create type ErzeugerTyp ( ... ) not final
create type PrivatErzeugerTyp under ErzeugerTyp ( ... ) not final

create table ERZEUGER of ErzeugerTyp
create table PRIVAT_ERZEUGER of PrivatErzeugerTyp
   under Erzeuger
```

Einfügeoperationen auf Subtabellen werden an die Supertabellen propagiert. Eine Einfügung auf PRIVAT_ERZEUGER führt somit zu einer Einfügung auf ERZEUGER. Löschoperationen werden sowohl auf Super- als auch Subtabellen ausgeführt.

Der Zugriff auf Tabellenhierarchien geht per Default von der Behandlung tiefer Extensionen aus. Will man also alle Erzeuger ausgeben, reicht die folgende SQL-Anfrage aus:

```
select * from ERZEUGER
```

Will man alle privaten Erzeuger inklusive der Attribute von ERZEUGER ausgeben, erreicht man dies durch:

```
select * from PRIVAT_ERZEUGER
```

Die Ausgabe flacher Extensionen erfolgt durch die explizite Angabe des Schlüsselwortes **only**. Alle ERZEUGER, die nicht private Erzeuger sind, erhält man somit durch

```
select * from only(ERZEUGER)
```

17.4.3 Methoden in SQL:2003

Bei strukturierten Typen kann in SQL die Angabe von Methoden erfolgen. Es handelt sich dabei um normale, in SQL/PSM oder extern implementierte Funktionen/Prozeduren, die UDT zugeordnet sind. Als Besonderheit kann ein impliziter **self**-Parameter (vergleichbar **this** in C++ und Java) genutzt werden. Es erfolgt eine getrennte Spezifikation von Signatur und Implementierung. Zur Vereinfachung gibt es automatisch generierte set/get-Methoden für alle Attribute eines Typs.

◄**Beispiel 17-21**► Als Beispiel realisieren wir die in Abschnitt 13.5.2 implementierte SQL/PSM-Funktion geschmack als Methoden des Typs WeinTyp:

```
create type WeinTyp as (
    Name varchar(20),
    Jahrgang int,
    Restsuesse int,
    ...
) not final
method geschmack() returns varchar(20))


create method geschmack()
    for WeinTyp
begin
    return case
        when self.Restsuesse <= 9 then 'Trocken'
        when self.Restsuesse > 9 and self.Restsuesse <= 18
            then 'Halbtrocken'
        when self.Restsuesse > 18 and self.Restsuesse <= 45
            then 'Lieblich'
        else 'Süß'
    end
end
```

Der Unterschied zur Implementierung als eigenständiger Funktion besteht im Wesentlichen darin, dass die Methode über **self** direkt auf das Attribut Restsuesse zugreifen kann.

Die Nutzung dieser Methode kann dann u.a. so erfolgen, wenn wir WEINE als Objekttabelle des oben eingeführten Typs annehmen:

```
select Name, Weingut, deref(oid).geschmack()
from WEINE
where Farbe = 'Rot'
```

□

Neben den normalen Instanzmethoden gibt es noch eine Reihe spezieller Methoden wie Konstruktoren, statischen Methoden sowie Funktionen für nutzerdefinierte Typkonvertierung (**cast**-Funktionen) und Ordnungen (**map**- bzw. **ordering**-Funktionen).

Für eine ausführlichere Behandlung von Methoden in SQL:2003 verweisen wir insbesondere auf die Bücher von C. Türker [Tür03, TS05].

17.5 Objektrelationale Konzepte in kommerziellen DBMS

Objektrelationale Konzepte werden auch von den kommerziellen Systemen unterstützt, im Fall von Oracle bereits lange vor der Standardisierung in SQL:2003. Leider bestehen dadurch auch einige syntaktische Unterschiede, auf die wir nachfolgend kurz eingehen werden. Wir beschränken uns dabei im Wesentlichen auf Oracle, da sich DB2 weitgehend am Standard orientiert, wobei jedoch keine Kollektionstypkonstruktoren unterstützt werden.

Nutzerdefinierte Datentypen werden in Oracle wie folgt definiert:

```
create type AdressTyp as object ( ... )
```

Auch die Bildung von Subtypen ist möglich, jedoch werden keine Subtabellen unterstützt.

Darauf aufbauend können auch Objekttabellen definiert werden, wobei zur Generierung von Objektidentitäten zwei Möglichkeiten existieren:

- **object identifier is primary key**:
  Nutzung des Primärschlüssels als OID

- **object identifier is system generated**:
  systemgenerierte OID

Für Kollektionen stehen zwei Typkonstruktoren zur Verfügung:

- **varray** ist eine geordnete Multimenge von Elementen, die intern als BLOB gespeichert werden.

- **nested table** ist eine ungeordnete Menge ohne Größenbeschränkung, die intern in einer separaten Tabelle organisiert wird.

◄**Beispiel 17-22**► Das Beipiel ist eine Umsetzung von Beispiel 17-11 mit den Oracle-Konzepten:

```
create type RebsortenListe
   as varray(7) of varchar(20);

create table WEINE (
   ...
   Rebsorten RebsortenListe
);
```

Ein **varray** wird über den Konstruktor erzeugt:

```
insert into WEINE (Name, Farbe, Jahrgang, Rebsorten)
values ('La Rose Grand Cru', 'Rot', 1998,
   RebsortenListe('Merlot', 'Cabernet Sauvignon'));
```

◻

Für die Verwendung von geschachtelten Tabellen muss zunächst ein Typ **table of** definiert werden. Außerdem ist eine **store as**-Klausel mit dem Bezeichner für die separate Tabelle notwendig.

◄**Beispiel 17-23**► Eine Umsetzung des Beispiels 17-12 unter Verwendung von geschachtelten Tabellen könnte in folgender Weise erfolgen:

```
create type RebsortenTyp as object (
   Name varchar(20),
   Anteil numeric));

create type RebsortenTabelle
   as table of RebsortenTyp;

create table WEINE (
   ...,
   Rebsorten RebsortenTabelle)
nested table Rebsorten
   store as weine_rebsorten_tbl;
```

Im Gegensatz zu **varray** können geschachtelte Tabellen auch elementweise geändert werden, allerdings erfordert dies eine Oracle-spezifische Notation:

```
update table (
   select Rebsorten
   from WEINE
   where WeinID = 3478) r
set value(r) = RebsortenTyp(r.Name, 18.0)
where r.Name = 'Merlot';
```

□

Referenztypen werden in Oracle wie im Standard verwendet, wobei jedoch die oid-Spalte für die Initialisierung nicht verfügbar ist. Stattdessen muss der oid-Wert über die **ref**-Funktion ermittelt werden:

```
update WEINE
set Weingut = (select ref(e)
               from ERZEUGER e
               where Weingut = 'Helena')
where WeinID = 3478;
```

Zum Entnesten muss anstelle der Standard-**unnest**-Operation der **table**-Operator eingesetzt werden:

```
select *
from WEINE, table(Rebsorten);
```

Auch die orthogonale Schachtelung von Projektion und Selektion ist möglich, wobei aufgrund des fehlenden **multiset**-Typkonstruktors hier die **cursor**-Notation notwendig ist:

```
select w.Name, cursor(
      select r.Name, r.Anteil
      from table(w.Rebsorten) r
      where r.Anteil > 20)
from WEINE w;
```

Weiterhin unterstützt Oracle auch Methoden zu Objekttypen, die im eigenen PL/SQL-Dialekt (Abschnitt 13.5.3) implementiert werden.

17.6 Zusammenfassung

Objektorientierte Datenbankmodelle entstanden aus der Erkenntnis, dass sich Anwendungsobjekte oft nur umständlich auf Tabellen abbilden lassen. Die Konzepte der Objektdatenbanksysteme sind in die Weiterentwicklung der relationalen Datenbanken hin zu objektrelationalen Datenbanken eingeflossen. Wichtige hinzugenommene Konzepte sind Kollektionsdatentypen zur Unterstützung komplexer Objektstrukturen, ein explizites Typkonzept mit Subtypen, Objektidentitäten, Methoden und Spezialisierungshierarchien. Diese Konzepte werden grösstenteils durch den aktuellen Standard SQL:2003 abgedeckt, auch wenn die Umsetzung in den kommerziellen Systemen noch uneinheitlich ist.

Eine Übersicht über die in diesem Kapitel eingeführten Begriffe und deren Bedeutung geben wir in Tabelle 17.3.

Begriff	Informale Bedeutung
ODBS	Objektdatenbanksystem
objektrelational	Synthese aus Objektorientierung und relationalem Datenbankmodell
Typkonstruktor	parametrisierter Datentyp
Kollektionsdatentypen	Typkonstruktoren für Mengen, Multimengen, Listen und Arrays
UDT	SQL-spezifisch für nutzerdefinierten ADT
flache Extension	Objekte eines Supertyps, die in keinem seiner Subtypen auftauchen
tiefe Extension	Objekte eines Supertyps inklusive der Objekte aller seiner Subtypen

Tabelle 17.3: Wichtige Begriffe bei objektrelationalen Systemen

17.7 Vertiefende Literatur

Zur Blütezeit der Objektdatenbankforschung wurde intensiv über Objektmodelle publiziert. Damalige Lehrbücher zu objektorientierten Datenbankmodellen, -sprachen und -systemen sind [Heu97, SST97, LV95]. Die ODMG-Norm stellt Cattell in [Cat94, CB97] vor. Relationale und objektorientierte Datenbanken werden in [DLR95] eingeführt, das Schwergewicht der OODBS-Darstellung liegt dabei auf dem System O_2 Weitere Aspekte objektorientierter Informationssysteme werden in [KS96] behandelt.

Im Buch von Türker zu SQL:2003 [Tür03] wird der Standard SQL:2003 umfassend behandelt. Einen allgemeinere Darstellung von objektrelationalen Konzepten findet sich im Buch von Türker und Saake [TS05].

17.8 Übungsaufgaben

Übung 17-1 Geben Sie ODL-Definitionen an, die die folgenden Entity-Typen und Beziehungen aus unserem Weinbeispiel korrespondieren:

- Kritiker, Gerichte, Weine und Empfehlungen.
- Weine und Schaumweine.
- Kritiken und Weinführer.

□

Übung 17-2 Konstruieren Sie eine Spezialisierungshierarchie auf Weinen: Weine, Primeur-Weine, deutsche Weine, Schaumweine und Flaschengärung als spezielle Schaumweine. Die Klassen haben jeweils eigene Attribute. Geben Sie die unterschiedlichen Abbildungen auf Relationen an. □

Übung 17-3 Geben Sie für jeden der Typkonstruktoren ein Beispiel aus dem Wein-Szenario an, wo der Einsatz sinnvoll ist. Versuchen Sie ein sinnvolles Beispiel für jede mögliche zweistufige Schachtelung der Konstruktoren anzugeben (Liste von Listen, Menge von Arrays, etc...). □

Übung 17-4 Die Rebsorten mit ihren Prozentanteilen können auch geschachtelt bei Weinen gespeichert werden. Geben Sie eine SQL:2003-Tabelle an, die dies leistet. Geben Sie folgende Anfragen an:

- Alle Weine, die Riesling und Silvaner enthalten.
- Welche Paare von Weinen eines Erzeugers haben die selbe prozentuale Zusammensetzung?

□

18

XML

Die strikten Typisierungs- und Strukturierungskonstrukte relationaler oder objektorientierter Datenmodelle sind nicht für alle Anwendungsfälle die erste Wahl. Gerade für Web-Daten oder allgemein für den Datenaustauch für verschiedene Anwendungen wurden daher in den letzten Jahren semistrukturierte Modelle und Auszeichnungssprachen entwickelt. Die wichtigste Entwicklung sind hierbei zweifellos XML sowie die damit verbundenen Technologien. Nach einer Diskussion semistrukturierter (Dokumenten-)Modelle werden wir daher XML kurz vorstellen und auf die aus Datenbanksicht relevanten XML-Technologien wie die Schemabeschreibungssprache XML Schema und die Anfragesprachen XPath und XQuery eingehen. Weiterhin werden wir Aspekte der Speicherung in Datenbanksystemen und die Integration mit SQL diskutieren.

18.1 Semistrukturierte Datenmodelle

Gerade durch die in Textdokumenten oder im World Wide Web in Form von HTML-Dokumenten verfügbaren Informationen kann die Menge der in Informationssystemen verwalteten Daten noch einmal drastisch erhöht werden. Leider sind Textdokumente oder HTML-Dokumente nicht so stark strukturiert wie Datenbankdaten, obwohl sie eine interne, oft wechselnde und nicht streng typisierte Struktur aufweisen. Man nennt diese Daten, die eine interne oder wechselnde Strukturierung haben, *semistrukturierte Daten* oder, da ein Datenwert meist ein komplexes Dokument ist, auch *semistrukturierte Dokumente*.

18.1.1 Merkmale semistrukturierter Datenmodelle

Genauer gesagt sind semistrukturierte Daten nach [Abi97, HP99] Daten, die eines oder mehrere der folgenden Merkmale aufweisen:

- Das Schema ist *nicht zentral* im Datenbankkatalog für alle Daten des gleichen Typs (etwa des gleichen Relationenschemas) gespeichert, sondern ist *in jedem Dokument* enthalten. Die in den Dokumenten enthaltenen Strukturen und Beziehungen gehen normalerweise über die Fähigkeiten von Standard-Datenbankmodellen weit hinaus. Es sind Werkzeuge zur Strukturerkennung und -interpretation notwendig, um die interne Struktur nach außen sichtbar und wirksam zu machen.

- Die Daten haben eine *wechselnde Struktur*. Selbst Daten derselben Art (wie etwa Artikel einer Fachzeitschrift) können differierende Attribute, fehlende oder zusätzliche Attribute beziehungsweise eine unterschiedliche Strukturierung innerhalb desselben Attributs besitzen. So können Artikel einer Fachzeitschrift ein Abstract haben, müssen es aber nicht. Der Autor eines Artikels kann als *String*, als Struktur bestehend aus Vor- und Nachname oder als Verweis (Objektidentifikator) auf eine andere Menge von Dokumenten oder Daten dargestellt sein.

- Die Daten haben zu großen Teilen *keine weitere Struktur*, die durch Attribute gegeben ist. Der Volltext eines Zeitschriftenartikels beispielsweise ist höchstens noch nach Worten und Sätzen implizit strukturiert. Satzgrenzen sind aber nicht durch eigene Attribute hervorgehoben, sondern nur implizit an bestimmten Satzendezeichen ableitbar.

- Sind für Attribute *Datentypen* angegeben, so ist diese Typisierung nicht als Integritätsbedingung an die aufzunehmenden Daten zu verstehen. Ein konkretes Dokument kann von dieser Typisierung abweichen, so daß Änderungen nicht durch eine dem Schema nicht entsprechende Typisierung abgelehnt werden müssen.

- Die *Anzahl der (möglichen) Attribute* und die Vielfalt ihrer internen Strukturierung ist *sehr groß*. Im Gegensatz dazu ist die Menge der Attribute für ein Relationenschema unabhängig von der Anzahl der Tupel in der Relation und im Allgemeinen relativ klein.

- Die Attribute und Strukturierung von Dokumenten unterliegen *häufigen Änderungen*. Im Gegensatz dazu wird bei relationalen Datenbanksystemen ein über lange Zeit festes Schema angenommen. Diese Annahme ist auch durch die eingeschränkte Leistungsfähigkeit des `alter table`-Kommandos im SQL-Standard nachvollziehbar (siehe Abschnitt 7.1.3).

- Der *Unterschied zwischen Daten und Schema* ist unscharf. Durch die häufigen Änderungen an Strukturen können Schemainformationen einfach als Daten verstanden werden. Im Gegensatz dazu werden in relationalen Datenbanksystemen Schemata und ihre Instanzen (Daten) streng getrennt.

- Anfrageoperationen wie *Vergleichsprädikate* beziehen sich in semistrukturierten Dokumenten häufig nicht nur auf ein Attribut (wie in relationalen Datenbanksystemen), sondern *auf eine Menge von Attributen* oder das *gesamte Dokument* (inhaltsbasierte Anfragen). So wird beispielsweise der Begriff „semistrukturiert" bei der Suche von bestimmten Artikeln zu diesem Thema in Zeitschriften nicht nur im Titel, sondern auch in den Stichworten, der Klassifikation, dem Abstract und den verschiedenen Kapiteln gesucht.

18.1.2 Datenmodelle für semistrukturierte Dokumente

Es gibt verschiedene Datenmodelle für semistrukturierte Daten oder Markup-Sprachen, die derartige Strukturen beschreiben können:

- Die schemalosen Datenmodelle wie *OEM* (*Object Exchange Model*) [AQM+97] oder das Baummodell von [BDS95] sind Graphendarstellungen für Instanzen und Attribute.

- Eine Flexibilisierung streng typisierter, objektorientierter Datenbankmodelle bietet das *Union-Datenmodell* von [Clu97]. In diesem müssen jedoch die Strukturen der einzelnen Dokumente durch Vereinigung gewisser Basisstrukturen erreicht werden. Die Auswahl der Basisstrukturen ist also für die Darstellbarkeit von Dokumentstrukturen entscheidend. Fehlen vordefinierte Basisstrukturen, bekommen wir ähnliche Probleme wie mit den bisherigen Datenbankmodellen.

- Die *Markup-Sprache* HTML (Hypertext Markup Language) bietet die Möglichkeit, in Texten bestimmte Teile mit sogenannten *Tags* zu markieren. Die *Tags* kann man als nicht typisierte Attribute eines Datenmodells verstehen. Da diese Attribute nicht verwendet werden müssen und die Art und Weise der Markierung nicht feststeht, können wir HTML als Beschreibungssprache für semistrukturierte Textdokumente verstehen. Leider ist in HTML der Satz von Attributen vordefiniert und nicht veränderbar.

- Die Sprachen *SGML* (*Standard Generalized Markup Language*) und *XML* (*eXtensible Markup Language*) [BM98, Bra98] sind im Gegensatz zu HTML *Metasprachen*, die eine Beschreibung einer sogenannten DTD (Document Type Definition) ermöglichen. Diese legt die Menge der Attribute fest, die für einen bestimmten Dokumenttyp verwendet werden darf. XML ist eine

Teilmenge von SGML, die aufgrund der zu hohen Komplexität von SGML vom W3C (World Wide Web Consortium) neu abgeleitet wurde.

Allen diesen Modellen liegt letztlich ein Graphstruktur zugrunde. Ein Dokument wird dabei als Graph modelliert, wobei die Knoten den (primitiven bzw. zusammengesetzten) Objekten entsprechen. In Abbildung 18.1 ist beispielhaft ein solcher Dokumentgraph dargestellt. Die Blätter enthalten die Werte (hier Zeichenketten), die in den Knoten zu Objekten (Wein, Erzeuger, Anbaugebiet) kombiniert werden und die Kanten beschreiben die Objekte in den Knoten.

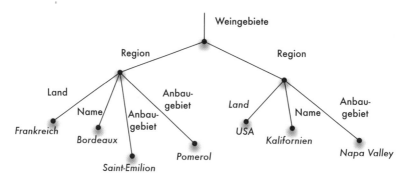

Abbildung 18.1: Beispiel eines Dokumentgraphs

Formal kann dies wie folgt definiert werden. Ein Dokument wird durch einen Graphen $G = (N, E)$ aus von Knoten (*nodes*) und einer Menge E von gerichteten Kanten (*edges*) repräsentiert[1]. Mt jeder Kante $e \in E$ ist ein Paar von Knoten assoziiert: der Quellknoten $s(e)$ und der Zielknoten $t(e)$. Zusätzlich ist jede Kante mit einem Bezeichner (engl. *Tag* oder *Label*) versehen. Für einen solchen Graphen kann ein *Pfad* als Sequenz $e_1, e_2, \ldots, e_k$ mit $t(e_i) = s(e_{i+1}), 1 \leq i \leq k-1$ angegeben werden, d.h., außer Start- und Endknoten ist jeder Zielknoten einer Kante gleichzeitig Quellknoten einer weiteren Kante dieses Pfades. Ein Beispiel für einen Pfad im Dokumengraph in Abbildung 18.1 ist der Weg Weingebiete → Region → Anbaugebiet → Saint-Emilion.

Eine angenehme Eigenschaft dieses Modells ist die Flexibilität – für den gleichen Sachverhalt sind verschiedene Strukturierungen bzw. Ausprägungen möglich. In Abbildung 18.2 ist dies am Beispiel der Weinart dargestellt. Für den Zinfandel wurde die Farbe als eigenes Element modelliert. Beim Chardonnay ist dagegen für jede Weinart ein eigener Teilbaum vorgesehen. Diese Semistrukturierung macht auch die explizite Repräsentation von Nullwerten überflüssig. Ein fehlendes Objekt wie die Weine des Weinguts Oakville in Abbildung 18.2 wird einfach weggelassen.

---

[1] Die Richtung der Kanten ist den Abbildungen immer von oben nach unten.

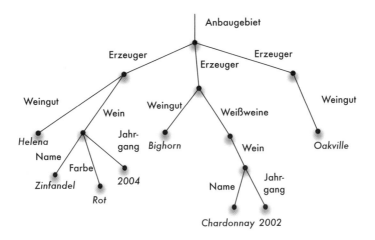

Abbildung 18.2: Verschiedene Strukturierungsmöglichkeiten im Dokumentgraph

Darüber hinaus ist auch eine Abbildung anderer Datenmodelle möglich. So kann beispielsweise eine relationale Datenbank aus zwei Relationen problemlos als Graph repräsentiert werden (Abbildung 18.3).

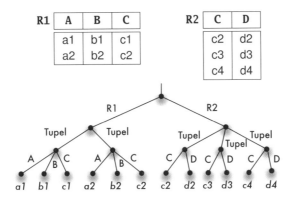

Abbildung 18.3: Repräsentation relationaler Daten als Graph

In den folgenden Abschnitten werden wir mit XML den wohl wichtigsten Vertreter semistrukturierter Datenmodelle betrachten.

18.1 Semistrukturierte Datenmodelle

18.1.3 XML

Die *eXtensible Markup Language* XML wurde vom W3C als Weiterentwicklung der Auszeichnungssprache SGML entwickelt und in einer ersten Ausgabe 1998 veröffentlicht. Die aktuelle Fassung ist die zweite Ausgabe (Version 1.1) von 2006. XML ist eine Metasprache zur Definition von anwendungsspezifischen Sprachen. Hier liegt auch der wesentliche Unterschied zu HTML – dort sind die Elemente vorgegeben, während mit XML definiert wird, welche Elemente eine Sprache bilden. HTML ist somit speziell in der Ausprägung von XHTML eine konkrete Anwendung von XML.

XML hat in den letzten Jahren insbesondere für den Datenaustausch eine große Bedeutung gewonnen. Neben konkreten XML-Sprachen für verschiedenste Anwendungen wurden eine ganze Reihe darauf aufbauender bzw. verwandter Technologien entwickelt, wie z.B. die Schemabeschreibungssprache XML Schema, die Transformationssprache XSL bzw. XSLT und die Anfragesprachen XPath und XQuery. Auch für die Speicherung bzw. Verwaltung von XML in Datenbanksystemen stehen inzwischen verschiedene Techniken zur Verfügung: beginnend bei der Ablage von XML-Dokumenten als Attributwerte spezieller `blob`-Datentypen, über Techniken der Abbildung auf relationale Schemata (das sogenannte *Shredding*) bis hin zu speziellen Datenbanksystemen, die XML direkt (nativ) speichern können. So bieten inzwischen alle großen kommerziellen relationalen Datenbanksysteme XML-Unterstützung. Konkrete Beispiele für XML-Datenbanksysteme sind Tamino von der Software AG oder die Open-Source-Systeme eXist[2], Xindice[3] und Berkeley DB XML[4] (früher Sleepycat, jetzt Oracle).

Genaugenommen wird mit XML kein ausschließlich semistrukturierter Ansatz verfolgt. So lassen sich (Text-)Dokumente mit schwacher Strukturierung modellieren, in denen Elemente nur für eine semantische Anreicherung (etwa die Kennzeichnung von Kapiteln und Überschriften) eingesetzt werden. Hierbei wird auch von einer *dokumentzentrierten* Repräsentation gesprochen. Andererseits können auch stark strukturierte Dokumente mit einem festen vorgegebenen Schema erstellt werden, die als *datenzentriert* bezeichnet werden.

Bausteine von XML

XML basiert auf einem hierarchischen, graphenorientierten Datenmodell. Im Unterschied zur oben eingeführten Definition werden jedoch nicht die Kanten sondern die Knoten bezeichnet. Außerdem gibt es verschiedene Arten von Knoten wie Elemente, Attribute, Kommentare und Verarbeitungsanweisungen.

Elemente repräsentieren die Objekte. Die Zuordnung der Bezeichnung erfolgt durch das Einrahmen von *Tags*, die die Information zur Bedeutung des

---

[2] http://exist.sourceforge.net
[3] http://xml.apache.org/xindice/
[4] http://www.oracle.com/database/berkeley-db/xml/index.html

Wertes bzw. Inhaltes darstellen. Tags werden wie HTML durch spitze Klammern markiert, wobei in XML sowohl Beginn- als auch End-Tag (gekennzeichnet durch einen Slash /) gefordert sind:

```
<tag>inhalt</tag>
```

Da die spitzen Klammern zur Kennzeichnung der Tags dienen, dürfen sie nicht in Inhaltselementen verwendet werden. Für diese und einige weitere Zeichen ist eine spezielle Notation erforderlich: so steht < für <, > für >, & für & und " für ".

Ein Element preis mit dem Inhalt „< 20 Euro" wird demnach wie folgt notiert:

```
<preis>&lt; 20 Euro</preis>
```

Für leere Elemente (ohne Inhalt) ist auch eine alternative Notation möglich:

```
<tag/>
```

Leere Elemente können beispielsweise dann sinnvoll sein, wenn ihr Vorhandensein bereits eine Eigenschaft repräsentiert, etwa bei einem Wein das Gütesiegel „Grand Cru" als Element <grand-cru/>.

Elemente können geschachtelt sein, d.h. ein Element kann ein oder mehrere andere Elemente enthalten. Wichtig ist dabei, dass ein Element in einem anderen immer vollständig enthalten ist: das End-Tag des inneren Elementes muss vor dem End-Tag des äußeren Elementes erscheinen. Weiterhin dürfen sich Elemente einer Ebene nicht überlappen. Weitere wichtige Eigenschaft sind, dass ein XML-Dokument genau ein Wurzelement besitzt und dass die Reihenfolge der Elemene von Bedeutung ist

◄**Beispiel 18-1**► Der in Abbildung 18.1 dargestellte Dokumentgraph lässt sich auszugsweise in XML wie folgt formulieren:

```
<anbaugebiet>
   <erzeuger>
      <weingut>Helena</weingut>
      <wein>
         <name>Zinfandel</name>
         <farbe>Rot</farbe>
         <jahrgang>2004</jahrgang>
      </wein>
   </erzeuger>
</anbaugebiet>
```

□

Die Einrückung im obigen Beispiel ist nicht zwingend notwendig, sondern dient nur der besseren Lesbarkeit.

18.1 Semistrukturierte Datenmodelle

Attribute repräsentieren weitere Eigenschaften von Elementen und werden in Form von Name-Werte-Paaren innerhalb des Element-Tags notiert:

```
<tag attribut="wert" />
```

Im Gegensatz zu Elementen können Attribute nicht weiter geschachtelt werden.

◄**Beispiel 18-2**▶ Das Element anbaugebiet aus Beispiel 18-1 kann etwa um ein Attribut mit den Namen des Gebietes erweitert werden:

```
<anbaugebiet name="Barossa Valley">
   ...
</anbaugebiet>
```

□

Weiterhin können in ein XML-Dokument noch *Verarbeitungsanweisungen* (engl. *Processing Instruction*) eingebettet werden, die dazu dienen, Daten für spezielle Applikationen bereitzustellen. Eine Verarbeitungsanweisung wird durch <? ...?> gekennzeichnet. Die wichtigste Form einer solchen Anweisung ist die Kennzeichnung, dass es sich um ein XML-Dokument handelt. Diese muss die erste Anweisung in einem XML-Dokument sein:

```
<?xml version="1.0" ?>
```

Diese Anweisung kann um ein Attribut encoding erweitert werden, das die im Dokument verwendete Zeichenkodierung angibt. Typische Kodierungen sind u.a. ISO-8859-1 als ISO-Kodierung für westeuropäische Sprachen und UTF-16 für die ISO-Norm 10646 mit 16-Bit-Zeichen.

Schließlich können XML-Dokumente auch *Kommentare* enthalten, die durch <!-- *Kommentar* --> notiert werden.

Betrachten wir abschließend ein vollständiges XML-Dokument.

◄**Beispiel 18-3**▶ Als Beispiel verwenden wir wieder unseren Weinkatalog mit einem Ausschnitt der Beispieldaten.

```
<?xml version="1.0" encoding="ISO-8859-1" ?>
<weinkatalog>
  <region>
    <name>Bordeaux</name>
    <land>Frankreich</land>
    <anbaugebiet name="Saint-Emilion">
      <erzeuger>
        <weingut>Chateau La Rose</weingut>
        <rotweine>
          <wein id="1042">
            <weinname>La Rose Grand Cru</weinname>
```

```
            <jahrgang>1998</jahrgang>
          </wein>
        </rotweine>
      </erzeuger>
    </anbaugebiet>
    <anbaugebiet name="Pomerol">
      <erzeuger>
        <weingut>Chateau La Pointe</weingut>
      </erzeuger>
    </anbaugebiet>
  </region>
  <region>
    <name>South Australia</name>
    <land>Australien</land>
    <anbaugebiet name="Barossa Valley">
      <erzeuger>
        <weingut>Creek</weingut>
        <rotweine>
          <wein id="2168">
            <weinname>Creek Shiraz</weinname>
            <jahrgang>2003</jahrgang>
          </wein>
          <wein id="2171">
            <weinname>Pinot Noir</weinname>
            <jahrgang>2001</jahrgang>
          </wein>
        </rotweine>
      </erzeuger>
    </anbaugebiet>
  </region>
</weinkatalog>
```

□

Verarbeitung von XML

Zur Verarbeitung von XML gibt es zwei grundlegende Herangehensweisen. Wird XML als Datenaustauschformat verwendet, so liegen die XML-Dokumente als Textdatei vor. Für eine Verarbeitung müssen diese zunächst von einem Parser analysiert und in eine interne Form überführt werden. Auf dieser internen Repräsentation sind dann die weiteren Arbeitsschritte möglich, wie beispielsweise die Transformation in ein anderes Format (einschließlich der Ausführung von SQL-Anweisungen zum Einfügen der Daten in ein Datenbanksystem) oder die Ausführung von Anfragen. Die hierfür zuständige Softwarekomponente wird als *XML-Prozessor* bezeichnet und schließt den Parser mit ein. Da es inzwischen eine Vielzahl auch frei verfügbarer XML-Parser und

-Prozessoren für diverse Zwecke (Transformation, Anfragen) gibt, ist die Entwicklung derartiger anwendungsspezifischer Prozessoren meist nur mit geringem Aufwand verbunden.

Damit ein Dokument von einem XML-Prozessor erkannt und verarbeitet werden kann, muss es gewisse Eigenschaften besitzen. Man spricht auch von

- *wohlgeformten* Dokumenten, wenn die XML-Konventionen eingehalten werden, d.h. das Dokument mit einer <?xml?>-Anweisung beginnt, nur ein (geschachteltes) Wurzelelement enthält und alle Elemente wie oben beschrieben ineinander vollständig enthalten sind.
- *gültigen* Dokumenten, wenn sie zusätzlich noch das Inhaltsmodell eines definierten Dokumenttyps (einer DTD oder eines Schemas) erfüllen.

Die zweite Möglichkeit der XML-Verarbeitung ist die datenbankbasierte Verarbeitung. Hierbei wird XML als Datenmodell genutzt, indem die XML-Daten bzw. -Dokumente in einem Datenbanksystem gespeichert und dort auch Anfragen ausgeführt werden. Hierbei gibt es wiederum verschiedene Möglichkeiten:

(1) es wird ein natives XML-Datenbanksystem verwendet, das die XML-Graphen direkt speichert,

(2) die XML-Dokumente werden *als Ganzes* in **blob**-Attributen oder Attributen eines speziellen XML-Datentyps in einer SQL-Tabelle abgelegt,

(3) die *Graph-* bzw. *Dokumentstruktur* des XML-Dokumentes wird in einer Relation repräsentiert,

(4) das XML-Dokument wird auf eine relationale *Datenbankstruktur* abgebildet, indem Elemente als Tabellen bzw. Attribute dargestellt werden.

Variante (1) ist für die Anwendung transparent: der XML-Prozessor ist hierbei in das Datenbanksystem eingebaut. Variante (2) ist Teil von SQL:2003 und wird in Abschnitt 18.5 vorgestellt. Die Idee von Variante (3) ist die Speicherung der Knoten des Graphs und deren Verbindungen (Kanten) in einer Relation. Eine Möglichkeit, dies zu realisieren, ist die Verwaltung folgender Informationen pro Element:

- der Elementname (Tag) und bei Blattknoten auch der Wert,
- ein eindeutiger Knotenidentifikator,
- der Knotenidentifikator des Elternknotens zur Repräsentation der Elementhierarchie,
- die Ordnungsnummer in der aktuellen Hierarchieebene zur Erhaltung der Reihenfolge.

Betrachten wir dieses Prinzip an einem Beispiel:

◀**Beispiel 18-4**▶ Es soll die Dokumentstruktur des leicht abgewandelten XML-Dokuments aus Beispiel 18-3 gespeichert werden, wobei wir uns auf die Elementknoten konzentrieren. Hierzu müssen zunächst alle Elemente durchnummeriert werden, um eindeutige Identifikatoren zu erhalten (Abbildung 18-4). Die Knoten können dann in einer Tabelle ELEMENTE mit Spalten für die oben aufgeführten Informationen gespeichert werden. Für Nicht-Blattknoten kann das Wert-Attribut leer bleiben (Abbildung 18-4).

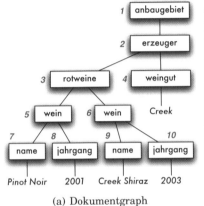

ID	Name	Wert	Vorg.	Ordng.
1	anbaugebiet	⊥	⊥	1
2	erzeuger	⊥	1	1
3	rotweine	⊥	2	1
4	weingut	Creek	2	2
5	wein	⊥	3	1
6	wein	⊥	3	2
7	name	Pinot Noir	5	1
8	jahrgang	2001	5	2
9	name	Creek Shiraz	6	1
10	jahrgang	2003	6	2

(a) Dokumentgraph   (b) Relationale Speicherung in Tabelle ELEMENTE

Abbildung 18.4: Relationale Repräsentation einer XML-Dokumentstruktur

Die Repräsentation der wein-Elemente illustriert die Anwendung der Ordnung-Spalte: die Knoten der gleichen Ebene sind von links nach rechts (bzw. im XML-Text von oben nach unten) durchnummeriert. Anhand dieser Informationen lässt sich das Originaldokument wiederherstellen. □

Dieses Prinzip kann problemlos für die Repräsentation von Attributen erweitert werden, indem eine weitere Tabelle ATTRIBUTE eingeführt wird, die eine Spalte ElementID als Fremdschlüssel auf ELEMENTE besitzt. Eine weitere Verbesserung ist der Einsatz getrennter Wertetabellen, um Werte verschiedener Typen (Zeichenketten, Datumswerte, numerische Werte) besser repräsentieren und effizienter suchen zu können. Schließlich können auch noch die Pfade bis zu allen Elementen in einer zusätzlichen Tabelle materialisiert werden. Ein solcher Pfadindex unterstützt dann die Auswertung von Pfadausdrücken [SHS05].

Auf Variante (4) werden wir im Anschluss an die Vorstellung der Datendefinitionssprachen für XML in Abschnitt 18.2.3 eingehen.

18.2 Datendefinition in XML

Im vorigen Abschnitt haben wir XML nur als Auszeichnungssprache betrachtet. So stellt sich die Frage, welche Elemente überhaupt in einem Dokument verwendet werden dürfen und wie diese geschachtelt weren können. In den bisher betrachteten Datenbankmodellen stehen zu diesem Zweck Schemabeschreibungs- bzw. Datendefinitionssprachen zur Verfügung. Auch für XML existieren derartige Sprachen, die wir in den folgenden Abschnitten vorstellen werden.

18.2.1 Dokumenttypdefinition

Der ursprüngliche, von SGML geerbte Ansatz zur Beschreibung der Dokumentstruktur ist die sogenannte Dokumenttypdefinition (engl. *Document Type Definition*, kurz DTD). Hierbei handelt es sich um eine formale Grammatik zur Definition einer bestimmten XML-Sprache. Mit dieser Grammatik werden die Namen der in einem Dokument (der Instanz) erlaubten Tags und deren mögliche Schachtelung festgelegt. Der Aufbau einer DTD ist denkbar einfach: sie besteht aus einer Folge von Elementdeklarationen der Form:

```
<! ELEMENT name ( content ) >
```

Hierbei legt *name* den Elementnamen fest und *content* beschreibt mithilfe einer der folgenden Optionen, wie das Element aufgebaut ist:

- EMPTY: Das Element hat keinen weiteren Inhalt.

- ANY: Das Element enthält beliebigen Text oder weitere, in der DTD definierte Elemente.

- #PCDATA: Das Element umfasst „parsed character data", d.h. Elementtext.

- Es wird ein regulärer Ausdruck über Elementdeklarationen definiert.

Innerhalb dieses regulären Ausdrucks sind folgende Konstrukte erlaubt:

- die Sequenz zweier Elemente E_1 und E_2: (E_1, E_2)

- die Alternative E_1 oder E_2: (E_1 | E_2)

- die Wiederholung eines Elements E entweder $0\ldots1$-malig (E?), $0\ldots n$-malig ($E*$) oder $1\ldots n$-malig ($E+$).

Neben Elementen können in einer DTD auch die Elementen zugeordneten Attribute deklariert werden:

```
<!ATTLIST elemname aname typ restrict default>
```

Die einzelnen Bestandteile dieser Deklaration haben folgende Bedeutung:

- `elemname` gibt das Element an, zu dem das Attribut gehört.

- `aname` ist der Attributname.

- `typ` legt den Typ fest, der u.a. beliebiger (vom Parser nicht interpretierter) Text (`CDATA` – „character data"), ein eindeutiger Wert zur Identifizierung von Dokumentteilen (`ID`), ein Verweis auf ein ID (`IDREF`) oder eine Aufzählung von Werten ($Wert_1$ | $Wert_2$ | ...) sein kann.

- `restrict` ist entweder #REQUIRED, falls das Attribut notwendig ist, #IMPLIED im Fall eines optionalen Attributs oder #FIXED, wenn der Wert auf den Defaultwert gesetzt wird.

- `default` ist der optionale Defaultwert.

Mit diesen Konstrukten kann nun eine vollständige DTD spezifiziert werden.

◄**Beispiel 18-5**► Die folgende DTD definiert einen möglichen Dokumenttyp für das XML-Dokument aus Beispiel 18-3:

```
<!ELEMENT weinkatalog (region*)>
<!ELEMENT region (name, land, anbaugebiet+) >
<!ELEMENT name (#PCDATA)>
<!ELEMENT land (#PCDATA)>
<!ELEMENT anbaugebiet (erzeuger*)>
<!ATTLIST anbaugebiet name CDATA #REQUIRED>
<!ELEMENT erzeuger (weingut, rotweine?, weissweine?)>
<!ELEMENT rotweine (wein+)>
<!ELEMENT weissweine (wein+)>
<!ELEMENT wein (weinname, jahrgang)>
<!ATTLIST wein ID #REQUIRED>
<!ELEMENT weinname (#PCDATA)>
<!ELEMENT jahrgang (#PCDATA)>
```

□

Ähnlich wie bei der ER-Modellierung, wo zwischen der Abbildung eines Konzeptes als Entity-Typ oder Beziehungstyp bzw. Entity-Typ oder Attribut abgewogen werden muss, stellt sich bei der Modellierung von XML-Daten in bestimmten Fällen die Frage, ob ein Element oder ein Attribut verwendet werden soll. So kann beispielsweise der Name eines Anbaugebietes ein eigenes Kindelement sein oder das Attribut des Elementes bilden:

```
<anbaugebiet>                        <anbaugebiet name="Saint-Emilion">
   <name>Saint-Emilion</name>           ...
   ...                               </anbaugebiet>
</anbaugebiet>
```

Der wesentliche Unterschied ist, dass Attribute nur atomare Inhalte besitzen können. Dagegen haben sie den Vorteil, auch als eindeutiger Identifikator verwendet werden zu können. Die wesentlichen Eigenschaften bzw. Unterschiede sind in Tabelle 18.1 nach [KM03] dargestellt – im Einzelfall muss anhand dieser Kriterien eine Entscheidung getroffen werden.

	Element	Attribut
Identifikation	–	ID / IDREF
Quantoren	1 / ? / * / +	REQUIRED / IMPLIED
Alternativen	√	–
Defaultwerte	–	√
Aufzählungstypen	–	√
Inhalte	komplex	nur atomar
Ordnungserhaltung	ja	nein

Tabelle 18.1: Vergleich der Modellierung mit Element oder Attribut

Eine DTD erlaubt weiterhin noch die Deklaration sogenannter Entitys. Hierbei handelt es sich im Prinzip um Makros für mehrfach wiederkehrende Teile. Es kann zwischen Entity-Deklarationen und Parameter-Entity-Deklarationen unterschieden werden: Während Entity-Deklarationen im gesamten Dokument verwendbar sind, dürfen Parameter-Entity-Deklarationen nur in DTDs eingesetzt werden. Die grundsätzliche Notation ist:

```
<! ENTITY name 'ersetzung'>
```

Eine einfache Verwendung ist die Ersetzung von Texten, wie beispielsweise:

```
<! ENTITY cg "Grand Cru">
```

Dieses Entity kann dann wie folgt eingesetzt werden:

```
<wein><name>Chateau La Rose &cg;</name></wein>
```

wobei &cg; durch „Grand Cru" ersetzt wird. Dies wird u.a. auch für die Ersetzung von „<" und „>" in XML genutzt, indem diese Zeichen durch die Entitys < und > repräsentiert werden.

Dagegen werden Parameter-Entity-Deklarationen für die Ersetzung von Elementdeklaration in einer DTD verwendet, wie etwa:

```
<! ENTITY %adresselement "(ort, plz, strasse)">
```

Dieses Entity kann dann beispielsweise in einem Adresselement eingesetzt werden:

```
<! ELEMENT adresse %adresselement;>
```

Wie kann nun ein XML-Dokument mit einer DTD verbunden werden? Hierfür gibt es zwei Wege. Zum einen kann die DTD in das XML-Dokument eingebettet werden, indem ein DOCTYPE-Element eingeführt wird, das die Elementdeklarationen der DTD enthält. Neben der DTD muss dazu auch das Wurzelelement spezifiziert werden.

◂**Beispiel 18-6**▸ Der folgende XML-Ausschnitt zeigt die Einbindung der DTD in das XML-Dokument aus Beispiel 18-3.

```
<?xml version="1.0" standalone="yes"?>
<!DOCTYPE weinkatalog [
   <!ELEMENT weinkatalag (region* )>
   <!ELEMENT region (name, land, anbaugebiet+) >
   ...
]>
<weinkatalog>
   ...
</weinkatalog>
```

□

Das standalone-Attribut zeigt hierbei an, dass das XML-Dokument ohne externe DTD auskommt, da diese eingebettet ist.

Die zweite Möglichkeit ist die Verwendung einer externen, in einer Datei gespeicherten DTD. Diese Datei wird ebenfalls im DOCTYPE-Element zusammen mit dem Wurzelelement angegeben.

◂**Beispiel 18-7**▸ Das XML-Dokument muss für diese Variante wie folgt angepasst werden:

```
<?xml version="1.0" standalone="no"?>
<!DOCTYPE weinkatalog SYSTEM "weinkatalog.dtd" >
<weinkatalog>
   ...
</weinkatalog>
```

Da die DTD in diesem Fall extern ist, muss das standalone-Attribut auf no gesetzt werden. □

Externe DTDs sind speziell dann sinnvoll, wenn es sich um Standardsprachen bzw. -formate handelt, zu denen es eine größere Zahl von Dokumenten gibt. Beispiele für derartige Sprachen sind u.a. das Vektorgrafikformat SVG (Scalable Vector Graphics) oder das Nachrichtenformat RSS (Really Simple Syndication).

18.2.2 XML Schema

Aus Datenbanksicht besitzt eine DTD nur begrenzte Ausdrucksmöglichkeiten: Weder ist eine Typisierung möglich (mit Ausnahme von PCDATA oder Aufzählungstypen) noch lassen sich Integritätsbedingungen formulieren (mit Ausnahme von ID/IDREF). Für das ursprüngliche, eher dokumentorientierte Anwendungsgebiet ist dies durchaus adäquat, für datenbanktypische oder mehr datenorientierte Anwendungen werden weitergehende Modellierungsmöglichkeiten benötigt. Zu diesem Zweck wurde vom W3C *XML Schema* [Wor04] als Alternative entwickelt. Hierbei handelt es sich um eine Schemadefinitionssprache zur Definition einer Klasse von XML-Dokumenten.

Die wesentlichen Konzepte von XML Schema sind

- Schemaelemente (element), die aus Subelementen bestehen können,
- einfache Typdefinitionen (simpleType) aus Basistypen bzw. als Einschränkungen von Basistypen,
- komplexe Typdefinitionen (complexType) als Komposition aus anderen Elementen und Attributen sowie
- Kommentare.

Eine Schemadefinition in XML Schema ist selbst wieder ein XML-Dokument. Zur Unterscheidung der Elemente von XML Schema wird ein spezieller Namensraum xs eingeführt, der als Präfix für die Tags verwendet wird. Eine Schemadefinition muss daher immer folgendes Wurzelelement enthalten:

```
<xs:schema xmlns:xsd="http://www.w3.org/2001/XMLSchema">
  ...
</xs:schema>
```

Elementdeklaration und Typdefinition

Die Grundbausteine einer Schemadefinition sind wie bei einer DTD die Elemente und Attribute, die im XML-Dokument auftreten können. In XML Schema sind diese aber *typisiert* und werden durch folgende Notation deklariert:

```
<xs:element name="elem-name" type="typ-name" />
```

Neben dem Elementbezeichner *elem-name* und dem Typnamen, der einen zuvor definierten Typ referenziert, sind noch weitere Attribute möglich:

- Mit minOccurs/maxOccurs kann die minimale bzw. maximale Häufigkeit des Auftretens des Elementes festgelegt werden.

- use definiert, ob das Element vorkommen muss (required) oder optional (optional) ist.

- Ein Defaultwert kann mittels default festgelegt werden.

◄**Beispiel 18-8**► Ein einfaches Beispiel einer Elementdeklaration führt das Element erzeuger auf Basis des (später noch erläuterten) Typs ErzeugerTyp ein:

```
<xs:element name="erzeuger" type="ErzeugerTyp"/>
```

□

Zur Definition von Typen bietet XML Schema vielfältige Möglichkeiten. Hierzu zählen eine Reihe vordefinierter Typen (*Built-in-Typen* wie z.B. string, integer, double, date, anyURI usw., die alle vom „Urtyp" anyType abgeleitet sind. Einen Überblick dazu gibt Abbildung 18.5.

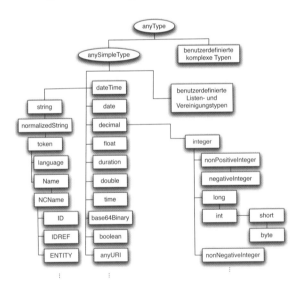

Abbildung 18.5: Vordefinierte Typen in XML Schema

Auf Basis der Built-in-Typen lassen sich durch Restriktionen *abgeleitete* Typen definieren. Hierbei sind u.a. Bereichseinschränkungen, Werteaufzählungen und Muster möglich.

Eine Bereichseinschränkung erlaubt es, den Wertebereich eines Basistyps durch Angabe des minimalen und maximalen Wertes zu begrenzen.

◄**Beispiel 18-9**► Für die Repräsentation von Mengen wollen wir den Wertebereich des Basistyps xs:integer auf 1...100 beschränken. In der Typdefinition wird dazu ein simpleType mit dem Namen AnzahlTyp eingeführt. Weiterhin werden der Basistyp (xs:restriction) und die Grenzwerte angegeben:

```xml
<xs:simpleType name="AnzahlTyp">
  <xs:restriction base="xs:integer">
    <xs:minInclusive value="1" />
    <xs:maxInclusive value="100" />
  </xs:restriction>
</xs:simpleType>
```

□

Eine zweite Form abgeleiteter Typen sind Muster, die eine Einschränkung des Wertebereichs durch reguläre Ausdrücke ermöglichen.

◄**Beispiel 18-10**► Zur Illustration betrachten wird den Typ PLZTyp zur Repräsentation von Postleitzahlen, die aus einer Zeichenkette von fünf Ziffern bestehen. Dies kann durch den regulären Ausdruck [0-9]{5} (d.h. 5 Zeichen aus der Klasse 0-9) ausgedrückt werden.

```xml
<xs:simpleType name="PLZTyp">
  <xs:restriction base="xs:string">
    <xs:pattern value="[0-9]{5}" />
  </xs:restriction>
</xs:simpleType>
```

□

Komplexe Typen sind Typkonstruktoren für Elemente mit Attributen und Subelementen. Sie können auf Basis einfacher Typen, als Sequenzen von anderen Elementen, als Mixed Content (Elemente und Text) oder durch Auswahl aus einer Menge von möglichen Subelementen definiert werden. Wir wollen an diese Stelle nur zwei Beispiele der Typdefinition und deren Anwendung in der Dokumentinstanz betrachten.

Zunächst betrachten wir eine Typdefinition auf Basis eines einfachen Typs.

◄**Beispiel 18-11**► Es soll ein Typ für die Repräsentation der Produktionsmenge eines Weingutes definiert werden. Die verwendete Einheit (Hektoliter, Gallonen usw.) kann dabei als Attribut des Elementes angegeben werden. Im XML-Dokument entspricht dies dann folgendem Element:

```xml
<produktionsmenge einheit="Hektoliter">400</produktionsmenge>
```

Die entsprechende Typdefinition und Elementdeklaration ist wie folgt:

```
<xs:complexType name="ProdMengenTyp">
 <xs:simpleContent>
  <xs:extension base="xs:decimal">
   <xs:attribute name="einheit" type="xs:string"/>
  </xs:extension>
 </xs:simpleContent>
</xs:complexType>

<xs:element name="produktionsmenge" type="ProdMengenTyp"/>
```

Der Basistyp für den Mengenwert ist hierbei xs:decimal, das Attribut einheit wird vom Typ xs:string deklariert. □

Im nächsten Beispiel soll ein komplexer Typ als Sequenz von Subelementen definiert werden.

◄**Beispiel 18-12**► Wie betrachten dazu das Element wein mit dem Attribut id und den Subelementen weinname, jahrgang und rebsorte, wobei die Rebsorte zwischen ein- und siebenmal auftreten darf. Hierzu soll der komplexe Typ WeinTyp definiert werden:

```
<xs:complexType name="Weintyp">
<xs:sequence>
 <xs:element name="weinname" type="xs:string"/>
 <xs:element name="jahrgang" type="xs:date"/>
 <xs:element name="rebsorte" type="xs:string"
   minOccurs="1" maxOccurs="7"/>
 <xs:attribute name="id" type="xs:int" use="required"/>
</xs:sequence>
</xs:complexType>

<xs:element name="wein" type="WeinTyp"/>
```

□

Im obigen Beispiel haben wir nur die Sequenz (xs:sequence) von Subelementen verwendet. Hierbei müssen die Subelemente in der angegebenen Reihenfolge auch im Dokument erscheinen. Weitere Möglichkeiten sind die Auswahl xs:choice, bei der nur eines der aufgeführten Subelemente auftreten darf und xs:all, wo jedes der Subelemente maximal einmal vorkommen darf.

Typdefinitionen können auch anonym (d.h. ohne expliziten Typnamen) sein. In diesem Fall wird das complexType-Element in das element-Element eingebettet:

```xml
<xs:element name="wein">
 <xs:complexType> ... </xs:complexType>
</xs:element>
```

Integritätsbedingungen

Neben der Möglichkeit, Kardinalitäten bzw. die Häufigkeit des Vorkommens eines Subelementes über die minOccurs/maxOccurs-Attribute festzulegen, unterstützt XML Schema als weitere Integritätsbedingung noch die *Eindeutigkeitsbedingung*. Für ein Element bzw. Attribut kann damit gefordert werden, dass dessen Wert eindeutig ist. Hierzu muss ein unique-Element in der Schemadefinition eingeführt werden.

◄**Beispiel 18-13**► Ein Beispiel ist die Eindeutigkeit des id-Attributes im Element wein.

```xml
<xs:element name="wein">
 <xs:complexType>
  <xs:sequence> ... </xs:sequence>
  <xs:attribute name="id" type="xs:integer"/>
 </xs:complexType>
 <xs:unique name="WeinID">
  <xs:selector xpath="wein" />
  <xs:field xpath="@id" />
 </xs:unique>
</xs:element>
```

Das unique-Element besteht jeweils aus einem selector, der angibt, welches Objekt eindeutig sein soll (in diesem Fall das wein-Element), und field spezifiziert das identifizierende Merkmal (hier das Attribut id). □

Die xpath-Attribute bei selector und field sind XPath-Ausdrücke zur Adressierung des Elementes. XPath werden wir im nächsten Abschnitt behandeln. unique erzwingt nicht das Vorhandensein eines Wertes. Soll daher ein **not null** ausgedrückt werden, muss key anstelle von unique verwendet werden.

Weiterhin können auch Bedingungen für die referentielle Integrität formuliert werden („Fremdschlüsselbedingungen"). Hierfür wird das keyref-Element benötigt, das in ähnlicher Weise genutzt wird. Zusätzlich muss noch angegeben werden, welches Element referenziert wird.

◄**Beispiel 18-14**► Wir erweitern unser Beispiel um eine Weinkritik, die als Element deklariert ist und über das Attribut wein_fk auf die WeinID verweist:

```xml
<xs:element name="weinkritik">
 <xs:complexType>
  <xs:attribute name="wein_fk" type="xs:integer"/>
```

```
    </xs:complexType>
    <xs:keyref name="weinRef" refer="WeinID">
     <xs:selector xpath="weinkritik" />
     <xs:field xpath="@wein_fk" />
    </xs:unique>
  </xs:element>
```

□

Es ist jedoch zu berücksichtigen, dass sowohl die Eindeutigkeitsbedingung als auch die referentielle Integrität auf das XML-Dokument beschränkt sind. Hinzu kommt, dass derartige Bedingungen genau wie die Validität eines Dokumentes bezüglich einer DTD oder eines Schemas erst bei der Verarbeitung durch einen XML-Prozessor überprüft werden können.

18.2.3 XML-Abbildung auf relationale Schemata

Liegt ein explizites Schema (DTD oder XML Schema) für das XML-Dokument vor, kann als Alternative zur **blob**-Speicherung des Dokumentes oder der Repräsentation der Dokumentstruktur (siehe Beispiel 18-4 auf Seite 577) auch ein spezifisches Datenbankschema abgeleitet werden. Hierfür bieten sich speziell die objektrelationalen Erweiterungen von SQL:2003 an, die wir in Kapitel 17 vorgestellt haben. Der Unterschied zur Speicherung der Dokumentstruktur besteht nun darin, dass diese Variante generisch ist, während der Schemaansatz spezifisch für jedes Schema erfolgt. Grundidee ist dabei, das gesamte Dokument als Tupel einer geschachtelten Tabelle zu speichern. Demzufolge werden XML-Elemente und -Attribute auf Attribute der Tabelle abgebildet, Sequenzen entsprechend durch **array**- oder **multiset** repräsentiert und geschachtelte Elemente mittels anonymer **row**-Typen verwaltet. Tabelle 18.2 gibt einen Überblick zu den wichtigsten Abbildungen.

Zur Illustration wollen wir wieder ein Beispiel betrachten.

◀**Beispiel 18-15**▶ Wir gehen von einer vereinfachten DTD unseres Weinbeispiels aus, die nur Erzeuger und Weine ohne weitere Unterscheidung modelliert:

```
<!ELEMENT erzeuger (weingut, wein*)>
<!ELEMENT wein (weinname, jahrgang)>
<!ATTLIST wein ID #REQUIRED>
<!ELEMENT weingut (#PCDATA)>
<!ELEMENT weinname (#PCDATA)>
<!ELEMENT jahrgang (#PCDATA)>
```

Das Wurzelement (hier erzeuger) entspricht einer Tabelle, alle weiteren Elemente werden als Spalten (mit geeigneten Typen) dieser Tabelle abgebildet:

XML	SQL
Element	Attribut
Sequenz	Attribute
Alternative	Attribute
Element mit „?"	Attribut mit Nullwert
Element mit „+" oder „*"	**array** oder **multiset**
geschachteltes Element	**row**-Typ
Attribut	Attribut
#IMPLIED	Attribut mit Nullwert
#REQUIRED	Attribut **not null**
Defaultwert	Defaultwert

Tabelle 18.2: Abbildung von XML-Konstrukten auf objektrelationale Schemaelemente

```
create table ERZEUGER (
   weingut varchar(20),
   wein row (
      ID int,
      weinname varchar(20),
      jahrgang int) multiset)
```

□

18.3 Navigation in XML-Dokumenten: XPath

Eine der wichtigsten Operationen bei der Verarbeitung von XML-Dokumenten ist die Navigation im Dokument bzw. die Adressierung von Dokumentteilen. Mit XPath [Wor07a] wurde daher eine Sprache entwickelt, die genau dies leistet und ein Kernbestandteil weiterer Sprachen zur XML-Verarbeitung ist (Abbildung 18.6). Neben der Anfragesprache XQuery, die wir in Abschnitt 18.4 noch genauer vorstellen werden, zählen hierzu u.a. XSL bzw. XSLT als Stylesheet-Sprache zur Transformation von XML-Dokumenten in andere Formate (wie z.B. andere XML-Strukturen, XHTML oder spezielle Layouts) und XLink bzw. XPointer für die Repräsentation von Verweisen in XML-Dokumenten.

XPath als Sprache zur Adressierung von Dokumentfragmenten umfasst im Wesentlichen Ausdrücke zur Selektion von Dokumentteilen sowie einige vordefinierte Operationen und Funktionen. Da die Anfrageoperationen auf Selektionen bzw. Extraktionen beschränkt sind, ist XPath keine vollständige Anfragesprache.

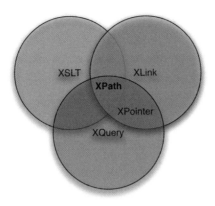

Abbildung 18.6: Rolle von XPath

Als zugrundeliegendes Datenmodell wird hier ein DOM-Baum (Document Object Model) angenommen, bei dem die XML-Elemente die Knoten und die Elementbeziehungen die Kanten bilden. Weiterhin werden verschiedene Knotenarten unterschieden: der Wurzelknoten, die Elementknoten, die auf Subelemente verweisen sowie Attribut-, Text- und Kommentarknoten. Die Datentypen umfassen atomare Werte (Strings, Boolean-Werte, Gleitkommazahlen) und Knotenmengen.

18.3.1 Pfadausdrücke und Lokalisierungsschritte

Anfragen in XPath sind Pfadausdrücke zur Adressierung von Dokumentteilen. Jeder Pfadausdruck besteht aus einem oder mehreren Lokalisierungsschritten, die jeweils eine Knotenmenge oder einen Wert liefern. Die einzelnen Schritte werden durch einen Schrägstrich (/) getrennt notiert, wobei die Abarbeitung von links nach rechts erfolgt. Pfade können absolut beginnend beim Wurzelelement (gekennzeichnet durch einen vorangestellten Slash/Schrägstrich) oder relativ in Abhängigkeit vom Kontextknoten (dann ohne führenden Schrägstrich) angegeben werden. Der Kontextknoten ist in diesem Fall der aktuell betrachtete Knoten. Dies ist vergleichbar mit der Pfadangabe in hierarchischen Dateisystemen moderner Betriebssysteme (z.B. /usr/local/bin als absolute Pfadangabe). Hierbei entspricht der Kontextknoten dem aktuellen Verzeichnis. Jeder der Lokalisierungsschritte eines Pfadausdrucks wird wie folgt notiert:

    axis::node-test[predicate]

Hierbei bezeichnen:

- *axis* die Beziehung zwischen dem Kontextknoten und den zu selektierenden Knoten (die sogenannte Achse),

- *node-test* die Festlegung des Knotentyps und des Namens der zu selektierenden Knoten,

- *predicate* ein optionales Prädikat zur Einschränkung der Knotenmenge.

XPath kennt nicht nur die Achse entlang der Eltern-Kind-Beziehung, sondern noch eine Reihe weiterer, die in Abbildung 18.7 verdeutlicht sind. Im Einzelnen haben die Achsen folgende Bedeutung:

- self ist der aktuelle Kontext- oder Referenzknoten,

- child bezeichnet alle direkten Subelemente des Kontextknotens,

- descendant umfasst alle direkten und indirekten Subelemente,

- descendant-or-self kombiniert die descendant-Knoten und den Kontextknoten,

- parent steht für den Elternknoten,

- ancestor bezeichnet alle Knoten auf dem Pfad zur Wurzel,

- preceding bezeichnet alle in Dokumentreihenfolge vorangehenden Knoten (also Knoten in Teilbäumen, die links abzweigen vom Pfad zur Wurzel),

- following bezeichnet symmetrisch zu preceding alle nachfolgenden Knoten,

- preceding-sibling repräsentiert die in Dokumentreihenfolge vorangehenden Kinder des Elternknotens von self, d.h. die Geschwisterknoten,

- following-sibling umfasst dementsprechend die nachfolgenden Geschwisterknoten.

Die zweite Komponente eines Lokalisierungsschrittes ist der Knotentest, d.h. eine Bedingung zur Einschränkung auf bestimmte Knotentypen. Die wichtigsten Formen sind: node() für alle Knoten, text() für alle Textknoten, attribute() für alle Attributknoten, element() und * für alle Elementknoten. Durch Angabe des Elementnamens ist auch die Einschränkung auf Knoten mit bestimmten Elementnamen möglich. So bezeichnen beispielsweise:

- descendant::* alle untergeordneten Elemente zum Kontextknoten

- child::wein alle Subelemente vom Typ wein (als Kurzform für child::element(wein))

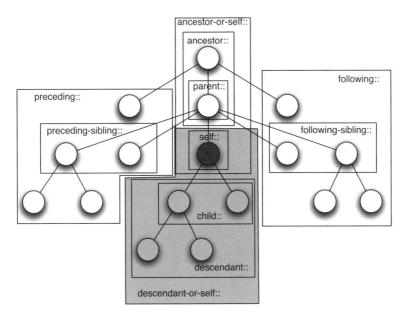

Abbildung 18.7: Achsen in XPath-Lokalisierungsschritten

- attribute::id das Attribut id des Kontextknotens (als Kurzform für attribute::attribute(id))
- parent::* den Elternknoten

Mit diesen Bausteinen können wir nun einige Beispielanfragen formulieren, wobei wir vom XML-Dokument aus Beispiel 18-3 ausgehen. Zur Angabe des zu benutzenden XML-Dokumentes kommt dabei die Funktion fn:doc() zum Einsatz, die wir später noch vorstellen werden.

◄**Beispiel 18-16**► Mit der ersten Anfrage sollen alle Regionen ermittelt werden. Daher wird der Pfad von der Wurzel entlang der child-Achse über weinkatalog und region spezifiziert:

(: Anfrage #1 :)
fn:doc("weine.xml")/child::weinkatalog/child::region

Hierbei ist zu beachten, dass das Ergebnis eine Menge von Knoten ist, die wiederum die Wurzel von Teildokumenten bilden. Die obige Anfrage liefert also tatsächlich:

<region><name>Bordeaux</name><land>Frankreich</land>

```
<anbaugebiet name="Saint-Emilion"><erzeuger>
<weingut>Chateau La Rose</weingut>
<rotweine>...</rotweine></erzeuger></anbaugebiet>...
</region>
<region><name>South Australia</name><land>Australien</land>
<anbaugebiet name="Barossa Valley"><erzeuger>
<weingut>Creek</weingut><rotweine>...</rotweine>
</erzeuger></anbaugebiet></region>
...
```

Möchte man dagegen nur die Namen der Regionen ermitteln, so muss bis zum Textknoten unterhalb des name-Elementes navigiert werden:

(: Anfrage #2 :)
```
fn:doc("weine.xml")/child::weinkatalog/child::region/
    child::name/child::text()
```

Mit der folgenden Anfrage sollen die Namen der Anbaugebiete ermittelt werden. Da diese als Attribut des Elementes anbaugebiet modelliert sind, muss die Attributachse genutzt werden:

(: Anfrage #3 :)
```
fn:doc("weine.xml")/child::weinkatalog/child::region/
    child::anbaugebiet/attribute::name
```

Das Ergebnis dieser Anfrage ist demzufolge die Menge der Attributknoten.

Unter Verwendung der descendant-or-self-Achse lässt sich die Pfadangabe verkürzen. Die folgende Anfrage demonstriert dies zusammen mit der sibling-Achse:

(: Anfrage #4 :)
```
fn:doc("weine.xml")/descendant-or-self::weingut/
    following-sibling::*
```

Die Ergebnismenge enthält jeweils die dem Element weingut folgenden Knoten (samt Teildokumenten) der gleichen Ebene, d.h. die Elemente rotweine bzw. weissweine. □

Die im obigen Beispiel verwendete (::)-Notation kennzeichnet Kommentare.

Für die am häufigsten benutzten Achsen und Knotentests lässt XPath auch eine verkürzte Schreibweise zu. So wird `child::` als Standard angenommen, wenn keine explizite Achse angegeben ist. Weiterhin stehen

- . für self::node()

- .. für parent::node()

- // für /descendant-or-self::node()/
- @ für attribute::

Schließlich bezeichnet [n] noch das n-te Element aus der Liste der Knoten.

◀**Beispiel 18-17**▶ Die Anfragen aus Beispiel 18-16 können daher auch wie folgt formuliert werden:

(: Anfrage #1 :)
fn:doc("weine.xml")//region

(: Anfrage #2 :)
fn:doc("weine.xml")//region/name/text()

(: Anfrage #3 :)
fn:doc("weine.xml")//anbaugebiet//@name

(: Anfrage #4 :)
fn:doc("weine.xml")//weingut/following-sibling::*

□

18.3.2 Selektionsprädikate und Funktionen

Die durch einen Lokalisierungsschritt identifizierten Knotenmengen können ergänzend zum Knotentest noch durch Selektionsprädikate eingeschränkt werden. Derartige Prädikate werden in eckigen Klammern am Ende eines Schrittes spezifiziert. Hierzu stehen die üblichen Operatoren zur Verfügung wie die Vergleichsoperatoren <, <= usw., die logischen Operatoren and, or sowie arithmetische Operatoren +, *, -, div.

Weiterhin sind eine Reihe vordefinierter Funktionen verfügbar. Eine wichtige Rolle spielen hierbei Funktionen zur Sequenz- bzw. Knotengenerierung. So liefert etwa die Funktion fn:doc(*uri*) zum gegebenen Ressourcenidentifikator *uri*, der in Abhängigkeit von der Implementierung u.a. eine URL oder ein Dateiname sein kann, den Wurzelknoten des zugehörigen Dokumentes und „lädt" somit das Dokument in einen DOM-Baum.

Die verwandte Funktion fn:collection(*uri*) liefert dagegen eine Sequenz von Knoten zur gegebenen *uri*, zum Beispiel aus einer Datenbank.

Weitere Funktionen dienen der Zeichenkettenverarbeitung wie beispielsweise der Test fn:contains(*str*, *substr*) auf das Enthaltensein einer Teilzeichenkette *substr* in der Zeichenkette *str*, dem Umgang mit Datums- und Zeitwerten oder zur Bestimmung der aktuellen Position im Kontext (fn:position()) bzw. der Position des letzten Elementes im Kontext (fn:last()).

Betrachten wir die Anwendung dieser Konzepte an einigen Beispielen.

◀**Beispiel 18-18**▶ Die folgende Anfrage soll alle Rotweine aus Bordeaux liefern, die älter als von 2000 sind:

```
fn:doc("weine.xml")//region[name="Bordeaux"]
    //rotweine/wein[jahrgang < 2000]
```

□

Mehrere Prädikate können konjunktiv durch Hintereinanderschreiben in eckigen Klammern kombiniert werden.

◀**Beispiel 18-19**▶ Dies wird mit der folgenden Anfrage demonstriert, die alle Spitzenweine der Jahrgänge 2000 bis 2003 ausgibt, wobei wir annehmen, dass der Spitzenwein jedes Erzeugers der erste Wein der jeweiligen Liste der Rot- bzw. Weißweine ist:

```
fn:doc("weine.xml")//wein[1]
    [jahrgang >= 2000 and jahrgang <= 2003]
```

□

Mit den oben erwähnten Sequenzfunktionen position(), last() usw. lassen sich auch Ausdrücke über Sequenzen formulieren, wie das folgende Beispiel zeigt.

◀**Beispiel 18-20**▶ Mit dieser Anfrage sollen die ersten drei Weine jedes Erzeugers ausgegeben werden:

```
fn:doc("weine.xml")//wein[1][fn:position() = ( 1, 2, 3)]
```

□

Schließlich besteht auch die Möglichkeit, mithilfe des Vereinigungsoperators | mehrere durch Pfadausdrücke berechnete Knotenmengen zu vereinigen.

◀**Beispiel 18-21**▶ So liefert die folgende Anfrage alle Rot- und Weißweine:

```
fn:doc("weine.xml")//rotweine | fn:doc("weine.xml")//weissweine
```

□

Wie in Abschnitt 18.1.2 beschrieben, werden Nullwerte in XML typischerweise nicht explizit repräsentiert, sondern es werden einfach die betreffenden Elemente weggelassen. Daher sind auch keine speziellen Prädikate für den Existenztest notwendig: Der Test ist allein durch einen Lokalisierungsschritt möglich:

◀**Beispiel 18-22**▶ So kann auf einfache Weise die Menge der Erzeuger ermittelt werden, die Weißweine produzieren:

```
//erzeuger[//weissweine]/weingut
```

Dies lässt sich auch für den Test auf Existenz von Attributen übertragen:

```
//wein[@id]
```

Unter Verwendung der logischen Negation, die in XPath über die Funktion fn::not() implementiert ist, kann natürlich auch die Nichtexistenz geprüft werden:

```
//wein[fn::not(@id)]
```

Dies funktioniert allerdings nur, wenn das Argument der Funktion ein Wert ist, anderenfalls kann auch die Funktion fn:empty() genutzt werden, um beispielsweise die Erzeuger zu ermitteln, die keinen Weißwein produzieren:

```
//erzeuger[fn:empty(weissweine)]/weingut
```

□

XPath ist als Recommendation vom WWW Consortium (W3C) in zwei Versionen verabschiedet. In der aktuellen Version 2.0 [Wor07a] sind einige Erweiterungen enthalten, die einerseits die Kompatibilität mit XQuery verbessern und andererseits Konstrukte (**for**-Ausdrücke, Bedingungen) umfassen, die wir im Rahmen von XQuery betrachten werden. Details lassen sich im W3C-Dokument [Wor07d] finden, dort sind auch die verfügbaren Funktionen und Operatoren spezifiziert.

18.4 Die Anfragesprache XQuery

Ausgehend von XPath und unter Berücksichtigung von Erfahrungen aus der Entwicklung anderer (XML-)Anfragesprachen wurde die Sprache XQuery vom W3C entwickelt [Wor07c]. XQuery ist eine funktionale Anfragesprache, in der Anfragen an XML-Daten durch beliebige Kombination bzw. Schachtelung folgender Ausdrücke formuliert werden:

- XPath-Pfadausdrücke zur Adressierung von Dokumentteilen,
- Elementkonstruktoren zur Erzeugung von neuen XML-Elementen,
- Aufrufe von Standard- bzw. nutzerdefinierten Funktionen,
- datentypspezifische Operationen,
- bedingte sowie quantifizierte Ausdrücke,

- sowie die sogenannten FLWOR-Ausdrücke.

Als zugrunde liegendes Datenmodell wird das bereits für XPath eingeführte Modell des DOM-Baumes genutzt, das jedoch um Sequenzen erweitert wird, die geordnete Folgen von Knoten repräsentieren können. Sequenzen sind dabei grundsätzlich flach: sie können nicht geschachtelt werden, dürfen jedoch Duplikate enthalten. Sie können implizit durch Anfrageoperatoren oder explizit durch Aufzählung in der folgenden Form konstruiert werden:

(1, 2, "Drei", <element/>, 5)

Weitere Möglichkeiten sind der Kommaoperator zur Verkettung von zwei Sequenzen (so liefert (1, 2), (<e/>) die Sequenz (1, 2, <e/>)) und der **to**-Operator zur Konstruktion von Werten aus einem Bereich (beispielsweise 4 **to** 6 liefert (4, 5, 6)). Da Sequenzen nicht geschachtelt sein können, werden Schachtelungen in entsprechende flache Sequenzen umgewandelt:

(1, (), (<e/>, 2), 3) ≡ (1, <e/>, 2, 3)

Weiterhin gilt, dass eine einelementige Sequenz einem Element entspricht und eine leere Sequenz entsprechend Null bzw. Nichts.

18.4.1 FLWOR-Ausdrücke

Neben den Pfadausdrücken aus XPath (XQuery ist eine Obermenge von XPath) sind die sogenannten *FLWOR*-Ausdrücke[5] die zweite wichtige Komponente von XQuery-Anfragen. FLWOR steht für die Schlüsselwörter **for**, **let**, **where**, **order by** und **return**, die mit den Konstrukten des SFW-Blocks in SQL vergleichbar sind. Die Notation des Ausdrucks ist:

(*FOR-Ausdruck* | *LET-Ausdruck*)+
[**where** *Ausdruck*]
[**order by** *Ausdruck*]
return *Ausdruck*

Hierbei sind **where** und **order by** optional, während der **for**- und der **let**-Ausdruck mehrfach auftreten dürfen. Diese beiden Ausdrücke werden wie folgt notiert:

FOR-Ausdruck ::= **for** $*var* **in** *Ausdruck*
LET-Ausdruck ::= **let** $*var* := *Ausdruck*

Mit beiden Ausdrücken werden Variablen eingeführt, an die Ergebnisse der Auswertung von Ausdrücken gebunden werden. Variablen werden durch $*name* gekennzeichnet und zeichnen sich durch folgende Eigenschaften aus:

---

[5]Gesprochen wie das englische Wort „Flower".

- Der Typ der Variable ergibt sich aus dem zugewiesenen Ergebnis.
- Es sind keine Seiteneffekte (Modifikationen) möglich.
- Die Bindung ist nur für den aktuellen Ausdruck gültig.

In welcher Form das Ergebnis an eine Variable gebunden wird, ist von der Klausel abhängig: Bei **let** wird die gesamte Ergebnismenge des Ausdrucks an die Variable gebunden, bei **for** dagegen jedes Element der Ergebnismenge einzeln. **for** iteriert somit über die Ergebnismenge. Dies wirkt sich insbesondere auf die weitere Verarbeitung beispielsweise für die Ausgabe aus.

◄**Beispiel 18-23**► Zur Verdeutlichung betrachten wir zunächst eine einfache Sequenzkonstruktion als Ausdruck, dessen Ergebnis an eine Variable gebunden wird. Deren Wert wird am Ende über die **return**-Klausel ausgegeben.

Mit der **let**-Klausel wird dies wie folgt notiert:

```
let $i := (1, 2, 3)
return <tupel><i>{ $i }</i></tupel>
```

Das Ergebnis ist *ein* tupel-Element, das die an $i gebundene Ergebnismenge enthält:

```
<tupel><i>1 2 3</i></tupel>
```

Mit der **for**-Klausel muss die Anfrage in folgender Form angegeben werden:

```
for $i in (1, 2, 3)
return <tupel><i>{ $i }</i></tupel>
```

Hier wird jedes der Elemente 1, 2 und 3 nacheinander an $i gebunden und nach jedem Schritt die **return**-Klausel ausgewertet. Das Ergebnis ist somit:

```
<tupel><i>1</i></tupel>
<tupel><i>2</i></tupel>
<tupel><i>3</i></tupel>
```

□

Im Normalfall ist der Ausdruck in einer **let**- oder **for**-Klausel ein XPath-Ausdruck, der eine Sequenz von Knoten des XML-Dokumentes liefert.

◄**Beispiel 18-24**► Betrachten wir hierzu eine Anfrage, die alle Bordeaux-Rotweine liefert. Der wesentliche Teil wird durch den XPath-Ausdruck erledigt, dessen Ergebnis (eine Folge von Elementen) an die Variable $w gebunden und anschließend ausgegeben wird.

```
let $w := fn:doc("weine.xml")/region[name="Bordeaux"]//rotweine/wein
return $w
```

□

Das an eine Variable gebundene Element bzw. die Elemente stellen gleichzeitig den Kontext für weitere, auf Basis der Variable formulierte Pfadausdrücke dar. So könnte etwa im obigen Beispiel über $w/jahrgang auf das jahrgang-Element des aktuellen, an $w gebundenen Knotens verwiesen werden.

Die oben eingeführte **for**-Klausel kann auch um positionale Variablen erweitert werden, die die Position des Elementes in der Eingabesequenz enthalten und für die weitere Verarbeitung ausgewertet werden können.

◄**Beispiel 18-25**► Wir formulieren eine Anfrage zur Ausgabe aller Weingüter, wobei deren Position in der Eingabesequenz als Attribut pos ausgegeben werden soll:

```
for $w at $i in fn:doc("weine.xml")//erzeuger/weingut
return <weingut pos="{ $i }"> { fn:string($w) } </weingut>
```

Die Verwendung der Funktion fn:string sorgt in diesem Beispiel dafür, dass nicht das vollständige an $w gebundene Element (einschließlich der weingut-Tags) ausgegeben wird, sondern nur der Wert des Textelementes (in diesem Fall also nur der Weingutname). □

Die **where**-Klausel eines FLWOR-Ausdrucks ermöglicht ähnlich wie in SQL die Einschränkung der Ergebnismenge auf die Elemente, die eine gegebene Bedingung erfüllen. Diese Bedingungen können mithilfe von Vergleichsausdrücken, Funktionsaufrufen und Pfadausdrücken auf den mit **let** oder **for** eingeführten Variablen formuliert werden. Hierbei ist zu beachten, ob diese Variablen einzelne Elemente oder eine Elementmenge enthalten.

◄**Beispiel 18-26**► Ein einfaches Beispiel zur Anwendung der **where**-Klausel ist die folgende Anfrage zur Bestimmung aller Rotweine mit einem Jahrgang vor 2000.

```
for $w in fn:doc("wein.xml")//rotweine/wein
where $w/jahrgang < 2000
return $w
```

□

Bedingungen in **where** stellen eine Alternative zu den Prädikaten in XPath-Lokalisierungsschritten dar. In vielen Fällen kann eine Bedingung demnach auch im XPath-Ausdruck der **for**- bzw. **let**-Klausel angegeben werden.

Mit der **order by**-Klausel lässt sich die Elementsequenz anhand des spezifizierten Ausdrucks sortieren. Wie in SQL kann dabei die Sortierreihenfolge angegeben werden: **descending** steht für absteigend, **ascending** für aufsteigend.

Darüber hinaus kann auch stabiles Sortieren durch **stable order by** erzwungen werden.

◂**Beispiel 18-27**▸ Mit der folgenden Beispielanfrage sollen alle Weine sortiert nach ihrem Jahrgang ausgegeben werden:

```
for $w in fn:doc("weine.xml")//wein
order by $w/jahrgang ascending
return $w
```

□

18.4.2 Elementkonstruktoren

Die Elementkonstruktoren von XQuery übernehmen die Rolle des Projektionsoperators. Da allerdings die geschachtelte Struktur von XML komplexer als eine einfache Relation ist, ist die Projektion in XQuery entsprechend mächtiger und erlaubt die Erzeugung von XML-Fragmenten als Anfrageergebnis. Elementkonstruktoren können enthalten:

- literales XML, d.h. konstante XML-Texte,

- berechnete Elemente und Attribute durch die Auswertung von XQuery-Ausdrücken innerhalb von XML sowie

- berechnete Elementkonstruktoren über **element**.

Elementkonstruktoren sind dabei nicht auf die **return**-Klausel beschränkt. Die Orthogonalität von XQuery lässt auch die Einbettung eines FLWOR-Ausdrucks (bzw. einer Anfrage) in einen Elementkonstrukor zu, wobei dieser Ausdruck wiederum Elementkonstruktoren enthalten kann. Zur Kennzeichnung der zu berechnenden Teile müssen diese in geschweifte Klammern eingeschlossen werden:

```
<element> { XQuery-Ausdruck } </element>
```

Hierbei ist `<element>` literales XML, während der *XQuery-Ausdruck* ausgewertet und das Ergebnis entsprechend eingesetzt wird.

◂**Beispiel 18-28**▸ Es soll eine Liste aller französischen Weine erstellt werden, wobei diese Liste durch ein `weinliste`-Element gekapselt ist:

```
<weinliste> {
   for $w in fn:doc("weine.xml")//region[land='Frankreich']//weine
   return <name> { $w/weinname/text() } </name>
} </weinliste>
```

Die Verwendung von text() ist an dieser Stelle notwendig, da anderenfalls nicht nur der Wert des Textknotens, sondern auch das Element mit dem umschließenden Tag weinname im Ergebnis erscheinen würde. □

Eine zweite Möglichkeit stellen die berechnenden Elementkonstruktoren dar, mit deren Hilfe auch der Elementname durch einen Ausdruck berechnet werden kann. Bei einem solchen Konstruktor muss der Knotentyp durch das entsprechende Schlüsselwort (**element**, **attribute**) spezifiziert werden, also beispielsweise

    element { *Ausdruck-für-Elementname* } { *Ausdruck-für-Elementinhalt* }

Auch hierzu wollen wir einige Beispiele betrachten:

◄**Beispiel 18-29**► Die einfachste Form ist die direkte Angabe der Knotennamen als Literal (wie beim Element wein oder als Zeichenkette (wie beim Attribut id):

```
element wein {
   attribute {"id"} { "2168" },
   element weinname { "Creek Shiraz" }
   element jahrgang { "2003" }
}
```

Wie dieses Beispiel zeigt, lassen sich die Konstruktoren auch verschachteln, so dass der obige Ausdruck folgendes Ergebnis liefert:

```
<wein id="2168">
   <weinname>Creek Shiraz</weinname>
   <jahrgang>2003</jahrgang>
</wein>
```

Der Name des Elementes bzw. Attributes kann aber auch das Ergebnis eines Ausdrucks sein, wie das folgende Beispiel zeigt:

```
for $r in //region
return element { fn:string($r/land) } { $r/anbaugebiet }
```

Diese Anfrage führt ein Element ein, dessen Typ sich aus dem Namen des jeweiligen Landes ergibt, also etwa:

```
<Frankreich>
   <anbaugebiet name="Saint-Emilion">...</anbaugebiet>
</Frankreich>
<Australien>
   <anbaugebiet name="Barossa Valley">...</anbaugebiet>
</Australien>
```

□

18.4.3 Verbunde und Gruppierungen

Im Gegensatz zu SQL-92 stehen in XQuery keine eigenständigen Operatoren für Verbunde oder Gruppierungen zur Verfügung. Daher müssen derartige Operationen auf der Basis der FLWOR-Ausdrücke formuliert werden. Dies hat zwar den Vorteil einer einfachen Syntax und leichten Erlernbarkeit der Sprache (es gibt weniger Sprachkonstrukte), es erschwert jedoch die Anfrageformulierung. Darüber hinaus muss der XQuery-Prozessor nun selbst erkennen, dass es sich bei einer bestimmten Kombination von FLWOR-Ausdrücken um einen Verbund bzw. eine Gruppierung handelt, um einen effizienten Berechnungsalgorithmus auswählen zu können.

Für die Foumlierung eines Verbundes kann man das Grundmuster aus SQL-89 heranziehen. Dort haben wir den Verbund über das kartesische Produkt (durch Angabe mehrerer Relationen in der **from**-Klausel) und eine nachfolgende Selektion mit der Verbundbedingung realisiert. In XQuery können nun ebenfalls mehrere **for**-Klauseln mit eigenen Variablen eingeführt werden, auf deren Basis dann in der **where**-Klausel die Verbundbedingung formuliert wird. Dabei müssen sich die beiden **for**-Klauseln nicht unbedingt auf Elemente aus dem gleichen XML-Dokument beziehen. Somit lassen sich Elemente aus verschiedenen Dokumenten verknüpfen.

◄**Beispiel 18-30**► Wir erweitern unser bisheriges Beispiel um ein XML-Dokument kritik.xml mit Weinkritiken, das wie folgt aufgebaut ist:

```
<?xml version="1.0"?>
<weinkritiken>
    <kritik>
        <wein>2171</wein>
        <bewertung>Geschmackvoller Rotwein</bewertung>
    </kritik>
    ...
</weinkritiken>
```

Über das **wein**-Element mit der WeinID können wir die Bewertungen aus diesem Dokument mit den Weinen aus weine.xml verknüpfen:

```
for $w in fn:doc("weine.xml")//wein,
    $b in fn:doc("kritik.xml")//kritik
where $w/@id = $b/wein
return <weininfo>
       { $w/weinname, $w/jahrgang, $b/bewertung }
       </weininfo>
```

Das Ergebnis dieser Anfrage ist die folgende, ausschnittsweise dargestellte Sequenz von Elementen:

```
<weininfo>
   <weinname>Pinot Noir</weinname>
   <jahrgang>2001</jahrgang>
   <bewertung>Geschmackvoller Rotwein</bewertung>
</weininfo>
...
```

□

Wie beim Verbund aus Relationenalgebra und SQL erscheinen auch hier Elemente ohne Verbundpartner nicht im Ergebnis. Wird dies gewünscht, muss wieder ein äußerer Verbund berechnet werden. Dies ist in XQuery jedoch auf einfache Weise möglich, indem die „innere" **for**-Klausel in die Elementkonstruktion der äußeren Klausel eingebettet wird. Da nun jedes an die Variable gebundene Element ausgegeben wird, werden auf diese Weise in der inneren Iteration die passenden Elemente gesucht und – falls gefunden – auch ausgegeben. Da Nullwerte in XML nicht explizit angegeben werden, bleibt im nicht erfolgreichen Fall der Teil der inneren Klausel leer.

◄**Beispiel 18-31**► Das obige Beispiel kann daher in folgender Weise als äußerer Verbund formuliert werden:

```
for $w in fn:doc("weine.xml")//wein,
return <weininfo>
     { $w/name, $w/jahrgang,
   for $b in fn:doc("kritik.xml")//kritik
   where $w/@id = $b/wein
   return { $b/bewertung } }
   </weininfo>
```

□

In XQuery stehen die bekannten Aggregatfunktionen ebenfalls zur Verfügung. Allerdings handelt es sich hierbei um Funktionen, die Sequenzen als Parameter erwarten, so dass auch Ausdrücke der folgenden Art möglich sind:

```
fn:avg( (1, 2, 3, 4, 5) )
```

Daraus ergibt sich, dass für eine Aggregation eine Sequenz bereitgestellt werden muss, die beispielsweise durch die **let**-Klausel konstruiert werden kann.

◄**Beispiel 18-32**► Betrachten wir als Beispiel die Berechnung des Durchschnittsalters aller Weine. Hierzu werden zwei vordefinierte XQuery-Funktionen benötigt, die das aktuelle Datum (fn:current-date()) bzw. das Jahr eines Datumswertes (fn:get-year-from-date()) liefern:

```
let $w := fn:doc("weine.xml")//wein/jahrgang
```

```
return <durchschnittsalter>
  { fn:get-year-from-date(fn:current-date()) - fn:avg($w) }
</durchschnittsalter>
```

☐

Da der Wert einer Funktionsauswertung wiederum in einer **let**-Klausel an eine Variable gebunden werden kann, lassen sich auf elegante Weise auch Vergleiche mit Aggregatwerten durchführen, ohne dass dazu eine Anfrageschachtelung notwendig ist.

◂**Beispiel 18-33**▸ Eine Anwendung ist die Ermittlung aller Weine, die älter als der Durchschnitt sind. Hierzu wird zunächst der Durchschnittsjahrgang berechnet und einer Variablen $avg zugewiesen. Diese Variable kann anschließend in einer Bedingung als Teil der **where**-Klausel oder wie in diesem Beispiel im Pfadausdruck eingesetzt werden:

```
let $w := fn:doc("weine.xml")//wein
let $avg := fn:avg($w/jahrgang)
return $w[jahrgang < $avg]
```

☐

Da es in XQuery auch keine explizite Gruppierungsklausel gibt, muss die Gruppierung über die Schachtelung von **for**-/**let**-Klauseln nach folgendem Prinzip erfolgen:

1. Pro Gruppe wird eine Sequenz der zu aggregierenden Werte erzeugt.

2. Diese Sequenz dient anschließend als Parameter für die Aggregatfunktion.

Ob die Gruppierungsmerkmale dabei Werte oder XML-Strukturelemente darstellen, spielt keine Rolle. Betrachten wir dafür zunächst die klassische Variante der Gruppierung über Wertgleichheit, wie es der **group by**-Klausel in SQL entspricht.

Das obige Prinzip kann für diesen Fall in folgender Weise verfeinert werden:

1. Das Gruppierungselement wird über einen Pfadausdruck referenziert, eine (sinnvollerweise durchzuführende) Duplikateliminierung wird durch Anwendung der Funktion fn:distinct-values erreicht.

2. Mithilfe der **for**-Klausel werden die Ausprägungen (Werte) des Gruppierungselementes durchlaufen.

3. Die jeweiligen Gruppenmitglieder werden mittels **let**-Klausel an eine Variable gebunden.

4. Die gegebenenfalls durchzuführende Aggregation kann abschließend in der **return**-Klausel ausgeführt werden.

Da XML geschachtelte Strukturen zulässt, ist nicht zwingend eine Aggregation wie in SQL notwendig. Eine Gruppierung kann somit auch eine Auflistung der Gruppenmitglieder liefern.

◄**Beispiel 18-34**► Die Anfrage in diesem Beispiel wendet dieses Prinzip zur Bestimmung der Anzahl der Weine pro Region an. Zunächst wird eine duplikatfreie Sequenz der Regionen ermittelt, deren Elemente an die Variable $r gebunden werden. Anschließend wird die Menge aller Weine aus dieser Region an $w gebunden und schließlich aggregiert:

```
for $r in fn:distinct-values(fn:doc("weine.xml")//region/name)
let $w := fn:doc("weine.xml")//region[name=$r]//wein
return <region name="{ $r }">
   { fn:count($w) } </region>
```

□

Neben dieser klassischen Form der Gruppierung erlaubt XQuery auch noch die Gruppierung nach der Struktur, d.h. der Wurzelknoten eines Teilbaumes des XML-Dokumentes wird hier Gruppenrepräsentant bzw. „Gruppierungswert". Das Vorgehen ist dabei grundsätzlich ähnlich wie bei der Gruppierung über Werte, nur die Konstruktion der Gruppen unterscheidet sich etwas. Im folgenden Beispiel wird dies illustriert.

◄**Beispiel 18-35**► Für ein Weingut (in diesem Fall das Weingut Creek) soll pro Weinart die Anzahl der jeweiligen Weine ausgegeben werden. In unserem XML-Dokument wird die Weinart durch spezielle Elemente rotweine, weissweine usw. repräsentiert, die somit jeweils Repräsentant einer Gruppe werden müssen. Diese Elemente sind Kindelemente von erzeuger und können daher über den XPath-Ausdruck erzeuger/* adressiert werden. Allerdings ist auch weingut ein Kindknoten, so dass wir die Knotenmenge bezüglich der Existenz von Kindknoten des Typs wein filtern:

```
for $f in fn:doc("weine.xml")//erzeuger[weingut='Creek']/*[wein]
let $w := $f//wein
return element { fn:node-name($f) }
   { <anzahl> { fn:count($w) } </anzahl> }
```

Die Ergebniselemente (rotweine, weissweine ...) werden in diesem Beispiel berechnet, indem der Name des jeweiligen Knotens mithilfe der Funktion fn:node-name() ermittelt und dem Elementkonstruktor übergeben wird. □

18.4.4 Ausdrücke und Vergleiche

Ausdrücke für Bedingungen und Elementkonstruktionen können in XQuery auf verschiedenste Weise konstruiert werden. Die elementaren Ausdrücke sind dabei:

- Variablenreferenzierung wie $name := "XQuery",

- Wertkonstruktoren der Form xs:double(NaN)[6] oder xs:float(3.1415),

- Aufrufe von Funktionen, z.B. fn:current-date() und

- Kommentare, die wie in XPath notiert werden: (: *Kommentar* :).

Aus diesen Grundelementen können mithilfe von Operatoren komplexere Ausdrücke gebildet werden, z.B.:

- arithmetische Ausdrücke durch +, -, *, **div**, **mod**, **idiv** (ganzzahlige Division)

- Vergleiche, wobei unterschieden wird zwischen

    - Wertevergleichen für einzelne atomare Werte mittels **eq**, **ne**, **lt**, **le**, **gt**, **ge**,
    - allgemeinen Vergleichen als existenziell quantifizierte Vergleiche von zwei Sequenzen mit =, !=, <, <=, >, >= und
    - *Knotenvergleich*en.

- logische Ausdrücke durch Anwendung der Operatoren **and** und **or**, der Negation (die als Funktion fn:not() angeboten wird) sowie der booleschen Konstanten (ebenfalls durch Funktionen fn:false() bzw. fn:true()),

- bedingte Ausdrücke und

- Quantifizierungen.

Während Wertevergleiche die bekannte Bedeutung haben, liefert der allgemeine Vergleich von zwei nicht leeren Sequenzen genau dann **true**, wenn mindestens ein Element der Sequenzen den Vergleich erfüllt. So liefern die beiden folgenden Ausdrücke das Ergebnis **true**:

(1, 2) != (1, 2) *(: **true** :)*

(1, 2) = (1, 2) *(: **true** :)*

---

[6]NaN steht für „Not a Number" als spezieller ungültiger Wert von Gleitkommazahlen.

da jeweils eine Kombination von Elementen der beiden Sequenzen existiert, die die jeweilige Vergleichsbedingung erfüllt. Ein Vergleich mit **eq** würde dagegen zu einem Fehler führen, da es sich bei den Operanden um Sequenzen und nicht um atomare Werte handelt.

Auch wenn dies auf den ersten Blick verwirrend erscheint, ist diese Art des Vergleichs durchaus sinnvoll: Bei hierarchisch organisierten Daten sind die Kindkoten typischerweise Mengen bzw. Sequenzen. Würde der Vergleich auf der exakten, paarweisen Gleichheit beider Sequenzen basieren, müssten sich Selektionsbedingungen immer auf die gesamte Sequenz beziehen oder mit Quantoren formuliert werden.

◂**Beispiel 18-36**▸ Stattdessen kann eine Anfrage nach allen Erzeugern, die unter ihren Weinen einen Pinot Noir im Angebot haben, in folgender Form angegeben werden:

```
for $e in //erzeuger
where $e/*/wein/weinname = 'Pinot Noir'
return $e/weingut
```

□

Knotenvergleiche testen, ob zwei Knoten identisch sind oder eine bestimmte Beziehung in der Dokumentordnung erfüllen. Eine Form ist der Test auf Knotenidentität mit dem **is**-Operator, mit dem beispielsweise geprüft werden kann, ob zwei Pfadausdrücke auf den gleichen Knoten verweisen. So liefert etwa

```
fn:doc("weine.xml")//wein[@id=1042]
   is
fn:doc("weine.xml")//wein[weinname='La Rose Grand Cru']
```

den Wert **true**, da es sich tatsächlich um denselben Knoten im Dokument handelt. Dagegen liefert

```
<weinname>Chardonnay</weinname> is <weinname>Chardonnay</weinname>
```

den Wert **false**: die Elemente sind zwar gleich, aber nicht identisch. Ein Vergleich mit dem =-Operator würde dagegen **true** zurückgeben.

Eine weitere Variante des Knotenvergleichs ist der Vergleich der Positionen der Operandenknoten im Dokument. So liefert der Vergleich mit << den Wert **true**, wenn der linke Knoten in der Dokumentordnung vor dem rechten Operanden steht, und >> liefert dementsprechend **true**, wenn er dahinter steht.

◂**Beispiel 18-37**▸ Nehmen wir an, wir möchten von jedem Weingut alle Weine außer den ersten und den letzten der aufgelisteten Weine ausgeben (über die Weinarten hinweg). Die folgende Anfrage liefert das gewünschte Ergebnis:

```
for $e in fn:doc("weine.xml")//erzeuger
return <weingut name="{ $e/weingut }"> {
  for $w in $e//wein
  where $w >> $e//wein[1] and $w << $e/wein[fn:last()]
  return $w
} </weingut>
```

□

Bedingte Ausdrücke sind Konstrukte, die in Abhängigkeit vom Ergebnis eines Ausdrucks *Ausdr1* entweder den Ausdruck *Ausdr2* oder den Ausdruck *Ausdr3* auswerten:

if (*Ausdr1*) **then** *Ausdr2* **else** *Ausdr3*

Ein solcher bedingter Ausdruck kann überall dort eingesetzt werden, wo ein Ausdruck des entsprechenden Typs stehen kann.

◂**Beispiel 18-38**▸ Wir betrachten hierzu eine Anfrage, die eine Liste aller Weine liefert, wobei die Farbe als Attribut des wein-Elementes ausgegeben werden soll. In Abhängigkeit vom Elternknoten muss dafür mit einem bedingten Ausdruck der Attributwert ermittelt werden. Wir verwenden hierzu die Funktion fn:node-name() zur Bestimmung des Knotennamens und die Funktion fn:string(), die das Ergebnis in eine Zeichenkette konvertiert und somit für den Vergleich mit **eq** vorbereitet:

```
for $w in //wein
return element {"wein"} {
  attribute {"farbe"} {
    if (fn:string(fn:node-name($w/..)) eq "rotweine")
      then "rot" else "weiß" },
  $w/weinname, $w/jahrgang }
```

□

Schließlich stehen auch noch Quantoren zur Verfügung, mit denen geprüft werden kann, ob alle (Allquantor) bzw. irgendeines (Existenzquantor) der Elemente einer Sequenz eine gegebene Bedingung erfüllt. Die Notation ist

some | **every** $*var* **in** *sequenz* **satisfies** *bedingung*

Der Existenzquantor mit **some** liefert **true**, wenn für mindestens eine Belegung von $*var* aus der Sequenz *sequenz* der quantifizierte Ausdruck *bedingung* den Wert **true** liefert, wobei *bedingung* über die Variable $*var* definiert wird. Bei einer leeren Sequenz ist das Ergebnis **false**. Der Allquantor **every** liefert **true**, wenn der quantifizierte Ausdruck für alle Belegungen **true** liefert. Im Fall einer leeren Sequenz ist dies immer gegeben.

◄**Beispiel 18-39**► Die Anfrage aus Beispiel 18-36 kann daher auch mit einem Existenzquantor formuliert werden:

```
for $e in //erzeuger
where some $w in $e/*/wein/weinname satisfies $w = 'Pinot Noir'
return $e/weingut
```

□

18.4.5 Funktionen

Als Obermenge von XPath bietet XQuery eine Vielzahl von vordefinierten Funktionen an, die wir hier nur kurz erwähnen wollen. Neben den bereits eingeführten Aggregatfunktionen gibt es u.a.:

- vordefinierte numerische Funktionen, wie z.B. für den absoluten Betrag fn:abs(v), den nächstgrößeren ganzzahligen Wert (fn:ceiling(v)) bzw. den nächstkleineren (fn:floor(v)), zum Runden fn:round(v) ...

- Zeichenkettenfunktionen zum Vergleich (fn:compare(s_1, s_2)) und zum Aneinanderhängen (fn:concat(s_1, s_2)) zweier Zeichenketten, zur Bestimmung der Länge (fn:string-length(s)), zur Umwandlung in Großbuchstaben (fn:upper-case(s)) und zum Extrahieren von Teilzeichenketten fn:substring(s, b, e) ...

- für den Vergleich mit regulären Ausdrücken fn:matches(s, p)

- Funktionen für Datum und Zeit, wie die Bestimmung des aktuellen Datums (fn:current-date()) oder das Extrahieren einer Datumskomponente (fn:get-day-from-date(d)) ...

- sowie die ebenfalls bereits eingeführte Funktion zur Duplikateliminierung fn:distinct-values(s)

Für eine vollständige Aufzählung aller Funktionen verweisen wir auf die W3C-Dokumente [Wor07d] bzw. die Dokumentation zum jeweils eingesetzten XQuery-Prozessor.

Neben den eingebauten Funktionen können auch eigene Funktionen definiert werden, die entweder durch einen XQuery-Ausdruck oder als **external**-Funktion in einer anderen Programmiersprache implementiert werden. Bei beiden Varianten muss die Signatur der Funktion in folgender Notation deklariert werden:

```
declare function name (param-liste)
   as sequenz-typ
```

Parameter und Rückgabewert können typisiert werden, indem entweder die vordefinierten Typen von XML Schema (siehe Abschnitt 18.2.2) oder selbstdefinierte Typen genutzt werden. Im letzteren Fall muss die entsprechende XML-Schema-Definition über **import schema** importiert werden. Sollen Elemente als Parameter oder Ergebnis übergeben werden, so ist der Typ element(*KomplexerTyp*). Für beliebige Elementtypen kann der Typname in den Klammern auch weggelassen werden. Soll dagegen eine Sequenz übergeben werden, ist der Typ element()*. Weiterhin müssen benutzerdefinierte Funktionen in einem eigenen Namensraum (im Gegensatz zum Namensraum fn der Standardfunktionen) definiert werden. Für lokale Funktionen kann auch der spezielle Namensraum local genutzt werden. Betrachten wir hierzu ein einfaches Beispiel.

◂**Beispiel 18-40▸** In Anlehnung an Beispiel 13-43 auf Seite 458 wollen wir eine Funktion definieren, die zu einem Weingut die jeweils *k* ältesten Weine liefert. Als Parameter übergeben wir ein erzeuger-Element ($e) und *k*, der Ergebnistyp ist element()*.

```
declare function local:top-k-weine ($e as element(),
      $k as xs:integer)
as element()* {
   let $l := (for $w1 in $e//wein order by $w1/jahrgang return $w1)
   for $w2 at $pos in $l
   where $pos <= $k
   return $w2
};
```

Diese Funktion kann nun in einer XQuery-Anfrage verwendet werden, um beispielsweise die zwei ältesten Weine pro Erzeuger zu bestimmen.

```
for $e in fn:doc("weine.xml")//erzeuger
return <erzeuger> { $e/weingut,
   element weinliste { local:top-k-weine($e, 2)} }</erzeuger>
```

□

18.5 SQL/XML: XML-Erweiterungen für SQL

Eine Alternative zum Einsatz neuer Anfragesprachen für die Extraktion von XML-Daten stellen die Erweiterungen von SQL zum Umgang mit XML dar.

Grunsätzlich sind hier zwei Richtungen wünschenswert (Abbildung 18.8): Zum einen sollen aus relationalen Daten (SQL-Tabellen) XML-Dokumente erzeugt werden (auch als XML-Konstruktion oder -Publishing bezeichnet), zum Anderen sollen XML-Dokumente in Tabellen gespeichert werden. Für die letztgenannte Richtung haben wir bereits einige Ansätze erwähnt: etwa die Repräsentation als Attribut oder die Abbildung auf eine Tabellenstruktur (*Shredding*).

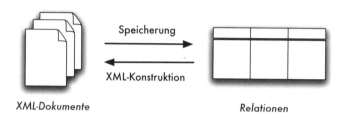

Abbildung 18.8: *XML-Verarbeitung mit SQL/XML*

In SQL:2003 wurden entsprechende Funktionalitäten erstmals als Teil 14 der Spezifikation standardisiert und teilweise auch in den kommerziellen Datenbanksystemen umgesetzt. Allerdings ist der Standardisierungsprozess trotz der Verabschiedung als „First Edition" noch in Entwicklung – in [EM04] wird der Entwurf einer „Second Edition" beschrieben, der einige neue Funktionen enthält, in dem aber die beispielsweise noch in [Tür03] vorgestellte `xmlgen`-Funktion gestrichen wurde. Unsere folgenden Ausführungen beziehen sich daher auf den aktuellen Stand, so wie er etwa in [EM04] dargestellt ist und von den aktuellen DBMS auch unterstützt wird.

Die SQL/XML-Erweiterungen betreffen im Wesentlichen zwei Teile:

- einen neuen Datentyp `xml` zur Speicherung von XML-Werten (XML-Dokumente oder -Elementmengen) in der Datenbank
- neue SQL-Funktionen zur Konstruktion von XML.

Auf diese Weise können einerseits XML-Dokumente direkt in der Datenbank gespeichert werden und andererseits XML-Dokumente aus relationalen Daten erzeugt werden.

18.5.1 XML-Datentypen

Der Datentyp `xml` dient zur Speicherung und Verwaltung von XML-Werten in Attributen einer normalen SQL-Tabelle, wobei diese Werte sowohl vollständige XML-Dokumente als auch einzelne XML-Elemente und natürlich **null**-Werte sein können. Die Speicherung kompletter XML-Dokumente kann notwendig sein, wenn etwa aus rechtlichen Gründen elektronische Dokumente wie z.B. Bestellungen in Originalform aufbewahrt werden müssen. Eine mögliche interne Realisierung ist die Verwendung von **blob**-Typen, es sind aber auch effizientere Formen möglich.

◄**Beispiel 18-41**► Eine mögliche Anwendung ist die Erweiterung unserer WEINE-Relation um ein Attribut mit einer strukturierten Beschreibung des Geschmacks. Die SQL-Definition ist dann:

```
create table WEINE (
    WeinID int primary key,
    Name varchar(20) not null,
    Farbe WeinFarbe,
    Jahrgang int,
    Weingut varchar(20) references ERZEUGER(Weingut),
    Beschreibung xml)
```

Eine mögliche Ausprägung dieser Relation ist im Folgenden ausschnittsweise dargestellt:

WEINE	WeinID	Name	...	Beschreibung

	1042	La Rose Grand Cru	...	\<bewertung\>
				  \<farbe\>intensiv,rubin\</farbe\>
				  \<geruch\>Johannisbeere\</geruch\>
				  \<geschmack\>fleischig\</geschmack\>
				  \<abgang\>kräftig,lang\</abgang\>
				\</bewertung\>

	3456	Zinfandel	...	\<bewertung\>
				  \<farbe\>tief, violett\</farbe\>
				  \<geruch\>Brombeere\</geruch\>
				  \<geschmack\>ausgeglichen,
				    fruchtig\</geschmack\>
				  \<abgang\>kurz\</abgang\>
				\</bewertung\>

	...			

□

Derartige XML-wertige Spalten können mit den im folgenden Abschnitt vorgestellten SQL-Funktionen aus bzw. in Zeichenketten konvertiert sowie über XQuery-Ausdrücke angefragt werden.

18.5.2 XML-Konstruktion mit SQL

Die in SQL:2003 eingeführten XML-Funktionen dienen im Wesentlichen zur Konstruktion von XML-Elementen aus SQL-Daten. Konkrete Funktionen zur XML-Konstruktion sind dabei u.a.:

- **xmlelement** und **xmlattribute** zur Erzeugung eines XML-Elementes,
- **xmlforest** zum Erzeugen einer Sequenz („Wald") von XML-Elementen,
- **xmlconcat** zum Aneinanderhängen von XML-Elementen,
- **xmlagg** als Aggregatfunktion zur Erzeugung einer Sequenz von XML-Elementen.

Nachfolgend wollen wir den Einsatz dieser Funktionen an einigen Beispielen erläutern.

Die Funktionen **xmlelement** bzw. **xmlattribute** dienen zur Erzeugung eines – gegebenenfalls auch geschachtelten – XML-Elementes bzw. eines XML-Attributes aus einem gegebenen Namen und einer Werteliste und werden in folgender Notation verwendet:

```
xmlelement (name Element-Name
    [, xmlattributes (Attribut-Liste) ]
    [, Wert-Liste ] )
```

Leider ist die Angabe der Element- bzw. Attributnamen bei beiden Funktionen verschieden. Während bei **xmlelement** der erste Parameter immer der Name (gekennzeichnet durch das vorangestellte Schlüsselwort **name**) ist, kann der Attributname implizit aus der SQL-Spalte abgeleitet oder explizit durch ein nachfolgendes **as** angegeben werden.

◄Beispiel 18-42► Wir wollen mit einer Anfrage aus der SQL-Tabelle WEINE ein XML-Element mit der in Beispiel 18-3 auf Seite 574 verwendeten Struktur erzeugen.

```
select xmlelement(name "wein",
    xmlattributes(WeinID as "id"),
    xmlelement(name "weinname", Name),
    xmlelement(name "jahrgang", Jahrgang)) as XMLWein
from WEINE
```

Das Ergebnis dieser Anfrage ist eine Tabelle, deren Tupel jeweils XML-Elemente enthalten:

XMLWein
<wein id="1042"><weinname>La Rose Grand Cru</weinname><jahrgang>1998</jahrgang></wein>
<wein id="3456"><weinname>Zinfandel</weinname><jahrgang>2004</jahrgang></wein>
...

Mit der Funktion **xmlforest** lassen sich Sequenzen von Elementen konstruieren, wobei als Parameter eine Liste von XML-Elementen erwartet wird, die wiederum auch mit **xmlelement** generiert werden können. Die Benennung der Elemente entspricht dabei der für **xmlattribute** verwendeten Form.

◀**Beispiel 18-43**▶ Eine sinnvolle Anwendung ist die Konstruktion einer Sequenz als Kindknoten eines Elementes. So kann die Anfrage aus Beispiel 18-42 unter Verwendung von **xmlforest** auch wie folgt formuliert werden:

```
select xmlelement(name "wein",
    xmlattributes(WeinID as "id"),
    xmlforest(Name as "weinname",
        Jahrgang as "jahrgang")) as XMLWein
from WEINE
```

□

Mit der Funktion **xmlconcat** können mehrere XML-Elemente zu einem XML-Wert zusammengefügt werden, wobei auch hier die Elemente wiederum durch andere Funktionen konstruiert werden können:

xmlconcat(*xml-wertliste*)

Der Einsatz unterscheidet sich jedoch nicht grundsätzlich von den anderen Funktionen.

Die bisher betrachteten Funktionen sind trotz variabler Parameterliste skalare Funktionen, d.h. sie werden pro Tupel angewendet. Im Gegensatz dazu ist die Funktion **xmlagg** eine Aggregatfunktion, die die XML-Werte einer ganzen Spalte einer Relation bzw. einer Gruppe konkateniert:

xmlagg(*xml-wert* [**order by** *sortierattr*])

Wie die Notation zeigt, ist hierbei wahlweise auch noch eine Sortierung möglich.

◀**Beispiel 18-44**▶ Als Beispiel führen wir eine Gruppierung der Weine nach Weingut durch. Alle anderen Attribute der Relation dürfen danach nur noch aggregiert im Ergebnis erscheinen. Hier hilft nun die **xmlagg**-Funktion, die diese Attribute zu einem XML-Wert aggregiert:

```
select Weingut, xmlelement(name "weinliste",
                    xmlagg(xmlelement(name "wein", Name)))
as Weinliste
from WEINE
where Farbe = 'Rot'
group by Weingut
```

Als Ergebnis entsteht folgende Relation:

Weingut	Weinliste
Château La Rose	<weinliste> <wein>La Rose Grand Cru</wein></weinliste>
Creek	<weinliste> <wein>Creek Shiraz</wein><wein>Pinot Noir</wein></weinliste>
Helena	<weinliste> <wein>Zinfandel</wein><wein>Pinot Noir</wein></weinliste>
Müller	<weinliste> <wein>Riesling Reserve</wein></weinliste>

Mit der **order by**-Klausel könnten die wein-Elemente pro Weingut noch sortiert werden. □

Die bisher vorgestellten Funktionen sind ausnahmslos Publishing-Funktionen zur Konstruktion von XML-Werten aus SQL-Daten. Zur Nutzung des **xml**-Datentyps werden daher noch weitere Funktionen benötigt. Hierzu zählen **xmlserialize** und **xmlparse** zum Lesen und Schreiben von **xml**-Attributen sowie **xmlquery** zur Auswertung von XQuery-Anfragen.

Mit **xmlparse** wird ein als Zeichenkette übergebenes XML-Dokument als XML-Wert abgespeichert. Die Existenz dieser Funktion macht deutlich, dass XML-Dokumente nicht notwendigerweise als reine Zeichenkette abgespeichert werden müssen, sondern dass auch effizientere Varianten wie die Indexierung von Pfaden oder das Zerlegen (Shredding) möglich sind, die wiederum ein Parsen des zu speichernden Dokumentes erfordern.

Die Gegenrichtung – die Ausgabe eines **xml**-Wertes als Zeichenkette – wird durch die Funktion **xmlserialize** unterstützt. Die Anwendung beider Funktionen wollen wir anhand des folgenden Beispiels illustrieren.

◄**Beispiel 18-45**► Bisher haben wir nicht gezeigt, wie Daten in die Relation WEINE aus Beispiel 18-41 eingefügt werden können. Mithilfe der **xmlparse**-Funktion ist dies nun möglich:

insert into WEINE **values** (1042, 'La Rose Grand Cru',
    'Rot', 1998, 'Château La Rose',
    xmlparse(**content** '<bewertung>...</bewertung>' **preserve whitespace**))

In diesem Beispiel haben wir nur einen XML-Inhalt (Elemente, Sequenzen) eingefügt (**content**), es sind jedoch auch vollständige Dokumente mit <?xml ?>-Kopf und genau einem Wurzelelement zulässig (**document**-Option). Die Direktive **preserve whitespace** sorgt für die Übernahme aller Leerzeichen im XML-Dokument.

Mit der folgenden Anfrage kann ein so gespeicherter XML-Wert als Zeichenkette ausgelesen werden:

select Name, **xmlserialize**(**content** Beschreibung **as varchar**(1000))
    as Beschreibung

```
from WEINE
where WeinID = 1042
```
                                                                        □

Die in der ersten Ausgabe von SQL/XML und in [Tür03] noch beschriebene Funktion xmlgen wurde in der zweiten Fassung durch xmlquery ersetzt. Aufgabe dieser Funktion ist es, auf XML-Daten einen XQuery-Ausdruck auszuwerten und das Ergebnis an SQL weiterzugeben. Die anzufragenden XML-Daten können grundsätzlich im XQuery-Ausdruck über fn:doc spezifiziert oder als Parameter (z.B. aus einem xml-Wert) übergeben werden. Dies bedeutet, dass es sich hierbei nicht mehr um eine skalare Funktion handelt, die auf Attributwerte des jeweiligen Tupels beschränkt ist! Für diese Funktion ist folgende Notation definiert:

> xmlquery (*XQuery-Ausdruck*
>   [**passing by** { **ref** | **value** } *Parameterliste*]
>   **returning** { **content** | **sequence** } **by** { **ref** | **value** })

Zusätzlich zum selbsterklärenden Parameter mit dem auszuwertenden XQuery-Ausdruck kann noch eine kommaseparierte Parameterliste übergeben werden, wobei jeder Parameter durch die Syntax

> *Wertausdruck* **as** *Bezeichner* [**by ref** | **by value**]

angegeben wird. Der Wert des SQL-Ausdrucks *Wertausdruck* wird jeweils an eine globale XQuery-Variable mit dem Namen *Bezeichner* (in XQuery jedoch mit dem Präfix $) gebunden, XML-Werte gegebenenfalls als Referenz (**by ref**), alle anderen – bzw. wenn mit **by value** vereinbart – als Kopie. Weiterhin kann der Kontext für den XQuery-Ausdruck (der .-Knoten) als zusätzlicher Parameter übergeben werden, dann jedoch ohne **as** *Bezeichner*.

Auch die Form der Ergebnisrückgabe (Sequenz oder Element) sowie die Übergabe (als Referenz oder Kopie) lassen sich spezifizieren.

◄**Beispiel 18-46**► Eine einfache Anwendung dieser Funktion ist die Kombination einzelner Elemente des XML-Wertes (hier farbe und geschmack aus der Beschreibung-Spalte) mit den SQL-Werten:

```
select xmlelement(name "wein",
    xmlattributes(WeinID as "id"),
    xmlelement(name "weinname", Name),
    xmlelement(name "jahrgang", Jahrgang),
    xmlquery('/bewertung/farbe | /bewertung/geschmack'
        passing by value Beschreibung
        returning sequence by value)) as WeinInfo
from WEINE
```
                                                                        □

Bei **xmlquery** handelt es sich um eine sehr mächtige Funktion, die im Prinzip den Zugang zu einem zweiten Anfrageprozessor eröffnet. Auf diese Weise wird die Integration von XML-Daten in SQL-Systeme sehr vereinfacht. Allerdings widerspricht dieser Mix von zwei völlig verschiedenen Anfragesprachen zweifellos der reinen Lehre eines einfachen und klaren Sprachentwurfs und erhöht die Komplexität von SQL ein weiteres Mal.

Ebenfalls in der zweiten Ausgabe von Teil 14 des SQL:2003-Standards wurden einige Prädikate eingeführt, welche die Formulierung von Bedingungen auf **xml**-Werten ermöglichen. Hierzu zählen u.a. der Test, ob es sich bei dem Wert um ein Dokument handelt (**is document**), um ein (bezüglich eines Schemas) gültiges Dokument (**is valid**) und ob ein XQuery-Ausdruck ein nicht leeres Ergebnis liefert (**xmlexists**).

Darüber hinaus umfasst der SQL-Standard noch eine Reihe weiterer, hier ebenfalls nicht behandelter Funktionen, so zur Generierung von XML-Kommentaren (**xmlcomment**) und Verarbeitungsanweisungen (**xmlpi**) und zum Zerlegen (Shredding) eines XML-Dokumentes beim Einfügen (**xmltable**).

18.6 Zusammenfassung

XML hat sich in den letzten Jahren zur wichtigsten Technologie für den Datenaustausch sowie die Repräsentation semistrukturierter Daten und Dokumente entwickelt. XML basiert auf einem hierarchischen, graphorientierten Modell, dessen Knoten (Elemente) die Objekte repräsentieren. Neben der eigentlichen Auszeichnungssprache haben wir in diesem Kapitel die für die Definition konkreter Sprachen wichtigen DTD umd XML Schema sowie die Anfragesprachen XPath und XQuery vorgestellt. Ein weiterer wichtiger Aspekt ist die Speicherung bzw. Integration von XML in (SQL-)Datenbanksystemen. Hierzu haben wir verschiedene Abbildungstechniken skizziert und den aktuellen SQL:2003-Standardteil SQL/XML diskutiert.

Eine Übersicht über die in diesem Kapitel eingeführten Begriffe und deren Bedeutung geben wir in Tabelle 18.3.

18.7 Vertiefende Literatur

XML und die damit verbundenen Technologien werden vom W3C als sogenannte *Recommendations* verabschiedet. Die entsprechenden Dokumente sind [Wor06] für XML, [Wor04] für XML Schema, [Wor07a] für XPath und [Wor07c] für XQuery. Die Standardfunktionen für XPath und XQuery sind in [Wor07d] beschrieben. Das ergänzende Dokument [Wor07b] stellt anhand einiger Use Cases die Anwendung von XQuery vor.

Begriff	**Informale Bedeutung**
semistrukturiertes Datenmodell	Datenmodell für nur teilweise strukturierte und nicht streng typisierte Daten
Dokument	Zusammenfassung semistrukturierter Daten unter einem einzelnen Wurzelknoten
Dokumentgraph	Repräsentation eines hierarchisch organisierten Dokumentes
XML	eXtensible Markup Language, Auszeichnungssprache des W3C
XML-Element	Objekt eines XML-Dokuments
Tag	Bezeichner zur Auszeichnung eines XML-Elementes
XML-Prozessor	Softwarekomponente zur Verarbeitung von XML
DTD	Dokumenttypdefinition für XML-Dokumente; legt erlaubte Elemente und deren Schachtelung fest
XML Schema	Schemabeschreibungssprache für XML
XPath	Sprache zur Adressierung von Dokumentteilen in XML mithilfe von Pfadausdrücken
Achse	Beziehung zwischen zwei Dokumentknoten; Richtung für Pfad
Lokalisierungsschritt	Element eines Pfadausdrucks
XQuery	vom W3C spezifizierte Anfragesprache für XML
FLWOR	Ausdruck in XQuery aus **for-let-where-order by-return**; vergleichbar mit dem SFW-Block in SQL
SQL/XML	Teil 14 des SQL:2003-Standards zur Integration von XML-Daten

Tabelle 18.3: Wichtige Begriffe zu semistrukturierten Daten und XML

Neben diesen Standarddokumenten existiert eine Reihe empfehlenswerter Lehrbücher, die auch weiterführende Konzepte behandeln, auf die wir hier nicht eingehen konnten. Einen Überblick zu vielen Aspekten von XML geben u.a. die Bücher von Schöning [Sch03] sowie Klettke und Meyer [KM03]. Die umfassendste und mit vielen Beispielen versehene deutschsprachige Vorstellung von XQuery ist im Buch von Lehner und Schöning [LS04a] zu finden. Eine Kurzfassung davon wurde in [LS04b] veröffentlicht.

SQL/XML wird u.a. in [Tür03] behandelt, aktuelle Entwicklungen dieses Teils des Standards sind in [EM04] beschrieben. Der aktuelle Umfang und Stand von SQL/XML werden auch in [DM05] vorgestellt. Dort werden außerdem die Abbildungsvorschriften von Typen und Bezeichnern zwischen SQL und XML behandelt.

Herstellerspezifische Umsetzungen der XML-Integration in SQL-Systeme sind in den aktuellen Systemdokumentationen zu finden. Die aktuelle DB2-Lösung wird außerdem in [PN06] beschrieben.

18.8 Übungsaufgaben

Übung 18-1 Ein Weinhändler gibt jährlich einen Weinkatalog für Stammkunden heraus. Weine sind dabei nach Regionen aufgelistet.

- Modellieren Sie eine DTD für einen derartigen Katalog.
- Geben Sie einen Ausschnitt aus dem 2008er Katalog mit Beispieleinträgen an.
- Modellieren Sie die Daten auch in XML Schema.
- Formulieren Sie folgende Anfragen in XQuery und SQL/XML:
  - Alle Weine der Region Hessen aus den letzten 10 Weinkatalogen.
  - Welche Rotweine wurden 2007 angeboten?
  - Welche Weine haben von 2005 auf 2006 keine Preissteigerung gehabt?

□

Übung 18-2 In Beispiel 17-12 aus Seite 551 wurde eine geschachtelte Relation in SQL modelliert. Repräsentieren Sie die Tabelle in XML. Welche Unterschiede ergeben sich?

□

19

Data Warehousing und OLAP

Unter einem *Data Warehouse*[1] versteht man ein System, das unternehmensübergreifend die Daten aus den operativen Einzelsystemen zusammenführt, integriert und für Analysezwecke aufbereitet. Eng verbunden mit diesem Begriff ist der Begriff *OLAP* für *OnLine Analytical Processing*, der Systeme kennzeichnet, die entscheidungsunterstützend im interaktiven Betrieb eingesetzt werden.

Neben der engen Verbindung mit OLAP wird der Begriff Data Warehouse oft auch allgemeiner für die Speicherung replizierter operativer Daten genutzt, die aus mehreren anderen Systemen extrahiert und integriert werden. In diesem Sinne ist ein Data Warehouse eine spezielle Implementierung einer *Datenbankföderation* mit *replizierter Datenhaltung*, zwei Architekturprinzipien, die in [SHS05] ausführlicher behandelt werden.

19.1 Grundkonzepte

Mit den Begriffen Data Warehouse und OLAP sind nicht nur Datenbankaspekte verbunden. In diesem ersten Abschnitt werden wir das gesamte Gebiet skizzieren und die für die folgenden Abschnitte wichtigen Fragen herausarbeiten.

---

[1] Leider hat sich hier kein passender deutscher Begriff etabliert. Datenwarenhaus ist eine falsche und damit sinnentstellende Übersetzung. „Warehouse" heißt Lager oder Speicher und entspricht daher nicht dem deutschen Warenhaus.

19.1.1 Motivation und Anwendungen

Allgemein handelt es sich bei einem *Data Warehouse* um eine Sammlung von Technologien zur Unterstützung von Entscheidungsprozessen basierend auf großen Datenbeständen. Typische Anwendungen wären die Analyse von Geschäftsdaten etwa in einer global agierenden Supermarktkette oder der Nutzungsdaten bei einem Internethändler. Aus der Literatur bekannte große Data-Warehouse-Anwendungen sind speziell die Anwendungen bei WalMart und Amazon. Aber auch andere Anwendungsszenarien nutzen Data-Warehouse-Technologien: So gibt es Data-Warehouse-Anwendungen für Umweltdaten oder für medizinische Krebsregister.

Als Herausforderung an die Datenbanktechnologien sind insbesondere das oft sehr große Datenvolumen (effiziente Speicherung und Verwaltung, Anfragebearbeitung), die Datenmodellierung (Zeitbezug der Daten, mehrere Dimensionen der Analyse) und die Integration heterogener Datenbestände zu nennen.

Abgrenzung zu OLTP

OLAP wird oft im Vergleich zu klassischen operativen Informationssystemen motiviert. Als Gegenstück zum Akronym OLAP spricht man dann vom *Online Transactional Processing (OLTP)*OLTP. OLTP beschäftigt sich mit der Erfassung und Verwaltung von Daten und der Verarbeitung der Datensätze unter Verantwortung der jeweiligen Abteilung. Man spricht hierbei von einer *transaktionalen Verarbeitung* mit kurzen Lese-/Schreibzugriffen auf wenige Datensätze.

Bei einem *Data Warehouse* hingegen steht die Analyse im Mittelpunkt. Das Resultat sind lange Lesetransaktionen auf vielen Datensätzen. Im Vordergrund steht neben der eigentlichen Analyse die Integration, Konsolidierung und Aggregation der Daten.

Tabelle 19.1 stellt die Unterschiede zwischen OLAP und OLTP im Überblick dar.

Begriff Data Warehouse

Der Begriff *Data Warehouse* wurde maßgeblich von W.H. Inmon geprägt [Inm96]. Inmon gibt in seinem Buch folgende informelle Definition:

> A *Data Warehouse* is a **subject-oriented, integrated, non-volatile,** and **time variant** collection of data in support of managements decisions.

Demnach zeichnet sich ein Data Warehouse durch die folgenden vier Charakteristika aus:

Anfrage	transaktional	analytisch
Fokus	Lesen, Schreiben, Modifizieren, Löschen	Lesen, periodisches Hinzufügen
Transaktionsdauer und -typ	kurze Lese-/Schreibtransaktionen	lange Lesetransaktionen
Anfragestruktur	einfach strukturiert	komplex
Datenvolumen einer Anfrage	wenige Datensätze	viele Datensätze
Datenmodell	anfrageflexibel	analysebezogen
Datenquellen	meist eine	mehrere
Eigenschaften	nicht abgeleitet, zeitaktuell, autonom, dynamisch	abgeleitet/konsolidiert, nicht zeitaktuell, integriert, stabil
Datenvolumen	MByte ... GByte	GByte ... TByte
Zugriffe	Einzeltupelzugriff	Tabellenzugriff
Anwendertyp	Ein-/Ausgabe durch Angestellte oder Applikationssoftware	Manager, Controller, Analyst
Anwenderzahl	sehr viele	wenige (bis einige hundert)
Antwortzeit	msecs ... secs	secs ... min

Tabelle 19.1: Abgrenzung Data Warehouse zu OLTP

- Die *Fachorientierung (subject-oriented)* besagt, dass der Zweck des Systems nicht die Erfüllung einer konkreten Aufgabe (z.B. Personaldatenverwaltung), sondern die Modellierung bezüglich eines spezifischen Analyseziels ist.

- Gefordert ist eine *integrierte Datenbasis (integrated)*, die die Verarbeitung von Daten aus mehreren verschiedenen Datenquellen (intern und extern) vereinheitlicht.

- Es handelt sich dabei um eine *nicht-flüchtige Datenbasis (non-volatile)*, also um eine stabile, persistente Datenbasis im Sinne der Datenbanktechnologie. Als Besonderheit werden Daten im Datawarehouse nicht mehr entfernt oder geändert.

- Modelliert werden insbesondere *zeitbezogene Daten (time-variant)*. Bei Analysen ist somit der Vergleich der Daten über die Zeit möglich, etwa in Form von Zeitreihenanalysen. Dies erfordert insbesondere die Speicherung der Daten über einen längeren Zeitraum.

Neben dieser allgemeinen Charakterisierung gibt es noch einige weitere, die sich allerdings zum Teil mehr auf technologische Fragestellungen beziehen. Eine Diskussion dieser Charakterisierungen findet sich in [BG04].

19.1.2 Architektur

In diesem Abschnitt sollen nun einige Architekturfragen bezüglich des Einsatzes von Data Warehouse und OLAP kurz diskutiert werden.

Grobe Architektur

Eine Grobarchitektur zur Einordnung von Data Warehouse und OLAP wird in Abbildung 19.1 skizziert. Die Abbildung ist angelehnt an die Diskussion im Überblicksartikel von Chaudhuri und Dayal [CD97].

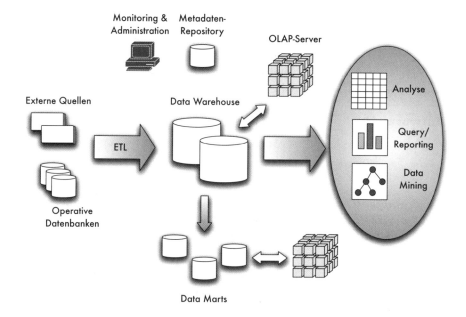

Abbildung 19.1: Grobarchitektur für Data Warehouse und OLAP

Abbildung 19.1 zeigt, dass ein Data Warehouse aus verschiedenen operationalen Datenbanken, also Datenbanken, die im laufenden Betrieb Transaktionen durchführen, gefüllt wird. Die Daten müssen extrahiert, transformiert und bereinigt werden. Dabei werden neben Datenbanken auch externe Datenquellen, etwa Informationen aus dem WWW, genutzt. Der Prozess des Bereinigens ist notwendig, da die Daten aus verschiedenen Quellen kommen und zu einer konsistenten Sicht vereinigt werden müssen. Er wird auch als *Data Cleaning* bezeichnet. Da das vollständige Füllen des Data Warehouse ein aufwendiger Prozess ist, der nicht im normalen Transaktionbetrieb synchron erfolgen und daher nur selten stattfinden kann, müssen die dortigen Daten geeignet aktualisiert werden (engl. *refresh*).

OLAP-Systeme bauen (in der Regel in einer Client-Server-Architektur) auf dem Gesamtbestand des Data Warehouse auf. Die OLAP-Server werden in der Abbildung durch die Würfel symbolisiert.

Ein weiterer Begriff, der mit diesem Ansatz verbunden ist, ist das Konzept der *Data Marts* (engl. *mart* heißt Markt oder Auktionsraum). In der Datenbankterminologie handelt es sich dabei um (materialisierte) Sichten auf ein Data Warehouse, die aus Effizienzgründen oft auf einem separaten System verwaltet werden.

Referenzarchitektur

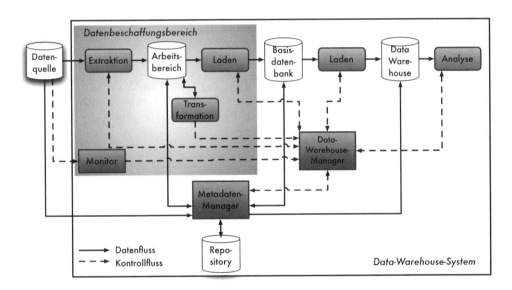

Abbildung 19.2: Referenzarchitektur für Data Warehouse

Um den Aufbau von Data-Warehouse-Anwendungen besser zu strukturieren, wurde eine Referenzarchitektur entwickelt [BG04, Kap. 2]. Abbildung 19.2 zeigt diese Architektur im Detail.

In der Abbildung sind mehrere Datenbanken zu erkennen, die in Data-Warehouse-Systemen eine Rolle spielen. Die *Datenquellen* liegen außerhalb des Data-Warehouse-Systems. Datenquellen können operative Datenbanken wie eine Lagerhaltung aber auch andere Informationsquellen wie Internetkataloge sein. *Monitore* überwachen diese Datenquellen und stoßen die *Extraktion* relevanter Daten in den Arbeitsbereich (Staging Area) an. Der Arbeitsbereich ist eine Datenbank, in der die Rohdaten gesammelt, bereinigt und *transformiert* werden. Das Datenmodell ist üblicherweise das relationale. Fertig bearbeitete Daten werden in die *Basisdatenbank* geladen. Diesen Teil des Data-Warehouse-Systems bezeichnet man auch als Datenbeschaffungsbereich, den Prozess als *ETL-Prozess* (von extrahieren – transformieren – laden).

Die Basisdatenbank enthält die Rohdaten des Data Warehouse. Daten sind nicht voraggregiert und das Datenmodell ist nicht analysespezifisch. Von der Basisdatenbank werden die Daten in das eigentliche Data Warehouse geladen. Die Basisdatenbank ist zwar konzeptionell wichtig, kann aber aus Ressourcen-Gründen auch weggelassen werden, da der in ihr enthaltene Datenbestand in Data Warehouse ebenfalls persistent gespeichert ist.

Gesteuert wird der gesamte Prozess durch den Data-Warehouse-Manager, der über den Metadaten-Manager auf die in einem Repository gespeicherten Metadaten zugreift. Metadaten beschreiben die verschiedenen Datenbanken, die Abstammung der Daten, die vorgenommenen Transformationen etc.

Anforderungen an OLAP

Es existieren eine ganze Reihe von Anforderungslisten an OLAP-Produkte. Eine knappe, nicht sehr detaillierte Liste gibt Pendse in [Pen95, Pen97]. Er fasst die Anforderungen unter dem Akronym *FASMI* für *Fast Analysis of Shared Multidimensional Information* zusammen:

- *Fast:* Die Zugriffszeit muss im Sekundenbereich liegen, um interaktives Arbeiten zu ermöglichen.

- *Analysis:* Das System muss analytische und statistische Funktionalität anbieten. Die Benutzerschnittstelle muss Ad-hoc-Anfragen ohne Programmieraufwand erlauben.

- *Shared:* Das System erlaubt Mehrbenutzerbetrieb. Allgemein sollten die DBMS-Funktionalitäten der Transaktionssynchronisation, das ACID-Prinzip, Recovery und Zugriffskontrolle realisiert sein. Auch wenn die Anwendungen in der Regel nur lesend zugreifen, ist eine Transaktionssynchronisation in den Phasen der Aktualisierung notwendig.

- *Multidimensional:* Das multidimensionale Datenmodell wird in der Darstellung und in den zugehörigen Funktionen (werden später eingeführt) unterstützt.

- *Information:* Ziel der OLAP-Analyse ist die Gewinnung von Informationen aus Rohdaten.

Eine alternative Liste von Anforderungen, die allerdings zum Teil produkt- bzw. technologiebezogen sind und sich daher nicht allgemein durchgesetzt haben, wurde von Codd et al in [CCS93] vorgestellt.

19.2 Multidimensionales Datenmodell

Mit dem Begriff OLAP ist ein besonderes Datenmodell verbunden, das als Weiterentwicklung von Tabellenkalkulationsprogrammen aufgefaßt werden kann. Wir werden dieses sogenannte *multidimensionale Datenmodell* im folgenden kurz skizzieren und dessen Besonderheiten aufzeigen.

19.2.1 Multidimensionale Daten: Der Datenwürfel

Das multidimensionale Datenmodell wird oft kurz mit dem Begriff *Datenwürfel*, engl. *Data Cube*, charakterisiert. Die einzelnen Daten, oft Kennzahlen wie Geldbeträge, werden nach verschiedenen *Dimensionen* organisiert.

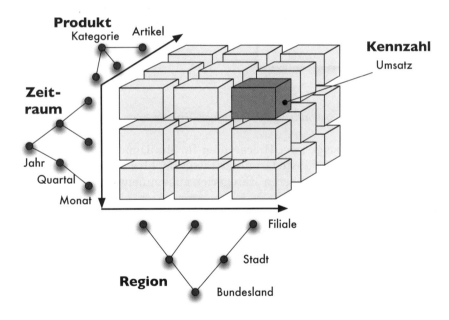

Abbildung 19.3: Datenwürfel

Bei drei Dimensionen könnten Umsatzdaten unseres Weinhandels etwa nach den Regionen, der Zeit und nach Produktgruppen organisiert werden. Die graphische Darstellung kann als *Datenwürfel*, wie in Abbildung 19.3, erfolgen. Im Allgemeinen handelt es sich dann um Hyperwürfel mit Dimensionszahlen größer als drei[2].

19.2.2 Hierarchische Dimensionen

Die Dimensionen eines Datenwürfels sind in der Regel hierarchisch gegliedert. So werden Produkte in Produktklassen, diese wiederum in Produktgruppen zusammengefaßt. Ähnliches gilt für die geographische Aufteilung in Stadtbezirke, Städte, Bundesländer und Staaten.

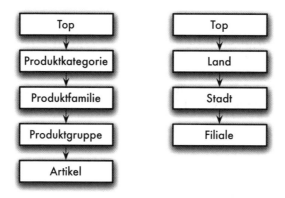

Abbildung 19.4: Einfache Hierarchien

Abbildung 19.4 zeigt zwei Hierarchien für die Dimensionen Produkt und Region. Unten steht die feinste Granularitätsstufe, hier Filialen und Produkte. Diese werden jeweils zu gröberen Kategorien zusammengefasst. Die Kategorie Top fasst alle Einträge einer Dimension zusammen.

Leider handelt es sich bei der Dimensionsgliederung nicht immer um reine Hierarchien, da kein Baum, sondern ein gerichteter, azyklischer Graph entsteht. Typisches Beispiel ist die Zeit-Dimension, in der die Aufteilung nach Wochen unabhängig von der Zusammenfassung nach Monaten ist, wie in Abbildung 19.5 dargestellt. Derartige Strukturen werden als *multiple Hierarchien* bezeichnet.

Für hierarchische Dimensionen in einem Datenwürfel werden die untersten („feinsten") Daten als Grundwerte gespeichert, während für die anderen Werte die Zahlen durch Aggregation abgeleitet werden können.

---

[2]Genau genommen handelt es sich natürlich nicht um Würfel, da die Dimensionen eine unterschiedliche Aufteilung haben können. Der Begriff ist allerdings offenbar derartig aussagekräftig, dass sich ein anderer Name sicherlich nicht mehr durchsetzen dürfte.

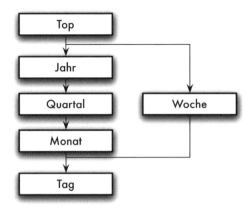

Abbildung 19.5: Multiple Hierarchie der Zeit-Dimension

19.2.3 Formalisierung von Dimensionen und Datenwürfel

In diesem Abschnitt geben wir eine knappe Formalisierung der bisher vorgestellten Konzepte an. Formalisiert werden Dimensionen, Datenwürfel und zu aggregierende Fakten.

Dimensionen

Wir beginnen mit dem Schema einer Dimension D. Basis der Formalisierung ist eine partiell geordnete Menge von Kategorienattributen:

$$(\{D_1, \ldots, D_n, Top_D\}; \rightarrow)$$

Das generische maximale Element Top_D fasst alle Kategorien zusammen. Funktionale Abhängigkeiten $\rightarrow$ beschreiben den Zusammenhang der Kategorienattribute. Es gelten folgende Bedingungen:

- Top_D wird von allen Attributen funktional bestimmt:

$$\forall i, 1 \leq i \leq n : D_i \rightarrow Top_D$$

- Es gibt genau ein D_i, das alle anderen Kategorieattribute bestimmt. Dieses D_i gibt die feinste Granularität einer Dimension vor:

$$\exists i, 1 \leq i \leq n, \forall j, 1 \leq j \leq n, i \neq j : D_i \rightarrow D_j$$

Wir können verschiedene Arten von Kategorienattributen unterscheiden. Das sogenannte *Primärattribut* ist das Kategorienattribut, das alle anderen Attribute einer Dimension bestimmt. Es definiert die maximale Feinheit. Typische Primärattribute sind Filiale, Tag oder Produkt.

Die eigentlichen *Klassifikationsattribute* sind die Elemente der Menge, die eine mehrstufige Kategorisierung (Klassifikationshierarchie) bilden. Beispiel in unserem Szenario wären Monat oder Region.

Weiterhin können sogenannte *dimensionale Attribute* existieren. Dies sind Attribute, die vom Primärattribut oder einem Klassifikationsattribut bestimmt werden und nur Top_D bestimmen. Sie liefern keinen Beitrag zur Klassifikation, können aber in Anfragen genutzt werden. Typische Beispiele sind Adresse oder Telefon. Wir werden die dimensionalen Attribute im Folgenden nicht weiter betrachten.

Kennzahlen

Kennzahlen sind die Einträge im Würfel. Kennzahlen werden oft auch als Fakten (engl. *Facts* oder *Measures*) bezeichnet. Kennzahlen sind (verdichtete) numerische Messgrößen und beschreiben in der Regel betriebswirtschaftliche Sachverhalte. Wir bezeichnen mit *Fakt* eine aus den Datenquellen extrahierte Basiskennzahl. Eine allgemeine *Kennzahl* wird aus derartigen Fakten durch Anwendung arithmetischer Operationen konstruiert (abgeleitete Kennzahl). Typische Beispiele für abgeleitete Kennzahlen sind Umsatz, Gewinn, Verlust oder Deckungsbeitrag.

Auch für einen Fakt geben wir ein Schema an. Dieses Schema wird durch zwei Bestandteile spezifiziert:

- Die *Granularität* $G = \{G_1, \ldots, G_k\}$ gibt den „Detailliertheitsgrad" der Fakten und die Auswahl der relevanten Dimensionen an.

  G ist eine unabhängige Teilmenge der Kategorienattribute aller im Schema existierenden Dimensionsschemata $DS_1, \ldots, DS_n$. Unabhängig bedeutet hierbei, dass die G_i nicht in einer funktionalen Beziehung zueinander stehen.

- Der *Summationstyp SumTyp* gibt an, wie bei einer Verdichtung der Kennzahl zu verfahren ist. Summationstypen werden später noch ausführlicher besprochen, da sie für die Anfragebearbeitung von großer Bedeutung sind.

Eine abgeleitete Kennzahl M ist definiert durch

- eine Granularität G,
- eine Berechnungsvorschrift $f()$ über Fakten sowie
- einem Summationstyp *SumTyp*.

Die Berechnung erfolgt über einer nichtleeren Teilmenge der im Schema existierenden Fakten. Das Schema einer Kennzahl ist also ein Drei-Tupel wie folgt:

$$M = (G, f(F_1, \ldots, F_k), SumTyp)$$

Die Berechnung einer Kennzahl kann durch Skalarfunktionen auf Fakten erfolgen, etwa

$$Umsatzsteueranteil = Menge \cdot Preis \cdot Steuersatz$$

. Des weiteren können Aggregationsfunktionen `sum()`, `avg()`, `min()`, `max()`, `count()` oder ordnungsbasierte Funktionen wie `top(`n`)` eingesetzt werden.

Der Datenwürfel

Der *Datenwürfel* (engl. *Cube*, eigentlich Quader) bildet nun die Grundlage der multidimensionalen Analyse. Die Kanten des Würfels beschreiben die *Dimensionen*. Die Zellen beinhalten eine oder mehrere *Kennzahlen* (als Funktion der Dimensionen). Die Anzahl der Dimensionen wird als *Dimensionalität* bezeichnet.

Das Schema C eines Würfels ist durch folgende Bestandteile gegeben:

- die Menge der Dimensionen(-schemata) DS,
- und die Menge der Kennzahlen M.

Es gilt also

$$C = (DS, M) = (\{DS^1, \ldots, DS^n\}, \{M^1, \ldots, M^m\})$$

In multidimensionalen Schemata gilt *Orthogonalität*, d.h. es darf keine funktionalen Abhängigkeiten zwischen Attributen unterschiedlicher Dimensionen geben, also:

$$\forall i, 1 \leq i \leq n, \forall j, 1 \leq j \leq n, i \neq j \neg \exists k, l : DS^i.D_k \rightarrow DS^j.D_l$$

19.2.4 Summierbarkeit

Bei der Formalisierung des Datenwürfels wurde mehrfach der Summationstyp erwähnt. Die Zuweisung eines *Summationstyps* charakterisiert erlaubte Aggregationsoperationen. Folgende drei Summationstypen werden unterschieden:

- Bei der Angabe *FLOW* sind Fakten und Kennzahlen beliebig aggregierbar. Typisches Beispiel ist die Bestellmenge eines Artikels pro Tag.

- Mit *STOCK* wird ein zeitlich andauernder Bestand bezeichnet. Werte sind beliebig aggregierbar mit Ausnahme der temporalen Dimension. Beispiele sind Lagerbestände oder die Einwohnerzahl pro Stadt.

- Mit *VALUE-PER-UNIT* (VPU) schließlich werden aktuelle Zustände, die nicht summierbar sind, charakterisiert. Hier sind zur Verdichtung nur `min`, `max`, `avg` erlaubt. Beispiele sind Wechselkurse oder Steuersätze.

Tabelle 19.2 fasst die Eigenschaften der Summierbarkeit noch einmal zusammen.

	FLOW	STOCK		VPU
		Aggregation über temporale Dimension?		
		nein	ja	
min/max	+	+	+	+
sum	+	−	+	−
avg	+	+	+	+
count	+	+	+	+

Tabelle 19.2: Summierbarkeit von Kennzahlen

19.3 MOLAP und ROLAP

Für OLAP sind einige Architekturvarianten entwickelt wurden, die in der Regel mit einem vorangestellten Buchstaben identifiziert werden:

- *MOLAP*: Das Kürzel MOLAP steht für *multidimensionales OLAP*. Charakteristisch ist eine eigene Datenhaltung in Form eines Datenwürfels, oft realisiert als direkte Speicherung von Matrizen. Ein spezielles Problem ist dabei die Speicherung dünn besetzter Datenwürfel.

  Zusätzlich zum Datenwürfel muss eine Speicherung der Dimensionshierarchien erfolgen.

- *ROLAP*: Das Kürzel steht für *relationales OLAP*. Die Speicherung erfolgt in Relationen, bei denen die Dimensionswerte zusammen den Primärschlüssel bilden, so dass dünn besetzte Datenwürfel unproblematisch sind. Auch die Speicherung der Dimensionsinformation erfolgt relational in Form eines sogenannten Stern- oder Schneeflockenschemas.

- *HOLAP*: HOLAP steht für *hybrides OLAP*, also für Systeme, die eine Speicherung sowohl gemäß ROLAP als auch gemäß MOLAP unterstützen.

In diesem Abschnitt werden einige mit MOLAP und ROLAP verbundene Konzepte diskutiert.

19.3.1 MOLAP-Operationen

Wir betrachten nun als weitere mögliche Ergänzung der klassischen Algebraoperationen einige typische Operationen auf Datenwürfeln. In Data Warehouses sind neben den folgenden speziellen Operationen natürlich auch die bekannten relationalen Operationen, etwa Selektion eines Datumszeitraums, relevant.

Als erste Klasse von Operationen betrachten wir diejenigen Operationen, die es erlauben, die Hierarchieebenen der Dimensionen zu wechseln und somit verschiedene Abstraktionsebenen in der Datenwürfeldarstellung auszuwählen.

- Die Operation **drill down** ermöglicht ein „Hineinnavigieren" in eine abstrakte Darstellung hinein, indem aggregierte Darstellungen auf ein feineres Granulat einer Dimension heruntergebrochen werden. Typisches Beispiel ist der Übergang von Quartalsdarstellung auf Monatsdarstellung der Zeitachse.

- Die Operation **roll up** (auch **drill up** genannt) ermöglicht die inverse Operation durch Aggregieren von Daten. Die Operation entspricht daher einem **group by** mit Wertaggregierung von SQL, wenn ein einzelnes Attribut vorgegeben wird.

Die Abbildung 19.6 verdeutlicht den Zusammenhang zwischen den beiden Operationen **drill down** und **roll up**.

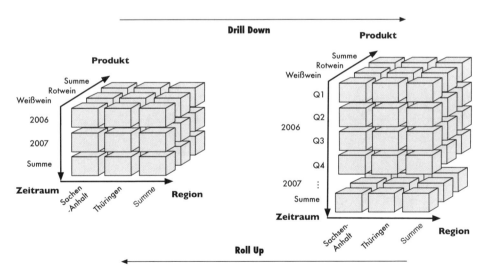

Abbildung 19.6: Die Operationen **drill down** *und* **roll up**

Eine weitere wichtige Operation im Kontext von OLAP ist die Erstellung von Kreuztabellen (**cross-tab** für *Cross Tabulation*). Dabei wird zum Beispiel für ein zweidimensionales Array sowohl die Summe über die Zeilen als auch über die Spalten und zusätzlich die Gesamtsumme angezeigt.

	klein	mittel	groß	**Total**
hell	108	35	10	153
dunkel	20	10	5	35
Total	128	45	15	188

Abbildung 19.7: Beispiel für **cross-tab**

Abbildung 19.7 zeigt eine derartige *Überkreuzrechnung* mittel **cross-tab**. Die Lagerzahlen für fiktive Produkte werden in einer Matrix notiert, wobei die zwei Dimensionen durch die Helligkeit und die Größe gegeben werden. In den Total-Einträgen wird aufsummiert.

Eine derartige **cross-tab**-Rechnung kann auch relational gespeichert werden (vergl. [SKS97, Abschnitt 21.2]). Dazu wird ein spezieller Eintrag **all** eingeführt, der die Zeilen mit aggregierten Werten und das aggregierte Attribut kennzeichnet. Abbildung 19.8 zeigt die relationale Darstellung der Matrix aus Abbildung 19.7.

Farbe	Größe	Anzahl
hell	klein	108
hell	mittel	35
hell	groß	10
hell	all	153
dunkel	klein	20
dunkel	mittel	10
dunkel	groß	5
dunkel	all	35
all	klein	128
all	mittel	45
all	groß	15
all	all	188

Abbildung 19.8: Relationale Darstellung des **cross-tab**

Die relationale Darstellung analog zu Abbildung 19.8 wird auch genutzt, eine relationale Variante des **cube**-Operators zu definieren, der in eine relationale Algebra eingebettet werden kann. In dieser Darstellung berechnet **cube** eine Relation als Ergebnis, die damit als Eingabe für den nächsten Operator dienen kann.

Neben den bisher genannten Operationen, die sich insbesondere mit der Manipulation der hierarchischen Dimensionsskalen und der Aggregierung von Werten beschäftigen, gibt es weitere Operationen zur Manipulation des Datenwürfels, die die Skalierung der Dimensionshierarchie und Aggregierungen nicht betreffen:

- Die Operation `slice` realisiert das Herausschneiden einer Scheibe aus einem Würfel. Im mehrdimensionalen Fall mit d Dimensionen ist die Scheibe natürlich ein $d-1$-dimensionaler Würfel. Die Operation `slice` verkleinert also die Dimensionszahl. Im Datenbankbereich würde man diese Operation als Konstantenselektion über einen Dimensionswert bezeichnen.

Die Abbildung 19.9 verdeutlicht den Effekt der `slice`-Operation.

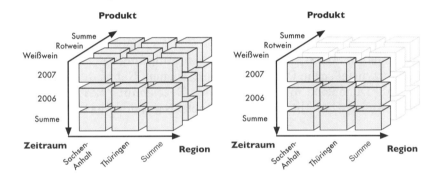

Abbildung 19.9: Die Operation `slice`

- Die Operation `dice`[3], auch als `rotate` bezeichnet, realisiert ein Vertauschen von Achsen des Würfels (die x-Achse wird zur y-Achse etc). Diese Operation ist wichtig für die Visualisierung, aber irrelevant für den Informationsgehalt.

Oft wird ein Operator `slice_and_dice` als Kombination von `slice` und `dice` eingesetzt.

- Neben der `slice`-Operation sind weitere Selektionen analog der relationalen Selektion sinnvoll. Ein Spezialfall ist die Festlegung eines *Fensters* in einer Dimension, etwa der Monate Februar bis Mai. Diese Art der Selektion ist die aus relationalen Datenbanken bekannte Bereichsanfrage.

---

[3] Das englische Wort *dice* bedeutet „würfeln".

- *Sortieroperationen* werden ebenfalls unterstützt. Wird nach Faktwerten sortiert, so spricht man hier auch von *Ranking*.

- Für analytische Untersuchungen ist oft die *Definition abgeleiteter Attribute* notwendig.

19.3.2 OLAP-Anfragesprachen: MDX

Für den Zugriff auf multidimensionale Daten wurde 1998 von Microsoft eine spezielle Anfragesprache MDX (Multidimensional Expressions) als Teil der „OLE DB for OLAP"-Schnittstelle vorgestellt, die inzwischen von einer Reihe von OLAP-Server-Herstellern unterstützt wird. MDX ermöglicht die Spezifikation von multidimensionalen Datensätzen mit Hilfe OLAP-typischer Anfragen, die entweder nach SQL übersetzt oder durch spezielle OLAP-Server ausgewertet werden. Zwar ist MDX nicht primär als Endbenutzersprache konzipiert, sondern vielmehr als Schnittstelle zwischen interaktiven OLAP-Werkzeugen und OLAP-Server gedacht, dennoch wollen wir die Sprache im Folgenden kurz vorstellen.

Die Basis für MDX-Anfragen bildet ein multidimensionales Schema aus einem Datenwürfel sowie Dimensionen mit Ebenen. Kennzahlen werden dabei ebenfalls als Dimension mit der speziellen Bezeichnung Measures behandelt. Eine MDX-Anfrage besteht aus einem **select-from-where**-Block und spezifiziert:

- in der **from**-Klausel den Würfel

- in der **select**-Klausel

  - die Anzahl der Achsen,
  - die Dimensionen, die auf Achsen projiziert werden und deren Schachtelung,
  - die Dimensionselemente und deren Sortierreihenfolge sowie

- in der **where**-Klausel die Dimensionselemente von nicht-projizierten Dimensionen zur Filterung der Daten (sogenannte Slicer).

Syntaktisch ist die Anfrage wie folgt aufgebaut:

```
select Achsenspezifikation [, Achsenspezifikation ]
from Würfelspezifikation
where Slicerspezifikation
```

Abbildung 19.10 illustriert diese Begriffe. Es soll eine Kreuztabelle mit den Umsätzen von Rot- und Weißwein in Thüringen in den einzelnen Quartalen des Jahres 2006 ausgegeben werden. Auf die beiden Achsen werden die Dimension

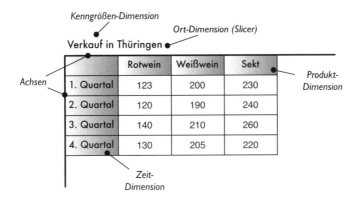

Abbildung 19.10: Aufteilung der Dimensionen in einer MDX-Anfrage

Zeit und Produkt projiziert, die Ort-Dimension wird als Slicer verwendet, um eine Beschränkung auf Thüringen durchzuführen. Die Kennzahl ist in diesem Fall Umsatz.

Mit der Achsenspezifikation wird festgelegt, welche Dimensionen bzw. Dimensionselemente auf welche Achse (Zeilen oder Spalten) projiziert werden. Einer Achse wird jeweils eine Menge von Tupeln zugeordnet: bei einer Dimension enthält jedes Tupel genau ein Element, bei n Dimensionen entsprechend n Elemente. Tupel adressieren somit immer eine einzelne Zelle oder einen Block von Zellen in einem Würfel.

Die Tupel können entweder explizit durch Angabe der Elemente oder durch einen Ausdruck zur Erzeugung spezifiziert werden, wobei Mengen immer durch { } eingeschlossen sind. Zur Mengenkonstruktion dienen spezielle Funktionen, die beispielsweise die Elemente der aktuellen Hierarchieebene einer Dimension (**members**) oder die Elemente der darunter liegenden Ebene (**children**) liefern. Weiterhin können Mengen auch über das Kreuzprodukt (**crossjoin**) erzeugt werden.

Die Elemente eines Tupels identifizieren die Datenzellen bezüglich einer Dimension und können in Form des Namens des Dimensionsebene (z.B. Ort.Bundesland oder Zeit.Jahr.Quartal) oder durch Angabe des konkreten Elementes (z.B. Ort.Thüringen oder Zeit.[2006]) spezifiziert werden. Die Verwendung von eckigen Klammern ist im Fall von Leerzeichen oder Zahlen in den Elementen notwendig.

Wir betrachten nun einige Beispiele für die Spezifikation von Dimensionselementen.

◄**Beispiel 19-1**► Sollen etwa die zwei Dimensionen Bundesland und Jahr auf eine Achse projiziert werden, müssen zweielementige Tupel gebildet werden.

Das folgende Beispiel nutzt eine explizite Aufzählung:

```
{ (Ort.[Thüringen], Zeit.[2006]),
  (Ort.[Sachsen-Anhalt], Zeit.[2006]) }
```

Unter Verwendung der oben erwähnten Funktionen wird mit folgendem Ausdruck eine eindimensionale Menge mit allen Bundesländern gebildet:

```
{ Ort.Bundesland.members }
```

Dagegen liefert der Ausdruck

```
{ Ort.[Sachsen-Anhalt].children }
```

alle zu Sachsen-Anhalt gehörenden Elemente der nächstniedrigeren Hierarchieebene, in diesem Fall also die erfassten Städte von Sachsen-Anhalt.

Mit dem **crossjoin**-Operator kann eine Menge als Kreuzprodukt zweier gegebener Mengen konstruiert werden. Im folgenden Beispiel etwa aus den Bundesländern und den Monaten des Jahres 2006:

```
crossjoin( { Ort.Bundesland.members }, { Zeit.[2006].children })
```

□

Die auf diese Weise spezifizierten Tupelmengen der Dimensionen können nun auf die Achsen einer Kreuztabelle projiziert werden. Grundsätzlich sind dabei bis zu 128 Achsen möglich, wobei nur die x-Achse mit **columns** und die y-Achse mit **rows** explizit bezeichnet werden. Alle weiteren Achsen werden nur durchnummeriert. Die Zuordnung erfolgt in der **select**-Klausel durch folgende Notation:

Menge **on** *Achsenbezeicher*

mit **rows**, **columns** bzw. **axis**(*index*) als Achsenbezeichner.

In der **where**-Klausel werden die Slicer spezifiziert. Hierbei werden einerseits die anzuzeigende Kenngröße ausgewählt, zusätzlich ist eine Filterung bezüglich der Dimensionen möglich, die nicht einer Achse zugeordnet sind. Hinter **where** muss ein Tupel angegeben werden, so dass beispielsweise mit dem Ausdruck

```
where (Measures.[Umsatz], Zeit.[2006])
```

eine Auswahl der Kenngröße Umsatz im Jahr 2006 spezifiziert wird. Es ist zu beachten, dass Dimensionen, die bereits auf Achsen projiziert sind, nicht mehr in der **where**-Klausel verwendet werden dürfen.

Mit diesen Elementen können wir nun eine vollständige Anfrage formulieren. Die einfachste Form ist eine Projektion der Kennzahlen (d.h. der Measures-Dimension) auf eine der Achsen:

```
select { Measures.[Umsatz] } on columns
from Verkauf
```

Das Ergebnis dieser Anfrage ist eine einfache Tabelle mit nur einer Zeile und einer Spalte, in der der Gesamtumsatz ausgegeben wird. Projiziert man jedoch beispielsweise zusätzlich die Ort-Dimension auf die zweite Achse

```
select { Measures.[Umsatz] } on columns,
   { Zeit.Jahr.members } on rows
from Verkauf
```

so ergibt sich das folgende Ergebnis:

Jahr	Umsatz
2005	1300
2006	1450

Das folgende komplexere Beispiel demonstriert einige der oben eingeführten Konstrukte.

◀**Beispiel 19-2**▶ Als Ergebnis soll die in Abbildung 19.11 dargestellte Tabelle ausgegeben werden, die die Umsatzzahlen der Produktgruppen Rotwein und Weißwein im Jahr 2006 für Sachsen-Anhalt und Thüringen auflistet, wobei für das 1. und 4. Quartal auch die Monatsergebnisse und für Sachsen-Anhalt die Zahlen der Großstädte dargestellt werden sollen.

Umsatz 2006

		Rotwein			Weißwein		
		Sachsen-Anh.		Thüringen	Sachsen-Anh.		Thüringen
		Magdeburg	Halle		Magdeburg	Halle	
Q1	Jan	14	12	25	12	9	22
	Feb	13	10	22	11	9	21
	Mär	15	14	23	11	10	22
Q2		42	40	82	39	37	75
Q3		44	42	80	37	35	73
Q4	Okt	13	12	23	10	10	22
	Nov	14	12	24	9	10	21
	Dez	16	14	26	12	11	20

Abbildung 19.11: Ergebnistabelle der MDX-Anfrage

In der entsprechenden Anfrage müssen die Produkt- und Ort-Dimensionen auf die Spalten projiziert werden, während die Elemente der Zeit-Dimension in der gewünschten Granularität auf die Zeilenachse projiziert werden. Im Slicer wird nur die Umsatzkennzahl spezifiziert:

```
select crossjoin({ Produkt.Kategorie.Gruppe.[Rotwein],
       Produkt.Kategorie.Gruppe.[Weißwein] },
     { Ort.[Sachsen-Anhalt].children, Ort.[Thüringen] })
     on columns,
     { Zeit.[2006].[Q1].children, Zeit.[2006].[Q2],
       Zeit.[2006].[Q3], Zeit.[2006].[Q4].children }
     on rows
from Verkauf
where (Measures.[Umsatz])
```

□

Neben diesen Grundfunktionen bietet MDX noch eine Reihe weiterer Funktionalitäten, welche die Formulierung komplexerer OLAP-Anfragen vereinfachen. Hierzu zählen u.a. die Filterung von Mengen als Teil der select-Klausel, Funktionen für Zeitreihen und Zeitintervalle, Mengenoperationen, Aggregationen sowie die Top-k-Funktionen. Details hierzu können dem MDX-Teil der SQL-Server-Dokumentation von Microsoft [Mic] oder etwa [MS03] entnommen werden.

19.3.3 Snowflake- und Star-Schema

Eng verknüpft mit der relationalen Darstellung von OLAP-Daten sind die Begriffe des *Stern-Schemas* und des *Schneeflocken-Schemas*, die wir kurz vorstellen werden.

Ein *Stern-Schema* oder engl. *Star Schema*, modelliert multidimensionale Daten mit einer *Faktentabelle* und separaten Tabellen für die Dimensionsskalen. Der Schlüssel der Faktentabellen ist aus den Schlüsseln der Dimensionstabellen zusammengesetzt. Fremdschlüsselbedingungen stellen sicher, dass Fakten tatsächlichen Dimensionswerten zugeordnet sind. Abbildung 19.12 zeigt ein Beispiel für ein Stern-Schema. Die Fakten sind drei Dimensionsskalen zugeordnet.

Ein Stern-Schema modelliert allerdings nicht die Hierarchien der Dimensionsskalen. Dies führt unter anderem dazu, dass die Dimensionstabellen nicht normalisiert sind, da die Hierarchien in den Dimensionswerten zu transitiven Abhängigkeiten führen. Dieses Problem wird durch die Erweiterung zu *Schneeflocken-Schemata*, engl. *Snowflake Schema*, gelöst.

Ein Schneeflocken-Schema modelliert die Hierarchie der Dimensionen durch eine Hierarchie von Einzelrelationen, die mit Fremdschlüsselbedingungen verbunden sind.

Die Abbildung 19.13 zeigt ein Beispiel für ein Schneeflocken-Schema. Der Vergleich mit Schneeflocken ist durch die Verzweigungen motiviert, die im Beispiel für die Zeitdimension auftreten.

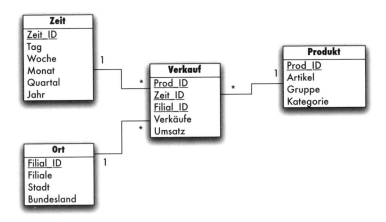

Abbildung 19.12: Beispiel für ein Star-Schema

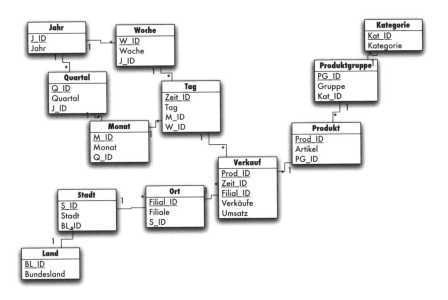

Abbildung 19.13: Beispiel für ein Snowflake-Schema

19.3 MOLAP und ROLAP

Die Modellierung eines Schneeflocken-Schemas entspricht somit der Normalisierung bezüglich transitiver Abhängigkeiten, also der Konstruktion der dritten Normalform für Dimensionstabellen.

Ein wichtiger Nebeneffekt der Normalisierung ist die Tatsache, dass dadurch direkt eine Effizienzerhöhung durch Abspeicherung aggregierter Daten möglich ist. Die aggregierten Ergebnisse einer Operation auf Datenwürfeln (**cube**-Operation) können in den Dimensionstabellen redundanzfrei abgespeichert werden, indem die Dimensionstupel um ein Datenfeld erweitert werden, also etwa Umsatz pro Monat und Umsatz pro Jahr.

Erkauft wird diese potentielle Effizienzsteigerung durch einen erhöhten Aufwand bei Anfragen, der dadurch entsteht, dass bei Analysen auf höheren Verdichtungsstufen die Dimensionen jeweils durch aufwendige Verbundoperationen „zusammengesetzt" werden müssen. Ist dies effizienzkritisch, wird in der Regel die denormalisierte Form des Star-Schemas bevorzugt.

19.4 OLAP-Operationen und SQL

Die am weitesten verbreitete Plattform für Data Warehouses bilden nach wie vor relationale Datenbanksysteme. Daher müssen die in den vorangegangenen Abschnitten eingeführten OLAP-Operationen üblicherweise durch SQL-Anfragen realisiert werden. In den folgenden Abschnitten werden wir daher die Grundstruktur derartiger Anfragen behandeln und die mit SQL:1999 bzw. SQL:2003 unter der Bezeichnung SQL/OLAP eingeführten Erweiterungen zur Unterstützung von analytischen Anfragen vorstellen.

19.4.1 Relationale Umsetzung multidimensionaler Anfragen: Star Join

Eine typische Anfrage an Data Warehouses wählt aus einer großen Menge vorhandener Fakten meist einen bestimmten, in mehreren Dimensionen beschränkten Datenbereich aus und berechnet darauf Aggregationen.

◄**Beispiel 19-3**► Die folgende Fragestellung ist ein Beispiel für eine typische Anfrage im Data-Warehouse-Kontext, die als Kombination der OLAP-Operationen angesehen werden kann:

Welche *Umsätze* sind in den *Jahren* 2005 und 2006 in den *Warengruppen* Sekt und Rotwein in den *Bundesländern* Sachsen-Anhalt und Thüringen pro Monat und Ort angefallen?

Die Umsätze sind in diesem Fall die Fakten, die Einschränkung erfolgt bezüglich der Dimensionen Jahr, Bundesland, Warengruppe und die Aggregation ist die Summembildung über diese Dimensionen. □

Eine derartige Anfrage muss in eine SQL-Anfrage umgesetzt werden, wobei die konkrete Realisierung von der Art des Schemas (Star- oder Snowflake-Schema, Modellierung der Klassifikationshierarchien) abhängig ist. Ein häufiges Anfragemuster besteht jedoch aus folgenden Komponenten:

- einem $(n+1)$-Wege-Verbund zwischen n Dimensionstabellen und der Faktentabelle,
- Restriktionen über den Dimensionstabellen sowie
- Aggregationen über den Fakten in Verbindung mit Gruppierungen.

Dieses Muster wird wegen seiner Orientierung am Star-Schema auch *Star Join* genannt.

◄**Beispiel 19-4**► Die folgende Anfrage ist eine Umsetzung der Fragestellung aus Beispiel 19-3 auf Basis des Star-Schemas aus Abschnitt 19.3.3.

```
select O.Stadt, Z.Monat, sum(Umsatz)
from VERKAUF V, ZEIT Z, PRODUKT P, ORT O
where V.Prod_ID = P.Prod_ID and
   V.Zeit_ID = Z.Zeit_ID and
   V.Filial_ID = O.Filial_ID and
   (P.Gruppe = 'Rotwein' or P.Gruppe = 'Sekt') and
   (O.Bundesland = 'Thüringen' or
      O.Bundesland = 'Sachsen-Anhalt') and
   Z.Jahr between 2005 and 2006
group by O.Stadt, Z.Monat
```

□

Für die Festlegung der Ergebnisgranularität und die eigentliche Berechnung der Kennzahlen spielen Gruppierung und Aggregation somit eine wichtige Rolle. Die Standard-SQL-Möglichkeiten hierzu mit der **group by**-Klausel haben wir bereits in Kapitel 10 vorgestellt.

Die Gruppierung ermöglicht es auch, Tabellen mit Zwischen- und Gesamtsummen zu berechnen, d.h. beispielsweise neben den Ergebnissen der ausgewählten Jahre und Bundesläder auch noch die Gesamtzahlen. Abbildung 19.14 zeigt ein Beispiel einer solchen Tabelle. Die Zwischensummen sind in der Spalte für Umsätze pro Produkt und Jahr als Summe über die Bundesländer (Umsatz-Gruppe-Jahr) bzw. die Gesamtsumme in der Spalte für Umsätze pro Produkt (Umsatz-Gruppe) als Summe über Bundesländer und Jahre zu finden.

Gruppe	Jahr	Bundesland	Umsatz Gruppe-Jahr-Bundesland	Umsatz Gruppe-Jahr	Umsatz Gruppe
Rotwein	2005	Sachsen-Anhalt	135		
		Thüringen	120		
				255	
	2006	Sachsen-Anhalt	140		
		Thüringen	135		
				275	
					530

Abbildung 19.14: Auswertung mit Zwischen- und Gesamtsummen

Zur Berechnung mithilfe einer SQL-Anfrage bietet es sich an, die Tabellenstruktur geringfügig anzupassen, so dass die Zwischen- und Gesamtsummen einzeln über eigene Gruppierungsanfragen berechnet und anschließend durch den **union all**-Operator zusammengeführt werden können.

◄**Beispiel 19-5**► Die folgende Anfrage liefert eine Tabelle mit Zwischen- und Gesamtsummen, wobei die entsprechenden Tupel an den Nullwerten in den Dimensionen, über die summiert wird, zu erkennen sind:

```
-- Zwischensumme (1) über alle Jahre und Bundesländer
select Gruppe, null, null, sum(Umsatz)
   from VERKAUF V, PRODUKT P
   where V.Prod_ID = P.Prod_ID
   group by Gruppe
union all
-- Zwischensumme (2) über alle Bundesländer
select Gruppe, Jahr, null, sum(Umsatz)
   from VERKAUF V, PRODUKT P, ZEIT Z
   where V.Prod_ID = P.Prod_ID and V.Zeit_ID = Z.Zeit_ID
   group by Gruppe, Jahr
union all
-- Detaildaten
select Gruppe, Jahr, Bundesland, sum(Umsatz)
   from VERKAUF V, PRODUKT P, ZEIT Z, ORT O
   where V.Prod_ID = P.Prod_ID and V.Zeit_ID = Z.Zeit_ID and
      V.Filial_ID = O.Filial_ID
   group by Gruppe, Jahr, Bundesland
```

Die folgende Tabelle zeigt einen Ausschnitt des Ergebnisses:

Gruppe	Jahr	Bundesland	Umsatz
Rotwein	2005	Sachsen-Anhalt	135
Rotwein	2005	Thüringen	120
Rotwein	2005	⊥	120
Rotwein	2006	Sachsen-Anhalt	140
Rotwein	2006	Thüringen	135
Rotwein	2006	⊥	275
Rotwein	⊥	⊥	530

□

Derartige Anfragen werden auch von OLAP-Werkzeugen generiert, die Berichte mit Zwischensummen ausgeben bzw. die Drill-down- und Roll-up-Operationen unterstützen.

Allerdings hat die Variante mit dem **union**-Operator einen wesentlichen Nachteil: Bei der Berechnung aller Teilsummen für n Gruppierungsattribute sind 2^n Teilanfragen notwendig und jede dieser Teilanfragen erfordert nicht nur Gruppierung und Aggregation, sondern gegebenenfalls auch Verbunde mit den Dimensionstabellen. Dadurch ist nicht nur die Formulierung der Anfrage aufwendig, sondern auch die Ausführung.

19.4.2 **cube** und **rollup**

Aufgrund der beschriebenen Nachteile wurden zunächst als Ergänzung zu SQL:1999 und dann im Rahmen von SQL:2003 mit dem **cube**- und dem **rollup**-Operatoren Erweiterungen der Gruppierungsklausel aufgenommen, die auch von den kommerziellen DBMS unterstützt werden.

Der **cube**-Operator geht auf den Vorschlag von Gray und Koautoren [GBLP96, GCB+97] zurück. Im Prinzip handelt es sich um eine „Kurzform" für Anfragemuster zur Berechnung von Teil- und Gesamtsummen. Hierbei werden aus einer gegebenen Menge von Gruppierungsattributen alle möglichen Gruppierungskombinationen generiert, über die aggregiert werden kann. Bei der Angabe von drei Attributen $A_1, A_2,$ und A_3 werden die folgenden Gruppierungen und Aggregationen durchgeführt, wobei die erste Zeile einer Gruppierung über *alle* Werte entspricht:

group by $-$;
group by A_1;
group by A_2;
group by A_3;
group by A_1, A_2;
group by A_1, A_3;
group by A_2, A_3;
group by A_1, A_2, A_3;

Wie in unserem obigen Beispiel 19-5 werden in den Zwischensummen die aggregierten Dimensionen durch Nullwerte repräsentiert. Demzufolge ist das Gesamtaggregat mit der Aggregatfunktion $f()$ durch ein Tupel der Form

$$\text{null}, \text{null}, \ldots, \text{null}, f(*)$$

dargestellt, während höherdimensionale Ebene weniger Nullwerte aufweisen.

Der **cube**-Operator wird im Rahmen der **group by**-Klausel eingesetzt:

```
select ...
from ...
where ...
group by cube(gruppierungsattribute)
```

◄**Beispiel 19-6**► Die Anfrage aus Beispiel 19-5 kann unter Verwendung des **cube**-Operators wie folgt notiert werden:

```
select Gruppe, Bundesland, Jahr, sum(Umsatz)
from VERKAUF V, PRODUKT P, ORT O, ZEIT Z
where V.Prod_ID = P.Prod_ID and V.Zeit_ID = Z.Zeit_ID and
    V.Filial_ID = O.Filial_ID
group by cube(Gruppe, Bundesland, Jahr)
```

Diese Anfrage berechnet zur Eingaberelation VERKAUF alle Detaildaten sowie alle Teil- und Gesamtsummen:

Gruppe	Bundesland	Jahr	Umsatz
Rotwein	Sachsen-Anhalt	2005	45
Rotwein	Thüringen	2005	43
Rotwein	Sachsen-Anhalt	2006	47
Rotwein	Thüringen	2006	42

Gruppe	Bundesland	Jahr	Umsatz
Rotwein	Sachsen-Anhalt	2005	45
Rotwein	Thüringen	2005	43
...	...	...	...
Rotwein	Sachsen-Anhalt	$\perp$	92
Rotwein	Thüringen	$\perp$	85
Rotwein	$\perp$	2005	88
Rotwein	$\perp$	2006	89
Rotwein	$\perp$	$\perp$	177
$\perp$	Sachsen-Anhalt	2005	45
...	...	...	...
$\perp$	$\perp$	2005	88
$\perp$	$\perp$	2006	89
$\perp$	$\perp$	$\perp$	177

□

Die Eigenschaften des **cube**-Operators lassen sich wie folgt angeben:

- Bei einer Gruppierung über n Attribute $A_1, A_2, \ldots, A_n$ mit den Kardinalitäten $C_1, C_2, \ldots, C_n$ berechnet **cube**($A_1, A_2, \ldots, A_n$) eine Relation mit der folgenden Kardinalität:

$$\prod_{i=1}^{n}(C_i+1)$$

- Bei k Attributen in der **select**-Klausel ergeben sich $2^k - 1$ Super-Aggregate in der Ergebnisrelation.

Falls nicht alle Teilsummen im Ergebnis gewünscht werden, kann die **grouping**-Funktion in der **having**-Klausel genutzt werden. Diese Funktion erwartet ein Attribut bzw. eine Attributliste als Parameter und liefert

- 1, wenn über dieses Attribut aggregiert wurde und
- 0, wenn nach diesem Attribut gruppiert wurde.

◀**Beispiel 19-7**▶ Ein Beispiel ist die Unterdrückung der Gesamtsumme in der Anfrage aus Beispiel 19-6, indem die folgende **having**-Klausel eingefügt wird:

```
... having not (grouping(Gruppe) = 1 and
               grouping(Bundesland) = 1 and
               grouping(Jahr) = 1)
```

□

Der **cube**-Operator ist ein *interdimensionaler* Operator, der für Attribute aus unterschiedlichen Dimensionen anwendbar ist. Dadurch ist er aber auch für Roll-up- oder Drill-down-Operationen in einer Dimension oft zu aufwendig. Abhilfe schafft hier der **rollup**-Operator, der *intradimensional* wirkt: Zu einer gegebenen Attributliste $A_1, \ldots, A_n$ werden die folgenden Attributkombinationen für Gruppierungen gebildet:

$$(A_1, \ldots, A_n,), (A_1, \ldots, A_{n-1}), (A_1, A_2), (A_1), ()$$

Das folgende Beispiel zeigt eine einfache Anwendung dieses Operators.

◀**Beispiel 19-8**▶ Mit der Anfrage soll eine Roll-up-Operation entlang der Zeitdimension durchgeführt werden, d.h. die Umsatzzahlen sollen nicht nur tageweise angezeigt, sondern auch monats- und jahresweise summiert werden:

```
select Gruppe, Tag, Monat, Jahr, sum(Umsatz) as Umsatz
from VERKAUF V, ZEIT Z, PRODUKT P
where V.Zeit_ID = Z.Zeit_ID and V.Prod_ID = P.Prod_ID
   Jahr = 2006 and Gruppe = 'Rotwein'
group by rollup(Jahr, Monat, Tag)
```

Das Ergebnis dieser Anfrage ist folgende Tabelle:

Gruppe	Tag	Monat	Jahr	Umsatz
Rotwein	1	Januar	2006	100
Rotwein	2	Januar	2006	100
...	...	...	...	...
Rotwein	31	Januar	2006	100
Rotwein	⊥	Januar	2006	1200
Rotwein	1	Februar	2006	100
Rotwein	2	Februar	2006	100
...	...	...	...	...
Rotwein	28	Februar	2006	100
...	...	...	...	...
Rotwein	⊥	Februar	2006	100
...	...	...	...	...
Rotwein	⊥	⊥	2006	500

□

Werden mehrere Roll-up-Operationen in einer Anfrage angegeben, so wird das Kreuzprodukt der durch die Roll-ups generierten Attributkombinationen zur Gruppierung verwendet. Eine Anfrage mit

```
...group by rollup(Kategorie, Gruppe),
   rollup(Ort, Bundesland)
```

wird wie folgt ausgewertet:

- die erste Roll-up-Operation liefert: (Kategorie, Gruppe), (Kategorie),()

- die zweite Roll-up-Operation generiert: (Bundesland, Ort), (Bundesland), ()

- das Kreuzprodukt beider Kombinationen wird gebildet, so dass folgende Gruppierungen ausgeführt werden:

    ...

Im Vergleich zum **cube**-Operator generiert der **rollup**-Operator weniger Kombinationen: während es für n Attribute bei **cube** 2^n Kombinationen sind, liefert **rollup** nur $n+1$ Gruppierungskombinationen. Ein weiterer Unterschied ist, dass bei **rollup** die Reihenfolge der angegebenen Attribute wichtig ist: **rollup**(A_1, A_2) liefert ein anderes Ergebnis als **rollup**(A_2, A_1)!

Schließlich bietet SQL:2003 noch die Möglichkeit, mithilfe von **grouping sets** eine feingranulare Auswahl der Gruppen vorzunehmen. Während **cube** und **rollup** Gruppierungskombinationen generieren, werden die Kombinationen bei **grouping sets** explizit angegeben. Beispielsweise ist eine Gruppierung der Form

```
group by rollup(Jahr, Monat)
```

äquivalent zu

```
group by grouping sets((Jahr, Monat), (Jahr), ())
```

Somit lassen sich in Verbindung mit **rollup** und **cube** beliebig komplexe Gruppierungen vornehmen.

◄**Beispiel 19-9**► Die folgende Anfrage demonstriert die Möglichkeiten einer komplexen Gruppierung:

```
select ...
from VERKAUF, ...
where ...
group by
   rollup(Kategorie, Gruppe),  -- (1)
   grouping sets((Bundesland), (Ort)),  -- (2)
   grouping sets(
      rollup(Jahr, Quartal, Monat), (Woche))  -- (3)
```

Die Bedeutung der einzelnen Gruppierungen ist wie folgt:

(1) entlang der Klassifikationshierarchie für Produkte

(2) nur für Bundesländer und Orte

(3) Nutzung der Parallelhierarchien (Jahr→Quartal→Monat) sowie Woche

☐

19.4.3 OLAP-Funktionen in SQL:2003

Neben der erweiterten Gruppierungsmöglichkeiten sind in SQL:2003 auch eine Reihe von neuen Funktionen speziell für die Datenanalyse verfügbar. Insbesondere in Verbindung mit der *fensterbasierten Partitionierung* lassen sich mit diesen Funktionen komplexe OLAP-Anfragen formulieren.

Die wichtigste Erweiterung ist die Möglichkeit, analytische Funktionen (auch als OLAP-Funktionen bezeichnet) über sogenannten Fenstern auszuführen. Ein Fenster (engl. *Window*) spezifiziert eine Folge von Tupeln mit einer definierten Ordnung, beispielsweise die Einträge der letzten 30 Tage, wobei die Ordnung hier durch das Datum gegeben ist. Der wesentliche Unterschied zur klassischen Anwendung von Aggregatfunktionen ist, dass das Fenster, auf dem die Funktion angewendet wird, lokal für *jedes* Tupel berechnet wird. Auf diese Weise können in Verbindung mit Aggregatfunktionen Anfragen mit gleitendem Durchschnitt, kumulierten Summen oder Ratio-to-Total-Anfragen formuliert werden.

◄**Beispiel 19-10**► In diesem und den folgenden Beispielen gehen wir von einer einfachen Relation WEIN_PRODUKTION aus, die zu jedem Wein und Tag (Datum) die Tagesproduktion (Menge) enthält. Aus dieser Relation kann u.a. die folgende Tabelle abgeleitet werden, die ein Beispiel für eine Ratio-to-Total-Analyse gibt, wobei für jeden Tag der Anteil des Tagesumsatzes (Ratio) am Gesamtumsatz des Monats (Total) dargestellt ist.

WEIN_PRODUKTION	Wein	Datum	Menge	Anteil	MonatGesamt
	Zinfandel	01-AUG-2007	58	4,669	1242
	Zinfandel	02-AUG-2007	52	4,186	1242
	Zinfandel	03-AUG-2007	64	5,152	1242
	Zinfandel	04-AUG-2007	0	0,000	1242
		...			
	Zinfandel	31-AUG-2007	47	3,784	1242
		...			

□

Die Definition eines Fensters kann als Teil der Projektion oder durch ein explizites **window**-Konstrukt erfolgen. In beiden Fällen gibt es folgende (optionale) Teile:

- eine Partitionierungsklausel **partition by**, die eine Aufteilung des Eingabestroms der OLAP-Funktion in Partitionen mit jeweils gleichen Werten beschreibt (ähnlich **group by**),

- eine Ordnungsklausel **order by** zur Spezifikation einer attributlokalen Ordnung (ähnlich der **order by**-Klausel im SFW-Block von SQL),

- eine Definition des Aggregatfensters, d.h. den Bereich des Eingabestroms, auf den die Aggregation angewendet werden soll.

Bei der Notation als Teil der Projektion werden diese Komponenten im Rahmen einer **over**-Klausel hinter einer Aggregatfunktion angegeben (Abbildung 19.15). Betrachten wir hierzu ein Beispiel.

◄**Beispiel 19-11**► Die in Beispiel 19-10 gezeigte Tabelle kann mithilfe von OLAP-Funktionen auf einfache Weise erzeugt werden:

```
select Wein, Datum, Menge,
       100.0*Menge/sum(Menge) over() as Anteil,
       sum(Menge) over() as MonatGesamt
from WEIN_PRODUKTION
where Wein='Zinfandel' and month(Datum) = 8
```

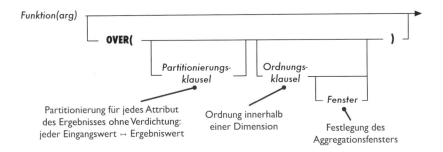

Abbildung 19.15: Syntax der OLAP-Funktionen

In dieser Anfrage wird die **partition by**-Klausel noch nicht benötigt, da die Anteile bezüglich des Gesamtaggregatwertes berechnet werden. Sollen dagegen die Anteile hinsichtlich der Monatszahlen bestimmt werden, muss eine Partitionierung nach dem Monat erfolgen. Dies ist prinzipiell mit einer Gruppierung vergleichbar, allerdings geschieht die Partitionierung pro Attribut bzw. pro Anweisung der Aggregationsoperation und wird lokal für jeden Eintrag generiert. Bei der Aggregation werden demzufolge jeweils alle Einträge der Partition einbezogen. Werden in der **select**-Klausel mehrere Aggregatfunktionen verwendet, gibt es auch keinen Konflikt bei unterschiedlichen Partitionen.

◄**Beispiel 19-12**► Die Anfrage aus Beispiel 19-11 soll nun so erweitert werden, dass für jeden Monat die Gesamtmenge sowie die sich darauf beziehenden Tagesanteile berechnet werden. Hierzu kann die **partition by**-Klausel genutzt werden.

```
select Wein, Datum, Menge, 100.0*Menge/sum(Menge) over(
       partition by month(Datum)) as MonatAnteil,
    sum(Menge) over(partition by month(Datum)) as MonatGesamt
from WEIN_PRODUKTION
where Wein='Zinfandel'
```

Soll dies nicht nur für einen Wein, sondern für jeden Wein getrennt erfolgen, so kann nach Monat und Wein partitioniert werden:

```
select Wein, Datum, Menge, 100.0*Menge/sum(Menge) over(
       partition by month(Datum), Wein) as MonatAnteil,
    sum(Menge) over(partition by month(Datum), Wein) as MonatGesamt
from WEIN_PRODUKTION
```

Eine Kombination mit der Gruppierung ist dagegen nicht so einfach möglich, da nach dem **group by** nicht mehr alle benötigten Attribute als Nichtgruppierungsattribute verfügbar sind.

□

Schließlich kann für jede Partition mithilfe der **order by**-Klausel noch eine attributlokale Ordnung festgelegt werden, d.h. die Elemente der Partition werden sortiert, bevor die Aggregatfunktion angewendet wird. Dadurch lassen sich bequem laufende Summen oder gleitende Durchschnitte berechnen.

◄**Beispiel 19-13**► Mit der folgenden Anfrage werden die kumulierten Verkaufszahlen pro Monat sowie über den Gesamtzeitraum berechnet:

```
select Wein, Datum,
       sum(Menge) over(order by Datum) as SummeGesamt,
       sum(Menge) over(
           partition by month(Datum) order by Datum) as SummeMonat
from WEIN_PRODUKTION
where Wein='Zinfandel'
```

□

An diesem Beispiel wird auch das Prinzip dieser *sequenzorientierten* OLAP-Funktionen deutlich: das Analysefenster wird schrittweise vergrößert, indem jedes gelesene Eingangstupel in das Ergebnistupel einbezogen wird. Die Position bezüglich der definierten Ordnung entspricht somit der Anzahl der im Ergebnistupel berücksichtigten Eingabetupel. Am Monatsersten ein Wert, am Zweiten zwei Werte, am Dritten drei Werte usw. Jedes Eingabetupel führt aber gleichzeitig zur Erzeugung eines Ergebnistupels.

Dies kann beispielsweise auch für Ranking-Analysen ausgenutzt werden. Hierzu stehen zwei spezielle Funktionen zur Verfügung:

- **rank()** liefert den Rang eines Tupels bzgl. vorgegebener Ordnung innerhalb der Partition, wobei bei Duplikaten der gleiche Rang vergeben wird. Bei den nachfolgenden Tupeln wird der Rang dann mit einer entsprechenden Lücke versehen.

- **dense_rank()**: verhält sich wie **rank()**, jedoch ohne Lücken.

◄**Beispiel 19-14**► Eine einfache Anwendung dieser Funktionen ist ein Ranking der Tage nach den Verkaufszahlen:

```
select Datum, rank() over(order by Menge) as Rang
from WEIN_PRODUKTION
where Wein='Zinfandel'
```

Auch bei den Ranking-Funktionen kann eine Partitionierung der Eingabemenge vorgenommen werden: Der Rang wird dann pro Partition bestimmt.

◄**Beispiel 19-15**► Auf diese Weise lässt sich etwa in einer Anfrage eine Top-3-Liste der Tage mit den höchsten Verkaufszahlen pro Monat erzeugen:

```
select P.Datum, P.TopMonat
from (
    select Datum, rank() over(
        partition by month(Datum)
        order by Menge desc) as TopMonat
    from WEIN_PRODUKTION) as P
where P.TopMonat <= 3 and Wein = 'Zinfandel'
order by P.TopMonat desc
```

□

Mithilfe der **rank**-Funktion lassen sich die in Abschnitt 10.3 bereits erwähnten Top-k-Anfragen deutlich einfacher formulieren.

Bisher haben wir nur implizit wachsende Fenstergrößen für Partitionen betrachtet: Alle Eingabetupel werden der jeweiligen Partition zugeordnet. Mit den OLAP-Funktionen lassen sich jedoch auch dynamische Fenster bilden, indem die Fenster explizit spezifiziert wird. Dies erfolgt, indem zum einen Art und Weise der Sequenzbildung im Fenster und zum anderen die Grenzen des Fenster festgelegt werden.

Die Sequenz im Fenster wird entweder über die Anzahl der Tupel (**rows**) oder die Anzahl der wertmäßig verschiedenen Tupel (**range**) beschrieben. Die Fenstergrenzen werden durch den Ausdruck

> **between** *untereGrenze* **and** *obereGrenze*

definiert, wobei folgende Angaben möglich sind:

- **current row** bezeichnet das aktuelle Tupel,
- **unbounded preceding** repräsentiert das erste Tupel der aktuellen Partition,
- **unbounded following** bezeichnet das letzte Tupel der aktuellen Partition,
- n **preceding** ist der n-te Vorgänger relativ zur aktuellen Position,
- n **following** ist entsprechend der n-te Nachfolger relativ zur aktuellen Position.

Zu beachten ist, dass die obere Grenze immer größer als die untere Grenze sein muss. Außerdem sind die Fenster nicht notwendigerweise gleich groß: Wird ein Fenster als

rows between 3 **preceding and** 3 **following**

definiert, so umfasst das Fenster beim ersten Tupel der Partition nur dieses und die drei folgenden, entsprechend beim letzten Tupel nur noch die drei Vorgängertupel. Fehlt dagegen **between**, entspricht die Obergrenze immer dem aktuellen Tupel **current row**.

In Abbildung 19.16 sind einige Beispiele zur Demonstration der Fensterklauseln angegeben – das aktuelle Tupel ist jeweils grau hinterlegt.

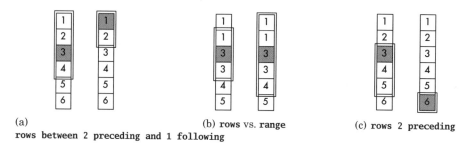

(a)
rows between 2 preceding and 1 following

(b) rows vs. range

(c) rows 2 preceding

Abbildung 19.16: Beispiele für Fensterdeklarationen in OLAP-Funktionen

Betrachten wir nun die Anwendung dynamischer Fenster in Anfragen mit OLAP-Funktionen. Eine typische Anwendung ist die Berechnung eines gleitenden Durchschnitts einer Kennzahl über ein Fenster von mehreren Tagen. Der gleitende Durchschnitt hat gegenüber den Tageswerten den Vorteil, dass eine Glättung der Werte erfolgt, die mit Zunahme der Fenstergröße wächst.

◂**Beispiel 19-16**▸ Für die Verkaufszahlen soll monatsweise der gleitender Durchschnitt über einem Fünf-Tage-Fenster berechnet werden:

```
select Datum, avg(Menge) over(
    partition by month(Datum)
    order by Datum
    rows between 2 preceding
    and 2 following) as Durch5Tage
from WEIN_PRODUKTION
where Wein = 'Zinfandel'
```

□

Darüber hinaus lassen sich mithilfe der **exclude**-Klausel auch noch das aktuelle Tupel sowie bei Bedarf die Tupel mit dem gleichen Sortierwert entfernen.

Neben der impliziten, als Teil einer Projektion notierten Definition eines Fensters sieht der SQL-Standard auch eine alternative explizite **window**-Klausel vor, die im SFW-Block nach einem eventuell vorhandenen **group by** anzugeben ist.

◀**Beispiel 19-17**▶ Die Anfrage aus Beispiel 19-13 kann damit auch wie folgt notiert werden:

```
select Wein, Datum,
       sum(Menge) over(order by Datum) as SummeGesamt,
       sum(Menge) over w as SummeMonat
from WEIN_PRODUKTION
where Wein='Zinfandel'
window w as (partition by month(Datum) order by Datum)
```

□

Für komplexere statistische Auswertungen sieht der SQL:2003-Standard ergänzend zu den bekannten Aggregatfunktionen (siehe Abschnitt 10.2) noch eine Reihe neuer Aggregatfunktionen vor. Hierzu zählen Funktionen zur Berechnung der Standardabweichung (**stddev_pop** und **stddev_samp**), der Varianz (**var_pop** und **var_samp**) und Kovarianz (**covar_pop** und **covar_samp**), wobei sich die **pop**-Varianten auf die gesamte Population (Partition des Eingabestroms) beziehen, während die **samp**-Variante von einer Stichprobe ausgeht. Im Fall der Varianz sind dies σ^2 (**stddev_pop**) bzw. s^2 (**stddev_samp**) mit:

$$\sigma^2 = \frac{\sum(x_i - \bar{x})^2}{n} \quad \text{bzw.} \quad s^2 = \frac{\sum(x_i - \bar{x})^2}{n-1}$$

wobei $\bar{x}$ der Mittelwert der x_i-Werte und n die Größe der Population bzw. Stichprobe ist.

Weitere Funktionen ermöglichen die Berechnung von Korrelationskoeffizienten, von Perzentilen sowie Regressionsanalysen. Details hierzu sind den Standarddokumenten bzw. der Herstellerdokumentation zu entnehmen.

19.5 Materialisierte Sichten

Aufgrund der vergleichsweise einfachen Schemata (Star- oder Snowflake-Schema) und der Art der Datennutzung (Analysen auf Basis von Aggregationen) ist ein Data Warehouse typischerweise durch eine Vielzahl gleicher oder ähnlicher Anfragen auf immer denselben Relationen charakterisiert. Daher bietet sich die Einführung von Sichten zur Vereinfachung der Anfrageformulierung an. Weiterhin beinhalten die Anfragen zu einem großen Teil lesenden Zugriff auf einem stabilen Datenbestand, so dass eine *Materialisierung* der Sichten sinnvoll erscheint, um den Berechnungsaufwand für häufig wiederkehrende Anfrageteile zu reduzieren. Da die Daten außerdem eher selten geändert werden, ist der Aufwand für eine Aktualisierung der Sichten gering.

Aus diesem Grund bieten die kommerziellen DBMS als Unterstützung für Data-Warehouse-Systeme sogenannte *materialisierte Sichten* (engl. *Materialized View* oder *Summary Table* an. Hierbei handelt es sich im Prinzip um normale Tabellen, in denen das Ergebnis der Sichtanfrage abgelegt wird. Im Vergleich zu diesen ist die Nutzung materialisierter Sichten jedoch weitgehend transparent – sowohl bezüglich der Verwendung in Anfragen als auch der Aktualisierung. Mit materialisierten Sichten sind daher drei wesentliche Problembereiche verbunden:

- die *Anfrageersetzung*, d.h. das Umschreiben der originalen Anfrage derart, dass anstelle der urprünglich genutzten Basisrelationen nun eine oder mehrere materialisierte Sichten genutzt werden,

- die *Auswahl materialisierter Sichten*, die ein Abwägen zwischen dem Nutzen durch die Reduzierung der Antwortzeiten und dem Aufwand in Form von zusätzlichem Speicherbedarf für redundante Daten sowie Verwaltungsaufwand darstellt,

- die *Wartung materialisierter Sichten* im Fall von Änderungen der Basisrelationen durch eine Neuberechnung oder Propagierung der Änderungen.

Diese Aspekte werden im Folgenden genauer behandelt. Anschließend werden wir kurz auf die Umsetzung in kommerziellen DBMS eingehen.

19.5.1 Anfragebeantwortung mit materialisierter Sichten

Materialisierte Sichten werden mit dem Ziel eingeführt, die Antwortzeiten von Anfragen im Data Warehouse durch die Bereitstellung vorberechneter (Teil-)Ergebnisse zu verkürzen. Dies soll möglichst transparent erfolgen, d.h. die ursprünglichen Anfragen auf den Basisrelationen sollen *nicht* geändert werden müssen. Die Aufgabe ist daher bei einer vorhandenen materialisierten Sicht M, eine Anfrage Q derart in eine äquivalente Anfrage Q' umzuschreiben, dass sie das gleiche Ergebnis wie Q liefert, dabei jedoch M nutzt.

◄**Beispiel 19-18**► Gegeben sei die materialisierte Sicht MV, die wie folgt definiert ist:

```
create materialized view MV as
    select Gruppe, Filial_ID, sum(Umsatz), sum(Verkäufe)
    from VERKAUF V, PRODUKT P
    where V.Prod_ID = P.Prod_ID and Kategorie = 'Wein'
    group by Gruppe, Filial_ID
```

Weiterhin sei die Anfrage Q gegeben:

```
select Gruppe, Stadt, sum(Umsatz)
from VERKAUF V, PRODUKT P, ORT O
where V.Prod_ID = P.Prod_ID and
   V.Filial_ID = O.Filial_ID and
   Bundesland='Sachsen-Anhalt' and Kategorie = 'Wein'
group by Gruppe, Stadt
```

Unter Nutzung der materialisierten Sicht MV kann diese Anfrage in die folgende Anfrage Q' umgeformt werden, die aufgrund der vorberechneten Gruppierung und Aggregation sicher schneller ausgeführt werden kann:

```
select Gruppe, Stadt, sum(Umsatz)
from MV, ORT O
where MV.Filial_ID = O.Filial_ID and
   Bundesland = 'Sachsen-Anhalt'
group by Gruppe, Stadt
```

□

Grundbedingung für eine derartige Umformulierung ist es, dass die neue Anfrage das gleiche Ergebnis liefert wie die ursprüngliche, d.h. dass sie äquivalent zu dieser ist. Wie das Beispiel zeigt, muss die materialisierte Sicht dabei nicht direkt der Anfrage entsprechen. Vielmehr kann sie eine Obermenge der Daten liefern (z.B. weniger restriktiv sein oder feingranularere Aggregate beinhalten) oder auch erst durch einen nachträglichen Verbund die gewünschten Daten liefern.

Dabei ergeben sich zwei grundlegende Problemstellungen:

- die Frage nach der Existenz einer Anfrageersetzung (*Query Containment*)

- die eigentliche Anfrageumformulierung (*Query Rewriting*)

Da eine materialisierte Sicht durch eine Anfrage definiert ist, kann die Frage der Ersetzbarkeit auf das Problem des Enthaltenseins von Anfragen zurückgeführt werden. Dieses *Query-Containmemt*-Problem ist wie folgt definiert: Gegeben sind zwei Anfragen Q_1 und Q_2.

- Q_1 ist in Q_2 *enthalten* ($Q_1 \sqsubseteq Q_2$), wenn für alle Datenbankinstanzen D die Ergebnismenge von Q_1 eine Teilmenge des Ergebnisses von Q_2 ist: $Q_1(D) \subseteq Q_2(D)$.

- Q_1 und Q_2 sind *äquivalent*, wenn $Q_1 \sqsubseteq Q_2$ und $Q_2 \sqsubseteq Q_1$ gilt.

Das Enthaltensein bzw. die Äquivalenz sollte natürlich durch einen syntaktischen Test der Anfragen erfolgen und nicht durch das Ausführen und Vergleichen der Ergebnismengen. Weiterhin genügt für die Ersetzung von materialisierten Sichten offensichtlich das Enthaltensein-Kriterium, da nachträgliche

Anfrageoperationen auf der materialisierten Sicht (sogenannte Kompensationsanfragen) durchaus möglich sind.

Leider ist das Query-Containment-Problem für beliebige relationale Kalküle bzw. Anfragen in Relationenalgebra unentscheidbar. Für konjunktive Anfragen ist es immerhin entscheidbar, allerdings NP-vollständig. Ein Lösung in polynomialer Zeit kann durch Beschränkung auf SPJ-Anfragen (mit Konstantenselektion, natürlichem Verbund und Projektion) erreicht werden. Data-Warehouse-Anfragen enthalten jedoch typischerweise auch Gruppierungen und Aggregationen, so dass diese ebenfalls berücksichtigt werden müssen.

Insgesamt müssen für die Ersetzbarkeit eine Reihe von Bedingungen erfüllt sein. Da diese auch für die Auswahl und Definition geeigneter Materialisierungen von Bedeutung sind, werden wir sie im Folgenden in Anlehnung an [Leh02] kurz diskutieren.

Kompatibilität der Prädikate. Für eine Anfrage Q mit einem Selektionsprädikat P_Q und eine Anfrage bzw. Sichtdefinition Q' mit dem Prädikat $P_{Q'}$ muss allgemein gelten, dass $P_{Q'}$ nicht restriktiver als P_Q ist. Aufgrund der Unentscheidbarkeit der Prädikatenlogik im allgemeinen Fall werden die Prädikate üblicherweise auf Gleichheitsprädikate und Tests auf Enthaltensein beschränkt. Darüber hinaus müssen alle Attribute aus P_Q in der Sicht Q' enthalten sein.

Verträglichkeit von Gruppierungen. Eine weitere Bedingung ist im Fall von **group by**-Anfragen die Ableitbarkeit der Gruppierungskombinationen. Unter einer Gruppierungskombination wird dabei die Menge von Gruppierungsattributen $G = \{A_1, \ldots, A_n\}$ verstanden, wobei es keine funktionalen Abhängigkeiten zwischen den Attributen geben sollte. Es gilt:

EIne Gruppierungskombination G_2 ist aus einer Gruppierungskombination G_1 *direkt ableitbar* ($G_1 \Rightarrow G_2$), wenn

- G_2 genau ein Attribut weniger als G_1 hat: $G_2 \subset G_1, |G_2| + 1 = |G_1|$ oder

- G_2 durch Ersetzung eines Attributes A_i durch A_j in G_1 entsteht, wobei eine funktionale Abhängigkeit $A_i \to A_j$ existiert.

Die zweite Bedingung kann beispielsweise durch referentielle Integritätsbedingungen oder informale Zusicherungen gegeben sein. Letzteres kann etwa in Oracle durch eine **create dimension**-Anweisung formuliert werden.

Auf Basis der direkten Ableitbarkeit kann eine allgemeine Ableitbarkeit einer Gruppierungskombination G_2 von G_1 definiert werden, wenn es einen Pfad von direkten Ableitbarkeitsbeziehungen gibt, d.h. $G_1 \Rightarrow G_i \Rightarrow G_{i+1} \Rightarrow \cdots \Rightarrow G_2$. Weiterhin lässt sich dies auch auf durch **cube** oder **rollup** gebildete Gruppierungsmengen erweitern.

Verträglichkeit von Aggregatfunktionen. Zur Ableitbarkeit von Aggregationen klassifiziert man üblicherweise die Aggregatfunktionen in:

- distributive Funktionen, die additive Funktionen wie **sum** und **count** sowie semi-additive Funktionen wie **min** und **max** umfassen. Derartige Funktionen erlauben es, das Gesamtaggregat aus vorberechneten Aggregaten abzuleiten, es gilt also etwa für zwei Wertemengen X_1 und X_2:

$$\mathsf{sum}(X_1 \cup X_2) = \mathsf{sum}(\{\mathsf{sum}(X_1), \mathsf{sum}(X_2)\})$$

  Semi-additive Funktionen besitzen die gleiche Eigenschaft, allerdings existiert hierzu keine Inverse, die das Löschen einzelner Werte aus einem vorberechneten Aggregat erlaubt.

- algebraische Aggregatfunktionen erfordern eine algebraische Funktion über additiven Aggregaten. Ein Beispiel hierfür ist die **avg**-Funktion:

$$\mathsf{avg}(X) = \frac{\mathsf{sum}(X)}{\mathsf{count}(X)}$$

- holistische Funktionen sind alle weiteren Funktionen wie z.B. der Median.

Daraus ergibt sich, dass eine materialisierte Sicht nur distributive Aggregatfunktionen beinhalten sollte. Dann könnte beispielsweise bei der Materialisierung von **sum**- und **count**-Werten auch eine Anfrage mit **avg** die Sicht nutzen.

Menge der Basisrelationen. Wie in Beispiel 19-18 gezeigt, muss die materialisierte Sicht nicht zwingend die gleichen oder auch mehr Basisrelationen referenzieren. Für den allgemeinen Fall gilt jedoch, dass mindestens die Relationen, die in der materialisierten Sicht verwendet werden, auch in der Anfrage mit identischen Verbundbedingungen referenziert werden. Der Grund hierfür ist, dass die Verlustfreiheit eines Verbundes nicht garantiert werden kann. Kann dies allerdings aus den vorhandenen Integritätsbedingungen geschlossen werden, so muss nicht jede Relation der Sicht in der Anfrage vorkommen.

Mit diesem Wissen kann das eigentliche Umschreiben (*Query Rewriting*) durchgeführt werden. Dieses Problem lässt sich folgendermaßen beschreiben:

Gegeben sind eine Menge von Definitionen materialisierter Sichten $V_1, \ldots, V_n$ sowie eine Anfrage Q. Gesucht ist eine Anfrage Q', die nur auf Sichten aus der Menge $V_1, \ldots, V_n$ zugreift.

Hierbei ist der Zugriff auf Basisrelationen nicht ausgeschlossen – diese können konzeptionell als Sichten betrachtet werden.

Gesucht wird natürlich eine *äquivalente Umschreibung*, wobei gilt: Q' ist eine äquivalente Umschreibung bzgl. $V_1, \ldots, V_n$, wenn

(1) Q' nur auf Sichten aus $\{V_1, \ldots, V_n\}$ verweist und

(2) Q' äquivalent zu Q ist.

Unter Berücksichtigung der oben beschriebenen Kriterien für die Ersetzbarkeit ist das eigentliche Umschreiben im Wesentlichen ein Such- bzw. Optimierungsproblem. Sowohl Anfrage als auch Sichtdefinition werden in eine kanonische Form [] oder eine andere geeignete Repräsentation (wie z.B. das Query Graph Model [], siehe auch []) überführt. Beide Operatorgraphen werden dann beginnend bei den Blättern bis zur Wurzel hinsichtlich der Ersetzbarkeit untersucht. Wird festgestellt, dass ein Teilgraph der Anfrage durch einen Teilgraph der Sichtdefinition ersetzt werden kann, wird die nächsthöhere Ebene betrachtet, bis keine weitere Ersetzung möglich ist. Der verbleibende Teil der Anfrage wird als *Kompensationsanfrage* auf der materialisierten Sicht übernommen. Die Bestimmung der Kompensationsanfrage erfordert gegebenenfalls noch eine Anpassung der Aggregatfunktionen bzw. ein Nachgruppieren. Weiterhin ist beim Umschreiben die zu erwartende Kostenreduzierung durch die Materialisierung zu berücksichtigen – nur so ist die Nutzung der Sicht überhaupt sinnvoll.

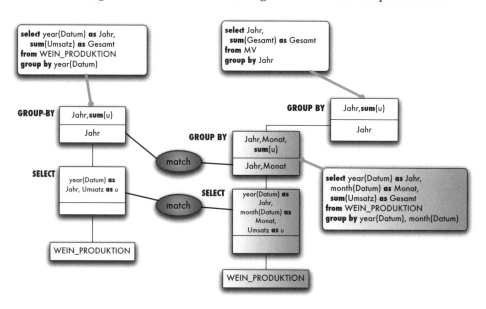

Abbildung 19.17: Anfrageumschreiben mit materialisierten Sichten

In Abbildung 19.17 ist ein Beispiel auf der Basis des Query Graph Models dargestellt. In diesem Modell werden Anfragen nicht durch Operatoren der Relationenalgebra repräsentiert, sondern durch grobgranularere Boxen wie die **GROUP-BY**-Box oder die **SELECT**-Box, wobei letztere Selektion, Projektion und

Verbund umfasst. Ein schrittweiser Vergleich der beiden Anfragegraphen beginnend bei der Wurzel liefert eine Übereinstimmung der jeweils korrespondierenden Boxen, so dass die materialisierte Sicht zur Beantwortung der Anfrage verwendet werden kann. Auf Basis der Differenzen kann anschließend noch die Kompensationsanfrage berechnet werden, die entsprechenden Regeln sind in [] zu finden.

19.5.2 Auswahl materialisierter Sichten

Die zweite wichtige Aufgabe bei der Verwendung materialisierter Sichten ist die Auswahl der zu materialisierenden Anfrageteile. Hierbei ist zwischen dem Gewinn durch das Einsparen der erneuten Berechnung und dem zusätzlichen Aufwand in Form von Speicherplatz aufgrund der Redundanzen sowie der Aktualisierung bei Änderungen der Basisrelationen abzuwägen. Grundsätzlich erfordert dies demzufolge einerseits Kenntnis über die auszuführenden Anfragen (den *Workload*) und andererseits die Berücksichtigung der Ersetzbarkeit bzw. Ableitbarkeit der einzelnen Anfrageteile, d.h., wie oben beschrieben u.a. die Additivität von Aggregatfunktionen oder die Ableitbarkeit von Gruppierungskombinationen.

Einen sinnvollen Ausgangspunkt für derartige Betrachtungen bildet ein sogenanntes Aggregationsgitter, das einen Teilmengenverband über den Gruppierungsattributen repräsentiert. Die Knoten in diesem Gitter stehen für Aggregationen bzw. Gruppierungen, die gerichteten Kanten geben an, welche Aggregationen bzw. Gruppierungen aus welchen anderen berechnet werden können. Eine derartige Kante entspricht somit der *direkten Ableitbarkeit* von Gruppierungskombinationen. Die Ableitbarkeit kann dabei sowohl auf den Gruppierungsattributen (beispielsweise kann die Gesamtverkaufssumme pro Wein, d.h. Gruppierung nach Wein, aus der Gruppierungskombination { Wein, Kunde } abgeleitet werden) als auch entlang der Dimensionshierarchien (die Verkaufszahlen der Monate können genutzt werden, um die Jahresergebnisse zu berechnen) betrachtet werden, woraus sich ein sehr komplexes Gitter ergibt. Abbildung 19.18 zeigt einen Ausschnitt eines Aggregationsgitters für die drei Gruppierungsattribute Wein, Kunde, Lieferant.

Jeder Knoten im Aggregationsgitter entspricht nun einer Möglichkeit, eine materialisierte Sicht zu bilden. Leider wächst die Zahl der Knoten im Aggregationsgitter exponentiell mit der Zahl der Gruppierungsattribute (d.h. der Dimensionen), sodass aus Aufwandsgründen eine Auswahl getroffen werden muss. Ein erster Schritt ist hierbei die Reduktion des Aggregationsgitters durch die Berücksichtigung funktionaler Abhängigkeiten. Wenn beispielsweise gilt $A_1 \rightarrow A_2$, dann repräsentieren die Knoten (A_1) und (A_1, A_2) sowie (A_1, A_3) und (A_1, A_2, A_3) jeweils das Gleiche. Derartige Abhängigkeiten lassen sich u.a. über die verschiedenen Ebenen einer Klassifikationshierarchie identifizieren, so etwa:

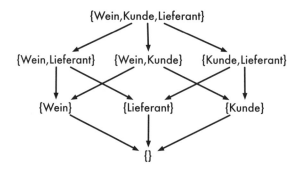

Abbildung 19.18: Aggregationsgitter

Artikel → Produktgruppe → Produktkategorie

Die eigentliche Auswahl kann dann entweder statisch (durch Analyse eines gegebenen Workloads) oder dynamisch zur Laufzeit (vergleichbar mit einem Caching von Materialisierungen) erfolgen. An dieser Stelle wollen wir nur kurz einen statischen Ansatz skizzieren, der von Harinarayan, Rajaraman und Ullman [] vorgeschlagen wurde. Die Grundidee ist es, zunächst Kosten und Nutzen einer Materialisierungskonfiguration (eine Menge von zu materialisierenden Aggregations- bzw. Gruppierungsknoten) zu bestimmen.

Für eine Materialisierungskonfiguration $M = \{m_1, \ldots, m_k\}$ aus Materialisierungspunkten m_i setzen sich die Gesamtkosten aus den Aktualisierungskosten $U(M)$ und den Anfragekosten $C_Q(M)$ für einen Workload $Q = \{q_1, \ldots, q_n\}$ zusammen. Die Anfragekosten pro Anfrage q beziehen die Häufigkeit $f(q_i)$ sowie die minimalen Kosten $c_q(n)$ bezüglich einer Materialisierung $m \in M$ ein, d.h.

$$C_Q(M) = \sum_{q_i \in Q} f(q_i) \cdot \min_{m \in M} c_q(m)$$

Für die Anfragekosten c_q gilt dabei die Monotonieeigenschaft, die besagt, dass die Kosten für die Bearbeitung von c_q unter Verwendung einer Materialisierung m_i kleiner sind als die für m_j, falls m_i aus m_j abgleitet werden kann:

$$m_i \Rightarrow m_j \rightarrow c_q(m_i) < c_q(m_j)$$

Auf dieser Basis kann der Nutzen $B_Q(m, M)$ einer zusätzlichen Materialisierung m für einen Workload Q wie folgt bestimmt werden:

$$B_Q(m, M) = \begin{cases} C_Q(M) - C_Q(M \cup \{m\}) & \text{falls } C_Q(M \cup \{m\}) < C_Q(M) \\ 0 & \text{sonst} \end{cases}$$

Leider ist das eigentliche Auswahlproblem NP-vollständig. Daher basiert der vorgeschlagene Algorithmus auf dem Greedy-Prinzip: Für ein gegebenes Aggregationsgitter wird iterativ immer der Knoten bestimmt, dessen Materialisierung den maximalen Nutzen bezüglich der Menge der schon für eine Materialisierung ausgewählten Knoten bringt. Dabei wird berücksichtigt, dass der für die Materialisierung verfügbare Speicherplatz beschränkt ist und somit beim Erreichen einer vorgegebenen Speicherplatzschranke abgebrochen werden muss. Das usprüngliche Verfahren berücksichtigt keinerlei Restriktionsbedingungen in Anfragen. Details sowie Analysen zur Komplexität sind in [] zu finden.

19.5.3 Aktualisierung materialisierter Sichten

Mit materialisierten Sichten werden bewusst Redundanzen eingeführt, um die Anfrageperformanz zu verbessern. Allerdings ergeben sich daraus einige der in Kapitel 6 beschriebenen Probleme bei Änderungen auf den Basisrelationen. Insbesondere ist die Konsistenz zwischen Basisrelationen und materialisierter Sicht oder verschiedenen Sichten zu den gleichen Basisrelationen nicht mehr gewährleistet, so dass eigentlich äquivalente Anfragen durchaus unterschiedliche Ergebnisse liefern können. Verschärfend kommt hinzu, dass eine Neuberechnung der Sicht typischerweise sehr aufwendig ist (dies war ja gerade der Grund für die Einführung einer materialisierten Sicht) und somit jede Änderung der Basisrelation eine Neuberechnung anstoßen kann. Daher werden effiziente Aktualisierungsverfahren benötigt, die auf einer inkrementellen Verarbeitung basieren. Dies bedeutet, dass eine Basisänderung direkt in eine Änderung der Sicht umgerechnet wird.

Eine zweite Fragestellung in diesem Zusammenhang betrifft den Zeitpunkt der Aktualisierung der Sicht. Dies kann entweder sofort, zum Commit-Zeitpunkt oder verzögert erfolgen. Abbildung 19.19 zeigt den Lösungsraum für Zeitpunkt und Strategie der Aktualisierung, wobei die sinnvollen Kombinationen entsprechend gekennzeichnet ($\sqrt{}$) sind.

Aktualisierungs-	vollständig	–	–	$\sqrt{}$
strategie	inkrementell	$\sqrt{}$	$\sqrt{}$	–
		sofort	mit commit	verzögert
		Aktualisierungszeitpunkt		

Abbildung 19.19: Strategie und Zeitpunkt für Aktualisierung

Eine sofortige (synchrone) Aktualisierung hat den Vorteil, dass die Sichten immer aktuell sind. Allerdings werden dabei Änderungstransaktionen auf den Basisrelationen behindert. Auch ein Verschieben der Aktualisierung auf das

Commit ändert nur wenig daran. Bei der verzögerten Aktualisierung werden Änderungstransaktionen von der Sichtaktualisierung entkoppelt. Erst wenn auf die Sicht zugegriffen wird, erfolgt die Aktualisierung. Dies hat den Vorteil, dass Lesekonsistenz garantiert werden kann. Allerdings können Leseoperationen auch deutlich verzögert werden, da diese nun die Aktualisierungskosten tragen und bei selten genutzten Sichten gegebenenfalls zunächst viele Änderungen vollzogen werden müssen. Eine spezielle Form der verzögerten Aktualisierung ist die Snapshot-Aktualisierung, die asynchron von Änderung und Lesezugriff erfolgt. Dies kann beispielsweise zeitgesteuert (etwa nachts) oder anwendungsspezifisch (z.B. nachdem 10% der Daten geändert wurden) erfolgen.

Vollständige Aktualisierung. Der naheliegende Ansatz einer Aktualisierung materialisierter Sichten ist eine vollständige Neuberechnung. Leider kann dies sehr aufwendig werden, auch wenn bei bestimmten Sichttypen (verlustbehaftete Verbunde, Bedingungen mit Negationen, komplexe Gruppierungen und Aggregationen) der einzige Weg der Aktualisierung ist.

Eine Verbesserungsmöglichkeit stellt jedoch die gemeinsame Aktualisierung mehrerer Sichten dar, indem versucht wird, zunächst einen gemeinsamen Vorgänger mit einer minimalen Extension zu finden und anschließend darauf aufbauend die eigentlichen Sichten zu berechnen. Grundsätzlich ergeben sich hierbei ähnliche Einschränkungen wie bei der Sichtersetzung etwa bezüglich der Ableitbarkeit von Gruppierungskombinationen und Aggregatfunktionen, so dass wir an dieser Stelle nicht näher darauf eingehen.

Inkrementelle Aktualisierung. Das Ziel einer inkrementellen Aktualisierung ist die Vermeidung des Aufwandes für eine Neuberechnung der Sicht. Hierbei sind zwei Schritte notwendig:

1. Es müssen die geänderten Detaildaten identifiziert werden. Dies kann beispielsweise über Trigger erfolgen.

2. Diese Änderungen sind anschließend in den materialisierten Sichten nachzuvollziehen.

Unter der Annahme einer Basisrelation R mit den Änderungen Δ^+R für neu eingefügte Tupel und Δ^-R für gelöschte Tupel[4] kann für den einfachsten Fall einer Sicht $V = f(R)$ ohne Aggregation die Aktualisierung zur neuen Sicht V_{neu} wie folgt formuliert werden:

$$\begin{aligned} V_{neu} &= f((R - \Delta^-R) \cup \Delta^+R) \\ &= (f(R) - f(\Delta^-R)) \cup f(\Delta^+R) \\ &= (V - \Delta^-V) \cup \Delta^+V \end{aligned}$$

---
[4]Ein Update kann als Folge von Lösch- und Einfügeoperation aufgefasst werden.

Aufgabe ist es daher, die Sichtänderung Δ^+V bzw. Δ^-V zu bestimmen.

Die Verfahren zur Ableitung der resultierenden Sichtänderungen lassen sich bezüglich einiger wesentlicher Faktoren klassifizieren, die Einfluss auf die Effizienz der Aktualisierung haben. Diese Kritierien sind:

- die *zur Verfügung stehenden Informationen*

    Dies betrifft die Frage, welche Informationen über die Sichtdefinition und den Inhalt der Sicht hinaus noch verfügbar sind. Mögliche Zusatzinformationen sind u.a. Integritätsbedingungen oder Hilfssichten.

- die *verwendeten Anfragekonstrukte* zur Definition der Sicht

    Hierdurch wird bestimmt, welche Anfrageoperationen in der Sichtdefinition für eine inkrementelle Aktualisierung erlaubt sind. Selektion und Projektion sind unproblematisch und auch Verbunde werden durch viele Verfahren unterstützt. Dagegen erfordern Gruppierung und Aggregation aufwendigere Techniken bzw. gewisse Einschränkungen bei der Anfrageformulierung.

- die *unterstützten Änderungsoperationen*

    Der einfachste Fall ist die Beschränkung auf Einfüge-/Löschoperationen und die Abbildung von Änderungen auf diese beiden Operationen. Allerdings kann dies zu einem Informationsverlust führen und teure Zugriffe auf die Basisrelation erforderlich machen.

- die *Granularität der Aktualisierung*

    Dieses Kriterium bestimmt, ob Sichten einzeln bzw. isoliert voneinander aktualisiert werden oder ob eine – für die Konsistenz vorteilhafte – gemeinsame Aktualisierung mehrerer Sichten möglich ist.

- der *Zeitpunkt der Aktualisierung*

    Dieses Kriterium haben wir bereits im Zusammenhang mit Abbildung 19.19 diskutiert.

Eine wichtige Rolle für eine inkrementelle Aktualisierbarkeit von Sichten spielen die verfügbaren Informationen sowie die Anfragekonstrukte. Dies wollen wir im Folgenden an einigen Beispielen illustrieren.

◀**Beispiel 19-19**▶ Wir gehen von unserer WEINE-Relation aus uns nehmen an, dass in einer materialisierten Sicht die Namen aller Weine aus den Jahren vor 2000 erfasst sein sollen:

```
create materialized view ALTE_WEINE as
    select distinct Name
    from WEINE where Jahrgang <= 2000
```

Wird nun ein neuer Wein aus dem Jahr 2004 in die WEINE-Relation eingefügt:

```
insert into WEINE (Name, Farbe, Jahrgang, Weingut)
    values ('Zinfandel', 'Rot', 2004, 'Helena')
```

so kann allein aus der Kenntnis der Sichtdefinition abgleitet werden, dass keine Änderung der Sicht notwendig ist.

Fügen wir dagegen einen Wein des Jahrgangs 1998 in die Basisrelation ein:

```
insert into WEINE (Name, Farbe, Jahrgang, Weingut)
    values ('La Pointe Grand Cru', 'Rot', 1998, 'Chateau La Pointe')
```

so gibt es verschiedene Möglichkeiten der Nutzung von Zusatzinformationen:

(a) Wenn nur die materialisierte Sicht vorhanden ist, kann geprüft werden, ob La Pointe Grand Cru bereits in der Sicht vorhanden ist. In diesem Fall ist keine Änderung notwendig. Anderenfalls muss die Änderung in der Sicht nachgezogen werden.

(b) Wenn die Basisrelation verfügbar ist, kann geprüft werden, ob die Basisrelation bereits ein La Pointe Grand Cru-Tupel mit einem Jahrgang <= 2000 enthält. In diesem Fall ist die Änderung der Sicht aufgrund der Eindeutigkeit der Name-Werte in der Sicht nicht nötig, anderenfalls wird das Tupel auch in der Sicht eingefügt.

(c) Ist Name als Primärschlüssel in der Relation WEINE definiert, so kann das eingefügte Tupel noch nicht in der Sicht sein – anderenfalls wäre die Einfügeoperation aufgrund einer Verletzung der Integritätsbedingung abgebrochen worden. Demzufolge muss die Änderung in der Sicht durchgeführt werden.

□

Für diese sehr einfachen Fälle ist somit eine inkrementelle Änderung immer möglich. Allerdings zeigt das folgende Beispiel, dass bereits die Hinzunahme einer Verbundoperation zu Unentscheidbarkeit von inkrementellen Änderungen führen kann.

◄**Beispiel 19-20**► Hierzu erweitern wir Beispiel 19-19 um die Relation ERZEUGER, die im Verbund mit WEINE in die materialisierte Sicht eingeht:

```
create materialized view WEIN_ERZEUGER as
    select distinct Weingut
    from WEINE natural join ERZEUGER
```

In die Basisrelation soll nun ein Erzeuger eingefügt werden:

```
insert into ERZEUGER (Weingut, Anbaugebiet, Region)
    values ('Chateau La Pointe', 'Pomerol', 'Bordeaux')
```

Falls nur die materialisierte Sicht verfügbar ist, gibt es zwei mögliche Fälle:

(a) Die Sicht WEIN_ERZEUGER enthält bereits Chateau La Pointe. In diesem Fall ist keine Änderung der Sicht notwendig.

(b) Die Sicht enthält noch kein Tupel Chateau La Pointe. Da nicht bekannt ist, ob es zum eingefügten Erzeuger einen Wein gibt, kann nicht entschieden werden, ob die Änderung in der Sicht nachzuvollziehen ist.

□

Natürlich kann das im obigen Beispiel skizzierte Problem durch den Zugriff auf die Basisrelation gelöst werden. Allerdings sind derartige Zugriffe meist teuer, so dass versucht wird, diese durch die Nutzung von Zusatzinformationen zu vermeiden. Geeignete Informationen sind u.a.:

- Schemainformation wie Primär- und Fremdschlüsselbedingungen,

- Hilfssichten, die weitere Information materialisieren und somit eine (partielle) autonome Aktualisierbarkeit ermöglichen,

- Zähler zur Bestimmung der Anzahl von Tupeln in der Basisrelation, aus denen ein Tupel in der Sicht abgeleitet wurde.

Die letztere Variante wird beispielsweise im Counting-Algorithmus genutzt, der wie folgt arbeitet:

1. Zu jedem Tupel t der Sicht wird der Zähler count(t) gespeichert, der die Anzahl der Ableitungen des Tupels repräsentiert.

2. Aus den Änderungen der Basisrelationen werden Sichtänderungen ΔV abgeleitet.

3. Beim Einfügen wird der Zähler inkrementiert (count(t)++), beim Löschen entsprechend dekrementiert (count(t)--).

4. Die Änderungen ΔV werden in die Sicht eingebracht und die entsprechenden Zähler count aktualisiert.

5. Tupel mit count(t) = 0 werden gelöscht.

Neben diesem einfachen Algorithmus gibt es noch eine Reihe weiterer Verfahren, auf die wir in Abschnitt 19.7 verweisen.

19.5.4 Materialisierte Sichten in DBMS

Da materialisierte Sichten noch nicht Eingang in den SQL-Standard gefunden haben, müssen herstellerspezifische Erweiterungen zur Definition genutzt werden, die wir nachfolgend kurz vorstellen.

In Oracle gibt es eine spezielle **create materialized view**-Anweisung, die wie folgt aufgebaut ist:

```
create materialized view MatViewName
    build { immediate | deferred }
    refresh { fast | force } on { complete | demand }
    enable query rewrite
    as select ... from ... where ... group by ...
```

Das Löschen ist wie üblich über die korrespodierende **drop**-Anweisung möglich.

Beim Anlegen einer materialisierten Sicht gibt es eine Reihe von Konfigurationsmöglichkeiten bezüglich:

- dem *Füllen* der Sicht

    Hier wird festgelegt, wann das Anfrageergebnis in der Sicht materialisiert wird:

    - **build immediate** erzwingt das sofortige Füllen,
    - **build deferred** lässt das Füllen zu einem späteren Zeitpunkt zu.

- der *Aktualisierungsstrategie*

    Hiermit wird spezifiziert, wie die Sicht aktualisiert wird, wenn Änderungen auf den Basisrelationen vorgenommen werden:

    - **refresh complete** ist die vollständige Neuberechnung der Sicht,
    - **refresh fast** propagiert Änderungen auf den Basisrelationen in Sichtänderungen,
    - **refresh never** bedeutet, dass keine Aktualisierung der Sicht stattfindet,
    - **refresh force** versucht wenn möglich **fast**, sonst **complete**.

- dem *Aktualisierungszeitpunkt*

    Damit legt man den Zeitpunkt der Sichtaktualisierung fest:

    - **on commit** direkt nach Änderung der Basisrelation,
    - **on demand** bezeichnet eine explizite Aktualisierung, z.B. über den Aufruf einer PL/SQL-Prozedur dbms_mview.refresh.

Die inkrementelle Änderung über die **refresh fast**-Option erfordert die Verwendung von Log-Tabellen, in denen die Änderungsoperationen protokolliert werden. Diese werden durch automatisch generierte Trigger auf den Basisrelationen erfasst. Eine derartige Log-Tabelle wird für jede von der materialisierten Sicht referenzierten Basisrelationen benötigt und durch die folgende Anweisung angelegt:

```
create materialized view log on Basistabelle
with ...
```

In der **with**-Klausel kann spezifiziert werden, welche Attribute für die Protokollierung der betroffenen Tupel genutzt werden sollen. Sinnvolle Angaben sind hier u.a. **primary key** für den Primärschlüssel oder **rowid** für den Tupelidentifikator.

Neben der Forderung nach Log-Tabellen gibt es noch weitere Restriktionen der Sichtanfragen für eine inkrementelle Aktualisierbarkeit. Details hierzu sind in der Oracle-Dokumentation zu finden.

◄**Beispiel 19-21**► Es soll eine Materialisierung der Umsatz- und Verkaufszahlen von Wein in Thüringen aus dem Jahr 2006 definert werden. Die Sichtdefinition lautet dann wie folgt:

```
create materialized view WEIN_VERKAUF_THUER_2006
    build immediate refresh fast
    enable query rewrite
as
    select Gruppe, Stadt, sum(Umsatz), sum(Verkäufe)
    from VERKAUF V, PRODUKT P, ZEIT Z, ORT O
    where V.Prod_ID = P.Prod_ID and
        V.Zeit_ID = Z.Zeit_ID and V.Filial_ID = O.Filial_ID and
        Kategorie = 'Wein' and Z.Jahr = 2006 and
        Bundesland = 'Thüringen'
    group by Gruppe, Stadt;
```

Zusätzlich muss noch die Log-Tabelle angelegt werden:

```
create materialized view log on VERKAUF;
```

□

Oracle nimmt ein Umschreiben von auf Basisrelationen formulierten Anfragen in Anfragen auf materialisierten Sichten vor, sofern diese mit **enable query rewrite** definiert wurden. Zur Unterstützung bei der Auswahl materialisierter Sichten wird ein als *Summary Advisor* bezeichnetes Administrationswerkzeug angeboten.

In IBM DB2 werden materialisierte Sichten als *Materialized Query Tables* bzw. *Summary Tables* bezeichnet. Das Anlegen erfolgt über eine **create table**-Anweisung mit DB2-spezifischen Erweiterungen:

```
create table MatViewName as (
    as select ... from ... where ... group by ...
) data initially deferred
refresh { deferred | immediate }
```

Auch hier kann der Aktualisierungszeitpunkt angegeben werden, wobei zwischen sofortiger Aktualisierung (**refresh immediate**) bei Änderungen der Basisrelationen und verzögerter, d.h. expliziter Aktualisierung durch eine Anweisung unterschieden wird:

```
refresh table MatViewName
```

◄**Beispiel 19-22**► Das für Oracle gezeigte Beispiel 19-21 kann daher wie folgt in DB2 umgesetzt werden:

```
create table WEIN_VERKAUF_THUER_2006 as (
    select Gruppe, Stadt, sum(Umsatz), sum(Verkäufe)
    from VERKAUF V, PRODUKT P, ZEIT Z, ORT O
    where V.Prod_ID = P.Prod_ID and
        V.Zeit_ID = Z.Zeit_ID and V.Filial_ID = O.Filial_ID and
        Kategorie = 'Wein' and Z.Jahr = 2006 and
        Bundesland = 'Thüringen'
    group by Gruppe, Stadt)
data initially deferred
refresh immediate
```

□

Wie in Oracle wird ein automatisiertes Umschreiben von Anfragen zur Nutzung von materialisierten Sichten unterstützt und auch die Auswahl wird durch entsprechende Werkzeuge vereinfacht.

Im Microsoft SQL Server werden materialisierte Sichten dagegen durch geclusterte Indexe auf normalen Sichten implementiert. Daher ist zunächst eine Sicht zu definieren, auf der anschließend mit

```
create unique clustered index IndexName on ...
```

ein Index angelegt wird. Ein geclusterter Index ist im SQL Server ein Index, der nicht nur die Schlüsselwerte, sondern auch die kompletten Tupel enthält. Da diese in diesem Fall aus der virtuellen Sicht stammen, wird das Ergebnis der Sichtanfrage im Index materialisiert:

◄**Beispiel 19-23**► Demzufolge kann die Umsetzung unseres Beispiels mit den Mitteln des SQL Servers wie folgt erfolgen:

```
create view WEIN_VERKAUF_THUER_2006 as
    select Gruppe, Stadt, sum(Umsatz), sum(Verkäufe)
    from VERKAUF V, PRODUKT P, ZEIT Z, ORT O
    where V.Prod_ID = P.Prod_ID and
        V.Zeit_ID = Z.Zeit_ID and V.Filial_ID = O.Filial_ID and
        Kategorie = 'Wein' and Z.Jahr = 2006 and
        Bundesland = 'Thüringen'
    group by Gruppe, Stadt;

create unique clustered index W_V_TH_2006_IDX
    on WEIN_VERKAUF_THUER_2006(Gruppe, Stadt);
```

□

Bezüglich Auswahl, Aktualisierung und Nutzung in Anfragen gelten die gleichen Aussagen wie bei den anderen Systemen.

19.6 Zusammenfassung

Ein Data Warehouse fasst Daten aus operativen Systems zu Analysezwecken zusammen. Die logische Sicht auf Analysedaten bildet der Datenwürfel, in dem (teils aggregierte) Kennzahlen eine mehrdimensionale Analyse ermöglichen. Verbunden hiermit ist ein Data Warehousing-Prozess, der die Datenwürfel mit bereinigten und transformierten Daten füllt. Das multidimensionale Datenmodell kann auf eine relationale Speicherung abgebildet werden. Aus Sicht der Datenbank handelt es sich dann bei den Analysedaten um materialisierte Sichten.

Eine Übersicht über die in diesem Kapitel eingeführten Begriffe und deren Bedeutung geben wir in Tabelle 19.3.

19.7 Vertiefende Literatur

Data Warehouses werden in [Inm96] vorgestellt. Es gibt mehrere Überblicksartikel zum Themenkreis OLAP und OLAP-spezifische Anforderungen an Datenbanken. Zu nennen sind hier insbesondere die Artikel von Chaudhuri und Dayal [CD97], von Wu und Buchmann [WB97] und von Widom [Wid95].

Bauer und Günzel [BG04] haben eine Sammlung von Beiträgen zur technischen Unterstützung von Data Warehouse Anwendungen zusammengestellt. Hier findet sich die vorgestellte Referenzarchitektur im Kapitel 2. Lehner behandelt umfassend die Datenbankaspekte von DW-Anwendungen [Leh02].

Begriff	Informale Bedeutung
Data Warehouse	Sammlung von Technologien zur Entscheidungsunterstützung basierend auf mehrdimemsional analysierbaren Daten
Datenwürfel	mehrdimensionale Darstellung von Kennzahlen
Dimensionshierarchie	hierarchische Struktur einer Dimension des Datenwürfels zur Verdichtung von Kennzahlen
Star Schema	relationale Darstellung einer Dimensionshierarchie in denormalisierter Form (eine Tabelle pro Dimension)
Snowflake Schema	relationale Darstellung einer Dimensionshierarchie in normalisierter Form
OLAP	OnLine Analytical Processing; Verarbeitung analytischer, multidimensionaler Anfragen für entscheidungsunterstützende Systeme
OLAP-Operation	Grundoperation auf Datenwürfel
MDX	OLAP-orientierte Anfragesprache für multidimensionale Daten
Star Join	typisches Anfragemuster der relationalen Umsetzung von OLAP-Operationen
SQL/OLAP	Erweiterungen des SQL:2003-Standards um analytische Funktionen und Operationen
materialisierte Sicht	Materialisierung eines Anfrageergebnisses zur Beschleunigung der Anfrageauswertung

Tabelle 19.3: *Wichtige Begriffe bei Data-Warehouse-Systemen*

19.8 Übungsaufgaben

Übung 19-1 Die Öko-Wein GmbH hat Filialen weltweit in Weinanbaugebieten. Im Angebot sind verschiedene Winzer-Produkte. Analysiert werden soll u.a., ob sich lokale Produkte besonders gut in der eigenen Region verkaufen.

- Entwerfen Sie Dimensionen für Produkte, Filialen, Zeit etc die derartige Analysen ermöglichen.
- Überführen Sie diese in Star- und in Snowflake-Schema-Repräsentationen.
- Formulieren Sie folgende SQL-Anfage: „In welchen Monaten werden in deutschen Filialen mehr französische Rotweine als italienische Rotweinen verkauft?" (für beide Schema-Varianten)

☐

Übung 19-2 Welche einfachen **group by** Operationen entsprechen der folgenden Cube-Anfrage:

    group by cube (Monat, Produktklasse, Filiale, Kundengruppe)

☐

Übung 19-3 Welche einfachen **group by** Operationen entsprechen der folgenden Rollup-Anfrage:

    group by rollup (Jahr, Quartal, Monat, Tag)

☐

20

Multimediale und raumbezogene Daten

An ihre Grenzen stoßen relationale Datenbanksysteme und Datenbanksprachen auch bei der Behandlung spezieller Datentypen, die üblicherweise groß sind beziehungsweise einen großen, nur wenig strukturierten Inhalt haben wie Texte, Bilder, Videos, Audiodaten und geographische (räumliche) Informationen. Auch wird in diesen Systemen eine andere Art der Suche unterstützt, das sogenannte *Retrieval*. Retrieval-Anfragen basieren auf der Ähnlichkeit zu einem Suchobjekt, und geben als Ergebnis die zu diesem Muster ähnlichsten Medienobjekte als Antwort. Typisches Beispiel ist die Suche nach Fotos, die einem vorgegebenen Bild ähneln.

Damit wird ein üblicher Pfad in Datenbanksystemen verlassen: *Anfragen* liefern bisher immer ein exaktes Ergebnis, jedes Tupel in der Ergebnisrelation ist in seiner Qualität gleichwertig. *Retrieval* oder *Suche* liefert ein vages Ergebnis, die Elemente des Ergebnisses sind nach einer Bewertungsfunktion (*Ranking*) bewertet, der erste Treffer ist dann der Beste.

Wir beginnen mit Grundlagen von Retrieval-Systemen und der Abspeicherung von Medienobjekten. Dem *Text Retrieval*, dem klassischen Teil des *Information Retrieval*, ist ein ganzer Abschnitt gewidmet. Anschließend ist die einschlägige Unterstützung in SQL Thema eines Abschnittes. Am Ende des Kapitels widmen wir uns dem Multimedia-Datentyp *spatial*, der raumbezogene Daten wie zweidimensionale Landkarten beschreibt. Speicherung solcher Daten und Anfragen an raumbezogene Daten sind von allen Multimedia-Datentypen (neben Text) am besten verstanden und werden deshalb als ausführliches Beispiel für einen neuen SQL-Multimedia-Datentyp dienen.

20.1 Multimedia-Datenbanken

In diesem Abschnitt betrachten wir einige Grundlagen der Modellierung von Multimediadaten und Anforderungen an die Speicherung von Medienobjekten.

20.1.1 Grundbegriffe

Multimedia-Datenbanken (kurz MMDB) ermöglichen die Speicherung von Dokumenten in verschiedenen Medien, so etwa Textdokumente zusammen mit Bildern, Audio- und Videosequenzen. Einzelne Datenbankobjekte in einer MMDB sind sehr groß (digitalisierte Bilder größer als 1 MByte) und oft unstrukturiert, spezielle Funktionen zum Bearbeiten der Dokumente müssen in das DBMS integriert werden (Forderung nach Erweiterbarkeit), und beim Bearbeiten von Videosequenzen spielen Echtzeitanforderungen eine wichtige Rolle.

Folgend Khoshafian und Baker [KB95], zeichnet sich ein MMDBS durch folgende Funktionalitäten aus:

1. Unterstützung für Media-Datentypen wie Text, Bild, Audio, Video und geographische Objekte,

2. Fähigkeiten zur Verwaltung einer sehr großen Anzahl von großen Medienobjekten,

3. eine effiziente Speicherverwaltung inklusive effizientem Management von Speichermedien (Disk Arrays, hierarchische Speicher) und Datenkompression,

4. Datenbankfunktionalitäten sowie

5. Information Retrieval-Funktionalität.

Mehrere Eigenschaften von Multimedia-Datenbanken erfordern besondere Datenspeicherungskonzepte:

- Einzelne Medienobjekte wie digitalisierte Bilder oder Audiosequenzen liegen als (sehr) große *Binärobjekte* ohne innere Struktur vor. Dies resultiert unter anderem aus den vielfältigen Codierungs- und Komprimierungstechniken. Eigenschaften dieser Binär-Objekte können oft nur mit externen Funktionen, etwa Funktionen von Bildverarbeitungs-Software, extrahiert werden.

Tabelle 20.1 zeigt typische Zahlen für eine Minute kombinierter Video-/Audio-Aufzeichnungen mit 30 Bildern pro Sekunde (Zahlen aus [SKS97]). *JPEG* steht hier für das bekannte Format der *Joint Picture Experts Group*

Format	MByte	Komprimierung
JPEG	75	unkomprimiert
MPEG-1	12.5	komprimiert, Qualitätsverlust
MPEG-2	17	komprimiert, hohe Qualität

Tabelle 20.1: Speicherbedarf für Videosequenzen

für die Speicherung von Einzelbildern; *MPEG* steht für die Verfahren der *Motion Picture Experts Group*, die zusätzlich Ähnlichkeiten aufeinanderfolgender Bilder eines Videos zur Komprimierung ausnutzen.

Die Speicherung von großen Binärobjekten in BLOBs wird z.B. in [SHS05] behandelt und an dieser Stelle nicht vertieft. Kommerzielle Datenbanksysteme unterstützen oft neben BLOBs auch die Medien-Datentypen **text** und **image**, die ebenfalls sehr große Medienobjekte speichern können.

- Eine weitere Besonderheit ist die Indexierung über abgeleiteten Eigenschaften (sogenannte *Features*) zur Unterstützung der Suche. Die Binär-Darstellung von digitalisierten Bildern etwa ist zur Indexierung nicht direkt verwertbar; abgeleitete Informationen über Farbverteilung, Umrisse etc. hingegen können durchaus bei der Ähnlichkeitssuche eingesetzt werden.

  Das Ergebnis ist eine Indexierung über hochdimensionalen *Feature-Vektoren*. Hier müssen besondere Verfahren für hochdimensionale Indexe eingesetzt werden, da die klassischen Verfahren bei hoher Dimensionszahl Probleme zeigen.

- Die dritte Besonderheit liegt darin, dass die Daten bestimmter Medienobjekte nicht gleichzeitig als Ergebnis geliefert werden müssen, sondern kontinuierlich *abgespielt* werden. Das Extrembeispiel ist ein digitalisierter Spielfilm, der gar nicht komplett im Hauptspeicher gehalten werden kann.

  Derartige Datenstrukturen werden als *kontinuierliche Datentypen* bezeichnet. Besondere Probleme sind dabei Abweichungen vom kontinuierlichen Ablauf, etwa Fast-Forward-Funktionen oder direkte Positionierung.

Herausforderungen an die Datenbanktechnologie

Die Herausforderung an die Datenbanktechnologie besteht nun darin, die obigen Anforderungen an die *Speicherung* der Multimediadaten zu erfüllen. Dazu müssen unter anderem auch die speziellen Erfordernisse der vorliegenden Formate (wie Kompressionstechniken etc.) berücksichtigt werden. Außerdem müssen verschiedene Speichermedien, von der Festplatte als Sekundärspeicher bis zu Wechselmedien wie DVDs als Tertiärspeicher, eingebunden werden.

Daneben müssen *Indexstrukturen* für Multimediadaten entworfen werden, da die Indexstrukturen für die bisher erläuterten Standarddatentypen in relationalen Datenbanken nicht ausreichen. Statt Zahlen und Zeichenketten müssen ja nun Videos, Bilder, Landkarten und lange Texte indiziert werden. Im Gegensatz zu relationalen Datenbanken kann man nun nicht einfach den kompletten Attributwert in den Index aufnehmen (das wäre ja ein vollständiges Video), sondern man verwendet inhaltsbasiert Merkmale (*Features* oder *Deskriptoren*) aus dem Video. Diese Phase der Aufbereitung der Original-Multimediadaten in einen Index wird allgemein auch *Deskribierung* genannt.

An diesen Multimediadaten werden dann aufgrund der Indexeinträge *inhaltsbasierte Anfrageoperationen* möglich, die in vielen Systemen als Erweiterung von SQL für neue Datentypen umgesetzt werden. Bei Texten kann hier nach Deskriptoren wie Stichworten aus dem Text gefragt werden, bei Bildern nach Merkmalen wie Farbverteilung.

Als *Transaktionen* müssen in Multimedia-Datenbanken sehr langlaufende Transaktionen mit großen Datenmengen unterstützt werden. Die Transaktionen auf strukturierten Datenbanken, etwa eine Banküberweisung, dauern nur wenige Bruchteile einer Sekunde, die Transaktionen, die unter anderem einen Spielfilm als Video anzeigen, mehrere Stunden.

Da Multimedia-Datenbanken in Rechnernetzen verteilt sein können, muss bei der *Verteilung* von Servern, Funktionen oder Daten auch die verfügbare Bandbreite betrachtet werden, um Qualitätsvorgaben an ein ruckelfreies Anzeigen eines Videos erfüllen zu können.

Wir schauen uns nun an, mit welchen Architekturen diese neuen Anforderungen teilweise oder ganz erfüllt werden können.

Alternative Datenbankarchitekturen

Da relationale Datenbanksysteme die Anforderungen an die Verwaltung von Multimedia-Daten nicht erfüllen, gibt es zwei übliche Auswege:

- Jedes Multimediadokument wird als Datei auf Betriebssystemebene gespeichert, die beschreibenden Daten zum Dokument werden in dieser Datei selbst gespeichert. Die Verwaltung der Dateien übernimmt das Betriebssystem, die Suche nach den passenden Multimediadokumenten ein Retrieval-Prozess, der auf einem Index über diesen Dokumenten arbeitet.

  Anfragen im Datenbanksinne sind aber nicht möglich, eine intelligente Organisation der Dokumente und Indexdaten auch nicht. Die Konsistenz der verschiedenen Dokumente untereinander ist nicht gewährleistet, da ein Konstrukt wie Integritätsbedingungen in Datenbanken fehlt.

- Jedes Multimediadokument wird als Datei auf Betriebssystemebene gespeichert, beschreibende Daten und Verweise auf diese Dateien in einer (relationalen) Datenbank. Anfragen an die beschreibenden Daten sind damit möglich, ein zusätzlicher Retrieval-Prozess kann inhaltsbasierte Anfragen auf den Deskriptoren der Multimediadokumente realisieren. Wenn die Deskriptoren auch noch in der Datenbank gespeichert werden, erhöht sich hier also noch einmal die Nutzbarkeit der Datenbanktechnologie.

Die Organisation der Dokumente selbst wird aber nicht von der Datenbank unterstützt, die Konsistenz der Dokumente untereinander ist nicht gewährleistet und gemeinsame Teilobjekte in Multimediadokumenten können mit Datenbanktechniken auch nicht dargestellt werden.

Statt dieser beiden üblichen Realisierungsmöglichkeiten ohne und mit herkömmlichen relationalen Datenbanksystemen werden wir uns im Folgenden mit einer engeren Kopplung der Multimediadokumente an die Datenbank beschäftigen. So kann man Multimediadaten in modernen erweiterbaren, objektorientierten oder objektrelationalen Datenbanksystemen auf folgende Weisen in der Datenbank speichern:

- Die Multimediadaten werden in externen Dateien, aber mit enger Bindung an das DBMS gespeichert. Das DBMS erfährt, wenn an der Datei auf Betriebssystem-Ebene manipuliert wird. Diese Technik wird im SQL-Standard mit MED (Management of External Data) bezeichnet.

- Die Multimediadaten werden innerhalb des Datenbanksystems als BLOB (Binary Large Object) gespeichert. Sie tragen daher zwar für die Datenbank keine innere Struktur, stehen aber nun vollständig unter der Obhut aller Datenbankfunktionen.

- Die Multimediadaten werden innerhalb des Datenbanksystems in einem eigenen Datentyp (also Texte im Datentyp Text, Videos im Datentyp Video) gespeichert. Das Datenbanksystem versteht damit auch die innere Struktur und angebotenen Operationen auf diesen neuen Datentypen (etwa schneller Vorlauf beim Video).

Es gibt drei mögliche Datenbanktechnologien, die diese direktere Verwaltung der Multimediadaten über die Datenbank realisieren können:

- *Objektorientierte Datenbanksysteme* können durch komplexe Objektstrukturen und Methoden die Multimediadatenstrukturen und -Operationen am besten darstellen. Sie sind aber oft schlecht erweiterbar und wenig verbreitet.

- *Objektrelationale Datenbanksysteme* können durch komplexe Objektstrukturen und Methoden in Tabellen die neuen Datentypen definieren (Schnittstelle) und eventuell extern realisieren (MED). Sie sind erweiterbar, relativ stabil und weit verbreitet (da sie ja als Nachfolger relationaler Datenbanksysteme gelten).

- Ein *Middleware-Ansatz* verknüpft relationale DBMS und spezielle Medien-Server unter einer Middleware-Schicht. Diese Lösung ist sehr leicht erweiterbar und sehr stabil, ist aber oft wenig effizient, da die Middleware die DBMS-Vorteile zu wenig nutzt.

Wir verfolgen im weiteren Verlauf des Kapitels die letzten beiden Architekturen weiter. Als Sprachschnittstelle wird daher auch die Multimediaerweiterung des (objekt-)relationalen Sprachstandards SQL:1999 oder SQL:2003 gelten.

Speicherung und Indexierung

Wir betrachten nun die Speicherung der Multimediadokumente selbst und die Indexierung, also die Übernahme von Features oder Deskriptoren in eine Indexstruktur.

Für die *Speicherung* eines Multimediadokuments gibt es neben den Möglichkeiten der Ablage in einer externen Datei oder als großer Byte-String im Datenbanksystem (BLOB) auch die Möglichkeit der Speicherung in einer speziellen Dateistruktur, was beispielsweise bei Geodaten (räumliche Daten) sinnvoll ist.

Wichtiger als die spezialisierte und datentypbezogene Speicherung der Multimediadokumente ist aber die datentypbezogene *Indexierung*. Statt dem Multimediadokument legen wir nun abgeleitete Informationen über das Dokument im DBMS ab. Dieser Vorgang ist sinnvoll bei allen Multimediadaten, so auch Texten, Bildern und Videos. Als Indexstrukturen haben sich R-Bäume, X-Bäume und LSD-Bäume bewährt, die im zweiten Band dieses Lehrbuches (über Implementierungstechniken) auch näher behandelt werden.

Die Datenbankschnittstelle zu Multimediadokumenten wird dabei die Erweiterung von SQL auf Multimediadatentypen *SQL/MM* werden, die wir später in diesem Kapitel noch ausführlich behandeln werden.

Bevor wir uns speziell dem Datentyp *Text* zuwenden, gehen wir im nächsten Unterabschnitt zunächst noch auf die Grundlagen der Retrieval-Prozesse auf Multimediadaten ein.

20.1.2 Grundlagen des Multimedia Retrieval

In diesem Unterabschnitt führen wir einige Grundbegriffe des Information Retrieval auf Multimediadaten ein.

Im Gegensatz zu klassischen Datenbankanfragen sind Anfragen an Texte und Medienobjekte in der Regel keine scharfen Anfragen, die das Anfrageergebnis eindeutig mit Ja- und Nein-Entscheidungen aufbauen. Statt dessen erfolgt ein Ranking der Dokumente aufgrund des Grades der Übereinstimmung mit dem Suchkriterium.

Daher sind die Begriffe *Recall* und *Precision* zentrale Konzepte der Bewertung der Güte von Anfragemethoden für Multimedia-Datenbanken. Bei

Ranking-basierten Anfragemethoden kommt es leicht zu Anfragefehlern: Relevante Objekte werden mit einem zu geringen Gewicht bewertet und werden nicht gefunden, während irrelevante Objekte durch ein zu hohes Gewicht in die Ergebnismenge aufgenommen werden. Daher wird die Effektivität von Information Retrieval-Techniken durch die Kennzahlen Recall und Precision bewertet, die wir im Folgenden einführen werden. Danach gehen wir noch auf Ähnlichkeitsbegriffe ein, die den Abstand zwischen ähnlichen Dokumenten messen. Dieses Maß wird dann auch Grundlage von Bewertungsprozessen wie das Ranking sein.

Recall und Precision

Die Begriffe *Recall* und *Precision* werden zur Bewertung der Güte von Anfragen folgendermaßen definiert:

- Mit *Recall* wird die Anzahl relevanter Objekte im Ergebnis im Verhältnis zur Anzahl aller relevanten Objekte gemessen:

$$\texttt{Recall} = \frac{\text{Anzahl gefundener relevanter Dokumente}}{\text{Gesamtanzahl relevanter Dokumente}}$$

Ein hoher Recall beschreibt eine Suchmethode, die eine große Anzahl der gemäß Suchkriterium qualifizierten Dokumente findet.

- Die *Precision* (oder auch *Präzision*) beschreibt die Anzahl relevanter Objekte im Ergebnis im Verhältnis zur Anzahl aller Objekte im Ergebnis:

$$\texttt{Precision} = \frac{\text{Anzahl gefundener relevanter Dokumente}}{\text{Gesamtanzahl gefundener Dokumente}}$$

Eine hohe Präzision bedeutet, dass wenig „Datenmüll" gefunden wird, also Dokumente, die irrtümlich als Treffer qualifiziert wurden.

- Ein weiteres Maß ist das *Fallout*-Maß, das den Anteil der gefundenen, aber irrelevanten Dokumente an den gesamten irrelevanten Dokumenten beschreibt:

$$\texttt{Fallout} = \frac{\text{Anzahl gefundener irrelevanter Dokumente}}{\text{Gesamtanzahl irrelevanter Dokumente}}$$

Das Fallout-Maß beschreibt sozusagen die Güte eines Verfahren im Herausfiltern irrelevanter Dokumente.

Speziell die Begriffe Precision und Recall werden in Abbildung 20.1 noch einmal graphisch verdeutlicht: Bei Precision soll die Menge der gefundenen irrelevanten Dokumente möglichst klein werden, bei Recall entsprechend die Menge der nicht gefundenen relevanten Dokumente.

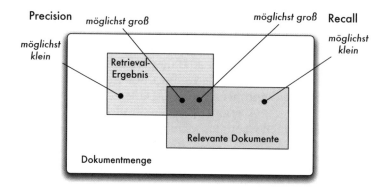

Abbildung 20.1: Veranschaulichung der Maße Precision und Recall im Information Retrieval

Wird die Menge der gefundenen Dokumente mit **Ret** (für *retrieved*), die Gesamtmenge aller Dokumente mit **All** und die Menge der relevanten Dokumente mit **Rel** (für *relevant*) bezeichnet, werden die Werte genauer wie folgt definiert:

$$\texttt{Recall} = \frac{|\texttt{Rel} \cap \texttt{Ret}|}{|\texttt{Rel}|}$$

$$\texttt{Precision} = \frac{|\texttt{Rel} \cap \texttt{Ret}|}{|\texttt{Ret}|}$$

$$\texttt{Fallout} = \frac{|\texttt{Ret} - \texttt{Rel}|}{|\texttt{All} - \texttt{Rel}|}$$

Wird in einem Beispiel bei insgesamt 20 relevanten Dokumenten in der Datenbank ein Suchergebnis von 10 Dokumenten angezeigt, von denen 7 zu den relevanten gehören, betragen die ersten beiden Kennzahlen **Recall** $= \frac{7}{20}$ und **Precision** $= \frac{7}{10}$. Die Kennzahlen sind nicht unabhängig:

- Der Wert des Recall kann erhöht werden, indem man die Suchkriterien weiter abschwächt. Im Extremfall ergibt die gesamte Dokumentenmenge als Suchergebnis einen garantierten Recall-Wert von 1 (aber eine sehr kleine Präzision).

- Verschärft man hingegen das Suchkriterium, erhöht sich der Wert der Präzision auf Kosten des Recall.

Ein gutes Verfahren sollte möglichst so justiert werden können, dass die Werte für **Recall** und **Precision** nahe an 1 liegen. Der Wert für **Fallout** sollte natürlich gegen 0 gehen. Problematisch bei der Bestimmung dieser Kennzahlen ist, dass die „Relevanz" von Dokumenten eine semantische Eigenschaft ist. Gerade der Recall-Wert ist in der Praxis schwer oder gar nicht bestimmbar. Üblicherweise resultiert eine Steigerung des **Recall** in einer Verringerung der **Precision**.

Ähnlichkeit von Multimedia-Daten

In Retrieval-Systemen und Multimedia-Datenbanken spielt die Ähnlichkeitssuche auf Medienobjekten eine große Rolle. Im Gegensatz zu üblichen Daten muss hierbei für Medienobjekte, also etwa für Bilder, eine Ähnlichkeitsmetrik bestimmt werden, die die Ähnlichkeit zweier Objekte durch den Abstand in einem geeigneten Suchraum festlegt.

Üblicherweise erhält man dabei hochdimensionale Suchräume, da viele Merkmale eines Medienobjektes untersucht werden können und unterschiedlich gewichtet in die Ähnlichkeitsberechnung einfließen können. Dazu werden mehrere sogenannte *Features* für ein Medienobjekt berechnet, etwa für digitalisierte Bilder Graustufen, Farbwerte, Helligkeits-Histogramme etc. Jedes Medienobjekt bestimmt so einen n-dimensionalen *Feature-Vektor*, der für die Ähnlichkeitssuche herangezogen wird.

Eine typische Operation auf Feature-Vektoren ist nun die *Nachbarschaftssuche*, das heißt die Suche nach dem in der Datenbank gespeicherten Punkt im n-dimensionalen Raum mit geringstem Abstand zum Suchpunkt. Üblich ist auch ein *Ranking* der „besten" Treffer mittels der Abstandsberechnung.

Für die Diskussion der Operationen auf Feature-Vektoren gehen wir von einer Datenbank *DB* aus, die einer Menge von Punkten des d-dimensionalen Raumes entspricht:

$$DB = \{P_0, \ldots, P_{n-1}\}$$

Jeder Punkt dieser Datenbank ist ein d-dimensionaler Vektor:

$$P_i \in DB \subseteq \mathbb{R}^d$$

Für den praktischen Einsatz müssen natürlich diesen Punkten weiterhin „normale" Datenbankobjekte, etwa Multimedia-Dokumente, zugeordnet werden. Wir werden unsere folgenden Betrachtungen jedoch rein auf die Vektoren beschränken.

Von Interesse sind nun insbesondere die folgenden Arten von Anfragen:

- *Bereichsanfragen* (engl. *Range Queries*) berechnen für einen gegebenen Vektor alle benachbarten Punkte der Datenbank, also alle Vektoren, die nicht weiter als ein vorgegebener Wert r vom Suchvektor entfernt sind:

$$\textbf{range}(DB, Q, r, M) = \{P \in DB \mid \delta_M(P, Q) \leq r\}$$

Hierbei haben die Parameter und Symbole die folgende Bedeutung:

- *DB* bestimmt die Datenbank als Menge von Feature-Vektoren, in der gesucht wird.
- *r* ist der Abstand, der den Bereich („range") festlegt.
- *Q* ist der Suchvektor.
- *M* legt die Metrik fest, die für die Abstandsbestimmung benutzt wird, etwa die *euklidische Distanz*. Wir werden auf mögliche Metriken noch zurückkommen. Für die Abstandsbestimmung wird dabei eine *Distanzfunktion* δ verwendet.

- Eine *Punktanfrage*, engl. *Point Query*, definiert die exakte Suche und entspricht somit einer Bereichsanfrage mit Abstand 0:

$$\texttt{point}(DB, Q, M) = \{P \in DB \mid \delta_M(P, Q) = 0\}$$

- Die *Nächster Nachbar-Anfragen* (engl. *Nearest Neighbor Query*) bestimmen für einen Suchvektor den diesem am nächsten gelegenen Vektor der Datenbank:

$$\texttt{nearest-neighbor}(DB, Q, M) = \{P \in DB \mid \forall (P' \in DB) : \delta_M(P, Q) \leq \delta_M(P', Q)\}$$

Hier kann es algorithmisch Sinn machen, zwei Varianten zu unterscheiden, die entweder *alle* Punkte liefern, die den geringsten Abstand aufweisen, oder nichtdeterministisch einen dieser Punkte auszuwählen.

- Weitere Varianten sind denkbar und in einigen Anwendungen gefordert. Ein Anfragetyp, der häufig vorkommt, ist die Bestimmung der *k* nächsten Nachbarn (Operation `K-Nearest-Neighbor`), wobei hier die Ergebnisse mit einem *Ranking* betreffend der Distanz versehen werden können.

Die vorgestellten Anfragetypen waren mit einer vorgegebenen *Metrik* parametrisiert. Die Abstandsberechnung wird dabei mit der *Distanzfunktion* δ berechnet. Für eine derartige Distanzfunktion und Punkte *p* müssen insbesondere folgende Eigenschaften gelten:

1. $\delta(p, p) = 0$
2. $\delta(p_1, p_2) = \delta(p_2, p_1)$
3. $\delta(p_1, p_2) + \delta(p_2, p_3) \geq \delta(p_1, p_3)$ (Dreiecksungleichung)

Die verwendete Metrik kann aus algorithmischen Gründen gewählt werden (die euklidische Metrik ist im Vergleich besonders rechenaufwendig), oder aus dem Anwendungsgebiet heraus motiviert sein. Die folgenden Metriken gehören zu den oft verwendeten Metriken für die genannten Anfragetypen:

- Die *euklidische Distanz* ist die klassische Abstandsberechnung der Geometrie, die mehrere Quadrierungen und eine Wurzelberechnung benötigt:

$$\delta_{Euclid}(P,Q) = \sqrt{\sum_{i=1}^{d}(Q_i - P_i)^2}$$

  Q_i ist hierbei der Wert von Q für die i-te Dimension. Diese Metrik ist auch als L_2-Metrik bekannt.

- Die *Manhattan-Distanz* ist wie folgt definiert:

$$\delta_{Manhattan}(P,Q) = \sum_{i=1}^{d}|Q_i - P_i|$$

  Der Name „Manhattan" kommt vom typischen Rechteckmuster des Stadtplans von Manhattan, der diagonale Bewegungen unmöglich macht und in diesem Fall den (längeren) Weg entlang der horizontalen und vertikalen Achsen erzwingt.
  Diese Metrik wird auch als L_1-Metrik bezeichnet.

- Die *Maximum-Distanz* ist besonders einfach zu berechnen:

$$\delta_{Max}(P,Q) = \max\{|Q_i - P_i|\}$$

  Diese Metrik wird auch als L_∞-Metrik bezeichnet.

Von all diesen Distanzformeln können gewichtete Versionen abgeleitet werden, die eine Wichtung der Dimensionen vornehmen. Das Resultat ist etwa bei der euklidischen Distanz, dass im zweidimensionalen Fall Punkte gleicher Entfernung vom Suchpunkt auf einer Ellipse statt auf einem Kreis liegen.

Abbildung 20.2 zeigt zur Verdeutlichung der drei Distanzfunktionen im zweidimensionalen Fall jeweils die Linien, auf denen $\delta(P,Q) = k$ für einen festen Punkt P gilt (P ist grafisch jeweils als schwarzer Punkt notiert).

Abbildung 20.2: Euklid-, Manhattan- und Maximum-Distanz im Vergleich

Gerade die Nächster Nachbar-Suche bedarf spezieller Algorithmen, da die klassischen mehrdimensionalen Datenstrukturen wie R-Baum und dessen Varianten direkt nur Fensteranfragen (und damit bestimmte Bereichsanfragen) unterstützen.

Ranking und Relevance Feedback

Aus den bisherigen Ausführungen kann nun ein Ranking leicht abgeleitet werden. Eine k-Nearest-Neighbor-Anfrage berechnet die *k* nächsten Nachbarn eines Anfragepunktes. Für die *k* Antwortvektoren wird nun der Abstand berechnet. Aus dem Abstand wird nun eine prozentuale Ähnlichkeit berechnet: Der Abstand 0 ergibt eine Ähnlichkeit von 1 oder 100%, der unendliche Abstand ergibt den Wert 0.

Die Bewertung der gefundenen Dokumente besteht im Retrieval aus zwei Phasen:

- Zunächst werden die gefundenen Dokumente in der Reihenfolge ihrer Relevanz ausgegeben. Die Relevanz ermittelt sich aufgrund einer *Ranking*-Funktion.

- Danach kann der Nutzer interaktiv eingreifen und bestimmte Dokumente als sehr relevant oder irrelevant markieren. Aufgrund der Relevanzbeurteilung wird die Anfrage so verändert, dass sich ein verbesserter Anfragevektor ergibt. Dieser wird dann erneut angewendet. Diesen Prozess nennt man *Relevance Feedback*.

Die Bewertungsphase unterscheidet sich deutlich von Anfragesprachen im Datenbankbereich: Anfrageergebnisse sind immer exakt und damit alle Tupel im Ergebnis gleich relevant. Eine interaktive „Anfrageverbesserung" wird als Systemeigenschaft auch nicht geboten.

In einem interaktiven Prozess kommt man somit zu einer stufenweisen Einschränkung: Unter den gefundenen Dokumenten führt man weitere Recherchen durch, das System nennt jeweils den neuen Umfang der Ergebnisliste. Ein Grund für das Ablehnen der Ergebnisliste kann eine zu hohe Trefferanzahl sein, die man ebenfalls mit einem Relevance Feedback-Verfahren verkleinern kann.

Die einfachste Umsetzung des Verfahrens ist die Kombination des *Browsing*, das Ansehen der gefundenen Dokumente, mit der Wahl eines „guten" Dokumentes als Ausgangspunkt für die verfeinerte Recherche: Das IR-System kann in diesem Fall die Indexeinträge für dieses Dokument als Grundlage für die Suche nach ähnlichen Dokumenten nehmen, statt nur die (wahrscheinlich weniger selektiven) Recherchedeskriptoren der ersten Nutzerrecherche.

Insgesamt soll die weiter oben angesprochene Selektionsgüte wie die *Relevanzquote* (Precision) oder die *Nachweisquote* (Recall) dadurch verbessert werden.

20.2 Text Retrieval

Während wir auf die meisten dieser *Multimedia-Daten* nur summarisch eingehen, werden wir uns hier exemplarisch mit dem am besten verstandenen Datentyp *Text* auseinandersetzen.

In diesem Abschnitt werden wir zunächst auf die in spezialisierten *Information Retrieval-Systemen* (*IR-Systemen*) eingesetzten Techniken eingehen. Anschließend betrachten wir die Integration textspezifischer Funktionalitäten in objektrelationale Datenbanksysteme.

20.2.1 Information Retrieval auf Texten

Information Retrieval-Systeme für Texte oder unstrukturierte Daten sind bereits länger als Datenbanksysteme verfügbar. Die Grundtechniken waren schon vor Anfang der siebziger Jahre bekannt und teilweise auch in Systemen eingesetzt. Somit sind Information Retrieval-Systeme deutlich früher entstanden als relationale Datenbanksysteme (die damals unter dem Begriff Fakten-Nachweissysteme eingeordnet wurden). Im leider schon vergriffenen Buch [LM78] ist diese Entwicklung dokumentiert: Relationale Datenbanksysteme waren noch nicht kommerziell verfügbar und wurden unter diesem Namen noch nicht geführt, während die meisten der in diesem Unterabschnitt vorgestellten Information Retrieval-Techniken schon erläutert wurden und mit *GOLEM2* (Siemens) und *STAIRS* (IBM) auch schon kommerzielle Systeme vorgestellt wurden.

Techniken, die etwa in dem alten Siemens-System GOLEM2 benutzt wurden, werden heutzutage für Suchmaschinen im Web wieder neu erfunden und wurden in relationalen Datenbanken (leider) zunächst vergessen. Da in relationalen Datenbanken die Daten in erster Normalform fein zerlegt gespeichert wurden, hatte man keinen Bedarf mehr zum Speichern und Durchsuchen langer unstrukturierter Texte. Die klassischen Techniken werden heutzutage in objektrelationalen Systemen für den Datentyp Text wieder neu „erfunden".

20.2.2 Grundtechniken des Text Retrieval

Die Grundtechniken des Information Retrieval auf Texten können wir in drei Phasen aufteilen:

- *Deskribierung*: Hierunter verstehen wir eine manuelle oder automatische Anreicherung des unstrukturierten Textes um *Deskriptoren*, die mit dem herkömmlichen Datentyp string gespeichert werden können.

Zu den Verfahren gehören die manuelle Klassifizierung oder Indexierung sowie die automatischen Verfahren: Stichwortverfahren, morphologische Reduktion, Inhaltserschließung und Klassifizierung.

- *Recherche*: Hierunter verstehen wir das Suchen von Textdokumenten nach Vorgabe von Dokumentdeskriptoren.

  Zu den Verfahren gehören die boolesche Suche, die Suche nach dem Vektorraummodell und die probabilistische Suche. Weiterhin kann man Freitextverfahren (Suche nach Auftreten von Stichworten im Text) oder die Suche nach manuellen Klassifikationsmerkmalen unterscheiden.

- *Bewertung*: Eine Bewertung ordnet die gefundenen Dokumente ihrer Güte nach an (wie gut nähert sich das Dokument der gestellten Recherche an?) und ermöglicht eine Reaktion des Nutzers.

  Zu den Verfahren gehören das Ranking, die Interaktion in Form der Relevanz-Rückkopplung (Relevance Feedback) und die Messung der Selektionsgüte.

Alle Verfahren sind zunächst einmal abhängig von der Sprache, in der der Text formuliert ist. Wir gehen hier von indogermanischen Sprachen aus, insbesondere deutsch oder englisch. Gerade bei den später in diesem Abschnitt zu behandelnden Systemen werden meist Algorithmen etwa zur Deskribierung oder Recherche angeboten, die auf die englische oder alternativ die deutsche Sprache beschränkt sind.

Die Verfahren zur Deskribierung kann man aus verschiedenen Blickwinkeln betrachten:

- Die *statistischen, wortbasierten Verfahren* sind im Bereich der Suchmaschinen oder Volltext-Datenbanksysteme am gebräuchlichsten. Diese Verfahren analysieren den Text aufgrund von Worten, die in ihm vorkommen (dieser Vorgang wird unten noch mit *Indizierung* bezeichnet). Es werden dabei nur sehr einfache linguistische Analysen vorgenommen, etwa werden die Beugungsformen eines Wortes bei Deskribierung und Recherche berücksichtigt. Eine Bewertung der Texte geschieht oft nach statistischen Maßzahlen wie die Häufigkeit des Wortes im Text.

- Die *linguistischen Verfahren* analysieren die Satzstruktur der Texte und versuchen die Worte im Satzzusammenhang zu erkennen. Sie ordnen den Worten deshalb eine bestimmte Rolle im Satz zu (etwa: Subjekt, Name, Relation zwischen Orten, Relation zwischen Zeitpunkten). Natürlich sind die linguistischen Verfahren sehr stark abhängig vom Anwendungsbereich (juristischer Text, Pilotenfunksprüche oder E-Mail-Jargon) und der Sprache.

- Die *wissensbasierten Verfahren* versuchen, mit Hilfe von *Ontologien* das Anwendungsgebiet zu strukturieren. Ontologien kann man sich wie ein objektorientiertes Datenbankschema für ein bestimmtes Anwendungsgebiet vorstellen, in dem die Begriffe der Anwendung in verschiedene Spezialisierungs- oder Komponentenhierarchien eingeordnet werden (Hotel ist spezieller als Unterkunft, Bett ist Ausstattungsmerkmal eines Hotelzimmers).

Im Folgenden werden wir uns auf die verbreiteten wortbasierten Verfahren konzentrieren. Im Artikel zum Projekt GETESS (German Text Exploitation and Search System) kann man sich über eine Kombination aller drei Techniken zur Textanalyse und -suche informieren [SBB+99].

Wir werden die Techniken der Deskribierung, Recherche und Bewertung nun im Einzelnen skizzieren.

20.2.3 Deskribierung

Die *Deskribierung* beschreibt allgemein die Transformation eines Textdokumentes in eine Dokumentbeschreibung. Dabei kann man folgende Arten von Beschreibungen erreichen wollen:

- Strukturbeschreibung (auch *Metadaten* genannt): Sie enthält eine dokumenttypspezifische (attributierte) Struktur, etwa die bibliographischen Angaben aus einem Zeitschriftenartikel (wie Autoren, Band, Heft und Seitenzahl der Zeitschrift, in der der Artikel erschienen ist). Diese Art der Deskribierung wird im Folgenden nicht weiter betrachtet.

- Deskriptoren, die Schlagworte über den Text oder Stichworte aus dem Text darstellen.

Eine Forderung an Deskribierungsverfahren ist, dass Dokumente gleichen Inhalts auch gleiche Deskriptoren bekommen. Wir unterscheiden nun zwischen manuellen und automatischen Verfahren.

Manuelle Deskribierung: Klassifizierung

Bei der *Klassifizierung* werden Dokumente in ein fest vorgegebenes System von Dokumentklassen eingeordnet. Hier gibt es hierarchische Klassifizierungen wie etwa die *Dezimalklassifikation* (in ihrem Aufbau vergleichbar mit der Kapitel-Abschnitt-Unterabschnitt-Einteilung in diesem Buch). Daneben gibt es die *Facettenklassifikation*, die aus n verschiedenen Deskriptormengen jedem Dokument n Deskriptoren (genau ein Deskriptor pro Deskriptormenge) zuordnet und zur Klasse konkateniert.

Manuelle Deskribierung: Indizierung

Bei der *Indizierung von Texten*[1] (auch: *Indexierung*) sind die Deskriptoren entweder Worte aus dem Text (wie bei *Stichwortverfahren*, die oft nur Worte aus einem *Glossar* oder einer Positivliste zulassen) oder Worte über den Text (wie bei *Schlagwortverfahren*, die ebenfalls nur Deskriptoren aus einem kontrollierten Wortschatz zulassen).

Ein *Thesaurus* kann neben Stichworten oder Schlagworten noch Vorzugsbenennungen, Querverweise, Ober- und Unterbegriffe, *Benutzt-für*-Beziehungen, Synonyme, Antonyme oder weitere Bezüge zu anderen Begriffen speichern.

Kann man Deskriptoren schließlich noch attributieren (auch Aspekte oder Rollen genannt), so kann man für diese Art der Deskriptoren auch Datenbanktechniken zur Speicherung des Deskriptors verwenden. Beispielsweise kann bei den Begriffen „Müller" oder „Bodden" eine Attributierung manuell festgelegt werden: Name: Müller oder Beruf: Müller; Name: Bodden oder Landschaft: Bodden. Deskriptoren können schließlich auch nach ihrer Bedeutung für das Textdokument gewichtet werden.

Automatische Deskribierung: Stichwortverfahren

Die automatische Deskribierung wird ebenfalls oft als *Indizierung* bezeichnet. Das Standardverfahren ist das *Stichwortverfahren*.

Die Indizierung von Dokumenten extrahiert aus Dokumenten diejenigen Wortformen, die zur Suche eingesetzt werden können und daher in einer Zugriffsstruktur verwendet werden. Hier kann wie folgt vorgegangen werden:

- Es wird die Häufigkeit aller Worte in den Texten bestimmt.

- Die *häufigsten Worte* werden gestrichen, da Worte wie „der", „ein", „oder" keinen Beitrag zur Bestimmung der Relevanz von Dokumenten bringen.

  Statt die häufigsten Worte zu streichen, kann auch eine Liste von sogenannten *Stoppworten* eingesetzt werden. Die Worte aus der Stoppwortliste (Negativliste) werden dann aus dem Index gestrichen.

- Oft werden auch die *seltensten Worte* gestrichen, obwohl diese ja die maximale Selektivität haben. Der Grund ist, dass seltene Worte bei einigen Speicherstrukturen, etwa bei invertierten Listen, die Indexstruktur stark aufblähen können.

- Die verbleibenden Worte werden in den Index übernommen.

Derartige Verfahren können durch fachspezifische Wörterbücher verbessert werden, die vorgeben, was indiziert werden soll.

---

[1]Im Bereich der Dokumentaufbereitung werden im Gegensatz zu Datenbankzugriffsstrukturen vom Wort „Index" die Wortformen „Indizes" und „Indizierung" abgeleitet.

Automatische Deskribierung: Morphologische Reduktion

Bei der *morphologischen Reduktion* oder *Stammformreduktion* wird ein *linguistischer Index* angelegt, der auch *Flexionsformen* von Worten speichert. Dies sind die Deklination von Substantiven und Adjektiven, die Konjugation von Verben und die Komposition von Worten.

Als Deskriptor wird dann nur die Grundform (das *Lexem* und das *Hauptmorphem*) gespeichert, davon getrennt weitere Flexionsformen (*Morpheme*). Bei "Weine" wäre das Lexem "Wein" und das Hauptmorphem leer. Bei "trinken" wäre das Lexem "trink" und das Hauptmorphem "en". Eine Flexionsklasse beschreibt dann jeweils eine Menge von gültigen Morphemen. Das Wörterbuch von Lexemen wird in diese Flexionsklassen zerlegt und die Deskriptoren dann jeweils einer Flexionsklasse zugeordnet.

Automatische Deskribierung: Inhaltserschließung

Bei den Verfahren der *Inhaltserschließung* werden statt statistischen Informationen und Informationen über Wortstämme weitere syntaktische und semantische Analysen durchgeführt. So kann man beispielsweise die automatisch ermittelten Stichworte im Index in einer Assoziationsmatrix mit vorher für bestimmte Themengebiete festgelegten Bezugswörtern in Beziehung bringen. Danach werden die Korrelationen gewichtet und aggregiert und ein Gesamtwert für einen Text ermittelt (wie gut passt ein Text aufgrund der Gesamtheit seiner Stichworte zu einem bestimmten Thema?).

◂**Beispiel 20-1**▸ Ein Text mit dem Stichwort „MS SQL Server" und den zusätzlichen Stichworten „OLAP-Operationen", „Auswahlkriterien", „SQL:2003-Standard", „Vergleich", „Forschungsprototyp" und „mehrdimensionale Datenmodelle" deutet dann mehr auf einen Fachtext zum Thema SQL-Datenbanksysteme hin als ein anderer Text, der neben dem Stichwort „MS SQL Server" auch die Stichworte oder Phrasen „MS Excel", „MS Word", „alles inklusive", „Sonderpreis", „Jahrtausendaktion", „1.999,99" und „Ich bin doch nicht blöd" enthält. Letzterer deutet eher auf die elektronische Version des Werbeprospekts eines Elektrofachmarktes hin. □

Automatische Deskribierung: Klassifizierung

Statt fest vorgegebener Bezugswörter und damit einer statischen Zuordnung zu Themengebieten kann man auch eine dynamische *Klassifizierung* der Texte vornehmen. Dazu werden Ähnlichkeitsmaße definiert und *Cluster* von Textdokumenten gebildet, deren Elemente einen bestimmten Ähnlichkeitsgrad aufweisen. Das Klassifikationssystem (die Cluster) bildet sich hier dynamisch.

◂**Beispiel 20-2**▸ Hat man beispielsweise eine Menge von wissenschaftlichen Texten, Handbüchern und Werbeprospekten vorliegen, in denen das Stichwort „MS SQL Server" vorkommt, so müsste sich über die Verteilung der anderen

Stichworte pro Text automatisch eine Klassifikation in drei Cluster ergeben, ohne dass in einer Assoziationsmatrix Bezugswörter vordefiniert sei müssen. So werden einerseits die Stichworte „Sonderangebot" und „1.999,99" nicht in einem wissenschaftlichen Text und andererseits die Stichworte „Forschungsprototyp" und „mehrdimensionale Datenmodelle" nicht in einem Werbeprospekt vorkommen. □

Nachdem die Aufbereitung der Dokumente durch eine manuelle oder automatische Deskribierung erfolgt ist, können Anfragen an die Menge der Textdokumente gestellt werden. Da Anfragen an Texte unscharf und nicht mit Attribut-Wert-Vergleichen und Verbundoperationen formuliert werden, nennen wir Anfragen an Texte im Folgenden auch *Recherche*-Operationen.

20.2.4 Recherche

Übliche Anfragen an Texte basieren auf den in ihnen enthaltenen Wörtern (Stichworten) oder den festgelegten Schlagworten. Dabei lassen sich mehrere Grundmuster unterscheiden:

- *Einfache Terme* entsprechen Anfragen auf Enthaltensein eines Wortes in einem Text:

    ['Datenbanken'] **in** Text

    Bei großen Textdatenbanken stoßen diese einfachen Anfragen schnell an ihre Grenzen, da zu viele Texte das Suchwort enthalten.

- *Konjunktive Anfragen* bestimmen Texte, welche die vorgegebenen Suchbegriffe gemeinsam enthalten:

    ['Datenbanken' **and** 'Multimedia'] **in** Text

    Üblicherweise werden auch Disjunktionen und Negationen unterstützt. Diese, insbesondere Negationen, ergeben aber in der Regel nur in einer konjunktiven Verknüpfung hinreichend spezifische Suchkriterien.

- Spezielle Information Retrieval-Systeme erlauben weitere Anfragen, die die Nachbarschaft von Suchworten in Texten ausnutzen. Folgende Beispiele sind in einer selbsterklärenden Notation abgefasst:

    ['Objekt' 1 **Wort vor** 'Orientierung'] **in** Text,
    ['Objekt' **im gleichen Satz mit** 'Orientierung'] **in** Text,
    ['Objekt' **innerhalb** 2 **Abschnitte mit** 'Orientierung'] **in** Text

Eine Erweiterung um derartige Suchkriterien ist in SQL:1999 enthalten, auf die wir am Ende dieses Abschnitts noch eingehen werden. Auch wenn dieser Standard derzeit in Datenbanksystemen noch nicht umgesetzt wurde, bieten einige Datenbankerweiterungsmodule für erweiterbare Datenbanken und objektrelationale Datenbanken bereits diese Funktionalität. Auch auf diese Systeme werden wir weiter hinten noch eingehen.

Wir werden jetzt verschiedene Dimensionen von Rechercheoperationen auf Texten beschreiben und Implementierungsalternativen vorstellen. Dabei geht es um

- die Abbildung der Deskriptoren in der Recherche auf die Dokumentdeskriptoren,

- die Retrieval-Sprachen, also die Art der Formulierung der Recherche (etwa boolesche Recherchen, attributierte Recherchen, Recherchen mit Wichtungen, ...) sowie

- die Retrieval-Modelle, also die Art der Abarbeitung der Recherche (boolesches Retrieval, Abarbeitung nach dem Vektorraummodell, probabilistisches Retrieval, ...) und

- die Retrieval-Unterstützung durch Indexstrukturen.

Dokument- und Recherche-Deskriptoren

Bei der Zuordnung von Recherche- zu Dokument-Deskriptoren gibt es prinzipiell folgende Möglichkeiten:

- *Identische Abbildung:* Zu jedem in der Recherche vorkommenden Deskriptor wird der entsprechende Dokument-Deskriptor in den Indexstrukturen gesucht. Diese Lösung ist sehr einfach, da nur eine 1:1-Zuordnung der Deskriptoren vorgenommen werden muss und die Recherche-Deskriptoren dann in der durch die Deskribierung angelegten Indexstruktur gesucht werden. Allerdings ist das Verfahren in etwas komplexeren Anwendungen auch wenig attraktiv, da es oft nur eine geringe Wahrscheinlichkeit für die Übereinstimmung von beiden Deskriptormengen gibt.

- *Einschränkung auf kontrollierten Wortschatz:* In der Recherche wird nicht die Angabe beliebiger Recherche-Deskriptoren erlaubt, sondern auf einen kontrollierten Wortschatz der Dokument-Deskriptoren eingeschränkt. Dies kann in einfachen Fällen durch Auswahllisten geschehen. Beispielsweise kann bei der Recherche nach Flugverbindungen zwischen zwei Orten eine freie Ortsangabe unterbunden und der Ort aus Auswahllisten herausgesucht werden (teilweise unterstützt durch Eingabe eines Präfixes des Ortsnamens).

- *Erweiterung um verwandte Wörter:* Die Recherche-Deskriptoren werden in diesem Fall um verwandte Deskriptoren ergänzt, etwa unter Verwendung eines *Thesaurus*. Verbreitet ist die Technik, um zumindest Synonyme in die Recherche aufzunehmen.

Nachdem die Zuordnung der Recherche-Deskriptoren besprochen wurde, müssen nun Kombinationen von Recherche-Deskriptoren untersucht werden: Durch welche Operatoren können komplexere Recherche-Ausdrücke aufgebaut werden?

Retrieval-Sprachen

Bei einfachen *Recherchen* werden ausschließlich Deskriptoren angegeben und diese in vielfältiger Weise mit Operatoren, Kontextinformationen oder Wichtungen versehen. Folgende Typen von einfachen Recherchen gibt es:

- *Angabe eines Deskriptors:* Das ist die einfachste Rechercheform, bei der als Angabe nur ein Deskriptor erlaubt ist.

- *Angabe einer Deskriptormenge:* Hier werden mehrere Deskriptoren meist durch Komma getrennt angegeben. Alle Deskriptoren sollen im gesuchten Dokument vorkommen. Die resultierenden Ergebnisdokumentmengen pro Deskriptor werden also geschnitten.

- *Boolesche Recherchen:* Dies ist die üblichste Form einer Retrieval-Sprache. Verschiedene Deskriptoren werden durch **und**, **oder** und **nicht** verknüpft. Wie bei Kalkülanfragen des Relationenmodells muss auch hier die Menge der Rechercheausdrücke auf sichere Ausdrücke eingeschränkt werden. So ist ein einfaches **not** Deskriptor nicht erlaubt. Die Ergebnisdokumentmengen werden mit den Mengenoperationen ∪, ∩ und − verknüpft.

- *Kontext-Recherchen:* Hier wird, wie im obigen einführenden Beispiel, ein Kontext für die jeweiligen Deskriptoren angegeben, beispielsweise eine absolute Ortsangabe (in einem bestimmten Kapitel) oder eine relative Ortsangabe (ein Deskriptor drei Abschnitte vor einem anderen Deskriptor). Das Textdokument muss dazu in entsprechender Weise (Kapitel, Abschnitte, Sätze) strukturiert sein. Der Index muss die Ortsinformationen (Konkordanzen) ebenfalls berücksichtigen. Übliche metrische Operationen sind *gleicher Satz, gleiche Struktureinheit* (wie Abschnitt, Kapitel), *Abstand zum Satz* oder *zur Struktureinheit, vorgegebener Abstand zwischen Deskriptoren*, etwa auch in *Anzahl von Worten*.

Die einfachste Form der Kontext-Recherche ist die Suche nach einer *Phrase*, bei der die gesuchten Deskriptoren genau in dieser direkten Folge im Text auftauchen sollen, etwa mit folgendem Suchbegriff:

'Wein oder nicht Wein, das ist hier die Phrase'

- *Gewichtete Recherchen:* Hier wird jedem Deskriptor ein Wichtungsfaktor mitgegeben. Unwichtigere Deskriptoren können somit von wichtigen unterschieden werden. Kommen beispielsweise bei einer mit **and** verknüpften Deskriptormenge nicht alle Deskriptoren in einem Dokument vor, möchte man aber trotzdem die Dokumente höher bewerten (s.u.: Vektorraummodell und Ranking), die mehr und wichtigere Deskriptoren enthalten, so kann man beispielsweise mit

    `Rotwein:0.8` **and** `trocken:0.5` **and** `fruchtig:0.2`

    einen trockenen Rotwein, der nicht fruchtig ist, höher bewerten als eine Information über einen trockenen und fruchtigen Weißwein.

- *Suche nach Mustern:* Schließlich können auch die gegebenen Deskriptoren selbst nur durch Muster beschrieben sein. So möchte man bei dem Deskriptor `Datenbank` manchmal exakt dieses Wort, manchmal nur das Präfix, sehr oft aber eine beliebige Teilzeichenkette auch innerhalb eines Wortes finden. Oft soll die Groß- und Kleinschreibung dabei unberücksichtigt bleiben (und somit für obigen Deskriptor auch Dokumente mit dem Wort `Objektdatenbank` gefunden werden).

    Weitere Ungenauigkeiten können das Zulassen von x Fehlern in einem Suchbegriff sein (so findet man für den Suchbegriff `Schek` auch das Wort `Scheck` oder beim Suchbegriff `dass` auch die Deskriptoren `das` und `dass`). Noch allgemeiner können reguläre Ausdrücke über dem Grundalphabet den Recherche-Deskriptor beschreiben. Mit dieser Technik kann man beispielsweise nach allen Deskriptoren suchen, die mit `www.` beginnen, mit `.de` enden und dazwischen irgendwo ein `M` vor einem `V` besitzen, zwischen denen einige Zeichen stehen dürfen, aber kein Punkt.

Komplexere Recherchen nehmen nun zusätzlich auf die Strukturierung des Dokumentes Rücksicht. Erste Ansätze dazu hatten wir eben mit den Kontext-Recherchen schon kennengelernt. Weitere Möglichkeiten wären eine *Attributierung* (falls diese in der Struktur des Dokumentes durch eine semantische Auszeichnung bekannt ist, wie etwa in XML). So kann man beispielsweise die obige Anfrage nach Rotweinen mit den attributierten Deskriptoren `Farbe: Rotwein` und `Geschmack: fruchtig` semantisch bereichern.

Sind im Textdokument solche Attribute nicht ausgezeichnet, können sie entweder durch manuelle Deskribierung erfasst werden (wie in Bibliotheksanwendungen üblich) oder durch automatische Deskribierungsverfahren ermittelt werden (etwa die oben erwähnten Verfahren zur Inhaltserschließung).

Retrieval-Modelle

Die mit einer der obigen Operationen formulierten Recherchen können nun nach unterschiedlichen Modellen ausgewertet werden:

- *Boolesches Retrieval*[2]: Das boolesche Retrieval liefert **true**, wenn die Deskriptoren im Dokument vorkommen, und **false**, wenn sie nicht vorkommen. Werden aufgrund einer Recherche mehrere Dokumente zurückgeliefert, so haben diese Dokumente die gleiche Relevanz.

- *Vektorraummodell*: Die verschiedenen Recherche- und Dokument-Deskriptoren können jeweils als ein Vektor in einem mehrdimensionalen Raum aufgefasst werden. Auch wenn die Dokument-Deskriptoren nicht genau den Recherche-Deskriptor treffen, so können mit einem Ähnlichkeitsmaß Dokumente mit „benachbarten" Vektoren als Ergebnis zurückgegeben werden. Das Ergebnis ist in diesem Fall vage. Weiterhin können noch Wichtungen für Recherche- und Dokument-Deskriptoren vergeben werden, die die Ähnlichkeit der Vektoren noch weiter beeinflussen. Beispiele für ein auf diesem Modell basierenden Ranking-Verfahren werden wir weiter unten noch präsentieren.

- *Probabilistisches Modell*: Im Gegensatz zu Wichtungen und Ähnlichkeitsmaßen werden in diesem Modell Wahrscheinlichkeiten berechnet, die aussagen, ob ein Dokument bezüglich der Recherche relevant ist oder nicht.

Im Folgenden werden wir das boolesche Retrieval und das Vektorraummodell weiter betrachten.

Zugriffsstrukturen für inhaltsbasierte Suche

Spezielle Zugriffsstrukturen für die Unterstützung der Textsuche wurden bereits sehr früh entwickelt. Ein auch heute noch häufig eingesetztes Verfahren, die *invertierten Listen*, ist sogar älter als die klassischen Datenbankstrukturen wie ISAM oder B-Bäume. In [SHS05] werden einige der für den Recherche-Prozess notwendigen Indexstrukturen detaillierter eingeführt. Für die noch folgende Diskussion über IR-Systeme sollen hier nur einige Charakteristika dieser Indexstrukturen skizziert werden:

- *Invertierte Listen*: Die indizierten Worte (Zeichenketten) bilden eine lexikographisch sortierte Liste. Ein einzelner Eintrag besteht somit aus einem *Wort* und einer Liste von Dokument-Identifikatoren derjenigen Dokumente, in denen das Wort vorkommt. Zusätzlich können weitere Informationen

---

[2]Das boolesche Retrieval-Modell ist nicht zu verwechseln mit der booleschen Recherche: In der booleschen Recherche werden Deskriptoren mit **and**, **or** und **not** verknüpft, im booleschen Retrieval-Modell als Ergebnis einer Recherche für ein Dokument nur **true** oder **false** geliefert.

für die Wort-Dokument-Kombination abgespeichert werden wie die Position des (ersten Auftretens des) Wortes im Text und die Häufigkeit des Wortes im Text.

- *Linguistischer Index*: *Linguistische Analysen* nutzen linguistische Regeln zum Ableiten von Wortformen und zur Konstruktion neuer, etwa zusammengesetzter Wörter (siehe oben: *morphologische Reduktion*). Dieser Prozess wird als *Stemming* bezeichnet. Das Ergebnis ist ein Index, der unabhängig von der Wortform ist.

- *Konzept-Index*: Eine bessere Indizierung von Texten erhält man, indem mehr Wissen über das Anwendungsgebiet ausgenutzt wird: Neben der linguistischen Analyse erleichtern insbesondere die Berücksichtigung von Synonymen, der Einsatz von Thesauri und die Vererbung von Eigenschaften die Suche nach äquivalenten bzw. ähnlichen Objekten.

- *Signatur-Index*: Für jedes Dokument wird eine *Signatur* basierend auf allen (relevanten) Worten eines Dokuments berechnet. Eine Signatur entspricht somit einem Hashwert (siehe [SHS05]) und wird üblicherweise als Bit-String interpretiert. Wie bei Hashverfahren können mehrere Dokumente die gleiche Signatur haben, so dass bei der Suche falsche Treffer entstehen können, die entweder toleriert oder durch Analyse des Originaldokuments erkannt werden müssen.

In konkreten Systemen werden teilweise abgewandelte oder kombinierte Indexstrukturen verwendet, um mit einem Index mehrere Recherchearten abdecken zu können. So gibt es im Text Extender des IBM-ORDBMS DB2 einen *dualen Index*, der eine invertierte Datei und einen linguistischen Index kombiniert.

Ranking

In einer Recherche gefundene Dokumente sollen nun gemäß ihrer Relevanz absteigend sortiert werden. Dazu ist zu berechnen, wie relevant das Dokument ist. Als Voraussetzung muss zunächst die Relevanz eines Deskriptors für ein Dokument bestimmt werden.

Die grundlegenden Maße dabei sind:

- f_{in}: Die Häufigkeit des Deskriptors T_i im Dokument D_n

- t_n: Die Anzahl verschiedener Deskriptoren in Dokument D_n

- d_m: Die Anzahl der Dokumente in der Datenbasis, in denen der Deskriptor T_m auftritt

- F_m: Die Häufigkeit des Deskriptors T_m in der gesamten Datenbasis

- $Sf_n = \sum_{i=1}^{t_n} f_{in}$: Die Häufigkeit aller Deskriptoren im Dokument D_n

- w_{nm}: Die Bewertung des Deskriptors T_m in Dokument D_n wird dann aufgrund der obigen Parameter ermittelt

Einige mögliche Ranking-Funktionen w_{nm} sind in Tabelle 20.2 zusammen mit einer kurzen Erläuterung ihrer Bedeutung angegeben. Die Gesamtrelevanz R_n des Dokuments D_n leitet sich nun im Vektorraum-Modell etwa folgendermaßen ab (M gibt dabei die Anzahl der Deskriptoren an):

Ranking-Formel	Idee
$\dfrac{1}{d_m}$	Spezielle Begriffe, die nicht so häufig in der Datenbasis auftreten, sind wichtiger.
$\dfrac{1}{t_n}$	Ein einzelner Deskriptor ist umso unwichtiger, je mehr Deskriptoren insgesamt im Dokument auftreten.
f_{in}	Die Häufigkeit des Deskriptors in einem Dokument ist entscheidend.
$\dfrac{f_{in}}{Sf_n}$	Die Häufigkeit des Deskriptors in einem Dokument relativ zur Dokumentlänge ist entscheidend.
$\dfrac{f_{in}}{F_m}$	Die Ausschließlichkeit des Deskriptors in diesem Dokument ist entscheidend.

Tabelle 20.2: Ranking-Verfahren für einen Deskriptor und ein Dokument

- Verwendet man nur Boolesche Recherchen ohne Gewichtung der Recherche-Deskriptoren, so ist

$$R_n = \frac{1}{M} \sum_{m=1}^{M} w_{nm}$$

- Verwendet man dagegen eine Gewichtung der Recherche-Deskriptoren v_m, so ist

$$R_n = \frac{1}{M} \sum_{m=1}^{M} v_m \cdot w_{nm}$$

Im Booleschen Modell spielen die Ranking-Funktionen dagegen keinerlei Rolle. Ein Dokument ist im Ergebnis enthalten, wenn das Boolesche Prädikat, das die Recherche darstellt, **true** ergibt.

Die Auswirkungen der verschiedenen Modelle und Ranking-Funktionen sollen in einem Beispiel näher erläutert werden.

◀**Beispiel 20-3**▶ Gehen wir von drei Dokumenten im Bereich „Weine" aus und sei wiederum die Recherche

```
Rotwein:0.8 and trocken:0.5 and fruchtig:0.2
```

gegeben. Wir betrachten eine boolesche Recherche (und müssen dann die Gewichte vernachlässigen beziehungsweise alle Gewichte auf 1.0 setzen) und eine Recherche mit Wichtungen. Als Auswertungsmodelle betrachten wir das Boolesche Retrieval-Modell und das Vektorraummodell.

Die Kombination von Vektorraummodell und Recherche mit Wichtungen liefert das beste Ergebnis. Nach der obigen Ranking-Funktion R_n ergibt sich für die drei Dokumente in Tabelle 20.3 die Reihenfolge D_3, D_1, D_2.

	Rotwein	**trocken**	**fruchtig**	**Ranking**
Gewichte →	0.8	0.5	0.2	
Dokument ↓				
D_1	0.7	0.9	0.3	$(0.56 + 0.45 + 0.06)/3 = 0.36$
D_2	0.3	1.0	1.0	$(0.24 + 0.50 + 0.20)/3 = 0.31$
D_3	0.9	0.4	0.9	$(0.72 + 0.20 + 0.18)/3 = 0.37$

Tabelle 20.3: Ranking-Verfahren: Recherche mit Wichtungen, Vektorraummodell

Die Kombination Vektorraummodell und Recherche ohne Wichtungen ergibt für die gleichen Dokumente die Reihenfolge D_2, D_3, D_1 (siehe Tabelle 20.4).

	Rotwein	**trocken**	**fruchtig**	**Ranking**
Gewichte →	1.0	1.0	1.0	
Dokument ↓				
D_1	0.7	0.9	0.3	$(0.7 + 0.9 + 0.3)/3 = 0.63$
D_2	0.3	1.0	1.0	$(0.3 + 1.0 + 1.0)/3 = 0.77$
D_3	0.9	0.4	0.9	$(0.9 + 0.4 + 0.9)/3 = 0.73$

Tabelle 20.4: Ranking-Verfahren: Recherche ohne Wichtungen, Vektorraummodell

Im Booleschen Modell dagegen werden alle Dokumente ohne Unterscheidung gleichrangig gefunden. Wenn wir allerdings bei der Deskribierung den

Schwellwert für die Aufnahme eines Deskriptors in den Index nach der in diesem Beispiel verwandten Ranking-Funktion auf 0.5 setzen, dann ist bei der Anfrage

Rotwein **and** trocken **and** fruchtig

kein Dokument im Ergebnis, jedoch bei der Anfrage

Rotwein **or** trocken **or** fruchtig

wiederum alle. □

20.2.5 Information Retrieval-Systeme

Konkrete IR-Systeme können nun in vier Bereiche eingeteilt werden:

- *Frühe IR-Systeme* wie STAIRS und GOLEM2 arbeiten normalerweise auf ASCII-Texten ohne Dokumentstruktur und sind zentralisiert. Die Deskribierungsverfahren sind sehr ausgefeilt, aber auf konkrete Anwendungen hin anzupassen. Diese frühen Systeme sind älter als relationale Datenbanksysteme.

- Moderne *Volltext-Datenbanksysteme* wie Fulcrum akzeptieren mehrere Dokumentformate und erstellen verschiedene Indexstrukturen, die sich für verschiedene Rechercheoperationen eignen. Als Grundbestandteil der Volltext-Datenbanksysteme wird für attributierte Deskriptoren (strukturierte Daten) ein Teil der Anfragesprache SQL als Recherchesprache benutzt. Zusätzlich gibt es natürlich für die unstrukturierten Anteile einige der oben erwähnten Rechercheoperationen.

- *Suchmaschinen* wie Harvest und die Web-Suchdienste Google, Lycos und andere bieten einige der genannten IR-Techniken, allerdings ohne weitere Datenbankfunktionalität. Anfragen an strukturierte Anteile von Texten sind daher nicht möglich. Vorteil der Suchmaschinen ist die verteilte Einsetzbarkeit im Gegensatz zu den zentralisierten IR-Systemen und Volltext-Datenbanksystemen: Durch *Robots* (Roboter) oder *Crawler* wird das Web nach bereitstehenden Informationen abgesucht und in einem *Gatherer*-Prozess werden diese Informationen in Indexdateien aufbereitet.

- *Objektrelationale Datenbanksysteme* mit einer Texterweiterung (wie DB2 UDB oder Informix Dynamic Server/Universal Option) können nun die Vorteile von Anfragefunktionalitäten relationaler Datenbanksysteme mit den IR-Fähigkeiten der obigen IR-Systeme, Volltext-Datenbanksysteme oder Suchmaschinen verbinden. Im Gegensatz zu allen obigen Verfahren sind mit dieser Technik auch erstmals Verknüpfungen verschiedener Dokumente (als Verallgemeinerung des natürlichen Vebundes) möglich.

Für eine nähere Diskussion der in den Suchmaschinen verwendeten Techniken sei auf das Kapitel 13 in [BYRN99] verwiesen.

20.3 SQL/MM

Datentypen für Multimediadaten und Funktionen zum inhaltsbasierten Retrieval auf diesen Multimediadaten sind auch seit SQL:1999 Teil des SQL-Sprachstandards. *SQL/MM* ist in Ergänzung von SQL:1999 als eigene Norm ISO/IEC 13249 definiert worden, die in fünf Pakete aufgeteilt wurde:

- SQL/MM Framework
- SQL/MM Full Text (Volltext)
- SQL/MM Spatial (Vektorgrafik)
- SQL/MM Still Image (Rasterbild)
- SQL/MM Data Mining

Während der Teil „Data Mining" nicht unbedingt zum Bereich der Multimediadaten gezählt werden kann, fällt auf, dass Standards für den Bereich Audio und Video nicht vorliegen. Weiterhin interessant sind SQL/MED (Management of External Data; Data Link) für Erweiterbarkeitskonzepte, um neue Datentypen zu realisieren, und die bereits im Verlauf des Buches besprochenen XML-Datentypen in Datenbanksystemen beziehungsweise die Speicherung von XML-Strukturen in (objekt-)relationalen Datenbanksystemen.

Wir konzentrieren uns in diesem Abschnitt auf die Datentypen Full Text und Still Image. Daneben wird es einen kurzen Ausblick auf SQL/MM Spatial geben. Da dieser letzte Teilstandard aber derzeit das größte Potential verspricht, werden wir die Modelle und den Sprachstandard dahinter in einem eigenen Abschnitt ausführlich behandeln.

20.3.1 SQL/MM Full Text

Im SQL:1999-Standard [ISO99a] wurden Multimediadatentypen im Teilstandard SQL/MM eingeführt. Neben räumlichen Daten und Bildern sind natürlich Texte in SQL/MM enthalten. Bei Kontexten wird zwischen Wörtern, Sätzen und Absätzen unterschieden. Weiterhin wird die boolesche Suche, die Suche nach Mustern, die Angabe einer Ranking-Funktion und die Suche mit einem Thesaurus unterstützt.

Der Teilstandard SQL/MM Full Text beschreibt diese Funktionalitäten im Detail. Einige Merkmale sind:

- Die Suche ist sprachabhängig, kann also auf Englisch, Deutsch und andere Sprachen eingestellt werden.

- Es wird eine Phrasensuche unterstützt, indem in der Funktion **contains** als Deskriptor eine Phrase ohne zusätzlichen Parameter angegeben wird. So ist beispielsweise

  ```
  select Titel
  from Datenbankliteratur
  where contains(Dokument,
      'Wein oder nicht Wein, das ist hier die Phrase') = 1
  ```

  eine Phrasensuche.

- Die Kontextsuche wird mit **in same sentence as** oder anderen Kontexten angewählt.

- Stoppwörter werden automatisch berücksichtigt, falls eine Stoppwortliste im System definiert ist.

- Die linguistische Suche wird mit **stemmed form of** eingeführt.

- Die Ranking-Funktion ist implementierungsabhängig, liefert aber immer einen numerischen Wert.

Eine boolesche Suche kann etwa mit

```
contains (Text, Wort₁ and ...and Wortₙ)
```

ausgeführt werden.

Der Standard definiert den UDT FullText für den Datentyp Volltext und einen weiteren UDT FT_Pattern für Suchmuster. Im Datentyp Volltext gibt es zwei jeweils überladene Retrieval-Funktionen, die sich aufgrund ihrer Parametertypen (normale Zeichenkette oder Suchmuster) unterscheiden. Diese Retrieval-Funktionen heißen Contains oder Rank. Die beiden Contains-Methoden realisieren eine boolesche Suche, die beiden Rank-Methoden einen Ranking-Wert, der als Basis für eine Bewertung der Ergebniselemente benutzt werden kann. Leider ist der erzeugte Ranking-Wert nur vom Datentyp her festgelegt, der konkrete Wert aber implementierungsabhängig. Der Datentyp Volltext enthält weiterhin die Komponenten Contents für den eigentlichen Text und Language für die Sprache.

◄**Beispiel 20-4**► Der Typ FullText kann beispielsweise genutzt werden, um die Beschreibung eines Weingutes zu repräsentieren:

```
create table ERZEUGER (
    Weingut varchar(20) primary key,
    Anbaugebiet varchar(20),
    Region varchar(20) not null,
    Beschreibung FullText)
```

Mit der folgenden Anfrage sollen dann alle kalifornischen Weingüter bestimmt werden, die in ihrer Beschreibung den Begriff „biologisch" haben:

```
select *
from ERZEUGER
where Region = 'Kalifornien' and
    Beschreibung.Contains('biologisch') = 1
```

Dabei soll der Test auf den Wert „1" den Wahrheitswert True symbolisieren. In der letzten Anfrage wird also ein Vergleich auf einem Standardattribut wie Region mit einer inhaltsbasierten Anfrage auf einem Volltext kombiniert.

In den Suchmustern kann auch auf einen Thesaurus Bezug genommen werden, der dann ähnliche Wörter oder Synonyme in der Anfrage berücksichtigt. Gehen wir davon aus, dass ein Thesaurus mit dem Namen „Weine" existiert, so kann folgende Anfrage die obige Suche möglicherweise um Synonyme von „biologisch" erweitern:

```
select *
from ERZEUGER
where Region = 'Kalifornien' and
    Beschreibung.Contains('thesaurus "Weine"
        expand synonym term of "biologisch"') = 1
```

Kontextmuster können wie im folgenden Beispiel angegeben werden:

```
select *
from ERZEUGER
where Region = 'Kalifornien' and
    Beschreibung.Contains('("biologisch") near "Anbau"
        within 1 sentences in order ') = 1
```

Schließlich wollen wir als Beispiel auch eine Suche mit Rückgabe einer Ranking-Funktion zeigen. Statt der booleschen Suche nach „biologisch" werden wir jetzt eine bewertete Suche formulieren:

```
select *
from ERZEUGER
where Region = 'Kalifornien' and
    Beschreibung.Rank('biologisch') > 0.3
```

Nach diesen Beispielen zum Volltext-Standard in SQL werden wir uns noch kurz um weitere Multimediadatentypen kümmern, die aber leider noch nicht so weitgehend umgesetzt wurden: Während Bilder immerhin noch im Standard definiert sind, werden die Datentypen Audio und Video noch nicht anhand von Konstrukten aus dem SQL-Standard erklärt werden können.

20.3.2 SQL/MM Still Image

Der Datentyp SI_StillImage enthält diverse Attribute, die die Speicherung der Eigenschaften von Bildern offenlegen. Weiter werden einige Methoden, Features und Methoden für Features definiert. Die Attribute von Bildern sind SI_content, SI_contentLength, SI_format, SI_height und SI_width für das Bild, die Bildgröße, das Format des Bildes sowie die Abmessungen. Als Methoden auf Bildern sind SI_Thumbnail zur Erzeugung von kleinen Vorschaubildern und SI_changeFormat für Formatkonvertierungen vorgesehen.

Als Features (abgeleitete Attribute) sind SI_AverageColor, SI_ColorHistogram, SI_PositionalColor und SI_Texture definiert. SI_AverageColor repräsentiert einen Durchschnittsfarbwert für das gesamte Bild. SI_ColorHistogram liefert die Häufigkeiten von einzelnen Farben im Bild. SI_PositionalColor zerlegt ein Bild in Rechtecke, für die dann jeweils eine Durchschnittsfarbe angegeben wird. SI_Texture enthält Werte zu Coarseness (Struktur, Wiederholungsmuster im Bild), Contrast (Helligkeitsvariationen) und Directionality (die dominierende Ausrichtung von Objekten im Bild). Als Methode auf diesen Features ist mit SI_Score jeweils wieder ein Ranking-Wert vorgesehen.

Der Ranking-Wert ergibt sich dann aus Methoden des „Query by Image Content" (QBIC), der inhaltsbasierten Anfrage nach Bildmerkmalen. Leider sind die gespeicherten und abgeleiteten Merkmale wie Farbwertverteilungen sehr „pixelorientiert". Eine Anfrage nach allen Bildern, die eine rote Rebsorte im Bild zeigen, kann so nicht formuliert werden, da die Farbwertverteilung im Bild konkret vorgegeben werden müsste. Semantisch höherstehende Merkmale und Methoden darauf sind aber im SQL-Bildstandard nicht vorgesehen.

20.3.3 Der Datentyp Video in objektrelationalen Datenbanksystemen

Datentypen wie Audio und Video sind im SQL/MM-Standard leider noch gar nicht vorgesehen. Dagegen gab es in objektrelationalen Datenbanksystemen schon beispielhafte Lösungen für solche Implementierungen von Datentypen, die wir hier am Beispiel Video kurz vorstellen wollen.

Für ein Video können unter anderem Werte für folgende Attribute generiert werden: Das Format und die Dauer des Videos, einzelne Bild-Frames im

Video und ihre Nummer. Unterstützt werden müssen dann verschiedene Videoformate wie `AVI`, `MPEG1`, `MPEG2` oder `QT` (Quicktime). Neben der datenbankinternen oder externen Speicherung müssen dann Methoden für Standbilder, für das normale Abspielen (play) und den schnellen Vorlauf (fast forward) angeboten werden. Dieses sogenannte Playout-Management wird aber dann häufig aus Effizienzgründen an Datenbankmechanismen vorbeigeschleust.

Übliche inhaltsbasierte Methoden sind das „Video Shot Change Detection", das Schnitte und Szenenwechsel im Video feststellen kann. Ein Szenenwechsel ist dabei ein signifikanter Unterschied zwischen zwei Video-Frames. Ein „Shot" ist dann die Menge der Frames zwischen zwei Szenenwechseln. Neben der Erkennung solcher Szenenwechsel wird dann ein Shot-Katalog in der Datenbank erzeugt und verwaltet. Für Szenen können repräsentative Bilder als Vorschaubild ausgewählt werden, die wiederum mit QBIC-Methoden angefragt werden können. So kann man dann mit einem Szenenfoto nach Videos suchen, in denen diese Szene vorkommt. Eine komplexere Anfrage wäre somit: „Gibt es im Video eine Sonnenaufgangsszene ähnlich diesem Bild? Wenn ja, spiele bitte das Video ab dieser Szene!"

Die Realisierung solcher inhaltsbasierter Methoden in Multimedia-Datenbanksystemen ist sicher noch Zukunftsmusik. Wir wenden uns daher abschließend einem SQL-Multimedia-Datentyp zu, der weitaus besser verstanden und damit auch breiter umgesetzt wurde.

20.3.4 SQL/MM Spatial

Für räumliche Daten (Vektorgrafiken, die beispielsweise Landkarten darstellen können) gibt es den SQL-Teilstandard *SQL/MM Spatial*. In diesem Teilstandard werden Punkte, Linien und Linienzüge durch UDTS repräsentiert, beispielsweise durch den Datentyp `ST_Polygon` für Linienzüge. Methoden dazu wären dann etwa `Contains`, `Crosses` und `Overlaps` für das Ineinander-Enthaltensein von Flächen, die Überschneidung von Linienzügen und das Überlappen von Flächen. Da es für räumliche Daten nicht nur eine Vielzahl von Methoden und Realisierungskonzepten gibt, sondern auch im SQL-Standard einen ausgereiften Stand, werden wir Modelle für räumliche Daten im folgenden Abschnitt ausführlich behandeln.

20.4 Verwaltung raumbezogener Daten

Die Verwaltung von sogenannten Geodaten ist nicht erst seit der weiten Verbreitung von Routenplanern oder Software wie Google Earth und Google Maps ein wichtiges Datenmanagementproblem. Schon seit den achtziger Jahren kommen Geoinformationssysteme zum Einsatz, die Daten mit geographischem bzw.

räumlichem Bezug speichern und verarbeiten können. Nachdem hier anfangs noch proprietäre Dateiformate zur Speicherung verwendet wurden, werden zunehmend auch (objektrelationale) Datenbanksysteme genutzt, die durch die Möglichkeit der Erweiterung um benutzerdefinierte Datentypen und Methoden eine geeignete Basis darstellen. Im Folgenden werden wir kurz die Grundlagen der Modellierung und Anfrageformulierung mit Geodaten vorstellen und anschließend auf konkrete Lösungen im Rahmen des SQL-Standards bzw. Oracle Spatial eingehen.

20.4.1 Grundbegriffe

Unter Geodaten oder auch räumlichen Daten (engl. *Spatial Data*) versteht man Daten, die einen expliziten Raumbezug haben. Grundsätzlich lassen sich dabei *Vektordaten*, die durch Koordinatenpunkte und Linien repräsentiert werden, und *Rasterdaten* als eine matrixbasierte Darstellung von (gleichgroßen) Bildpunkten unterscheiden. Wir konzentrieren uns im Weiteren auf die im SQL-Standard berücksichtigten Vektordaten. Die Problematik der Verwaltung von Rasterdaten, die beispielsweise für Satellitenbilder von großer Bedeutung sind, wird u.a. in [Bau04] diskutiert.

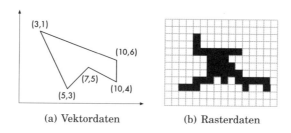

(a) Vektordaten   (b) Rasterdaten

Abbildung 20.3: Vektor- vs. Rasterrepräsentation von raumbezogenen Daten

Weiterhin sind räumliche Daten durch verschiedene Eigenschaften charakterisiert: Geometrische Eigenschaften beschreiben Position und Ausdehnung von Objekten, während topologische Eigenschaften räumliche Beziehungen wie das Aneinandergrenzen oder das Überlappen repräsentieren.

Spatial Data Types

Für die Modellierung der Geometrie stehen üblicherweise eine Reihe von Primitiven zur Verfügung. Hierzu zählen u.a.:

- Punkte zur Beschreibung von Objekten ohne Ausdehnung (z.B. ein Grundstück, eine Tankstelle),

- Linien bzw. Polylinien (Linien aus mehreren Segmenten), die Verbindungen im Raum darstellen (wie ein Fluss oder eine Straße),

- Polygone für Objekte mit Ausdehnung (z.B. eine Stadt, ein Landkreis oder ein See).

Weiterhin können Objekte zu Kollektionen zusammengefasst werden, etwa als Menge von Polygonen, welche die Grundstücke einer Gemeinde beschreiben oder ein Netzwerk von Polylinien als Straßennetz.

In objektrelationen Systemen können derartige Primitive für räumliche Objekte als sogenannte *Spatial Data Types (SDT)* definiert werden. Diese umfassen dann nicht nur die geometrischen und gegebenenfalls topologischen Merkmale der Objekte, sondern stellen auch Methoden für die Manipulation (etwa die Erzeugung oder die geometrische Transformation) sowie Operationen und Prädikate für topologische Tests und Anfrageoperationen zur Verfügung. So lassen sich Anfragen formulieren wie beispielsweise: die Ermittlung aller Orte in einer durch ein Polgyon vorgegebenen Region, die nächste Tankstelle zu einem gegebenen geographischen Punkt, alle Straßen, die einen Fluss überqueren oder auch die Gesamtfläche einer Menge von als Polygone dargestellten Grundstücken.

Bezugssysteme

Zur Interpretation der Koordinaten eines räumlichen Objektes, d.h. der Bestimmung des tatsächlichen Ortes, werden Bezugs- oder Referenzsysteme benötigt. Ein solches räumliches Bezugssystem besteht aus einem Koordinatensystem und Zusatzinformationen, die den Anwendungsbereich beschreiben und eine Abbildung in ein globales System erlauben. So lassen sich Daten aus unterschiedlichen Koordinatensystemen aufeinander abbilden. Man unterscheidet hier grob *geodätische* Koordinatensysteme, in denen Punkte über Längen- und Breitenangaben beschrieben werden (wie z.B. das WGS84-System als Grundlage des Global Positioning Systems GPS) und kartesische bzw. *projizierte* Koordinatensysteme, bei denen geodätische Koordinaten auf plane Flächen abgebildet werden (etwa das Gauß-Krüger-System). Datenbanksysteme für Geodaten unterstützen meist mehrere Koordinatensysteme, so dass die für die jeweilige Anwendung am besten geeignete Variante gewählt werden kann. Für standardisierte Koordinationsysteme sind darüber hinaus auch automatische Transformationen möglich.

20.4.2 Modellierung raumbezogener Daten

Für den Austausch von Geodaten zwischen verschiedenen Geoinformationssystemen und zur Vereinfachung der Entwicklung und Portierung von Anwendungen sind Standards sehr hilfreich. Daher wurden vom Open Geospatial Consortium (OGC)[3] und der ISO eine Reihe von Spezifikationen zu sogenannten Geometrieklassenmodellen erarbeitet, die Repräsentationen für raumbezogene Daten vorgeben. Hierzu zählen das konzeptionelle Datenmodell aus ISO 19107:2003 Geographic Information – Spatial Schema sowie das Implementierungsmodell ISO 19125:2004 Simple Features Access und – als Erweiterung von ISO 19125 – die SQL-Norm zu SQL/MM Spatial [ISO03]. Diese Modelle umfassen neben den Geometrieklassen auch Topologieklassen, berücksichtigen aber andererseits nicht alle Aspekte von 3D-Geometriedaten oder gar Rasterdaten. Im Folgenden beschränken wir uns auf einen kurzen Überblick zu den Geometrieklassen von SQL/MM Spatial.

Geometrieklassen in SQL/MM Spatial

SQL/MM Spatial definiert eine Typhierarchie aus räumlichen Datentypen, die in Abbildung 20.4 dargestellt ist, wobei die grau hinterlegten Typen abstrakt (nicht istantiierbar) sind. In dieser Hierarchie bildet ST_Geometry den abstrakten Basistyp für 2D-Geometrien, von dem alle weiteren SDTs abgeleitet sind.

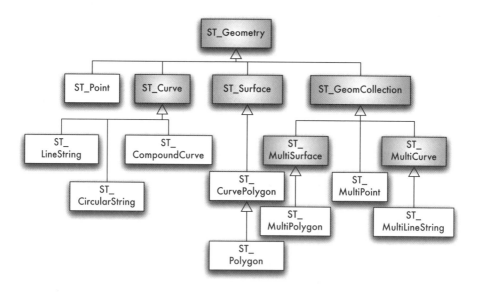

Abbildung 20.4: Typhierarchie von SQL/MM Spatial

Die wichtigsten Subtypen von ST_Geometry sind:

- ST_Point zur Repräsentation eines Punktes im 2D-Raum,

---

[3] www.opengeospatial.org

- ST_Curve als Folge von Punkten, die auch interpoliert oder geschlossen sein können,
- ST_LineString als Subtyp von ST_Curve für lineare Interpolation,
- ST_CircularString als Subtyp von ST_Curve, wobei durch Kreisbögen interpoliert wird,
- ST_Surface für Flächen,
- ST_Polygon als instantiierbarer Subtyp von ST_Surface mit linearen Ringen.

Zu den Typen sind eine Reihe von Methoden definiert, über die Objekteigenschaften abgefragt, topologische Beziehungen geprüft und geometrische Operationen (wie Vereinigung oder Schnitt) ausgeführt werden können. Wir werden an dieser Stelle nur einige Beispiele aus der ersten Gruppe betrachten, die weiteren Operationen werden in Abschnitt 20.4.3 im Rahmen der Anfrageformulierung behandelt. Für den Basistyp ST_Geometry sind u.a. folgende Methoden zur Abfrage des Objektzustandes definiert:

- ST_Dimension() **returns smallint** liefert die Dimension des geometrischen Wertes, konkret 0 für Punkte, 1 für Linien und 2 für Polygone,
- ST_GeometryType() **returns varchar**(128) gibt eine Stringrepräsentation des Typs zurück, z.B. 'ST_Point',
- ST_IsEmtpy() **returns integer** testet auf die leere Menge,
- ST_IsSimple() **returns integer** prüft, ob es sich um eine einfache Geometrie handelt, d.h. ohne Selbsttangierung oder Schnitt mit sich selbst,
- ST_Boundary() **returns** ST_Geometry liefert die Begrenzung des Objektes,
- ST_Envelope() **returns** ST_Polygon liefert das minimale umschließende Rechteck.

Die einfachste Repräsentation eines Geoobjektes ist der Punkt in Form des Typs ST_Point.

◄**Beispiel 20-5**► Der Typ ST_Point kann beispielsweise genutzt werden, um die Lage eines Weingutes zu repräsentieren:

```
create table ERZEUGER (
    Weingut varchar(20) primary key,
    Anbaugebiet varchar(20),
    Region varchar(20) not null,
    Lage ST_Point)
```

Da es sich um einen benutzerdefinierten Datentyp im Sinne von SQL:2003 handelt, kann eine Instanz entweder über die Konstruktorfunktion oder den **new**-Operator erzeugt werden:

```
insert into ERZEUGER values (
    'Helena', 'Napa Valley', 'Kalifornien', new ST_Point(40.0, 68.0))
```

□

Zur Repräsentation von Kurven lassen sich die Subtypen von ST_Curve verwenden. Hierbei wird zwischen *einfachen* Kurven, die sich nicht selbst schneiden, und *geschlossenen* Kurven, bei denen Startpunkt gleich Endpunkt ist, unterschieden. Kurven, die einfach und geschlossen sind, werden auch als *Ring* bezeichnet. Konkrete Subtypen sind ST_LineString mit linearen Interpolationen (Liniensegmenten) zwischen den Punkten, ST_CircularString mit Kreisbögen anstelle der Liniensegmente sowie ST_CompoundString als Kombination von beiden (Abbildung 20.5).

Für ST_Curve sind eine Reihe spezieller Methoden definiert, so u.a.:

- ST_Length() **returns double** zur Bestimmung der Länge der Kurve,

- ST_StartPoint() **returns** ST_Point liefert den Startpunkt,

- ST_EndPoint() **returns** ST_Point liefert den Endpunkt,

- ST_IsClosed() **returns integer** prüft, ob die Kurve geschlossen ist,

- ST_IsRing() **returns integer** prüft, ob es sich um einen Ring handelt,

- ST_CurveToLine() **returns** ST_LineString liefert eine Linienapproximation der Kurve.

Für die Subtypen von ST_Curve gibt es noch weitere spezifische Methoden, so u.a. zum Zugriff auf die einzelnen Koordinatenpunkte bei ST_LineString sowie Kontruktoren zur Erzeugung neuer Objekte.

Für Flächenobjekte stehen die Subtypen von ST_Curve zur Verfügung. Da Flächen auch Löcher besitzen können, wird ein Flächenobjekt durch eine Menge von geschlossenen Kurven begrenzt, konkret durch einen Außenring und 0 oder mehr Innenringe. Für ST_Curve sind wiederum spezielle Methoden definiert, etwa

- ST_Area **returns double** zur Berechnung des Flächeninhaltes,

- ST_Perimeter **returns double** zur Bestimmung des Umfangs,

- ST_Centroid **returns** ST_Point zur Ermittlung des mathematischen Mittelpunktes.

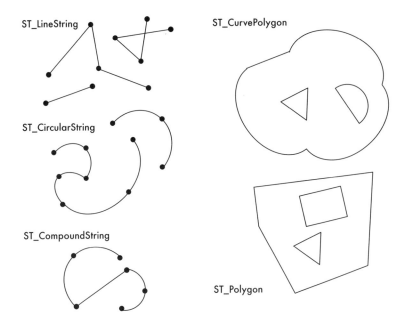

Abbildung 20.5: Geometrische Objekte in SQL/MM Spatial

Konkrete instantiierbare Subtypen von ST_Curve sind ST_CurvePolygon und ST_Polygon, wobei ST_Polygon auf lineare Ringe beschränkt ist. Für diese Subtypen stehen auch Methoden für den Zugriff auf die Begrenzungskurven zur Verfügung:

- ST_ExteriorRing **returns** ST_Curve liefert den äußeren Begrenzungsring,
- ST_InteriorRings **returns** ST_Curve **array**[ST_MaxElements] liefert innere Begrenzungsringe,
- ST_NumInteriorRings **returns integer** liefert die Anzahl der inneren Begrenzungsringe.

Betrachten wir die Anwendung dieser Typen an einem Beispiel.

◄**Beispiel 20-6**► Wir erweitern unsere Definition eines Weingutes um die Beschreibung der räumlichen Begrenzung:

```
create table ERZEUGER (
    Weingut varchar(20) primary key,
    Anbaugebiet varchar(20),
    Region varchar(20) not null,
    Grenze ST_Polygon)
```

```
insert into ERZEUGER ( values (
  'Helena', 'Napa Valley', 'Kalifornien',
  new ST_Polygon(
    new ST_LineString(array [
      new ST_Point(30.0, 80.0),
      new ST_Point(60.0, 80.0),
      new ST_Point(60.0, 120.0),
      new ST_Point(30.0, 120.0),
      new ST_Point(30.0, 180.0)])))
```

☐

Well-known Text

Zur Vereinfachung des Austauschs und der Konstruktion von Geodaten wurden vom OGC einfache textuelle und binäre Repräsentationsformate definiert. Neben der XML-Sprache *Geography Markup Language* (GML) und dem binären Format (WKB für Well-known Binary) spielt insbesondere das Well-known Text (WKT)-Format eine wichtige Rolle. Das Format von WKT ist nahezu selbsterklärend: Nach dem Typnamen folgt die Aufzählung der Koordinatenpunkte, bei Polygonen etwa für jeden Ring extra:

```
POLYGON ( (30.0, 80.0, 60.0, 80.0, \
  60.0, 120.0, 30.0, 120.0, 30.0, 180.0))
```

Für die Konvertierung dieser Formate in SQL-Daten stehen spezielle Funktionen zur Verfügung, so beispielsweise für WKT:

```
ST_WKTToSQL (WKT varchar) returns ST_Geometry
```

Da diese Funktion eine ST_Geometry-Instanz liefert, ist gegebenenfalls ein Typcast erforderlich.

◄**Beispiel 20-7**► Die Einfügeoperation aus Beispiel 20-6 kann unter Verwendung von WKT wie folgt formuliert werden:

```
insert into ERZEUGER values (
  'Helena', 'Napa Valley', 'Kalifornien',
  cast (ST_WKTToSQL('POLYGON((30.0, 80.0, 60.0, 80.0, \
    60.0, 120.0, 30.0, 120.0, 30.0, 180.0))') as ST_Polygon))
```

☐

In umgekehrter Richtung kann die WKT-Repräsentation eines Geoobjektes durch die Funktion ST_AsText(ST_Geometry) erstellt werden.

20.4.3 Prädikate und Anfragen auf raumbezogenen Daten

Neben der Speicherung von Geodaten ist die Beantwortung von raumbezogenen Anfragen eine weitere wichtige Aufgabe. Mit derartigen Anfragen sollen Objekte bestimmt werden, die gegebene geometrische oder auch topologische Bedingungen erfüllen.

Basisanfragen

Raumbezogene Anfragen lassen sich prinzipiell drei Klassen zuordnen:

- Die *räumliche Auswahl* ist eine Selektion über ein raumbezogenes Prädikat. Dies kann eine Punktbedingung sein (Welches Weingut liegt an der Position (38°30'34.26"N, 122°29'13.31"W)?), eine Bedingung mit einer Region (alle Weingüter, die innerhalb der durch ein Polygon beschriebenen Region liegen) oder einer Distanz (alle Weingüter im Umkreis von 50 km von der gegeben Position).

- Beim *räumlichen Verbund* wird die Verbundbedingung über räumliche Attribute formuliert. Ein Beispiel ist die Bestimmung der Weingüter, durch die Flüsse fließen. Der räumliche Verbund ist auch die Grundlage für das sogenannte Verschneiden (Überlagern) von Karten.

- Bei der *Nächste-Nachbarn-Anfrage* werden die zu einem gegebenen Punkt nächsten Objekte ermittelt, wobei die Anzahl auch eingeschränkt werden kann. Beispiele für derartige Anfragen sind die Bestimmung der nächsten Tankstelle oder der drei nächsten Restaurants zur aktuellen geographischen Position.

In raumbezogenen Anfragen können darüber hinaus geometrische Operationen zur Berechnung neuer Geometriewerte durchgeführt werden, wie z.B. die Vereinigung mehrerer Weingüter. Auch die Kombination mit nicht raumbezogenen Bedingungen ist möglich. Gerade Letzteres ist ein wesentlicher Vorteil von Geodatenbanksystemen gegenüber klassischen nicht datenbankbasierten Geoinformationssystemen.

Geometrische Operationen

Geometrische Operationen liefern durch Verknüpfung von Geometrien neue Geometriewerte. Konkrete Operationen sind

- die Vereinigung (Union) von zwei Geometriewerten,

- der Schnitt (Intersection) von zwei Geometriewerten, d.h. die gemeinsame Geometrie,

- die Differenz (Difference), die von einer Geometrie die von einer zweiten überdeckten Teile entfernt sowie

- die symmetrische Differenz als exklusives Oder der Geometrien.

Abbildung 20.6 verdeutlicht die Wirkung dieser Operationen.

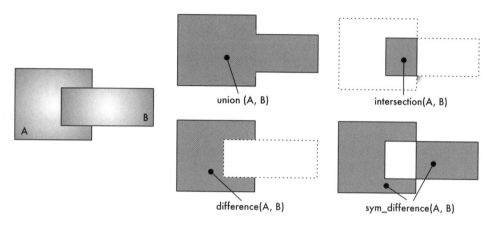

Abbildung 20.6: Geometrische Operationen

Topologische Prädikate

Die wichtigsten Komponenten raumbezogener Anfragen sind neben den geometrischen Operationen Prädikate, die topologische Bedingungen beinhalten. Beispiele hierfür sind der Test auf Überlappung oder das Enthaltensein von zwei Geometrien. Zur Beschreibung der Semantik dieser Prädikate wird das sogenannte 9-Intersection-Modell genutzt. Hierzu betrachtet man zu jeder Geometrie A

- das Innere (Interior A_I): die Menge aller Punkte, die im geometrischen Objekt enthalten sind, jedoch nicht zur Begrenzung gehören,

- das Äußere (Exterior A_E): die Menge aller Punkte, die nicht zur Begrenzung oder zum Inneren gehören sowie

- die Begrenzung (Boundary A_B): die Menge der geometrischen Werte der nächst niedrigeren Dimension.

Diese Elemente sind jeweils paarweise disjunkt. Konkret bedeutet dies beispielsweise

- für Punkte ist A_I der Punkt selbst, die Begrenzung ist leer,

- für Linien bilden die Endpunkte die Begrenzung, alle weiteren Punkte das Innere,

- für Polygone sind die begrenzenden Kurven (innere und äußere Ringe) die Begrenzung, das Innere sind die Punkte zwischen den Ringen. Falls es Löcher im Polygon gibt, gehört deren Inneres zum Äußeren des Polygons.

Abbildung 20.7 verdeutlicht dies.

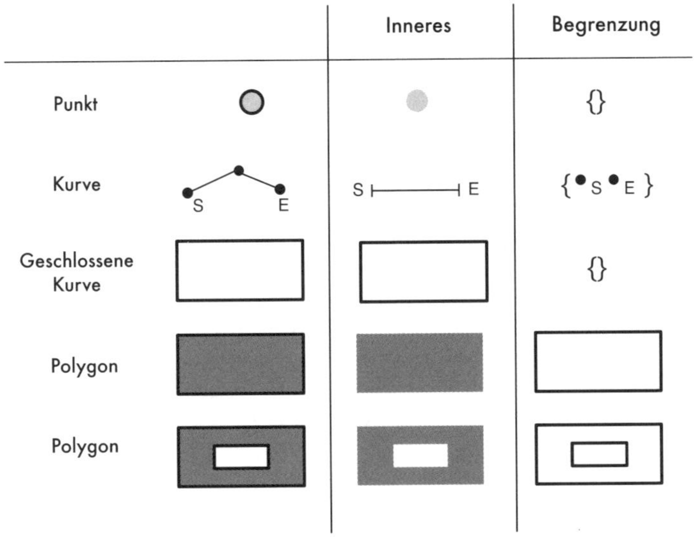

Abbildung 20.7: Topologische Begriffe

Für jede topologische Beziehung zweier Objekte $A\theta B$ kann nun untersucht werden, wie sich diese Elemente paarweise schneiden. Dies ergibt eine 3×3-Matrix, die als 9-Intersection-Modell bezeichnet wird:

$$A\theta B = \begin{pmatrix} A_I \cap B_I & A_I \cap B_B & A_I \cap B_E \\ A_B \cap B_I & A_B \cap B_B & A_B \cap B_E \\ A_E \cap B_I & A_E \cap B_B & A_E \cap B_E \end{pmatrix}$$

Die Ergebnisse der Schnitte (d.h. die Zellenwerte der Matrix) können als boolesche Werte oder wie im Dimensionally Extended 9-Intersection Model (DE-9IM) [CD96] als Dimensionsangaben d repräsentiert werden. d steht hierbei für die maximale Dimension der resultierenden Schnittgeometrie (also 0 für Punkte, 1 für Linien oder 2 für Polygone bzw. T für einen beliebigen dieser drei Werte) oder F für keinen Schnitt. Spielt der Wert von d keine Rolle, so wird $*$ angegeben.

20.4 Verwaltung raumbezogener Daten

Die topologischen Prädikate **equals**, **disjoint**, **crosses**, **touches**, **intersects**, **within**, **contains** und **overlaps** können nun mithilfe konkreter Werte dieser Matrix definiert werden. Betrachten wir dies an einigen ausgewählten Prädikaten. In den meisten Fällen muss dabei die Dimension der zu vergleichenden Objekte A und B berücksichtigt werden. Sind etwa beide Linien $(d(A) = d(B) = 1)$, so ergibt sich für $A.\mathbf{crosses}(B)$ die folgende Matrix:

$$A.\mathbf{crosses}(B) \Leftrightarrow \begin{pmatrix} 0 & * & * \\ * & * & * \\ * & * & * \end{pmatrix}$$

Ist dagegen eines der Objekte eine Fläche (also etwa $d(B) > d(A)$), so gilt:

$$A.\mathbf{crosses}(B) \Leftrightarrow \begin{pmatrix} T & * & T \\ * & * & * \\ * & * & * \end{pmatrix}$$

In beiden Fällen muss es jedoch einen gemeinsamen Punkt geben $(d(A_I \cap B_I) = 0)$.

Auch für **touches** sind verschiedene Fälle zu unterscheiden. Im Unterschied etwa zu **crosses** drückt dieses Prädikat aber aus, dass sich nur die Begrenzungen schneiden, also:

$$A.\mathbf{touches}(B) \Leftrightarrow \begin{pmatrix} F & * & * \\ T & * & * \\ * & * & * \end{pmatrix} \vee \begin{pmatrix} F & T & * \\ * & * & * \\ * & * & * \end{pmatrix} \vee \begin{pmatrix} F & * & * \\ * & T & * \\ * & * & * \end{pmatrix}$$

Abbildung 20.8 illustriert einige dieser Fälle.

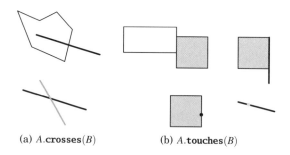

(a) $A.\mathbf{crosses}(B)$ (b) $A.\mathbf{touches}(B)$

Abbildung 20.8: Beispiele für topologische Prädikate

Mehrstufige Anfrageverarbeitung

Ein Problem bei der Verarbeitung von Anfragen auf raumbezogenen Daten ist die Tatsache, dass geometrische Operationen insbesondere auf komplexen Objekten (beispielsweise Polygone mit Löchern) sehr aufwendig sind. Daher werden im Rahmen der Anfrageverarbeitung üblicherweise Approximationen der Geometrie genutzt, indem beispielsweise minimal umschließende Rechtecke (auch *Bounding Box* oder *Minimal Bounding Rectangle* MBR) zu den Objekten eingeführt werden, auf denen sich insbesondere Tests viel einfacher durchführen lassen. In Abbildung 20.9 sind einige Beispiele für umschließende Rechtecke dargestellt.

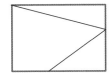

Abbildung 20.9: Minimal umschließende Rechtecke für Geoobjekte

Weiterhin werden diese MBRs als Schlüssel für eine Indexierung der Objekte im sogenannten R-Baum-Index verwendet. Der R-Baum ist ein nachbarschaftserhaltender geometrischer Suchbaum, bei dem jeder Knoten das minimal umschließende Rechteck der Vereinigung seiner Kindknoten repräsentiert. Der R-Baum wurde von Guttman [Gut84] vorgeschlagen und u.a. im zweiten Band [SHS05] dieses Buches genauer vorgestellt.

Durch die Verwendung von Approximationen für geometrische Tests, erfüllen potentiell mehr Objekte die Bedingung als bei einer exakten Überprüfung. Dies wird unmittelbar deutlich, wenn etwa das umschließende Rechteck des mittleren Objektes in Abbildung 20.9 genutzt wird, um die Überlappung der Linie mit einem Punkt zu prüfen. Liegt dieser Punkt innerhalb des Rechtecks, ist die Linie im Ergebnis enthalten.

Daher wird bei Anfragen auf raumbezogenen Daten eine *mehrstufige Anfrageverarbeitung*Anfrageverarbeitung!mehrstufige durchgeführt. Der (üblicherweise indexbasierte) erste Schritt auf den Approximationen (Filtering) liefert zunächst eine Menge von Kandidaten, die im zweiten Schritt durch exakte Überprüfung (Verfeinerung) mit den tatsächlichen Geometrien verarbeitet und auf das richtige Ergebnis reduziert werden (Abbildung 20.10).

In einigen Systemen wie etwa in Oracle Spatial ist diese Aufteilung in zwei Phasen tatsächlich sichtbar und kann zur Optimierung ausgenutzt werden.

Anfragen mit SQL/MM Spatial

Sowohl die geometrischen Operationen als auch die topologischen Prädikate sind in SQL/MM Spatial als Methoden des Typs ST_Geometry definiert. So berechnet etwa ST_Distance(g) den kleinsten Abstand des Objek-

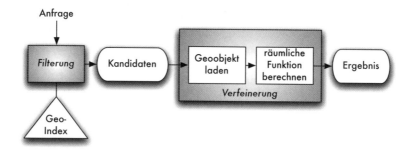

Abbildung 20.10: Mehrstufige Verarbeitung von räumlichen Anfragen

tes zum ST_Geometry-Objekt g, während die Methoden ST_Intersection(g), ST_Difference(g), ST_Union(g), ST_SymDifference(g) die in Abbildung 20.6 verdeutlichten Operatoren implementieren.

Die topologischen Prädikate sind ebenfalls als Methoden mit der Signatur

ST_*Name*(g ST_Geometry) **returns integer**

verfügbar. Zusätzlich existiert noch das generische Prädikat ST_Relate, bei dem die Belegung der DE-9IM-Matrix als **char**(9)-Parameter in Zeilenordnung übergeben werden kann.

Mit diesen Funktionen und Operatoren können nun raumbezogene Anfragen formuliert werden. Für jede der oben erwähnten Anfrageklassen wollen wir dazu einige Beispiele betrachten.

Die einfachste Form ist die räumliche Auswahl, wobei als Selektionsprädikat eine geometrische Bedingung gewählt wird.

◄**Beispiel 20-8**► Mit der folgenden Anfrage sollen alle kalifornischen Weingüter bestimmt werden, die eine gewisse Mindestgröße haben:

select *
from ERZEUGER
where Region = 'Kalifornien' **and** Grenze.ST_Area > 500

Diese Anfrage illustriert auch gleichzeitig die Kombination mit nicht geometrischen Bedingungen. □

In einer Selektionsbedingung kann natürlich auch ein konkretes Geoobjekt eingesetzt werden, das beispielsweise über WKT konstruiert wird.

◄**Beispiel 20-9**► So können wir die Weingüter bestimmen, die sich im Umkreis von 50 Einheiten von einem gegebenen Punkt befinden. Die Einheit hängt hierbei vom eingesetzten Bezugssystem ab:

```
select *
from ERZEUGER
where Grenze.ST_Distance(ST_WKTToSQL ('POINT(30.0, 40.0)')) < 50
```

□

Der räumliche Verbund ist dadurch gekennzeichnet, dass zwei Relationen, die beide ein Geoattribut enthalten, über eine geometrische oder topologische Bedingung verknüpft werden.

◄**Beispiel 20-10**► Für die beiden folgenden Anfragen führen wir eine weitere Relation FLUESSE ein, die ein Attribut Verlauf vom Typ ST_LineString besitzt. Damit lassen sich alle Weingüter bestimmen, die sich nicht weiter als 100 Einheiten von einem Fluss befinden.

```
select e.*
from ERZEUGER e, FLUESSE f
where e.Grenze.ST_Distance(f.Verlauf) < 100
```

Ein Beispiel für die Anwendung eines topologischen Prädikats ist die folgende Anfrage zur Bestimmung der Weingüter, durch die ein großer Fluss (hier definiert durch eine bestimmte Länge) fließt:

```
select *
from ERZEUGER e, FLUESSE f
where e.Grenze.ST_Intersects(f.Verlauf) and
    f.Verlauf.ST_Length > 1000
```

□

Eine Nächste-Nachbarn-Anfrage kann dadurch realisiert werden, dass der Abstand zu allen Objekten berechnet wird und diese dann nach ihrem Abstand sortiert ausgegeben werden. Mithilfe der **rank**-Funktion (siehe Abschnitt 19.4.3) kann das Ergebnis schließlich noch begrenzt werden.

◄**Beispiel 20-11**► In Abwandlung der Anfrage aus Beispiel 20-9 sollen die zur aktuellen Position (festgelegt durch einen Punkt) fünf nächsten Weingüter bestimmt werden:

```
select Weingut, rank() over (order by
    Grenze.ST_Distance(ST_WKTToSQL ('POINT(30.0, 40.0)'))) as Rang
from ERZEUGER
where Rang <= 5
```

□

Dieses Vorgehen erscheint auf den ersten Blick nicht sehr effizient, da die Abstände zu allen Objekten berechnet werden. Allerdings kann das Datenbanksystem hier auch erkennen, dass es sich um eine Nächste-Nachbarn-Anfrage handelt und eine entsprechende Ausführungsstrategie wählen, die beispielsweise auf einer Nächste-Nachbarn-Suche im R-Baum basiert.

20.4.4 Oracle Spatial

Eine konkrete Lösung für die Verwaltung raumbezogener Daten in SQL-Systemen ist Oracle Spatial [Ora06] als Erweiterungsmodul für das Oracle-DBMS. Oracle Spatial folgt zwar gemäß Umfang und Funktionalität den OGC- bzw. SQL-Standards, weicht aber speziell bei den Datentypen und Funktionen ab. Über die Funktionaliät von SQL/MM Spatial hinaus werden auch noch Raster- und Topologiedaten unterstützt. Im Folgenden wollen wir auf einige der Besonderheiten kurz eingehen.

Im Gegensatz zum Standard kennt Oracle Spatial nur einen Geo-Datentyp sdo_geometry. Werte dieses Typs können jedoch alle Geometrieklassen repräsentieren und sind insbesondere nicht auf 2D beschränkt. Aufgrund des generischen Datentyps sind die interne Repräsentation und direkte Wertkonstruktion recht aufwendig, allerdings lassen sich auch hier Konvertierungsfunktionen für das WKT-Format nutzen.

◄**Beispiel 20-12**► Die Definition der ERZEUGER-Tabelle aus Beispiel 20-6 kann daher in Oracle wie folgt umgesetzt werden:

```
create table ERZEUGER (
    Weingut varchar(20) primary key,
    Anbaugebiet varchar(20),
    Region varchar(20) not null,
    Grenze sdo_geometry);
```

Als Konvertierungsfunktion für WKT dient ein spezieller Konstruktor des sdo_geometry-Typs:

```
insert into ERZEUGER values (
    'Helena', 'Napa Valley', 'Kalifornien',
    sdo_geometry('POLYGON((30.0, 80.0, 60.0, 80.0, \
    60.0, 120.0, 30.0, 120.0, 30.0, 180.0))'));
```

□

Die Verarbeitung raumbezogener Anfragen folgt dem in Abbildung 20.10 dargestellten zweistufigen Verfahren. Hierbei wird die erste Phase als Primärfilter und die zweite als Sekundärfilter bezeichnet. Voraussetzung für die Anfrageausführung ist die Existenz eines räumlichen Indexes auf Basis des R-Baums, der wie folgt angelegt wird:

```
create index mein_geo_idx
```

```
    on ERZEUGER(Grenze)
    indextype is mdsys.spatial_index;
```

Weiterhin muss jede Tabelle mit sdo_geometry-Attributen einen ausgezeichneten Primärschlüssel besitzen.

Für Anfragen stellt Oracle Spatial einige vordefinierte Operatoren, die indexbasiert sind und daher effizient insbesondere als Primärfilter ausgewertet werden können. Hierzu müssen die Operatoren in der **where**-Klausel einer Anfrage eingesetzt werden und sich auf indexierte Geoattribute beziehen. Die wichtigsten Operatoren sind:

- sdo_filter testet auf Überlappung von Objekten (bzw. deren MBR) bzw. eines Objektes mit dem Anfragefenster,

- sdo_join führt einen räumlichen Verbund aus,

- sdo_relate überprüft eine topologische Bedingung (formuliert nach dem DE-9IM-Modell),

- sdo_within_distance ermittelt die Objekte, die innerhalb einer bestimmten Distanz von einem gegebenen Objekt liegen,

- sdo_nn bestimmt die nächsten Nachbarn eines Objektes,

- sdo_nn_distance liefert im Zusammenhang mit sdo_nn den Abstand des Nachbarobjektes.

Neben der generischen Operation sdo_relate gibt es wie bei SQL/MM auch noch die spezifischen Varianten (wie z.B. sdo_contains, sdo_covers usw.).

Unter Verwendung dieser Operatoren lassen sich die im vorigen Abschnitt eingeführten Beispiele auch für Oracle Spatial umsetzen.

◄**Beispiel 20-13**► Die Anfrage aus Beispiel 20-9 nach den Weingütern im Umkreis von 50 Einheiten kann in Oracle in folgender Weise formuliert werden:

```
select e.*
from ERZEUGER e
where sdo_within_distance(e.grenze,
    sdo_geometry('POINT(30.0, 40.0)'), 'distance=50 unit=km') = 'true';
```

Parameter wie die Entfernung (distance) oder die Einheit (unit – in diesem Fall Kilometer – werden als Zeichenkette in Form von Name-Wert-Paaren angegeben. □

Die Anfrage in diesem Beispiel umfasst sowohl den Primär- als auch den Sekundärfilterschritt. Genügt für eine Anwendung die Bestimmung der Kandidaten (als Primärfilter), kann dies durch den Parameter querytype=filter

20.4 *Verwaltung raumbezogener Daten*

als Teil des Parameterstrings angegeben werden. In diesem Fall werden aber gegebenenfalls mehrere Objekte zurückgegeben.

Der räumliche Verbund kann mithilfe von sdo_join formuliert werden. Allerdings handelt es sich hier von der Implementierung her nicht um einen Operator, sondern um eine Tabellenfunktion, die eine Tabelle mit Paaren von Tupelidentifikatoren (in Oracle-Sprechweise Row-IDs) liefert. Daher müssen die zu verbindenden Tabellen und Spalten als Zeichenkettenparameter an sdo_join übergeben werden und die Verbunde der Ergebnistabelle von sdo_join mit den tatsächlichen Tabellen ausgeführt werden. Außerdem müssen auch hier Indexe auf den zu verbindenden Geoattributen vorhanden sein.

◄**Beispiel 20-14**► Wir betrachten als Beispielanfrage wieder die Bestimmung aller Weingüter, durch die Flüsse fließen:

```
select e.Weingut, f.Name
from ERZEUGER e, FLUESSE f,
    table(sdo_join('ERZEUGER', 'Grenze', 'FLUESSE', 'VERLAUF',
        'mask=anyinteract')) j
where e.rowid = j.rowid1 and f.rowid = j.rowid1;
```

Bei dieser Anfrage wird die topologische Beziehung über den Parameter mask formuliert – in diesem Fall anyinteract für nicht disjunkt. □

Auch Nächste-Nachbarn-Anfragen werden von Oracle Spatial mit einem eigenen Operator unterstützt. Die Anfrageformulierung ist dadurch und aufgrund der zusätzlichen Parameter für die Anzahl der Nachbarn einfacher.

◄**Beispiel 20-15**► So kann die Anfrage aus Beispiel 20-11 nach den fünf nächsten Weingütern wie folgt formuliert werden:

```
select *
from ERZEUGER e
where sdo_nn(e.Grenze, sdo_geometry('POINT(30.0, 40.0)'),
    'sdo_num_res=5') = true;
```

Der Parameter sdo_num_res gibt hierbei die Anzahl der zurückzugebenden Nachbarn an. □

Ein Problem bei der Verarbeitung von Geodaten ist die Genauigkeit der geometrischen Werte – insbesondere, wenn es sich um digitalisierte Positionen von realen Objekten handelt. Oracle Spatial begegnet diesem Problem mit der Einführung von *Toleranzen*. Hierbei handelt es sich um denjenigen Abstand zwischen zwei Punkten, bis zu dem beide als gleich angesehen werden. Dieser Abstand ist dabei abhängig von der verwendeten Maßeinheit: Bei der Maßeinheit Kilometer und einer Toleranz von 0.001 beträgt die zulässige Abweichung 1 Meter. Die Toleranz kann sowohl global im sogenannten Metadatenschema eingestellt als auch als Parameter für einige Funktionen angegeben werden.

Weiterhin unterstützt Oracle Spatial die Aggregation über geometrische Werte. So liefert beispielsweise die Funktion sdo_aggr_mbr(g) das minimale umschließende Rechteck für alle aggregrierten Objekte und sdo_aggr_union(g) berechnet die geometrische Vereinigung. Auch hier werden wieder die Toleranzen berücksichtigt, so dass festgelegt werden kann, wann zwei Objekte als eins bzw. zusammenhängend angesehen werden. Dazu können die Aggregatfunktionen mit einem speziellen Parametertyp sdoaggrtype aufgrufen werden, der wie folgt definiert ist:

```
create type sdoaggrtype as object (
    geometry sdo_geometry,
    tolerance number);
```

Das Attribut tolerance repräsentiert hier wieder den Toleranzwert.

◄Beispiel 20-16► Die Aggregation kann beispielsweise genutzt werden, um die Geometrie der Weinanbauflächen in der Region Bordeaux zu bestimmen:

```
select sdo_aggr_union(
    sdoaggrtype(e.Grenze, 0.005))
from ERZEUGER e
where Region = 'Bordeaux'
```

□

Der Effekt eines Toleranzwertes bei der geometrischen Vereinigung ist in Abbildung 20.11 nach [Ora06] illustriert.

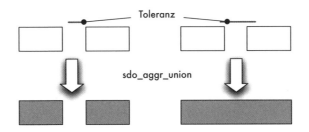

Abbildung 20.11: Einfluss von Toleranzen bei der Vereinigung [Ora06]

Im Fall auf der linken Seite werden die beiden Objekte als zwei getrennte Objekte angesehen: Das Ergebnis ist ein geometrischer Wert aus zwei Rechtecken. Im Gegensatz dazu ist der Abstand der beiden Objekte kleiner als der Toleranzwert und die resultierende Geometrie ist ein einziges Rechteck.

20.4.5 Weitere Systeme

Neben Oracle gibt es noch eine Reihe weiterer Geodatenbanksysteme bzw. Geodatenerweiterungen. So bietet IBM sowohl für DB2 als auch für Informix entsprechende Erweiterungen in Form des DB2 Spatial und Geodetic Extenders bzw. Informix Spatial und Geodetic DataBlades an. Auch im Bereich der Open Source-Datenbanksysteme sind Lösungen verfügbar. Besonders hervorzuheben ist dabei die PostgreSQL-Erweiterung PostGIS.

20.5 Zusammenfassung

Eine Übersicht über die in diesem Kapitel eingeführten Begriffe und deren Bedeutung geben wir in Tabelle 20.5.

20.6 Vertiefende Literatur

Ein aktuelles, deutsches Lehrbuch zu Multimedia-Datenbanken ist das von Meyer-Wegener [Mey03]. Ähnlichkeitssuche in Multimedia-Datenbanken wird detailliert im Buch von Schmitt behandelt [Sch06].

Ein internationales Lehrbuch zu Multimedia-Datenbanken ist [Sub98], für das eine Neuauflage kurz bevor steht. Weitere internationale Bücher sind [SK98] und [KB96].

Ein Klassiker unter den Lehrbüchern über Informationssysteme mit einem hohen Anteil an Information Retrieval-Themen ist [LM78]. Ein aktuelleres Lehrbuch für Information Retrieval ist [BYRN99], das im Jahre 2008 in einer Neuauflage geplant ist. Ein deutsches Lehrbuch zum selben Thema ist [Fer03] oder[Sto07].

DB2 ist Gegenstand von [Cha98], der Text Extender wird in [Por99] evaluiert. Das Informix Text Data Blade wird in [Pet98] beschrieben und ebenfalls in [Por99] in Gegenüberstellung zum DB2 Text Extender kritisch untersucht.

Empfehlenswerte Lehrbücher zu Geodatenbanken sind die Bücher [RSV01] von Rigaux, Scholl und Voisard sowie das deutschsprachige Buch [Bri05] von Brinkhoff. Die Grundlagen von Geodatenbanken werden auch im Artikel von Güting [Güt94] behandelt. Speziell auf raumbezogene Operatoren und die Anforderungen daran geht [CD00] ein. Einen Überblick zu den Standards im Bereich Geodaten gibt der Artikel [Bri07b]. Oracle Spatial ist in [Ora06] dokumentiert. Auch im Open Source-Bereich gibt es Geodatenbankunterstützung – hier sei der Beitrag [Bri07a] von Brinkhoff empfohlen.

Begriff	Informale Bedeutung
Multimediaobjekt	Datensatz eines multimedialen Datentyps, oft binär kodiert
Retrieval	Vage Anfrage auf Multimediaobjekten, die Elemente des ergebnisses nicht exakt ermitteln kann, sondern in "eher besser" oder "eher schlechter" ordnet
Ranking	Ordnung von Ergebnisobjekten nach „Nähe" zu einem Anfrageobjekt
Relevance Feedback	Verbesserung des Retrieval-Ergebnisses durch Relevanzbeurteilung der Ergebniselemente durch den Nutzer
Recall	Anzahl relevanter Objekte im Ergebnis im Verhältnis zur Anzahl aller relevanten Objekte
Precision	Anzahl relevanter Objekte im Ergebnis im Verhältnis zur Anzahl aller Objekte im Ergebnis
Feature	Inhaltsbasiertes Merkmal eines Medienobjekts wie Farbverteilung oder Durchschnittsfarbe eines Bildes
Deskriptor	Feature eines Textobjektes, wie Stichwort oder Schlagwort
Deskribierung	Vorbereitungsphase für das Retrieval durch Ermittlung von Deskriptoren für Texte
Recherche	Stellen einer Retrieval-Anfrage an Textobjekte
SQL/MM	SQL-Teilstandard für Multimedia-Datentypen
Geodaten	Daten mit explizitem Raumbezug
Geometrieklassenmodell	Festlegung der Repräsentation von Geodaten
raumbezogene Anfrage	Anfrage mit geometrischen oder toplogischer Bedingung

Tabelle 20.5: Wichtige Begriffe bei Multimedia-Retrieval

20.6 Vertiefende Literatur

20.7 Übungsaufgaben

Übung 20-1 Es soll verhindert werden, dass neue Wein-Etiketten zu ähnlich zu existierenden sind. Neue Vorschläge werden daher darauf untersucht, ob sich in der Datenbank bereits ähnliche Etiketten befinden. Drei Varianten werden vorgeschlagen:

- Speicherung eingescannter Etiketten.
- Speicherung textueller Beschreibungen von Etiketten.
- Speicherung von einfachen Liniengraphiken als Skizze der Etiketten.

Bearbeiten Sie folgende Aufgaben:

- Realisieren Sie jede Variante in SQL.
- Diskutieren Sie Vor- und Nachteile der Varianten. □

Übung 20-2 Gesucht sind Dokumente zu Weinfässern. Von hundert gespeicherten Dokumenten werden 20 als Treffer angezeigt, wobei 5 von diesen sich als nicht zutreffend herausstellen. Eine intensive Recherche ergibt, dass weitere 10 gespeicherte Dokumente Weinfässer betreffen.

- Bestimmen Sie Recall, Presision und Fallout der ersten Recherche.
- Was passiert, wenn man einseitig denn Fallout verbessert (gegen 0 streben lässt)? □

Übung 20-3 Erweitern Sie die Relationen WEINE, ERZEUGER und ANBAUGEBIET aus Anhang A.2 um geeignete Attribute zur Repräsentation des Herkunftortes (als Punkt für WEINE und ERZEUGER) bzw. der geographischen Region (für ANBAUGEBIET). Formulieren Sie darauf aufbauend folgende Anfragen:

- Finde Sie zu jedem Anbaugebiet die Weine, die dort angebaut werden.
- Überprüfen Sie, ob die Erzeuger tatsächlich auch geographisch im durch den Fremdschlüssel AName zugeordneten Anbaugebiet angesiedelt sind. Geben Sie hierzu auch eine geeignete Integritätsbedingung an.
- Bestimmen Sie die zu Ihrem Heimatort drei nächstliegenden Weingüter.

□

A

Laufendes Beispiel

An vielen Stellen dieses Buches haben wir auf Schema und Daten einer einfachen Beispielanwendung einer Weinkellerverwaltung zurückgegriffen. Die wichtigsten Elemente dieser Datenbank werden im Folgenden noch einmal als Referenz dargestellt.

A.1 ER-Schema der Weindatenbank

Das ER-Schema repräsentiert folgende Sachverhalte:

Ein **Wein**, charakterisiert durch Namen, die Farbe, den Jahrgang und die Restsüße, wird von einem **Erzeuger** *produziert*. Dieser wird durch den Weingutnamen und die Adresse beschrieben, *besitzt* eine **Lizenz** (mit einer Lizenznummer), die zur Produktion einer bestimmten Menge von Wein berechtigt, und *sitzt in* einem Anbaugebiet. Ein **Anbaugebiet** hat einen Namen und liegt in einer Region sowie einem Land.

Ein Wein wird aus einer oder mehren **Rebsorte**n (charakterisiert durch Name und Farbe) *hergestellt*, wobei der Anteil jeder Rebsorte erfasst wird.

Schließlich *empfehlen* **Kritiker** aus gewissen Organisationen einen oder mehrere Weine zu bestimmten **Gericht**en mit Beilagen.

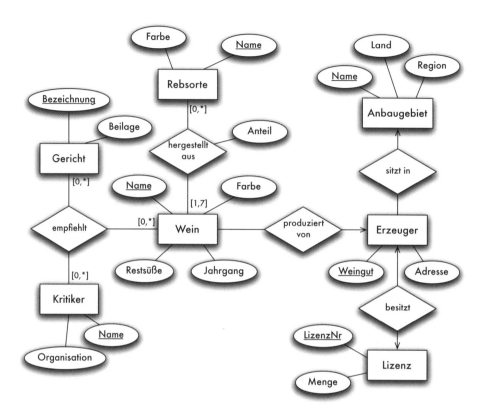

A.2 Relationale Repräsentation

Unter Verwendung der in Kapitel 5 behandelten Techniken des logischen Datenbankentwurfs kann das ER-Schema aus A.1 in die folgenden Relationenschemata umgesetzt werden. Konkrete Datentypen und Integritätsbedingungen können je nach konkretem System ergänzt werden:

```
WEIN(WName, Farbe, Jahrgang, Restsüße, Weingut → ERZEUGER)
ERZEUGER(Weingut, Adresse, AName → ANBAUGEBIET, LizenzNr, Menge)
ANBAUGEBIET(AName, Land, Region)
REBSORTE(RName, Farbe)
HERGESTELLT_AUS(WName → WEIN, RName → REBSORTE, Anteil)
KRITIKER(Name, Organisation)
GERICHT(Bezeichnung, Beilage)
EMPFIEHLT(KName→ KRITIKER, WName→ WEIN, Bezeichnung → GERICHT)
```

A.3 Vereinfachtes Schema und Beispieldaten

Für die Erläuterung der relationalen Anfrageformalismen und -sprachen haben wir ein vereinfachtes Datenbankschema verwendet, dass nur die Weine (Tabelle WEINE) und die erzeugenden Weingüter (Tabelle ERZEUGER) umfasst. Die folgenden SQL-Anweisungen definieren die benötigten Tabellen:

```
create table ERZEUGER (
    Weingut varchar(20) primary key,
    Anbaugebiet varchar(20),
    Region varchar(20) not null)

create table WEINE (
    WeinID int primary key,
    Name varchar(20) not null,
    Farbe varchar(10),
    Jahrgang int,
    Weingut varchar(20) references ERZEUGER(Weingut))
```

Zu diesen Tabellen wurden die folgenden Beispieldaten verwendet:

WEINE

WeinID	Name	Farbe	Jahrgang	Weingut
1042	La Rose Grand Cru	Rot	1998	Château La Rose
2168	Creek Shiraz	Rot	2003	Creek
3456	Zinfandel	Rot	2004	Helena
2171	Pinot Noir	Rot	2001	Creek
3478	Pinot Noir	Rot	1999	Helena
4711	Riesling Reserve	Weiß	1999	Müller
4961	Chardonnay	Weiß	2002	Bighorn

ERZEUGER

Weingut	Anbaugebiet	Region
Creek	Barossa Valley	South Australia
Helena	Napa Valley	Kalifornien
Château La Rose	Saint-Emilion	Bordeaux
Château La Pointe	Pomerol	Bordeaux
Müller	Rheingau	Hessen
Bighorn	Napa Valley	Kalifornien

Literaturverzeichnis

[ABC+76] Astrahan, M. M.; Blasgen, M. W.; Chamberlin, D. D.; Eswaran, K. P.; Gray, J.; Griffiths, P. P.; King, W. F.; Lorie, R. A. et al.: System R: Relational Approach to Database Management. *ACM Transactions on Database Systems*, Band 1, Nr. 2, S. 97–137, 1976.

[ABD+89] Atkinson, M.; Bancilhon, F.; DeWitt, D.; Dittrich, K.; Maier, D.; Zdonik, S.: The Object-oriented Database System Manifesto. In: *Proc. Int. Conf. on Deductive and Object-Oriented Databases (DOOD) 1989, Kyoto, Japan*, S. 40–57, 1989.

[Abi97] Abiteboul, S.: Querying Semi-Structured Data. In: Afrati, F.; Kolaitis, P. (Hrsg.): *Proc. Int. Conf. on Database Theory (ICDT) 1997, Delphi, Greece, Lecture Notes in Computer Science*, Band 1186, S. 1–18. Springer Verlag, Januar 1997.

[ABU79] Aho, A. V.; Beeri, C.; Ullman, J. D.: The Theory of Joins in Relational Databases. *ACM Transactions on Database Systems*, Band 4, Nr. 3, S. 297–314, 1979.

[ACPT99] Atzeni, P.; Ceri, S.; Paraboschi, S.; Torlone, R.: *Database Systems: Concepts, Languages and Architectures*. McGraw-Hill Book Company, New York, NJ, 1999.

[AFS89] Abiteboul, S.; Fischer, P. C.; Schek, H.-J. (Hrsg.): *Nested Relations and Complex Objects in Databases, Lecture Notes in Computer Science*, Band 361. Springer-Verlag, Berlin, 1989.

[AHV95] Abiteboul, S.; Hull, R.; Vianu, V.: *Foundations of Databases*. Addison-Wesley Longman, Reading, MA, 1995.

[ANS03a] ANSI/ISO/IEC 9075-1:2003, : *ISO International Standard: Information Technology – Database Languages SQL – Part 1: Framework (SQL/Framework)*, 2003.

[ANS03b] ANSI/ISO/IEC 9075-13:2003, : *ISO International Standard: Information Technology – Database Languages SQL – Part 13: SQL Routines and Types Using the Java Programming Language (SQL/JRT)*, 2003.

[ANS03c] ANSI/ISO/IEC 9075-2:2003, : *ISO International Standard: Information Technology – Database Languages SQL – Part 2: Foundation (SQL/Foundation)*, 2003.

[ANS03d] ANSI/ISO/IEC 9075-4:2003, : *ISO International Standard: Information Technology – Database Languages SQL – Part 10: Object Language Bindings (SQL/OLB)*, 2003.

[AQM+97] Abiteboul, S.; Quass, D.; McHugh, J.; Widom, J.; Wiener, J. L.: The Lorel Query Language for Semistructured Data. *International Journal on Digital Libraries*, Band 1, Nr. 1, S. 68–88, 1997.

[Arm74] Armstrong, W. W.: Dependency Structures of Data Base Relationships. In: Rosenfeld, J. L. (Hrsg.): *Information Processing 74, Proc. of IFIP Congress 74, Stockholm, Sweden*, S. 580–583. North-Holland, Amsterdam, 1974.

[Bau04] Baumann, P.: Raster-Datenbanken am Beispiel rasdaman. *Datenbank-Spektrum*, Band 4, Nr. 10, S. 30–37, 2004.

[BB79] Beeri, C.; Bernstein, P. A.: Computational Problems Related to the Design of Normal Form Relational Schemas. *ACM Transactions on Database Systems*, Band 4, Nr. 1, S. 30–59, 1979.

[BCN92] Batini, C.; Ceri, S.; Navathe, S. B.: *Conceptual Database Design — An Entity-Relationship Approach*. Benjamin/Cummings, Redwood City, CA, 1992.

[BDB79] Biskup, J.; Dayal, U.; Bernstein, P. A.: Synthesizing Independent Database Schemes. In: *Proc. ACM SIGMOD Conference 1979, Boston, MA.*, S. 143–151, 1979.

[BDS95] Buneman, P.; Davidson, S. B.; Suciu, D.: Programming Constructs for Unstructured Data. In: Atzeni, P.; Tannen, V. (Hrsg.): *Database Programming Languages (DBPL-5), Proceedings of the 5th Int. Workshop on Database Programming Languages, Gubbio, Umbria, Italy*, September 1995.

[Ber76] Bernstein, P. A.: Synthesizing Third Normal Form Relations from Functional Dependencies. *ACM Transactions on Database Systems*, Band 1, Nr. 4, S. 277–298, Dezember 1976.

[BF04] Berthold, O.; Freytag, J.-C.: Kurz erklärt: Privacy. *Datenbank-Spektrum*, Band 4, Nr. 11, S. 41–44, 2004.

[BG04] Bauer, A.; Günzel, H. (Hrsg.): *Data Warehouse Systeme. Architektur, Entwicklung, Anwendung.* dpunkt.verlag, Heidelberg, 2. Auflage, 2004.

[Bis81] Biskup, J.: A Formal Approach to Null Values in Database Relations. In: Gallaire, H.; Minker, J.; Nicolas, J. M. (Hrsg.): *Advances in Data Base Theory*, Band 1, S. 299–341. Plenum Press, New York, NJ, 1981.

[Bis91] Biskup, J.: Sicherheit: Gewährleistung und Begrenzung des Informationsflusses. In: Vossen, G.; Witt, K.-U. (Hrsg.): *Entwicklungstendenzen bei Datenbanksystemen*, S. 363–388. R. Oldenbourg Verlag, München, Wien, 1991.

[Bis95] Biskup, J.: *Grundlagen von Informationssystemen.* Vieweg-Verlag, Braunschweig, Wiesbaden, 1995.

[BJR97] Booch, G.; Jacobson, I.; Rumbaugh, J.: *Unified Modeling Language (Version 1.0)*. Rational Software Corporation, Santa Clara, 1997.

[BK86a] Beeri, C.; Kifer, M.: An Integrated Approach to Logical Design of Relational Database Schemes. *ACM Transactions on Database Systems*, Band 11, Nr. 2, S. 134–158, 1986.

[BK86b] Beeri, C.; Kifer, M.: Elimination of Intersection Anomalies from Database Schemes. *Journal of the ACM*, Band 33, Nr. 3, S. 423–450, 1986.

[BLN86] Batini, C.; Lenzerini, M.; Navathe, S. B.: A Comparative Analysis of Methodologies for Database Schema Integration. *ACM Computing Surveys*, Band 18, Nr. 4, S. 323–364, 1986.

[BLT86] Blakeley, J. A.; Larson, P.; Tompa, F.: Efficiently Updating Materialized Views. In: *Proc. ACM SIGMOD Conference 1986, Washington, D.C.*, 1986.

[BM98] Behme, H.; Mintert, S.: *XML in der Praxis.* Addison-Wesley, Bonn, 1998.

[Boo91] Booch, G.: *Object-Oriented Design with Applications.* Benjamin/Cummings, Redwood City, CA, 1991.

[Bra98] Bradley, N.: *The XML Companion.* Addison-Wesley, Harlow, England, 1998.

[Bri05]   Brinkhoff, T.: *Geodatenbanksysteme in Theorie und Praxis*. Wichmann Verlag, Heidelberg, 2005.

[Bri07a] Brinkhoff, T.: Open-Source-Geodatenbanksysteme. *Datenbank-Spektrum*, Band 7, Nr. 22, S. 37–43, 2007.

[Bri07b] Brinkhoff, T.: Räumliche Netzwerk und Topologiedatenbanken. *Datenbank-Spektrum*, Band 7, Nr. 21, S. 15–21, 2007.

[BRJ05]   Booch, G.; Rumbaugh, J.; Jacobson, I.: *The Unified Modeling Language User Guide*. Addison-Wesley Longman, Amsterdam, 2. Auflage, 2005.

[Bro99]   Brosius, G.: *Access 2000 professionell*. Addison-Wesley, Bonn, 1999.

[BS81]   Bancilhon, F.; Spyratos, N.: Update Semantics of Relational Views. *ACM Transactions on Database Systems*, Band 6, Nr. 4, S. 557–575, 1981.

[Buc94]   Buchmann, A. P.: Active Object Systems. In: Dogac, A.; Özsu, M. T.; Biliris, A.; Sellis, T. (Hrsg.): *Advances in Object-Oriented Database Systems*, S. 201–224. Springer-Verlag, Berlin, 1994.

[Bur95]   Burkhardt, R.: *UML – Unified Modeling Language*. Addison-Wesley, Bonn, 1995.

[BYRN99] Baeza-Yates, R.; Ribeiro-Neto, B.: *Modern Information Retrieval*. ACM Press, Addison-Wesley Longman, New York, 1999.

[BZBW95] Buchmann, A. P.; Zimmermann, J.; Blakeley, J. A.; Wells, D. L.: Building an Integrated Active OODBMS: Requirements, Architecture, and Design Decisions. In: Yu, P. S.; Chen, A. L. P. (Hrsg.): *Proc. IEEE Int. Conf. on Data Engineering (ICDE) 1995, Taipei, Taiwan*, S. 117–128, 1995.

[CAE$^+$76] Chamberlin, D. D.; Astrahan, M. M.; Eswaran, K. P.; Griffiths, P. P.; Mehl, R. A. L. J. W.; Reisner, P.; Wade, B. W.: SEQUEL 2: A Unified Approach to Data Definition, Manipulation and Control. *IBM Journal of Research and Development*, Band 20, S. 560–575, 1976.

[Cat94]   Cattell, R. G. G. (Hrsg.): *The Object Database Standard: ODMG-93*. Morgan Kaufmann Publishers, San Mateo, CA, 1994.

[CB74]   Chamberlin, D. D.; Boyce, R. F.: SEQUEL: A Structured English Query Language. In: *Proc. of the ACM SIGFIDET Workshop on Data Description, Access and Control*, S. 249–264, 1974.

[CB97]   Cattell, R. G. G.; Barry, D. K. (Hrsg.): *The Object Database Standard: ODMG-93, Release 2.0*. Morgan Kaufmann Publishers, San Francisco, CA, 1997.

[CB00]   Cattell, R. G. G.; Barry, D. (Hrsg.): *The Object Data Standard: ODMG 3.0*. Morgan Kaufmann Publishers, San Francisco, CA, 2000.

[CCS93]   Codd, E. F.; Codd, S. B.; Salley, C. T.: Providing OLAP (Online Analytical Processing) to User-Analysts: An IT Mandate. Hyperion Solutions Corporation, http://www.hyperion.com/whitepapers.cfm, 1993.

[CD96]   Clementini, E.; Di Felice, P.: A Model for Representing Topological Relationships Between Complex Geometric Features in Spatial Databases. *Information Sciences*, Band 90, Nr. 1-4, S. 121–136, 1996.

[CD97]   Chaudhuri, S.; Dayal, U.: An Overview of Data Warehousing and OLAP Technology. *SIGMOD Record*, Band 26, Nr. 1, S. 65–74, 1997.

[CD00]   Clementini, E.; Di Felice, P.: Spatial operators. *ACM SIGMOD Record*, Band 29, Nr. 3, S. 31–38, 2000.

[Cel05]   Celko, J.: *SQL for Smarties: Advanced SQL Programming*. Morgan Kaufmann, 3. Auflage, 2005.

[Cel06]   Celko, J.: *Joe Celko's SQL Puzzles and Answers*. Morgan Kaufmann, 2. Auflage, 2006.

[CFMS95]   Castano, S.; Fugini, M. G.; Martella, G.; Samarati, P.: *Database Security*. Addison-Wesley, 1995.

[CFP84]   Casanova, M. A.; Fagin, R.; Papadimitriou, C. H.: Inclusion Dependencies and Their Interaction with Functional Dependencies. *Journal of Computer and System Sciences*, Band 28, Nr. 1, S. 29–59, 1984.

[CFPT92]   Ceri, S.; Fraternali, P.; Paraboschi, S.; Tanca, L.: Constraint Enforcement through Production Rules: Putting Active Databases to Work. *Bulletin of the IEEE Technical Committee on Data Engineering*, Band 15, Nr. 1–4, S. 10–14, Dezember 1992.

[CGT90]   Ceri, S.; Gottlob, G.; Tanca, L.: *Logic Programming and Databases*. Surveys in Computer Science. Springer-Verlag, Berlin, 1990.

[Cha98]   Chamberlin, D.: *A Complete Guide to DB2 Universal Database*. Morgan Kaufmann Publishers, San Francisco, CA, 1998.

[Cha99]   Chamberlin, D.: *DB 2 Universal Database – Der unentbehrliche Begleiter*. Addison-Wesley, Reading, MA, 2. Auflage, 1999.

[Che76] Chen, P. P.: The Entity-Relationship Model – Toward a Unified View of Data. *ACM Transactions on Database Systems*, Band 1, Nr. 1, S. 9–36, 1976.

[CHRS98] Christiansen, A.; Höding, M.; Rautenstrauch, C.; Saake, G.: *Oracle8 effizient einsetzen — Aufbau, Entwicklung, Verteilung und Betrieb leistungsfähiger Oracle8-Anwendungen*. Addison-Wesley, Bonn, 1998.

[CHS+97] Conrad, S.; Höding, M.; Saake, G.; Schmitt, I.; Türker, C.: Schema Integration with Integrity Constraints. In: Small, C.; Douglas, P.; Johnson, R.; King, P.; Martin, N. (Hrsg.): *Proc. British National Conference on Databases (BNCOD) 1997, London, UK, Lecture Notes in Computer Science*, Band 1271, S. 200–214. Springer-Verlag, Berlin, 1997.

[Clu97] Cluet, S.: Modeling and Querying Semi-Structured Data. In: Pazienza, M. T. (Hrsg.): *Information Extraction: A Multidisciplinary Approach to an Emerging Information Technology, International Summer School, SCIE-97, Lecture Notes in Computer Science*, Band 1299, S. 192–213. Springer Verlag, Frascati, Italy, 1997.

[Cod70] Codd, E. F.: A Relational Model of Data for Large Shared Data Banks. *Communications of the ACM*, Band 13, Nr. 6, S. 377–387, Juni 1970.

[Cod71] Codd, E. F.: Further Normalization of the Data Base Relational Model. *IBM Research Report, San Jose, CA*, 1971.

[Cod72] Codd, E. F.: Relational Completeness of Data Base Sublanguages. In: Rustin, R. (Hrsg.): *Data Base Systems*, S. 65–98. Prentice Hall, Englewood Cliffs, NJ, 1972.

[Cod74] Codd, E. F.: Recent Investigations in Relational Database Systems. In: Rosenfeld, J. L. (Hrsg.): *Proceedings of the IFIP Congress 74, Stockholm, Sweden*, S. 1017–1021, 1974.

[Cod82] Codd, E. F.: Relational Database: A Practical Foundation for Productivity. *Communications of the ACM*, Band 25, Nr. 2, S. 109–117, Februar 1982.

[Cod90] Codd, E. F.: *The Relational Model for Database Management, Version 2*. Addison-Wesley, Reading, MA, 1990.

[Con86] Convent, B.: Unsolvable Problems Related to the View Integration Approach. In: Ausiello, G.; Atzeni, P. (Hrsg.): *Proc. Int. Conf. on Database Theory (ICDT) 1986, Roma, Italy, Lecture Notes in Computer Science*, Band 243, S. 141–156. Springer-Verlag, Berlin, 1986.

[CS88]　　Carmo, J.; Sernadas, A.: A Temporal Logic Framework for a Layered Approach to Systems Specification and Verification. In: Rolland, C.; Bodart, F.; Leonard, M. (Hrsg.): *Proc. IFIP WG 8.1 Conf. on Temporal Aspects in Information Systems*, S. 31–46. North-Holland Publ. Comp., Amsterdam, 1988.

[CST97]　　Conrad, S.; Schmitt, I.; Türker, C.: Behandlung von Integritätsbedingungen bei Schemarestrukturierung und Schemaintegration. In: Dittrich, K. R.; Geppert, A. (Hrsg.): *Proc. GI-Fachtagung Datenbanksysteme in Büro, Technik und Wissenschaft (BTW) 1997, Ulm*, Informatik aktuell, S. 352–369. Springer-Verlag, Berlin, 1997.

[CW92]　　Ceri, S.; Widom, J.: Production Rules in Parallel and Distributed Database Environments. In: Yuan, L.-Y. (Hrsg.): *Proc. Int. Conf. on Very Large Data Bases (VLDB) 1992, Vancouver, Canada*, S. 339–351, 1992.

[Dat86a]　　Database Architecture Framework Task Group (DAFTG) of the ANSI/X3/SPARC Database System Study Group, : Reference Model for DBMS Standardization. *ACM SIGMOD Record*, Band 15, Nr. 1, S. 19–58, März 1986.

[Dat86b]　　Date, C. J.: Updating Views. In: Date, C. J. (Hrsg.): *Relational Database — Selected Writings*, S. 367–395. Addison-Wesley, Reading, MA, 1986.

[Dat87]　　Date, C. J.: *A Guide to INGRES*. Addison-Wesley, Reading, MA, 1987.

[Dat90]　　Date, C. J.: *An Introduction to Database Systems*, Band 1. Addison-Wesley, Reading, MA, 5. Auflage, 1990.

[Dat95]　　Date, C. J.: *An Introduction to Database Systems*, Band 1. Addison-Wesley, Reading, MA, 6. Auflage, 1995.

[Dat05]　　Date, C. J.: *Database in Depth: Relational Theory for Practitioners*. O'Reilly Media, Sebastopol, CA, 2005.

[DB82]　　Dayal, U.; Bernstein, P. A.: On the Correct Translation of Update Operations on Relational Views. *ACM Transactions on Database Systems*, Band 7, Nr. 3, S. 381–416, 1982.

[DBB$^+$88]　　Dayal, U.; Blaustein, B.; Buchmann, A.; Chakravarthy, S.; Goldhirsch, D.; Hsu, M.; Ladin, R.; McCarthy, D.; et al.: The HiPAC Project: Combining Active Databases and Timing Constraints. *ACM SIGMOD Record*, Band 17, Nr. 1, S. 51–70, März 1988.

[DD97a] Date, C. J.; Darwen, H.: *A Guide to the SQL Standard*. Addison-Wesley Longman, Amsterdam, 4. Auflage, 1997.

[DD97b] Date, C. J.; Darwen, H.: *A Guide to the SQL Standard*. Addison-Wesley, Reading, MA, 4. Auflage, 1997.

[DD98] Date, C. J.; Darwen, H.: *SQL — Der Standard*. Addison-Wesley, Bonn, 1998.

[DD00] Date, C. J.; Darwen, H.: *Foundation for Future Database Systems: The Third Manifesto*. Addison-Wesley Longman, Amsterdam, 2. Auflage, 2000.

[DG96] Dittrich, K. R.; Gatziu, S.: *Aktive Datenbanksysteme — Konzepte und Mechanismen, Thomson's Aktuelle Tutorien*, Band 13. International Thomson Publishing, Bonn, 1996.

[DL89] Dadam, P.; Linnemann, V.: Advanced Information Management (AIM): Database Technology for Integrated Applications. *IBM Systems Journal*, Band 28, Nr. 4, S. 661–681, 1989.

[DLR95] Delobel, C.; Lecluse, C.; Richard, P.: *Databases*. International Thomson Publishing, London, 1995.

[DM05] Deßloch, S.; Michels, J. E.: *SQL Standardisierung und Umsetzung*. Deutsche Informatik-Akademie, Datenbank Tutorientage (DIA DBTT), 2005.

[EGH+92] Engels, G.; Gogolla, M.; Hohenstein, U.; Hülsmann, K.; Löhr-Richter, P.; Saake, G.; Ehrich, H.-D.: Conceptual Modelling of Database Applications Using an Extended ER Model. *dke*, Band 9, Nr. 2, S. 157–204, 1992.

[EGL89] Ehrich, H.-D.; Gogolla, M.; Lipeck, U.: *Algebraische Spezifikation abstrakter Datentypen*. Leitfäden und Monographien der Informatik. Teubner-Verlag, Stuttgart, 1989.

[Elm92] Elmagarmid, A. K. (Hrsg.): *Database Transaction Models For Advanced Applications*. Morgan Kaufmann Publishers, San Mateo, CA, 1992.

[EM85] Ehrig, H.; Mahr, B.: *Fundamentals of Algebraic Specification 1. Equations and Initial Semantics*. Springer-Verlag, Berlin, 1985.

[EM04] Eisenberg, A.; Melton, J.: Advancements in SQL/XML. *ACM SIGMOD Record*, Band 33, Nr. 3, S. 79–86, 2004.

[EN94]　　Elmasri, R.; Navathe, S. B.: *Fundamentals of Database Systems*. Benjamin/Cummings, Redwood City, CA, 2. Auflage, 1994.

[ES88]　　Erbe, R.; Südkamp, N.: An Application Program Interface for a Complex Object Database. In: *Proc. 3rd Int. Conf. on Data and Knowledge Bases: Improving Usability and Responsiveness, Jerusalem*, S. 211–226. Morgan Kaufmann Publishers, San Mateo, CA, 1988.

[EWH85]　Elmasri, R. A.; Weeldreyer, J.; Hevner, A.: The Category Concept: An Extension to the Entity-Relationship Model. *dke*, Band 1, Nr. 1, S. 75–116, Juni 1985.

[ExN02]　Elmasri, R.; Navathe, S. x.: *Grundlagen von Datenbanksystemen*. Pearson Studium, München, 3., überarbeitete. Auflage, 2002.

[Fag77]　Fagin, R.: Multivalued Dependencies and a New Normal Form for Relational Databases. *ACM Transactions on Database Systems*, Band 2, Nr. 3, S. 262–278, September 1977.

[Fer03]　Ferber, R.: *Information Retrieval*. dPunkt Verlag, Heidelberg, 2003.

[FP05]　　Feuerstein, S.; Pribyl, B.: *Oracle PL/SQL Programming*. O'Reilly Media, Sebastopol, CA, 4. Auflage, 2005.

[FS97]　　Fowler, M.; Scott, K.: *UML distilled: Applying the Standard Object Modeling Language*. Addison-Wesley-Longman, Reading, 1997.

[GBLP96]　Gray, J.; Bosworth, A.; Layman, A.; Pirahesh, H.: Data Cube: A Relational Aggregation Operator Generalizing Group-By, Cross-Tab, and Sub-Total. In: Su, S. Y. W. (Hrsg.): *Proc. IEEE Int. Conf. on Data Engineering (ICDE) 1996, New Orleans, LA*, S. 152–159. IEEE Computer Society Press, Los Alamitos, CA, 1996.

[GCB+97]　Gray, J.; Chaudhuri, S.; Bosworth, A.; Layman, A.; Reichart, D.; Venkatrao, M.; Pellow, F.; Pirahesh, H.: Data Cube: A Relational Aggregation Operator Generalizing Group-by, Cross-Tab, and Sub Totals. *Data Mining and Knowledge Discovery*, Band 1, Nr. 1, S. 29–53, März 1997.

[GD92]　Gatziu, S.; Dittrich, K. R.: SAMOS: An Active Object-Oriented Database System. *debull*, Band 15, Nr. 1–4, S. 23–26, Dezember 1992.

[GD93]　Gatziu, S.; Dittrich, K. R.: Eine Ereignissprache für das aktive, objektorientierte Datenbanksystem SAMOS. In: Stucky, W.; Oberweis, A. (Hrsg.): *Proc. GI-Fachtagung Datenbanksysteme in Büro, Technik und Wissenschaft (BTW) 1993, Braunschweig*, Informatik aktuell, S. 54–73. Springer-Verlag, Berlin, 1993.

[GD94] Gatziu, S.; Dittrich, K. R.: Events in an Active Object-Oriented Database System. In: Paton, N. W.; Williams, M. H. (Hrsg.): *Rules in Database Systems, Proc. of the 1st Int. Workshop, RIDS'93, Edinburgh, Scotland, August 1993*, Workshops in Computing, S. 23–39. Springer-Verlag, London, 1994.

[Gei95] Geiger, K.: *Inside ODBC*. Microsoft Press, 1995.

[Ger93] Gerhardt, W.: *Zugriffskontrolle bei Datenbanken*. R. Oldenbourg Verlag, München, Wien, 1993.

[GH91] Gogolla, M.; Hohenstein, U.: Towards a Semantic View of an Extended Entity-Relationship Model. *ACM Transactions on Database Systems*, Band 16, Nr. 3, S. 369–416, 1991.

[GL95] Griffin, T.; Libkin, L.: Incremental Maintenance of Views with Duplicates. In: *Proc. ACM SIGMOD Conference 1995, San Jose, CA*, S. 328–339, 1995.

[GMUW02] Garcia-Molina, H.; Ullman, J.; Widom, J.: *Database Systems – The Complete Book*. Prentice Hall, Upper Saddle River, NJ, 2002.

[Gog94] Gogolla, M.: *An Extended Entity Relationship Model. Fundamentals and Pragmatics*, Lecture Notes in Computer Science, Band 767. Springer-Verlag, Berlin, 1994.

[Gut84] Guttmann, A.: R-Trees: A Dynamic Index Structure for Spatial Searching. In: *Proc. ACM SIGMOD Conference 1984, Boston, MA*, S. 47–57, 1984.

[Güt94] Güting, R.: An Introduction to Spatial Database Systems. *The VLDB Journal*, Band 3, Nr. 4, S. 357–399, 1994.

[Här87] Härder, T.: Realisierung von operationalen Schnittstellen. In: Lockemann, P. C.; Schmidt, J. W. (Hrsg.): *Datenbank-Handbuch*, S. 163–335. Springer-Verlag, Berlin, 1987.

[Här05a] Härder, T.: DBMS Architecture – New Challenges Ahead (Part II). *Datenbank-Spektrum*, Band 5, Nr. 14, S. 38–48, 2005.

[Här05b] Härder, T.: DBMS Architecture – the Layer Model and its Evolution (Part I). *Datenbank-Spektrum*, Band 5, Nr. 13, S. 45–56, 2005.

[HE92] Hohenstein, U.; Engels, G.: SQL/EER: Syntax and Semantics of an Entity-Relationship-Based Query Language. *Information Systems*, Band 17, Nr. 3, S. 209–242, 1992.

[Heu97]   Heuer, A.: *Objektorientierte Datenbanken: Konzepte, Modelle, Standards und Systeme*. Addison-Wesley, Bonn, 2. Auflage, 1997.

[HG88]   Hohenstein, U.; Gogolla, M.: A Calculus for an Extended Entity-Relationship Model Incorporating Arbitrary Data Operations and Aggregate Functions. In: Batini, C. (Hrsg.): *Proc. 7th Int. Conf. on the Entity-Relationship Approach*, S. 129–148. North-Holland, Amsterdam, 1988.

[HKKR05] Hitz, M.; Kappel, G.; Kapsammer, E.; Retschitzegger, W.: *UML at Work. Objektorientierte Modellierung mit UML2*. dpunkt.verlag, 3. Auflage, 2005.

[HM99]   Hoppe, R.; Mempel, M.: *Oracle Designer R2.1*. Addison-Wesley, Bonn, 1999.

[HNS86]   Hohenstein, U.; Neugebauer, L.; Saake, G.: An Extended Entity-Relationship Model for Non-Standard Databases. In: *Proc. Workshop "Relationale Datenbanken", Bericht Nr. 3-86*, S. 185–211. Lessach, 1986.

[HNSE87] Hohenstein, U.; Neugebauer, L.; Saake, G.; Ehrich, H.-D.: Three-Level Specification of Databases Using an Extended Entity-Relationship Model. In: Wagner, R.; Traunmüller, R.; Mayr, H. C. (Hrsg.): *Proc. GI-Fachtagung "Informationsermittlung und -analyse für den Entwurf von Informationssystemen", Informatik-Fachberichte*, Band 143, S. 58–88. Springer-Verlag, Berlin, 1987.

[Hoh93]   Hohenstein, U.: *Formale Semantik eines erweiterten Entity-Relationship-Modells*. Teubner-Verlag, Stuttgart, Leipzig, 1993.

[HP99]   Heuer, A.; Priebe, D.: IRQL — Yet another Language for Querying Semistructured Data? Preprint CS–01–99, Universität Rostock, Fachbereich Informatik, 1999.

[HR01]   Härder, T.; Rahm, E.: *Datenbanksysteme — Konzepte und Techniken der Implementierung*. Springer, 2. Auflage, 2001.

[HS91]   Heuer, A.; Scholl, M. H.: Principles of Object-Oriented Query Languages. In: Appelrath, H.-J. (Hrsg.): *Proc. GI-Fachtagung Datenbanksysteme in Büro, Technik und Wissenschaft (BTW) 1991, Kaiserslautern, Informatik-Fachberichte*, Band 270, S. 178–197. Springer-Verlag, Berlin, 1991.

[Hul86]   Hull, R.: Relative Information Capacity of Simple Relational Database Schemata. *SIAM Journal on Computing*, Band 15, Nr. 3, S. 856–886, 1986.

[Inm96]   Inmon, W. H.: *Building the Data Warehouse*. John Wiley & Sons, Inc., New York, NJ, 1996.

[Int89]   International Organization for Standardization (ISO): *Database Language SQL. Document ISO/IEC 9075:1989*, 1989.

[Int92]   International Organization for Standardization (ISO): *Database Language SQL. Document ISO/IEC 9075:1992*, 1992.

[Int03a]   International Organization for Standardization (ISO): *Information technology – Database languages – SQL, Part 1: Framework (SQL/Framework)*, 2003.

[Int03b]   International Organization for Standardization (ISO): *Information technology – database languages – SQL, Part 2: Foundation (SQL/Foundation)*, 2003.

[ISO99a]   *ANSI/ISO/IEC International Standard (IS) Database Language SQL – Part 1: SQL/Framework, ISO/IEC 9075-1:1999 (E)*, September 1999.

[ISO99b]   *ANSI/ISO/IEC International Standard (IS) Database Language SQL – Part 2: Foundation (SQL/Foundation), ISO/IEC 9075-2:1999 (E)*, September 1999.

[ISO03]   ISO/IEC 13249-3, : *ISO International Standard: Information Technology – Database Languages – SQL Multimedia and Application Packages – Part 3: Spatial*, 2003.

[Jab95a]   Jablonski, S.: *Workflow-Management-Systeme: Modellierung und Architektur*. International Thomson Publishing, Bonn, 1995.

[Jab95b]   Jablonski, S.: Workflow-Management-Systeme: Motivation, Modellierung, Architektur. *Informatik Spektrum*, Band 18, Nr. 1, S. 13–24, Februar 1995.

[JCJÖ92]   Jacobson, I.; Christerson, M.; Johnsson, P.; Övergaard, G.: *Object-Oriented Software Engineering: A Use Case Driven Approach*. Prentice Hall, 1992.

[Jon98]   Jonscher, D.: *Access Control in Object-Oriented Federated Database Systems, Dissertationen zu Datenbanken und Informationssystemen*, Band 49. infix-Verlag, Sankt Augustin, 1998.

[JSHS96]   Jungclaus, R.; Saake, G.; Hartmann, T.; Sernadas, C.: TROLL – A Language for Object-Oriented Specification of Information Systems. *ACM Transactions on Information Systems*, Band 14, Nr. 2, S. 175–211, April 1996.

[Jun93]   Jungclaus, R.: *Modeling of Dynamic Object Systems — A Logic-Based Approach*. Advanced Studies in Computer Science. Vieweg-Verlag, Wiesbaden, 1993.

[KB95]   Khoshafian, S.; Baker, A. B.: *Multimedia and Imaging Databases*. Morgan Kaufmann Publishers, San Francisco, CA, 1995.

[KB96]   Khoshafian, S.; Baker, A. B.: *Multimedia and Imaging Databases*. Morgan Kaufmann Publishers, San Francisco, CA, 1996.

[KE06]   Kemper, A.; Eickler, A.: *Datenbanksysteme – Eine Einführung*. Oldenbourg Verlag, München, Wien, 6., aktualisierte und erweiterte. Auflage, 2006.

[Kel85a]   Keller, A. M.: Algorithms for Translating View Updates to Database Updates for Views Involving Selections, Projections, and Joins. In: *Proc. ACM SIGACT/SIGMOD Symp. on Principles of Database Systems (PODS) 1985, Portland, Oregon*, S. 154–163, 1985.

[Kel85b]   Keller, A. M.: *Updating Relational Databases through Views*. Dissertation, Stanford University, 1985.

[Kim82]   Kim, W.: On Optimizing an SQL-like Nested Query. *ACM Transactions on Database Systems*, Band 7, Nr. 3, S. 443–469, September 1982.

[KK93]   Kandzia, P.; Klein, H.-J.: *Theoretische Grundlagen relationaler Datenbanksysteme*. BI, Mannheim, 1993.

[Klu82]   Klug, A.: Equivalence of Relational Algebra and Relational Calculus Query Languages having Aggregate Functions. *Journal of the ACM*, Band 29, Nr. 3, S. 699–717, 1982.

[KM03]   Klettke, M.; Meyer, H.: *XML & Datenbanken: Konzepte, Sprachen & Systeme*. dpunkt.verlag, Heidelberg, 2003.

[KR95]   Kuno, H. A.; Rundensteiner, E. A.: Materialized Object-Oriented Views in MultiView. In: Bukhres, O.; Özsu, T.; Shan, M.-C. (Hrsg.): *RIDE-DOM'95, Proc. of the 5th Int. Workshop on Research Issues in Data Engineering: Distributed Object Management, March 6–7, 1995, Taipei, Taiwan*, S. 78–85. IEEE Computer Society Press, Los Alamitos, CA, 1995.

[KR96]   Kuno, H. A.; Rundensteiner, E. A.: Using Object-Oriented Principles to Optimize Update Propagation to Materialized Views. In: Su, S. Y. W. (Hrsg.): *Proc. IEEE Int. Conf. on Data Engineering (ICDE) 1996, New Orleans, LA*, S. 310–317, 1996.

[KS96] Kappel, G.; Schrefl, M.: *Objektorientierte Informationssysteme — Konzepte, Darstellungsmittel, Methoden*. Springers Angewandte Informatik. Springer-Verlag, Wien, New York, 1996.

[Kud07] Kudraš, T. (Hrsg.): *Taschenbuch Datenbanken*. Fachbuchverlag Leipzig, 2007.

[Lau05] Lausen, G.: *Datenbanken: Grundlagen und XML-Technologien*. Elsevier GmbH, München, 2005.

[LD87] Lockemann, P. C.; Dittrich, K. R.: Architektur von Datenbanksystemen. In: Lockemann, P. C.; Schmidt, J. W. (Hrsg.): *Datenbank-Handbuch*, S. 85–161. Springer-Verlag, Berlin, 1987.

[Leh02] Lehner, W.: *Datenbanktechnologie für Data-Warehouse-Systeme*. dpunkt.verlag, Heidelberg, 2002.

[Lie85] Lien, Y. E.: Relational database design. In: Yao, S. B. (Hrsg.): *Principles of Database Design*, S. 211–254. Prentice Hall, Englewood Cliffs, NJ, 1985.

[Lip89] Lipeck, U. W.: *Dynamische Integrität von Datenbanken*. Springer-Verlag, Berlin, 1989.

[Lip92] Lipeck, U. W.: Integritätszentrierter Datenbank-Entwurf. *EMISA-Forum*, Band 2, Nr. 2, S. 41–55, 1992.

[LL95] Lang, S. M.; Lockemann, P. C.: *Datenbankeinsatz*. Springer-Verlag, Berlin, 1995.

[LM78] Lockemann, P. C.; Mayr, H. C.: *Rechnergestützte Informationssysteme*. Springer-Verlag, Berlin, 1978.

[Lon05] Loney, K.: *Oracle Database 10g. Die umfassende Referenz*. Hanser Fachbuchverlag, 2005.

[LS87] Lockemann, P. C.; Schmidt, J. W. (Hrsg.): *Datenbank-Handbuch*. Springer-Verlag, Berlin, 1987.

[LS04a] Lehner, W.; Schöning, H.: *XQuery: Grundlagen und fortgeschrittene Methoden*. dpunkt.verlag, Heidelberg, 2004.

[LS04b] Lehner, W.; Schöning, H.: XQuery - ein Überblick. *Datenbank-Spektrum*, Band 4, Nr. 11, S. 23–32, 2004.

[LTK81] Ling, T. W.; Tompa, F. W.; Kameda, T.: An improved third normal form for relational databases. *ACM Transactions on Database Systems*, Band 6, Nr. 2, S. 329–346, 1981.

[LV95] Lausen, G.; Vossen, G.: *Objekt-orientierte Datenbanken: Modelle und Sprachen*. R. Oldenbourg Verlag, München, 1995.

[Mai83] Maier, D.: *The Theory of Relational Databases*. Computer Science Press, Rockville, MD, 1983.

[MB06] Monson-Haefel, R.; Burke, B.: *Enterprise JavaBeans 3.0*. O'Reilly Media, Sebastopol, CA, 5. Auflage, 2006.

[Mel98] Melton, J.: *Understanding SQL's Stored Procedures — A Complete Guide to SQL/PSM*. Morgan Kaufmann Publishers, San Francisco, CA, 1998.

[Mel07] Melzer, I.: *Service-orientierte Architekturen mit Web Services: Konzepte – Standards – Praxis*. Spektrum Akademischer Verlag, 2. Auflage, 2007.

[Mey03] Meyer-Wegener, K.: *Multimediale Datenbanken: Einsatz von Datenbanktechnik in Multimedia-Systemen*. Leitfäden der angewandten Informatik. Teubner-Verlag, Stuttgart, 2. Auflage, 2003.

[MHH93] Manegold, S.; Hörner, C.; Heuer, A.: Rückblick auf IRIS — Abschlussbericht eines Datenbank-Forschungsprojekts. Technischer bericht, TU Clausthal, Institut für Informatik, Juli 1993.

[Mic] Microsoft Developer Network: *Multidimensional Expressions (MDX) - Referenz, SQL Server 2005-Onlinedokumentation*. http://msdn2.microsoft.com/de-de/library/ms145506.aspx.

[Mit88] Mitschang, B.: *Ein Molekül - Atom - Datenmodell für Non - Standard - Anwendungen, Informatik-Fachberichte*, Band 185. Springer-Verlag, Berlin, 1988.

[Mot96] Motschnig-Pitrik, R.: Requirements and Comparison of View Mechanisms for Object-Oriented Databases. *Information Systems*, Band 21, Nr. 3, S. 229–252, 1996.

[MPD99] Mattos, N.; Pistor, P.; Dessloch, S.: Objektorientierung und Java als Standard: SQL3 und SQLJ. Manuskript zum DIA-Tutorium am Rande der GI-Fachtagung BTW 99, 1999.

[MR86] Mannila, H.; Räihä, K.-J.: Inclusion dependencies in database design. In: *Proceedings of the IEEE International Conference on Data Engineering*, S. 713–718, 1986.

[MS93] Melton, J.; Simon, A. R.: *Understanding the New SQL — A Complete Guide*. Morgan Kaufmann Publishers, San Mateo, CA, 1993.

[MS01] Melton, J.; Simon, A. R.: *SQL:1999. Understanding Relational Language Components*. Morgan Kaufmann Publishers, San Mateo, CA, 2001.

[MS03] Messerschmidt, H.; Schweinsberg, K.: *OLAP mit dem SQL-Server*. dpunkt.verlag, Heidelberg, 2003.

[Mun07] Munz, R.: Datenmanagement für SAP-Anwendungen. In: *Proc. GI-Fachtagung Datenbanksysteme für Business, Technologie und Web (BTW)2007, Aachen, Germany*, S.17, 2007. http://www.btw2007.de/vortraege/Keynote_Munz.pdf.

[Neu94] Neumann, K.: Formulierung von Integritätsbedingungen in verschiedenen SQL–Dialekten. In: Jasper, H. (Hrsg.): *Proc. GI-Workshop "Aktive Datenbanken", Hamburg, 2.9.94*, S. 17–21. GI-Datenbankrundbrief 14, 1994.

[Neu99] Neumann, K.: *Integritätsbedingungen in relationalen Datenbanken — Grundlagen und Implementierung mit SQL*. Verlag der Deutschen Hochschulschriften, Egelsbach, 1999.

[Oes97] Oestereich, B.: *Objektorientierte Softwareentwicklung mit der Unified Modeling Language*. R. Oldenbourg Verlag, München, Wien, 1997.

[O'N94] O'Neil, P.: *Database Principles, Programming, Performance*. Morgan Kaufmann, San Francisco, 1994.

[Ora06] Oracle Corporation: *Oracle Spatial – User's Guide and Reference, 10g Release 2*, März 2006.

[OY86] Ozsoyoglu, Z. M.; Yuan, L.-Y.: Unifying functional and multivalued dependencies for relational database design. *Proc. ACM SIGACT/SIGMOD Symp. on Principles of Database Systems (PODS)*, Band 5, S. 183–190, 1986.

[PD89] Pistor, P.; Dadam, P.: The advanced information management prototype. In: *[AFS89]*, S. 3–26, 1989.

[Pen95] Pendse, N.: *The FASMI Definition for OLAP*. Business Intelligence, August 1995.

[Pen97] Pendse, N.: *The OLAP Report: Market Share Analysis*. Business Intelligence, 1997.

[Pet98] Petkovic, D.: *Informix Universal Server — Das objekt-relationale Datenbanksystem mit OnLine-XPS und ODS*. Addison-Wesley, Bonn, 1998.

[Pet06] Petkovic, D.: *SQL Server 2005. Eine umfassende Einführung.* dpunkt.verlag, Heidelberg, 2006.

[PN06] Päßler, M.; Nicola, M.: Native XML-Unterstützung in DB2 Viper. *Datenbank-Spektrum*, Band 6, Nr. 17, S. 42–47, 2006.

[Por99] Porst, B.: Untersuchungen zu Datentyperweiterungen für XML-Dokumente und ihre Anfragemethoden am Beispiel von DB2 und Informix. Diplomarbeit, Universität Rostock, Fachbereich Informatik, April 1999.

[PP04] Pomberger, G.; Pree, W.: *Software Engineering.* Hanser Fachbuchverlag, München, 2004.

[PT86] Pistor, P.; Traunmüller, R.: A data base language for sets, lists, and tables. *Information systems*, Band 11, Nr. 4, S. 323–336, Dezember 1986.

[Ram98] Ramakrishnan, R.: *Database Management Systems.* WCB / McGraw-Hill, Boston, MA, 1998.

[RBP+91] Rumbaugh, J.; Blaha, M.; Premerlani, W.; Eddy, F.; Lorensen, W.: *Object-Oriented Modeling and Design.* Prentice Hall, Englewood Cliffs, NJ, 1991.

[RBP+94] Rumbaugh, J.; Blaha, M.; Premerlani, W.; Eddy, F.; Lorensen, W.: *Objektorientiertes Modellieren und Entwerfen.* Carl Hanser Verlag, München, 1994.

[RJB04] Rumbaugh, J.; Jacobson, I.; Booch, G.: *The Unified Modeling Language Reference Manual.* Addison-Wesley Longman, Amsterdam, 2. Auflage, 2004.

[RR95] Ra, Y.-G.; Rundensteiner, E. A.: A Transparent Object-Oriented Schema Change Approach Using View Evolution. In: Yu, P. S.; Chen, A. L. P. (Hrsg.): *Proc. IEEE Int. Conf. on Data Engineering (ICDE) 1995, Taipei, Taiwan*, S. 165–172, 1995.

[RSV01] Rigaux, P.; Scholl, M.; Voisard, A.: *Spatial Databases With Applications to GIS.* Morgan Kaufmann Publishers, San Francisco, CA, 2001.

[Rum98] Rumbaugh, J.: *UML Reference Guide.* Addison-Wesley Longman, Reading, MA, 1998.

[Saa91a] Saake, G.: Conceptual Modeling of Database Applications. In: Karagiannis, D. (Hrsg.): *Proc. 1st IS/KI Workshop, Ulm (Germany), 1990, Lecture Notes in Computer Science*, Band 474, S. 213–232. Springer-Verlag, Berlin, 1991.

[Saa91b] Saake, G.: Descriptive Specification of Database Object Behaviour. *dke*, Band 6, Nr. 1, S. 47–74, 1991. North-Holland.

[Saa93] Saake, G.: *Objektorientierte Spezifikation von Informationssystemen, Teubner-Texte zur Informatik*, Band 6. Teubner-Verlag, Stuttgart, Leipzig, 1993.

[Sau92] Sauer, H.: *Relationale Datenbanken: Theorie und Praxis inklusive SQL-2*, Band 2. Addison-Wesley, 1992.

[SBB+99] Staab, S.; Braun, C.; Bruder, I.; Düsterhöft, A.; Heuer, A.; Klettke, M.; Neumann, G.; Prager, B.; Pretzel, J.; Schnurr, H.-P.; Studer, R.; Uszkoreit, H.; Wrenger, B.: GETESS — Searching the Web Exploiting German Texts. In: Klusch, M.; Shehory, O.; Weiss, G. (Hrsg.): *Cooperative Information Agents III, Proceedings 3rd International Workshop CIA-99, Lecture Notes in Computer Science*, Band 1652. Springer Verlag, Juli 1999.

[Sch03] Schöning, H.: *XML und Datenbanken – Konzepte und Sprachen*. Hanser Verlag, München, 2003.

[Sch06] Schmitt, I.: *Ähnlichkeitssuche in Multimedia-Datenbanken. Retrieval, Suchalgorithmen und Anfragebehandlung*. Oldenbourg, München, 2006.

[Sen73] Senko, M. E.: Data Structures and Access in Database Systems. *IBM Systems Journal*, Band 12, S. 30–93, 1973.

[SFNC84] Schiel, U.; Furtado, A. L.; Neuhold, E. J.; Casanova, M. A.: Towards Multi-Level and Modular Conceptual Schema Specifications. *Information Systems*, Band 9, S. 43–57, 1984.

[SHS05] Saake, G.; Heuer, A.; Sattler, K.: *Datenbanken: Implementierungstechniken*. mitp-Verlag, Bonn, 2., aktualisierte und erweiterte. Auflage, 2005.

[Sin90] Sinz, E. J.: Das Entity-Relationship-Modell und seine Erweiterungen. *Handbuch der modernen Datenverarbeitung*, Band 27, Nr. 152, S. 17–29, 1990.

[SK98] Sheth, A.; Klas, W. (Hrsg.): *Multimedia Data Management Using Metadata to Integrate and Apply Digital Media*. McGraw-Hill, New York, 1998.

[SKS97] Silberschatz, A.; Korth, H. F.; Sudarshan, S.: *Database System Concepts*. McGraw-Hill, New York, NJ, 3. Auflage, 1997.

[Sob99] Sobirey, M.: *Datenschutzorientiertes Intrusion Detection*. Vieweg, Braunschweig, 1999.

[Som07] Sommerville, I.: *Software Engineering*. Pearson Studium, Readings, MA, 8. Auflage, 2007.

[SP94] Spaccapietra, S.; Parent, C.: View Integration: A Step Forward in Solving Structural Conflicts. *IEEE Transactions on Knowledge and Data Engineering*, Band 6, Nr. 2, S. 258–274, April 1994.

[SPD92] Spaccapietra, S.; Parent, C.; Dupont, Y.: Model Independent Assertions for Integration of Heterogeneous Schemas. *The VLDB Journal*, Band 1, Nr. 1, S. 81–126, Juli 1992.

[SPSW90] Schek, H.-J.; Paul, H.-B.; Scholl, M.-H.; Weikum, G.: The DASDBS project: objectives, experiences, and future prospects. *IEEE Transactions on Knowledge and Data Engineering*, Band 2, Nr. 1, S. 25–43, 1990.

[SS86] Schek, H.-J.; Scholl, M. H.: The Relational Model with Relation-Valued Attributes. *Information Systems*, Band 11, Nr. 2, S. 137–147, 1986.

[SS89] Schek, H.-J.; Scholl, M. H.: The Two Roles of Nested Relations in the DASDBS Project. In: Abiteboul, S.; Fischer, P. C.; Schek, H.-J. (Hrsg.): *Nested Relations and Complex Objects in Databases, Lecture Notes in Computer Science*, Band 361, S. 50–68. Springer-Verlag, Berlin, 1989.

[SS03] Saake, G.; Sattler, K.: *Datenbanken & Java: JDBC, SQLJ, ODMG und JDO*. dpunkt.verlag, Heidelberg, 2. Auflage, 2003.

[SST94] Schewe, K.-D.; Stemple, D.; Thalheim, B.: Higher-Level Genericity in Object Oriented Databases. In: *Proc. COMAD'94, Bangalore (Indien)*, 1994.

[SST97] Saake, G.; Schmitt, I.; Türker, C.: *Objektdatenbanken — Konzepte, Sprachen, Architekturen*. International Thomson Publishing, Bonn, 1997.

[ST94] Schewe, K.-D.; Thalheim, B.: Achieving Consistency in Active Databases. In: Widom, J.; Chakravarthy, S. (Hrsg.): *Proc. of the 4th Int. Workshop on Research Issues in Data Engineering: Active Database Systems, RIDE-ADS'94, Houston, Texas, USA, February 1994*, S. 71–76. IEEE Computer Society Press, Los Alamitos, CA, 1994.

[Sto86] Stonebraker, M. (Hrsg.): *The INGRES Papers: Anatomy of a Relational Database System*. Addison-Wesley, Reading, MA, 1986.

[Sto07] Stock, W. G.: *Information Retrieval*. Oldenbourg Verlag, München, 2007.

[Stü93] Stürner, G.: *Oracle7. Die verteilte semantische Datenbank*. dbms publishing, Weissach, 2. Auflage, 1993.

[Stü95] Stürner, G.: *ORACLE7 – A User's and Developer's Guide*. International Thomson Publishing, London, 1995.

[Sub98] Subrahmanian, V. S.: *Principles of Multimedia Database Systems*. Morgan Kaufmann Publishers, San Francisco, CA, 1998.

[Swe02] Sweeney, L.: Achieving k-Anonymity Privacy Protection using Generalization and Suppression. *Int. Journal on Uncertainty, Fuzziness and Knowledge-based Systems*, Band 10, Nr. 5, S. 571–588, 2002.

[SWKH76] Stonebraker, M.; Wong, E.; Kreps, P.; Held, G.: The Design and Implementation of INGRES. *ACM Transactions on Database Systems*, Band 1, Nr. 3, S. 189–222, 1976.

[Tha91a] Thalheim, B.: *Dependencies in Relational Databases*. Teubner-Verlag, Leipzig, 1991.

[Tha91b] Thalheim, B.: Konzepte des Datenbank-Entwurfs. In: *[VW91]*, S. 1–48. R. Oldenbourg Verlag, 1991.

[Tha00] Thalheim, B.: *Fundamentals of Entity-Relationship Modeling*. Springer, Berlin, Heidelberg, 2000.

[TK78] Tsichritzis, D. C.; Klug, A.: The ANSI/X3/SPARC DBMS Framework Report of the Study Group on Database Management Systems. *Information Systems*, Band 3, Nr. 3, S. 173–191, 1978.

[Tod76] Todd, S. J. P.: The Peterlee Relational Test Vehicle – A System Overview. *IBM Systems Journal*, Band 15, Nr. 4, S. 285–308, 1976.

[TS05] Türker, C.; Saake, G.: *Objektrelationale Datenbanken*. dpunkt.verlag, Heidelberg, 2005.

[Tü98] Türscher, G.: *PL/SQL. Lernen, Verstehen und Einsetzen*. Springer, Berlin, 1998.

[Tür99] Türker, C.: *Semantic Integrity Constraints in Federated Database Schemata, Dissertationen zu Datenbanken und Informationssystemen*, Band 63. infix-Verlag, Sankt Augustin, 1999.

[Tür03] Türker, C.: *SQL:1999 & SQL:2003. Objektrelationales SQL, SQLJ & SQL/XML*. dpunkt.verlag, Heidelberg, 2003.

[TYF86]   Teorey, T. J.; Yang, D.; Fry, J. P.: A Logical Design Methodology for Relational Databases using the Extended Entity-Relationship Modell. *ACM Computing Surveys*, Band 18, Nr. 2, S. 197–222, 1986.

[Ull88]   Ullman, J. D.: *Principles of Database and Knowledge-Base Systems, Volume I: Classical Database Systems.* Computer Science Press, Rockville, MD, 1988.

[Ull89]   Ullman, J. D.: *Principles of Database and Knowledge-Base Systems, Volume II: The New Technologies.* Computer Science Press, Rockville, MD, 1989.

[UW97]   Ullman, J. D.; Widom, J.: *First Course in Database Systems.* Prentice Hall, Upper Saddle River, 1997.

[Vos87]   Vossen, G.: *Datenmodelle, Datenbanksprachen und Datenbank-Management-Systeme.* Addison-Wesley, Bonn, 1987.

[Vos94]   Vossen, G.: *Datenmodelle, Datenbanksprachen und Datenbank-Management-Systeme.* Addison-Wesley, Bonn, 2. Auflage, 1994.

[Vos99]   Vossen, G.: *Datenbankmodelle, Datenbanksprachen und Datenbankmanagement-Systeme.* Oldenbourg, 3. Auflage, 1999.

[VRT82]   Vinek, G.; Rennert, P. F.; Tjoa, A. M.: *Datenmodellierung — Theorie und Praxis des Datenbankentwurfes.* Physica-Verlag, Würzburg, Wien, 1982.

[VW91]   Vossen, G.; Witt, K.-U. (Hrsg.): *Entwicklungstendenzen bei Datenbank-Systemen.* R. Oldenbourg Verlag, 1991.

[Wal94]   Wallrath, M.: *Entwicklung ingenieurwissenschaftlicher Datenbankanwendungen.* Springer-Verlag, Berlin, 1994.

[WB97]   Wu, M.-C.; Buchmann, A.: Research Issues in Data Warehousing. In: Dittrich, K. R.; Geppert, A. (Hrsg.): *Datenbanksysteme in Büro, Technik und Wissenschaft, BTW'97, GI-Fachtagung, Ulm, März 1997*, Informatik aktuell, S. 61–82. Springer-Verlag, Berlin, 1997.

[Weg91]   Wegner, L. M.: Let the Fingers Do the Walking: Object manipulation in an NF^2 Database Editor. In: Maurer, H. (Hrsg.): *Proc. New Results and New Trends in Computer Science, Lecture Notes in Computer Science*, Band 555, S. 337–358. Springer-Verlag, Berlin, 1991.

[Wei97]   Weik, T.: *Terminierung und Konfluenz in einer aktiven objektorientierten Datenbank.* Dissertation, Technische Universität Ilmenau, 1997.

[WH95] Weik, T.; Heuer, A.: An Algorithm for the Analysis of Termination of Large Trigger Sets in an OODBMS. In: *Proceedings of the Workshop on Active and Real-Time Databases - ARTDB-95*, Workshops in Computing. Springer-Verlag, 1995.

[Wid95] Widom, J.: Research Problems in Data Warehousing. In: Pissinou, N.; Silberschatz, A.; Park, E. K.; Makki, K. (Hrsg.): *Proc. Int. Conf on Information and Knowledge Management (CIKM) 1995, Baltimore, Maryland*, S. 25–30, 1995.

[WK99] Warmer, J.; Kleppe, A.: *The Object Constraint Language – Precise Modeling with UML*. Addison-Wesley, Reading, MA, 1999.

[Wor04] World Wide Web Consortium (W3C): *XML Schema Part 1: Structures Second Edition*, Oktober 2004. http://www.w3.org/TR/xmlschema-1/.

[Wor06] World Wide Web Consortium (W3C): *Extensible Markup Language (XML) 1.1 (Second Edition)*, September 2006. http://www.w3.org/TR/2006/REC-xml11-20060816.

[Wor07a] World Wide Web Consortium (W3C): *XML Path Language (XPath) 2.0*, Januar 2007. http://www.w3.org/TR/xpath20/.

[Wor07b] World Wide Web Consortium (W3C): *XML Query Use Cases*, Januar 2007. http://www.w3.org/TR/xquery-use-cases/.

[Wor07c] World Wide Web Consortium (W3C): *XQuery 1.0: An XML Query Language*, Januar 2007. http://www.w3.org/TR/xquery/.

[Wor07d] World Wide Web Consortium (W3C): *XQuery 1.0 and XPath 2.0 Functions and Operators*, Januar 2007. http://www.w3.org/TR/xpath-functions/.

[WR92] Wächter, H.; Reuter, A.: The ConTract Model. In: Elmagarmid, A. K. (Hrsg.): *Database Transaction Models for Advanced Applications*, S. 219–263. Morgan Kaufmann Publishers, San Mateo, CA, 1992.

[Zlo75] Zloof, M. M.: Query by Example. In: *Proc. AFIPS Natl. Comp. Conf.* 44, S. 431–438, 1975.

[Zlo77] Zloof, M. M.: Query-by-Example: A Database Language. *IBM Systems Journal*, Band 16, Nr. 4, S. 324–343, 1977.

[ZM81] Zaniolo, C.; Melkanoff, M. A.: On the Design of Relational Database Schemata. *ACM Transactions on Database Systems*, Band 6, Nr. 1, S. 1–47, 1981.

Abbildungsverzeichnis

1.1	Aufteilung in Softwareschichten	2
1.2	Historische Entwicklung 1: Zugriff auf Dateien ohne spezielle Verwaltung	5
1.3	Historische Entwicklung 2: Dateiverwaltungssoftware	6
1.4	Historische Entwicklung 3: Datenbankmanagementsysteme	6
1.5	Grobarchitektur eines Datenbankmanagementsystems mit Ebenenaufteilung	10
1.6	Relationen der Beispieldatenbank	12
1.7	Begriffsbildung und Darstellung von Tabellen im Relationenmodell	12
2.1	Drei-Ebenen-Schemaarchitektur für Datenbanken	31
2.2	Konzeptuelle Beispieldatenbank in Relationendarstellung	33
2.3	Externe Sicht auf zwei Relationen, dargestellt als eine Relation	34
2.4	Externe Sicht als hierarchisch aufgebaute Relation	34
2.5	Interne Realisierung durch Baumzugriffsstruktur und Clusterung	35
2.6	Vereinfachte Architektur eines DBMS	36
2.7	Klassifikation von Komponenten eines DBMS	37
2.8	Funktionsorientierte Sicht auf die Fünf-Schichten-Architektur	38
2.9	Architektur von IBM DB2	41
2.10	Client-Server-Modell	44
2.11	Anwendungsarchitekturen im Vergleich	46
3.1	Historische Einordnung und Bezüge zwischen einigen der vorgestellten Datenbankmodelle	54
3.2	Beispiel für eine Datenbankzustandsfolge	57
3.3	Graphische Darstellung eines Entity-Typs	61
3.4	Graphische Darstellung von Beziehungstypen	62
3.5	Beziehungstyp mit Rollennamen	63

3.6	Attributnotation für Entity-Typen	64
3.7	Attributnotation für Beziehungstypen	65
3.8	Beispiel für ein ER-Schema	67
3.9	Ternäre vs. binäre Beziehungen im ER-Modell	69
3.10	Beispiel für Beziehungsinstanzen zu Abbildung 3.9	70
3.11	Rekonstruktion der Beziehungsinstanzen	70
3.12	Dreistellige Beziehung durch künstlichen Entity-Typ	71
3.13	1:1-Beziehung	72
3.14	1:n-Beziehung	72
3.15	m:n-Beziehung	73
3.16	Funktionale Beziehung im ER-Modell	74
3.17	Graphische Notation einer 1:1-Beziehung im ER-Modell	74
3.18	Kardinalitätsangabe mit [min_i,max_i]-Notation	74
3.19	[min_i,max_i]-Notation für verschiedene Beziehungsarten	76
3.20	Alternative Notationen für Kardinalitäten	77
3.21	Abhängige Entitys im ER-Modell: Funktionale Beziehung als Schlüssel	79
3.22	Mögliche Ausprägung für abhängige Entitys	79
3.23	Abhängige Entitys im ER-Modell: Alternative graphische Notation	80
3.24	IST-Beziehung im ER-Modell	80
3.25	Alternative Notation für IST-Beziehung im ER-Modell	81
3.26	Optionale Attribute im ER-Modell	82
4.1	Veranschaulichung eines Relationenschemas und einer Relation	86
4.2	Zwei Relationen der Weindatenbank	87
4.3	Zwei verschiedene, aber äquivalente Relationen, falls diese als Teilmenge des kartesischen Produktes definiert werden	89
4.4	Operationen der Relationenalgebra	96
5.1	Phasenmodell des DB-Entwurfs	124
5.2	Schritte des konzeptionellen Entwurfs	125
5.3	Formen der Fragmentierung von Relationen	128
5.4	Schichtenaufteilung eines konzeptionellen Schemas	134
5.5	Beispiel einer Ablaufspezifikation im ConTract-Modell	140
5.6	Heterogenität von Datenbankmodellen	141
5.7	Heterogenität von Datenbankschemata	142
5.8	Heterogenität von Datenbankinstanzen	143
5.9	Klassifikation von Konflikten	144
5.10	Kapazitätserhöhung: ER-Diagramm mit 1:1-Beziehung	145
5.11	Kapazitätsverminderung: ER-Diagramm für m:n-Beziehung	146
5.12	Beispiel für ein ER-Schema	147
5.13	ER-Abbildung: Eine m:n-Beziehung	150

5.14	ER-Abbildung: Eine 1:n-Beziehung	151
5.15	ER-Abbildung: Eine 1:1-Beziehung	151
5.16	ER-Abbildung: Eine IST-Beziehung	153
5.17	ER-Abbildung: Eine rekursive Beziehung	154
5.18	ER-Abbildung: Eine rekursive funktionale Beziehung	154
5.19	ER-Abbildung: Weak Entitys	155
5.20	ER-Abbildung: Eine mehrstellige Beziehung	156
6.1	WEINE-Relation mit Redundanzen	162
6.2	Ableitungsregeln für FDs	165
6.3	RAP-Ableitungsregeln für FDs	166
6.4	Algorithmus für Membership-Test	168
6.5	Algorithmus **NONREDUNDANTCOVER** zur Bestimmung der nicht-redundanten Überdeckung zu einer FD-Menge F	170
6.6	Algorithmus **REDUCEDCOVER** zur Bestimmung der reduzierten Überdeckung zu einer FD-Menge F	172
6.7	Partielle Abhängigkeit und ihre Elimination	177
6.8	Transitive Abhängigkeit und ihre Elimination	180
6.9	Nicht verbundtreue Zerlegung der WEINE-Relation	186
6.10	Nicht-verbundtreue Dekomposition	187
6.11	Verbundtreue Dekomposition	187
6.12	Algorithmus zur 3NF-Dekomposition	190
6.13	Dekomposition und Synthese im Vergleich	192
6.14	Algorithmus zur 3NF-Synthese	193
6.15	Darstellung einer Äquivalenzklasse als Ring	194
6.16	Varianten zur Modellierung der Erzeugerinformationen	196
6.17	Ableitungsregeln für MVDs	199
7.1	SQL-DDL in der Drei-Ebenen-Schemaarchitektur	210
7.2	Varianten der **union**-Operation in SQL	232
8.1	Strukturierte Attributwerte im ER-Modell	251
8.2	Abgeleitete Attributwerte im ER-Modell	251
8.3	Schlüsselnotation im EER-Modell	255
8.4	Mengen- und tupelwertige Attribute im EER-Modell	257
8.5	Spezialisierung (IST-Beziehung notiert mit dem Typkonstruktor des EER-Modells	257
8.6	Notation des Typkonstruktors für die Generalisierung	258
8.7	Beispiel für Generalisierung im EER-Modell	259
8.8	Beziehung an einer Generalisierung	260
8.9	Auswirkungen der fehlenden Generalisierung im klassischen ER-Modell	261
8.10	Notation des Typkonstruktors für die Partitionierung	262
8.11	Beispiel für Partitionierung im EER-Modell	262

8.12	Mehrfache Spezialisierung im EER-Modell	263
8.13	Partitionierung und Generalisierung im Vergleich	264
8.14	Allgemeiner Typkonstruktor	265
8.15	Mehrfachspezialisierung zu ErzeugenderKritiker	266
8.16	Objektwertige Attribute im EER-Modell	267
8.17	Einsatz objektwertiger Attribute zur Modellierung abhängiger Entity-Typen im EER-Modell	268
8.18	Alternativer Einsatz objektwertiger Attribute zur Modellierung abhängiger Entity-Typen im EER-Modell	269
8.19	Modellierung abhängiger Entity-Typen im EER-Modell (alternative Notation)	269
8.20	Gegenüberstellung der Notation für Spezialisierung, Partitionierung und Generalisierung im ECR- und EER-Modell	270
8.21	Darstellung einer Klasse in UML	273
8.22	Klasse Wein in UML	274
8.23	Binäre Beziehung in UML	275
8.24	Beziehung mit Attributen in UML	276
8.25	Aggregation in UML	276
8.26	Aggregation in UML in Baumdarstellung	277
8.27	Komposition in UML	277
8.28	Spezialisierung in UML	278
9.1	Beispiel für eine NF^2-Relation	285
9.2	Beispiel für geschachtelte Relation in PNF und Gegenbeispiel	287
9.3	Flache Darstellung der geschachtelten PNF-Relation aus Abbildung 9.2	287
9.4	Kombinierbarkeit der Konstruktoren	288
9.5	Zweite geschachtelte Relation mit demselbem Schema wie die Relation in Abbildung 9.1	291
9.6	Ergebnis der Vereinigung der Relationen in Abbildung 9.1 und 9.5 als PNF-Relationen	292
9.7	Sichere und syntaktisch sichere Anfragen	295
9.8	Vergleich des Formelaufbaus zwischen Bereichskalkül und EER-Kalkül	300
10.1	Wahrheitstabellen für die dreiwertige Logik in SQL	315
10.2	Wirkung der **group by**- und **having**-Klauseln	321
10.3	Die verschiedenen Arten des äußeren Verbundes	324
10.4	Buslininennetz mit Beispielrelation	329
10.5	Schrittweiser Aufbau der Rekursionstabelle	331
11.1	Projektion und Selektion in Access	360
11.2	Komplexe Selektionsbedingungen in MS Access	360
11.3	Ungewissheitsselektion in MS Access	361

11.4	Selektionen mit Disjunktionen in MS Access	362
11.5	Verbund in Access	362
11.6	Mengenwertige Selektionen in MS Access	363
11.7	Gruppierung und Aggregatfunktionen in Access	364
12.1	Nonrepeatable Read	382
12.2	Dirty Read	382
12.3	Phantom-Problem	383
12.4	Lost Update	384
12.5	Isolationsstufe **read committed**	386
12.6	Verletzung der Isolation unter **read committed**	387
12.7	Höchste Isolationsstufe **serializable**	388
12.8	Architekturen zur Integritätssicherung	389
13.1	Prinzip des Zugriffs auf Relationen mit Cursor	414
13.2	ODBC-Architektur	420
13.3	Vorübersetzerprinzip bei Embedded SQL	428
13.4	Prinzip der objekt-relationalen Abbildung	439
13.5	Abbildung von Klassen	440
13.6	Abbildung mengenwertiger Attribute	441
13.7	Abbildung von Beziehungen	443
14.1	Drei-Ebenen-Schemaarchitektur für Datenbankbeschreibungen	471
14.2	Zwei Relationen der Weindatenbank	476
14.3	Kommutatives Diagramm der Sicht-Update-Transformation	488
16.1	Beispielschema im Netzwerkmodell	514
16.2	Netzwerk von Datensätzen als Beispielausprägung im Netzwerkmodell	515
16.3	Abbildung einer k-stelligen Beziehung des ER-Modells im Netzwerkmodell	516
16.4	Umsetzung des Beispielschemas in das hierarchische Datenmodell	517
16.5	Skizzierung der Speicherstrukturen im hierarchischen Datenmodell	518
16.6	Die dreistellige Empfiehlt-Beziehung als Netzwerkschema	519
16.7	Vorläufiges Schema für die Transformation in das hierarchische Modell	520
16.8	Hierarchisches Schema durch Einführung virtueller Record-Typen	521
16.9	Für m:n-Beziehungen optimiertes hierarchisches Schema	521
16.10	User Working Area (UWA) im Netzwerkmodell	522
16.11	Baumstruktur im hierarchischen Datenmodell	526

16.12	Entsprechende Abarbeitungsreihenfolge mit dem `get next`-Kommando	526
17.1	Abbildung eines mengenwertigen Attributs	537
17.2	Abbildung von Spezialisierungen: Horizontale Partitionierung	538
17.3	Abbildung von Spezialisierungen: Vertikale Partitionierung	539
17.4	Abbildung von Spezialisierungen: Typisierte Partitionierung	540
17.5	Extensionale und intensionale Hierarchien bei Tabellen	547
17.6	Typsystem von SQL:2003 im Überblick	549
17.7	Tabellen und Typhierarchie in SQL:2003	555
17.8	Tiefe und flache Extensionen in SQL:2003	556
18.1	Beispiel eines Dokumentgraphs	570
18.2	Verschiedene Strukturierungsmöglichkeiten im Dokumentgraph	571
18.3	Repräsentation relationaler Daten als Graph	571
18.4	Relationale Repräsentation einer XML-Dokumentstruktur	577
18.5	Vordefinierte Typen in XML Schema	583
18.6	Rolle von XPath	589
18.7	Achsen in XPath-Lokalisierungsschritten	591
18.8	XML-Verarbeitung mit SQL/XML	610
19.1	Grobarchitektur für Data Warehouse und OLAP	622
19.2	Referenzarchitektur für Data Warehouse	623
19.3	Datenwürfel	625
19.4	Einfache Hierarchien	626
19.5	Multiple Hierarchie der Zeit-Dimension	627
19.6	Die Operationen `drill down` und `roll up`	631
19.7	Beispiel für `cross-tab`	632
19.8	Relationale Darstellung des `cross-tab`	632
19.9	Die Operation `slice`	633
19.10	Aufteilung der Dimensionen in einer MDX-Anfrage	635
19.11	Ergebnistabelle der MDX-Anfrage	637
19.12	Beispiel für ein Star-Schema	639
19.13	Beispiel für ein Snowflake-Schema	639
19.14	Auswertung mit Zwischen- und Gesamtsummen	642
19.15	Syntax der OLAP-Funktionen	649
19.16	Beispiele für Fensterdeklarationen in OLAP-Funktionen	652
19.17	Anfrageumschreiben mit materialisierten Sichten	658
19.18	Aggregationsgitter	660
19.19	Strategie und Zeitpunkt für Aktualisierung	661
20.1	Veranschaulichung der Maße Precision und Recall im Information Retrieval	680
20.2	Euklid-, Manhattan- und Maximum-Distanz im Vergleich	683

20.3   Vektor- vs. Rasterrepräsentation von raumbezogenen Daten . . 704
20.4   Typhierarchie von SQL/MM Spatial 706
20.5   Geometrische Objekte in SQL/MM Spatial 709
20.6   Geometrische Operationen 712
20.7   Topologische Begriffe 713
20.8   Beispiele für topologische Prädikate 714
20.9   Minimal umschließende Rechtecke für Geoobjekte 715
20.10 Mehrstufige Verarbeitung von räumlichen Anfragen 716
20.11 Einfluss von Toleranzen bei der Vereinigung [Ora06] 721

Tabellenverzeichnis

1.1	Begriffsbildungen für Datenbanksysteme	9
2.1	Wichtige Begriffe zu Datenbankarchitekturen	48
3.1	Gegenüberstellung von Datenbankkonzepten zu Konzepten imperativer Programmiersprachen	53
3.2	Modelle für Daten und Algorithmen in verschiedenen Abstraktionsstufen	53
3.3	Wichtige Begriffe des ER-Modells	83
4.1	Wichtige Begriffe des Relationenmodells	115
5.1	Abbildung eines ER-Schemas auf ein relationales Schema	149
5.2	Wichtige Begriffe des Datenbankentwurf	157
6.1	Relationale Schemaeigenschaften im Überblick	183
6.2	Relationale Transformationseigenschaften im Überblick	188
6.3	Wichtige Begriffe zum relationalen Datenbankentwurf	206
7.1	Vordefinierte Datentypen in SQL	211
7.2	Vergleich der Relationenalgebra mit SQL	238
7.3	Wichtige Begriffe zum relationalen Teil von SQL	244
8.1	Wichtige Begriffe bei erweiterten Entwurfsmodellen	279
9.1	Wichtige Begriffe zu erweiterten Modellen und Anfragen	302
10.1	Operatoren und Operanden für Datum- und Zeitwerte	308
10.2	Überblick über den Umfang der SQL-92-Levels	341
10.3	Wichtige Begriffe zur SQL	342

11.1	Gegenüberstellung von Operatoren der Relationenalgebra und QBE	357
11.2	Wichtige Begriffe bei weiteren Sprachen	375
12.1	Mögliche Klassifikationen von Integritätsbedingungen	398
12.2	Wichtige Begriffe bei Transaktionen, Integrität und Triggern	409
13.1	Wichtige Begriffe zur Anwendungsentwicklung	466
14.1	Wichtige Begriffe zu Sichten	493
15.1	Wichtige Begriffe zur Zugriffskontrolle	509
16.1	Begriffe des Netzwerkmodells	514
16.2	Abbildung eines ER-Schemas auf ein Netzwerkschema	519
16.3	Wichtige Begriffe bei historischen Datenmodellen	527
17.1	OR-Mapping von Hierarchien: Vergleich der Partitionierungsarten	540
17.2	Eigenschaften der Typkonstruktoren	545
17.3	Wichtige Begriffe bei objektrelationalen Systemen	565
18.1	Vergleich der Modellierung mit Element oder Attribut	580
18.2	Abbildung von XML-Konstrukten auf objektrelationale Schemaelemente	588
18.3	Wichtige Begriffe zu semistrukturierten Daten und XML	617
19.1	Abgrenzung Data Warehouse zu OLTP	621
19.2	Summierbarkeit von Kennzahlen	630
19.3	Wichtige Begriffe bei Data-Warehouse-Systemen	670
20.1	Speicherbedarf für Videosequenzen	675
20.2	Ranking-Verfahren für einen Deskriptor und ein Dokument	696
20.3	Ranking-Verfahren: Recherche mit Wichtungen, Vektorraummodell	697
20.4	Ranking-Verfahren: Recherche ohne Wichtungen, Vektorraummodell	697
20.5	Wichtige Begriffe bei Multimedia-Retrieval	723

Sachindex

1NF, *siehe* Normalform, erste
2NF, *siehe* Normalform, zweite
3NF, *siehe* Normalform, dritte
4NF, *siehe* Normalform, vierte
5NF, *siehe* Normalform, fünfte
9-Intersection-Modell, 712

Abbildung
    objekt-relationale, 438, 466
Abfragesprache, *siehe* Anfragesprache
Abhängigkeit
    funktionale, 161, 206
        Äquivalenz, 164
        Implikation, 164
        linksreduzierte, 171, 179
        rechtsreduzierte, 171
    mehrwertige, 197, 206
        eingebettete, 199
        nicht-triviale, 201
    partielle, 177, 180, 206
    transitive, 179–181, 189, 206
    volle, 179
Abhängigkeitstreue, 183, 185, 206
Ablaufintegrität, 377
Ableitbarkeit, 656, 659
Ableitungsregel, 164, 199, 206
Abort, 380
Abstraktionskonzept, 134
Achse
    MDX, 634

XPath, 590
Achsenspezifikation, 635
ACID, 385, 409
    Eigenschaften, 378
Additivität, 165, 199
ADO.NET, 450
Ähnlichkeitsselektion, 227
Änderungsanomalie, 174, 182, 206
Änderungskomponente, 15
Änderungsoperation, 113, 115, 238, 357
    QUEL, 349
Äquivalenzklasse, 193
Aggregatfunktion, 219, 224, 300, 316, 342, 347, 372, 602, 613, 653, 657
Aggregation, 279, 372, 641
    geometrischer Werte, 721
    UML, 276
Aggregationsgitter, 659
Aggregierung, 134, 253
Aggregierungssicht, 481, 493
Akkumulation, 166
Aktionsschicht, 133, 138
Aktionsspezifikation, 139
Aktualisierung
    inkrementelle, 662
    synchrone, 661
    vollständige, 662
Algebra

NF^2-, 556
    minimal geschachtelte, 289
    NF^2-, *siehe* NF^2-Algebra, 302
    orthogonal geschachtelte, 290
    relationale, *siehe* Relationenalgebra
Allokation, 128
Allquantor, 105, 111, 236, 312, 607
Anforderungsanalyse, 123
Anfrage
    äquivalente, 654
    benannte, 328
    geschachtelte, 232, 244
    hierarchische, 335
    Kalkül, 107
    raumbezogene, 711, 723
    rekursive, 328, 330, 342
    sichere, 109, 294, 302, 333
    syntaktisch sichere, 295
    verzahnt geschachtelte, 235
Anfragealgebra, 95
Anfrageersetzung, 655
Anfragekalkül, 107, 115
Anfragemodifikation, 407, 409
Anfragesprache, 4, 9, 15, 19, 218, 534, 595
    Kriterien, 94
    regelbasierte, 363
Anfrageumformulierung, 655
Anfrageverarbeitung
    mehrstufige, 715
Anonymität
    k-, 507
ANSI, 209, 338
ANSI-SPARC-Architektur, 35, 48
ANSI/X3/SPARC, 31
Anwendungsarchitektur, 29
Anwendungsprozess, 139
Anwendungsunabhängigkeit, 31
Applikationsserver, 46
Arbeitsbereich, 624
Armstrong-Axiome, 165
Array-Typkonstruktor, 544

Assertion, 394
Assoziation, 253, 274
    qualifizierende, 275
Assoziationsmatrix, 689
Atom, 110
Atomarität, 378
Attribut, 11, 59, 60, 63, 83, 86, 88, 115, 440, 574, 578, 582
    abgeleitetes, 250
    dimensionales, 628
    kompatibles, 230
    mengenwertiges, 250, 256
    objektwertiges, 266
    optionales, 81, 83
    strukturiertes, 250, 256, 279
    unwesentliches, 171
Attributierung, 693
Attributselektion, 226
Attributwert, 88, 115
Auditing, 496, 502, 509
Augmentation, 165, 199
Ausdruck
    arithmetischer, 605
    bedingter, 309, 607
    skalarer, 305
Ausdrucksfähigkeit
    Bereichskalkül, 297
    QBE, 356
    Tupelkalkül, 111
Ausnahme, 422, 459
Auswahl
    räumliche, 711, 716
Auszeichnungssprache, 572, 578
Authentifikation, 504
Auto-Commit-Modus, 380, 424
Autorisierungsidentifikator, 498

B-Axiome, 166
Bag-Typkonstruktor, 543
Basisrelation, 86, 90, 92
BCNF, *siehe* Boyce-Codd-Normalform
Bedingung, 598
    quantifizierte, 229

temporale, 138
transitionale, 137
Bedingungskonflikt, 126
Beispielelement, 349
Benutzerkomponente, 37
Benutzersicht, 16
Bereich
    endlicher, 295
Bereichsanfrage, 681
Bereichskalkül, 109, 292, 302
Bereichsselektion, 227
Bereichsvariable, 292
Beschreibungskonflikt, 143
Bewertung, 686
Beziehung, 441
    IST-, 152
    1:1-, 72, 74, 145, 149, 442
    1:n-, 72, 147, 149, 442
    attributierte, 442
    bidirektionale, 533
    binäre, 68
    dreistellige, 68
    funktionale, 71, 73, 78, 83
    Kardinalität, 71
    Krähenfußnotation, 78
    m:n-, 73, 146, 149, 442
    mehrstellige, 155, 442
    min-max-Notation, 74
    optionale, 75, 149
    rekursive, 153
    Stelligkeit, 68
    ternäre, 68
    totale funktionale, 76
    zweistellige, 68
    zwingende, 75
Beziehungsattribut, 64
Beziehungstyp, 61, 83, 149
    höherer Ordnung, 254
Bezugssystem
    räumliches, 705
Bill-of-Material-Anfrage, 329
Binärobjekt, 674
Binder, 429

BLOB, 675
Bounding Box, *siehe* Rechteck, minimal umschließendes
Boyce-Codd-Normalform, 181, 206

C#, 438, 450
Call-Level-Schnittstelle, 416
CLI, 466
Client-Server-Architektur, 43, 452, 623
Cluster, 689
COBOL, 521
CODASYL, 513, 521
Commit, 379
Condition Box, 351
Condition Handler, 459
ConTract-Modell, 139
CORBA, 46
CRM, *siehe* Customer Relationship Management
Cross Tabulation, 632
Cube, *siehe* Datenwürfel
Currency Pointer, 522
Current of record type, 522
Current of run-unit, 522
Current of set type, 522
Current Parent, 525
Current Record, 525
Cursor, 414, 419, 423, 429, 432, 437, 455, 466
    Sensitivität, 416
Customer Relationship Management, 20

Dangling Tuple, 100, 323
DASDBS, 286
Data Base Programming Language, *siehe* Datenbankprogrammiersprache
Data Cleaning, 623
Data Cube, *siehe* Datenwürfel
Data Definition Language, *siehe* Datendefinitionssprache
Data Dictionary, *siehe* Katalog

Data Manipulation Language, *siehe* Datenmanipulationssprache
Data Mart, 623
Data Swapping, 507
Data Warehouse, 20, 619, 670
Datalog, 363, 375
Dateischnittstelle, 39
Dateiverwaltungssysteme, 5
Daten
    raumbezogene, 22
    raumbezogeneseeGeodaten, 704
Datenunabhängigkeit, 217
Datenanalyse, 124
Datenaustauschformat, 575
Datenbank, 4, 8, 86, 90, 92, 115
    aktive, 401
    statistische, 505
Datenbankadministrator, 19, 499
Datenbankentwurf, 119
    logischer, 159
    Phasenmodell, 122
Datenbankmanagementsystem, 3, 8
    Aufgaben, 7
Datenbankmodell, *siehe* Datenmodell
Datenbankprädikat, 108
Datenbankprogrammiersprache, 19
Datenbankschema, 52, 86, 90, 115
    global erweitertes, 94
    lokal erweitertes, 92
Datenbanksystem, 5, 8
    objektorientiertes, 21, 529
    objektrelationales, 21
    relationales, 21, 209
    XML-, 22, 572, 576
Datenbanktreiber, 420
Datenbankwert, 86, 90
Datenbankzustand, 56, 65, 86, 294
Datendefinition, 129, 157
Datendefinitionssprache, 9, 19, 129, 209, 244
Datenintegration, 4, 140, 157
Datenmanipulationssprache, 9, 19, 129, 244

Datenmodell, 51, 52
    CODASYL, 513
    hierarchisches, 517, 527
    Datenmanipulation, 525
    multidimensionales, 625
    objektorientiertes, 55
    objektrelationales, 56, 536, 540
    Semantik, 56
    semantisches, 55, 134, 250
    semistrukturiertes, 567
Datenquelle, 420
Datenredundanz, 2
Datenschicht, 132, 134
Datenschutz, 495, 496
Datensicherheit, 4, 495, 496
Datensicherung, 8
Datenstrom, 22
Datenstrommanagementsystem, 22
Datensystem, 38
Datentyp
    abstrakter, 95
    benutzerdefinierter, 255
    Datum, 211
    Intervall, 211
    kontinuierlicher, 675
    Nicht-Standard-, 255
    nutzerdefinierter, 551, 559
    SQL-, 210
    Zeichenkette, 211
    Zeit, 211
Datenunabhängigkeit, 3, 4, 30, 48
    logische, 31, 471, 493
    physische, 31
Datenwürfel, 625, 634, 670
Datum, 307
Dauerhaftigkeit, 378
DB2, 5, 40, 335, 349, 416, 458, 460, 548, 562, 668, 695, 722
DBA, *siehe* Datenbankadministrator
DBMS, *siehe* Datenbankmanagementsystem
DBPL, *siehe* Datenbankprogrammiersprache

DBS, *siehe* Datenbanksystem
DDL, *siehe* Datendefinitionssprache
Deadlock, 385
Defaultwert, 212, 216, 579, 583
definit, 302
Definitionskomponente, 36
Dekomposition, 185, 188
    verbundtreue, 186
Dekompositionsverfahren, 189, 207
Dereferenzierung, 560
Deskribierung, 685, 687, 723
Deskriptor, 685, 687, 723
Dezimalklassifikation, 687
Differenz, 96, 103, 230, 234, 238, 298
Dimension, 626, 627, 634
    Hierarchie, 626, 638
    multiple Hierarchie, 626
    Schema, 627
Dimensionally Extended 9-Intersection Model, 713
Dimensionshierarchie, 670
Dimensionstabelle, 643
Dirty Read, 380, 381
Discretionary Access Control, *siehe* Sicherheitsmodell, diskretes
Distanz
    euklidische, 683
    Manhattan-, 683
    Maximum-, 683
Distanzfunktion, 682
Division, 105, 236
DL/I, 525
DML, *siehe* Datenmanipulationssprache
Document Type Definition, 569, 578
Dokument
    gültig, 576
    semistrukturiertes, 567
    wohlgeformt, 576
Dokumentgraph, 570
Dokumentordnung, 606
Dokumentstruktur, 576
DOM-Baum, 589, 593, 596

Domäne, 86, 88, 212
Domänenkalkül, *siehe* Bereichskalkül
Domain Calculus, *siehe* Bereichskalkül
Drei-Ebenen-Architektur, 217
Drei-Ebenen-Schemaarchitektur, 31, 35, 48, 210
Drei-Schichten-Architektur, 45
Drill-down, 631, 643
DTD, *siehe* Document Type Definition
Duplikat, 224, 311, 317
Duplikateliminierung, 231, 372, 603, 608
    SQL, 224
Durchschnitt, 103, 230, 238
    gleitender, 652
Dynamic SQL, 435, 466
Ebene
    externe, 10
    interne, 10, 17
    konzeptuelle, 10
ECA-Regel, 401
ECR-Modell, 270
EER-Kalkül, 299, 302, 303
EER-Modell, 254, 279
Effektkonformität, 475, 493
Eigenschaftskonflikt, 143
Ein-Tupel-Operation, 239
Einbettung, 427
    dynamische, 435
    statische, 427
Eindeutigkeitsbedingung, 586
EJB, *siehe* Enterprise Java Beans
Element, 572, 582
Elementdeklaration, 578, 583
Elementkonstruktor, 599
Embedded SQL, 322, 427, 436, 466
EMVD, *siehe* Abhängigkeit, mehrwertige, eingebettete
eNF^2-Modell, 55, 287
Enterprise Java Beans, 47
Enterprise Resource Planning, 20

Entität, 59
Entity, 59, 60, 83
    abhängiges, 83, 255
    aktuelles, 61
    mögliches, 61
    schwacher, 154
    XML-Deklaration, 580
Entity-Category-Relationship Model, 270
Entity-Relationship-Modell, 55, 59, 144, 196
    Abbildung, 148
    erweitertes, 250, 254
Entity-Typ, 60, 83, 148
    abhängiger, 78
Entnestung, 289, 290
Entschachtelung, 373, 556
Entwicklungsschicht, 133, 137
Entwurf
    konzeptioneller, 125, 132, 157
    logischer, 128, 157
    objektorientierter, 131, 271
    physischer, 130
Entwurfsdokument, 120
Entwurfsmodell
    objektorientiertes, 55
Entwurfsprozess, 157
Entwurfsverfahren, 188
ER-Abbildung
    hierarchisches Datenbankmodell, 519
    Netzwerkmodell, 518
    Relationenmodell, 148
ER-Diagramm, 59
ER-Modell, *siehe* Entity-Relationship-Modell
ER-Schema, 59
    Semantik, 67
ERD, *siehe* ER-Diagramm
Ereignis, 131
    zusammengesetztes, 402
Ereignisalgebra, 404
Ergebnisfunktion, 108, 110

ERM, *siehe* Entity-Relationship-Modell
ERP, *siehe* Enterprise Resource Planing
ETL-Prozess, 624
Exception, 422, 459
Existenzquantor, 105, 111, 312, 607
eXtensible Markup Language, *siehe* XML
Extension, 532, 555, 560

Facettenklassifikation, 687
Fakt, 364, 628
Faktentabelle, 638, 641
Fallout, 679
FASMI, 624
Fast Analysis of Shared Multidimensional Information, 624
FD, *siehe* Abhängigkeit, funktionale
FD-Menge, 162
    miminale, 173
Feature, 675, 681, 723
Feature-Vektor, 675, 681
Fenster, 647
    dynamische, 651
Fixpunktsemantik, 333, 367
Flexionsform, 689
FLWOR-Ausdruck, 596
Foreign Key, *siehe* Fremdschlüssel
Formel, 108, 110
    atomare, 293
Fragmentierung, 127
Fremdschlüssel, 13, 33, 93, 115, 203, 214, 393
    eingebetteter, 441
Fremdschlüsselbedingung, 93, 115, 214, 243, 374, 586
Fremdschlüsselbeziehung, 129, 441, 537
Fremdschlüsseltabelle, 441
Fünf-Schichten-Architektur, 37, 48
    Schnittstellen, 38
Fulcrum, 698

Functional Dependency, *siehe* Abhängigkeit, funktionale
Funktionalität, 68
Funktionen
    SQL, 306
    XQuery, 608
Funktionsentwurf, 124

Generalisierung, 79, 134, 252, 279, 507
    EER-Modell, 258
    totale, 258
Geodaten, 22, 704, 723
Geoinformationssystem, 22
Geometrieklassenmodell, 706, 723
Geräteunabhängigkeit, 5
Geschäftslogik, 46
Geschäftsobjekt, 46
Gleichverbund, 219, 221, 226
Glossar, 688
GOLEM2, 685, 698
Google, 698
Granularität, 628
Gruppeneigenschaft, 319
Gruppierung, 281, 319, 342, 372, 603, 641
Gruppierungsattribut, 319
Gruppierungskombination, 643, 656
Gruppierungsoperator, 282, 302

Handle, 417
Harvest, 698
HERM, 254
Heterogenität, 141, 157
Hibernate, 439, 442
Hierarchie, 517
    extensionale, 546
    intensionale, 546
HOLAP, 630
Homonym, 126
Horn-Klausel, 364
Hostvariable, 431, 437, 466
HQL, 445
HTML, 567, 569
Hülle, 167

einer FD-Menge, 164
transitive, 329, 366
Hypertext Markup Language, 569

Impedance Mismatch, 414, 438, 530
Implementierungsunabhängigkeit, 31
IMS, 517, 525
Inclusion Dependency, *siehe* Inklusionsabhängigkeit
IND, *siehe* Inklusionsabhängigkeit
Index, 38, 217
    linguistischer, 689
Indikatorvariable, 432
Indizierung, 688
Information Retrieval, 685
Informationserhalt, 120
Informationsintegration, 22
Informationskapazität, 145, 157, 160
Informix, 460
Ingres, 5, 40, 42, 346, 407
Inhaltserschließung, 689
Inklusionsabhängigkeit, 203
Instanz, 86
Instead-of-Trigger, 490, 493
Integration, 7
Integrität, 377, 496
    operationale, 377
    referentielle, 393, 533
    semantische, 377
Integritätsbedingung, 11, 52, 90, 374, 388, 409, 586
    dynamische, 137
    globale, 94
    Hinzufügen, 216
    Löschen, 216
    lokale, 91, 92, 163
    Spaltenbedingung, 214
    SQL, 214
    statische, 137
    Tabellenbedingung, 214
    Überprüfungsmodi, 394
Integritätskonflikt, 144
Integritätsmonitor, 390

Integritätsschicht, 133
Integritätssicherung, 8, 390
Integrity Enhancement Feature, 338
Interactive Query Language, *siehe* Anfragesprache
Intervall, 307
IQL, *siehe* Anfragesprache
IR, *siehe* Information Retrieval
IR-System, 698
ISBL, 303
ISO, 209, 338
Isolation, 378
Isolationsstufe, 385
IST-Beziehung, 79, 83
Iterator, 414, 542
    benannter, 437
    Positions-, 437

Java, 421, 436, 438, 462
Java Persistence API, 450
Java Stored Procedures, 436
JD, *siehe* Verbundabhängigkeit
JDBC, 415, 416, 421, 464
JDO, 450
Join, *siehe* Verbund, *siehe* Verbund
Join Dependency, *siehe* Verbundabhängigkeit

Kalkül, 107
Kapazitätserhaltung, 145
Kapazitätserhöhung, 145
Kapazitätsverminderung, 146
Kardinalität, 68, 71, 83
Katalog, 7, 37, 210
Kategorie
    ECR-Modell, 271
Kategorienattribut, 627
Kennzahl, 628, 634
    abgeleitete, 628
Kett-Record, 527
Kett-Record-Typ, 516
key, 90
Klasse, 440, 531
    abstrakte, 274

    persistenzfähige, 534
    UML, 274
Klassenattribut, 274
Klassenbeziehung, 533
Klassendiagramm, 272, 279
Klassifikationsattribut, 628
Klassifizierung, 134, 687, 689
Knotenidentität, 606
Knotentest, 590
Knotenvergleich, 606
Kollektionsdatentyp, 540, 542, 550
Kollektionstyp, 548
Kommentar
    SQL, 219
    XML, 574
    XPath, 592
    XQuery, 605
Kompensationsanfrage, 656, 658
Komplement, 199
Komposition, 277
Konflikt
    semantischer, 143
Konfluenz, 402
Konsistenz, 378
Konsistenzerhaltung, 120, 493
    Sichtänderungen, 475
Konstantenselektion, 226
Konstruktor, 552
Kontextknoten, 589, 590
Kopplungsmodus, 397, 404
Krähenfußnotation, 77
Kreuzprodukt, 298
Kreuztabelle, 632

Large Object, 541, 549
Lexem, 689
Link, 514
Linksreduktion, 171, 195
LINQ, 450
List-Typkonstruktor, 544
Logik
    dreiwertige, 283, 315, 342
Lokalisierungsschritt, 589

Lost Update, 380, 383
Lycos, 698

Mandatory Access Control, *siehe* Sicherheitsmodell, verbindliches
Manhattan-Distanz, 683
Mapping
　objekt-relationales, *siehe* Abbildung, objekt-relationale
Mapping-Datei, 444
Markup-Sprache, 569
Materialisierung, 653
Materialisierungskonfiguration, 660
Materialized View, *siehe* Sicht, materialisierte
Maximum-Distanz, 683
maybe, 302
MDX, 634, 670
Mehr-Tupel-Operation, 239
Mehrbenutzerbetrieb, 380
Mehrfachspezialisierung, 265
Member, 515
Membership-Problem, 167, 206
Menge, 542
Mengenoperation, 101, 230, 372
Metadaten, 687
Metasprache, 569, 572
Methode, 131, 547, 561
Methodenaufruf, 559
Microsoft, 451, 460
Middleware, 46
min-max-Notation, 74
Minimal Bounding Rectangle, *siehe* Rechteck, minimal umschließendes
Minimalität, 104, 174, 182, 188, 191, 206, 493
　Sichtänderungen, 475
MMDB, *siehe* Multimedia-Datenbank
Modell
　eNF^2-, *siehe* eNF^2-Modell

Entity-Relationship, *siehe* Entity-Relationship-Modell
　hierarchisches, 21, 54
　Netzwerk-, 21
Modellierung, 120
MOLAP, 630
Morphem, 689
MPEG, 675
MS Access, 43, 359
Multimedia-Daten, 685
Multimedia-Datenbank, 674
Multimediaobjekt, 723
Multimenge, 224, 550
　EER-Kalkül, 299
Multivalued Dependency, 197
MVD, *siehe* Abhängigkeit, mehrwertige

Nachbarschaftssuche, 681
Nachbereich, 162
Nächste-Nachbarn-Anfrage, 711, 717, 720
Nächster Nachbar-Anfrage, 682
Namenskonflikt, 125, 143
Nearest Neighbor Query, *siehe* Nächster Nachbar-Anfrage
Negation
　QBE, 354
Nestung, 289, 290
Netzwerkdatenmodell, 527
Netzwerkmodell, 21, 54, 71, 513, 521
　Datenmanipulation, 521
Netzwerkschema, 514
NF^2, 55
NF^2-Algebra, 286, 288
NF^2-Modell
　erweitertes, 55
NF^2-Relation, 285
Nonrepeatable Read, 380, 381, 386
Normalform, 159, 174, 175, 440
　Boyce-Codd, 181
　dritte, 179, 180, 182, 191, 206, 640
　erste, 86, 175, 206, 285

fünfte, 203
vierte, 200, 201, 206
zweite, 177, 179, 206
Normalisierung, 640
Nullselektion, 228
Nullwert, 212, 228, 244, 283, 314, 393, 432, 477, 570, 594
NWM, *siehe* Netzwerkmodell

Object Constraint Language, 272
Object Exchange Model, 569
Object Modelling Technique, *siehe* OMT
Objekt, 136
    komplexes, 279
    komplexes , 252
    persistentes, 534
    transientes, 534
Objektidentifikator, 553
Objektdatenbankmanagementsystem, 529
Objektdatenbankmodell, 529
Objektdiagramm, 272
Objektidentifikator, 545
Objektidentität, 530, 548
Objektpuffer, 39
Objektrelation, 546, 553
Objektschicht, 132, 133
Objektsichten, 490
Objekttyp, 548
OCL, *siehe* Object Constraint Language
ODBC, 43, 416, 420
ODBMS-Manifesto, 530
ODL, 531
ODMG, 56, 531
OEM, *siehe* Entwurfsmodell, objektorientiertes, *siehe* Object Exchange Model
OID-Spalte, 547
OLAP, 619, 670
    hybrides, 630
    multidimensionales, 630

relationales, 630
OLAP-Funktion, 647, 652
    sequenzorientierte, 650
OLAP-Operation, 670
OLAP-Server, 634
OLTP, 620
OMT, 271
OnLine Analytical Processing, 619
Online Transactional Processing, 620
Ontologie, 686
OODM, *siehe* Datenmodell, objektorientiertes
Operation
    arithmetische, 219, 306
    geometrische, 711
Optimierer, 16
Optionalität, 83
OQL, 531, 534
Oracle, 6, 40, 42, 212, 307, 327, 335, 338, 416, 451, 458, 460, 548, 562, 572, 666
Oracle Spatial, 718
ORDBS, *siehe* Datenbanksystem, objektrelationales
ORDM, *siehe* Datenmodell, objektrelationales
Ordnung
    attributlokale, 650
Orthogonalität, 222, 599
Outer Join, 100
Owner, 515

Paradox, 349, 362
Partition, 260
Partitionierung, 252, 279
    EER-Modell, 260
    fensterbasierte, 647
    horizontale, 538
    totale, 261
    typisierte, 538, 539
    vertikale, 538, 539
    vollständige, 252
Persistenz, 534

Pfad, 570
Pfadausdruck, 535, 546, 589, 596
Pfadindex, 577
Phantom-Problem, 380, 383, 387
Phasenmodell, 122, 123
PHP, 426
Phrase, 692
PL/SQL, 451, 460, 564
PNF-Relation, 286, 291
Point Query, *siehe* Punktanfrage
Polymorphismus, 547
PostgreSQL, 40, 548, 722
Prädikat
    SQL, 311
    topologisches, 712, 717
Prädikatenkalkül, 107
Prädikatenlogik, 110
Precision, 678, 723
Precompiler, *siehe* Vorübersetzer
Primärattribut, 627
Primärschlüssel, 66, 90, 91, 115, 214, 393
Primärschlüsselbedingung, 243
Primattribut, 91, 178, 181
Privacy, 496, 504, 509
Privatheit, *siehe* Privacy
Produkt
    kartesisches, 100, 220, 221
Programmierkomponente, 36
Projektion, 14, 96, 97, 115, 223, 238, 290, 298, 370, 599
Projektionssicht, 476, 493
Projektivität, 165, 166, 199
PROLOG, 363
Prozedur
    gespeicherte, 45, 426, 451, 462, 466, 547
Prozessschicht, 133, 139
Pseudotransitivität, 165, 199
Pufferverwaltung, 39
Punktanfrage, 682
Punktnotation, 559

QBE, 349, 375
QMF, 349
Quantifizierung, 605
Quantor, 234, 311, 342, 580, 607
QUEL, 42, 346, 375, 407
    Kern, 346
Query by Criteria, 445
Query by Example, *siehe* QBE, 445
Query Containment, *siehe* Anfrageersetzung
Query Graph Model, 658
Query Rewriting, *siehe* Anfrageumformulierung

R-Baum, 715
Range Query, *siehe* Bereichsanfrage
Ranking, 650, 681, 684, 695, 723
RAP-Regeln, 166
Rasterdaten, 704
Recall, 678, 723
Recherche, 686, 690, 692, 723
Rechteck
    minimal umschließendes, 715
Rechtevergabe, 495, 498, 499
Rechtsreduktion, 171, 195
Record-Schablone, 522, 525
Record-Typ, 514
Reduktion, 689
Referenz, 275, 546, 559
Referenzattribut, 533
Referenztyp, 554
Reflexivität, 165, 166, 199
regelbasierte Anfragesprache, 363
Rekursion, 333
    in DATALOG, 367
Rekursionstabelle, 330
Relation, 11, 86, 88, 115, 219, 286
    flache, 86
    geschachtelte, 285, 319
    NF^2-, 302
    PNF-, 302
    virtuelle, 470

Relationenalgebra, 15, 95, 97, 115, 218, 281, 288, 297
    Minimalität, 104
    Unabhängigkeit, 104
Relationenkalkül, 218
Relationenmodell, 5, 11, 54, 85, 147, 159, 285
    Attribut, 86
    Domäne, 86
    geschachteltes, 55
    Instanz, 86
    Tupel, 86
    Wertebereich, 86
Relationenschema, 11, 85, 86, 88, 115, 148, 210
    erweitertes, 92
Relationentyp, 368
Relationenvariable, 368
Relationenwert, 368
Relationship, 59–61
RELAX, 303
Relevance Feedback, 684, 723
Replikation, 199
Retrieval, 723
    boolesches, 694
Retrieval-Sprachen, 692
Ring, 708
RM, *siehe* Relationenmodell
ROLAP, 630
Roll-up, 631, 643
Rolle, 509
Rollenmodell, 498
    SQL, 502
Rollenname, 63, 275
Routine
    externe, 451

Sammlung, 134, 253
Sandbox, 452
SAP R/3, 20
Satzschnittstelle
    interne, 39
Schachtelung

orthogonale, 557, 564
Schema
    externes, 30, 32, 48
    integriertes, 141
    internes, 30, 32, 48
    konzeptionelles, 132, 133
    konzeptuelles, 29, 32, 48
    logisches, 129
    SQL, 499
Schemaarchitektur, 29, 31
Schemadefinitionssprache, 582
Schemaeigenschaft, 173, 183, 200
Schemaintegration, 142
Schemakonflikt, 143
Schlagwortverfahren, 688
Schlüssel, 13, 33, 65, 83, 90, 91, 115, 147, 163, 325
    EER-Modell, 255
    partieller, 79
Schlüsselabhängigkeit, 163, 192
Schlüsselattribut, 65
Schlüsselbedingung, 532
Schlüsseleigenschaft, 13, 218
Schlüsselintegrität, 393
Schlüsselkandidat, 66
Schneeflocken-Schema, 638, *siehe* Snowflake Schema
Schnittstelle
    mengenorientierte, 38
    satzorientierte, 38
Schnittstellenbeschreibung, 531
SDDL, *siehe* Sichtdefinitionssprache
SDM, *siehe* Datenmodell, semantisches
Selbstverbund, 221, 313, 323
Selektion, 13, 96, 98, 115, 226, 238, 290, 298, 370
Selektionsbedingung, 219, 244
Selektionsprädikat, 108, 593
Selektionssicht, 478, 493
Self Join, *siehe* Selbstverbund
Semantik, 56
    objekterhaltende, 534

objektgenerierende, 534
   relationale, 534
Semantik, von QBE, 355
SEQUEL, 40, 337
SEQUEL2, 336, 337
Sequenz, 585, 596, 612
Sequenzbildung, 651
Sequenzgenerator, 326
Serialisierbarkeit, 384, 387, 409
SERM, 279
Serviceorientierte Architektur, 47
Set-Typ, 514
Set-Typkonstruktor, 542
SFW-Block, 219, 244, 534, 596
SGML, *siehe* Standard Generalized Markup Language
Shredding, 572, 610
Sicherheitsklassen, 497
Sicherheitsmodell, 497, 509
   diskretes, 497
   verbindliches, 497
Sicht, 130, 470, 493
   berechnete, 481
   materialisierte, 654, 670
      Aktualisierung, 661
   SQL-92, 483
   SQL:2003, 486
Sichtänderungen, 493
Sichtdefinition, 493
   SQL, 472
Sichtdefinitionssprache, 19
Sichtintegration, 127, 140, 204
Sichtmodellierung, 125
Slice, 633
Slicer, 634
Snowflake Schema, 638, 670
SOA, *siehe* Serviceorientierte Architektur
Sortierung, 322, 360, 598
   QBE, 354
Spaltendefinition
   Ändern, 216

Spatial Data, *siehe* Daten, raumbezogene, *siehe* Geodaten
Spatial Data Type, 705
Speicherstruktur-Beschreibungssprache, 19
Speicherstruktursprache, 130
Speichersystem, 39
Sperre, 383, 384
Sperrprotokoll, 385
   Zwei-Phasen-, 385
Spezialisierung, 79, 134, 252
   EER-Modell, 257
   mehrfache, 261, 265
Spezialisierungshierarchie, 537, 553
Spezifikation
   algebraische, 135
SQL, 15, 40, 55, 209, 244, 305
   Änderung, 239
   Communication Area, 433
   Datenmodell, 55
   dynamisches, 427
   Einfügen, 242
   eingebettetes, 427
   Löschen, 241
   statisches, 427
SQL Server, 6, 40, 42, 212, 307, 335, 462, 668
SQL-86, 338
SQL-89, 231, 338, 393
SQL-92, 217, 222, 330, 339, 395, 481, 601
SQL-Anweisung
   vorkompilierte, 425
SQL-Kern
   Mächtigkeit, 238
SQL/CLI, 416, 417, 421, 428
SQL/DS, 40, 338
SQL/EER, 302
SQL/JRT, 436
SQL/MM, 699, 723
SQL/MM Full Text, 699
SQL/MM Spatial, 706, 715
SQL/OLAP, 640, 670

SQL/OLB, 436
SQL/PSM, 453, 466, 561
SQL/XML, 609, 610
SQL2, 339
SQL3, 340
SQL:1999, 327, 340
SQL:2003, 56, 213, 341, 458, 481, 502, 546, 548, 576, 587, 610, 640, 647
SQLJ, 436, 464
SQLJ-Translator, 436, 464
SSL, *siehe* Speicherstruktur-Beschreibungssprache
Staging Area, *siehe* Arbeitsbereich
STAIRS, 685, 698
Stammformreduktion, 689
Standard Generalized Markup Language, 569
Star Join, 641, 670
Star Schema, 638, 670
Stelligkeit, 68, 83
Stemming, 695
Stern-Schema, 638, *siehe* Star Schema
Stichwortverfahren, 688
Stoppwort, 688
Storage Structure Language, *siehe* Speicherstruktur-Beschreibungssprache
Stratifizierung, 368
Structured Query Language, 40
Strukturkonflikt, 126, 144
Subtabelle, 547, 555, 560
Subtyp, 552
Suchmaschine, 685, 698
Summary Table, *siehe* Sicht, materialisierte
Summationstyp, 628, 629
Summierbarkeit, 630
Sybase, 40, 42, 212, 416, 451, 460
Synonym, 126
Synthesealgorithmus, 207
Syntheseverfahren, 192
System R, 5, 37, 40, 337

Systemarchitektur, 29, 30
Systempufferschnittstelle, 39

Tabelle, 11, 210, 244
   typisierte, 546
Tabellenbedingung, 217
Tabellendefinition, 213
   Löschen, 215
Tabellenfunktion, 458, 466
Tabellengerüst, 349
Tabellenhierarchie, 560
Tag, 569, 570, 572
Tamino, 572
Teradata, 43
Term, 293
Terminierung, 402
Text, 685
Thesaurus, 688, 692
Toleranz, 720
Top-k-Anfrage, 323, 651
Trägermenge, 57
Transact-SQL, 43, 451, 460
Transaktion, 8, 113, 114, 378, 409, 434
Transaktionskonzept, 4
Transaktionssteuerung, 424
Transformationseigenschaft, 183, 188, 192, 202
Transformationskomponente, 37
Transitionsrelation, 399
Transitionsvariable, 399
Transitivität, 165, 184, 199
Traversierungsreihenfolge, 332
Treibermanager, 420, 421
Trigger, 129, 391, 398, 405, 409
   Instead-of-, 490
Trigger-Aktivierungszeit, 399
Trigger-Granularität, 399
Tupel, 11, 86, 88, 115
Tupelbildung, 237
Tupelkalkül, 109, 115, 220, 223, 226, 229, 234, 292, 302
Tupelkonstruktion, 549
Tupelkonstruktor, 110, 542, 546

Tupelmigration, 478
Tupelselektor, 369
Tupelvariable, 110, 220, 222, 225, 236, 238, 244, 347, 559
Tupelvergleich, 237
Tutorial D, 368, 375
Typ
    abgeleiteter, 583
    Built-in-, 583
    Distinct-, 551
    komplexer, 584
    strukturierter, 552
Typdiskriminator, 538
Typhierarchie, 546
Typintegrität, 393
Typisierung, 134
Typkonflikt, 126
Typkonstruktor, 279, 368, 536, 541, 584
    EER-Modell, 257
    Generalisierung, 258
Typkonvertierung, 310

Überdeckung, 164, 169, 252, 261
    minimale, 173, 193
    nicht-redundante, 170
    reduzierte, 171
Überkreuzrechnung, 632
Umbenennung, 96, 102, 115, 219, 238, 306, 371
UML, 271, 279
Unified Modeling Language, *siehe* UML
Union-Datenmodell, 569
Universalrelationenschema, 189
Universe of Discourse, 125
Universum, 88, 160, 188, 203
Unteranfrage
    korrelierte, 235
Update-Komponente, *siehe* Änderungskomponente
User Working Area, 522, 525

Variable, 107, 453, 596, 601

Belegung, 109
    positionale, 598
Variablenreferenzierung, 605
VDLL, *siehe* Sichtdefinitionssprache
Vektordaten, 704
Vektorraummodell, 694
Verarbeitungsanweisung, 574
Verbund, 14, 96, 99, 235, 238, 284, 601
    äußerer, 324, 342, 602
    natürlicher, 99, 115, 221, 226, 298, 371
    räumlicher, 711, 717, 720
Verbundabhängigkeit, 202, 203
Verbundbedingung, 219, 226, 601
Verbundsicht, 479, 493
Verbundtreue, 71, 185, 186, 191, 195, 206
Vereinigung, 96, 102, 199, 230, 238, 297
Vererbungshierarchie, 548
Verteilung
    horizontale, 127
    vertikale, 127
Verteilungsentwurf, 127
Vertraulichkeit, 498
View, *siehe* Sicht
View Definition Language, *siehe* Sichtdefinitionssprache
Virtual Record, 517
Vollständigkeit
    relationale, 105
    streng relationale, 105, 297
Volltext-Datenbanksystem, 698
Vorbereich, 162
Vorübersetzer, 427, 428, 436

W3C, 570
Weak Entity, 78
Web Services, 46
Web-Suchdienst, 698
Well-known Text, 710
Wert, 136
    EER-Modell, 255

im ER-Modell, 60
Wertebereich, 86, 88, 115, 210
Wertebereichseinschränkung, 213
Wertebereichskonflikt, 126
Wertevergleich, 605
Wertkonstruktor, 605
WKT, *siehe* Well-known Text
Workflow, 133, 139
Workload, 659
World Wide Web, 567
World Wide Web Consortium, *siehe* W3C
Würfel, *siehe* Datenwürfel

XHTML, 572
XML, 22, 46, 444, 569, 572, 693
    Parser, 575
    Prozessor, 575, 576, 587
    Publishing, 610

XML Schema, 582
XML-Konstruktion, 611
XPath, 588
XQuery, 595, 614

Zeichenkettenfunktion, 306
Zeichenkodierung, 574
Zeitereignis, 404
Zugriffskontrolle, 4, 8, 475, 495, 496, 509
Zugriffspfad, 18, 38, 217
Zugriffsrecht, 498, 509
Zugriffssystem, 39
Zustandsfunktion, 58
Zuweisungsoperator, 369
Zwei-Phasen-Sperrprotokoll, 385
Zwei-Schichten-Architektur, 45
Zyklenerkennung, 334
Zyklus, 333

Schlüsselwortindex

$([d]_\Omega, \Omega)$, 97
$-$, 103
$F+$, 164
$\bowtie$, 99
Ω, 97, 104
β, 102
$\cap$, 103
$\cup$, 102
$\div$, 105
$\text{dom}(A)$, 88
$\equiv$, 164
$\to$, 161
γ, 282
$\hat{\sigma}$, 58
$\models$, 164
μ, 57, 290
$\mu(E)$, 61
$\mu(R)$, 62
$\twoheadrightarrow$, 197
ν, 290
π, 97
σ, 98
$\sigma(E)$, 61
$\sigma(R)$, 62, 81
$\times$, 100
$||$, 306
$d(S)$, 90
$|\bowtie|$, 284
$r(R)$, 88
$\mathcal{R}$, 92

$\mathcal{U}$, 88
:new, 490
:old, 490
<?xml?>, 576
#FIXED, 579
#IMPLIED, 579
#PCDATA, 578
#REQUIRED, 579
#sql, 436
%rowtype, 461
%type, 461
$ATTR(F)$, 162
$NB(F)$, 162
$VB(F)$, 162
DAT(S), 94
REL(R), 88, 92
SAT$_R(\mathcal{B})$, 92

abort, 380
absolute, 416
abstract, 274
action, 138
add column, 216
after, 399
all, 229, 232, 312, 317, 500
all but, 370
all privileges, 500
ALL., 354
alter column, 216
alter table, 216

always, 138
ancestor, 590
and, 229, 605
any, 229, 232, 312, 347
ANY, 578
anyType, 583
anyURI, 583
AO(n)., 354
append to, 349
array, 287, 535, 544, 549, 550
as, 222, 306, 472, 612
as identity, 326
as object, 562
asc, 218, 322
ascending, 598
at, 598
ATTLIST, 579
attribute, 532, 600
audit all, 503
audit select, 504
authorization, 499
avg, 316, 629
AVG., 354
avgd, 372
axis, 636

bag, 287, 535, 543
before, 399
begin, 454
begin declare section, 430
between, 227, 651
bit, 211
bit varying, 211
blob, 541, 549
boolean, 211, 549
BOT, 379
bts, 300
build deferred, 666
build immediate, 666
by, 231, 347

calc, 523
call, 434, 453, 456
cascade, 215, 395, 501

case, 309
cast, 310
CDATA, 579
char, 211
char_length, 306
character, 211
character varying, 211
check, 213, 393, 394
child, 590
children, 635
class, 532
clob, 549
close, 433
CNT., 354
coalesce, 309
columns, 636
commit, 379
commit work, 434
complete, 278
complexType, 582
condition, 459
CONDITIONS, 351
connect, 429
connect by, 335
constraint, 217, 394
contains, 337, 700
contains sql, 457
continue, 434, 459
corresponding, 231
count, 315, 316, 630
countd, 372
countu, 347
create assertion, 394
create domain, 210, 212
create function, 456, 460
create index, 210, 217
create materialized view, 654, 666
create materialized view log on, 667
create method, 561
create module, 453
create procedure, 456, 457, 461
create role, 502

create schema, 499
create sequence, 326, 327
create table, 210
create trigger, 399, 491, 503
create type, 552, 562
create unique clustered index, 668
create view, 210, 472
cross join, 221
crossjoin, 635
cube, 632, 643
current of, 433, 522
current of run-unit, 522
current_date, 307
current_time, 307
current_timestamp, 307
cursor, 461, 564
cursor for, 415
cycle, 326, 334

D., 358
d_Object, 534
date, 211, 307
date, 583
day, 308
decimal, 211
declare, 453, 461
declare cursor, 414
declare function, 609
declare section, 430
declare statement, 435
declare table, 430
deferred, 395
define integrity, 407, 408
delete, 113, 241, 349, 374, 524, 526
delete all, 525
dense_rank, 650
deref, 560
desc, 218, 322
descendant, 590
descendant-or-self, 590
descending, 598
deterministic, 457
disconnect, 429

disjoint, 278
distinct, 223, 317, 534
div, 605
DO(n)., 354
DOCTYPE, 581
double, 583
double precision, 211
drop constraint, 217
drop function, 458
drop module, 453
drop procedure, 458
drop table, 215
drop view, 473

element, 600
element, 582
ELEMENT, 578
EMPTY, 578
enable query rewrite, 666
end, 454
end action, 139
end declare section, 430
ENTITY, 580
eq, 605
every, 607
except, 230
exec sql, 429
execute, 435
exists, 229, 234
exit, 459
extend, 371
extent, 532

false, 315, 549
fetch, 415, 432
final, 552
find, 522
find duplicate record by calc-key, 523
find next record in current set, 523
find owner of current set, 523
find record by calc-key, 523
find record by database key, 523

first, 415
float, 211
fn:avg, 602
fn:collection, 593
fn:current-date, 602
fn:distinct-values, 603
fn:doc, 593, 615
fn:false, 605
fn:get-year-from-date, 602
fn:node-name, 604
fn:not, 605
fn:string, 598
fn:true, 605
following, 590
following-sibling, 590
for, 455, 462, 596
for each row, 399, 491
for each statement, 399
for update of, 415
foreign key, 214, 369, 393
from, 15, 219, 241, 535, 634
full outer join, 324

ge, 605
generated, 326
get, 522, 525
get hold, 526
get next, 525
get next within parent, 525
get unique, 525
getdate, 307
goto, 434
grant, 499
group, 373
group by, 219, 319, 631
grouping, 645
grouping sets, 646
gt, 605

having, 319

I., 357
ID, 579
idiv, 605

IDREF, 579
if, 454, 607
image, 675
immediate, 395
in, 213, 233, 456, 597
in same sentence as, 700
include sqlca, 433
incomplete, 278
increment by, 326
inner join, 324
inout, 456
insensitive, 415
insert, 113, 242, 374, 525, 526
insertion is automatic, 524
insertion is manual, 525
instead of, 490
instr, 306
int, 211
integer, 211
integer, 583
intersect, 230, 337, 372
interval, 211, 307
into, 242, 431
inverse, 533
is, 346, 606
is document, 616
is false, 340
is not null, 315
is null, 228, 315
is true, 340
is unknown, 340
is valid, 616
isolation level, 385

java.sql.CallableStatement, 426
java.sql.Connection, 421, 424
java.sql.DriverManager, 421, 422
java.sql.PreparedStatement, 425
java.sql.ResultSet, 421, 423
java.sql.Statement, 421
join, 222, 371
JOIN, 14

K-Nearest-Neighbor, 682

key, 369
keyref, 586
keys, 532

last, 415
le, 605
leave, 454
left outer join, 324
leftmost, 526
let, 596
like, 213, 227
limit, 323
list, 287, 533, 535, 544
loop, 454
lower, 307
lt, 605

max, 316, 372, 629
MAX., 354
maxOccurs, 583
members, 635
min, 316, 629
MIN., 354
minOccurs, 583
minus, 230, 337, 372
mod, 605
modifies sql data, 457
modify, 524
money, 212
month, 308
multiset, 549, 550, 557

name, 612
natural full outer join, 324
natural join, 15, 221
ne, 605
nested table, 563
new, 548
next, 137, 415
no action, 395
no sql, 457
not, 229, 234
not exists, 236
not final, 552

not found, 434
not null, 212, 214, 393
null, 315
nullif, 309
number, 212
numeric, 211

on, 324
on delete, 395
on update, 395
only, 555, 561
open, 432
optional, 583
or, 229, 605
order by, 219, 322, 415, 526, 596, 598, 613, 648
out, 456
over, 648
overlapping, 278
overlaps, 311
owner is system, 523

P., 349, 350
parent, 590
partition by, 648
passing by, 615
position, 306
possrep, 374
post, 139
pre, 139
preceding, 590
preceding-sibling, 590
prepare, 435
primary key, 214, 393
prior, 415
private, 274
PROJ, 14
protected, 274
public, 274, 500

range, 651
range of, 346, 347
rank, 650
read committed, 385

read uncommitted, 385
readonly, 274
reads sql data, 457
real, 211
record, 461
ref, 549, 554
ref is, 554
references, 214, 393
referencing new as, 399
referencing new table as, 399
referencing old as, 399
referencing old table as, 399
refresh complete, 666
refresh fast, 666
refresh force, 666
refresh never, 666
refresh table, 668
relation, 368
relationship, 533
relative, 416
remove, 524
repeat, 454
repeatable read, 385
replace, 113, 349, 526
required, 583
restrict, 215, 501
retrieve, 346, 347
returns, 456
revoke, 501
right outer join, 324
rightmost, 526
rollback, 380
rollback work, 435
rollup, 645
row, 550
rows, 636, 651

satisfies, 607
scope, 554
scroll, 415
sdo_geometry, 718
search breadth first by, 332
search depth first by, 332

SEL, 13
select, 15, 219, 223, 305, 535, 634, 636
self, 561
self, 590
serializable, 385
set, 239, 287, 337, 454, 523, 524, 543
set constraints deferred, 389
set constraints immediate, 389
set default, 216, 395
set null, 395
set selection is thru current of, 524
set selection is thru owner using, 524
set transaction, 340, 385
signal, 459
simpleType, 582
smallint, 211
some, 229, 312, 607
sometime, 138
SQL_COMMIT, 419
SQL_ROLLBACK, 419
SQLAllocHandle, 417
sqlca, 433
sqlcli1.h, 417
sqlcode, 434
SQLConnect, 418
SQLEndTrans, 419
sqlerror, 434
SQLException, 422
SQLExecDirect, 418
SQLFetch, 419
SQLHANDLE, 417
sqlj.install_jar, 464
sqlwarning, 434
ST_Geometry, 706
stable order by, 599
start transaction, 379
start with, 326, 335
statement, 435
stemmed form of, 700
stop, 434
store, 522, 524

store as, 563
string, 583
struct, 535
substr, 307
substring, 307
sum, 316, 630
SUM., 354
sumd, 372
summarize, 372
sysdate, 307
systimestamp, 307

table, 458, 564
text, 675
time, 211
timestamp, 211, 307
true, 315, 549
tuple, 287, 369, 542
type, 374, 461

U., 358
UN., 354
UN.ALL., 354
under, 552
undo, 460
ungroup, 373
union, 230, 372
union all, 231
union distinct, 231
unique, 218, 311, 346
unique, 586
unknown, 315, 549
unnest, 556
update, 239, 374
upper, 307

use, 583
user, 500
using, 221, 324, 435

value, 213
values, 242
varchar, 211
varray, 562
view, 369

when, 399
whenever, 434
where, 15, 219, 226, 239, 241, 305, 346,
       347, 370, 596, 598, 636
while, 454
window, 648
with, 328
with cascaded check option, 472
with check option, 472, 479
with grant option, 500
with local check option, 472
with ordinality, 557
with recursive, 330

xml, 610, 614
xmlagg, 613
xmlattribute, 612
xmlconcat, 613
xmlelement, 612
xmlexists, 616
xmlforest, 612
xmlparse, 614
xmlquery, 614, 615
xmlserialize, 614

year, 308